江苏杨树加工产业发展关键问题研究

沈文星　贾卫国　俞小平　编著

中国林业出版社

图书在版编目（CIP）数据

江苏杨树加工产业发展关键问题研究 / 沈文星，贾卫国，俞小平编著. -- 北京 ：中国林业出版社，2009.11

ISBN 978-7-5038-5534-4

Ⅰ. ①江… Ⅱ. ①沈… ②贾… ③俞… Ⅲ. ①杨属－木材加工工业－经济发展－研究－江苏省 Ⅳ. ①F426.88

中国版本图书馆CIP数据核字(2009)第215001号

策　　划：邵权熙
责任编辑：纪　亮　许　琳
装帧设计：RICH VIEW 睿思视界 ＋一米

出　版：中国林业出版社（100009　北京西城区刘海胡同7号）
网　址：www.cfph.com.cn
E-mail：cfphz@public.bta.net.cn　电话：83224477
发　行：新华书店
印　刷：北京科信印刷厂
版　次：2009年11月第一版
印　次：2009年11月第一次
开　本：787mm×1092mm　1/16
印　张：16.25
字　数：260千字

定　价：28.00元

主要编写成员（按姓氏笔画排名）

王良桂　王保松　吕祥熙　佘光辉　张二愧

张智光　李荣锦　李　锋　杨加猛　汪　浩

沈文星　陈美丽　俞小平　施　蔚　秦天堂

贾卫国　谢加封　蔡志坚　戴明辉

前　　言

众所周知，江苏是长江中下游的平原省份，林业资源匮乏，且经济发达，环境压力大。上世纪70年代南京林业大学的杨树引种成功，为江苏的林业以及林业产业大发展奠定了基础。2003年，省委省政府向全省发出了建设绿色江苏的号召，林业发展迎来了新的契机。几年来全省森林资源总量快速增长，林业产业稳步发展，林业发展的活力不断增强。

目前，江苏的森林覆盖率已经提高到16.9%，林木总蓄积量达到6000多万立方米，年总生长量1000多万立方米，年提供杨树木材资源530万立方米。江苏实现了资源小省产业大省的飞跃，以杨树为主要原料的木材加工产业成了地方经济的支柱。2007年全省实现林业产值815亿元，位列全国第五位，以占全国0.7%的林地创造了占全国7%的林业产值。

虽然林业建设取得了长足发展，但是江苏人口密集，经济发达，是资源消耗和环境负荷大省，生态环境脆弱，全省的林业用地面积、有林地面积、活力木蓄积和森林覆盖率指标分别列全国29、26、26和27位。村庄绿化相对薄弱，造林用地落实难度加大，林业要进一步发展面临着巨大的挑战和难题，也需要创造性的思维和制度创新。

南京林业大学长期关注、追踪江苏林业发展以及杨树加工产业的发展，致力于相关研究。本书是长期研究成果的部分总结。本书基于此，对江苏的林业支柱产业——以杨树资源为基础木材加工产业的发展的关键问题进行研究。分析了杨树加工产业发展历程和新的社会经济条件下的新问题和挑战，分析研究了与杨树加工以及与林业相关的制度、政策的变迁和发展取向，如何创新给予制度保障，等等。以期望有益于江苏的杨树加工产业和林业事业的进一步发展。

在本书的形成过程中，得到南京林业大学科研处的大力支持和热情帮助，在此表示衷心感谢！

由于成书比较仓促、时间有限，同时由于作者的水平和能力有限，遗漏和错误在所难免，敬请专家批评指正！

编著者

2009 年 10 月

目　　录

第一部分

制度创新与林业产业发展

ZHIDU CHUANGXIN YU LINYE CHANYE FAZHAN

一、新制度经济学

（一）新制度经济学

由科斯及其追随者创立的理论体系，现在经常被称为“新制度经济学”。近些年来，以科斯为代表的西方新制度经济学在我国特别流行，这一方面是我国经济体制改革理论研究的需要，另一方面也是由于科斯派新制度经济学在西方经济学界的影响日益扩大，尤其是新制度经济学的两个代表人物科斯和诺斯分别于 1991 年和 1993 年获得诺贝尔经济学奖之后，该学派的影响更是与日俱增。

“新制度经济学”本身就是模糊不清的术语。虽然新制度经济学家们涉及的领域非常广泛，如法律、政治、历史等，但是他们所采用的基本方法却是新古典的价格理论。正是因为这一点，新制度经济学才能够被主流经济学所接受。所谓新制度经济学，正如科斯所说，就是用主流经济学的方法分析制度的经济学。新制度经济学的倡导者声称一个国家或者地区的经济增长和经济发展首先必须用政治因素来解释（Olson 1996；North 1998）。迄今为止，新制度经济学的发展初具规模，交易费用经济学、产权制度经济学、委托—代理理论、公共选择理论、新经济史学、宪法经济学等已经成为制度经济学的主要内容[1]。

1. 产权制度理论

新制度经济学家一般都认为，产权是一种权利，是一种社会关系，是规定人们相互行为关系的一种规则，并且是社会的基础性规则。广义地讲，产权就是受制度保护的利益。它与传统社会主义经济学中的物质生产资料所有权不同，既包括物质资产，也包括人力资产；既包括有形资产，也包括无形资产（如知识资产）。产权制度既涉及对产权的界定，又涉及对产权的保护。产权经济学大师阿尔钦认为：“产权是一个社会所强制实施的选择一种经济物品的使用的权利。”（Alchian，1966）这揭示了产权的本质是社会关系。一个人一旦拥有了产权之后，就拥有了自由选择不同利用财产方式的权利，他人无权干涉，在一定意义上，在一个人的世界里，产权是不起作用的，只有在相互交往的人类社会中，人们才必须相互尊重产权。

产权具有激励财富创造的功能，实质上是一套激励与约束机制。影响和激励行为、提高未来预期准确性、预防和抵御风险、明晰行为界限、分配财富是产权的基本功能[2]。新制度经济学认为，产权安排直接影响资源配置效率，一个社会的经济绩效如何，最终取决于产权安排对个人行为所提供的激励。

2. 交易费用理论

交易，是指人与人之间的交互行动（trans-action）；交易费用则是这种交互行动所引起的成本。交易费用是新制度经济学核心的概念。不同的经济学家对交易费用的定义不尽相同，交易费用思想是科斯在 1937 年的论文《企业的性质》一文中提出的。科斯认为，交易费用应包括度量、界定和保障产权的费用；发现交易对象和交易价格的费用；讨价还价、订立合同的费用；督促契约条款严格履行的费用，等等。用一句较通俗的话说，交易费用就是人与人之间打交道的费用。在较为狭窄的意义上，交易费用则是指达成契约和保证契约执行的费用，科斯把它定义为交易成本。后来学者们把交易成本这个概念淡化了。如张五常认为，“在最广泛的意义上，交易成本包括那些不可能存在于一个克鲁梭·鲁滨孙（一个人）经济中的所有成本”。[3]科斯虽然不同意张五常如此宽泛的定义，并进一步认为“‘制度成本’，一个更好的术语，它描述了用以协调运用经济资源制度安排的成本”，[4]但也没有给出严格的定义。但从广义的角度看，交易费用实际上是经济制度的运行费用，是使用市场机制时发生的制度费用[5]。

交易费用的提出，对于新制度经济学具有重要意义。由于经济学是研究稀缺资源配置的，把资源配置作为经济学的研究对象是从 19 世纪 70 年代以后的新古典经济学。用西方经济学家的话来说：“杰文斯……把‘经济学的列车开上了’资源配置的轨道。”[6] 1932 年罗宾斯在《经济科学的性质和意义》一书中第一次正式地把“稀缺”引入经济学，把在稀缺资源约束下人类行为方式作为研究的主题。他认为，人类活动目标和手段之间的关系，有如下四方面的内容：目标或者需要的多样性；手段的稀缺性；手段在目的之间转换的可能性、不同目的在重要性上的差别性。据此，他认为，“经济科学的研究内容获得了统一，经济科学研究的是人类行为在配置稀缺手段时所表现的形式。”[7]萨缪尔森等人认为，经济学要“研究的是社会如何利用稀缺的资源以生产有价值的商品，并将它们分配给不同的个人”。“经济学的精髓在于承认稀缺性的现实存在，并研究一个社会如何进行组织，以便最有效地利用资源。”[8]西方经济学把它置于经济学的核心地位。为了最有效地利用资源，就需要研究资源配置的组织及过程。交易费用理论表明交易活动是稀缺的，市场的不确定性导致交易也是冒风险的，因而交易也有代价，从而也就有如何配置的问题。资源配置问题就是经济效率问题。所以，一定的制度必须提高经济效率，否则旧的制度将会被新的制度所取代。这样，制度分析才被认为真正纳入了经济学分析之中。

3. 企业理论

新制度学派企业理论是以研究企业的性质、企业的起源、企业的运作及其结构、形态演变规律为主要内容的重要基础理论。

美国经济学家科斯在1937年发表的论文《企业的性质》中运用其首创的交易费用分析工具，解释了企业的起源及企业规模的决定问题。科斯认为，由于市场运行是有成本的，即由价格机制来配置资源是要花费成本的。那么，当市场交易的成本增加时,就有可能形成一种新的资源配置组织来取代市场方式。这种组织方式就是企业。也就是说，在科斯看来，社会配置资源有两种方式，一种是由市场来配置，一种是由企业家来配置。科斯对企业的性质以及企业与市场并存于现实经济世界这一事实做出了先驱性的解释，将新古典经济学的单一生产制度体系——市场机制，拓展为彼此之间存在替代关系的、包括企业与市场的二重生产制度体系。

一大批经济学家如科斯、张五常、威廉姆森、阿尔钦、德姆塞茨、杨小凯、黄有光、哈特、詹森、青木昌彦等就企业的问题进行了比较系统的研究。

4. 制度变迁理论

交易费用与制度变迁有关。交易费用就是制度运行的费用。交易方式不同，导致资源配置方式和资源消耗数量、经济运行质量也不同。制度变迁理论是新制度经济学的一个重要内容。其代表人物是诺斯，他强调，技术的革新固然为经济增长注入了活力，但人们如果没有制度创新和制度变迁的冲动，并通过一系列制度（包括产权制度、法律制度等）构建把技术创新的成果巩固下来，那么人类社会长期经济增长和社会发展是不可设想的。科斯定理表明，只有交易费用为正,各种制度才会产生。反过来,有效的制度可大大地降低边际交易费用。

（二）制度

什么是制度？制度是否等同于法律条文、规则、组织、合约、人们的意识等各种因素以及这些因素的组合？要给制度下一个合适的定义，取决于分析的目的。

1. 诺斯的定义

制度是“博弈规则”，是诺斯在其一本开创性的论制度的书中提出的主要问题。既然制度对经济绩效如此重要，那为什么其他国家不能学习和采用在经济绩效较好的国家中运用的最佳的制度呢？为了分析这一问题，诺斯把制度定义为“博弈规则”。他认为：“制度是社会的博弈规则，或更严格地说，是人类设计的制约人们相互行为的约束条件……用经济学的术语说，制度定义和限制了个人的决策集合。”

他把博弈规则分为两类：正式规则（宪法、产权制度和合同）和非正式规则(规范和习俗)。即使能从国外借鉴良好的正式规则,如果本土的(indigenous)非正式规则因为惰性而一时难以变化，新借鉴来的正式规则和旧有的非正式规则势必产生冲突。其结果，借鉴来的制度可能既无法实施又难以奏效。

正式规则包括政治规则（宪法、政府管制）、经济规则和合同。经济规则用来界定产权，即使用和处置经济资源并从中获取效用或收益的权利束（the bundle of rhghts)。合同是一种关于物品使用和交易的（可执行的）协议，它受产权规则的制约。经济博弈的正式规则不可能由博弈之中的参与人自己制定(变更)，它们的确立必须先于博弈过程。谁是规则制定者？诺斯对博弈规则和博弈参与人（组织及其政治企业家）作了明确的区分，后者是推动制度变迁的主体，即规则制定者。根据诺斯的观点，现存的博弈规则决定了参与人如何交易及创新的动机，因而在根本上导致了伴随相对价格变动而产生的对新规则的有效需求。这些新规则将在“政治市场”上经各方协商而确定，政治市场则由政治规则决定。诺斯声称“正是政治过程本身界定和实施产权”。

虽然正式规则的实施对博弈过程是外生的，由第三方执行，但博弈的绩效取决于监督和惩罚的有效性。诺斯问道：“当共同的规则集合施加于两个不同的社会，其结果会怎样呢？结果会不一样，虽然规则相同，但是，实施机制、实施方式、行为规范以及行为者的主观模式都不一样。于是，真正的激励结构和被认知的政策后果也就不同。因此，同一的相对价格的基本变动或者施加同一的规则将对制度安排各异的社会产生迥然不同的影响。”诺斯为此提出了一个更为广泛的“制度框架”的概念，它包括“法律规则、组织形态、实施机制和行为规范”。在其他场合，他有时用“制度架构”表达同一意思。

关于博弈规则论更为技术性定义是由赫尔维茨（Hurwicz，1993、1996）给出的，他的定义更侧重于博弈规则的实施问题。根据他的观点，博弈规则可以由参与人能够选择的行动（“决策集”）以及参与人决策的每个行动组合（profile）所对应的物质结果（“后果函数”）来描述。他将这一对设定称为“机制”（mechanism）或“博弈形式”（gameform）[9]。

2. 青木昌彦的定义

日本学者认为制度作为共有信念的自我维系系统，其实质是对博弈均衡的概要表征（信息浓缩）[summary representation （compressed information）]，它作为许多可能的表征形式之一起着协调参与人信念的作用。基于共有信念和均衡的概要表征的观点，对制度这一直观的概念定义为：

制度是关于博弈如何进行的共有信念的一个自我维系系统。制度的本质是对均衡博弈路径显著和固定特征的一种浓缩性表征，该表征被相关域几乎所有参与人所感知，认为是与他们策略决策相关的。这样，制度就以一种自我实施的方式制约着参与人的策略互动，并反过来又被他们在连续变化的环境下的实际决策不断再生产出来。

上述定义涉及制度的五个特征：内生性（隐含在“自我维持”、“自我实施”和“不断再生产”三个词组中），信息浓缩（隐含在“浓缩性表征”一词中），对于环境连续性变化和微小动荡的刚性（“均衡路径显著和固定特征”、“被所有参与者所感知”和“在连续变化的环境下……不断再生产出来”），与相关域几乎所有参与人相关的普遍性（“共享的”、“制约着参与人策略互动的方式”和“被所有的参与人所感知”）和多重性。一项制度可以简要地代表域内不同类型的行动决策规则或所有参与人共同的决策规则，这具体取决于域内参与人的行动集合是否对称[10]。

3. 柯武刚和史漫飞的定义

德国经济学家柯武刚和史漫飞认为：“制度是人类相互交往的规则。它抑制着可能出现的、机会主义的和乖僻的个人行为，使人们的行为更可预见并由此促进着劳动分工和财富创造。制度，要有效能，总是隐含着某种对违规的惩罚。”[11] 他们认为，制度是人制定的规则，制度抑制着人们交往中可能出现的任意行为和机会主义行为。制度是依靠某种惩罚得以贯彻和执行的。

依据起源，制度可以分为内在制度和外在制度。

内在制度是从人类经验中演化出来的。它体现着过去曾最有益于人类的各种解决办法。如习惯、伦理规范、良好礼貌和商业习俗，违反内在制度通常会受到共同体中其他成员的非正式惩罚，例如，不懂礼貌的人发现自己不再受到邀请。内在制度可以是：非正式的，即未得到正式机制支持的，如：各种习惯，这类规则对于行为受其控制的个人有明显的、直接的好处，而违反这类规则会损害这些个人的自我利益；内化规则，违反这类规则将主要受到内疚的惩罚；习俗和礼貌，它会受到来自他人反应的非正式惩罚，例如受排斥；正式化的，由某些社会成员以有组织的方式实施惩罚。（制度的内在性和外在性之间的区分与制度的起源有关，制度的非正式性和正式性的区分则与实施惩罚的方式有关）

外在制度是由统治共同体的政治权力机构自上而下地设计出来，并强加于社会并付诸实施的。外在制度永远是正式的，它要由一个预定权威机构以有组织的方式来执行惩罚[12]。

二、政府管制

政府管制是新制度经济学研究的问题之一，管制经济学主要研究行政机构的活动和行政法规对市场的约束[13]。政府管制就是以限制经济主体的决策为目的而运用这种强制力[14]。丹尼尔 · F · 史普博则认为，政府管制是行政机构制定并执行的直接干预市场机制或间接改变企业和消费者供需决策的一般规则或特殊行为[15]。而日本学者植草益对政府管制所下的定义是：社会公共机构依照一定的规则对企业的活动进行限制的行为。这里的社会公共机构或行政机关一般被简称为政府[16]。

综合上述对政府管制这一概念的讨论，我们不难归纳出这样几点结论：①政府管制的主体是政府行政机关（简称“政府”），这些行政机关通过立法或其他形式被授予管制权，通常被称为管制者。②政府管制的客体是各种经济主体（主要是企业），通常被称为被管制者。③政府管制的主要依据和手段是各种规则（或制度），明确规定限制被管制者的什么决策，如何限制以及被管制者违反规则将得到的各种制裁。可见，在政府管制中最关键的是作为政府管制依据和手段的各项规则（或制度）。这些规则可能是法律，也可能是法律效力较低的各项规定。无论是法律还是规定，它们都是政府制定的，具有相当的强制力。而且，从制度经济学的角度看，这些政府管制法规实质上都是公共产品。或者笼统地说，政府管制就是公共产品。这是因为，政府管制不是针对某一经济主体的，而是针对众多的经济主体，作用于所有的被管制对象[17]。

（一）市场失灵与政府干预

在社会资源配置方面，市场经济与其他资源配置方式相比，以其独特的运行规律，显示了其巨大优势。虽然市场经济是最具经济效率的，但市场也不是万能的。在西方市场经济发展的早期，人们一般认为，市场本身能有效配置各种社会资源，并引导微观经济主体朝向有利于社会的方向发展；政府则采取一种放任主义的态度，其主要职责是保障市场经济运行的外部条件。从西方市场经济的理论与实践来看，在完全竞争的市场条件下，当外部效应存在时，实现资源的帕累托最优配置将是不可能的。因此，要想达到资源配置的帕累托效率状态，除了市场机制以外，就需要政府机构的介入，解决这一问题，在政府和市场的联合纠正下实现外部效应的内在化。因此市场的缺陷或市场的失灵被认为是政府干预的基本理由，用布坎南的话来说，“市场可能失败的论调广泛地被认为是为政治和政府干预作辩护的证据”。政府管制的兴起和发展是弥补市场缺陷，完善资源配置机制的需要。但是，政府干预经济又不可避免地会出现政府失灵。因此，如何处理好政府与市场的关系；了解在市场经济发展的不同时期，政府发挥作用的限度和范围；以及如何通过政府干预，实现资源合理配置是非常重要的。

“市场失灵”是政府管制存在的理论依据之一。引起“市场失灵”的原因是多方面的，包括公共产品、经济活动的外部性、垄断和信息不对称等，在木材加工产业发展过程中的政府管制的原因主要是林业生产（特别是森林经营）能够提供公共产品，林业经济活动的外部性，因此主要从这两个方面来讨论政府管制问题。

1. 资源合理配置的标准

由于社会资源是有限的，而人类社会对资源的需求是无限的，于是，如何有效利用有限的或稀缺的资源来满足人类社会的需要，就成为经济学探讨的核心问题。经济学上对资源是否是合理配置，一般有两个评价准则：效率准则和公平准则。

(1) 效率准则（又称帕累托效率准则）

经济学意义上的效率是指资源配置已达到这样一种境地，即任何重新改变资源配置的方式，都不可能使一部分人在其他人没有受损的情况下受益。意大利的瑞士经济学家弗雷多·帕累托（Vilfredo Pareto）在20世纪早期提出这一思想："如果不存在使某些人获益而同时又不使至少一个其他人收益减少的其他可行方案，那么当前的分配方案就是最优的。"换言之，不满足这一定义的分配方案均是非最优的方案。非最优的方案可以重新调整以使得通过这一调整，一些人的状况变得更好而没有人状况变得更坏。因此，如果改变资源配置之后与改变之前相比，同时符合下面的两个条件：①一些人的处境变好，②没有一个人的处境变坏，那么，这种资源配置的改变就称为"帕累托改进"（Pareto Superior）或"帕累托更优"（Pareto improvement）。如果某种资源配置的状态不可能进行"帕累托改进"或不可能达到"帕累托更优"时，这种资源配置状态就不是最佳的，即缺乏效率的[18]。

帕累托效率准则提供了一种资源最优配置的理想状态。在实际的经济活动中，绝大多数经济活动是以一部分人的福利水平下降，另一部分人的福利水平的提高为条件来实现的，所以帕累托效率状态不可能完全实现，因此，在现实经济运行中，只要资源配置的改变在总体上使 "获益者多于损失者"，就可以看作是有效率的。

（2）公平准则

在帕累托最优状态下，也可能会出现极少数人拥有绝大多数资源，而绝大多数人则拥有极少资源的情况，因此用帕累托最优准则来衡量资源配置状态是不够的。为此，有必要引入公平原则。公平是指收入分配结果的公平。

2. 公共产品

（1）公共产品和私人产品

私人产品是指通过市场机制向社会提供的，满足个体社会成员需要的产品。私人产品表现为可分割性、竞争性和排他性，被经济学家们描述成纯粹私人性的产品具有个人排他使用的特点。例如，当一个人吃一只苹果时，别人就无法吃它，一条裤子在某个时间只能由一个人穿着等。这些事实有时可归纳为在私人产品的消费上具有对抗性。

公共产品是指需要通过财政机制向社会提供的，满足群体社会成员需要的产品。公共产品可以分为纯粹公共产品和准公共产品。纯粹的公共产品表现为非分割性、非竞争性和在消费上无对抗性[19]。准公共产品表现为具有局部非竞争性和在消费上无对抗性。非分割性是指公共产品通常没有一定的计量单位，它作为一个整体向社会提供，消费者不能选择消费的数量的产品。非竞争性是指一个人的消费并不影响和减少其他消费者消费的数量和质量。无对抗性是指任何消费者都可以不付代价地消费该产品，即只要某一社会存在公共产品，由于在技术上根本无法排斥消费者对他的使用，或者对消费者进行收费的成本过高，对产品供应者来说，其将无法拒绝未付款者使用该产品。公共产品的一个传统例子是核时代的军事安全。向一位公民提供核袭击的保护并不削减为其他公民提供保护的数量。事实上，向不同的公民提供不同数量的防止核袭击的保护是绝对不可能的[20]。准公共产品的例子，如闭路电视是非竞争性的准公共产品，一条拥挤的道路是非对抗性的但具有竞争性的产品。

现实中公共产品可以分为三大类：第一类是实物性的公共物品，如环保设施、土地、国防等；第二类是精神性的公共物品，如制度（包括社会体制、教育体制、卫生体制、科技体制等）、理想、文化等；第三类是信息，由于信息的本质特点就在于可复制性，可以为全人类所共享，因此它也是最为重要的公共物品[21]。

经济学中的“公共产品”包括有形产品和无形产品。其中一种重要的无形产品是“对产权的保护”。经济学上的产权可以理解为一切依据某种生产要素获得收益的权利束，包括：所有权、收益权和处置权。有效的产权结构具有：排他性——所有由于拥有和使用资源所带来的收益和成本只能由所有者自身所承担，要么直接或间接的通过出售转让给他人。可转让性——所有的产权都可以在所有者之间自由的转让。强制性——产权应该受保护防止非自愿的夺取和别人的侵犯[22]。

从法律的观点来看，财产是权利束。这些权利即财产所有人对其所有的资源可以做些什么，不可以做些什么；他可以享有占有、使用、改变、馈赠、转让或阻止他人侵犯其财产的权利。构成所有权的一组法律权利具有双重含义，首先,在没有法律禁止或要求情况下,所有者自由地行使对其财产的权利。其次，不许他人干涉所有者行使权利。包括要制止私人和政府两种类型的侵占，这一保护是需要的。因而，财产的法律概念就是一组所有者自由行使并且其行使不受他人干涉的关于资源的权利。在市场经济条件下，社会化分工越来越细，个人之间、企业之间、个人与企业之间的交往越来越多，而且发展迅速，这就需要政府这样的机构在制度框架内来保护产权，维护市场秩序的正常运行，减少经济主体的交易成本，提高经济效益。

（2）公共产品的提供

政府在提供公共产品和私人产品方面的作用差异很大。就纯粹的公共产品

（如安全）来讲，阻碍私人提供的障碍是如此之大，以致政府必须成为主要的供应商。为说明这一点，假设某个城市社区的防卫设施遭歹徒破坏，结果有些社区居民主张组织一个卫队，许多居民自愿为卫队的薪水解囊相助。但假设有些居民反对这么做。出钱的居民可能嘱咐卫队在发生抢劫时不要帮助没出钱的人。可是守卫在社区的卫队将给每个人带来安全，无论他们出钱与否，因为行凶抢劫者不可能知晓谁为防卫服务出了钱而谁未出钱。在这些情况下，出资者就无法迫使没有出钱的人出资相助。那些没有为他们消费公共产品出钱的人被称为"搭便车者（Free riders）"[23]。搭便车者的心理使政府很难很难判断居民对某一公共物品的真实需求程度。

如果每一个"搭便车者"都不愿为公共产品的供给做贡献，每个人的情况都会恶化。最后就会出现每个人都希望被提供公共物品，却没有公共物品被提供。市场本身不能解决公共物品的供给，因此要保证公共物品得到充分供应必须依赖政府力量。但是并不是所有的产品都应由政府供应，私人也可以提供公共产品。对纯粹的公共产品来说，由于难以或不可能阻止搭便车者的这一事实破坏了这些产品市场的运行。在由私人提供公共产品时，供应数量通常是不足的。因此要弥补这一不足，应考虑两个公共政策：①政府用一般的投入作为生产成本来提供公共产品；②由私人提供公共产品，同时政府通过税收系统间接地或动用政府一般投入直接地予以补贴。对这两个政策的选择应通过比较其净利益来做出[24]。

（3）私人产品的法律保护

公共产品和私人产品之间的区别与有关财产方面的法律如何保护私人和公共产品，如何促进私人交换关系甚大。私人产品和公共产品之间的经济区别引导财产规则向"私人拥有资源的范围"方面发展。我们可以利用公共产品和私人产品之间的经济区别，来探讨哪些是由私人所有的资源？由私人所有的应该是具有对抗性和排他性的私人产品，而由公共所有的应该是具有非对抗性和非排他性的公共产品。准确地说，财产经济理论建议，所有权应该赋予任何一种资源，只要被称为财产的一组权力将带来使用那种资源的更大效率并由此增加社会财富，只要建立和履行这些所有权的代价小于收益。建立和履行私人产品所有权的代价低，建立和履行公共产品所有权的代价则高。私人产品的特性能建立起产品分配的市场，而公共产品的特性则排斥市场的形成。鉴于这些实际的考虑，在现实和经济理想之间便有着某种吻合，诸如土地、小麦和劳动力之类的私人产品趋于由私人所有，而诸如空气和公海之类的公共产品则趋于不由私人所有[25]。

法律在保证私人产品供应中的作用与公共产品就很不一样。对于私人产品来说，市场的障碍并不像公共产品市场的障碍那么严重。当市场运行良好时，私人供给就优于公共供给。这样一来，法律对于私人产品的重要作用就是要保证市场。无论是私人公民还是政府，如果非法干预了财产所有者的产权，应给予财产所有者补偿。

（二）外部效应与政府管制

1. 外部性及其普遍性

外部性问题是由马歇尔在其《经济学原理》中首先提出的（当时被称为“外部经济”），后来，庇古在其《福利经济学》中对之加以充实和完善，最终形成外部性理论。但至今人们对外部性有不同的定义。这里不对外部性的各种定义作详细讨论。

外部性是指一定的经济行为对外部的影响，造成私人（企业或个人）成本与社会成本、私人收益与社会收益之间的非一致性，产生相偏离的现象。外部性可能对承受者有利，也有可能不利。根据这种偏离的不同方向，外部性可分为正外部性（外部正效应、外部效益或者外部经济）与负外部性（外部负效应、外部成本或者外部不经济）。正外部性是指一种经济行为给外部造成的积极影响，使他人减少成本，增加收益。负外部性则是指一种经济行为给外部造成消极影响，导致他人成本增加，收益减少。在大量有关外部性问题的理论文献中，外部性主要是指负外部性。

外部性问题是普遍存在的。一些著名经济学家曾对外部性问题作过相当生动的描述，如穆勒以灯塔为例说明外部性，灯塔所发出的“普照之光”使所有路过的航船受益，但灯塔的建造和维护者却难以向这些路过的航船收费。因此，这是一种典型的正外部性。庇古所举的火车经过田野使火花飞溅到稻穗上造成农夫损失的例子，则显然属于负外部性。而米德关于因养蜂人的到来增加了果园的产量，反过来果园的扩大又会增加养蜂人收益的例子，则说明了存在双向正外部性的可能。

查尔斯（Charles）曾列出外部性的 16 种表现，其中，负外部性的表现有：①工厂产生污染（水、气、噪音等）；②滥用森林土地等自然资源；③汽车排放废气、噪音、抢占人行道；④车祸中无辜受害；⑤乱扔垃圾、吐痰等；⑥麻将声或音乐声妨碍他人休息；⑦公共场合高谈阔论；⑧高楼挡住较低建筑物的阳光。正外部性的表现有：①发起减少奢侈、推行礼貌等社会运动；②自己注射疾病防疫针，减少传染他人的机会；③兴建孤儿院、养老院等非营利事业；④整洁的住宅与美丽的庭院；⑤教养子女谦恭有礼、守纪守法；⑥办公大楼前设置时钟与温度计；⑦免费的学术演讲或音乐会；⑧爱好音乐者欣赏做演员的邻居在家练唱。当然，由于外部性问题的广泛性和普遍性，查尔斯指出的上述表现也仅仅是列举性的[26]。

2. 外部性下的社会成本与私人成本的偏差分析

外部性的实质就是在于社会成本（Social cost）与私人成本（private cost）之间存在某种偏离。众所周知，不存在外部性时，私人成本就是生产或消费一种产品所发生的全部成本，即私人成本也就是社会成本。而在存在外部性的情况下，社会成本不仅包含私人成本，而且还包含人们的生产或消费行为对外部影响而产生的外部成本（external cost）。

无论是存在负外部性还是正外部性，要达到社会福利最大化，其边际条件就不是私人的边际成本等于边际收益，而应当是社会的边际成本等于社会边际收益，从而把负外部性纳入社会经济决策之中。

3. 外部性与政府管制

外部性使市场机制失效，造成市场失灵，因而需要政府管制。对此，著名经济学家米德认为，在 8 种情形下，政府采取干预与控制措施是有必要的，其中一种情形就是：市场机制往往不能很好地解决由于个人利益与社会利益的对立所引起的重要社会问题，例如，环境污染、资源枯竭、人口爆炸，等等。这些问题均有赖于政府的控制和干预行动才能得以解决。在这里，个人利益与社会利益的对立就是外部性问题。

管制的目的是补救市场失灵所带来的不良后果，从而尽量达到资源配置的效率及使公共利益不受侵害，而这一目的是靠管制机构对经济主体的进入和退出，价格、产品及服务的数量和质量等有关行为的控制来实现的。而这些控制手段又依靠具体的行政行为和法律加以认可、指导和规定（如许可、特许等）。

无论在人们的观念上还是在社会实践中，大气、江河湖泊、海洋、地下水都被认为是一种可以无偿使用的公共资源；而对于土地、森林、矿山等资源，虽然法律规定归国家所有，但由于缺乏有效的监督机制，在所有者与使用者之间的产权关系相当模糊，在实践中也被当作公共资源使用。由于对公共资源消费的控制成本很高，因此，通常处于一种自由消费的状态，从而不可避免地会发生滥用现象。对此，美国学者哈丁在其著名论文《公地的悲剧》中作了生动的描述：一群牧民生活在一片草原上，草原是对所有牧民开放的牧场。牧场是公有的，畜群则是私有的。假如每个牧民都追求个人的眼前利益最大化。因此，以个人利益为出发点，个人利益要求尽可能地增加自己的牲畜头数。因为每增加一头牲畜，个人就能得到由此带来的全部收入。但另一方面，当牧场的畜牧承载能力难以长期维持更多牲畜时，再增加一头牲畜就会给草场带来某些损害。而这种损害是全体牧民分担的。这一群牧民中的每个人都足够的聪明，每个人都努力地去增加自己的牲畜数，而由大家分摊由此带来的成本。其必然结果是，牧场越来越退化，直至毁灭。

上述“公地的悲剧”具有相当的普遍性。又如，在江河上游的人植树造林有利于避免水土流失，提高水质，为社会特别是下游的人们带来利益。但在自由市场经济下，上游的私人往往缺乏植树造林的积极性，相反，为了取得更多的短期利益，他们还会对沿岸的树林实行乱砍滥伐，或毁林造地，或开采矿物资源，从而造成水土流失甚至洪水泛滥，这对社会特别是下游的人们来说是一种很大的成本，但上游的私人不承担这种成本。对我们的日常生活具有更为直接影响的是，由于大气、江河湖泊是一种公共资源，许多工厂向大气和江河湖泊排放各种污染物，造成水污染、空气污染，产生严重的负外部性。

从上述的负外部性现象中不难得出的一个结论是：市场机制不能对各种公共资源发挥优化配置的作用，造成市场失灵，因此，为消除各种负外部性，就需要借助政府的力量，对各种公共资源实行有效的政府管制。同样，对于植树造林、清洁河道、建设公园、草地等不能或难以补偿行为者成本的正外部性，也需要实行政府管制，通过建立某种补偿机制，以刺激私人的正外部性行为，或在许多场合下，直接由政府从事正外部性活动。

值得指出的是，由外部性造成的市场失灵是实行政府管制的必要条件，但不是充分条件。政府管制成为完全必要还要求政府管制的收益必须大于政府管制的成本，而且，从一般意义上讲，政府管制的目标是要使政府管制的净收益（即政府管制的收益与成本之差）达到最大[27]。

4．政府管制

根据政府管制的特点，我们可以把政府管制大致划分为经济性管制与社会性管制这两大类型。

（1）经济性管制

维斯卡西等学者认为，经济性管制通常是指政府通过价格、产量、进入与退出等方面而对企业决策所实施的各种强制性制约。植草益则认为，经济性管制是指在自然垄断和存在信息偏在的领域，主要为了防止发生资源配置低效率和确保利用者的公平利用，政府机关用法律权限，通过许可和认可等手段，对企业的进入和退出、价格、服务的数量和质量、投资、财务会计等有关行为加以管制。

就经济性管制的内容而言，主要包括：①价格管制。政府管制者要制定特定产业在一定时期内的最高限价（有时也要制定最低限价），规定价格调整的周期。②进入和退出市场管制。为了获得产业的规模经济性和成本弱增性，政府管制者需要限制新企业进入产业。同时，为保证供给的稳定性，还要限制企业任意退出产业。③投资管制。政府管制者既要鼓励企业投资，以满足不断增长的产品或服务需求，又要防止企业间过度竞争，重复投资。还要对投资品的最优组合进行管制，以保证投资效率和效益。④质量管制。许多产品或服务的质量具有综合性，并不容易简单定义和直观认定。

（2）社会性管制

植草益对社会性管制下的定义是：以保障劳动者和消费者的安全、健康、卫生、环境保护、防止灾害为目的，对产品和服务的质量和伴随着提供它们而产生的各种活动制定一定标准，并禁止、限制特定行为的管制。与经济性管制相比较，社会性管制是一种较新的政府管制。在市场经济中，随着生产技术不断进步，经济快速发展的同时，许多经济行为经常会产生严重的负外部性，如一些企业的生产活动带来空气污染、水污染等问题；消费者的个人消费行为也会造成负外部性，如个人使用小汽车也会引起或加重空气污染。同时，由于消费者对许多食品和药品缺乏足够的知识，存在生产者和消费者之间的信息不对称问题，一些企业生产经营的食品和药品质量低劣，消费者也无法辨认，消费结果必然影响其身体健康。对于这些由环境污染、产品质量低而造成的社会问题，居民和消费者是最大的受害者，但由于他们不掌握足够的信息，或不能形成较大的社会力量去索要补偿损失，他们就难以得到经济补偿。这需要政府代表人民的利益，通过立法、执法手段加强对这类社会问题的管制。这也为政府实行社会性管制提供了理论依据。

社会性管制的内容非常丰富，植草益根据日本社会性管制的政策实践，将社会性管制的内容分为以下 A、B、C、D 四大类，各大类中又包括若干小类：

A. 确保健康、卫生

A_1. 确保健康、卫生（药品法、医疗法、传染病预防法、检疫法、水道法、有关废弃物的处理与清扫方面的法律等）；

A_2. 麻药取缔（麻药取缔法、大麻取缔法、鸦片法、兴奋剂取缔法等）。

B. 确保安全

B_1. 防止劳动灾害、疾病（劳动基本法、劳动基准法、劳动安全卫生法等）；

B_2. 保护消费者（消费者保护基本法、消费生活用品安全法、家庭用品质量表示法、食品卫生法、分期付款销售法等）；

B_3. 交通安全（道路交通法、道路运输车辆法、海洋交通安全法、船舶安全法、港口管理法、海上冲突预防法、水上遇难救护法、航空法等）；

B_4. 消防（消防法）；

B_5. 枪炮取缔（枪炮刀剑类持有等取缔法）。

C. 防止公害、保护环境

C_1. 防止公害（大气污染防止法、水质污染防止法、噪音防止法、振动规制法、矿山安全法、金属矿业等公害对策法等）；

C_2. 环境保护（自然环境保护法、自然公园法、水产资源保护法等）；

C_3. 产业灾害防止（核燃料、原子反应堆规则法、高压气取缔法、液化石油气安全法等）；

C_4. 防止自然灾害（国土利用法、港湾法、沿岸法、河川法、森林法、矿山法等）。

D. 确保教育、文化、福利

D_1. 提高教育质量（学校教育法、私立学校法、社会教育法等）；

D_2. 提高福利服务（社会福利事业法、老人福利法、残疾人就业促进法等）；

D_3. 文物保护（文物保护法、关于保护古都的历史性风土的特别措施法等）。

在美国，通常把社会性管制局限于健康、安全和环境保护这三方面，因此，把社会性管制称为 HSE 管制（Health、Safety and Environmental Regulation）甚至不对社会性管制下定义。

5. 解决外部性问题的政府管制政策

纠正外部性的策略是外部效应内在化，即负的外部效应的内在化就是把外部边际成本加到私人边际成本之中，从而使产品和服务的价格得以反映全部的社会边际成本；正的外部效应的内在化就是把外部边际效益加到私人边际效益之中，从而使产品和服务的价格得以反映全部的社会边际效益。外部效应的内在化过程正是通过私人部门自身与政府部门共同完成的。

（1）私人部门纠正外部效应的机制

私人经济部门纠正外部效应主要是自身纠正外部效应机制的建立，主要表现在下列几个方面。第一，组织的一体化。一些经济学家认为，通过扩大企业规模，组织一个适度规模的经济实体来将外部成本或收益内在化，以纠正外部效应带来的效率损失。第二，界定产权。1991 年诺贝尔经济学奖获得者罗纳德·科斯认为，外部效应问题可以通过重新分配产权得以解决，这种论点被称为科斯定理。科斯定理认为产权明晰；产权可以自由交易；交易成本应接近于零的情况下，市场机制就能将外部效应内在化，从而使资源配置达到最优状态。假如交易成本不为零，那么，合理的制度选择就尤为重要，因为合理的制度选择可以减少交易成本，从而使资源配置达到合理状态。第三，社会制裁。社会制裁反映的是道德约束[28]。

（2）政府对外部性的纠正

第一，政府管制。政府可以通过法律、法令和政策措施以解决各种外部性问题，我们可以把众多的政府管制法律、法令和政策措施构成一个政府管制体系。

行政法规是世界各国政府解决外部性问题最基本、最常用的政府管制政策。例如中国对超标准排污者的经济惩罚是根据《中华人民共和国环境保护法》的规定。根据《中华人民共和国环境保护法》及其相关行政法规，中国对环境污染管制的基本法律制度还有：环境影响评价制度、“三同时”制度、排污许可证制度、环境监测制度、限期治理制度、现场检查制度、污染事故报告处理制度。

第二，补贴、征税。补贴和征税是政府运用经济手段以解决外部性问题的核心内容。征收污染税现在已成为各国政府最普遍采用的控制污染的经济政策措施。征收污染税的政策思路最早是由英国经济学家阿瑟·庇古提出的，他在 1920 年出版的《福利经济学》（TheEconomics of Welfare）书中指出，政府应当根据污染所造成的负外部性对排污者征税，用税收来弥补私人成本与社会成本之间的不一致性。因此，征收污染税也被称为“庇古税”，其特点是对排污者征税，征税的数额与外部成本相等。其目的是使负外部性问题内部化，通过税收的形式由排污者承担外部成本并迫使其决策时考虑该成本，达到纠正市场失灵。广义的庇古税通常也包括“排污收费”。而污染税的标准则取决于特定经济活动所造成的负边际外部成本。

补贴是在正外部性情况下，为了实际消费量的扩大和增加，政府在直接提供公共物品的同时，也可以用补贴的方法来对产生外部效益的主体进行补贴，降低其边际生产成本，从而使其在一定价格下扩大生产规模，以适应社会需要，实现资源的有效配置。补贴的突出特征是其数额与外部边际效益相等[29]。

除了税收和补贴外，政府还可以运用其他经济措施解决外部性问题，例如：产品税。一些产品的生产或消费或废弃会对环境造成危害，产品税就是对这些产品征税。具体做法是对产生负外部性的产品征税，如对燃油征税。在欧洲，荷兰以附加税的形式对燃油征收产品税，挪威和瑞典对电池、化肥和农药征收产品税，意大利则对塑料袋征收产品税。产品税的管制效率被证明是很高的；“三同时”保证金制度。“三同时”是指对环境有影响的一切基本建设项目，其中防治污染和生态破坏的设施，必须与主体工程同时设计、同时施工、同时投产使用，“三同时”保证金制度就是在某一项目投入之前，生产者先缴纳一定数额的保证金，如果该项目最终没有实现“三同时”，形成对环境危害或污染超过规定水平，生产者就失去其保证金。保证金的价值应大于预期环境损害的价值。这种制度有利于减少基建项目对环境可能造成的危害。

行政法规政策具有强制性，见效快，但政府制定和实施排污标准并不容易；经济政策以征收税收或提供一定的补贴为杠杆，有利于促使企业的外部成本内部化，但这会出现企业向政府寻租，下级政府向上级政府寻租的可能性。因此，各国政府都几乎同时运用各种政策，形成一个科学的政府管制政策体系[30]。

三、加工产业发展的制度经济学分析

1998 ~ 1999 年开始的“天然林保护工程”和“零关税”政策，使我国的木材市场发生了根本性变化，特别是 20 世纪 90 年代末，国内胶合板、纤维板、刨花板、木家具等木材加工工业迅速崛起。原料进口、产品出口，作为以森林资源为原料的木制品加工产业，每年以超过 20% 的速度增长，目前我国人造板产量居世界第一，家具出口量世界第一。木制品工业发展迅速，在发展过程中，如何实现绿色生产，控制环境污染是非常重要的。

以我国人造板工业为例，从品种结构看，胶合板出口占有绝对的比重，而进口则以胶合板和纤维板为主，胶合板在人造板进出口中的主导地位在进一步提高。2007 年，人造板进口金额为 4.45 亿美元，出口金额为 46.99 亿美元。“三板”进口金额中胶合板、刨花板、纤维板所占的比重分别为38.20%、23.82%和37.98%。“三板”出口金额中胶合板占76.14%、刨花板占0.74%、纤维板占23.11%（见表1-1）。

然而，我国人造板工业进一步面临着新的考验，一是目前的绝大多数人造板企业是中小型企业，特别是胶合板企业，技术设备落后，产品质量差，且相对集中在河北、山东、江苏、浙江、广东和福建等地，有些已经成为当地主要经济支柱产业。但是从保护人民身体健康，保护环境的角度考虑，国家颁布环境保护的强制性标准，从2002年7月起，产品质量达到规定的质量标准，才允许在市场上销售。然而，严格执行国家强制性的标准，就现有的人造板企业而言，如果不进行技术改造，不少企业的产品因为甲醛释放问题而达不到标准。实际中标准的执行效果不尽人意。

（一）人造板工业污染物排放的经济原因分析

马歇尔在其《经济学原理》中首先提出了外部性问题，后来，庇古在《福

表1-1　1998～2007年中国人造板、单板进出口金额　单位：亿美元

年份	胶合板		刨花板		纤维板		单板	
	进口	出口	进口	出口	进口	出口	进口	出口
1998	5.55	0.65	0.30	0.05	1.34	0.06	1.53	0.42
1999	4.16	1.24	0.51	0.07	2.07	0.05	2.05	0.46
2000	4.37	1.90	0.66	0.09	2.82	0.10	1.92	0.56
2001	2.54	2.42	0.84	0.06	2.80	0.09	0.96	0.70
2002	2.59	4.27	1.04	0.22	3.03	0.20	0.89	0.89
2003	3.55	4.95	1.13	0.20	3.21	0.21	0.96	1.10
2004	3.84	12.50	1.23	0.21	2.73	1.26	1.10	1.20
2005	2.77	18.79	1.15	0.18	2.29	3.96	1.21	1.29
2006	1.91	29.10	1.02	0.25	1.96	6.36	1.18	1.71
2007	1.70	35.78	1.06	0.35	1.69	10.86	1.36	2.00

注：数据来源《海关统计年鉴》、《林业年鉴》、《中国林业发展报告》

利经济学》中加以充实和完善，形成外部性理论。“当企业或个人的经济行为给他人带来无需补偿的益处时发生了外部经济。”“当企业或个人的经济行为给他人带来无需补偿的成本或者伤害时发生了外部的不经济性。”[31] 污染产生的关键是外部不经济性的存在。

外部性问题就人造板而言，主要是环境问题，并且和产品质量相联系。企业生产人造板，向市场提供的产品，一方面促进了当地经济的发展，另一方面丰富了人们的消费内容，提高了消费质量，产生了正外部性，但在现实经济生活中，由于大部分人造板企业是中小型企业，不少企业为减少企业私人成本，增加产品收益，向市场提供次质产品，产生负外部性。

负外部性实质是社会成本和企业私人成本之间存在差异，正是这种差异，使得社会成本高于私人成本，社会成本包括了企业私人成本和其行为对外部产生的影响——外部成本。即：

社会成本 = 企业私人成本 +（± 外部成本）

显然，当社会成本大于企业私人成本和外部成本之和时，即企业私人的经济行为加大了社会成本，给社会造成了额外的成本；当社会成本小于企业私人成本和外部成本之和时，则企业私人经济行为给社会带来了额外的收益。

为进一步分析企业私人的经济行为对社会造成的影响，可采用边际社会成本（marginal social cost）、边际私人成本（marginal private cost）和边际外部成本（marginal external cost）之间的关系来进一步说明。边际社会成本－边际私人成本 =± 边际外部成本，用字母表示：[32]

$MSC - MPC = \pm MEC$

以胶合板生产企业为例（见图 1-1）。

胶合板企业生产一定单位的胶合板，需要大量的水、空气和木材等资源，在生产产品的同时还会产生粉尘、工业废水和甲醛释放等污染物，造成环境污染，即发生边际私人成本（简称 MPC）的同时，也会带来边际外部成本（简称 MEC），从社会观点来看，污染费用和生产成本都应该考虑边际社会成本（简称 MSC），则 $MSC=MPC+MEC$。如果胶合板企业产生的污染，国家没有控制标准，则企业在不承担任何污染费用的情况下，实现最大化利益，寻求产量 Q_1，企业根据自身的边际成本和边际收益相等的原则（DD 线），确定产量 Q_1 则价格 P_1，此时的 $MPC=AQ_1=P_1$，MSC 没有包含 AB（MEC）。如果企业确定产量 Q_2 则价格 P_2，此时的 $MSC=DQ_2+CD=MPC+MEC=P_2$，符合社会效率。从图中可以得出：

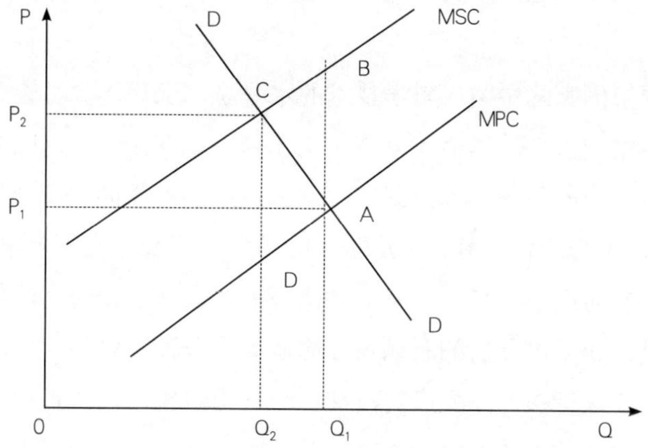

图1-1 胶合板工厂的负外部性

产量为 Q_1 时，价格 P_1 没有反映产量为 Q_1 时的 MEC；

价格 P_1 时，因为成本价格过低，企业生产产量过大，资源配置的低效率；

太多的污染产生，大气和水资源等被认为是可以无偿使用的公共资源；

在市场中，没有企业愿意花费过多的外部费用用于治理单位产出造成的污染；

排放到环境中的污染，由于企业私人为此支出的费用低，而不愿对可以利用的污染物再利用；

企业确定产量 Q_2 则价格 P_2，此时的价格 P_2 包括了 MPC 和 MEC。

如何促使企业由产量 Q_1 转向 Q_2？一般的思路是提高价格。显然，这种思路存在缺陷，我们认为有效途径是政府调控，通过立法和制定控制标准，同时企业通过技术改造，以减少污染[33]。

（二）污染物排放政府管制问题

政府管制（regulation）是一个有争议的概念，但管制的主体，被管制者和政府通过制定各种规则限制被管制者，被管制者违反规定应承担责任的三个基本要素已经得到普遍认可。政府管制有经济性管制、社会性管制和反托拉斯管制。目前对人造板工业来说，政府管制主要是采取社会性管制。植草益对社会性管制的定义是：“以保障劳动者和消费者的安全、健康、卫生、环境保护、防止灾害为目的，对产品和服务的质量和伴随着提供它们而产生的各种活动制定一定标准，并禁止、限制特定行为的管制。”[34] 我国政府的社会性管制，主要是围绕如何从卫生健康、安全和环境保护出发，达到一定的社会目标。

作为发展中国家的中国，科学技术的水平总体上还不高，人造板工业的各种具体产品的生产水平总体上还不高，工艺和设备变化不大。国内企业生产的人造板采用氨基类胶黏剂，因而制造的人造板产品其游离甲醛释放主要有四个来源：一是木材本身所含甲醛，一般每 100g 含 3 ～ 4mg，在正常情况下不散发；二是制胶时未参与反应呈自由状态的游离甲醛；三是热压时未固化形成体形结构的游离甲醛；四是固化后的胶黏剂在高温高湿条件下降解产生的甲醛。甲醛释放主要发生在人造板产品生产阶段和产品使用过程中。生产过程中产生的有害气体对企业职工的身体健康的损害，并没有计入成本，也没有给予必要的补偿，实际上增加了社会成本（其他污染也存在类似的情况）。不符合排放标准的产品在使用过程中，由于甲醛释放具有长期性和顽固性，这在客观上影响了人造板产品的质量的同时，也影响了人们的身体健康，使得人造板产品质量与国际水平相比还存在着差距。主观上，虽然我国人造板总体规模已经大大扩展，但就单个企业而言，规模小、数量多、产量低、质量差，有些中小企业存在着片面追求短期经济效益的倾向，忽视了技术创新。有些企业虽然意识到通过技术创新提高人造板产品质量的重要性，但由于资金问题，对用于技术开发和利用的投入不足，不得不在产品质量水平上打折扣。主客观原因要求政府加强对产品质量的管制。

产品的质量是产品的安全性、有效性、耐用性、美观性等有价值的特性的组合。人造板产品在我国目前主要集中在家具、装修方面，因此相对其他产品而言，产品的安全性和美观性是其主导地位，消费者通过感觉器官大致了解产品质量。以甲醛为例，德国一项试验，给出 64 位实验参加者（年龄到 60 岁止）对甲醛感觉的统计分布。将 64 人每人计 6 次进入有一定甲醛浓度的环境中，当试验进行到第 3 次时，50% 的人有感觉，而进行到第 6 次时，100% 的人都感觉到。从试验中可以看出，50% 的人在 0.17×10^{-6} 时有感觉，大约 90% 的实验者在 0.89×10^{-6} 有感觉[35]。然而作为一般消费者，人造板的甲醛释放，何种程度是人们可以接受的，并不十分了解，大多数消费者对产品信息的了解基于各自的经验，产品生产者和消费者之间对产品的真实质量存在着信息不对称。另外，安全产品往往价格较高，如果消费者感到安全性比产品的价格更重要时，将选择价高的绿色环保产品，反之，则出现相反的结果。在市场经济中，不同消费者有不同的追求，同一产品在不同的消费层中，产生不同的标准。人造板甲醛排放应限制在人们可以接受的产品成本和各自利益平衡的范围。政府应制定标准，实行社会性管制。不符合标准的产品，应禁止销售，加强产品质量的监督和管理。

企业严格执行国家标准，往往会提高企业的生产成本，其产品的价格会上涨，产量下降。如果需求少，需求的价格弹性相对低，企业以提价的方式转嫁给消费者，则消费者的成本要高于需求的价格，出现价格弹性相对高的情况。

（三）最佳污染水平的确定

企业生产过程中，产生了粉尘、甲醛释放和废水等，污染了空气，损害了人们的身体健康，企业的行为导致了外部不经济，没有为使用空气资源、水资源和其行为对消费者身体的损害支付真实的社会成本。企业所产生的污染量随着生产的水平不同而发生变化。例如，企业可以安装除尘设备减少粉尘，采用先进技术解决甲醛释放问题，对废水进行有效的治理，使污染控制达到社会最佳水平。

以某胶合板企业为例，生产每一单位胶合板，同时产生污染物，其污染行为的成本随污染排放量的增加而增加。从生产胶合板的前道工序处理来看：原木剥皮，若采用水力剥皮，每 1 立方米原木，则产生 10 ～ 12 立方米废水，若改用机械剥皮则花费少量的动力。原木处理，可以采用不同的水热处理方式，则产生的废水量（污染浓度有一定的差异）不同。（见表 1-2）从该道工序看，企业的工业废水随着生产量的增加而增加。

表1-2　不同处理方式产生工业废水情况

项　目	单　位	蒸　木	煮　木
废水量	T/m^3	3～5	20～25
化学耗氧量	Kg/m^3	0.3～0.4	2
生物耗氧量	Kg/m^3	0.15～0.20	0.64
固体物	Kg/m^3	0.1	0.5

企业减少生产每一单位胶合板而产生的排污量，必须增加污染控制成本，

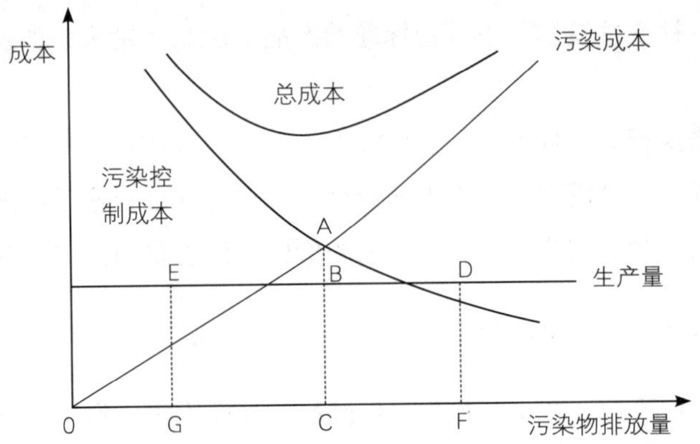

图1-2　污染成本和污染控制成本总和、最优排污量

即在不考虑增加社会成本增加的情况下，企业排污量越大，其支付的成本越少，一般是企业所追求的。同样从生产胶合板的前道工序原木剥皮处理和水热处理方式而产生的工业废水来看，对废水的处理可以采用物理、化学和生物方法，不管采用何种方法，企业的生产成本都会增加，通过增加污染控制成本，减少污染排放量。

图 1-2 中，当污染成本曲线和污染控制成本曲线相交 A 点，企业生产量在 B 点，此时的污染物排放量为 C 点，污染成本和污染控制成本之和在最低点时，达到最佳。如果生产量增加到 D 点，显然污染排放量、污染成本增加，污染控制成本减少；当生产量减少到 E 点时，污染排放量、污染成本减少，污染控制成本增加。D 点的选择，对环境影响较大，而 E 点选择，是企业所不愿接受的[36]。

（四）结论

根据以上分析，我们可以得出，环境保护是典型的经济外部性领域，这种外部性决定环境价值和环境成本，不可能在市场中自我实现和得到补偿，这要求我们采用经济手段，即利用市场机制，对经济活动主体经济利益进行直接和间接调整，以保护环境。具体做法：

（1）国家制定标准。通过规范标准，主要是对人造板产品质量实行管制。目前我国已经通过了一些规范性标准，如全国人造板标准化委员会负责起草了有关人造板质量检测的一系列标准。国家质量技术监督局从保护生态环境和保障人民身体健康出发，颁布了与环境有关的强制性标准10项，其中涉及到人造板产品质量的有5项。不符合产品质量标准的产品，应该禁止在市场上销售，加强市场准入的管理和监督。

（2）环境收费。图1-2中，C点是最佳污染水平。此点是国家制定污染排放标准的界限。企业在生产过程中，达到零污染是不可能的，我国制定了一系列环境保护的法律、法规，规范企业的排污行为。我们应该借鉴国外先进的经验，实行具有特色的“抵消政策”和“沧沧政策”。[37] 具体做法：一是根据国家法律规定的对污染排放实行排放总量控制和核定制度，确定某一地区的污染排放量，新企业的建立，以不增加该地区的排污总量的限制为前提，新企业在向原来支付费用时，要求原来的企业将污染排放降到许可排放的标准，而且还要腾出新的排放量给新企业，实行有偿的“抵消”。二是把人造板企业看成一个大的污染源，实际生产中，会产生工业废水、废气和固体污染物粉尘等污染物，国家对企业生产超过最佳污染水平的实行环境收费，这种收费手段包括：排污收费和产品收费。对人造板工业来说，我们认为实行排污收费较为合理。通过对产品生产中产生的粉尘、工业废水和甲醛释放超过标准的部分收费，以达到减少环境污染的目的。对环境污染的收费，是减少环境污染的方法，但这种方法是一种救济手段，我们应该把污染控制在源头，企业可以采取先进工艺和混合控制排污的办法，在企业内部允许企业减少某种污染物的排放量来抵消另一种污染物的排放量，鼓励企业选择适合自己的经济有效的方法，使控制污染的费用下降，这比较符合目前我国人造板工业企业的实际情况，“沧沧政策”的实施可以达到用最少的费用最大限度地降低污染量的排放。

（3）政府补助。政府应积极鼓励企业采取新技术、新方法降低污染。我国2002年6月29日通过，并于2003年1月1日实施的《清洁生产促进法》，是一部鼓励采用新技术，减少污染，降低企业对防治污染的资金的投入，符合我国当前的实际情况，其目的是通过清洁生产，节约资源，减少污染，降低污染治理设施的建设费用，在污染的源头、企业生产过程中，通过奖励、资金支持和税收减免方法，鼓励治理污染新技术的采用。目前，从解决人造板甲醛释放的新技术来看，主要技术途径有：一是采用低甲醛胶黏剂（E_1级或者E_0级），控制板材甲醛释放量；二是从工艺上入手，控制物料的含水率，同时考虑在热压时采用真空抽吸；三是采取对热压后的板子进行真空氨处理，大幅度降低甲醛的释放量，使产品达到E_1级。人造板生产企业可以从施胶、工艺和后期三个方面进行综合治理，但新技术、新方法的实施对大多数中小企业来说，自行研究和开发新技术、新方法来治理污染存在着资金、技术和人员等方面的缺陷，木材加工企业尤为突出。我以为可以采用两种有效的途径：一是加大对现有科研部门的投入，促进科技成果的转化。二是政府可采取特殊方式进行拨款、贷款、减免税收等，给予采用新技术、新方法治理污染的企业适当的补助，这种补助实际上是“用于支付正外部性物品的费用”，引导企业保护环境[38]。

第二部分

林权制度改革与产业发展

LINQUAN ZHIDU GAIGE YU CHANYE FAZHAN

一、林权制度的经济法律分析

2008年7月14日，《中共中央 国务院关于全面推进林权制度改革的意见》正式发布，《意见》是在部分省市已经对集体林区制度改革进行了充分的探索和研究的基础上颁布的。福建、江西两省先后于2003年和2004年开始探索林权制度改革，明晰林地使用权和林木所有权，放活经营权，落实处置权，保障收益权。《意见》明确提出将用5年左右时间基本完成明晰产权、承包到户的改革任务，并规定集体林地承包期为70年，承包期满，可以按照国家相关规定继续承包。根据《意见》，国家还将通过一系列与明晰产权的基础改革相配套的措施，真正做到还山于民、还利于民、还权于民，确保"农民得实惠，林业得到了资源，生态受保护"，推进森林资源经营向资产、资本经营转变，增加农民资产性收入，提高林农科学造林护林积极性，为提高林业收益率奠定基础，结束长期以来林农贷款没有抵押物的历史，为林农扩大林业生产提供有力的资金支持。林权制度改革必将完善和丰富我国的农村家庭承包责任制，是农村土地制度改革在林地上的拓展和延伸，遵循了市场经济规律和农民意愿，必将再次解放和发展农村生产力。

（一）林权的经济法律分析

1. 林权主体

我国有在立法中对法律概念直接定义的传统，但法律没有明确界定林权，法律仅明确规定了森林资源的权属。如《宪法》第9条规定："矿藏、水流、森林、山岭、草原、荒地、滩涂等自然资源，都属于国家所有，即全民所有；由法律规定属于集体所有的森林和山岭、草原、荒地、滩涂除外。"《森林法》第3条规定："森林资源属于国家所有，由法律规定属于集体所有的除外。森林、林木、林地的所有者和使用者的合法权益，受法律保护，任何单位和个人不得侵犯。"《森林法》第27条规定："农村居民在房前屋后、自留地、自留山种植的林木，归个人所有。城镇居民和职工在自有房屋的庭院内种植的林木，归个人所有。”《物权法》第117条明确规定：“用益物权人对他人所有的不动产或者动产，依法享有占有、使用和收益的权利。”因此，对于林权的表述方式以及林权所具有的外延范围存在不同表述。我们认为：根据法律规定，林权是指森林、林木、林地等森林资源的所有权和使用权。

2003年3月1日起施行的农村土地承包法，以法律形式赋予了“农民长期而有保障的土地使用权”，其中第16条规定，承包方享有三个方面的权利：依法享有承包地使用、收益和土地承包经营权流转的权利，有权自主组织生产经营和处置产品；承包地被依法征用、占用的，有权依法获得相应的补偿；法律、行政法规规定的其他权利。

2008年中央一号文件《关于切实加强农业基础建设，进一步促进农业发展、农民增收的若干意见》第一次提出：“进一步明确农民家庭财产的法律地位，保障农民对集体财产性的收益权，创造条件让更多农民获得财产性收入。”中共十七届三中全会通过《中共中央关于推进农村改革发展若干重大问题的决定》，文件中指出，要赋予农民更加充分而有保障的土地承包经营权，现有土地承包关系要保持稳定并长久不变。按照依法自愿有偿原则，允许农民以转包、出租、互换、转让、股份合作等形式流转土地承包经营权，发展多种形式的适度规模经营。因此，对于农民来说，土地作为最重要的财产，让更多农民获得财产性收入的首要条件是明确农民土地的法律地位。

我国的林权制度发生了多次变更，探究林权制度的变更，不难看出每次变更都是围绕林地问题及林地与林农的关系而进行的。特别是2003年以来，中央也制定了长期稳定的家庭承包政策，将林地的承包期延长到70年，极大地调动了农民生产的积极性，林地作为林业生产重要的生产资料，是土地的一种，林地产权制度改革同其他农地一样，按照中央的政策，正在全国深入展开。综观从2003年开始的我国林权制度改革的实践，林权制度改革是林业改革的核心和关键，是社会主义市场经济条件下增强林业活力、加快林业发展的重要措施。林权制度改革成败直接关系到林业的发展、农村山区和谐社会的构建[39]。而明晰产权是这次林业产权制度改革的关键，根据科斯第一定理，在没有交易成本的情况下，不管初始的权利如何配置都可以得到直接相关经济主体的纠正。可交易权利的初始配置不会影响它的最终配置或社会福利。因此通过清楚完整地把产权界定给一方或另一方，并允许把这些权利用于交易，政府能有效率地解决外部性问题。进行林权制度改革就是将不明晰的林木、林地的权利进行明晰，也因此明晰林木所有权和林地使用权成为集体林区制度改革的首要目标和任务，是实现“山有其主、主有其权”的关键。

根据我国宪法、物权法、土地管理法、森林法及其他有关法律规定，森林、林木和林地是森林资源的重要组成部分，我国的森林资源中的森林、林地只能归国家和集体所有，公民个人不能享有森林、林地的所有权，但依法可以享有对林地的使用权；林木不但可以归国家、集体所有，而且可以归公民个人所有。因此，从法律角度来看，森林、林木、林地的所有权在一定条件下可能归属不同的主体，森林、林木、林地所有权的主体包括国家、集体和公民个人[40]。

2. 林权权能类型

2007年3月颁布的《物权法》，将土地承包经营权规定为用益物权，明确规定了土地承包经营权法律性质。该法第117条明确规定：“用益物权人对他人所有的不动产或者动产，依法享有占有、使用和收益的权利。”

我们认为，能够成为用益物权客体的标的物的，是具有价值的财产权，林权客体是森林资源（林地、森林和林木）。林权是森林资源的所有权和使用权，而森林资源又是人力和自然力相互作用形成的，并且与林地不可分割，森林资源具有市场价值和非市场价值财产形态，其非市场价值是森林资源价值中不可忽略的部分，森林资源是森林生态服务的主要载体，具有调节气候、水土保持、森林景观等非市场价值，具体到林权，物权法的定义中对用益物权客体的规定，难以揭示各种用益物权形态之共性及本质。因此，有必要对林权权利进行界定。

（1）使用。使用即按照物的性质和用途，在不毁损或改变其性质的情况下加以利用。林权的使用有所有人的使用和非所有人的使用，由于林权涉及森林、林木和林地，国家所有的森林实际上是公共物品，而林地是林权的核心，因此，林权的使用主要是林地的利用。特别是林权制度改革中，《中共中央 国务院关于全面推进林权制度改革的意见》文件规定，林地使用权是用益物权，林地使用人有权对标的物加以使用，享有对物使用价值的支配权。

（2）收益。收益则是指通过对物的利用而收取或获得物的孳息，包括天然孳息和法定孳息。林权中的收益包括天然孳息和法定孳息。天然孳息主要是用益权人使用林地、经营森林和林木而产生的。林地作为特殊的生产资料，它与地上定作物（森林、林木）关系密切，从森林资源资产构成看，林地具有不动产性质，森林、林木资产具有存货性质，森林景观资产又兼有无形资产的性质[41]。因此，用益权人使用林地、经营森林和林木除其获得直接收益外，经营产生的正外部性，产生社会和生态效益，获得收益的是非用益权人，而这些人是不需要支付任何“对价”的。法定孳息是用益权人依据法律规定，“用益他人财产（有形和无形财产）的对价。”[42] 具体到林权，主要是取得依法取得林地使用权的对价。

（3）占有。占有是指对物的实际控制和管领。用益物权目的实现，是以实体上支配用益物为要件。对物的实际的占有是对物的使用和收益的前提，这样才能取得其使用价值。林权完成登记，取得林权证从而设立，林权证是确认林地的所有权、林地的使用权、森林或林木的所有权、森林或林木的使用权的法律凭证。

《土地管理法》第11条规定：确认林地所有权或者使用权，依照《森林法》的有关规定办理。《土地管理法实施条例》第3条也作了同样的规定。《森林法》第3条规定：国家所有和集体所有的森林、林木和林地，个人所有的林木和使用的林地，由县级以上地方人民政府登记造册，核发证书，确认所有权或使用权。《森林法实施条例》第3条规定：国家依法实行森林、林木和林地登记发证制度。森林、林木和林地的权属证书式样由国务院林业主管部门规定。因此，林权证确认单位和个人对其依法使用的国有林地、森林、林木的使用权以及由使用者所有林木的所有权；确认所有者对集体所有的林地、森林、林木的所有权以及确认单位和个人对集体所有的森林、林木的使用权；确认单位和个人对其所有的林木的所有权。因此，依法取得林权证人，可以实现对林地、森林和林木资源的实际控制和管领。

（4）处分。《物权法》第117条并未列举用益物权的处分权能。我国学者对于处分权能是否是用益物权的内容也存在着分歧，对此，我们认为，林地作为用益物权，是否包括处分权能，首先需要了解处分权的内涵，其次要根据处分权产生的根据。我国学界一般对处分权能的理解是以所有权为基础来进行的，根据我国《民法通则》第71条规定：“财产所有权是指所有人依法对自己的财产享有占有、使用、收益和处分的权利。”法律以权能列举的方式对所有权加以界定。因此，对物的处分权实际上是对所有权的处分。处分权取得主要是通过取得所有权和依据法律规定两种方式，《中共中央 国务院关于全面推进林权制度改革的意见》、中共十七届三中全会通过《中共中央关于推进农村改革发展若干重大问题的决定》等文件规定：在不改变林地用途前提下，按照依法自愿有偿原则，允许农民以转包、出租、互换、转让、股份合作等形式流转土地承包经营权，发展多种形式的适度规模经营。而且在林权制度改革的实践中，也出现互换、转让、股份合作、转包等流转方式。因此，在法律上和林业生产实践中允许用益物权人可以就其用益物权进行法律上的处分，但不能就标的物本身进行处分。林地的用益物权处分权能是权利人能否对其享有的用益物权的标的物加以法律上或事实上的处分，但用益物权人对所有物没有最终的处分权。

（二）林权流转的经济法律分析

法律既要确认财产权，又要创造财产权有效利用的机制[43]。在对林权进行管理时，了解到森林资源经营状况和资源价值的增减与其个人利益密切相关，所以所有者能够有效地利用森林资源。如果将产权明晰的森林资源在市场中进行交易，则能够提高效率，正如制度经济学家科斯所说，产权重要不重要，取决于交易。当没有交易发生时，它就不重要。有交易发生并产生交易费用时，产权问题才突出。因此，森林资源经营管理、资源价值的增加和效率的提高是以明确的产权为前提的。

林权流转的形式主要有活立木转让和林地使用权转让。根据科斯第二定理，当存在交易成本时，可交易权利的初始配置将影响权利的最终配置，也可能影响社会总体福利。一旦初始权利得到界定，仍有可能通过交易来提高社会福利。科斯第三定理更明确地指出当存在交易成本时，通过明确分配已界定权利所实现的福利改善可能优于通过交易实现的福利改善。通过政府来较为准确地界定初始权利，将优于私人之间通过交易来纠正权利的初始配置。因此在林权改革过程中，在初始权利界定、明晰林木所有权和林地使用权的基础上，努力进行配套体系改革，建立要素市场，便利林木、林地交易，降低交易成本，从而使社会福利更大，资源配置进一步优化。

林权的承认（产权关系的明确）是有效地利用森林资源的前提，而林权的可转移性是有效利用森林资源的充分条件。《物权法》确立土地承包经营权及其流转机制，更利于合理配置森林资源，保障和促进承包经营权人所享有的林权流转的顺利实现。但是，实际中还存在着一定的制度障碍，具体表现在：

1. 林权不完整

森林资源作为一种自然资源，根据《中华人民共和国森林法实施细则》规定，森林资源是以森林为主，包括林地资源、林木资源和其他动物、植物、微生物等及其生态环境服务。森林资源的内涵极为丰富，但森林资源权属存在不完全性。这种不完全性主要表现在：①林木与林地的割裂。依据我国有关法律规定，林地只能为国家或集体所有，公民个人不享有林地的所有权，但可以享有承包经营权；林木则可以是国家、集体和公民个人所有，林地、林木所有权的不一致性，在实际中容易造成错位，公民个人的林木所有权得不到充分的保护。②林木的所有权受到限制。所有权包括占有权、使用权、收益权和处分权，其核心是处分权。依据《中华人民共和国森林法》规定：公民个人或集体造林林木，个人或集体可以取得林木的所有权。但个人或集体砍伐出售自己拥有的林木，需要由与所有权益没有直接关系的林业主管部门审批。个人或集体在行使其所有权时，受到限制。③森林资源的内涵丰富，但林区内的野生草本植物和动物等权属不明，不利于森林资源保护与利用的完整性[44]。

2. 林权经营的非市场价值得不到补偿

我国森林资源产权外在性，森林资源的所有者和使用者的权益重叠，利益的不一致性，导致各自追求的经济目标不一致。而森林经营产生的正外部性，提供经济、社会和生态产品，经营者提供的社会和生态产品，是得不到补偿的。由于森林经营的外部性导致市场失灵，市场失灵说明市场自身无法达到有效的资源配置（达到帕累托状态），森林经营外部性和我国森林资源产权外在性的存在，使得森林经营主体为实现自身利益的最大化，必然追求在短期内其投入得到回报，而不考虑森林的可持续生产和生态效益，从森林的可持续生产和发挥森林生态效益意义上看，在森林资源市场化管理过程中，林权的非市场价值补偿将起着十分重要的作用，有效的政策将引导生产者经营林地，发挥森林资源的生态效益。

3. 林权流转的限制

（1）林地流转的法律障碍

《物权法》总则第 9 条规定："不动产物权的设立、变更、转让和消灭，经依法登记，发生效力；未经登记，不发生效力，但法律另有规定的除外。"第 127 条规定："土地承包经营权自土地承包经营合同生效时设立。县级以上地方人民政府应当向土地承包经营权人发放土地承包经营权证、林权证、草原使用权证，并登记造册，确认土地承包经营权。"第 129 条又规定："土地承包经营权人将土地承包经营权互换、转让，当事人要求登记的，应当向县级以上地方人民政府申请土地承包经营权变更登记；未经登记，不得对抗善意第三人。"因此，依据第 127 条规定，林地承包经营权设立，法律上采取债权合意主义，而依据第 129 条规定，林地流转采用登记对抗主义[45]。

林地流转时，是否需要发包人同意？《物权法》第 128 条规定："土地承包经营权人依照农村土地承包法的规定，有权将土地承包经营权采取转包、互换、转让等方式流转。流转的期限不得超过承包期的剩余期限。未经依法批准，不得将承包地用于非农建设。"《农村土地承包法》第 37 条规定："土地承包经营权采取转包、出租、互换、转让或者其他方式流转，当事人双方应当签订书面合同。

采取转让方式流转的，应当经发包方同意；采取转包、出租、互换或者其他方式流转的，应当报发包方备案。”由此可见《物权法》和《农村土地承包法》间接、直接规定了林地流转需要发包人同意。这使得林地使用人在流转林地使用权时，须经原所有权人同意。我们知道，尽管林地使用权是来自于林地所有权，但这时的林地使用权是基于林地分散利用需要，由政策和制度创设的权益，这种林地权益成为广大林农可以拥有的权益。按照一般原理，用益物权人在实现自己的权利时，按照自己的意思，直接支配林权，无须他人同意。因此，要求林地承包经营权的转让需发包人的同意的立法指导思想限制了林地的流转。

(2) 林木流转的限制

1985 年以前，我国实行木材生产计划管理的主要目标是木材生产，由于实行以需定产，重采轻育，造成森林资源长期过伐。1985 年 1 月 1 日实施的《中华人民共和国森林法》明确规定：国家根据用材林的消耗量低于生长量的原则，严格控制森林年采伐量。为贯彻执行《中华人民共和国森林法》，林业部于 1985 年 6 月颁发了《制定年森林采伐限额暂行规定》，1987 年 4 月国务院下发了《国务院批转林业部关于各省、自治区、直辖市年森林采伐限额审核意见的通知》，明确规定了各省、自治区、直辖市“七五”期间年森林采伐限额。1998 年第九届全国人大常委会第二次会议审议通过的《关于修改中华人民共和国森林法的决定》中，再次肯定了森林采伐限额这一法律制度。我国的森林采伐管理由木材生产计划管理制度转入森林采伐限额管理制度。

国家制定采伐限额政策的目的是提高我国森林的覆盖率，改善我国的生态环境，我国的林业生产实践证明，采伐限额管理作为森林资源的行政管理手段，在森林资源市场化管理过程中，起着十分重要的作用，但是限额采伐政策真正目的是达到了减少森林资源的供给量的结果，虽然近期内保有了森林资源的存量，但长期的结果会打击生产者的积极性，引导生产者荒芜林地，最终无法发挥森林资源的生态效益。

围绕采伐限额管理，国家实行了林木采伐许可证，木材运输许可证，凭证经营加工木材等管理制度。

《森林法》第 32 条规定：采伐林木必须申请采伐许可证，按许可证的规定进行采伐；农村居民采伐自留地和房前屋后个人所有的零星林木除外。因此，林农要获得森林资源经营性收益，采伐林木，必须取得采伐许可证。

《森林法》第 30 条：“国家制定统一的年度木材生产计划。年度木材生产计划不得超过批准的年采伐限额。计划管理范围由国务院规定。”《森林采伐实施条例》第 29 条规定："采伐森林、林木作为商品销售的，必须纳入国家年度木材生产计划；但是，农村居民采伐自留山上个人所有的薪炭林和自留地、房前屋后个人所有的零星林木除外。"第 39 条第三款规定："超过木材生产计划采伐森林或者其他林木的，依照滥伐森林、林木规定处罚。"因此，制定的年度木材生产计划不得超过批准的年采伐限额；木材生产计划限于作为商品销售的部分，农民采伐的自用材、自留山上的薪炭林、自留地和房前屋后的零星林木不纳入木材生产计划；木材生产计划指标不得突破，超过木材生产计划采伐森林或者其他林木的，必须承当滥伐森林、林木的法律责任。

《森林法》第 37 条规定："从林区运出木材，必须持有林业主管部门发给的运输证件，国家统一调拨的木材除外。依法取得采伐许可证后，按照许可证的规定采伐的木材，从林区运出时，林业主管部门应当发给运输证件。经省、自治区、直辖市人民政府批准，可以在林区设立木材检查站，负责检查木材运输。对未取得运输证件或者物资主管部门发给的调拨通知书运输木材的，木材检查站有权制止。"运输是林业生产和交换的纽带，对控制或促进商品林流通具有不可或缺的重要作用。国家在实施林木采伐许可制度，控制森林采伐量的同时，以法律形式确立了木材凭证运输制度，它与林地林权登记制度、林木采伐许可制度、征占用林地审核制度和木材经营加工许可制度等共同构成森林资源流转行政许可制度，这些限制了用益权人对林权所拥有的用益物权。

（三）几点思考

1. 依法并按照林业生产规律允许林农流转林地

目前，我国农村的社会保障是一种"以家庭保障为主要的保障方式，土地为社会保障的主要载体和保障基金的主要来源"[46]的保障机制，过去政府控制全部森林资源，现在通过林改，把林地使用权让给农民，但同时把对农民的社会保障一并让给农民，也就是说，林地收益是林农的主要收入，林地收益是农村的社会保障基金的重要来源，在二元社会结构中，农民靠土地安身立命。因此，通过制度加强和完善林地的保障功能，依法促进林地的合理流转。

《农村土地承包经营法》第 32 条规定："通过家庭承包取得的土地承包经营权可以依法采取转包、出租、互换、转让或者其他方式流转"。林地流转制度有利于林地的集中、进而形成规模化生产，但林业生产周期长、风险大，同时具有生态、社会和经济效益，因此，按照森林经营方案，在一个轮伐期内、不改变林地用途的情况下有期限地流转林地，一则可以使林农不会失去林地，二则林农可以从林地流转中获得其财产转移的利益。

林农用于林业生产的资金非常有限，如何获得资金，应当规定林地的抵押制度，规范现实中已经出现的林权证抵押担保、中介机构抵押担保等行为，保障林农在不失去林地的情况下，获得融资，以增加林农的生产性土地收益。

2. 完善林木流转制度，赋予林农更多的林权

现实中一个林农营造了大片的商品林，要获取收益的时候，在采伐、生产和流通环节都受到政府的种种限制，会产生什么影响和后果呢？因此，国家应将森林资源的各种效益与个人的资产相联系，将森林资源的各种效益与林农生活相联系，通过物权法和森林法等法律的协调，赋予林农更多的权益，把保护森林，变为林农的一种自觉行为，淡化许可证的作用。

二、林权制度改革与江苏平原林业发展

2000 年江苏省政府发布的《关于推进林业产权制度改革的意见》（苏政发[2000]29 号），拉开了江苏林业产权制度改革的序幕。江苏省作为平原地区，林木主要分布在田边、道旁、河堤等地，较大面积的林地不多，农田林网是江苏林业的特点，如何根据江苏林业分布的情况，对林业产权制度进行改革，使其适应江苏林业发展的需要就显得十分重要。

新时期，如何进一步发展江苏林业，加快绿色江苏建设，2003 年初省委、省政府作出了推动绿色江苏建设的决定，批准实施《绿色江苏现代林业工程总体规划》，随后又把“到 2010 年全省森林覆盖率达 20%，城市绿化覆盖率达 40%”确定为我省全面建成小康社会指标体系的内容之一。

林业产权的核心是对森林资源的所有权确定。从我国林业发展的历史和现状来看，我国对林业经营管理体制的改革，实际上是对林业产权的改革，林业产权决定着林业经营形式，经营形式的变革又关系到广大农民的切身利益。因此，明确的产权关系是林业产权制度改革的关键。

江苏地处长江中下游，属平原地区，全省林地资源主要由四部分组成：一是约占土地总面积 5% 的低山丘陵，并且集中在苏北和宁（南京）、镇（江）、扬（州）地区，现有成片林多分布在这里；二是约占土地总面积 4% ~ 7% 的村庄隙地；三是约占土地总面积 4% ~ 8% 的沟、渠、路、圩、堤；四是约占土地总面积 1% ~ 2% 的滩涂地。后三项是对非专项林业用地的复合经营和重复利用。平原地区由于农田林网、水系等原因，具有开发林地资源的潜力，因

此，江苏发展林业，巩固平原林业产权制度改革的成果，在管理好现有林地的同时，扩大林地面积、提高森林覆盖率。为进一步巩固林业产权制度改革成果，实现绿色江苏的目标，具体从以下几方面要有所突破。

（一）农田林网的生态公益林建设

江苏是进行林业分类经营最早的省份之一，根据社会对林业、生态和经济的需求，按照对森林多种功能主导利用的不同，相应地将森林划分为公益林和商品林。这样，一方面，将前几年绿色江苏建设中所形成的林业建设成果和前一阶段林业产权改革的主要内容都是道路、沟旁以及农田四周，这些森林都含有防护林性质，划为生态保护区，属于公益林；另一方面，商品林和公益林的经营管理体制和发展模式将发生变化。 随着人类生态意识的增强和可持续发展的深入，林业经营目标日益趋向多元化，增加森林资源，加速人工林培育，大力发展人工林产业，可以满足人们对木材资源消耗的需求，又可以提高森林覆盖率。在对生态环境不构成威胁的地区大力发展以速生丰产林以及工业原料林为主体的商品林基地建设，是国家发展林业，确保森林资源可持续发展的战略措施之一，这为江苏林业产业的发展带来了新机遇。江苏人工林的发展对营林业产生了重大影响。一是人工林建设改变了传统林业资源结构，在减轻天然林压力的同时，为木材加工企业提供了原料，缓解了资源总量供给不足的矛盾。二是对营林业经营目标产生直接的影响。人工林可以采取定向培养，通过林种结构的调整，满足不同需要。三是调整营林业的布局，提高了区域资源供给能力。例如，苏北杨树既起到防护林作用，又能满足当地众多加工的需求，防护林体系和人工用材林建设提高了苏北的森林资源的比重。

（二）公益林处置权利改革

根据江苏林业用地和森林资源的特点，地处平原的江苏，丘陵山地面积少，作为江苏的特点和前一阶段林权改革的成果，大量沟渠、路旁以各种方式将使用权和经营权交给了农户，吸引了大量的社会资金投入造林，也促进了绿色江苏的建设。目前个体林分已占到 70.1%，但是这部分个人投资形成的林分，必须给投资者一定的回报才可以持续，也才可以进一步吸引社会资金进入林业生产领域。如果这些投资形成的防护林不允许采伐获取收益，仅靠一点补贴则收益率极低，难以继续吸引资金进入林业，甚至会影响现有林分的管护。

从森林经营的技术要求看，不管是什么性质的林分都需要经营抚育，都存在成熟老化更新的问题，客观上江苏的这个防护林也需要进行科学的经营管理，才能更好的发挥防护效益。

因此，江苏应进一步深化林权制度改革，探讨公益林利用与保护的制度，探讨如何落实公益林经营、处置权利。应该开展生态公益林限制性利用试点工作，按照分区施策、分类管理和适度经营的原则，对生态公益林按保护等级允许采取相应的经营措施。

（三）生态公益林资金投入与资源合理配置

众所周知，生态公益林发挥巨大的生态作用，具有公共产品性质，生产过程中具有很大的正的外部性。对于这样的产品给社会提供的效益远远大于生产者本人所获得的直接收益。在市场机制配置资源的情况下，必然配置资源过少，不能满足社会需要。也因此对于具有正的外部性的生态公益林，理论上就应该是国家进行生产，提供给社会享用，或者对生产者进行补助，使其获得正常的收益，这样才能达到资源的合理配置。

另外，多树种的混交林，林相稳定，病虫害少，防护效益强。但是多树种经营技术要求复杂，投资成本大，木材利用、森林经营难度大，经济收益大为降低。而目前江苏的树种单一情况已经比较严重，病虫害问题也日益严重，森林的防护效能在降低，因此，在未来的绿色江苏建设中要注意树种结构的调整，多考虑乡土树种以及乡土树种的驯化改良，和一些传统树种的提纯复壮。政策对树种配置以及种苗生产、科研应给予倾斜，以更好的建设江苏森林，实现绿色江苏建设目标，更好的发挥森林的防护作用。

江苏作为经济发达地区，对生态环境的要求更高，也是绿色江苏实现的目标。同时江苏也是生态灾害频繁地区，更需要进行生态公益林的建设，这也是绿色江苏建设的重要内容之一。而建设生态公益林，配置合理的资源进行公益林生产，就要求政府加大资金投入力度，加大财政支付力度。因此，为了绿色江苏的目标的实现，江苏不仅需要改革制度和环境，吸引私人投资进行林业生产，同时还应该进一步加大财政投入力度，增加政府对林业的投入和支付水平，对经营具有公益性质的经营者进行转移支付，提高其收益。

（四）城市林业发展

根据《中国21世纪议程林业行动计划》，我国城市林业发展的总体目标是到21世纪初，人均公共绿地面积达到7平方米以上；到21世纪中叶，人均公共绿地面积达到 25 ～ 50 平方米。为此，应该采取的行动和对策是：

1. 加强宣传，提高认识。

确立城市林业的重要地位，广泛开展生态环境保护和城市林业重要性的宣传和教育活动，逐步建立城市林业公共教育制度，让公众全面了解城市林业的重要作用和多种功能，提高全社会对城市林业重要性的认识，鼓励全民和全社会参与城市林业建设和保护。

2. 城市林业建设纳入城市建设总体规划

建立必要的机制，把城市林业建设纳入城市建设总体规划之中，并理顺管理体制，把林业部门纳入统一的管理体系，协调好林业、农业、园林、环保、城建、市政、国土、交通等各部门之间的关系，确保城市林业的健康有序地发展。

在城市建设中建立节点、核、中枢、廊道、斑块等绿网的结构模式，相互间实现可达性、渗透性、均匀性、循环流动性、资源节约与效益最优化等功能；对城市的各种废弃地，包括垃圾填埋场、废弃采石场、矿山等的生态恢复技术；城市森林在内的城市绿地货币化计量核算，包括其对土地利用、环境改善、房地产的增值作用，以及在地产拍卖、交易中树木的附加值等。

3. 将城市林业建设与水体保护结合起来

江苏省地处江淮沂沭泗流域下游，境内河网密布，水面积占整个地域面积的 16% 以上。由于工业化、城市化的进程加快，加之长期以来对河流资源环境缺乏有效管理和保护，全省河网水系存在严重问题，主要表现为：河道普遍堵塞淤浅，引排能力严重衰减；非法填埋和盲目圈圩严重，导致河湖水面大量缩小，调蓄功能大大减弱；水污染严重，水生态环境恶化。因此，保护水资源，维护水生态，已经成为经济社会与资源环境协调发展的一个重大课题[47]。

近年来，江苏在环保工作上取得了新的进展。但江苏人多地少，环境容量狭小，环境污染、生态破坏十分严重。因此，应加强长江、淮河、太湖三大水系建设，将城市林业建设与水体保护结合起来，突出抓好环太湖一级保护区、洪泽湖等自然保护区建设。在发挥森林净化地表、吸收重金属和二氧化碳等污染物功能的同时，要充分利用三大水系水体功能，改善森林生长环境。

4. 大力发展景观林业

南京市、苏州市、无锡市、常州市和镇江市等城市是我国主要的旅游城市，城市林业建设与风景林建设工程要结合起来，对贯通风景区的公路沿线进行绿化，恢复植被、文物、景观，造林绿化从丘陵走向平原地区发展，在以小城镇绿化、农田林网为重点的平原绿化达标建设中，实施城乡一体现代林业示范区建设，骨干道路、河道两侧要建成宽幅绿带，建成生态良好的城镇、中心村，改善市区和县级市建成区的生态环境，扩大城市森林和绿地面积，提高城市森林资源、树木及绿地的数量和质量，利用生物共生互利原理，建立合理的多林种、多树种、多层次的城市绿地及城市森林景观结构，形成以城带乡、以乡促城、城乡联动、点线面相结合的城乡一体绿化大格局。

（五）村庄绿化建设

平原林业产权制度改革,不断增强了森林资源管理的活力。通过家庭承包、转包、出租、互换、转让、招标、拍卖等多种形式的林业产权制度改革，已经划定的自留山，坚持由农户长期无偿使用；分包到户的责任山，保持承包关系的稳定。当前绿色江苏建设,森林覆盖率提高的关键问题之一是扩大林地供给，村庄绿化建设是行之有效的方法。按照省政府对村庄绿化工作的部署，2007年新增加5000个绿色村庄。具体措施：

1. 科学规划、分类指导

结合江苏实际，制定村庄绿化总体目标。在实施过程中，要根据不同村庄的地理位置和特点，因地制宜，分类指导。村庄绿化分丘陵区、平原区村庄类型，其中苏南丘陵地区绿化覆盖率达到30%；苏南平原区村庄绿化覆盖率达到25%；苏中地区达到25%；苏北平原达到35%。

2. 生态优先

把改善村庄的生态环境作为首要目标，以绿为主，建设结构合理、经济林果、观赏树种、乔灌花草科学配置的村庄绿化体系。尊重农民的意愿，维护农民的利益，实现绿起来与富起来、美起来相结合，促进农民致富奔小康，鼓励和支持发展庭院林业经济，实现经济效益、社会效益、生态效益的有机结合。

3. 生物多样性

大力开展庭院绿化，行政村区域内道路、河道宜绿化地段、农田林网防护林建设中，可以选择一些生长速度快、干型高大的乔木树种，加快村庄绿化，提高绿化的覆盖率。同时，加强对村庄森林资源、古树名木和绿化成果的保护，以实现生物多样性。

（六）注意的几个问题

1. 增加林木种苗供给

林业产权制度改革，形成了经营主体多元化的格局，多元化主体的形成，出现了多元的利益主体和多元的利益关系，不同的利益主体显示出不同的利益要求。改革完成后，政府职能发生变化，出现了许多新情况和新问题，其中如何充分利用种源、林分和个体选择，按照自然区划和树种特点，建立良种生产基地，以满足绿色江苏建设的需要，是各级地方政府关心的问题。

林木种苗是最基本、最特殊的林业生产资料，是林业科技进步的重要载体，承担着传承林木遗传资源、森林世代繁衍和促进林业发展的重要使命。在2006年2月召开的全国林业厅局长会议上，贾治邦局长强调指出："必须高度重视良种壮苗这项林业建设的基础工作，使林木种苗建设由数量保障型向质量效益型转变"。在2006年9月全国林业科技大会上，贾治邦局长又进一步指出，我国"山地和沙地面积相当大，可以挖掘的土地潜力、物种潜力、水肥气热潜力都非常大。特别是森林中丰富的物种资源，每一种都可能开发出一个大产业"，强调"林木良种是解决先天性问题的，是林业发展的根本"。2007年全国林业厅局长会议上，贾治邦局长进一步强调"要科学管理种苗生产。加强林木种子区划和良种基地建设，……加强种苗市场监管和质量监督，强化社会化服务"。因此，在这种变革时期，可以通过市场这只"看不见的手"和政府这只"看得见的手"解决苗木供给问题，以加强林木种苗发展，加快林业科技创新、体制创新、机制创新，建设现代林业、实现林业可持续发展。基于以上原因，种苗产业化过程中，笔者认为，除技术上应该有所突破外，应该建立较为完善的财政政策体系，具体应从以下几个方面入手：

（1）加大R&D（研究与开发，Research and Development）的投入

国家对苗木的合理利用十分重视，国家"973"、"863"、"948"和"九五"、"十五"、"十一五"攻关项目都将良种引进、种苗合理利用等林业技术纳入研究内容。江苏省也应该投入大量的科研经费。根据我们在连云港市调查研究发现，当地急需适合盐碱地条件的苗木。在我国，财政在促进林业技术进步方面发挥了越来越大的作用，特别是实施积极财政政策以来，一大批技术进步成果是利用国家的财政投入而完成的。由于目前苗木业发展过程中缺乏人才、资金、信息和有效的创新管理能力，使得林农个体还不能成为林业技术创新主体，鉴于政府和学校的R&D资源配置处于主导地位，因此，要进一步发展种苗业，就要在财政的科技投入在绝对量上不断增长的情况下，加大林木苗木产业科技投入占财政支出的比重及GDP的比重。

（2）对苗木经营者的财政扶持

由于苗木投入和经营中风险大，加上我国从事苗木的经营者技术创新能力

低，现阶段对种苗经营者的财政扶持，有利于加快苗木产业化经营速度。政府财政可通过税收优惠、财政投融资及政府采购等手段，加大对种苗经营者的技术进步的扶持力度。可以考虑允许种苗经营者的 R&D 支出实行 100% 的税收抵扣，并通过财政贴息、贷款担保等对种苗经营者给予资金支持，促进种苗产业的技术进步。

2. 完善投资、金融管理体制

在现行投融资管理体制下，政府按投资和融资额度的大小，由各级行政主管部门行使审批权，而且项目审批制仅限于国有企业。随着我国经济的不断发展，非公有制经济在林业生产中的地位越来越重要。现如今，这种项目的行政审批制的弊端表现得越来越明显，使得非公有制经济主体处于不平等的地位，影响非公有制经济主体投资企业的积极性。因此，政府应完善投资、金融管理体制，确保投资和融资渠道畅通。另外，可以通过建立政府、银行、企业和社会等多元化科技投入体系，充分利用社会上各种闲散资金，筹集资金发展江苏，分散投资风险[48]。

3. 按照规划，调整土地用途，增加林业用地

按照 2003 年省委、省政府批准实施的《绿色江苏现代林业工程总体规划》，以及随之确定的“到 2010 年全省森林覆被率达 20%，城市绿化覆被率达 40%”的目标。江苏目前森林覆被率为 15.83%。不考虑城市面积和城市更高覆被率标准，按照江苏全省面积 10.26 万平方千米进行计算，到 2010 年达到森林覆被率 20%，每年需要提高 1.5% 的森林覆被率，即每年造林保存量需要 154 万亩左右。对于江苏基本消灭荒山荒地的省份，每年要新增森林面积 154 万亩，必须要有切实可行的政策保证。落实造林用地，是完成造林绿化任务的前提，也是绿色江苏目标实现的前提。因此，需要省及各级政府部门根据规划要求，调整土地用途，将重要生态区位重要地块的土地以结构调整方式预留为林业用地，并对沿江、沿路、沿河、沿海、沿村等重点林业生态工程建设用地早做准备，调整到位。

4. 完善林业科技服务体系

林业科技服务主要是为林业生产所必需的生产资料、资金、信息咨询等提供的“产前服务”，为林业正常生产作业提供的“产中服务”和为产品收购、储藏、加工、销售提供的“产后服务”。林业科技服务方式较为单一，目前政府和集体经济组织所提供的服务主要是以无偿服务的方式为主。而且这种方式一直延续了几十年，无论是服务的提供者还是服务的接受者都已经习惯了这种

无偿服务。目前由于没有强大的资金作为支撑，无法提供优质的服务。根据我们在江苏地区的调查中发现，林业科技服务的功能正在减弱，有的乡镇已经没有林业科技服务机构和人员。林业产权制度改革后，绿色江苏建设中，林业科技服务范围已经扩大，因此，政府应该提供财政支持，建立林木种苗体系、森林病虫害防治体系、森林防火体系、科技服务体系及森林资源监测体系等较为完善的林业科技服务体系，以实现绿色江苏的目标。

三、林业产权制度与木材加工产业发展

（一）产权制度与经济增长

按照诺斯观点，制度决定社会、政治和经济制度的激励结构，是经济绩效的决定性因素。有效的林业产权制度的实施，可以减少不确定性因素，从而减少交易成本促进经济的增长。产权属于重要的经济制度，诺斯认为："有效率的经济制度是经济增长的关键，一个有效的经济制度在西欧的发展正是西方兴起的原因所在"[49]。有效的产权安排无疑可以帮助所有人形成合理的预期，减少不确定性，降低交易费用，正如德姆塞茨所说："产权是一种社会工具，其重要性就在于事实上它们能帮助一个人形成他与他人进行交易时的合理预期。这些预期通过社会的法律、习俗和道德得到表达。产权的所有者拥有他的同事同意他以特定的方式行事的权利。假定在他的权利的界定中这些行动是不受禁止的。"[50] 经济增长与资源有效配置密切相关。土地、劳动、资本和技术等多种要素相互作用的结果是经济增长，但是生产要素的配置效率决定经济增长速度，其中制度因素起着基础性作用。在论述产权安排与资源配置的关系时，科斯说："我的梦想是建立一种能使我们对生产的制度结构的决定性因素进行分析的理论"。[51] 其实质就是从产权安排的角度对资源配置进行制度结构的分析，存在交易费用的前提下，制度将怎样影响到资源配置的效率是研究的重点。

不同的产权制度安排形成不同的激励机制，好的激励机制能够把个体的努力程度与报酬、个人目标与社会目标紧密结合[52]，诺思在《西方世界的兴起》中就明确指出："有效率的经济组织是经济增长的关键，一个有效率的经济组织在西欧的发展正是西方兴起的原因所在。有效率的组织需要在制度上做出安排和确立所有权以便造成一种刺激，将个人的经济努力变成私人收益率接近社会收益率的活动。"[53]，建立有效的产权制度可以把个人的努力与报酬、个人目标与社会目标紧密联系起来，提高社会生产率，促进经济增长。

（二）林业产权制度明晰化问题

林业产权问题主要是森林资源产权问题。从林业财产所有权主体角度来分，森林资源所有权包括国家所有权、集体所有权和公民个人所有权。由于历史和体制方面的原因，我国的社会主义所有制性质不能改变，至于谁是国有森林资源的代表，谁来行使所有权的一些基本理论问题上，已有较为统一的认识。而集体森林资源的所有权则存在集体所有的森林资源的主体虚化现象。集体所有的森林资源是集体经济组织所有的森林、林木和林地在法律上的表现。这种由全体劳动者自愿组织起来的经济形式是我国社会主义公有制经济的组成部分之一。集体所有的森林资源的所有者是集体经济组织成员，具体权利的行使，应由全部成员或经全体成员的同意，这在事实上是不可能的，因此应由集体组织的代表来行使所有权，并为其全体成员获取利益。

财产所有权作为对物的一种权利，它强调的是对物的归属的确定，其法律特征表现为所有权主体的惟一性和排他性。随着商品经济的发展，这种惟一性发生了变化。从财产存在方式来看，财产可分为价值形态和使用价值形态，在简单的商品经济中，财产的价值形态和使用价值形态往往表现为合一的，这种财产的统一性就使得财产集中在财产所有者手中。在发达的商品经济中，财产所有者并不完全由自己来行使所有权，所有人必将自己所有的财产委托他人来管理或处理。一方面财产所有人将自己所有的财产转移给他人管理，另一方面，他人则基于财产获得利益，并将部分利益交付给受益人，这种财产关系使得财产的价值形态和使用价值形态在一定条件下产生分离，形成了不同的主体以财产不同的形态作为控制对象。

森林资源在一定的社会中，都有一个法定的或约定俗成的归属问题，从我国的法律规定和林业的生产实践来看，林木所有权和林地所有权往往是不一致的。从法律角度讲，一个主体可以享有森林、林木和林地的多项财产所有权，而某一特定的所有权只能归属一个主体，即一物一主。这是明确权利、责任的前提。因此，森林资源在其经营过程中必然会出现不同的价值形态，而不同的价值形态必须有相对应的主体，这样，不同的价值形态中出现了主体多元化现象，是所有权理论在林业生产实践中的发展。主体多元化是市场经济的一个重要特征，这就要求多元化的主体制度与之相适应，使不同主体的合法权益得到法律的平等保护。

森林资源所有权包括林地、森林和林木的所有权。而根据我国现行法律规定，林地、森林只能归国家和集体所有，林木不仅可以归国家或集体所有，公民个人也可以享有所有权，因此，国有森林资源出现国家垄断所有，市场交易中不可能存在所有权交易；集体所有的森林资源在交易中其权利受到限制，其林地的所有权在一定条件下可以转变为国家所有，由于林地的不动性，集体与集体之间的交易也较少；公民个人虽可以享有林木所有权，但林木生长又离不开林地这一最基本的生产要素，因此，公民在转让自己的所有权时，其权利的实现也是不充分的。如果森林资源很难流转到最佳、最需要利用的人手中，必然会造成森林资源的浪费，这样，就必须寻找另一种交易的客体来带动资源进入流通领域，而这种客体就是森林资源的使用权。这种使用权实际上是一种无形的财产所有权，是所有权理论发展后而出现的非实物形态的所有权。因此，国家必须制定有关政策和法律，确定公民对林木的所有权和林地的使用权，确定林地使用权的范围，以保护公民的利益，有利于林业发展[54]。

目前，我国林地林权保护管理得到了切实加强。2003 年，国家林业局下发了《占用征用林地审核审批管理规范》、《关于进一步加强退耕还林地林权登记发证工作的通知》、《关于进一步加快林权登记发证工作的通知》。

同时进一步调整规范了森林采伐限额管理政策。2003 年 3 月，国家林业局下发了《关于规范树木采挖管理有关问题的通知》，明确将树木移植作为采伐林木对待，对树木采挖的管辖、审批、运输、经营等行为依法进行了规范，逐步将树木采挖管理纳入法制化、规范化轨道；2003 年 12 月，国家林业局出台了《关于完善人工商品林采伐管理的意见》，对人工商品林的采伐利用实行更为宽松的政策。

森林资源的资产化管理，经过多年的讨论，已经得到一致的认可。有效的产权结构应该包括“① 排他性——所有因为拥有和使用资源而增加的利益和成本能够并且只能直接或间接地通过卖给别人而归拥有者所有。② 可转移性——所有的财产权都可自愿地从一方让渡给另一方。③ 强制性——在未经授权的情况下，取得的财产是无效的。”[55] 一个拥有明确资源产权的所有人，在对资源进行资产化管理时，了解到森林资源经营状况和资源价值的增减与其个人利益密切相关，所有者就能够有效地利用森林资源。如果将产权明晰的森林资源在市场中进行交易，则能够提高效率，正如制度经济学家科斯所说，产权重要不重要，取决于交易。当没有交易发生时，它就不重要。有交易发生并产生交易费用时，产权问题才突出。因此，森林资源经营管理、资源价值的增加和效率的提高是以明确的产权为前提的。然而，现实中我国森林资源产权的法律界定却并不明确。

一是森林资源是以多年生木本植物为主体并包括以森林环境为生存条件的林内动物、植物、微生物等在内的生物群落，它具有一定的生物结构和地段类型，并形成特有的生态环境系统。[56] 我国的法律规定了森林资源的所有者，但森林资源的所有权延伸的与森林资源不可分割的草本植物和动物的权属没有界定，这些成为了“共享资源”，不利于森林资源的保护和利用。

二是林地所有权与林木所有权分割。依照法律规定，公民个人可以享有林木的所有权，但林地的所有权主体只能是国家和集体所有，公民个人只能享有使用权。林木生产离不开林地，如果国家和集体收回林地的使用权，则林木的权属就面临着挑战。

三是林木所有者的权利行使受到限制。目前我国非公有制林业经营者由于林业产权残缺和采伐限额制度等原因，其经济利益的实现受到限制，突出表现在现行的森林采伐限额制度对非公有制营造林经营者的限制。国家在保护林业生态效益的目标下实施的森林采伐限额制度，对遏制林业乱砍滥伐起到一定的作用，但同时森林采伐限额制度没有考虑商品林、公益林经营目的和经营者追求目标的差异；森林采伐限额管理是否一定 5 年不变，而不考虑森林按照最佳的经济轮伐期进行经营生产的情况；我国林木、林地所有权的不一致，林地使用权的范围与森林采伐限额的关系等问题如果没有得到解决，森林采伐限额将会降低营林的效益，增加营林的风险，也必然制约社会资金投入，从而进一步影响社会资金投入林业的积极性，发展非公有制林业政策将不能真正落到实处[57]。

（三）非公有林业制度有效支撑

非公有制林业是指非公有制经济成分参与林业生产和经营，是非公有制经济在林业领域的具体体现。非公有制林业在我国起步较晚，20 世纪 80 年代初期，中央提出“谁造谁有”的政策后，南方部分省份出现小部分私有林现象。20 世纪 80 年代后 90 年代初期，南方一些省份出现合资经营林业的情况，形成我国非公有制林业的雏形。21 世纪开始，“放手发展非公有制林业”成为国家林业实现跨越式发展六项主要内容之一，非公有制林业发展面临着新的机遇。

支持和鼓励民间资本投资林业政策不仅具有良好的生态效益、可观的经济效益，同时还有巨大的社会效益。据统计，通过发展林业，中国每年可带动 4500 多万农民就业，这相当于农村剩余劳动力的 37.5%。我国山区人口占总人口的一半以上，在很多重点林业区，发展以木竹、林果、食用菌、花卉、林下中药材、森林食品、森林旅游为主的林业收入，在当地经济中所占份额已达到 50% 以上。非公有制林业在我国林业中所占比重有所提高，非公有制林业在林业建设中的作用越来越重要。截止到 2003 年底，我国非公有制森林的面积是 3510 万公顷，占我国所有森林面积的 20.32%，几乎相当于一个云南省的面积。非公有制森林的蓄积占到森林蓄积量的 6.77%，未成林的造林地非公有制面积是 201 万公顷，占全国现有的未成林造林地的 41.14%。近年来，我们国家的人造林的面积飞速发展。在人造的 1 亿亩森林中间，2001 年，非公有制林业占到 54.4%。2002 ～ 2004 年，非公有制造林的面积发展更快，2002 年达到了 70.2%，2003 年和 2004 年都分别超过了 80%。2004 年，人造林面积达到了 1.15 亿亩，也就是说，非公有制的造林面积达到 8000 万亩以上。国家鼓励各种所有制林业的发展，跟公有制林业同等对待。第一，国家出台了“谁造谁有，谁投资谁受益”的政策。第二依法保护任何单位和个人的森林林木和林地所有者和使用者的合法权益，这是我国《森林法》第三条所做的规定。第三，依法核发非公有制造林者的林权证。第四，国家对各种所有制经济的造林给予同样的政策优惠，比如，重点森林生态补偿基金制度，对非公有制林业同样是每亩补助 5 块钱[①]。

《中国共产党第十六届中央委员会第三次全体会议公报》中指出：要大力发展和积极引导非公有制经济，允许非公有资本进入法律法规未禁入的基础设施、公用事业及其他行业和领域。非公有制企业在投融资、税收、土地使用和对外贸易等方面，与其他企业享受同等待遇。要改进对非公有制企业的服务和监管。

我国宪法第 11 条规定：“在法律规定范围内的个体经济、私营经济等非公有制经济，是社会主义市场经济的重要组成部分。国家保护个体经济、私营经济等非公有制经济的合法的权利和利益。国家鼓励、支持和引导非公有制经济的发展，并对非公有制经济依法实行监督和管理。”鉴于非公有制林业的法律地位得到提高，非公有制林业与公有制林业已经成为我国林业建设中所不可缺少的两个重要组成部分，因此，完善的非公有制林业的法律环境是非公有制林业进一步发展的重要保证。

我国对非公有制林业法律地位的确定和保护采取的是渐进式改革方式，发展非公有制林业，不仅依靠完善的法律和法规作为根据，而且以林业经济政策

①www.people.com.cn (2005年1月18日)

作为根据，通过林业经济政策手段调整。

四、江苏区域经济差异对林权制度改革的影响分析

江苏省以平原为主，平原约占总面积的70%，水域约占总面积的20%，低山丘陵面积较小，曾是个典型的缺林少绿的平原省份。2000年初，江苏省政府出台了《关于推进林业产权制度改革的意见》，允许通过租赁、承包、拍卖、股份合作等形式，鼓励全社会参与造林绿化。2004年又出台《关于推进绿色江苏建设的决定》，各地全力推进林业产权制度改革，发展非公有制林业。2006年颁布实施了地方性法规《江苏省生态公益林条例》。2008年11月，省政府颁布《关于深化林权制度改革的实施意见》，要求进一步明晰林地使用权和林木所有权，放活林地林木经营权，落实处置权，保障收益权，加快林业发展步伐。“十五”以来，江苏每年新造林面积均保持在150万～180万亩之间，森林覆盖率和城市绿化覆盖率每年以一个百分点的速度增加。2006年实现林业总产值716亿元，居全国第5位，以占全国0.7%的林地（2134万亩），实现了占全国7%的林业产值，是名符其实的“小林业大产业”。2008年全省实现林业产值937亿元，比2007年增长15%。

哈罗德·德姆塞茨认为，当一种资源的经济价值上升时，公众倾向于把这种资源的产权界定得更清楚。林权制度改革是农村改革的重要内容，把集体林地承包给农户经营，是农村家庭承包经营制度在林业上的延伸拓展，是对农村生产资料的一次再分配，是促进现代林业发展、农民增收的重要举措，通过明晰林地使用权和林木所有权，放活经营权，落实处置权，必将进一步解放和发展生产力，促进社会主义新农村建设。江苏省由于各个地区所处的地理位置、人口素质、资源禀赋、发展水平不同，以及投资政策不同，导致各地的经济发展呈现较大的差异。苏南经济发展最快，苏中次之，苏北经济发展最慢，这种地区经济差异性的存在，影响了江苏省总体经济的发展。在林权制度改革中，讨论制度的选择与差异对区域经济的影响，并以此为契机来探讨缩小区域经济差异的政策选择，具有重要的理论和现实意义。本文从当前区域经济发展理论中制度对区域差异影响的角度，探讨江苏平原林业林权制度的改革问题。

（一）江苏区域经济差异的现状

区域经济发展差异是指在进行各种社会经济活动中所表现于经济、社会和

政治结构变化的差异。江苏省是全国的经济大省，GDP 总量 2008 年名列全国第三，全省人均 GDP 却退居全国第五，区域经济存在巨大的反差。江苏省按经济发展的不平衡性划分了三个区域：苏南、苏中和苏北。

1. 人均 GDP 与农村居民收入的差异

在人均 GDP 方面，2007 年苏南、苏中和苏北地区分别为 54952 元、28411 元和 16263 元，苏南人均 GDP 是苏北的 3.38 倍。经济发展的水平影响了各区域农村居民的收入水平。2007 年苏南的农村居民人均纯收入 9293 元，苏中为 6698 元，苏北为 5253 元，三者的比例约为 1.77 ∶ 1.28 ∶ 1。

从 2000 年以来的变化趋势看，苏中、苏北与苏南的差距虽然在绝对地拉大，但其加速扩大的速度却在逐步放慢（图 2-1）。

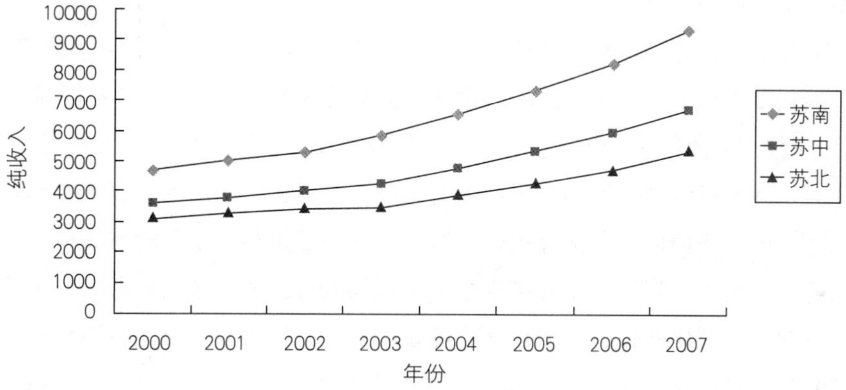

图2-1　2000～2007年三大区域农民人均纯收入增长态势图

注：数据来源于《江苏统计年鉴—2008》

在农民收入结构中，非农产业收入所占比重逐渐加大。非农产业收入的发展对农民收入差距的影响包含了两个因素，一是乡村工业给农村家庭带来的较高的工资性收入高低对家庭收入差距的影响；二是苏南、苏北乡村工业的发展促进了农业就业机会的增加，即农户能参加到工业化中去，能获得乡村工业带来的工资性收入[58]。

2. 产业结构优化的差异

区域经济发展不仅是经济水平不断提高的过程，也是产业结构不断优化的过程。通常经济发达、综合实力雄厚的区域，其内部推动产业结构调整和升级的能力较强，区域产业结构具有促进经济全面发展的综合优势[59]。苏南和苏中的区域产业结构转换能力综合指数高于江苏省平均水平，产业结构转换能力较弱区域大部分集中在苏北区域，且与苏南地区的差距不断扩大[60]。

2007年，苏南、苏中、苏北三次产业结构分别为2.1 ∶ 58.6 ∶ 39.2、8.2 ∶ 57.2 ∶ 34.7和16.2 ∶ 48.9 ∶ 34.9，苏北一产占比高出苏南14.1个百分点，二产占比低9.7个百分点。从产业来看，苏南技术密集型、资金密集型产业已具相当规模，苏中和苏北传统产业的比重还比较大。苏南由于区位优势，成为上海产业转移、技术和产品扩散的主要地区，已经进入较发达经济阶段；苏中处在工业化初期向工业化中期的迈进阶段，苏北则处于从初级产品生产向工业化初期的过渡阶段。同时，随着农村改革的深入，苏南乡镇集体企业迅速发展，乡镇企业的发展是农民增加收入的重要渠道。苏北以重工业和农业为主的经济发展模式，制约了乡镇企业的发展。

3. 林业产业发展的差异

苏北地区土地、海洋、湿地资源丰富，土地、耕地面积均占全省的1/2以上，海岸线长度占全省的4/5，平原、沿海林业发展潜力很大。苏北地区林业发展侧重于优化林业结构，加快速生丰产林基地建设，开展高标准农田林网建设。林业对发展农村经济、增加农民收入有显著的作用。苏南地区森林资源总量不足、林木覆盖率偏低，非法开山采石毁林、建设占用林地现象时有发生，生态环境脆弱直接影响到该地区经济社会的可持续发展。苏南地区林业发展侧重于优化林业生态环境建设，以绿色通道建设、丘陵岗地退耕还林、村镇绿化、湿地及野生动植物保护为重点。苏中地区拥有全省1/5的土地和1/4的人口，而林业用地和有林地面积仅占全省的1/9和1/10，人均林地面积和有林地面积不

表2-1　2000～2007年三大区域林业总产值　　单位：亿元

年份	苏南	苏中	苏北
2000	6.98	5.69	21.82
2001	13.97	9.12	23.79
2002	19.04	11.28	27.01
2003	10.42	8.81	29.92
2004	12.12	8.60	30.94
2005	14.25	14.37	35.83
2006	14.27	15.96	19.36
2007	20.06	11.92	41.95

注：数据来源于《江苏统计年鉴—2008》

足全省平均数的一半，森林覆盖率低于全省平均水平。苏中地区林业发展侧重于增加资源总量，提高森林覆盖率，发展林业特色产业。

根据表2-1，我们可以看出，除2006年外，苏北林业总产值处于稳步上升趋势，苏南和苏中地区波动较大；2001年和2005年各区域林业总产值有较大的提升，显示出《关于推进林业产权制度改革的意见》和《关于推进绿色江苏建设的决定》的政策效应，可见，制度对整个林业产业的发展有较为显著的影响。

（二）江苏区域经济差异对林权制度改革的影响

1. 区域林业发展差异影响林权制度改革的重点

江苏林业产业的区域差异决定了林权制度改革的模式和重心也存在差异。苏南生态林业和科技林业的定位，决定了苏南林权制度改革的目标是大力实施以生态建设为主的林业发展战略，以生态经营为导向的改革。实践中生态公益林的经营采取了联户管护承包等形式，由于补偿额度低、保障程度低等问题影响了林农的积极性。因此在苏南林权制度改革的过程中建立相应的生态效益补偿制度是当前需要解决的突出问题。

苏北经济较苏南和苏中落后一些，但苏北的农业生产相对于苏南和苏中具有一些优势：农村劳动力资源丰富，土地类型多样，生态环境较好。近年，苏北地区把林业作为强县富民的重要产业来抓，林业产业呈现出强劲的发展势头，农民收入显著地增加。苏北不少县（市）来自于林业产业的利税已经占到当地全年财政收入的50%以上，部分重点乡（镇）这一比例甚至超过80%。因此，苏北林权制度改革的重点是以农民得实惠为根本，依法保障农民的经营权、处置权、收益权。

苏中地区生态林业和特色林业的定位，决定了林业建设的重点是沿海、沿江地区森林生态网络工程、湿地系统保护恢复工程和特色经济林工程。苏中林权制度的改革应侧重于扶持农民林业专业合作社的发展，大力发展林业专业协会，充分发挥政策咨询、信息服务、科技推广等作用。

2. 区域农民收入差异影响林权制度改革的意愿

苏北较低的人均收入会导致农户较高的林地需求，对林权制度改革的意愿相当强烈。目前苏北农民家庭经营仍居主导地位，且其中大部分来自于第一产业，并已呈现增幅徘徊的局面。农民增加收入不仅依赖于劳动力素质的提高，同时也强烈依赖于家庭资产的再增值。苏北地区农民家庭经营收入是农民收入的主体，林业产业对苏北农民增收作用显著。据统计，沭阳县花卉苗木面积已近 30 万亩，从业人员超过 10 万人，花木年销售收入 20 多亿元，已成为当地农民增收的重要组成部分。通过从事林业产业，宿迁市已有数以万计的农民走上了致富道路[61]。林地在集体所有权不变的前提下，实行使用权家庭承包制，林地的使用权在集体经济组织与农户合约下归属于农户[62]。在产权经营的模式上更多的表现为单户经营，从单户经营林地分布情况来看，主要是分布在农田、山林以及房前屋后。

苏南农村经过多年的发展和积累，已经具有较为雄厚的经济基础。随着城镇化进程的加快，农民投资意识的增强和投资领域的拓宽，苏南农民的投资收益及租金收入等也呈现快速增长趋势。农民收入主要来自于工资性收入、转移性收入和财产性收入，林业收入在收入中的比例很小。随着替代性收入的不断增加，农民对林地的需求越来越少，对林权制度改革的意愿和积极性降低。和苏南苏北相比，苏中地区家庭经营收入和工资性收入对农民收入的重要性并重，最近几年，农民收入增长态势几乎完全是依靠非农产业收入增长实现的，因而对林权制度改革的意愿相对较低。

3. 区域市场化水平影响林权制度改革的深度

产权流转是实现产权利益的必要途径，产权不稳定，政府干预较多的地方，农民经营林地的积极性较低。林权制度改革是把林木、林地、森林等林业资源资产化，通过市场化的运作，促进资金、劳力、土地等生产要素向林业聚集，促进非公有制林业的发展。产权安排是建立在供求双方利益函数之上的方程，改革中所涉及的行为主体间利益机制的差异，都会导致不同的产权安排[63]。

市场化程度直接影响林权制度改革的深度，市场化程度高，生产要素可以自由流动，在各个经济组织都追求利润最大化的情况下，采取“经济理性”的行动，会提高经济效率，缩小组织间的差异[64]。苏南地区产权交易市场发展较为完善，流转经营效率高。社会资本和民间资本发育良好，直接促进了联户或集体经营，因此苏南地区林权制度改革阻力较小。苏北苏中地区市场发育不完善，林权制度改革的利益相关者之间存在信息不对称，林农个体之间的流转有相当部分处于私下流转，程序和文本不规范，一旦发生纠纷，权益得不到法律保障。市场的不完善提高了产权交易的成本，降低了流转效率，直接影响林业产业的规模化经营，因此苏北地区林权制度改革的难度较大。

（三）江苏林权制度改革的差异化与协调推进

林业是区域化属性显著的行业。苏南、苏中、苏北各地森林资源的分布、生态系统的特点，以及林业发展所依存的社会经济条件均存在较大差异，区域林地生产力、林业经营效益、林农对山地依赖性等方面都有很大不同。当前在林权制度改革整体推进的过程中，忽视根据区域特点制定林权制度改革的具体模式，往往会对区域产业发展、生态建设产生不利的影响。因此，必须因地制宜，选择合适的改革措施和办法，促进各区域林权制度改革工作的协调推进。

1. 制度改革的协调推进

2000年改革之初，全省有集体林地1273万亩，截至目前，563万亩已经承包到户，占44%。在即将推行的林权制度改革中，首先必须抓住“明晰产权”这个核心，即各地通过采取家庭承包经营方式，将林地承包经营权和林木所有权落实到本集体经济组织的农户中，从而把林地真正变成农户的生产资料。集体林产权制度改革是实现林业由传统集体所有的封闭经营模式向社会化办林业的开放式经营模式转变的开端。改革后，在社会多主体的普遍参与下，森林资源资产的转让、转包、抵押、担保、入股、信贷等业务将大量增加，必须依靠制度建设来规范森林资源流转，盘活森林资源资产[65]。

市场条件的改善会提高农民对林地的需求，林业要素市场体系的建立，有利于林业经营主体的多元化，有利于跨所有制、跨行业、跨地区投资经营林业。构建完善成熟的森林资源产权交易市场，成为进一步促进森林资源产权流转交易的当务之急，其中森林资源产权界定是森林资源产权市场构建的前提，森林资源价格评估是森林资源产权市场客体进入市场的基础，建立森林资源产权交易中心是森林资源产权市场构建的基础性工程，森林资源产权市场规则的制定是森林资源产权市场健康发展的保证，产权交易中介组织的培育是产权市场构建的重要环节[66]。林权制度改革是对农村集体所有稀缺资源的制度改革，对公平性要求高，而且主体改革推进的同时还需要一系列配套措施，因此应进行渐进式改革和制度创新。在改革的时间上，渐进性还体现在对现阶段潜在增值大的林地应优先明确界定产权，对增值小的林地可以继续坚持集体所有制。

2. 制度改革的差异化

江苏省以平原为主，丘陵山地比重小，森林资源少，零碎分散，分布不均，即使是林业重点县，农民人均森林资源量与南方集体林区林农人均几亩、几十亩甚至上百亩相比要少得多，多数农民对仅靠经营林地和林业生产而解决温饱或致富的期望并不高，因此，江苏2000年推行的“林改”没有完全走分林、分山到户的家庭承包经营的模式，而是较多地引入了竞价拍卖、招标承包、租赁经营、股份合作等多种方式，允许农村集体组织内成员以及集体外成员依法参与“林改”，并鼓励和倡导大户经营、公司化经营等规模化经营形式。

在区域政策的选择上，苏南的政策支持应集中体现在以生态建设为主，如生态公益林建设的政策创新，生态公益林通常是由地方政府以保护生态环境为目的而强制划定的。生态公益林所占的比例可以看作是反映政府侵蚀集体林地产权程度的因素。研究表明，在生态公益林比例较高的村子里，改革中，集体经营的比例增加，这也符合苏南集体经济的特点。苏北的政策支持应集中体现在现代林业产业的建设上，制度建设应有利于林地向营林大户集中，促使林业的规模化、产业化经营，促进传统林业向现代林业转变。但苏北林农的组织化程度偏低影响了林业的规模经营，林农也缺乏有效的保险制度提高其抵御风险的能力。集体林产权制度改革后会出现小农户与大市场之间的矛盾、林地碎片化与规模经营之间的矛盾。因此，政府需要引导建立专业协会等“第三部门”，加强对“第三部门”的制度支持与约束[67]，以有效解决分散的林农对林业实用技术、销售渠道，以及护林、防火等公共产品的需求。

巴泽尔认为，随着资源的新的使用价值的被发现，资源的价值提高，这使得由于原先产权界定不清晰而处在“公共领域”的价值提高，于是便有了相关利益者对“公共领域”价值的博弈攫取，而这就是产权博弈过程。林权制度改革后，村委会的收益也将受到影响，而村委会实施林权改革的机会成本高低将直接影响林改的进度和质量。因此，在推动林权改革过程中，应该对基层集体经济组织的既得利益有所补偿，才能加速林权制度改革的步伐。

第三部分

杨树造林与杨树产业协调发展

YANGSHU ZAOLIN YU YANGSHU CHANYE XIETIAO FAZHAN

一、杨树造林市场分析

（一）投资杨树造林的效益分析

在市场条件下，投资者真正关注杨树造林项目的是投资回报率、收益率等经济指标，而不是杨树生长的树高、胸径等林学指标。基于杨树造林的目的不同，投资者所关注的指标也不完全相同。本文就速生丰产林经营角度对杨树造林的经济效益进行分析。对于公益林，如防护林等，投资者可以根据所获得的补贴纳入收入核算，同时剔除杨木材收益后进行调整后即可。

1. 杨树人工林经济效益与成本构成

如同其他投资项目一样，对于杨树人工林经济效益的分析也必须分析收入构成与费用构成。基于时间价值的考虑，还必须高度重视收入与费用发生的时点。收入与费用的对比即为人工林投资的效益。

（1）收入构成

杨树人工林收入来源包含直接收入与间接收入。

杨树人工林的直接收入主要来源于主伐收入与间伐收入。

间接收入主要来源于因造林所获得的各项补助或政策优惠。为方便计算，政策优惠如税收优惠、贷款利率优惠直接在费用项目中体现。这里的间接收入仅仅指获得的直接补助，考虑到各地情况相差较大，这里暂不考虑补助收入。同样的原因，间接收入也予以忽略，投资者可以根据具体情况自行分析。

（2）成本构成

经营杨树人工林的成本费用构成比较复杂，一般来说可以根据投入的类型以及投入的阶段进行划分。

分析营林活动的投入类型，有助于投资者对投入结构的分析，并且对于成本控制具有重要意义。从投入类型来看，经营杨树人工林的成本费用主要有以下几个方面：

地租：租用林地的费用；

材料投入：包括种苗、农药、化肥、水电等；

设备投入：进行营林生产所需要的各种设备，如运输工具、采伐工具等；

人工投入：栽种以及管护等生产工人的工资及福利费，还包括直接管理人员的工资及福利费用；

管理费用：管理人员的工资及福利费，厂房及设施的折旧费等；

税费及其他费用：包含育林基金、销售费用、财务费用及其他费用。

一般情况下，可以划分为造林阶段，管护阶段与采伐运输阶段三种投入，其中造林阶段在第一年投入，与造林直接相关的各项投入；管护阶段涉及整个营林周期，但在不同生长年份具体管护措施各有侧重，因而投入有数变化；采伐运输阶段主要是指采伐和运输直接相关费用，发生在间伐及主伐年份。从投入阶段来看，经营杨树人工林的成本费用主要包含：

造林费用：主要发生在造林环节，包括种苗费、整地费、种植费、基肥投入及施肥费用等；

管护费用：主要发生在管护阶段，包括看护费用、病虫害防治费用、追肥费用等；

采运费用：主要发生在采伐阶段，包括采伐、集材、运输等费用；

其他费用：如地租等费用。

(3) 经济效益分析方法

按是否考虑资金的时间价值，杨树人工林投资经济效益分析的方法可分为静态分析法和动态分析法两大类。为了便于分析，本文将两方法相结合，分别运用静态分析法的年平均利润法、动态分析法的净现值法和内部收益率法。

2. 杨树人工林经营成本核算

由于经营杨树人工林周期长，因此在经济效益的评估中分析投入的时点非常重要。

(1) 造林费用

造林费用是指造林地的清理、整地、挖穴、施基肥、栽植等生产施工所需要的费用，包括材料投入、人工投入、设备投入以及直接管理所支付的费用。

苗木投入成本为栽种数量与种苗的价格的乘积以及运输费用、处理费用及损耗。苗木价格取决于质量与规格及市场行情。

杨树栽种时一般需要基肥，因而外购基肥构成了造林的另一项材料成本。基肥成本为肥料的单位价格与施肥数量的乘积以及运输费用之和。

造林环节的人工费用比较高，主要用于清理、整地、挖穴、施基肥、栽植等生产施工。造林成本与造林要求紧密相关，林地性质与土壤条件、栽植密度、定植穴的大小，及当地经济水平对造林的人工成本都有影响。

除了材料与人工成本外，造林成本还必须考虑造林过程中的管理费用，包括管理人员工资及福利费，专门设备的折旧费用以及相关的其他费用。

公司化经营有可能将造林工作交由专门的施工队施工，这样造林成本应包括委托生产费。

(2) 管护成本

造林完毕后就进入了林木管护阶段，并一直延续至主伐环节。这一过程时间跨度较长，涉及整个经营周期，包括项目较多，如补植、松土除草、灌溉追肥、修枝、病虫害防治、看护等具体环节。涉及的投入包括地租、人工、材料及相关管理费用。

除以上成本外，管护成本还必须考虑管护过程中的管理费用，包括管理人员工资及福利费，专门设备的折旧费用以及相关的其他费用。

(3) 采运成本

采运成本分为采集成本（伐区成本）、运材成本、到材成本。

采集成本包括伐区准备作业、木材采伐、集材、装车等生产工作所支出的生产费用；

运材成本包括木材在运输过程中的所有生产费用。

到材成本包括木材运到贮木场后，进行卸车、造材、选材、归楞等费用。

除以上成本外，采运成本还必须考虑采运过程中的管理费用，包括管理人员工资及福利费，专门设备的折旧费用以及相关的其他费用。

(4) 其他费用

其他费用主要包括管理费用、销售费用以及财务费用与有关税费。

3. 杨树人工林收益核算

杨树人工林具有经济效益、社会效益以及生态效益。前者是杨树人工林经营的主要收入，通过销售杨树人工林产出的木材等产品获得；后两者因具有正外部性，往往得到政府支持，因此有可能获得补贴或其他政策优惠，是杨树人工林经营的间接收入。在杨树人工林经营中，产品销售收入是主要收入来源，因此必须了解杨树人工林产品种类与数量。

(1) 杨树人工林产品种类

杨树具有品质优良、生长快、适应性强、抗寒及抗病虫害能力强、木质轻、易加工、管理粗放等特点，是速生丰产林建设的最佳种植树种。在营造生态林、工业用材林、饲料林方面均属优良速生树种之一。

①杨木具有多种加工价值

木材的用途一般是根据木材的构造性质、化学性质和物理力学性质来确定的。杨树早晚材、纤维细胞壁厚度相差小，而木素、戊糖、树脂灰分等含量低，且木材洁白、树脂少、易于漂白、制浆率高，为优良造纸原料；杨树干型较好，是良好的胶合板材和纤维板材；由于速生特点，杨木又是火柴、卫生筷的重要加工原料。此外，杨树还可加工用作包装用材、包装箱、重组木等。

由于杨树具有全株利用的特点，以下就其利用价值高低进行简单分类。

大径材：小头直径在 26 厘米以上，可直接用于建筑装修，也可用于胶合板的表层板；

中径材：小头直径 20 厘米 左右，可用作胶合板的芯板以及加工成纤维板；

小径材：小头直径 4 ～ 12 厘米，可用于刨花板及纤维板以及木浆加工；

枝桠材：可用于刨花板及纤维板以及木浆加工。

另外，随着技术的进步，杨木现在已可以做到全树利用，树根和伐桩都可以作为产品进行销售。

②杨树绿杆和叶可作饲料

部分杨树绿杆和叶可作饲料，叶柔软多汁，有酸甜芳香味，其粗蛋白含量高于野草杆和玉米杆，鲜枝叶适口性强，营养丰富，粗蛋白含量高（仅次于苜蓿），是畜禽的好饲料。目前，木本饲料加工工艺及设备已经研究成功，氨化工艺的改进、木本饲料的应用有可能成为饲料工业革命性转变的标志，木本饲料或将成为畜牧业发展的重要饲料来源。

③杨树林具有生态林价值

杨树具有品质优良、生长快、适应性强、抗寒及抗病虫害能力强等特点，易于种植，易于成活，快速成林，因而活立木具有防风固沙、防止水土流失、涵养水源、净化空气、调解气候、改善环境、美化环境等作用。

（2）杨树人工林收入测算

根据收入获得时间看，杨树人工林收入包括间伐收入与主伐收入。间伐收入主要是中小径材与枝桠材销售收入，主伐收入中可能包含大径材、中小径材与枝桠材销售收入。

原木销售一般以材积为单位，但因径级不同价格差异显著，因此收入计算应根据径级分类分别计算后求和。

枝桠材、树根和伐桩的销售一般以重量为单位，而价格则根据绝干比的不同会有所调整。

4. 杨树人工林效益评价

在获取杨树人工林经营成本以及收入等基本资料以后，即可进行相关效益评价。基本步骤是按投资时期编制现金流量表，然后针对非折现指标与折现指标分别计算收益率，最后就相关因素变动情况下对效益可能产生的影响进行分析。

(1) 编制现金流量表

根据投资时期及当期资金的流入流出，编制现金流量表。基本格式如下。

表3-1　现金流量表

经济事项	年份				
	1	2	3	…	N
现金流入					
现金流出					
净效益					
无项目净效益					
增量净效益					
累计增量净效益					

(2) 非折现的指标计算

根据现金流量表既可以计算投资回收期与投资报酬率等静态指标。

①投资回收期

投资回收期以项目的净收益来抵偿全部投资所需要的时间，是最简明适用、应用最广泛的一种衡量投资效益的方法。投资回收期一般从建设年份开始计算。公式如下：

$$\sum_{t=1}^{p}(C_I-C_O)_t=0$$

式中：$(C_I-C_O)_t$ 为第 t 年的净现金流量，其中 C_I 为现金流入，C_O 为现金流出，p 为投资回收期。

为了简化计算，投资回收期可以从现金流量表中计算求得。详细计算公式为：

$$\text{投资回收期}(p)=[\text{累计净现金流量开始出现正值年份数}]-1+[\frac{\text{上年累计净现金流量的绝对值}}{\text{当年净现金流量}}]$$

②投资报酬率

投资报酬率也是适用比较广泛的评价方法，其计算公式如下：

$$R=E/I$$

式中：R 为投资报酬率，E 为预计从投资中可得到的年平均增量生产净值，I 为总投资。

③年平均利润法

年平均利润（π）是指各年的利润之和与项目年限的比值，其公式为：

$$\pi=\sum^{n}(B_t-C_t)/n$$

式中：B_t-C_t 为 t 年的净收益（即利润），n 为项目年限。

（3）贴现的指标计算

林业投资存续期限长达若干年，在此期间都有收益或成本支出发生。因此，如果将不同时间出现的各种收益及成本支出均做贴现处理，既可以得到在现值基础上的比较分析。这类动态分析方法常用的有净现值、内部收益率等方法。

①净现值法

方案的净现值（NPV）是指方案在寿命期内各年的净现金流量 $(C_I-C_O)_t$，按照一定的折现率 i_0 折现到期初时的现值之和，其表达式为：

$$NPV=\sum^{p}(C_I-C_O)_t\times(1+i_0)^{-t}$$

式中：$(C_I-C_O)_t$ 为第 t 年的净现金流量，其中 C_I 为现金流入，C_O 为现金流出；n 为方案寿命年限；i_0 为基准收益率（或基准折现率）。

②内部收益率法

在所有的经济评价指标中，内部收益率是最重要的评价指标之一。内部收益率（IRR），简单地说就是净现值为 0 时的折现率，其公式为

$$\sum_{t=0}^{p}(C_I-C_O)_t\times(1+IRR)^{-t}=0$$

式中：IRR 为内部收益率；$(C_I-C_O)_t$ 为第 t 年的净现金流量，其中 C_I 为现金流入，C_O 为现金流出；n 为方案寿命年限。设基准收益率为 i_0，用内部收益率指标 IRR 评价单个方案的判别准则是：若 $IRR\geqslant i_0$，项目在经济效果上可以接受；若 $IRR<i_0$，项目在经济效果上应予以否定。

（4）杨树人工林效益敏感性分析

杨树人工林效益受到经营成本、木材售价等多方面因素的影响。这些因素存在不确定性，一旦发生变化，对杨树人工林效益指标的影响较为明显。因此

有必要对市场上劳动力价格、苗木价格、木材价格以及地租价格的变化对人工林效益的变化。

5. 不考虑间作的杨树用材林案例分析

基于各地气候、地力等条件相差较大，选取江苏作为例，针对公司化经营与个体林农经营两种方式进行分析。

(1) 个体林农的资金回报分析

①个体林农经营杨树人工林的基本假设与现金流量表

基本假设

农户自有林地或四旁土地经营，投入的劳动力以自身为主。基于地租即劳动力计量的困难，个体林农经营四旁树忽略此两项投入。

农户的各项投入能够保证一个周期的经营；农户经营以小径材为主，同时忽略枝桠材销售收入，销售采用路边价结算；不考虑各类自然风险与政策风险对其收益的影响；忽略采伐限额时间限制。

其他假设参见流量表。

现金流量表

现金流量情况如表 3-2：

表3-2　苏北个体经营杨树现金流量表

经济事项	年份						合计
	1	2	3	4	5	6	
亩苗株数（株）	120	120	120	120	120	120	
亩苗成本（元）	120	0	0	0	0	0	120
亩水肥费（元）	80	50	30	20	20	20	140
亩农药费（元）	30	30	40	40	40	40	300
其他费用	10	10	10	10	10	10	60
现金流出	240	90	80	70	70	70	620
采伐数量（m^3）	0	0	0	0	0	6	6
现金流入	0	0	0	0	0	3000	3000
净现金流入	−240	−90	−80	−70	−70	2930	2380

备注：苏北地区还有些特殊情况，如木材经纪人（木材商贩）已经形成专门化职业，木材采伐基本由其自行解决，无需农户承担采伐费用。

②经济效益评价

农户经营杨树人工林比较关注静态投资指标，因此仅就静态指标进行分析。

投资回收期

结果：6 年。

计算过程：经营中小径材，没有间伐而仅在第六年一次性主伐，当年销售收入超过投入，故此投资回收期即为经营周期。

指标解释：经营林业投资回收期较长，在没有间伐的情况下，投资回收时间必须等到主伐即经营期满。

年平均利润

结果：年平均利润为 397 元。

计算过程：收入 3000 元减去投入 620 元，得到利润 2380 元。用总利润除以经营期 6 年得到年平均利润 397 元。

指标解释：每年能够获得 397 元的利润。

投资报酬率

结果：投资报酬率为 63.98%。

计算过程：年平均利润除以总投入 620 元，即 2380/6/620 × 100%。

指标解释：银行存款利率约为 3%，本项投资收益率达到 63.98%，收益远远超过银行存款所得，也超过银行贷款利率，经营收益明显。

③考虑劳动力以及地租的经济效益评价

农户如果将从事其他工作并将林地转租，效益如何？

在苏北经营一亩林地，一个轮伐期前后投入的工日约为 20 个。按照当地农民打工收入每工日约 25 元计算，经营杨树人工林每亩每轮伐期约为 500 元。

林地地力条件相对农田有一定差距，同时单个农户经营的林地往往比较零碎，难以连片经营，因此地租价格远远低于农地，也小于连片林地，假设地租每年约为 100 元。仍然采用投资回收期、年平均利润以及投资报酬率三个指标，其结果分别是 6 年、213 元以及 34.4%。投资回报率仍然远远高于银行利率。

（2）公司化经营杨树人工林经济效益分析

①公司经营杨树人工林的基本假设与现金流量表

基本假设

以中小径材为主，销售采用路边价结算；不考虑各类自然风险与政策风险对其收益的影响；忽略采伐限额时间限制。

其他假设参见流量表。

现金流量表

现金流量情况如表 3-3。

表3-3　苏北杨树现金流量表

经济事项	年份						合计
	1	2	3	4	5	6	
亩苗株数（株）	120	120	120	120	120	120	
亩苗成本（元）	120	0	0	0	0	0	120
地租	250	250	250	250	250	250	1500
亩水肥费（元）	60	30	20	10	10	10	140
亩农药费（元）	50	50	50	50	50	50	300
亩人工费（元）	150	100	50	50	50	50	450
管理费用	100	100	100	100	100	100	600
其他费用	10	10	10	10	10	10	60
采运费	0	0	0	0	0	576	576
现金流出	740	540	480	470	470	1046	3746
原木数量（m^3）	0	0	0	0	0	9.6	9.60
原木收入	0	0	0	0	0	4800	4800
其他收入	0	0	0	0	0	1000	1000
现金流入	0	0	0	0	0	5800	5800
净现金流入	−740	−540	−480	−470	−470	4754	2054

备注：其他收入主要是指枝桠材等销售收入，表中为估计数字；因各地在营林业税收优惠等方面相差较大，案例中未考虑育林基金及其他各种税费。

②经济效益评价

公司化经营必须考虑货币的时间价值，因此采用动态收益计算方法，主要考虑净现值与内部收益率两个指标。

计算结果：净现值为 801.3 元（贴现率为 8%）；内部收益率为 18.11%。

计算过程：

净现值的计算

$$NPV=\sum^{n}(C_I-C_O)_t\times(1+i_0)^{-t}$$

第一至第六年 $(C_I - C_O)_t$ 分别为 −740，−540，−480，−470，−470，4754，考虑到银行利率、6 年回收期以及面临的各种风险，i_0 取值为 8%，通过折现系数可得。

内部收益率的计算：

$$\sum^{n}(C_I-C_O)_t\times(1+IRR)^{-t}=0$$

IRR 为内部收益率，其余含义同净现值计算。利用插值法可以计算，先取 *IRR* 为 20% 得出上述公式左边为 −92.88，说明 *IRR* 偏高，因此降低估计数；取 18%，得出公式左边为 6.09，说明 *IRR* 偏低，再取略高值，18.2%，得出 −4.99，反复试错，可得 *IRR* 为 18.11%。

为方便计算，在 EXCLL 中选择财务指标函数，即可快速求出。

指标解释：在贴现率为 8% 时净现值为 801.30 元，即投资者按照 8% 的利率每年借入经营所必须资金，仍能获得收益，其收益额可折算为开始投入当年 801.3 元；内部收益率为 18.11%，远高于银行贷款利率，说明营林项目投资是可行的。

（二）经营杨树人工林的风险分析

1. 经营杨树人工林的风险因素分析

杨树人工林投资过程中不可避免地存在各种不可确定的因素，而这些因素一旦发生，往往导致速生人工林投资收益下降甚至投资失败。这些因素主要包括自然风险、社会风险、市场风险、政策风险、利率风险与技术风险六大类。

（1）自然风险

林木生长过程中受到各种自然条件的影响，自然条件的变化可能对杨树人工林投资造成影响。自然风险，是指在林木生长周期内发生的火、水、旱、风、冻等自然灾害以及病虫鼠（兔）害和外来有害生物入侵等引致的生物灾害。它们不以人的意志为转移，是外来不可抗因素，会对林木生长、产量和效益产生不利或严重的影响。

自然灾害包括森林火灾、干旱、霜冻、冰雹、雪灾、风灾、洪涝灾害等，其中以森林火灾对林木生长的危害最大。

生物灾害主要包括森林病虫鼠（兔）害和外来有害生物入侵等，其中森林病虫害和杂草对森林、林木、种苗的正常生长发育影响最大。

个人从事速生林的种植，由于综合配套管理技术的局限，风险是比较大的。其中之一是大规模的、毁灭性的病虫害。杨树林种单一，病虫害一旦发生，防治难度较大。有的病虫害蔓延开来，其后果是毁灭性的。如“三北”一期防护林的杨树天牛，因生态单一，病虫之间不能相克，防治不及，造成大规模危害。甘、陕、内蒙古的一些地区，杨树就损失殆尽。

（2）社会风险

严格而言，林业投资过程中的社会风险包括人为风险、市场风险两大类，鉴于杨树人工林投资的特殊性，我们将市场风险单独分类，专门论述，这里指的社会风险是人为风险。

人为风险包括林木被盗伐、人为破坏、人为火灾、管护不力等。盗伐是指以非法占有为目的，擅自砍伐国家、集体、他人所有或者他人承包经营管理的森林或林木；擅自砍伐本单位或者本人承包经营管理的森林或者其他林木；在林木采伐许可证规定的地点以外采伐国家、集体、他人所有或他人承包经营管理的森林或者其他林木的行为。盗伐森林或者林木，按照《森林法》、《森林法实施条例》及《刑法》的有关规定处理。

管护不力指的是对林木的生长管护经营不到位，如浇水、施肥、抚育措施不能及时跟上，将影响林木生长（不能达到预期产量），直接影响林木的投资回报率。在委托他人进行管护的时候，一定要在管护合同中明确责任，避免可能发生的不良后果。很多人在观念上有这样一个误区：如果栽植的是果树，就用心施肥浇水修剪，而对于杨树，以为只要栽上成活，就大功告成，从而忽视了其“速生”的特性。往往很少投入或投入严重不足，管理上基本是“放任自流”。

杨树作为一种经济用材树种，它需要精细管护。如果立地条件不好，品种选择不当，经营管理措施跟不上，那是不会取得预期效益的。

（3）市场风险

市场风险指的是林产品市场价格波动的可能给投资者带来实际收益低于预期收益的可能性。杨木的需求以及价格的预测是比较困难的，而需求不足或价格下滑有可能给投资者带来损失。

在过去的近 20 年里，杨木价格持续上扬，由 1992 年约 260 元 / 立方米上涨到 2007 年的 1000 元 / 立方米左右。而在 2008 年，受国际金融危机影响，我国出口包括家具、胶合板均大幅度下降，并直接影响木材价格，9 月份杨木价格已降至 800 元左右。而截至 11 月份，正如上述调查表附注中表明的，即使是大径材价格也基本维持在 700 元左右，中径材价格只有 500 至 700 元，小径材仅有 400 元左右。

杨树人工林经营周期较长，而且主要产出集中在某一年份，如果市场价格出现下滑，有可能给投资者带来损失。因此投资杨树必须关注市场的变化，应该采取一定的市场风险规避办法。

（4）技术风险

技术风险是指由于在杨树人工林的营建和经营管理生产活动中，没有做到使用适宜的经营模式、造林品种和苗木、立地、整地和栽植方式、抚育管护措施（包括除草、施肥、灌溉、修枝、病虫害防治等），而造成杨树人工林造林保存率低、生长不良、林分结构不合理、病虫害严重等问题，最终导致木材产量和品质不能达到预期目标。出现技术风险的主要原因是，投资者没能掌握并运用科学合理的杨树人工林营建及管理的相关知识和技术。

(5) 利率风险

长达五六年甚至十多年的杨树人工林投资，还不得不面临利率波动的风险。利率上升对长期投资的影响主要体现在以下几个方面：

一是折现率提高，意味着项目投资净现值的下降。

二是各种投入要素价格上升，导致后续投入成本增加。例如后续的地租、采运费用、人工费用等也因此上升。

三是要求的投资收益率提高。即使假设杨树人工林投资其他影响因素不变，市场利率的提高，意味着其他投资有可能获得更高收益，从而降低了杨树人工林投资的吸引力。

2. 杨树人工林经营风险的预防与控制

投资者面对风险有必要采取适当的措施予以规避或减轻损失。根据杨树人工林的风险特点，综合各种风险管理手段予以说明。

(1) 风险控制的基本原理

经营者需要正确认识风险并对风险予以管理。风险管理要求及时发现面临的风险并制定、选择和实施某个方案来回避或予以控制，并特别重视风险管理的过程与风险管理方法的选择。

从过程来看，风险管理方法包括风险识别、风险评估、风险管理方法选择、实施和评价五个步骤（如图 3-1，风险管理的动态反馈过程）。

从管理方法来看，包含风险回避、预防和控制损失、风险留存以及风险转移四种。

风险回避是指有意识地避免某种特定风险从而避免从事该项经营活动或投资行为。

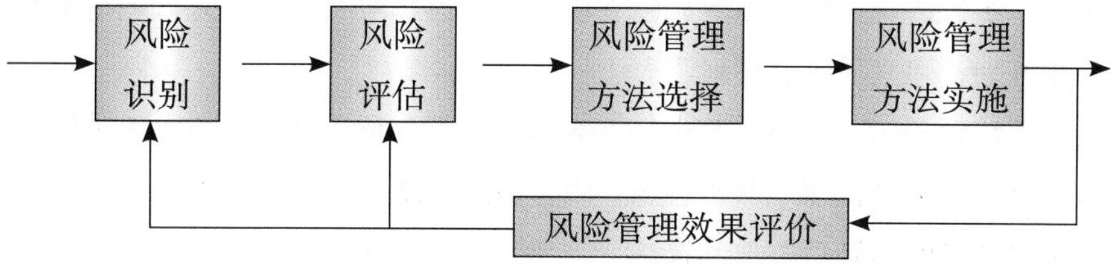

图3-1　风险管理的动态反馈过程

预防和控制损失是指为降低损失的可能性或严重性而采取的行动，可在损失发生前、中、后采取。

风险留存是指自己承担风险并以自己的财产来弥补损失。这种情况可能是由于过失而产生。有的人可能为了某种目的有意识地自己承担风险。

风险转移是指通过某种金融交易将风险转移给他人。风险转移以重新配置风险、重新配置资源两种基本方式为提高社会的经济效率做出贡献。其中风险转移有三种方法：套期保值、保险和分散投资。

套期保值：就是在现货市场买进（卖出）某项资产的同时，在远期类市场卖出（买进）该项资产的远期产品，利用两种市场的价格关系、通过相反的收益状况来保持该项资产的价值的交易行为。当一种行为不仅降低了面临的风险，同时也放弃了收益的可能性时，就说是在进行套期保值。

保险：意味着通过支付额外的费用（保险费、期权费）来降低损失。通过购买保险，以一项确定的保险费支出替代如果不保险可能遭受的更大损失。保险与套期保值的本质区别在于：套期保值通过放弃获得收益的可能性来降低风险；保险则是通过支付保险费，在保留获得收益的可能性的同时降低风险。

分散投资：将投资分散于多种风险资产，从而降低其拥有一种资产所面临的风险。不同的资产在同一时间的风险水平是不一样的，通过选择最优投资组合就可有效地降低别的资产或业务的风险。

（2）杨树人工林经营风险的控制方法

在总结各地经验教训的基础上，根据杨树人工林经营的风险特征，结合风险控制的原理，杨树人工林经营的风险管理应当突出风险管理过程以及管理方法的选择。但应当注意的是，风险管理是一项系统工程，涉及经营管理的各个方面。

强调杨树人工林经营的风险管理过程，也就是要求进行风险识别及评估，并进而根据评估结果有针对性地选择相关方法，同时针对可能造成重大损失的风险准备备用方案。此外及时评价管理策略有助于不断改善杨树经营的风险。一般来讲，一个较完善的风险管理过程应满足以下要求：在项目开发中规划风险管理，尽量避免风险；指定风险管理者，监控风险因素；建立风险清单及风险管理计划；建立风险反馈渠道。

以下结合杨树人工林经营中的五类风险进行分析，但因杨树人工林经营的具体风险因素繁多，逐一分析相当繁琐，因此仅做简单介绍。

①自然风险的管理方法和措施

自然风险的管理应当以预防为主，并在风险事件一旦发生时应当采取适度控制措施，防治损失进一步扩大，而对于可能发生的部分自然风险，在采取控制成本高于损失的情况下，应当应用风险留存的措施。

自然风险的管理的预防措施必须充分了解拟投资林地的自然状况，有针对性地收集相关气象、地质、水质等相关资料信息，判断是否适宜经营杨树，经营何种杨树较为适宜。如果存在经营其他树种或作物更为适宜，或者经营杨树存在地质或水质问题等自然状况，则应回避经营杨树。如上述表3-5安徽省利辛县样本，由于土地机会成本较高，在大田栽种杨树的预期收益并不明显；同样气候较好的南方地区可能更适宜栽种其他树种，又如部分地区可能存在灌溉问题。

自然风险的管理的适度控制措施针对可控的事件进行，即风险事件的控制成本小于该事件带来的损失时，应当采取控制措施，否则放弃。自然风险中的生物灾害一般需要采取控制措施，一旦发现相关灾害时立即采取治理措施控制受灾程度。

部分自然风险只能被动接受，即采用风险留存措施。如大部分自然灾害难以回避，也难以控制，这时只有被动接受，并在事后实施预案，尽可能挽回部分损失。如2008年风雪灾害，造成南方杨树受灾，投资者只能接受这一损失，并在风雪过后及时修枝、补植甚至间伐。

部分自然灾害可以通过保险转移风险。例如部分省市开展了森林火灾保险，投资者可以参与以降低可能出现的人工林火灾风险。

自然灾害中对杨树人工林影响较大的病虫害，尤其是部分地区大面积栽种单一品种杨树，病虫害一旦发生，防治难度较大。有的病虫害蔓延开来，其后果是毁灭性的。针对这一风险，预防成为首要任务，同时还必须有针对性的预案。如与科研院所联系，确定可能发生的病虫害如何识别、如何防治。

②社会风险的管理方法和措施

正如上文所述，这里主要强调人为风险，相应的风险管理方法主要是预防与控制。杨树人工林可能存在的最大人为风险主要是管护不力。目前企业常用的做法是通过制度化的管理以实现各个环节的预防与控制。如南方某营林企业通过并制定了40多个标准与规范，通过四至五级的层层监管严格流程，确保整个生产与管护环节至于投资者的控制之下，确保将管护不力的现象降低到较低水平。另一种风险较大的是偷盗风险，目前较多企业采用雇佣当地有一定影响力的人员为护林员，通过其人脉关系以及对周边居民的熟悉程度减少偷盗行为。

③市场风险的管理方法和措施

市场风险难以回避，因此较多采用风险转移的方法予以控制。常见的做法有通过合同、协议锁定销售价格或降低成本以及分散投资。如通过与加工企业或其他杨木需求者签订远期协议，共同承担相关成本或事先确定销售价格，以降低市场风险。又如签订土地合同时约定不得随意提高租金的条款，以降低成本上升的风险；或通过投资多种行业、树种、多种定向人工林等方法防止投资风险。

④技术风险的管理方法和措施

技术风险存在的原因是投资者没能掌握并运用科学合理的杨树人工林营建及管理的相关知识和技术，因此采用预防是关键措施。通过与专业技术人员的合作，甚至直接雇佣具有相关知识与业务背景的人员进行指导、培训，可以大幅度降低技术风险。对新品种进行试种，或回避在当地未试种的品种也可以降低技术风险。

⑤利率风险的管理方法和措施

利率是主要的宏观经济变量之一。杨树人工林投资者降低利率波动带来的风险的难度较高，风险留存或许是无奈之举，尤其是小规模投资者。对于大型投资者，还可以采用风险转移的办法，通过债务渠道及结构的调整以及不同林地经营周期的调整降低利率风险。债务渠道的调整主要是在多种融资方式之间进行权衡，确保相对稳定的资金成本；债务结构的调整是自有资金与负债比例的调整，以降低利率波动对项目影响；例如，通过调整多块林地不同的采伐时间，尽可能构筑较为均衡的现金流，有助于降低利率风险。

（三）杨树产品的市场分析

我国杨树人工林近年来发展迅速，一个重要原因在于以杨木为原材料的各种加工产业发展较快，提高了杨木的需求与价格。因为杨树产品市场发展前景直接影响到杨树人工林的发展前景，因此有必要对杨木的主要加工产品的类型市场进行分析。

1. 杨木主要加工产品

木材的用途一般是根据木材的构造性质、化学性质和物理力学性质来确定的。杨树早晚材纤维细胞壁厚度相差小，而木素、戊糖、树脂灰分等含量低，且木材洁白、树脂少、易于漂白、制浆率高，为优良造纸原料；杨树干型较好，是良好的胶合板材和纤维板材；由于速生特点，杨木又是火柴、卫生筷的重要加工原料。此外杨树还可加工用作包装用材、包装箱、重组木等。

(1) 胶合板

胶合板是以原木作为主要材料，一般由三层或多层原木旋切的单板，用胶合剂加压而成的一种人造板。胶合板是将原木沿年轮方向旋切成大张单板，经干燥、涂胶后按相邻单板层木纹方向相互垂直的原则组坯、胶合而成的板材。单板层数为奇数，一般为三层至十三层，常见的有三合板、五合板、九合板和十三合板。胶合板主要应用于建筑装修及家俱制造，分别占 50%、40%。其次应用于包装、车船、家电、维修，约占 10%，木质家俱生产中胶合板比例已上升到 12.5%。

胶合板加工是杨木重要的利用途径。一度占我国胶合板出口 52% 的邳州地区，芯板的绝大部分是采用当地及周边地区的杨树作为主要原材料。有学者认为，全国 70% 的胶合板使用杨木，如表 3-15。

表3-15　目前我国胶合板原料结构比例

树种	杨木	桉木	松木	进口杂木	其他
比例（%）	70	8	7	10	5

（2）纤维板

纤维板是用枝椏、树头、板皮、板条等为原料，经过削片、制浆、施胶、成型、热压、干燥、修整等制成。纤维板是用木材或植物纤维作主要原料，经机械分离成单体纤维，加入添加剂制成板坯，通过热压或胶黏剂组合成人造板。厚度主要有 3、4、5mm 三种，但变化较大，厚的可达 100mm 以上，薄的仅有 1.5 ～ 2mm。纤维板因做过防水处理，所有其吸湿性比木材小，形状稳定性、抗菌性都较好。纤维板很容易进行涂饰加工。各种油质、胶质的漆类均可涂饰在纤维板上，使其美观耐用。纤维板本身又是一种美观的装饰板材，可覆贴在被装饰或需要保温的结构件上，也可用各种花样美观的胶纸薄膜及塑料贴面、单板或轻金属薄板等材料胶贴在纤维板表面上。硬质纤维板是木材的优良代用品，可用于室内地面装饰，也可用于室内墙面装饰、装修，制作硬质纤维板室内隔断墙，用双面包箱的方法达到隔音的目的，经冲制、钻孔、硬质纤维板还可制成吸声板应用于建筑的吊顶工程。

目前，我国中高密度纤维板主要用途与品种有：强化木地板基材；普通家具制作用中厚板材；普通家具制作用薄型板材；橱柜制作用防潮板材；励模压门、复合门制作用板材；室内装饰用板材；礼品包装盒用板材；鞋跟制作用板材；胶合板复合地板芯板用薄型板材；其他用途板材。

（3）刨花板

刨花板又称碎料板，是将木材加工剩余物、小径木、木屑等物切削成一定规格的碎片，经过干燥，拌以胶料、硬化剂、防水剂等，在一定的温度、压力下压制成的一种人造板。刨花板在建筑装饰装修中主要用作隔断墙，室内墙面装饰板。使用中，通常需要在刨花板表面覆盖塑料贴面。未经贴面的刨花板多用于护墙板的基层板等，只起承托作用。中密度（750 千克 / 立方米）刨花板和高密度（1000 千克 / 立方米）刨花板含胶量相当可观，可利用其制成直接安装形式的半成品建筑装饰板。

我国刨花板主要应用在家具和建筑行业，刨花板的应用范围是极其有限的。到 1995 年，家具和非结构型的室内装修用人造板仍占人造板总产量的 50% ~ 60%，而用在建筑业上还不到 15%，与发达国家相比有明显差距。直至目前，这一状况仍无多大改变。其主要原因是由于目前生产的刨花板质量无法满足建筑、运输、包装等行业材料要求。为了摆脱普通刨花板产品在低水平上的恶性价格竞争，必须优化产品品种结构，提高其技术含量和附加值，开发质优价廉且真正具有市场竞争力的刨花板新产品。

（4）制浆造纸

制浆造纸是木材尤其是速生木材的重要利用领域之一。从杨树的木材纤维形态及化学组成来看，杨木的综纤维素含量较高（80%），木素含量较低(20% ~ 25%)，非纤维素杂质少。杨木除了纤维长度外，其余特性与云杉接近，杨木材色洁白、易漂白、得浆率、强度及白度三者可以兼顾，同时杨树在生长周期、干形等方面具有优良特性，纸张抗张强度和撕裂强度好，是一种较为适宜的制浆造纸原料。

制浆造纸业庞大的需求以及巨大的市场空间为杨树的加工利用提供了巨大的空间。

纸是工业和生活的基本原材料，用途遍及文化、教育、科技和国民经济的众多领域，渗透到了国计民生的各个方面。中国造纸工业起步虽晚，但发展较快，2006 年，我国造纸工业总产值 5035 亿元，在全国 39 个工业行业中位列第 17 位，约占全国工业总产值的 2%。2007 年，全行业总产值为 5654.13 亿元，约占全国工业总产值的 2.3%。

2000 ~ 2007 年，纸及纸板生产量由 3050 万吨增长至 7350 万吨，年均增长率 13.39%，消费量由 3576 万吨增长至 7290 万吨，年均增长率 10.72%，均高于同期我国国民经济 GDP 年均增长。

木浆是国际国内造纸的发展趋势。国际造纸工业纸浆消费总量中原生木浆比重平均为63%，而我国木浆消耗中国产木浆比例仅为7%左右。近年来，我国原生木浆产量大幅度提高，比重也呈上升趋势。2000～2007年，我国原生木浆消耗量（不含废纸浆）由200万吨上升至605万吨，占纸浆消耗总量（不含废纸浆）的比例由15.2%上升至28.7%，但占含废纸浆在内的纸浆消耗总量的比例仅由8.14%上升至9.88%。

在木材紧缺引致的纸浆消耗比例不协调的背景下，速生丰产林成为制浆造纸解决原材料来源的希望。南桉北杨在制浆造纸的地位越发突出。鉴于桉树对气候、地力等自然条件要求较高，速生桉树在我国的地理分布受到较多局限，而速生杨树的地理分布则要广泛得多。据统计，现在全国杨树人工林面积约600万公顷，是桉树的3倍多。

2. 杨木价格走势及其影响因素分析

（1）杨木价格走势

在过去的20多年里，杨木价格平稳上升。从图3-2可以看出，1993年至2003年期间，杨木价格基本处于平稳上升态势，但是在2003年至2007年，杨木价格快速上升，达到近1000元左右。

2008年受国际金融危机的影响，我国出口出现回落，主要杨树出口产品尤其是人造板、木制家具出现回落，大批木材加工企业减产甚至倒闭，导致杨木需求数量下降，价格出现较大程度的回落。正如本节各表中(表3-4至表3-14)所列示，路边价大径材在650至800元左右，中径材更低，而小径材仅为250至600元。

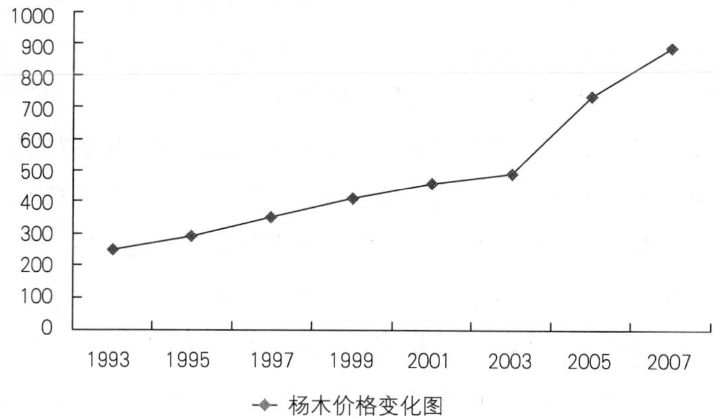

图3-2　杨木价格的动态变化

（2）影响杨木价格的主要因素分析

市场经济条件下，价格是市场供给与需求竞争的结果。杨木价格同样也不例外，因此要理解杨木价格的变化，必须分析影响其供给与需求的主要因素。另外，杨木运输成本、杨木市场信息以及供给与需求的结构也会对区域市场价格产生影响。

①影响杨木总体需求的主要因素

理论上可以认为取决于木材需求总量以及杨木在木材总需求中所占的比重。但因难以获得全面而详尽的数据，分析比较困难，尤其是后者，因此只能是一个经验值或估计数。

第一，木材需求总量。判断木材需求总量需要分析木材消耗结构。2007年在木材产品消耗总量38294万立方米中，工业与建筑用材为28202万立方米，农民自用材（扣除农民建房用材）与烧炭材为3158万立方米，出口原木与其他木质林产品折合木材为6888万立方米，占比分别为73.73%、8.26%及18.01%。因此，分析木材需求总量关键在于工业与建筑用材。

工业与建筑用材中，人造板（主要是胶合板、纤维板以及刨花板，2007年胶合板产量占人造板总产量比例为40%）与制浆造纸是主要的木材消耗大户。分析木材需求总量的重点在于分析胶合板及制浆造纸对木材的需求。2007年，我国造纸用木材12016.92万立方米，胶合板耗用木材约10684万立方米，两者占工业与建筑用材的7成以上。

第二，杨木占木材需求量的比重。这一比重的分析目前尚不多见，但从胶合板消耗木材结构看，杨木比重相当高（有学者认为高达70%）。纤维板以及刨花板的消耗木材树种资料不详，但从产地数据分析，杨木应当是目前我国主要的加工原料。以江苏北部邳州、宿迁，山东南部临沂、荷泽四产区为代表的淮海经济区共有1万家速生杨多层胶合板企业，年生产能力几千万立方米，其中以人工速生杨木为原料的多层胶合板年产量超过2000万立方米，占中国胶合板总产量70%，2007年出口速生杨多层胶合板700多万立方米。目前，中国已成为胶合板出口大国，其中以速生杨为主要原材料的产品占主导地位[①]。

同样的分析应用于制浆造纸业，根据目前我国大力提高木浆比重的方针以及造纸林基地的规划，我国原生木浆中将有50%左右采用杨木。

第三，基于杨木需求分析基础上木材总需求的调整。分析木材需求总量的

① http://www.bmlink.com/newslist/190880/

目的在于分析杨木需求量，因此需要分析剔除上年库存、节约代用等形式抑制需求量的供给。

②影响杨木总体供给的主要因素

影响杨树总体供给的主要因素为杨树种植面积、生长量、蓄积量、得材率及杨树采伐限额。

③影响杨木供需的其他因素

在总体均衡的情况下，各地区域市场的杨木价格可能会出现较大差异，主要因素在于市场信息的完备程度、区域市场供给与需求的结构以及杨木运输成本等。

3. 杨木需求量展望

正如上文在杨木需求的因素分析提及，杨木需求可以从两个方面分析，一是木材总体需求，二是杨木在木材总需求中的比重。

（1）我国木材需求缺口推动杨木需求量提高

①我国木材需求长期存在

中国经济的高速发展，对资源构成巨大的压力。木材与煤炭、石油、钢铁同时被列为世界四大资源，相对于我国的煤炭（剩余储量900亿吨，还可开采一百年）、石油（剩余储量23亿吨，还可开采14年），木材资源形势更加严峻。近十年木材消费需求以平均每年1000万立方米的速度迅速增加，按原木市值计算，目前木业市场容量将达3500亿元人民币，而到2015年预计可达4000亿人民币。我国的人造板、纸浆、纸板、纸张、原木消费排名世界第二，从而使中国很快会成为世界第一大木材消耗国。

根据国家林业局的统计资料显示：目前国内木材需求量已达到3亿立方米，按照国家下达的“十五”期间森林采伐限额，每年只能提供1.5亿立方米木材，木材市场供应缺口达1.5亿立方米。按历年森林消耗数据计算，目前国内最多能提供2.3亿立方米的木材（包括超采数量计算在内），因此木材供应缺口至少有0.7亿～1亿立方米。

我国木材供应持续增加，但相对于木材需求，供应能力提高程度不足。我国现有人工林面积4140万公顷，但质量欠佳，每公顷蓄积仅33立方米，生长量不足3立方米。据国家林业局预测，到2015年，全国木材消费量将达到3.3亿～3.4亿立方米，国内可供应量仅有1.9亿立方米，需求缺口高达1.4亿～1.5亿立方米。

中国木材供需状况的严峻形势可以从市场情况尤其是国际贸易状况中得到充分反映。以原木为例，如表3-16所示，最近5年，进口数量不断增长，

表3-16 我国原木进口数量、金额与单价

年份	数量（万m^3）	金额（万美元）	单价（美元/m^3）
2002	2433.30	213826	87.87
2003	2545.60	244715	96.13
2004	2630.90	280432	106.59
2005	2936.80	323048	110.00
2006	3215.29	392927	122.21
2007	3709.08	535061	144.26

资料来源：中国林业发展报告，2002～2007

同时价格也快速上升。

②人造板行业国内市场需求广阔、国际市场需求旺盛

目前,全球人造板生产能力已超过2亿立方米,其中纤维板5000万立方米，刨花板9000万立方米，胶合板7000立方米。据联合国粮农组织预测，2010年人造板总产量和消费量将达到25500万立方米。

中国人造板主要应用在家具、建筑、地板等其他领域。家具行业每年以超过25%的速度发展，迫使人造板行业以年均20%的发展速度跟进。部分学者原来预测，2010年中国人造板产量将达到8000万立方米，但2007年却已达到8838.6万立方米。尤其是胶合板产量,原来预测2010年达到2600万立方米，但实际上2007年已经突破3000万立方米，达到3561.6万立方米。

在国际市场空间广阔的背景下，中国人造板行业的竞争力又在不断上升。中国人造板总体上处于贸易竞争劣势，国际竞争力较低。但同时，中国人造板国际竞争力一直呈现上升趋势，且从新世纪开始，出现了加速提升的趋势。这主要是由于近年来中国人造板企业引进先进生产设备，改进生产工艺，加大科研力度和技术创新，使人造板产业初步具备了技术、资金密集型产业进行国际贸易竞争所需要的条件所致。

即使维持目前人造板产量不变，人造板消耗目前已超过2亿立方米。

③制浆造纸行业前景

国际经验表明，人均纸消费量是衡量一个国家经济发展水平的一个指标。以1994年为例，世界人均纸消费量排在前20位的国家或地区与其经济排位大体相当。排在第20位的澳大利亚人均纸消耗为167千克。

从中国的发展情况看，今后有两个因素的变化可能影响人均纸消费量的增

长速度：其一，城市化加快；其二，工业及出口增速放慢。我们对中国经济未来长期的增长格局作出如下推断：若中国经济发展战略调整到加速城市化战略特别是加速大城市化战略的轨道上来，则可预期长达几十年的持续高增长，甚至超过前二十年也未可知。由此，中国纸需求量2010年将可能达到1亿吨以上，2020年将达到2亿吨。中国对纸的极限需求，在技术上至今看不到大规模替代纸这种基本材料的前景的情况下，可能将达到3亿吨。即在人口达到16亿上下的高峰值，人均GDP水平和城市化水平达到准发达国家水平，人均纸需求量达到187.5千克（仅是90年代中等发达国家和地区排在末位的水平）时，中国的纸市场为3亿吨。

有学者对1980年来我国人均用纸量与GDP增速的关系进行了测算，认为两者存在线性关系，见图3-3。因此认为，2020年纸及纸板的消费量将增长到10000万吨左右。

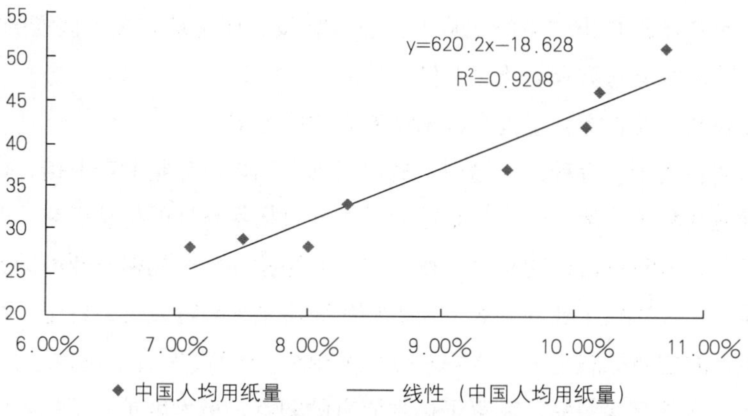

图3-3　GDP增速与人均用纸量的回归模型

2007年，我国人均纸品的消费量为55千克，与全球平均57千克的消费量基本相当，与发达国家人均消费相比差距巨大，不到其20%。同时，国民经济的持续高速发展将进一步带动相关性较高的纸与纸品的需求。

调整造纸原料结构，大力发展木浆造纸，压缩草浆造纸也是我国的造纸方针。

国际国内有关机构及学者对中国2020年的木浆产量进行了预测。中国国际工程咨询公司2000年5月组织中国的造纸、林业、经济等方面的专家利用消费总量与GDP相应发展法、回归分析法、专家的经验法对2020年消费总量预测为11000万吨；Hannu Oinonen和Nie Xiaorong对中国2020年消费总量的预测为10000万吨。如表3-17，约为1亿吨，耗用木材近5亿立方米。

表3-17 木浆消费总量的预测

	2001年 实际		2007年实际		2020年预测	
	数量（万吨）	%	数量（万吨）	%	数量（万吨）	%
生产总量	2980	100	6769	100	9500	100
1、木浆的需求量	690	23.1	1450	22	3515	37
其中：国产木浆	200	6.7	605	9	2515	26.5
进口木浆	490	16.4	845	12	1000	10.5
2、非木浆	980	32.9	1302	19	760	8
3、废纸浆	1310	44	4017	59	5225	55
其中：国产废纸	800	26.9	2212	32	4085	43
进口废纸	510	17.1	1805	27	1140	12

（2）杨木在木材总需求中的比重呈上升趋势

杨木在木材总需求中的比重上文已有提及，而在目前多个因素的作用下，杨木在国内木材总需求中的比重仍将呈上升趋势。

①杨树产业化提升了杨木在木材需求中的比重

杨树自选种、育种、栽培到木材加工利用已形成完整的产业链，这方面已走在其他树种的前面。这一产业链的形成与对杨木材性的持续研究、开发深加工的工艺技术和设备密切相关。杨木加工业是拉动整个杨树产业的动力源泉。

第一，人造板工业的兴起使杨木利用取得了突破性发展。目前，杨木是人造板生产的主要原料之一。将杨木分解为单板、木片、纤维，再重组为胶合板、刨花板、纤维板等产品，克服了杨木原有的弱点，极大地扩大了杨木的利用价值和应用范围。

第二，杨树纸浆林带动了我国造纸业的迅速发展。同样是由于杨树资源较为丰富，国内相关研究长期关注杨树制浆的研究，因此在杨树制浆的工艺、环保、技术等多个方面取得进展，得浆率进一步提高。

第三，木塑复合材料（WPC)。木塑复合材料是以木材或各种木质纤维素材料为基体，通过与塑料以不同复合途径形成的一种新型材料，成为木材和塑料有效合理利用的新途径。

②我国相关政策及规划提升了杨木需求比重

在我国2002年启动重点地区速生丰产林建设工程以来，各地大力发展以杨树、桉树为主要品种的原料林基地。目前我国杨树人工林总面积已达700多万公顷，其中杨树用材林面积309万公顷，占全国杨树人工林面积的40%左右。“十五”期间全国累计投资150多亿元，营造速生丰产林370万公顷，其中近一半为杨树速生丰产林。

③其他速生树种人工林发展可能会抑制杨树需求

在木材供给缺口的驱动下，我国其他速生树种也在快速发展，尤其是桉树与竹材。桉树木材大多既重且硬，也能耐久，可用于建筑、枕木、矿柱、桥梁、桩木、家具、火柴、旋制品、农具、纺织器具、体育运动器具、乐器、车轮、船舶、电杆、围篱以及薪材等。就与杨树的替代性而言，主要是在制浆与纤维板的使用方面。

我国竹类资源丰富，并以其独特的生物学、生态学特性，兼具良好的经济、生态和社会效益，竹林面积以每年3%的速度递增。在我国，近年来，在造纸、竹林产品加工等行业的推动下，竹林的经济效益逐年提高，竹林面积日益扩大，竹林的营林水平稳步提升。就与杨树的替代性而言，主要是在制浆的使用方面。

桉树、竹材与杨树一样具有速生的特点，然而在使用方面，尤其是作为制浆造纸的原材料却有较强的替代性。如果桉树与竹林快速发展，将会在一定程度上抑制杨树人工林的发展。但由于桉树对地力的影响上存在很大分歧，而竹材制浆的环保成本又较高，同时这两种适宜制浆的品种在地域分布上又与杨树存在显著差异，因此影响程度有限。

综以上述，在我国木材需求的推动以及杨树产业化及相关政策的推动下，我国杨木需求量将持续上升。

二、江苏林业三次产业协调发展

（一）产业协调发展理论基石

1. 可持续发展理论

20世纪中叶以来，逐渐形成了一门综合性、应用性很强的经济学科——可持续发展经济学。可持续发展思想的萌芽很早，1980年世界自然保护联盟首次在《世界保护策略》中使用了可持续发展这一名词，呼吁全世界“必须研究自然的、社会的、生态的、经济的以及利用自然资源过程中的基本关系，确保全球的可持续发展”。然而可持续发展一词真正成为概念化和全球化是1987年联合国环境与发展世界委员会发表的《我们共同的未来》一书，其中给可持续发展的定义是“可持续发展是这样的发展，它既满足当代人的需要，又不对后代人满足其需要的能力构成危害的发展”。这是人类社会有关环境与发展思想从一般的考虑环境保护到强调把环境保护与人类发展结合起来认识的一个重要飞跃，标志着可持续发展进入了一个崭新的时期。1992 年 6 月，联合国环境与发展大会在巴西的里约热内卢召开，国际社会关注的热点问题已经由单纯的环境保护方面转到环境和发展的大课题。大会通过的《里约热内卢环境与发展宣言》、《全球 21 世纪议程》，第一次把可持续发展由理论和概念推向实际行动。

可持续发展理论要求用新的生活方式和消费方式代替传统的生活方式和消费方式。《全球 21 世纪议程》指出：“地球所面临的最严重的问题之一，就是不适当的消费和生产模式，导致环境恶化，贫苦加剧了各国发展不平衡。若要达到适当的发展，需要提高生产的效率，以及改变消费，以最高限度地利用资源和最低限度地生产废弃物。”这是摆在世界各国面前的重要任务。

可持续发展理论的实质，要求人们在生产时，尽可能地少投入、多产出；人类在消费时，尽可能多利用、少排出。人类的生活和生产方式要与地球承载能力保持平衡，保持地球的生命力和生物多样性。

可持续发展理论的基本原则：一是公平性原则。公平性原则包括三层意思，即同代人之间的横向公平；世代人之间的纵向公平；公平分配有限资源。公平性原则要求把消除贫困作为可持续发展进程特别优先的问题来考虑，给整个人类世界以公平的分配和发展权。由于地球资源的有限性，本代人不能以损害世世代代赖以生存的资源和环境来满足自己的发展和需要，应该给世世代代以公平利用资源的权利。联合国环境与发展大会通过的《里约热内卢环境与发展宣言》指出：“各国拥有着按其本国的环境与发展政策开发本国自然资源的主权，并负有确保在其管辖范围内或在其控制下的活动不致损害其他国家或在各国管辖范围以外地区的环境的责任”。这一公平原则已经上升为国家之间的主权问题。二是可持续性原则。布伦特兰夫人论述了可持续发展的“限制”因素。在满足需要的同时，必须有限度，“发展”和“需求”要以生物圈的承受能力为限，“发展”一旦破坏了人类生存的物质基础，“发展”本身也就衰退了。可持续发展的核心是人类的经济和社会的协调发展，不能超过资源和环境的承载能力。三是共同性原则。国情不同，各国的历史、文化背景和发展水平不同，实现可持续发展的具体模式也就不同，但是，可持续发展作为全球发展的总目标，所体现的公平性和可持续性的原则是共同的。

可持续发展的重要标志是自然资源的永续利用和良好的生态环境。自然资源的永续利用和良好的生态环境是实现社会和经济可持续发展的物质基础和条件，在这种基础和条件下进行的经济建设和社会建设，才能保持发展的可持续性，做到经济与人口、资源和环境协调发展，最终实现经济持续、环境持续和社会持续。

2. 林业的可持续发展

我国政府在 1992 年巴西里约热内卢首脑会议上庄严签署了环境与发展宣言，之后，又制定了《中国 21 世纪议程》，提出了适合我国发展的行动纲领。1996 年，确定了可持续发展成为国家的基本战略。一个国家的经济的可持续发展牵涉到生态环境和自然资源之间的关系，经济是否可持续发展的关键是自然资源、生态环境能否提供可持续的供给，而森林是自然资源的重要组成部分，是陆地最大的生态系统，同时也是自然界中最为完善的保护体系，是人类赖以生产和生活的基础之一。林业可持续发展的核心是森林的可持续经营。森林的可持续经营是在实现森林经营目标的过程中，在不造成森林价值和未来生产力不合理减少的情况下，在自然环境和社会环境和谐发展的同时，持续不断地得到林产品和提供服务。林业可持续发展，除考虑森林资源的可持续性和不断改善的生态环境外，还应该包括林业生产的经济效益和社会效益。

3. 林业产业结构的可持续性调整

林业产业结构的可持续性，是指林业产业在经济系统中一切有利于可持续发展的结构调整的总称。林业产业结构的可持续发展主要包括林业产业结构的不断升级和林业产业结构不断向对林业资源的有效利用和集约利用的方面发展。

从林业产业不断升级的角度来看，林业产业结构调整的目标是维持林业经济的可持续发展，充分发挥林业的生态效益、社会效益和经济效益，从而保证当地经济的可持续增长。在市场经济条件下，林业产业结构调整的实质是根据不同的市场需求，通过政府的宏观调控，对资源进行有效的配置。林业产业不断升级的过程是一种把林业资源等生产要素配置到生产效率高的有市场竞争力的产业的过程，也是一种使资源由不可持续产业领域向可持续发展的产业领域流动的过程。从林业资源的有效利用和集约利用的方面来看，林业产业结构的可持续调整，就是建立对林业资源的有效利用和集约利用的产业结构，以最少的资源，生产出较多的经济产品，同时到生态环境受到最小的损害。对林业资源的利用一般分为两种典型的阶段，即粗放利用和集约利用阶段。对林业产业结构的调整，要采用先进的技术，通过技术创新，综合利用森林资源，逐步建立滋养节约和综合利用的林业产业结构，这是林业产业由粗放利用向集约利用森林资源的关键，也是可持续发展的关键。

4. 林业产业的划分

林业产业从产业构成来看，它横跨第一、第二、第三产业的整个层面；林业产业从产业系统来看，它包括营林业、林产品加工业，以及与林业有关的服务业等产业；林业产业从目标结构来看，林业产业除提供林产品外，还需兼顾生态效益和社会效益。

5. 林业产业的结构问题

林业产业的结构问题，既包括营林业、林产品加工业，以及与林业有关的服务业等三次产业之间的结构问题，也包括这三次产业内部即造林业、林产品加工业，以及与之相适应的服务业内部的结构问题。

6. 林业产业结构的优化与调整

林业产业结构调整的实质是林业的新老产业能够不断适应市场的需求，在不同的市场需求状况下，通过政府宏观调控，进行以市场为基础的合理的资源配置，把各种生产要素集中于可以带动经济可持续增长、有市场竞争力的新的经济增长点上。所以，林业产业结构优化和调整的原则是大力发展营林业，提升林产品加工业，大力发展为林业服务的第三产业。

（二）江苏省林业产业结构现状

江苏省林业产业结构调整的战略目标林业产业是整个林业的重要组成部分，同时也是森林资源经济价值的主要方面。发达林业的主要标志之一是发达的林业产业，林业产业结构的调整，特别是区域产业结构的调整是我国面临的主要问题,林业产业结构的调整是一切有利于可持续发展的结构调整的一部分，林业产业结构调整的目标是通过合理的林业产业结构，来推动林业产业向高度化发展，促进森林资源在区域和空间的优化配置，更好地保护和合理利用森林资源，缓解我国木材和林产品供应的压力，进而实现林业的生态、经济和社会三大效益，确保可持续发展战略的实现。

在市场经济条件下，林业产业结构调整的实质是林业的新老产业能够不断适应市场的需求，在不同的市场需求状况下，通过政府宏观调控，进行以市场为基础的合理的资源配置，把各种生产要素集中于可以带动经济可持续增长、有市场竞争力的新的经济增长点上，大力发展林业的基础产业，相应地压缩和淘汰已经失去市场竞争力的产品，提升第二产业，大力发展第三产业，并保持新老经济增长点的协调和顺畅，保持林业三大产业协调发展。

从长远来看，江苏林业产业结构调整是在传统林业向市场林业和现代林业转变过程中的战略性调整。针对江苏省林业产业结构的现状和问题，产业结构调整要以“提高林业综合效益，保证林业的生态、经济和社会的可持续发展”为总体目标，着力于林业产业各类比例的优化，推进林业产业素质的提高和产业的升级，把各种能动的生产要素配置到生产效率高的有市场竞争力的产品和劳务上，以实现江苏林业产业经济的良性循环和持续发展。在林业产业结构的调整过程中，要根据市场需求和竞争形势，依靠科技进步，着重调整和优化林业产业链结构、规模结构、布局结构、经营模式结构、森林结构、产品结构等内容，以达到调控总量、调优结构、调高效益的目的。

产业结构是国民经济体系和工业体系中的三大产业、行业的比例组合。它包括两重含义：一是第一、第二、第三产业以及基础产业和非基础产业、主导产业和非主导产业、不同行业之间、不同产业内部各部门之间的关系组成。二是一定产业内部作为组织载体的大型、中型和小型企业之间的关系组合。林业产业从产业构成来看，它横跨第一、第二、第三产业的整个层面；从产业系统来看，它包括营林业、林产品加工业，森林旅游等产业；从目标结构来看，林业产业除提供林产品外，还兼顾生态和社会多重效益。研究林业产业结构问题，是通过寻求林业产业高度化为标志的产业结构合理化道路，实现林业的可持续发展。合理化的产业结构的建立，应该充分考虑市场导向，自然资源条件，林业多种经营的目标，林业主导产业之间，林产品之间，不同类型企业之间的可持续发展和协调发展。为此，有效可行的林业产业调整方案体系的建立是非常必要的。

林业产业和其他产业一样，产业结构是动态的，在经济发展过程中，依靠不断的创新和不断更新的机制，才实现林业产业的可持续发展。林业产业的协调发展，不仅是三次产业之间的协调，而且包括产业内的协调，包括产业与人、资源、自然环境之间的协调。江苏林业产业在其演进过程中，为实现林业的可持续发展，从大力营造林业产业的软环境入手，一方面加强区域内制度的创新，如对产权制度、财政、金融、税收等方面的制度调节，从而降低区域内林业产业成长的成本，提高林业产业的竞争能力。另一方面，林业生产活动的全球化是建立在技术进步与林业组织变革基础上的产业空间革命，技术和技术变化是林业产业发展的根本动力，新产品和新的生产过程是否能够产生，取决于该产业的技术创新能力，技术变化也影响到生产成本和产品的价格，并直接影响产业在国民经济中的地位。因此，制度创新与技术创新是互动的关系。江苏林业产业应结合我国林业产业的现状和林业产业发展的战略重点，特别是加入 WTO 以后，我国林业产业的管理体制和企业经营机制不适应新形式的情况下，针对江苏林产工业的生产水平和不合理的生产结构，林产品质量和价格等方面，通过制度创新、技术创新，形成完善的林业产业可持续发展的保障体系，实行一体化战略，通过培育主导产业，来带动其他产业的发展，使林业产业得到进一步的提升，使江苏的林业产业布局更加合理、科学，使林业产业的结构、产业布局、产业经营模式等方面，更加符合林业可持续发展的要求，使林业产业的发展既能符合可持续发展的目标，又能使生产达到最优化来增加产业的竞争优势，使森林的生产功能与其保护功能、环境价值和社会效益协调一致。最终实现林业的可持续发展战略目标。

（三）林业三次产业之间的结构调整

林业产业的可持续发展目标具有全局性和长远性，实现林业产业的可持续发展要求的机制不可能是自发的，也不可能单纯依靠市场机制，必须具有强有力的林业产业可持续发展的产业和技术政策。

1. 大力发展林业第一产业

营林业是林业产业中的基础产业，它直接或间接地构成了江苏省其他林业产业发展的动力和支持系统，也是维护生态平衡，改善环境的重要手段。虽然一般认为，加工企业的总体实力从根本上反映了林业产业发展的层次，但是这种发展是在基础产业(资源)能够足够保证的前提下实现的。如果营林业处于“瓶颈”状态，就会极大地制约林产加工业的发展。当然，林木资源可以从其他地区和其他国家购入，但是，我国和全球森林资源总体供给不足已成为不争的事实，而且各国、各地区生态环境保护意识都在不断加强。所以，依靠外购来解决木材资源供应问题是非常困难的,而且还将增加企业的经营成本和经营风险。因此，面对江苏蓬勃发展的木材加工产业，应当加强对营林业的投入和科学管理，合理调整林业第一产业的各种结构，从而在总量和结构上保障林木资源的供给，并为建立完备的江苏森林生态体系做出贡献。

①大力发展人工林政策

林业产业的高度化及包括林业产业中加工产业的高度化，还包括营林业由传统营林业向现代营林业的过渡过程。我国从 1998 年开始实施了重点林区和地区天然林资源的保护工程。在当前正在进行林业分类经营的情况下，根据社会对林业生态和经济的两大需求，按照对森林多种功能主导利用的不同，相应地将森林划分为公益林和商品林。这样，一方面，将有 67% 的重点林区和地区的林业用地划为生态保护区；另一方面，商品林和公益林的经营管理体制和发展模式将发生变化。随着人类生态意识的增强和可持续发展的深入，林业经营目标日益趋向多元化。增加森林资源，加速人工林培育，大力发展人工林产业，可以满足人们对木材资源消耗的需求，又可以提高森林覆盖率。在对生态环境不构成威胁的地区大力发展以速生丰产林以及工业原料林为主体的商品林基地建设，是国家发展林业，确保森林资源可持续发展的战略措施之一，这为江苏林业产业的发展带来了新机遇。江苏人工林的发展对营林业产生了重大影响。一是人工林建设改变了传统林业资源结构，在减轻天然林压力的同时，为木材加工企业提供了原料，缓解了资源总量供给不足的矛盾。二是对营林业经营目标产生直接的影响。人工林可以采取定向培养,通过林种结构的调整,满足不同需要。三是调整营林业的布局,提高区域资源供给能力。例如，苏北杨树既起到防护林作用，又能满足当地众多加工的需求，防护林体系和人工用材林建设提高了苏北的森林资源的比重。

②分类经营政策

林业肩负着保护生态环境和发展经济的双重使命，而实行森林分类经营则是协调林业的生态环境效益和社会经济效益的重要手段，也是调整林业产业结构的重要内容。江苏森林资源比较贫乏，而环境和经济的发展都对森林资源提出了很高的要求，因此森林的分类经营势在必行。

实现分类经营须将森林分为生态公益林、商品林和兼融林等不同类型，从而实现不同类型森林的不同效益目标。其中，生态公益林和以公益为主的兼融林应以生态及环境效益为主，通过提高林分质量，调整林分结构，强化相应的功能。而商品林和兼融林中的利用性林分则以经济效益为主要目的，应加强林木培育和品种改良，实行科学经营管理，从数量和质量、总量和结构上保证社会经济对木材的需求。

在分类经营过程中应注意解决以下几个问题：

生态公益林的经济补偿机制问题　应由政府部门出台相应的法律、法规和政策，来保证公益林经营的资金来源（如通过征收森林生态税等方式）。生态公益林的经济补偿,要确定补偿对象,一般应包括:纳入生态公益林范围的林地、森林和林木的所有者和使用者；公益林经营和管理的费用；公益林地所有者和使用者的预期收益。对补偿对象的补偿范围主要是其基本保障。补偿方法可采取直接投入补偿（对造林投入、管护投入的补偿等）；经营者损失补偿；林农基本生活保障补偿三种补偿方法。补偿标准应该按照公益林的质量、功能等级，制定不同档次的补偿标准。

兼融林的界定问题　兼融林既具有生态公益和环境保护的作用，又要生产各种林产品。而由于观念和认识的差异，以及技术、经济等问题的限制，两者界定比较困难。应当从区域的社会、经济和环境的整体和综合目标出发，确定其主导功能，再明确其相应的利用方式和利用程度。

商品林的经营方式问题 商品林的经营应当根据社会和经济需要，兼顾近期和长远目标，进行森林结构调整，实行市场化、企业化、集约化、规模化等经营方式，从而引导林业产业的良性发展。

公益林的管理措施问题 可采取退耕还林、封山育林、禁止砍伐等措施进行管理。在林业系统中建立有效的经营管理机构，林政、森林公安、护林防火、森林病虫害防治等管理机构共同管理，进一步加强乡（镇）林业工作站的作用，以农户、集体林场和国有林经营单位定额管护为主。

结构优化问题 通过调查研究和系统分析，适当兼顾林业的生态效益和经济效益，方能合理确定公益林、兼融林和商品林的比例。

③多种经营并重政策

林业第一产业经营模式调整的另一个方面是实施多种经营战略，其目的就是通过拓展林业经营门类，在市场需求的引导下，对当地现有资源进行合理配置，对林业产业进行结构的调整，从而实现经济效益的最大化，并提高生产经营的抗风险能力。

拓展林业多种经营的深度和广度，采取立体的多种经营战略，充分发挥森林资源多样性的特点。林业多种经营可以从以下三个层次加以实现：

多品种经营——在建立资源保护库的基础上，不断从地域资源中开发出具有市场潜力的物种加以利用，形成该地区森林资源的多种特色和品种。

系列化经营——对某一资源品种，应用多种技术手段，进行不同深度的开发利用，形成系列化品种。这种开发利用可以在林业第一产业范围内进行，也可以延伸到林业第二产业的深度，形成工业化的系列产品。例如，江苏的银杏、茶叶、花卉等产品就可以进行系列化经营，形成具有地方特色的系列化林业产品和林产工业产品。

多产业复合经营——多种经营不能只局限于林业自身，还可以拓展到与林业相关的养殖业、食用菌栽培、畜牧业、药材生产等产业，进行多产业的复合经营。例如，南京林业大学在江苏里下河地区研究多年并获成果鉴定的“林—农—养殖—畜牧业复合经营模式”，就具有很好的市场前景，应当加大投资力度，进行合理开发。

④实现资源集约经营政策

2002年，中央农村工作会议明确指出：“当前和今后一个时期，要坚定不移地推进农业和农村经济的战略调整，提高农业整体素质和效益，促进农民收入持续稳定增长。”目前林业和相关产业已经成为调整农业结构的主导产业之一。

近几年来，我国粮食等农产品出现结构性过剩，在江苏，特别是在苏北，由于粮食价格增长速度远低于成本上升速度，加上我国粮食价格高于世界粮价，农业收入，特别是来自农地的收入所占比重越来越低；由于农地收入的降低，引起大量劳动力的转移，农业劳动生产率不高；在一些地方农地出现抛荒情况，农地浪费严重。如何在稳定家庭承包经营权的基础上，放活土地使用权，是当前江苏农业产业结构调整面临的新课题。

江苏农业产业结构调整，在不断增加农民收入的同时，促进当地经济的发展，使得林业产业的发展具有一定的政策环境和现实基础。杨树产业主要在淮北地区，该地区的杨树产业已经成为农业的一项产业，在有些地方已经出现了种植型的情况，不少农民自愿在其承包的耕地上种植杨树，杨树资源集约经营的确立与实施，是作为农业性质的杨树资源经营的必然反映。而集约经营是必须通过科技方面的努力来实现的。实践证明，科技创新、技术进步是经济性很强的杨树产业发展的关键。而江苏南部经济发达地区，根据其经济、地理、人文和气候等条件，围绕城镇绿化、改善生态环境、提高土地级差地租的经济发展区，大力发展了竹产业、经济林和花卉等产业。

2. 优化林业第二产业的结构

根据调查，江苏林产品加工企业的规模并不大，但聚集某些地区的行业规模很大，并带来了显著的规模效益。这种行业规模一旦形成，就会成为当地经济迅速扩展的支撑点。

江苏省林产加工企业主要有木材加工企业（如人造板生产企业）和林产化学加工企业（如制浆造纸企业）等类型。其中绝大多数企业是（尤其是木材加工企业）经济效益低下、技术落后、产品质量差的小型企业。为了提高产业的规模效应和市场竞争能力，必须通过宏观调控和市场调节两种方式，切实调整和优化江苏林产加工企业的规模结构。

在产业结构调整中，要明确政府职能，完善宏观调控机制。各级政府既是政策的制定者，又是政策的监督管理者，产业政策是否合理和科学，与政府的行为有很大的关系。因此，选择林业支柱产业，推动林业产业向高度化和合理化的结构调整，完善宏观调控机制是必不可少的。即使在成熟的市场经济系统中，政府管理部门的宏观调控也是必不可少的重要管理手段。对于江苏尚未成熟的林产加工产业，更需要通过有效的宏观调控措施来培育龙头企业、扶持优势企业和限制劣势企业，以便调整和优化产业的规模结构。

①培育龙头企业

我们知道，企业是经济增长的基本要素，哪一地区的企业发展迅速，经济增长就高涨。但是，与区域经济发展密切的并不是简单的企业数量的扩展，企业数量是影响区域经济发展的因素之一，但不是决定的因素。国内外区域经济发展的经验告诉我们，企业的组织成长和规模扩展才是影响区域经济增长和发展的主要因素。在市场经济条件下，大型规模的企业对区域经济增长的推动作用是中小企业无法替代的。因此，确定了区域林业主导产业之后，就需要大力扶持若干主导产业龙头企业，以带动林业主导产业和其他相关产业的发展。由于林业第二产业与其他产业的关联度较大，对协调一、二、三产业的比例和提高整个林业产业的综合实力起到重要的作用，因此根据江苏的情况，建议在林产工业中选择起点高、规模大、带动面大的企业作为林业龙头企业。此外，龙头企业应当具有较高的现代化科技水平，具有产品档次高、质量高、品种新、品种多、科技含量高、附加值高等特点，并有较强的管理水平、市场意识和竞争能力。

②扶持和促进中小企业的发展

国家鼓励发展中小企业，在鼓励各类中小企业发展的问题上，国家加大了法律法规建设的力度，先后颁布实施了《公司法》、《乡镇企业法》、《中外合资企业法》、《中外合作企业法》、《合伙企业法》和《城镇集体所有制企业条例》、《私营企业暂行条例》以及《关于发展城市股份合作制企业的指导意见》、《关于出售国有小型企业若干问题意见的通知》等一些法律法规和政策规定，使中小企业的存在和发展获得了必要的保证。2003 年 1 月,《中小企业促进法》正式实施。

在中小企业的管理体制上，受计划经济体制的影响，长期以来是依据中小企业的经济成分和行业部门实行“多头管理”，一直没有一个统一的负责中小企业的政策制定、宏观指导和统筹协调的机构，没有专门针对中小企业的服务体系。1998 年，在国务院机构改革中，这一问题得到了较为妥善的解决。在国家经贸委（现国家商务部）内单独设立了中小企业司，把过去由各部门、各行业分头管理中小企业的有关职能集中起来，由中小企业司负责全国中小企业改革与发展的协调工作，其主要任务是“指导各类中小企业改革，研究制定中小企业的扶持政策，推动建立中小企业的服务体系，协调中小企业对外合作”。

3. 提升林业第三产业

江苏省林业第三产业的发展总体来说比较落后，许多方面都需要积极扶持和培育。根据江苏的情况，现阶段亟待发展的林业第三产业主要有以下三个方面：木材及林产品流通业、林业服务业和森林旅游业。

①建立健全木材及林产品流通业

江苏培育林产品市场体系，可以以农贸市场为依托，加快林产品初级市场建设。在林产品主产区、销区以及自然形成的集散地，高标准、高起点地建立开放度大、辐射面广、吞吐能力强的批发市场。同时积极发展乡村林产品流通中介组织，引导、鼓励和支持农民进入流通。从而逐步建立规范统一、竞争有序的开放的木材及林产品市场体系，以推动林业第一和第三产业的迅速发展。

②建立健全林业服务业

在建立健全林业服务业方面，首先要建立林业产业的融资体系：拓宽资金来源，建立扶持林业产业的金融机构、林业产业融资担保体系、林业产业融资的服务体系和林业产业融资的相关政策体系等。其次，要建立健全各类经济技术协作团体、中介服务机构、林业科技开发和推广服务体系、信息服务体系等，为林业产业提高技术水平和管理水平提供有力的支撑。

③大力发展森林旅游业

在发展江苏森林旅游业方面，要切实做好整体的系统规划，加大基础设施的投资力度，提高旅游开发程度，突出苏南、苏中、苏北“三块”和沿海“一线”丰富的森林景观资源的景点特色。同时，要加强旅游配套设施和服务，满足游客的各种需求。再者，还要强化森林旅游的策划和宣传力度，以形成强有力的吸引力和号召力。

系统的结构决定系统的功能。要使江苏林业产业取得更大的更长远的综合效益，就必须从产业结构入手，分析系统结构中的问题，了解系统结构及其运动机理，以便调整和优化系统的结构。

（四）江苏林业主导产业的选择问题

1. 林业产业发展与江苏经济综合发展关系

林业发展和林业主导产业的选择，要以江苏经济综合发展的总体思路为主线展开，在充分了解江苏总体经济发展规划的基础上，制定一套相对独立的江苏林业产业综合发展规划和发展措施，选择具有高速增长，能够直接或者间接带动林业产业或者其他产业发展的主导产业，把有限的财力和人力用于扶持附加值高，对林业产业发展具有先导和联动作用的林业主导产业，保障江苏林业的可持续发展。

2. 森林资源与市场经济的关系

林业产业的发展，林业主导产业的选择与资源关系非常密切。林业产业是一个典型的以资源为基础和依托的产业，林业产业发展和主导产业的选择的思路始终以资源状况和资源相对优势作为制定发展战略、发展重点和发展政策的始点。在林业产业发展方向、林业产业结构调整、林业产业的空间布局等各方面都把林业自然资源作为江苏林业经济决策的第一约束要素，这将会严重束缚江苏林业产业的发展。在市场经济条件下，我们应该以市场需求为始点，经济效益为标准和依据，资源的最佳组合和配置为目的，选择适合江苏的林业发展的道路。

国际经济的发展证明，森林资源较为丰富的国家和地区，对森林资源的综合利用并不理想，而森林资源相对匮乏的国家和地区反而注重森林资源的综合利用，因此丰富的森林资源只有通过市场进行配置，才能发挥其经济、生态和社会效益。江苏森林资源相对贫乏，要在不断加强基础产业的同时，充分利用江苏的经济条件，各种生产要素通过市场进行配置和组合，要素市场的建立和完善将大大弥补江苏森林资源的不足。

3. 林业主导产业和地区经济发展政策的关系

林业主导产业是林业产业结构中的制高点，一个地区能否建立合理的林业产业结构，形成一个或者数个主导产业，与该地区的经济政策的作用密切相关，充分发挥经济政策的宏观调控作用，不仅能够形成特色经济，而且可以带动地区经济的发展。林业主导产业的建立和发展是一项长期的工作，要想林业主导产业获得可持续发展，就必须发挥各地区经济政策的宏观调控和导向作用，引导资金、技术和人才等资源向这些产业流动。

4. 林业三次产业之间的关系

强烈的前后关联性和带动性：林业主导产业对其他产业的发展具有强烈的前后关联性，能够将林业的产前、产中、产后各环节连接整合为一个完整的产业链系统，实现产品的多次增值，并将自身的产业优势辐射和传递到产业链上各相关产业中去，最终起到“经济发展驱动轮”的作用，带动整个地区经济的全面发展。

第四部分

杨树加工产业发展关键问题

YANGSHU JIAGONG CHANYE FAZHAN GUANJIAN WENTI

一、杨树加工产业的SCP分析

（一）杨树加工产业市场结构分析

市场结构是指构成市场的供给者之间、需求者之间以及供给和需求者之间的各种关联因素和特征，在产业组织理论方面一般更多的是指在特定的产业内企业的构成和相互关系。内容包括：卖方（企业）之间的关系；买方（企业）之间的关系；买卖双方的关系；市场内已有的买方和卖方与正在进入或可能进入市场的买方和卖方的关系。一般根据市场结构将市场划分为完全竞争市场、完全垄断市场、垄断竞争市场和寡头垄断市场。市场结构的构成要素有很多，但主要的要素是市场集中度、产品差别以及进入和退出壁垒。

1．问题的提出

江苏省北部地区（简称苏北地区，主要包括徐州、连云港、宿迁、淮安、盐城等市），经济水平在江苏相对落后，甚至在全国范围内比较也相对落后。进入20世纪90年代以来，苏南（苏州、无锡、常州、镇江、南京）、苏中（泰州、扬州、南通）与苏北间的经济发展水平差距有扩大趋势。江苏经济发展问题基本可以说是苏北地区经济发展的问题，只有苏北地区经济发展了，江苏才有可能实现均衡协调发展，实现两个率先，也才有可能实现和谐社会、实现可持续发展。该地区如何发展的问题将关系到整个江苏的进一步发展和经济可持续发展，它是江苏建设和谐社会和实现均衡发展的关键内容，也是解决江苏三农问题的重要内容。而苏北地区属于黄淮海地区系华北平原南部，是淮河下游和废黄河故道的冲积平原，工业基础相对薄弱，故在建设绿色江苏大的政策背景下，如何利用该地区现有农业、林业基础，实现产业升级，提高经济效益，大力发展杨树产业和杨树加工企业，将是该地区进一步发展的必然的战略选择。其中杨树加工产业的发展将发挥至为关键的作用，它能够推进杨树资源培育，并实现产业化。杨树加工产业的市场绩效将关系到促进经济效益、生态效益、社会效益统一的能否实现。国内对于苏北地区及其杨树产业的研究比较多，但目前尚未有人系统的从产业组织的角度对杨树加工产业的市场进行研究。[2] 本文旨在通过对杨树加工产业市场的结构分析，能对该市场的行为和绩效分析以及制定产业发展政策等的研究提供理论依据。

2. 杨树加工产业市场集中度

市场集中度是确定卖方、买方竞争程度的一种指标，是决定某一市场（或行业）绩效或效率的重要因素。指所考察的市场上卖方、买方各目的企业数及其在市场上的相对规模（市场占有率）状况。集中度可以用数量指标近似地反映市场的垄断竞争程度和市场支配力。

（1）绝对集中度

绝对集中度是用规模最大的前几位企业的生产销售额、资产或职工的累计数量占整个市场或行业的份额的比重来表示的。笔者根据杨树加工企业比较集中的宿迁市以及徐州的邳州市来进行分析。

宿迁市是苏北杨树生产和加工比较集中的地区，全市共有各种类型的杨树加工企业 3471 家，资产总额 7.9 亿元，年加工能力 146 万立方米，2005 年产值达 44 亿元，从业人员 13 万。销售收入超 100 万元以上的企业 360 家，约占总数的 9%，其中 1000 万元以上的有 33 家。沭阳县的福庆木业、嘉华木业、东阳木业和泗阳县的建国木业、中信木业，泗洪县的洋西木业，宿豫县的五星木业、兴达木业等已成为当地木业生产的龙头，属于产值前八位的企业。其中，嘉华木业投资 1500 万元，形成了年生产胶合板 225 万张、产值 7800 万元、利税 550 万元的生产能力，排宿迁市首位。2005 年，该八家企业产值合计 3.87 亿元。因此：

$$CR_0=CR_n=\sum_{i=1}^{n} xi/\sum_{i=1}^{N} xi=3.87/43.8=8.8356\%$$

邳州市属于徐州市的一个县级市，以木材加工而闻名，其人造板工业起步于 20 世纪 90 年代初，经过 10 余年的发展扩张，现已成为邳州市第一大支柱产业。目前，全市各种规模的人造板工业企业近 2000 家，其中较有规模（年产量 5000 立方米以上）的企业 150 家，拥有配套设备较为齐全的生产线 451 条，能生产高档贴面板的生产线 3 条，年生产各种规格的胶合板 200 余万立方米，约占全国胶合板产量的 1/5，占全省的 1/2 多，为全国“四大胶合板加工基地之一”。2005 年，该市杨树加工产值达到 104 亿元之多，其中胜阳集团规模最大，生产能力达到 35 万立方米，2005 年实现产值 7.28 亿元。其次，大自然木业、亚森木业、巨豪木业分列其后，合计产值 10.35 亿元。则有：

$$CR_4=CR_n=\sum_{i=1}^{n}xi/\sum_{i=1}^{N}xi=17.62/104=17.2745\%$$

从计算结果看，邳州的杨树加工企业四企业集中度高于宿迁市的八企业集中度，说明邳州的市场集中度更高，但是根据贝恩划分的市场类型，不管是邳州还是宿迁市的杨树加工产业都属于原子型的市场结构。

表4-1　贝恩划分为6个等级

类型		CR_4	CR_8	产业企业总数
极高寡占型	A	75%以上		20家以内
	B	75%以上		20～40
高度集中寡占型		65%～75%	85%以上	20～100
中（上）集中寡占型		50%～65%	75%～85%	企业数目多
中（下）集中寡占型		35%～50%	45%～75%	企业数目多
低集中寡占型		30%～35%	40%～45%	企业数目多
原子型				企业数目多
苏北杨树加工产业	邳州	17.2745%		企业数目多
	宿迁		8.8356%	企业数目多

（2）相对集中度

由于杨树加工企业分布面积广，地域面积大，调查时间有限，企业数据相对难以获得，在取得相关的绘制洛伦兹曲线的资料中，未能严格按照企业数量的一定比例划分等级，也没有对整个苏北地区进行调查。这里重点调查的地区是宿迁市。调查资料汇总计算如表4-2。

根据初步整理的资料计算累计百分比如表4-3：

表4-2　宿迁杨树加工企业规模和数量分布及其百分比

企业规模等级（按销售收入）	该类型企业数量	该类型企业数量占企业总数的百分比	该类型销售收入总额	该类型企业销售收入占企业总销售收入的百分比
10万元以下	1434	41.3137%	3.41亿元	7.7854%
10万元至50万元	905	26.0732%	4.65亿元	10.6164%
50万元至100万元	739	21.2907%	10.24亿元	23.3790%
100万元至1000万元	360	10.3717%	17.08亿元	38.9955%
1000万元以上	33	0.9507%	8.42亿元	19.2237%
合　计	3471	100%	43.8亿元	100%

表4-3 宿迁杨树加工企业规模和数量分布及其累计百分比

企业规模等级（按销售收入）	该类型企业数量占企业总数的百分比	累计百分比	该类型企业销售收入占企业总销售收入的百分比	累计百分比
10万元以下	41.3137%	41.3137%	7.7854%	7.7854%
10万元至50万元	26.0732%	67.3869%	10.6164%	18.4018%
50万元至100万元	21.2907%	88.6776%	23.3790%	41.7803%
100万元至1000万元	10.3717%	99.0493%	38.9955%	80.7763%
1000万元以上	0.9507%	100%	19.2237%	100%
合　计	100%		100%	

根据累计百分比，采用麦夸特法（Levenberge-Marquardt）和通用全局优化法拟合出杨树加工产业中企业规模分布的洛伦兹曲线如下：

$$Y=F(\mathrm{x})=\frac{-0.16653x}{-100.67078+x}+\frac{-12.77487x}{-117.17961+x}+\frac{0.90225x}{10.98216+x}$$

并根据所拟合曲线计算机尼系数如下：

$$E_i=[x^2/2-\int_0^x F(x)dx]/(x^2/2)$$
$$=[x^2/2-\int_0^1(\frac{-0.16653x}{-100.67078+x}+\frac{-12.77487x}{-117.17961+x}+\frac{0.90225x}{10.98216+x})dx]/(x^2/2)$$
$$=0.45537$$

基尼系数介于 0 和 1 之间时，基尼系数越小，表示企业间市场份额越平均，基尼系数小于 0.2，表示绝对平均，0.2 ~ 0.4，表示比较平均，0.4 ~ 0.6 表示平均，0.4 ~ 0.6 表示差距较大，0.6 以上表示差距悬殊，有垄断力量存在。从基尼系数上也可以看出，杨树加工产业中企业集中度低，不存在垄断力量。

（3）贝恩指数

贝恩指数是企业获取超额利润的能力，代表着企业的垄断程度和价格控制能力。对于企业的超额利润，严格地说是超过正常利润的那部分利润。按照经济学的理论，对于企业家才能的生产要素的报酬就是正常利润，作为生产过程中使用的要素的报酬就是成本，则企业的成本应该包括会计成本和正常利润，超过正常利润部分的利润才是经济利润。按照成本包括正常利润的观点，则经济利润就是销售收入扣除成本以后的余额。因此，贝恩指数可以表示为：

$$IB=(P-AC)x/Px=(P-AC)/P$$

式中：P 为产品销售单价；AC 为产品平均成本（包含企业的单位产品的

正常利润)；x 为产品销售量。

但是由于正常利润水平现实中很难准确确定，因此现实中企业的正常利润水平的确定主观性也很大，没有客观的可以直接的标准和依据。因此简单的处理就是将会计平均成本作为经济平均成本看待，使用会计利润代替经济利润，同时与销售收入比较，衡量企业的利润水平，如果企业的利润水平高，说明企业的价格标高程度高，企业对价格的控制能力强，市场上遇到的竞争比较弱。

即使这样，在调查过程中，获取企业的详细成本资料也比较难。我们获得了大盛板业、亚森板业、嘉华木业、信达木业等企业关于杨树胶合板生产成本的资料，由于样本量过少，不具有代表性，这里将不使用这些企业的成本资料作为计算依据。笔者根据一般的生产技术参数来推算企业的会计成本数据进而进行杨树加工产业的贝恩指数的计算。推算结果，杨树三合板的成本大约为 2630 元 / 立方米，市场价格约为 2800 元 / 立方米。限于文章篇幅推算过程省略。

因此贝恩指数为：

$$I_B=(P-AC)/P=(2800-2630)/2800=0.607=6.03\%$$

该指标计算将会计利润当作经济利润，没有扣除正常利润，如果按照扣除正常利润（银行贷款利率 7% ～ 8%，投资利润率以略高于银行贷款计算），则该指数为负数，说明杨树加工产业中没有超额利润存在，市场中竞争力激烈，企业市场的支配力比较弱。

3. 杨树加工产业的产品差别

产品差别化不是指不同产品之间的基本性能的差别，而是指同类性能产品之间的差别。厂商制造差别产品的目的是为了引起购买者对该产品的特殊偏好，从而在市场竞争中占据有利地位。目前苏北的杨树加工市场产品品种相对单一，产品趋同，企业之间竞争激烈，主要表现在以下几个方面：

（1）产品的物理性能和品种趋同

目前，苏北的杨树加工市场中，绝大多数企业属于个体和民营加工企业，生产规模总体偏小，设备亦不配套，以生产厚胶合板为主（如多层胶合板、建筑模板、普通细木工板），原材料就地取材，并为成品加工企业提供初级产品，产品品种单一、质量不稳定，科技含量和附加值都很低。在苏北的 6000 多家杨树加工企业中，大型的有相对先进生产线的不过 0.1%，10% 的中型企业具备拼板、涂胶、冷压、贴芯、砂光、切割等工序所需要的基本设备，可以进行成品生产，但一般没有旋切设备，只能从其他单板厂购进单板作为原料。另外90%是临路而建、临村而建的家庭作坊式的单板加工厂、胶合板厂和细木工板厂，大的不过几十人、几十万元的投资，从事的都是初加工，刨刨劈劈，一半以上只生产单板，转卖给其他胶合板厂作为原料使用。宿迁市3471家杨树加工企业中，生产单板的企业1509家，占43.5%，生产细木工板条的企业1499家，占43.2%，成品加工企业463家，只占13.3%。同时，由于没有基本的设备和生产条件，大多数企业产品质量波动大，部分企业的产品质量达不到标准要求。其中，绝大多数企业的环保指标达不到有关规定标准，限制了产品的销售和出口。因此，杨树加工企业在产品物理性能和品种上趋同，产品质量无明显差异。

虽然在杨树加工产业中近年也出现一批企业，开始注重产品差别，开始差异化生产，但是这些企业数量太少、市场份额低，还不是杨树加工市场中的主流。

（2）销售的手段和条件趋同

由于企业规模小，只能就地取材进行生产，产品大多也是销售给本地的大加工厂作为原料，大多数企业销售手段简单和相同，价格作为竞争的基本和主要手段，企业利润微薄，几乎没有厂家进行广告等各种促销，甚至一半以上的企业产品没有自己的品牌和标识。就沭阳来说，全县的1627家企业中，只有2家进行了产品注册，不少杨树制品被外地销售商贴上其他商标，销往上海、福建等地，销售价往往是原来的几倍，甚至是十几倍。另外，在对外销售上，由于缺乏了解国际市场和技术发展情况，缺乏国际合作与交流，缺乏产品统一检测手段等，使得产品质量和标准不统一，加之没有知名品牌，因而未能有效地进入国际市场，90%的产品都在国内销售。

同样，随着市场的成长和完善，有些上规模的杨树加工企业开始注重靠品牌增强“辐射效应”、“聚集效应”，“产业链”越拉越长。但是这种注重品牌、进行销售等差异化的企业数量还是相对较少，虽然是苏北杨树产业的希望，但目前不是主流。

（3）消费者的直观认识趋同

由于企业生产加工条件相似、原材料和产品品种相似、质量趋同，因而销售手段和条件几乎没有差别，很多企业产品几乎没有标识，即使有标识也基本没有进行品牌创建，消费者心理上无差异。因此消费者直观认识也是趋同的。笔者在苏北调查期间，走访各加工厂从生产设备、到产品、到标识，感觉几乎相同，没有差异，以至于几乎不能分清自己在哪个市哪个县的哪家工厂，感觉几乎都是一样，在内业资料整理过程中看到，厂名根本无法回忆任何工厂的细节，只能根据资料和记录识别企业及其所在地等。

4. 杨树加工产业的进入和退出壁垒

（1）进入壁垒

进入壁垒是从新企业进入市场的角度去考察市场关系的调整和变化。“进入”是指一个厂商进入新的业务领域。进入壁垒是新厂商进入一个市场所负担的，而这一市场中的在位厂商不负担的生产成本或者某一产业在位者相对于潜在进入者所具有的优势，这些优势反映在在位者把价格提高到竞争性价格水平之上而不会遭致新厂商的进入。这种优势有四种：绝对成本优势、产品差异、规模经济、特有资源。贝恩认为，用行业价格和平均成本（包括正常利润）的差额来衡量，行业价格与平均成本的差额越大，该行业的进入壁垒就越高。

在苏北的杨树加工产业中，进入壁垒很低，可以通过贝恩指数来度量。

$$\mathrm{EO}=I_{\mathrm{B}}=(P-AC)/P\ \text{（包括平均利润）}$$

在杨树加工产业中，前面计算 $I_{\mathrm{B}}=6.03\%$ 中，如果在平均成本中考虑了正常利润（银行贷款利率 7% ～ 8%）时，贝恩指数为负数。

参照贝恩的界定标准，如果 EO>10%，该市场属于高度进入障碍，如果 EO 在 6% 和 8% 之间属于较高进入障碍，EO 在 2% ～ 4% 属于中度进入障碍，EO<2% 属于低度进入障碍，则杨树加工产业属于低进入障碍的市场，即进入壁垒很低。

苏北的杨树加工产业之所以进入壁垒低，原因分析有以下几点：

第一，在杨树加工产业中，没有规模效应壁垒，也就是现在这些企业基本没有绝对成本优势。杨树加工产业中现有行业内企业生产规模偏小，市场份额很低，导致生产成本高、资源消耗严重。新加入的企业只要组织起生产很容易达到现有企业的份额和规模。现有的企业没有任何成本优势，则新厂商进入容易，没有额外的成本和负担。

第二，在杨树加工产业中，现有厂商没有任何特殊的资源和技术，新厂商加入不需要为获得这些资源而增加费用。杨树加工企业主要的原料是杨树资源，而任何厂商都没有原料上的垄断和优势，新厂商可以随便获得；同时现有厂商的生产技术和管理水平低下，在销售、品牌、人才上也没有什么优势可言。因此新厂商进入不需要为争夺或者获得原材料、技术、建立销售网络、获取品牌效应等与现有的杨树加工企业竞争，也不需要增加额外的费用，所以进入容易。

第三，在杨树加工产业中，产品需求者不存在对现有企业产品的偏好。在杨树加工产业中，由于现有厂商产品差别化不明显，产品档次低、质量不稳定，现有厂商在品牌、信誉和销售方面也没有优势可言，因此新厂商进入壁垒低。

第四，相对来说，在杨树加工产业中，政府的政策法规对进入市场的限制比较少。苏北属于江苏的贫困地区，国家鼓励在贫困地区进行开发投资，同时杨树加工行业不仅利用了当地林业资源，也是解决苏北农村脱贫致富的一条重要途径，更是政府鼓励的产业和项目，因此政策障碍少。虽然有针对生产能力过剩，资源消耗严重，企业数量多，规模过小，产品品种单调，有体现规模效益的新型杨树工业体系的政策建议，但是在国家建设和谐社会、解决三农问题的大背景下，杨树加工产业有着特殊的意义和含义，这样的产业政策也一直没有出台和实施，目前新厂商的进入还有政策障碍。

(2) 退出壁垒

所谓退出是指某个厂商停止作为卖方的行为，从所在的那个产业或市场上退出，主要有破产和在业绩不佳状况下转向其他产业转移的行为。但退出亦会碰到困难，存在退出壁垒。主要有：沉没费用高；劳动者解雇费用和退出受到政策、法律、制度壁垒影响。由于杨树加工企业规模小、投资少，因而退出的沉没费用低。同时私营企业多，用工不规范，劳动合同少，解雇成本也很低，甚至没有成本；政府也对这些企业的退出没有强制性规定。因此，杨树加工市场的退出壁垒也相当低。

综上所述，在杨树加工市场企业数量众多，宿迁市的 CR_8 和邳州市的 CR_4，以及宿迁市杨树加工企业的洛伦兹曲线和基尼系数都反映了这个产业的集中度很低，可以说杨树加工产业的市场具有原子型市场的特征，同时厂商之间的产品差别不大，整个产业进入和退出壁垒都比较低，是一个类似完全竞争的市场结构，这样的市场结构也就决定了杨树加工产业中厂商的市场行为和整个市场绩效。

（二）杨树加工企业市场行为分析

市场行为是指企业在市场上为实现其目标而采取的适应市场要求而不断调整其行为的行为。企业的市场行为受到市场结构的状态和特征的制约，反过来，市场行为也作用于市场结构，影响和改变市场结构的状态和特征。杨树加工产业的企业行为受杨树加工产业的市场结构影响，也会反作用于该产业的市场结构。杨树加工产业的企业市场行为可以分为两大类：市场竞争行为和市场协调行为。对于企业的市场竞争行为又可以分为价格行为和非价格行为。

1. 杨树加工企业价格行为

由于杨树加工企业的市场结构和产品的差别化和替代性，不同规模和不同产品的杨树加工企业在市场的地位不同，对价格的控制能力也不相同，其价格行为也不相同。针对杨树加工市场企业的价格竞争行为，笔者归纳有如下几种:

（1）打价格战，进行价格竞争

在苏北地区，对于众多的小型杨树加工厂，产品基本都是单板或者建筑用厚胶合板，产品质量不稳定。在这个市场上，进入壁垒低，产品趋同，附加值比较低，同时企业的创新能力弱，行业协会的约束力也很弱。这就是典型的经营同质商品商家围绕商品价格而开展竞争的伯特兰德（Bertrand）模型。在这个价格博弈过程中，每一个杨树加工企业的策略都不可能是背离均衡价格来提高自己的利润；且产品同质与替代性强，导致购买者对价格非常敏感时，杨树加工企业惟一确定的价格策略是将价格降至其可以维持的最低水平。需要指出的是，这种情况下的纳什均衡和囚徒困境一样，是一种低效率的均衡，远不如各博弈方通过协商、合作可能得到的最佳结果。在这种背景下每一家杨树加工企业都意识到其他商家不削价时自己降价的巨大好处和其他商家削价时自己不降价将受损，加上行业协会难以真正发挥价格监督职能，因此，每家商家都会倾向于低价竞销，最后只能实现低效率的低价、低利润的纳什均衡。

但是这些杨树加工企业的竞相降价也是有限度的，一般不致于出现亏损，在单个企业进行价格决策中一般考虑成本加成，维持低利润水平。这种价格行为在杨树加工产业中是主流和普遍的行为，大多数的企业都面临这样的市场状态，采取这样的价格行为，出现了恶性竞争，导致企业利润微薄。

然而在苏北的杨树加工产业中也存在少数设备先进、技术比较雄厚、具有一定规模的企业，虽然市场份额不高，在市场上不能起到主导作用，但在独自的细分市场上却有一定的控制能力，有自己独特的价格行为。以下几种价格行为就是这些上规模杨树加工企业的价格行为。

（2）攫取消费者剩余的市场价格行为

在杨树加工产业中主要表现的是价格歧视行为。在杨树加工企业中，有少部分企业拥有一定的专业技术，产品差别化比较大，可以在细分市场上处于相对垄断的地位，比如连云港市的东盛木业，借助南京林业大学的技术力量，在杨树胶合板中加入竹材芯板，改变了胶合板的性能，形成了产品差别。也因此其产品能够满足特殊的需要，其产品可用作船甲板、船舱内扶梯等，有特定的市场空间，在细分市场上有一定的垄断力量，可以进行差别定价。针对不同的购买者、购买数量，甚至针对不同购买者的不同用途制定出不同的价格，这种在同一时间内对同一成本的产品向不同的购买者收取不同的价格，或是对不同成本的产品向不同的购买者收取相同的价格行为既是价格歧视。

（3）限制竞争的价格行为

凡存在竞争的地方，就存在限制竞争的倾向和行为。限制竞争价格行为可以是市场主导厂商的独立行动，也可以是若干现有厂商的合作行动，前者称为“直接限制竞争的价格行为”，后者称为“串谋限制竞争的价格行为”。

对于直接限制竞争的价格行为，需要有垄断力量才可以，在杨树加工产业中，尚不存在这样的企业足以成功运用这样的定价策略达到目标。虽然灌南的东升木业曾经运用过类似的定价行为，但没有成功。东升木业是年产量 3 万立方米左右的中等规模的杨树加工厂，其优势在于首先运用技术生产杨树同向层积板（LVL），在遇到有竞争对手要加入时，曾经采取降价策略，但由于其规模过小，市场份额太小，该策略没有成功，目前生产 LVL 的厂家在苏北有十多家。

同样的价格串谋行为在杨树加工市场上曾经有过运用，但很不成功，价格联盟迅速解体。宿迁、淮安都成立了杨树加工企业协会，其成立的最大的目的之一就是协调各杨树加工企业之间的竞争行为，避免恶性的价格竞争，也多次达成协议，但由于价格联盟或者协会的松散性和不稳定性，价格协定都迅速失效。

2. 杨树加工企业非价格行为

企业在市场竞争中除了采取价格作为最基本的竞争手段，还会采取很多非价格形式的手段，展开更高级别的竞争，下面分析杨树加工企业的非价格竞争行为。

（1）产品策略

厂商的产品策略主要就是产品差别化的竞争。而目前杨树加工企业所生产的几乎是无差别的初级产品，主要是胶合板的单板和芯板，技术含量相对比较低。苏北的杨树加工企业不能通过开发了独有技术、生产新产品，扩大产品差别，保护或增加自己的市场占有率。由于杨树加工产业进入和退出的技术壁垒低，小型的高消耗的加工厂遍地开花，大部分杨树加工企业的生产设备较为简陋，相当一部分小企业只有简单的旋切设备，缺少许多关键设备，而且职工一般是当地农民，缺乏专业技术人员，缺少产品创新和开发能力。

同时杨树加工企业多，而产品进行商标注册的却很少。就沭阳来说，全县的 1627 家企业中，产品进行注册的只有 2 家。近年来，不少沭阳杨树制品被外地销售商贴上其他商标，销往上海、福建等地，销售价往往是原来的几倍，甚至是十几倍，而当地却未能获得应有的附加值。这一方面与杨树加工企业的规模、技术装备和营销网络有关，另一方面也与企业及有关部门的品牌意识和竞争意识有关，显示企业缺少现代的产品营销意识。

（2）广告行为

广告行为是企业在市场上经常采用的非价格竞争手段。广告可以对市场结构产生重要影响，广告可以形成产品差别，形成进入壁垒，广告可以提高市场集中度。但是在杨树加工产业中，企业广告行为极少，90% 的企业从未考虑过作任何形式的广告。主要原因笔者分析有以下几点：第一，杨树加工企业大都规模小、投资少，相对来说生产资金紧张，没有资金进行广告宣传；第二，杨树加工企业都是家庭作坊式居多，产量低，销售渠道单一或者产品当地销售，从心理上认为没有作广告的必要；第三，是由于产品特性决定的，杨树加工企业所生产的产品都是工业品，一般来说由于工业品比较标准化和规格化，或者按照买方需求定做的，因此工业品相对消费品广告要少得多。

对于那些规模稍大的企业，近年来已开始注重企业形象广告和进行产品品种的宣传，比如徐州胜阳集团就进行了大量的企业形象广告投入，2005 年投入达数十万之巨，很多中型的杨树加工企业也开始在网络中宣传自己，建立自己的形象和品牌，传递信息，介绍自己的产品品种。

（3）兼并行为

企业兼并是指两个以上的企业在自愿的基础上通过法律订立契约而结合成一个企业的组合调整行为。杨树加工产业中近年进行了大量的兼并和重组，这些兼并行为将对该市场的市场结构产生重要影响。发生在杨树加工产业中的兼并有纵向兼并，也有横向兼并。例如：泗阳江洋木工厂为了稳定原料供应，兼并了当地的三家单板加工厂，把处于不同生产阶段的企业合并成一个企业，使原企业之间形成生产上的垂直关系。通过兼并江洋木工厂实现了纵向一体化，使自己以前只从单板作为原料生产 LVL 和建筑模板到可以从原木开始生产 LVL 和建筑模板，也扩大了自己的原料收购半径。最近几年，泗阳有 400 多家杨树加工企业进行了兼并和重组，关停了 200 多家。这里也包括很多横向合并，把属于同一产品和处于同一生产加工工艺阶段的不同厂家合并成一家企业。如泗阳县将 12 家规模较大企业，以“中信木业”为龙头进行重组，以品牌为纽带组建集团，增强了企业实力。同样由数十家小企业组成的“建中”、“兴达”等集团，也一改以往无力批量进货为直接同“洋人”做买卖，先后采购南非、印度、澳大利亚的红榉、白榉杨树，旋切加工成贴面板，再远销到日本、韩国和毛里求斯等国家。通过兼并重组对苏北的杨树加工产业的市场结构产生重要影响，使产业开始集中和积聚，获得了规模经济和效益，增强了杨树加工企业的竞争力和市场支配力。

木材加工企业由于所处的集中度低、产品同质、企业规模小、创新能力弱的市场结构，主要通过价格行为展开市场竞争，但是近年来非价格竞争行为也开始不断出现，尤其是兼并行为反过来对市场结构产生了重要影响，并将进一步继续影响下去。

3、木材加工企业的市场协调行为

所谓市场协调行为，是指同一个市场上的企业为了某些共同的目标而采取相互协调的市场行为。企业为了避免在竞争中两败俱伤，往往合谋获取垄断利润而联合起来。谋求共同利益最大化的市场协调行动，包括价格协调以及组织调整，如企业重组、企业集团等各种联合组织形式而实现的价格、战略目标、经营方向等各方面的协调。企业之间的市场协调行为通常并不是以明确的协定和契约来加以规范的，而是采取暗中共谋的形式。市场协调行为可以分为两大类，即价格协调行为和非价格协调行为。

（1）价格协调行为

在木材加工产业中，企业的市场价格协调行为主要是建立价格联盟。为了行业的利益，避免企业之间恶性竞争，宿迁、淮阴等地的行业协会多次订立协议，协调各个会员企业的价格行为，即前面说过的价格串谋行为，这就是一种卡特尔。苏北的杨树加工企业认识到自己的利润不仅取决于其自身的决策和行为，而且受到其他企业决策和行为的影响。这种相互依赖的关系使得追求自身利润的木材加工企业认识到，他们可以通过结成同盟来避免竞争，从而导致了卡特尔的形成。这种由若干个企业为达到稳固地垄断市场的目的而结成联盟的行为就是卡特尔。

根据经济学分析，在卡特尔里，谁背离合同，谁就能够得到更多的利润，相反，谁忠于合同，谁的利益就会受损。意识到这一点，每个成员都会偷偷违背合同，进行超量生产。如果每个成员的产量都超过限额，卡特尔也就失去了垄断市场的作用，卡特尔就会崩溃。如果没有成文契约或其他制约机制，卡特尔将非常不稳定。在木材加工企业的“价格联盟”里，行业协会恰恰没有对成员的约束机制，同时由于会员众多、市场份额小，使得监督成本高，行业协会名不副实，很多延续了行政管理的模式，很少切实为企业谋取利益，这样的卡特尔组织更加不稳定。在苏北，行业协会虽然存在，但基本不能协调会员企业的行动和市场行为，多次的价格协议也多次被打破。

（2）其他协调行为

在木材加工企业的市场协调行为中表现得最活跃的是组织调整，即企业兼并重组和企业集团等。从前面的分析可以看出，苏北的杨树加工产业总体上看还是粗放型的，还处于较低水平。目前仍然面临着结构性矛盾比较突出、产业集中度低、过度竞争和无序竞争情况较为严重、安全状况差、盈利水平低、企业发展后劲不足等许多不容忽视的困难和问题。而这些诸多问题中，结构不合理，产业集中度低是最突出的问题，同时，多数杨树加工企业是单一的初级产品，致使杨树加工产业链条过短，盈利能力提升缓慢，职工收入长期在低水平徘徊，严重制约了杨树加工企业的可持续发展。因此，木材加工企业必须进行产业重组，拉长产业链条，进行杨树的深加工和综合利用，提高盈利水平，促进企业快速健康发展。木材加工企业进行购并重组也是抵御市场风险的需要，木材加工产业组织结构不合理，产业集中度低，市场稳定性差，集中表现在：企业数量多，规模小。整个苏北共有6000多家企业，销售收入100万元以上的仅9%，众多的小企业导致市场的无序和过度竞争。美国经济学家迈克尔·波特经过大量实证调查后得出结论：在一个相对统一的市场中，如果生产相同产品的前四位企业的市场占有率（集中度）的总和低于40%，则该行业内极可能会出现无序竞争的现象。而苏北 CR_4、CR_8 的远远低于这个数字。苏北的杨树加工企业要想增强抵御市场风险的能力，就必须加快产业重组步伐，以促进企业的稳步健康发展。

同时，木材加工企业存在进行企业并购重组的有利条件，即内在动力和外部条件，二者的结合，导致了木材加工产业中出现前述的诸多并购行为。这些有利条件首先是苏北地处黄淮海平原，适合杨树生长，自从美洲黑杨引种成功，已经大面积种植，目前蓄积达3000万立方米，资源优势明显。其次是杨树加工产业产业链扩展容易，从锯材开始，到单板加工、胶合板生产、二次处理、深加工以及综合利用、刨花板、纤维板生产等，拉长了产业链条，并且已经成为杨树加工企业生存发展、做大做强的必然选择；最后就是产业基础扎实。木材加工产业经过20多年的发展壮大，形成了较完备的产业体系和一批大型加工企业，这些杨树加工企业具备了一定的经济实力，有能力进行产业重组并购。这些并购行为是木材加工企业市场协调行为的重要内容之一。

木材加工企业的市场协调行为不仅仅表现在并购重组上，还有类似联盟的方式出现。在苏北，往往一家规模稍大的木材加工企业周边会有几十个、甚至上百个小型的木材加工企业与之发生类似的联盟关系。铜山县汇森公司、泗阳县利富公司、天德公司等都是当地的大企业，年生产板材 3 万～ 5 万立方米不等，但他们自己都不进行单板生产，而是采取收购其他更小公司的单板作为原材料，并与周边一些小的单板加工场形成了稳定的伙伴关系。这样可以错开产业的不同工艺阶段，这种相互补充也是木材加工企业市场协调行为的重要体现。

综上所述，木材加工企业受市场结构影响，企业的市场行为以竞争行为为主，并且在竞争的市场竞争行为中以价格竞争为主流，恶性的价格战导致企业利润率低下，部分企业在价格策略中也存在价格歧视和价格串谋行为，同时非价格竞争行为也被一些上规模的企业采用并将越来越多，如产品差别化等。在一些木材加工产业中，如苏北杨树企业之间除了竞争性的市场行为外，也存在市场协调行为。木材加工企业的市场协调行为目前以企业的并购重组为主，产生了市场结构和市场绩效实质性的影响。

（三）木材加工产业市场绩效分析

市场绩效是指在一定的市场结构下，通过一定的市场行为使某一产业在价格、产量、费用、利润、产品的质量和品种以及技术进步等方面所达到的现实状态。评价木材加工产业的市场绩效可以通过该市场资源配置效率、企业利润水平、技术进步程度等方面进行。

1. 木材加工产业市场结构与市场绩效

（1）市场集中度与市场绩效

我们知道，完全竞争的效率高于垄断的效率。由于木材加工产业市场集中度低，产品单一类似，差别化程度低，所以进入和退出壁垒也相对比较低。类似于完全竞争，假如没有超额利润存在，木材加工企业如果考虑生产中的隐性成本、自建厂房、地租以及自己为自己工作的机会成本等，那么很多企业就几乎没有经济利润。即使不考虑隐性成本的话，会计利润也偏低，大部分企业利润率在 5% 以下，仅仅只能维持基本的运转和家庭生计。这样的类似于完全竞争的市场结构，资源配置的效率比较高。从图 4-1 可以看出，在木材加工产业中生产者剩余和消费者剩余之和比垄断要大，社会福利较好。

在木材加工产业中，类似于完全竞争，产量为 Q_2，价格为 P_c，消费者剩

余为三角形 DP_cG 的面积，生产者剩余为三角形 AP_cG 的面积，社会福利为两者之和即为三角形 ADG 的面积；而如果木材加工产业存在垄断厂商，产量为 Q_1，价格为 P_m，消费者剩余为三角形 DP_mE 的面积，生产者剩余为梯形 AP_mEF 的面积，社会福利为两者之和即为梯形 ADEF 的面积，小于三角形 ADG 的面积。因此从企业竞争的角度看，木材加工产业的市场绩效相对垄断为高。

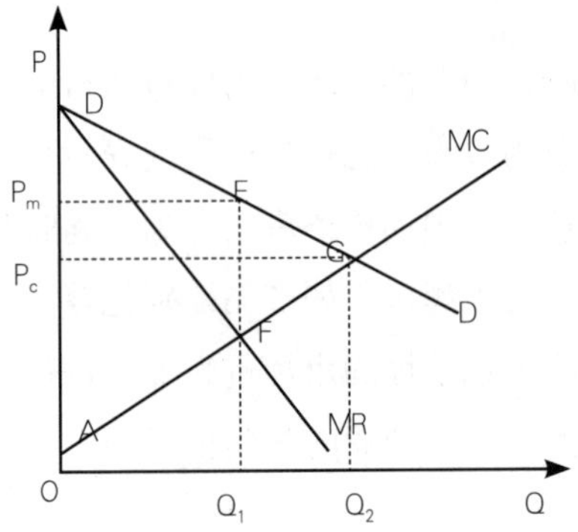

图4-1　竞争性市场与垄断市场的福利消费者剩余和生产者剩余

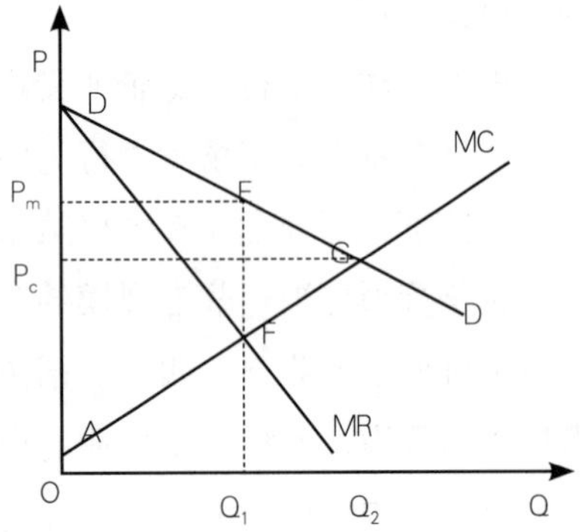

图4-2 竞争性市场与垄断市场的社会福利的影响

但是从规模经济水平的角度看，木材加工产业的市场绩效比较低。产业组织理论中考察市场绩效和资源配置效率的一个很重要的指标就是规模，从以下几个方面考察：①企业的平均规模与经济规模的比值，如果比值越大，代表产业规模经济水平越高，相反就越低。无疑木材加工产业的企业平均规模和经济规模的比值是很低的；②达到规模经济的比例，产业内达到最小有效规模的企业数量、累计产量及累计能力分别于产业内总企业数量、总产量和总能力的比较。初步测算，木材加工产业的最小有效规模在 3 万～ 5 万立方米，而达到这个规模的企业的比例在整个产业的比重极低，数量不到 1%。由于木材加工企业规模小，因此所生产的只是初级产品，且技术水平低，管理水平落后。主要为下游企业提供原料或半成品。大部分企业走的都是资源型和粗加工的路子，产品附加值低，目前未达到获得规模经济效益所必须的经济规模的企业是木材加工产业市场的主要供给者，这说明该产业的规模结构效率不高，存在大量低效率的小规模生产，该市场还没有走出资源型和粗加工的发展阶段。企业规模小，无法发挥集聚效应和现代化技术的集成。资源消耗大，能耗高，生产的相对效率低下。因而其市场绩效不佳。

(2) 产品与市场绩效

木材加工产业产品结构不合理，品种较为单一，跟不上日益多样化的市场需求。目前木材加工企业大多进行简单的单板生产和生产建筑用厚胶合板。纵观当前国内人造板的用途，主要以室内装修、家具制造为主，而建筑用人造板的应用量太小，用于建筑业的比例仅为26.26%。产品的应用面狭窄，大大限制了木材加工产业的发展（表4-4）。产品品种单一，差别化程度低，不能满足消费者多样化的需求，而且木材加工企业的产品质量差且不稳定，更不能满足日益增长的社会经济生活的需要。

表4-4　人造板应用行业比例（%）

品　　种	家具业	建筑业	交通运输	包装	其它	国别
胶合板类	41.3	50.1	3.0	2.2	3.4	中国
纤维板类	78.2	11.8	0.9	5.4	3.7	中国
刨花板类	85.6	3.9	1.8	2.5	6.7	中国
细木工板	65.6	19.4	0	0	15.0	中国
总　　计	63.33	26.26	1.88	2.52	6.01	中国
国际平均	30	40～50			20～30	

2. 木材加工产业市场行为与市场绩效

根据SCP范式市场结构决定市场行为，从而决定市场绩效。木材加工企业的市场行为在笔者其他文章中已经分析叙述，这里就木材加工企业的市场行为对市场绩效的影响进行分析。

(1) 价格竞争行为与市场绩效

在木材加工产业中，杨树加工企业的价格行为有：接受市场价格基础上的竞相降价竞争、订立价格协议的垄断定价、个别厂商的价格歧视行为。

①降价竞争、垄断定价与市场绩效

在木材加工产业这个类似完全竞争的市场结构中，企业无力左右市场价格，只是价格的被动接受者。同时，面对激烈的竞争，降价销售是最经常的竞争手段，而这样的价格行为有利于提高消费者福利，有利于提高市场绩效。但是，苏北地区性的木材加工业协会，为防止恶性的价格竞争，经常性地制定价格同盟协议，类似于垄断定价，则会导致社会福利的牺牲，降低市场绩效。

从图 4-2 可以看出竞争性定价和垄断定价对社会福利的影响。苏北的木材加工业协会以垄断者的身份根据边际规则以求利润最大化，但垄断价格引致需求降低，使得消费者剩余和生产者剩余之和下降，社会福利出现净损失。木业加工协会垄断定价后的生产者和消费者剩余为 AFED，而杨树加工企业竞争性定价的消费者剩余为 AGD，很明显后者要多出一个三角形 EFG 面积，后者社会福利要大，市场绩效更好。

②个别厂商价格歧视和市场绩效

在木材加工产业中，有个别企业拥有一定的技术力量，设备相对先进，管理水平也相对较高，其产品差别化较大，个别企业甚至可以生产专业的板材品种，比如东盛木业的船甲板生产、中信木业的缝纫机台板生产等，相对来说，他们有一定市场力量，甚至可以进行差别定价，可以对不同的顾客收取不同的价格，即实行所谓的价格歧视。木材加工产业市场中的价格歧视策略与其他行业的价格歧视相同侵占了消费者剩余，一般对市场绩效存在负面影响。任何价格歧视无一例外的侵占了消费者剩余，减少了消费者的福利，影响了市场绩效，如果存在差别也就是程度差别而已，对消费者费力侵占的多寡有差异。图 4-3 中在没有实行价格歧视的时候，消费者剩余为三角形 AP_3D，实行价格歧视以后产量仍然是 Q_3，但对不同的消费者，或者不同批量分别收取了 P_1、P_2、P_3 的价格消费者剩余只剩下了三角形 AP_1B、BEC、CFD 的面积了，比没有实行价格歧视少了矩形 BP_1P_2E、P_2P_3FC 的面积。

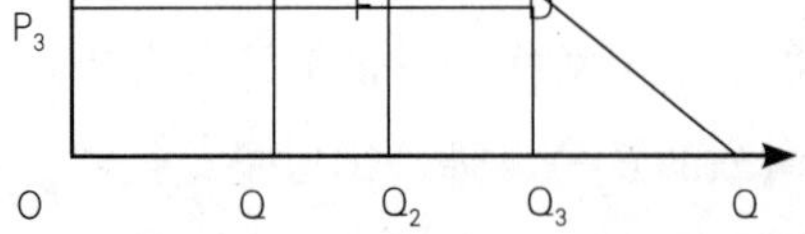

图4-3　木材加工企业的价格歧视与消费者剩余

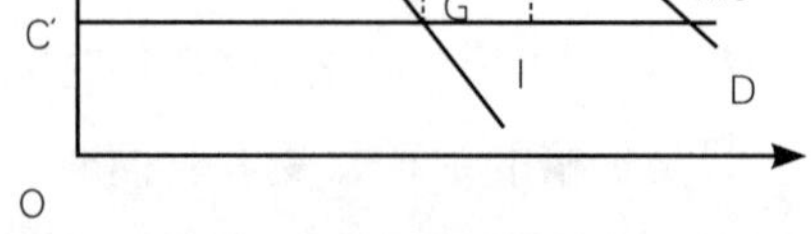

图4-4　竞争性企业与垄断企业的创新利润

(2) 非价格竞争行为与市场绩效

①广告行为与市场绩效

广告信息的发出者是卖方，卖方并不一定要对其所接受的信息付费。企业做广告的目的是使消费者在主观上认为原本相似的产品存在差异，从而达到吸引消费者的目的；作为一种阻止新企业进入的手段，当广告费用相当高时，广告就成为一种进入壁垒，迫使新企业承担更多的成本。广告一般分为劝说性广告和信息性广告。劝说性广告的目的是增强消费者对某种产品的偏好；信息性广告是用来传递产品的某些最基本信息，如产品的特点、价格以及购买地点等。有研究表明，劝说性广告的均衡水平低于社会最优水平。即劝说性广告行为没有取得良好的市场绩效。前面分析过，在木材加工产业中，企业的广告行为相对比较少，木材加工企业作为非消费品生产者，提供有关产品和服务的价格、质量以及销售地点的广告，也是重要的竞争和形成产品差别化和市场进入壁垒的手段，但是苏北的木工企业很少运用，从整体上说，有利于市场绩效的提高。

②企业创新与市场绩效

随着经济社会的进步,科学技术的重要性日益凸现。在市场经济的竞争中，就表现为企业的发展越来越倚重于创新和技术进步。木材加工企业有很强的创新动机，但是创新能力不足，其创新和促进技术进步相当缓慢，市场绩效很低。木材加工企业的创新动机源自其市场结构，创新可以使他们获得更大的利润和收益。

据图 4-4，假设木材加工产业的需求曲线为 D，边际成本曲线 MC 为 C，边际收益为 MR。木材加工企业整体上看与完全竞争类似，作为完全竞争产业，则有 MR=MC=C,C 为市场价格,超额利润为零。如果某项创新使成本降到 C’，由于完全竞争，企业的产量和价格还和以前相同，企业可以将创新带来的成本降低 CC’ IH 收为己有，或者转让收取转让费。如果是垄断，根据 MR=MC 原则，企业将调整产量和价格，创新前垄断利润为 P’ AEC，创新后垄断利润为 PBGC’，创新带来的收益为（PBGC’ − P’AEC），可以证明，面积 CC’IH 大于（PBGC’ − P’AEC),即创新给完全竞争的企业带来的收益比垄断企业多，因此，在类似完全竞争的木材加工产业中，企业的创新欲望和动力很强，但是他们的创新能力很弱，主要因为：第一，企业规模小，远没有达到规模经济，收益低利润微薄，缺少创新和技术研究的基础和条件，缺少创新所需要的资金；第二，创新存在很大的风险，企业必须具有雄厚的实力才可以承担创新和技术研究的风险，木材加工企业一般不具有，所以不敢从事技术研究和创新；第三，木材加工企业规模小，无法吸引优秀人才到企业来进行技术研发和创新。

(3) 市场协调行为与市场绩效

木材加工企业的市场协调行为主要包括价格协调行为，建立价格联盟，进行企业并购重组和纵向协作化生产等。

对于木材加工企业通过行业协会，订立价格协议，形成类似的价格联盟，这样的市场行为会起到类似垄断的结果，使企业可以操纵市场价格以获得更大利润，而消费者的福利减少，对市场绩效存在负面的影响。

至于木材加工企业进行并购和重组，笔者认为有利于市场绩效的提高。目前木材加工企业整体市场绩效不佳的一个重要表现和原因就是企业规模小，行业的主要供给都是规模以下的企业提供；企业生产远远没有达到规模经济的水平，生产效率低下；产业集中度低、过度竞争和无序竞争情况较为严重；安全状况差、盈利水平低、企业发展后劲不足等许多不容忽视的困难和问题。而这些诸多问题中，结构不合理、产业集中度低是最突出的问题，同时，多数杨树加工企业是单一的初级产品，致使杨树加工产业链条过短，盈利能力提升缓慢，职工收入长期在低水平徘徊，严重制约了杨树加工企业的可持续发展。因此杨树加工企业通过并购重组是提升规模的比较好的途径，通过对现有杨树加工企业的整合，扩大生产规模，逐步达到规模经济的水平，从而可以提高资源的利用效率，提高产业的规模经济水平，也可以提高市场绩效。泗阳县在对杨树加工企业并购重组的基础上，减少了 200 多家企业，扩大了 400 多家的企业的生产规模，总产量水平提高了 20%，但减少了木材资源的消耗，比企业重组之前少消耗意杨 50 万立方米，仅相当于过去一年消耗的 3/5。生产效率提高是明显的。

木材加工企业的市场协调行为不仅仅表现在并购重组上，还有类似联盟的方式出现，在苏北往往一家规模稍大的木材加工企业周边会有几十个、甚至上百个小型的木材加工企业与之发生类似的联盟关系。铜山县汇森公司、泗阳县利富公司、天德公司等都是当地的大企业，年生产板材 3 万～ 5 万立方米不等，但他们自己却不进行单板生产，而是采取收购其他更小公司的单板作为原材料，并与周边一些小的单板加工场形成稳定的伙伴关系。这种错开产业的不同工艺阶段、相互补充，也是木材加工企业市场协调行为的重要体现。这种类似纵向一体化的分工协作生产无疑也提高了市场绩效。

3. 结论

木材加工产业虽然市场结构属于原子型，类似完全竞争，厂商没有超额利润，没有垄断存在，各厂商无法左右市场价格，从资源配置的效率上看显得相对较高。但是有企业规模小，整个市场的供给基本由小于最小规模的企业提供，资源浪费严重，生产效率低下，产品质量低下、不稳定，技术进步缓慢，产品雷同，品种少等问题，所以总体说，苏北杨树产业的市场绩效不佳。但是通过木材加工企业的市场协调行为比如并购重组、分工协作等，市场的相对生产效率有逐步提高的趋势。

二、木材工业发展的制度问题

通过 SCP 分析可以看出：木材加工企业由简单地追求产量向重视产品质量；由强调对木材资源的综合应用向对森林资源的综合应用和环境保护的多元需求；由重视产品的价格竞争向重视产品品牌竞争的转变[68]。但同时还存在着一些不容忽视的问题，主要表现在：木材资源结构性短缺日益加剧，木材资源严重不足；木材加工企业规模小，技术水平不高，产品单一，产品质量差。如何利用我国的人工林资源，大力发展木材加工产业；通过技术创新，提高企业的技术水平，提高产品的质量，提高木材的综合利用率；在不断提高产量的同时，加强环境保护。笔者认为：现阶段，特别是国家处在转型时期，制度创新和完善是产业发展的关键。

森林资源的供给状况直接决定木材加工产业的发展，森林资源的配置效率取决于森林资源产权制度的效率，一个社会的经济绩效如何，最终取决于产权安排对个人行为所提供的激励。林业产权就是受国家林业制度保护的利益。产权制度既涉及对产权的界定，又涉及对产权的保护。有效的产权制度实质上是一套激励与约束机制。影响和激励行为，是产权制度的一个基本功能。因此，如何提高森林覆盖率，为木材加工产业发展提供可持续的资源供给，关键是通过有效的林业产权制度安排，明晰林业产权，加强对非公有制林业的保护。

（一）木材加工与林业产业可持续发展协调制度

1. 林业产业可持续发展的现实要求

20 世纪中叶以来，逐渐形成了一门综合性、应用性很强的经济学科——可持续发展经济学。可持续发展思想的萌芽很早，1980 年世界自然保护联盟首次在《世界保护策略》中使用了可持续发展这一名词，呼吁全世界“必须研究自然的、社会的、生态的、经济的以及利用自然资源过程中的基本关系，确保全球的可持续发展”。然而可持续发展一词真正成为概念化和全球化是1987年联合国环境与发展世界委员会发表的《我们共同的未来》一书，其中给可持续发展的定义是：“可持续发展是这样的发展，它既满足当代人的需要，又不对后代人满足其需要的能力构成危害的发展”。这是人类社会有关环境与发展思想从一般的考虑环境保护到强调把环境保护与人类发展结合起来认识的一个重要飞跃，标志着可持续发展进入了一个崭新的时期。1992年6月，联合国环境与发展大会在巴西的里约热内卢召开，国际社会关注的热点问题已经由单纯的环境保护方面转到环境和发展的大课题。大会通过的《里约热内卢环境与发展宣言》、《全球21世纪议程》，第一次把可持续发展由理论和概念推向实际行动。

可持续发展理论要求用新的生活方式和消费方式代替传统的生活方式和消费方式。《全球21世纪议程》指出：“地球所面临的最严重的问题之一，就是不适当的消费和生产模式，导致环境恶化，贫苦加剧了各国发展不平衡。若要达到适当的发展，需要提高生产的效率，以及改变消费，以最高限度地利用资源和最低限度地生产废弃物。”这是摆在世界各国面前的重要任务。

可持续发展理论的实质，要求人们在生产时，尽可能地少投入、多产出；人类在消费时，尽可能多利用、少排出。人类的生活和生产方式要与地球承载能力保持平衡，保持地球的生命力和生物多样性。

可持续发展理论的基本原则：一是公平性原则。公平性原则包括三层意思，即同代人之间的横向公平；世代人之间的纵向公平；公平分配有限资源。公平性原则要求把消除贫困作为可持续发展进程特别优先的问题来考虑，给整个人类世界以公平的分配和发展权。由于地球资源的有限性，本代人不能以损害世世代代赖以生存的资源和环境来满足自己的发展和需要，应该给世世代代以公平利用资源的权利。联合国环境与发展大会通过的《里约热内卢环境与发展宣言》指出：“各国拥有着按其本国的环境与发展政策开发本国自然资源的主权，并负有确保在其管辖范围内或在其控制下的活动不致损害其他国家或在各国管辖范围以外地区的环境的责任”。这一公平原则已经上升为国家之间的主权问题。二是可持续性原则。布伦特兰夫人论述了可持续发展的“限制”因素。在满足需要的同时，必须有限度，“发展”和“需求”要以生物圈的承受能力为限，“发展”一旦破坏了人类生存的物质基础，“发展”本身也就衰退了。可持续发展的核心是人类的经济和社会的协调发展，不能超过资源和环境的承载能力。三是共同性原则。国情不同，各国的历史、文化背景和发展水平不同，实现可持续发展的具体模式也就不同，但是，可持续发展作为全球发展的总目标，所体现的公平性和可持续性的原则是共同的。

可持续发展的重要标志是自然资源的永续利用和良好的生态环境。自然资源的永续利用和良好的生态环境是实现社会和经济可持续发展的物质基础和条件，在这种基础和条件下进行的经济建设和社会建设，才能保持发展的可持续性，做到经济与人口、资源和环境协调发展，最终实现经济持续、环境持续和社会持续。

2. 木材加工对林业产业结构的可持续性发展的约束

我国政府在1992年巴西里约热内卢首脑会议上庄严签署了环境与发展宣言，之后，又指定了《中国21世纪议程》，提出了适合我国发展的行动纲领，1996年，可持续发展成为国家的基本战略。一个国家的经济的可持续发展牵涉到生态环境和自然资源之间的关系，经济是否可持续发展的关键是自然资源、生态环境能否提供可持续的供给，而森林是自然资源的重要组成部分，是陆地最大的生态系统，同时也是自然界中最为完善的保护体系，是人类赖以生产和生活的基础之一。林业可持续发展的核心是森林的可持续经营。森林的可持续经营是在实现森林经营目标的过程中，在不造成森林价值和未来生产力不合理减少的情况下，在自然环境和社会环境和谐发展的同时，持续不断地得到林产品和提供服务。林业可持续发展，除考虑森林资源的可持续性和不断改善的生态环境外，还应该包括林业生产的经济效益和社会效益。

林业产业结构的可持续性，是指林业产业在经济系统中一切有利于可持续发展的结构调整的总称。林业产业结构可持续发展主要包括林业产业结构的不断升级和林业产业结构不断向对林业资源的有效利用和集约利用的方面发展。

从林业产业不断升级的角度来看，林业产业结构调整的目标是维持林业经济的可持续发展，充分发挥林业的生态效益、社会效益和经济效益，从而保证当地经济的可持续增长。在市场经济条件下，林业产业结构调整的实质是根据不同的市场需求，通过政府的宏观调控，对资源进行有效的配置。林业产业不断升级的过程是一种把林业资源等生产要素配置到生产效率高的有市场竞争力的产业的过程，也是一种使资源由不可持续产业领域向可持续发展产业领域流动的过程。从林业资源的有效利用和集约利用的方面来看，林业产业结构的可持续调整，就是建立对林业资源的有效利用和集约利用的产业结构，以最少的资源，生产出较多的经济产品，同时达到生态环境受到最小的损害。

对林业资源的利用一般分为两种典型的阶段，即粗放利用和集约利用阶段。对林业产业结构的调整，要采用先进的技术，通过技术创新，综合利用森林资源，逐步建立滋养节约和综合利用的林业产业结构，这是林业产业由粗放利用向集约利用森林资源的关键，也是可持续发展的关键。由于我国木材加工产业的技术水平的限制，加工企业对木材资源的利用率非常低，目前企业对木材的利用率仅为60%左右，直接影响了林业产业结构。

3. 可持续发展政策的缺位影响木材加工产业发展

当前，我国林业产业结构优化目标是建立比较发达的林业产业体系，加强森林资源培育，发展精深加工业，提高产业素质和林业产业的国际竞争力。①林业三次产业之间比例协调，增长速度分布合理。②各类产业内部整体素质不断提高，第一产业——营林业适应大市场的需要；第二产业技术先进，成长型的支柱产业、龙头企业和拳头产品不断涌现；第三产业改变以传统服务业为主的现象，现代服务业发展迅速。③产业竞争力强，出口产品优势明显。④产业的区域结构、产品结构合理。⑤产品结构与市场需求协调，林产品能够满足市场需求。

林业产业结构的变化受各种供给因素和需求因素的影响外，还受到政府经济政策和市场等因素的影响。林业产业结构的变化受到政府产业政策的影响最直接，林业产业政策是指导产业发展和产业结构调整的最主要依据。

为了实现政府制定的林业发展的经济目标，政府通过制定林业产业发展战略和政策来鼓励或限制某些产业的发展，产业结构因此作相应变动。政府可以对影响产业结构变动的诸因素进行调整，包括通过政府投资、管制等措施，通过制定财政、货币等政策，通过立法、协调等手段调整供给结构、需求结构、国际贸易结构和国际投资结构，进而影响产业结构。

市场是社会资源配置的重要手段，市场给出信号直接引导人们的投资与消费行为，从而影响林业产业结构的变动。因此，市场法规与机制的完善程度也成为影响林业产业结构的因素之一。

目前，我国以市场为导向，实行区域化布局、专业化生产、企业化管理、一体化经营、社会化服务，把产加销、林工商、经科教紧密结合起来，形成了一条龙的经营体制的政策体系没有建立，因此林业的产业链和一体化经营还没有形成。合理的林业产业结构，实行林业产业的一体化，可以：①营林业效益比较低，其后续的木材加工和销售等环节所占的附加值较高，通过一体化经营，可以使农民从加工、销售环节分享利益，有利于林业产业的持续发展。②通过农民、营林组织、加工企业等联合、协作进入市场，可以克服单一层次面对市场的盲目性，提高驾驭市场的能力，从而形成“市场牵龙头（龙头企业）、龙头带基地（人工林基地和种苗基地等）、基地联农户”的一体化经营模式。③各环节相互协作、相互支撑，可以摆脱社会化服务体系不健全的制约。④有利于产业链各环节的平衡发展，实现物质资源流、资金流、信息流、人才流的合理配置。这样可以克服森林资源供给不足的瓶颈，保证第二产业的资源供给，通过有效的政策措施，加大森林资源培植业上的投入，使其增长速度应高于加工业、森林旅游业和其他林业产业，以实现商品林基地资源和木材加工利用的配套。

4. 木材加工产业发展的技术政策不完善

木材加工产业可持续发展产业政策是在可持续发展战略指导下，将保护持续发展所需要的资源与环境基础的思想结合到产业结构优化和产业组织等政策环节之中，从而使产业政策的制定与执行能服从于通过技术进步和技术创新，全面提高木材的利用率；进一步加大对木材节约代用新技术、新工艺和新产品的研究开发力度的可持续发展目标。

可持续发展的产业政策的核心，一是将各产业、各种产品资源消耗和环境影响作为确定产业发展优先序列的重要参考，鼓励质量效益型、资源节约型和对环境无害或有益的产业的发展，同时严格限制乃至禁止能源消耗高、资源浪费大、污染严重的产业的发展；二是鼓励企业通过产业的有效组织和规模的限制实现规模经营，以最有效的方式利用资源，限制或停止建设不符合经济规模要求、经济效率差而污染严重的小型企业，实现低投入、高产出、低污染。总之，通过有效的产业政策，建立起一个资源节约型、科技先导型和质量效益型的产业体系[69]。

然而，目前我国如何鼓励企业采用新技术、新工艺，优化产业结构；利用有效的企业规模，采用最有效的方式利用资源的技术政策还不完善。主要表现在：一是鼓励力度不够。我国木材工业在生产过程中，对资源的利用率不高，根据有关资料表明，我国森林采伐的利用率为60%，加工企业的木材利用率为63%。2001年4月财政部、国家税务总局联合行文，对使用“三剩物”和次、小、薪材为原料的木材综合利用企业实行增值税即征即退，并对该政策执行的范围给予扩大、时间给予延长；2002年5月，国家林业局办公厅行文，取消对纤维板装饰板和浸渍纸强化木质地板的运输检疫。但总的来说，鼓励力度不够，缺少其他形式财政支持政策。二是市场准入制度缺位，我国木材加工产量不断增加的同时，企业数量也不断增加，局部地区出现木材加工企业群。如浙江南浔有实木地板加工企业200多家（全部使用进口毛坯料），浙江嘉善地区有胶合板生产企业近300家，江苏横林有强化地板生产企业200多家，在山东临沂、江苏苏北地区、河北文安地区、沈阳等地都出现高度集中的木材加工企业群[70]。由于我国没有有效的市场准入制度，所以以资源为依托的木材加工企业数量多，企业规模有限，资源不能充分利用，而市场准入制度是市场经济国家普遍采用的一种管理方法。三是木材节约代用政策不完善。我国将定向培育人工林列入国家攻关项目，定向培育的关键问题已经解决。随着技术进步、市场成熟，南方地区的竹材、全国大量的农作物秸秆原料和城市越来越多的废旧木质材料，都将成为木材加工的原料，以缓和我国木材供求紧张局势。国家调整行业发展政策，加大对环保型和资源节约利用企业的支持力度，改善企业经营条件的政策体系没有形成。木材节约代用政策措施将促使企业更新设备、改进工艺、不断提高产品质量，通过优质产品去拓宽市场，赢得效益[71]。

（二）木材加工产业发展的经济制度问题

1. 木材加工产业发展的金融、赋税制度不完善

我国木材加工产业的非公有制经济成分达90%以上，对非公有制木材加工产业的财政和金融政策的支持，直接关系到木材加工产业的整体发展，然而，我国对非公有制林业的金融、赋税制度并不十分完善，具体表现在：

（1）对非公有制林业发展金融政策不平等

非公有制林业在其发展过程中，与公有制林业和外资形成的经济成分的林业相比，非公有制林业得到的仍然是“次国民待遇”。主要表现在金融体系、税收体系方面。不是说没有这方面的法律，而是说在实际中没能依法办事。

随着非公有制林业的不断发展，法律地位的不断提高，非公有制林业对林业的贡献也越来越大。据有关统计资料表明，我国的林产品加工业的非公有制林业经济成分达到90%，非公有林在新造林面积中占80%，有的地方达到90%。非公有制林业要达到应有的速度，普遍存在着资金不足的问题。

其一，营林资金不足。非公有制林业投资的主要领域是育种育苗、经济林、速生丰产林等，一方面，由于森林经营风险大，林业经营贷款的还款周期长，加上活立木市场没有形成，活立木作为资产抵押贷款无法实现，非公有制林业借贷能力受到限制；另一方面，国家的各项林业发展专项资金主要发放给国有和集体企事业单位，非公有制主体营林所需资金主要通过自筹和贷款解决。

其二，林产品加工企业融资困难。根据我们在江苏邳州的调查资料表明，

非公有制林产品加工业在其创业初期和发展阶段都面临着资金问题。非公有制林业在林产品加工方面所占的比重越来越大，但从规模方面来看，普遍存在着规模小的情况。林产品加工企业中非公有制比重大、规模小是目前我国林产品加工企业的特点。

第三，由于企业规模一般较小、实力较弱、历史不长，所以融资困难。《中华人民共和国中小企业促进法》虽然专章规定了“资金支持”，也明确提出了财政、金融支持的要求，但由于法律规定的原则性和配套政策的缺乏，实际执行中难度大，国有金融机构在对待林业和其他产业，公有制林业和非公有制林业的资金需求时还是存在区别对待的政策，非公有制林业缺乏足够的融资支持，其发展就达不到应有的速度。大力发展非公有制林业的政策目标也无法实现。

（2）林业产业税赋不尽合理

林业税费重是普遍现象，但非公有制林业经营主体与其他林业经营主体相比，税费更重，主要还表现在一些地方的非公有制林业企业除了交纳法定税额外，往往还要交纳许多缺乏透明度和随意性很大的税外行政性收费。为发展林业征收的有关费用，也无法返还到林业。非公有制林业在税收方面与其他经济主体相比，不能享受同等待遇。

非公有制林业的发展没有坚实的金融体系、税收体系做基础，一方面会导致非公有制林业经济主体的权利受到侵害，另一方面也会导致非公有制林业经济主体想方设法“寻租”，损害公共利益和国家利益。

2. 政府管制不规范制约木材加工产业发展

市场经济是法制经济，需要适当的制度基础，明确产权，是市场经济有效运行的制度条件。市场经济的运行需要众多的符合普遍化的和经济原则的行为规则和制度，制度是为规定人们的相互关系而人为设定的一些制约。制度是人们创造的并伴随着制度的创新活动秩序。道格拉斯·C·诺斯在对比了个人创新、团体创新和政府创新的利弊后提出，政府推动的制度创新是经济增长的基本动力。

（1）林业产业发展的市场经济环境不完善

政府应致力于培育良好的市场经济环境。市场经济发育比较低的国家要想在较短的时间内完成市场从低级向高级的发展过程，创造良好的市场运作环境，就必须发挥政府的功能作用。政府应该用这只“看得见的手”制定政策法规，营造真正公平宽松的市场环境，奠定市场发展的基础。

当前，我国林业产业结构优化目标是建立比较发达的林业产业体系，加强森林资源培育，发展精深加工业，提高产业素质和林业产业的国际竞争力。①林业三次产业之间比例协调，增长速度分布合理。②各类产业内部整体素质不断提高，第一产业——营林业适应大市场的需要；第二产业技术先进，成长型的支柱产业、龙头企业和拳头产品不断涌现；第三产业改变以传统服务业为主的现象，现代服务业发展迅速。③产业竞争力强，出口产品优势明显。④产业的区域结构、产品结构合理。⑤产品结构与市场需求协调，林产品能够满足市场需求。

林业产业结构的变化除受各种供给因素和需求因素的影响外，还受到政府经济政策和市场等因素的影响。林业产业结构的变化受到政府产业政策的影响最直接，林业产业政策是指导产业发展和产业结构调整的最主要依据。

为了实现政府制定的林业发展的经济目标，政府通过制定林业产业发展战略和政策来鼓励或限制某些产业的发展，改造传统产业，培植和鼓励主导产业的发展，产业结构因此作相应变动。政府可以对影响产业结构变动的诸因素进行调整，包括通过政府投资、管制等措施，通过制定财政、货币等政策，通过立法、协调等手段调整供给结构、需求结构、国际贸易结构和国际投资结构，进而影响产业结构[72]。政府应该在竞争的基础上推动公平与法治统一的市场环境。政府应该通过培育竞争机制，反对行业垄断，在企业中创造竞争，建立和加强相应的机构，通过发展社会中介组织，行使政府间接监督和调节管理职能。

市场是社会资源配置的重要手段，市场给出信号直接引导人们的投资与消费行为，从而影响林业产业结构的变动。因此，市场法规与机制的完善程度也成为影响林业产业结构的因素之一。

（2）木材加工产业发展全球化制度缺陷

全球制度安排是全球化推动下的历史必然，全球性市场竞争必定有全球性规则。各国政府要从全球制度要素总量角度来审视世界和本国经济的发展问题，从世界经济整体发展上为本国企业参与全球市场的竞争进行协调，通过制度创新，使本国的经济体制与全球制度安排达到一定程度的协调，正确处理国内制度与全球制度的冲突和融合，充分利用全球性制度和本国创新性制度来弥补。

林产品贸易可持续发展必须考虑环境标准与成本，不考虑环境成本因素，不实施环境监管及保护，对林产品贸易活动本身是不利的。因此，与环境有关的贸易限制措施，如绿色产品、绿色包装、生态标志等，已经成为新的贸易壁垒。在目前情况下，通过政府的适度干预和政策法规建设是非常重要的。

第一，为了减少贸易引起的森林资源过度开发，应加强森林采伐许可制度和林权证制度建设，鼓励非公有制经济成分进入林业产业；同时，利用自由贸易体制，进口一些我国急需的林产品，以弥补不足。

第二，在技术含量较低、附加值低的林产品贸易中，国家的贸易政策应该积极鼓励技术创新，依靠科学技术进步，研究环保产业。将环境保护研究和推广工作，纳入科技攻关计划，政府对重要的环保产业课题应优先制度安排，综合平衡。

第三，采用符合环境保护的产品标准和技术标准。比较典型的有ISO14000标准和环境标志制度，已成为中国企业进入国际市场的绿色通行证。中国环境标志依据的环境标准、使用的评价方法等应与国际公约相协调。

第四，禁止或限制濒危物种贸易。全球珍贵森林资源告急的呼声频频见于媒体，2004年2月9日至20日，在马来西亚首都吉隆坡召开的《生物多样性公约》第七次缔约方大会，已将珍贵物种森林保护列为议题之一，众多环保组织着重提出了限制非法砍伐和非法贸易的问题。

我国适应全球竞争的制度自身存在缺陷，应该通过创新的途径，建立完善的社会制度基础和制度环境，去符合时代的要求。协调本国经济与全球市场的矛盾，通过制度创新使木材加工产业的发展与世界发展接轨。

（三）木材加工产业可持续发展的贸易问题

1.木材加工产业可持续发展与贸易的经济学思考

亚当·斯密著的《国民财富的性质和原因研究》，论证了建立在绝对优势理论基础上的自由贸易框架；大卫·李嘉图等经济学家在绝对优势理论基础上提出了相对优势学说，通过穆勒相互需求法则的完善，古典学派自由贸易理论形成了较为完善的体系。现代自由贸易理论从要素禀赋角度对国际贸易利益问题进行了严格量化论证，其中以赫克谢尔-俄林模型论述最能体现要素供给对自由贸易的支撑。二战以来，全球经济一体化迅速发展，多边贸易体制受自由贸易理论深刻影响，自由贸易倡导参与国通过贸易获得利益的主张同时也是WTO机制自由贸易的理论基石。

林业资源作为一种生产要素，不同环境标准意味着林业加工要素的禀赋程度不同。林业资源如何影响一国林业加工贸易比较优势，从而影响外贸可持续发展，通过赫克谢尔-俄林模型（H-O要素禀赋理论）可以作为研究依据。

H-O理论分析根据各国要素禀赋不同，一国应出口本国富裕要素生产的产品，进口本国稀缺要素生产的产品。受环境因素制约，研究方案将环境作为其中重要的生产要素，同时认为环境监管不严、环境保护宽松的国家为环境要素富裕的国家；环境监管严格、环境保护高的国家为环境要素稀缺的国家。简化模型，要素禀赋分析引入两种要素：环境和劳动力或技术。其他假定符合 H-O 理论前提，生产两种商品：密集使用环境要素的高污染产品；密集使用劳动力或技术的低污染产品。

假设 I 国为环境富裕国家，Ⅱ国为环境稀缺国家，两国的生产可能性曲线如图 4-5：

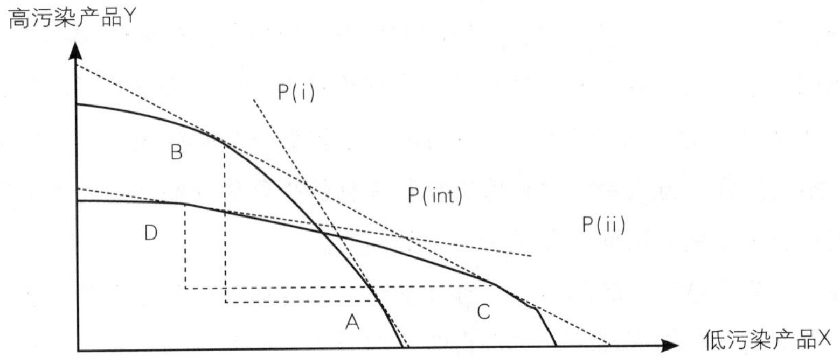

图4-5　林业资源禀赋影响林业加工贸易

在封闭经济条件下，I 国由于环境为富裕要素，生产可能性曲线偏向高污染性产品 Y，在国内相对产品价格 P（i）下，A 为 I 国最佳生产点；Ⅱ国由于环境为稀缺要素，生产可能性曲线偏向低污染性产品 X，在国内相对产品价格 P（ii）下，D 为 II 国最佳生产点。显然 P（i）＞P（ii）。在开放经济条件下，国际交换价格 P（int）必定位于 P（i）和 P（ii）之间。这时，I 国的最佳生产点将从 A 转移到 B；II 国的最佳生产点将从 D 转移到 C。

分析结论：因为林业资源禀赋的不同，影响了两国林业加工产品竞争力。I 国的高污染产品由于环境要素富裕，获得比较优势，将扩大高污染产品的出口；II 国的高污染产品由于环境要素稀缺，处于比较劣势，将减少高污染产品的出口。显然，不考虑环境成本因素，依赖环境要素禀赋比较优势的产业结构对于贸易活动本身是不利的，贸易可持续发展必须考虑环境标准与成本，实施环境监管及保护，对于林业加工贸易影响的有效性问题尤其重要。

2. 林业资源保护措施对加工产业的贸易影响

实施环境监管及保护措施对各国贸易的影响，分为大小国家分析。图 4-6：对小国而言，作为世界市场价格的接受者，由于实施环境监管及保护，生产点将从 A 转移到 B，即生产要素从高污染产品转向低污染产品，高污染产品生产下降，低污染产品的生产上升。对于具有比较优势能够进入国际市场的低污染产品，不仅有利于小国贸易可持续发展，而且有利于国内环境质量的改善。

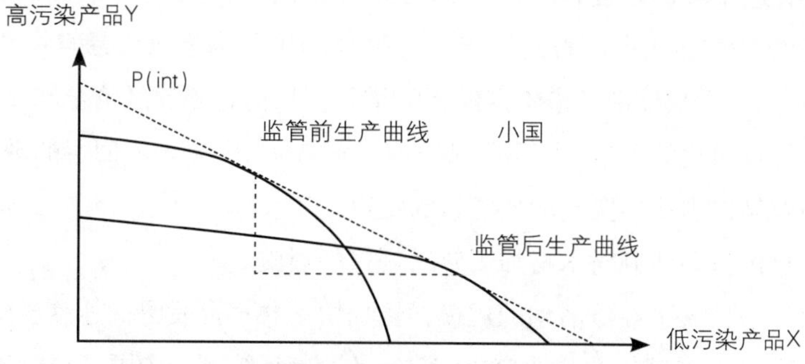

图4-6　小国实施环境保护措施对贸易的影响

对于大国，由于实施环境监管及保护，高污染产品生产下降，低污染产品的生产上升，将导致国际高污染产品价格上升，低污染产品价格下降。大国作为世界市场价格的主导力量，其低污染产品的较低价格竞争力将引导世界范围实施环境监管及保护，对于贸易的可持续发展具有良性作用。当然，如考虑各国消费者对污染产品的不同偏好时，发现环境良好也会通过改变各国贸易产品比较优势，进而引导该国贸易产品结构。

理论分析表明：林业资源成本作为生产成本的重要部分，通过环境标准差异来实现影响资源禀赋、技术、资本、基础设施和宏观政策环境的比较优势，环境因素通过影响成本而对林业加工贸易结构产生影响，对于林业加工贸易可持续发展是有效的。

3. 木材加工产业可持续发展的贸易制约

贸易与环境保护问题从属于两个不同层面，贸易作为经济范畴的概念，环境保护则属于社会生态层面研究的对象。贸易规则的制定与实施实质是为了减少交易成本，克服人类行为的负内部性（即由于人为设置障碍而产生的内在于交易系统的成本），把内在成本外在化。环境保护问题是一国或国际组织为了实现一定环境目标而制定和实施的规则，实质是克服人类行为（主要是生活和生产活动）所产生的环境负外部性，把外部环境成本内在化。

由于木材加工产品的自然属性，使得木材加工产品的贸易经常涉及到自然资源和环境保护方面的问题。WTO 机制下自由贸易和环境保护矛盾错综复杂而又殊途同归。在多边贸易体制快速发展中，自由贸易与环境保护博弈发展，削减了关税与限制非关税壁垒。以促进贸易资源自由流动为主要内容的自由贸易体制，对中国林产品贸易可持续发展和生态环境保护影响至关重要。

自由贸易经济加深了各国之间的相互依赖的程度，自由贸易体制使各国关税水平普遍下降，各国利用关税限制进口的可能性越来越小，越来越多的国家通过缔结或者加入自由贸易协定，特别是利用作为推进贸易自由化目标的WTO规则，最大限度地增进本国经济的增长。然而，随着经济全球化的发展，尤其是贸易自由化的推进，将环境保护纳入贸易体制，是不容回避的现实问题，这无疑为贸易自由化的实现增加了新的变数。

（1）自由贸易体制对木材加工贸易规模的影响

自由贸易扩大了经济活动的规模，也加快了林产品贸易的速度。国际森林研究中心和位于华盛顿的非政府组织Forest Trends统计，中国进口的木材、纸浆和纸张总价值从1997年64亿美元激增到2002年112亿美元，增幅达75%。2003年我国原木出口0.94万立方米，原木进口2545.55万立方米；锯材（不包括特形材）出口54.30万立方米，进口559.81万立方米，中国已成为全球木材进口大国。木材的大量进口，缓解了国内木材资源供给压力，这是贸易带来的正规模效应。但是，如果缺乏相应政策措施，则会引起森林资源的过度消耗。世界最大的热带森林（亚马逊森林），上游秘鲁仅近10年就有600多万公顷森林因砍伐而惨遭破坏，全国1亿多公顷土地因水土流失而荒漠化。巴西亚马逊热带雨林中蕴藏着全球一半以上的动植物种类，而今已经有1亿公顷森林被砍伐殆尽。国际环境专家警告：如果巴西政府不积极采取措施拯救亚马逊雨林，那么再过10年至15年，亚马逊森林将无法再恢复原貌。木材贸易破坏性采伐加速森林退化，使环境受到破坏，经济失调和政策失误的国家该现象尤为严重[73]。

（2）自由贸易体制对木材加工贸易结构的影响

林产品由于其产品特性，产品交易就是环境问题。从经济学角度分析，环境是典型的经济外部性领域，环境外部性阻碍了价格传达均衡产量的正确信息，造成市场失灵。贸易中林产品价格不体现环境成本，环境价值和环境成本不可能在市场中自我实现和得到补偿。这使得林产品贸易中环境外部效果引起产品进出口结构出现不合理现象，从而加重了环境问题。单一产品及近期利润较高的珍贵树种是森林资源破坏的主要原因，技术落后及低价格原木过度采伐加快了森林退化及生态破坏。

产业结构因要素禀赋的变动而需升级时，政府或企业都需要充分利用本产业的新的比较优势。企业在产业选择时对比较优势能否作出正确反应，需要有一个能够充分反映各种生产要素相对稀缺程度的价格结构。国家在考虑林产品贸易结构时，应该充分考虑森林资源状况。林产品的贸易基础是森林资源，不同地区资源的差异，导致了各国比较利益和国际分工的差异。在充分竞争的市场中，要素的相对价格才能准确反映要素的相对稀缺性，森林资源的禀赋影响林产品贸易的规模，所以政府致力于市场机制和秩序的完善是企业产业结构合理化的前提。同时，各国为保护本国森林资源，保护林业生产的可持续发展，从考虑本国环境的承受力出发，都会制定有关环境保护政策，而这些政策又改变和调整国际贸易的内容和方式[74]。

（3）自由贸易体制对木材加工贸易政策的影响

我国不断地削减贸易壁垒，提高市场准入程度，逐步朝着自由化方向发展。但理论与实践的矛盾，使得我们必须冷静思考中国外贸政策的定位问题。我们认为，中国目前乃至较长的历史时期，贸易政策既不能定位为自由贸易，更不能定位为保护贸易。开放是不可逆转的潮流，因而外贸政策必须具有开放性、适度保护性和符合国际规范等特征。我们称其为有管理的自由贸易政策。它包含四层意思：第一，符合国情，使国际竞争限制在中国目前所能承受的范围内；第二，具有动态性，即逐步向以ＷＴＯ为核心的多边贸易体制靠拢；第三，有利于发展生产力，充分发挥国内市场机制在提高生产效率和资源配置效率中的作用，并与国际林产品市场机制保持有机联系；第四，依靠国内立法手段和对外协调机制，构建对外贸易的秩序体系。林产品贸易政策应综合利用关税措施、例外条款和保障条款等来管理和调节进口，利用产业政策引导林产品贸易过分依赖进口的保护机制，从而保护国内产业、维持国际收支的相对平衡。

4. 木材加工产品的贸易结构问题

木材产品的贸易结构是木材加工产业发展研究的内容，它一方面有自身的结构优化选择，另一方面直接影响到国内木材加工产业结构调整的问题。随着贸易自由化进程的加快，世界各国资源和劳动力要素的流动越来越自由，自由贸易扩大了经济活动的规模。

随着木材加工产业的发展，加工业对木材的消耗量越来越大，根据有关资料统计表明，中国原木消费居世界第三，2001 年，木材年产 8000 万立方米，缺口 6000 万立方米，预计 2010 年，市场消费至少将达 2.4 亿立方米，比 1999 年 1.43 亿立方米，增长 9900 万立方米，增长 70%。其中建筑及装饰业，预计消耗 6350 万立方米，增长 11%；家具业预计达 4400 万立方米，增长 100%；造纸业消耗达 9100 万立方米，基本持平。基本用材特别是针叶材是最急缺资源。

要从根本上解决数量和质量上的缺口，至少需要30年以上，进口是不争的共识。

近几年来，我国林产品贸易“逆差”逐渐缩小，在林产品贸易结构中，木质林产品在林产品贸易中占主导地位，木材产品贸易仍然维持以亚洲和北美为主的地区市场格局。木材产品进口市场源较为分散，贸易结构不合理，对外依赖严重，出口商品国外倾销调查逐年提高，长远发展受限。中国如何避免WTO成员方为保护环境而实施的与贸易有关的环境措施和与环境有关的贸易限制措施成为贸易壁垒而阻碍自由贸易体制的发展，实现林产品贸易持续健康发展，必须遵循森林资源发展规律，强调经济发展与环境保护协调发展，而协调贸易自由与环境保护，处理好林产品贸易与环境保护的关系，其关键是如何协调环境贸易措施与市场准入关系，这是避免环境贸易措施成为新的贸易壁垒的核心问题，因此，我们认为，合理的木材产品贸易可持续发展的路径选择是通过制度保障措施，提高木材产品的竞争力。

三、木材加工产业发展制度创新路径选择

（一）森林资源产权界定及监管制度建设

我国林业产业政策的取向应该是林业产业发展政策和林业产业组织政策。①林业产业发展政策：基础产业发展政策；环境保护政策；产业结构协调发展政策。②林业产业组织政策：规范市场的管制政策。

1. 森林资源产权外在性

人们对森林经营外部效应已经有了明确的认识。森林经营既给其经营者带来损益又会使森林经营者以外的单位或个人获取损益，前者即是森林经营的内部效应，后者则是森林经营的外部效应。森林经营的内、外部效应均有正负之分，其中正效应是指有利而无害的效应，负效应是指无利而有害的效应。

一般而言，森林经营的外部效应基本表现为正效应。休闲效应，防护效应，涵水效应，调节气候交叉重叠构成森林经营外部效应。森林经营外部效应改善了人类的生存环境，但森林经营外部效应的受益主体并未通过货币或其他等价物的支付而获取，就商品林而言，经营者虽然从中获得经济收益，但生态效益被社会无偿享用；就公益林而言，相对其投入而言经济收益很少，而其生态效益也被社会无偿享用。这就使营林的边际收益小于社会边际收益，如果没有弥补这种差异，在市场经济体制下，不可能使森林资源达到最佳供给量。因此作为非市场交换商品，森林具有公共物品的特征，任何个人或群体不能从公共物

品的消费中排除出去，且一个人对公共物品的消费并不排斥他人对同一公共物品的消费。消费者无法为消费公共物品而付费。可见，纯粹的自由市场不能提供公共物品，或者提供过少的公共物品，由此导致外在性的存在。

林产品消费同样存在外在性。林产品消费活动具有外在经济性或外在不经济性。来自持续经营森林的绿色林产品的消费，实际上是在帮助森林资源的产出，具有外在经济性。而消费来自非可持续经营的木材和木制品，因为它间接损坏了环境而又用不着承担生态成本，消费被保护野生动物的活动，乃至消费超出承受能力的森林旅游服务的活动，都具有外在不经济性。

森林资源作为一种自然资源，根据《中华人民共和国森林法实施细则》规定，森林资源是以森林为主，包括林地资源、林木资源和其他动物、植物、微生物等及其生态环境服务。森林资源的内涵极为丰富，但森林资源权属存在不完全性。这种不完全性主要表现在：①林木与林地的割裂。依据我国有关法律规定，林地只能为国家或集体所有，公民个人不享有林地的所有权，林木则可以是国家、集体和公民个人所有，林地、林木所有权的不一致性，在实际中容易造成错位，公民个人的林木所有权得不到充分的保护。②林木的所有权受到限制。所有权包括占有权、使用权、收益权和处分权，其核心是处分权。依据《中华人民共和国森林法》规定：公民个人或集体造林林木，个人或集体可以取得林木的所有权。但个人或集体砍伐出售自己拥有的林木，需要由与所有权益没有直接关系的林业主管部门审批。个人或集体在行使其所有权时，受到限制。③森林资源内涵丰富，但林区内的野生草本植物和动物等权属不明，不利于森林资源保护与利用的完整性。

根据《中华人民共和国土地管理法》和《中华人民共和国森林法》规定，土地只能为国家或集体所有，但个人或者集体可以享有国有林地的使用权，个人可以享有集体林地的使用权，林地的使用权，实际上只是一种租赁。其转让不涉及所有权变更。土地使用权出让，不论期限长短与可否转让均只侧重林木权益，忽略林地所有者权益的整体价值，由于林业生产周期长及林木市场价格的波动，这种权属刚性导致林地承包经营者注重短期的商业回报，忽视对林地的投入，林地地力下降，最终影响林业的可持续力[75]。

森林资源的所有者和使用者的权益重叠，利益的不一致性，导致各自追求的经济目标不一致。以林地资源为例，林地的所有者权益为地租，使用者权益为地产的增值，而经营者权益为利润，而且林地的所有者权益、使用者权益及经营管理者权益范围的界定也不明确，多元化的产权结构，形成森林资源负外部性，外部性是“市场失灵”的主要原因之一，在这种情况下，有效的政府行政管理是必要的。

2. 完善林业产权

完善林业产权，笔者认为，在目前情况下，关键是林地使用权制度、林业采伐限额制度的完善。

通过相关政策的制定，完善林地使用权制度，保证林地资源可持续利用，这是林业可持续发展的基础。要按照《中华人民共和国农村土地承包法》的有关规定，从以下几个方面入手：一是，确定非公有制林业主体在林地承包经营中的法律地位。非公有制林业与其他经济主体在林业生产和林地承包经营中，具有平等的法律地位。二是，稳定林地使用权。林地使用权的不稳定导致农民不敢追求林地的投资利益，林地的使用权，根据林业生产特点，30 ~ 50 年或者更长时间的承包期，一旦农民拥有从林地投资中形成的利益，他们将会不断投入，有利于林业可持续发展。三是，建立林地有偿转让机制[76]。林地承包经营权中，国家鼓励对林地使用的投入，《农村土地承包法》第 8 条规定：“国家鼓励农民和农村集体经济组织增加对土地的投入，培肥地力，提高农业生产能力。” 因此，在林地流转时，林地使用人对林地的投入，通过建立林地有偿转让机制，获得补偿。四是，保护非公有制林业主体的林地承包经营权，在稳定承包经营权的同时，严格禁止随意变更承包经营权，打击违法犯罪活动。

经营者经济利益的实现是通过采伐，实现林木价值来完成的，此时权利的实现如果没有限制的话，森林经营者可以通过自主采伐森林，以实现自身利益最大化。但由于森林经营的正外部性存在，林业产权的缺陷，5 年不变的森林采伐限额极大地限制了森林经营主体的财产处置权。另外，从林木生长规律看，采伐林木的最优时间是从林木中能够获得最大净收益的时间。林木生长一般分为三个阶段：早期、中期和成熟期。早期树木的体积增长缓慢，中期快速增长，成熟期时，其生产速度逐渐缓慢。从经济的角度来考虑，砍伐树木效率最高的时间是当社会净收益最大时。净收益达到最大时的条件是：延迟砍伐多一年所得的边际收益等于延迟的边际成本时。如果采伐的延迟超过了有效时间，那么额外增加的成本将超过增加的收益，然而如果砍伐的时间早于有效的时间，那么所放弃的可能增加的收益（通过木材价值的增加来计算）大于所节约的成本[77]。

然而，我国目前实行的采伐限额制度，在采伐时间和数量上对经营者都有一定程度的限制。鉴于我国林业特殊性的存在，笔者认为，应该按经营主体的性质（公有林和非公有林），商品林和公益林等，采取不同的采伐限额政策措施。非公有制主体经营的商品林，应该在总量控制、限期更新的原则下，取消采伐许可制度，由森林经营者按照用途确定砍伐树木效率最高的时间，这样在不影响商品林生产者生产积极性的情况下，增加木材供给，同时使得在目前林业产权存在缺陷的情况下，经营者较为有效地行使财产处置权。非公有制主体经营的公益林，对没有纳入采伐限额的部分，采取政府补贴，它是从社会和生态方面考虑，对在规定的时间和面积不允许采伐森林的补贴。但经过补贴的森林，如果需要采伐，应严格审批。这样，在全额控制的基础上，在分类经营原则指导下，根据森林经营主体性质制定的采伐限额政策，可以在确保森林资源存量增长的同时，调动非公有制主体的造林积极性，以满足需求[78]。

3. 规范森林资源及其资产化管理制度

森林资源是再生性的自然资源。根据《中华人民共和国森林法实施细则》的规定，森林资源是以多年生木本植物为主体并包括以森林环境为生存条件的林内动物、植物、微生物等在内的生物群落，它具有一定的生物结构和地段类型并形成特有的生态环境系统。森林资源按其物质形态可分为森林生物资源、森林土地资源以及森林环境资源。①森林生物资源。包括森林、林木及以森林为依托生存的动物、植物、微生物等资源。②森林土地资源。包括有林地、疏林地、宜林荒山荒地等。③森林环境资源。包括森林景观资源、森林生态资源等。因此，森林资源是生物和非生物资源的综合体[79]。

森林资源有没有价值是林业经济学界长期以来讨论的核心问题。随着经济的发展，人们逐渐认识到了经济与环境可持续协调发展的重要性，对自然资源价值问题进行的充分讨论的结果，肯定了资源与环境是有价值的，森林资源作为资产已经得到大家的认可。

森林资源资产按其形态可划分为林木资产、林地资产、森林景观资产和森林环境资产等；按经营管理的形式划分为公益性森林资源资产（如防护林）和经营性森林资源资产（如用材林资产、经济林资产、薪炭林资产和竹林资产等）。

森林资源资产与一般的资产相比，有其特殊性：森林资源资产与林地不可分割，是人力和自然力相互作用形成的；森林资源资产是具有可再生性的生物资源，如果森林生态环境遭到严重破坏，其再生能力将受到影响，甚至难以再生；森林资源经营周期长，且受人为和自然因素影响大；森林物种具有多样性，经营的周期内进行多种经营，可以发挥森林经济、生态、社会多种效益；资产构成即有不动产性质的林地资产，又有存量性质的林木资产，森林景观资产又兼有无形资产的性质；森林资源资产构成复杂，森林多样性和地域上的差异造成了资产计量的困难。森林资源资产的特点，使得对森林资源资产管理，应该根据森林资源的资产属性，在加强产权管理基础上，实行森林资源的有偿使用，提高森林资源业自身的造血机能，建立森林资源资产正常运转的机制，为林业跨越式发展奠定坚实的基础。

将森林资源作为一项资产来管理，就是遵循森林资源的自然规律，按照森林资源生产的实际情况，从资源的开发利用到资源的生产和再生产，都按照经济规律进行投入产出管理。近些年，我国虽然采取了一系列管理措施，但基本机制并未理顺，掠夺性开发森林资源更多的只是改变了方式，并未得以纠正。因此，我国必须建立与经济发展相协调的自然资源发展战略和管理体制，从根本上转变自然资源业的运行机制。变无偿占有和使用自然资源为有偿占有，变高消耗低产出为低消耗高产出，使自然资源业成为基础产业的“基础产业”[80、81]。

4.完善森林资源可持续经营管理制度

可持续发展是一个涉及经济、社会、文化、技术及自然环境的综合概念。它是一种立足于环境和自然资源角度提出的关于人类长期发展的战略模式。加强对森林资源管理是基于森林可持续发展的原则下，对具体森林资源管理的抽象与概括，同时又反过来指导一般管理规则的制定。

林业对可持续发展的重要贡献是森林可持续经营，森林可持续经营是“实现一个或者多个明确规定的经营目标的过程，既能持续不断地得到所需的林业产品和服务，同时又不造成森林与生俱来的价值和未来生产力不合理的减少，也不给自然世界和社会环境造成不良影响。”[82] 森林可持续经营直接关系到环境、生态和自然资源之间的关系，森林资源可持续发展要求森林资源不仅在数量上，而且在质量上为本代人和后代人提供可持续供给，其关键是资源的可持续力，其保证是森林资源可持续经营。

森林资源可持续经营要求有较为完善的法律和政策，林业产品的可持续和最优化生产，环境保护措施，发展人工林政策和措施以及社会公众利益的考虑等内容。森林资源可持续经营对林业可持续发展的重要性，已经得到国际认可，国际热带木材组织（ITTO）热带林指南，包括：《ITTO天然热带林可持续经营指南》、《ITTO热带人工林营造和可持续经营指南》《ITTO热带用材林的生物多样性保护指南》、《ITTO天然热带林可持续经营的标准和指标》，这些影响热带国家的立法和国家认证标准的制定及森林管理委员会FSC的原则和标准的制定，其重点是减少林业活动对环境的负面影响，在强化社会效益的同时，维护自然生态系统；ISO14001，其强调的是制定政策，建立管理体系，实行监督，不断加强管理。从森林资源可持续经营国际的标准和要求来看，政策的制定，森林资源的保护，环境和社会影响的评估，人工林的规划和管理等方面，政府有效的管理制度是尤其重要的。

5. 森林资源政府管制体系的建立

对森林资源的管理主要采取行政许可制度。森林资源可持续发展的要求，森林资源外部性的存在，以及外在性导致“市场失灵”的情况下，最有效的措施是外部效应“内在化”。实践证明，政府管制是必不可少的，一般情况下，管制被定义为：“政府通过法律的威慑来限制个体和组织的自由选择。”政府的管制是行使行政权力，政府的主要资源是强制权，管制则是这种权力的体现，其目的在于限制经济行为人的决策。

（1）森林采伐限额制度

1987 年实行森林采伐限额制度以来，改变了 1985 年以前，我国实行木材生产计划管理制度。森林资源过量消耗的局面得到了有效的控制。在人口增长、经济高速发展的前提下,全国森林资源消耗呈现下降趋势。围绕采伐限额管理，实行了林木采伐许可证，木材运输许可证，凭证经营加工木材等管理制度，有效地保证了森林资源的增长。加强森林资源采伐限额管理，我们认为，林业行政管理机关一要加大对乱砍滥伐森林林木行为的处罚；二要根据林业生产的特点，制定具体的管理办法。由于森林采伐限额管理是按照数量进行（生长量、消耗量）管理，没有考虑其他因素，如商品林、公益林的限额标准制定是否应该一致？天然林保护（禁伐）问题？森林采伐限额管理能否使森林按照最佳的经济轮伐期进行经营生产？林木、林地所有权的不一致，林地使用权的范围与森林采伐限额的关系等问题，如果这些问题没有得到解决，森林采伐限额将会降低营林的效益，增加营林的风险，必然制约社会资金投入，从而进一步影响社会资金投入林业的积极性。森林采伐限额管理将不能真正落实到实处。

我国目前实行的采伐限额制度，在采伐时间和数量上对经营者都有一定程度的限制。鉴于我国林业特殊性的存在,笔者认为,应该按经营主体的性质（公有林和非公有林），商品林和公益林等，采取不同的采伐限额政策措施。公有制主体经营的商品林，尤其是公益林的采伐，应严格执行限额采伐制度。

非公有制主体经营的商品林，应该在总量控制、限期更新的原则下，取消采伐许可制度，由森林经营者按照用途确定砍伐树木效率最高的时间，这样在不影响商品林生产者生产积极性的情况下，增加木材供给，同时使得在目前林业产权存在缺陷的情况下，经营者较为有效地行使财产处置权。非公有制主体经营的公益林，对没有纳入采伐限额的部分，采取政府补贴，它是从社会和生态方面考虑，对在规定的时间和面积不允许采伐森林的补贴。但经过补贴的森林，如果需要采伐，应严格审批。这样，在全额控制的基础上，在分类经营原则指导下，根据森林经营主体性质制定的采伐限额政策，可以在确保森林资源存量增长的同时，调动各种主体的造林积极性，以满足需求。

（2）林权证制度

林权证是依法经人民政府登记核发，由权利人持有的确认森林、林木和林地所有权或使用权的法律凭证。按照《森林法实施条例》规定，林权证式样由国务院林业行政主管部门统一规定。依法持有了林权证，权利人就拥有了林权所记载范围内的森林、林木、林地所有权或使用权，这不仅是森林、林木权属的法律凭证，而且也是林地权属的有效法律凭证。在加强林权证管理过程中，特别是在目前进行的林业六大工程中，要正确处理好耕地和林地权属转换关系，切实保护所有者和使用者的合法权益[83]。

（二）完善林业产业结构政策措施

长期以来，我们习惯于把一个地区经济实力的大小主要归结为拥有产品数量的多少，因而注重于追求产值指标，追求增长速度。这种认识和做法是片面的。实际上经济的发展，尤其在进入工业化中期以后，不仅表现在总量的增长率和主要产品的绝对生产量，更重要的是体现在产业结构的演进和国民经济的创新、更新和竞争能力等方面。从我国林业产业发展的现状和问题来看，要使林业产业具有长远持久的竞争优势和发展后劲，对其产业结构进行战略性的调整和优化已成为亟待解决的重大问题。

1. 林业产业结构调整的战略目标

林业产业是整个林业的重要组成部分，同时也是森林资源经济价值的主要方面，发达林业的主要标志之一是发达的林业产业。林业产业结构的调整，特别是区域产业结构的调整是我国面临的主要问题，林业产业结构的调整是一切有利于可持续发展的结构调整的一部分，林业产业结构调整的目标是通过合理的林业产业结构，来推动林业产业向高度化发展，促进森林资源在区域和空间的优化配置，更好地保护和合理利用森林资源，缓解我国木材和林产品供应的压力，进而实现林业的生态、经济和社会三大效益，确保可持续发展战略的实现。

在市场经济条件下，林业产业结构调整的实质是林业的新老产业能够不断适应市场的需求，在不同的市场需求状况下，通过政府宏观调控，进行以市场为基础的合理的资源配置，把各种生产要素集中于可以带动经济可持续增长、有市场竞争力的新的经济增长点上，大力发展林业的基础产业，相应地压缩和淘汰已经失去市场竞争力的产品，提升第二产业，大力发展第三产业，并保持新老经济增长点的协调和顺畅，保持林业三大产业协调发展。

从长远来看，林业产业结构调整是在传统林业向市场林业和现代林业转变过程中的战略性调整。针对林业产业结构的现状和问题,产业结构调整要以“提高林业综合效益，保证林业的生态、经济和社会的可持续发展”为总体目标，着力于林业产业各类比例的优化，推进林业产业素质的提高和产业的升级，把各种能动的生产要素配置到生产效率高的有市场竞争力的产品和劳务上，以实现江苏林业产业经济的良性循环和持续发展。在林业产业结构的调整过程中，要根据市场需求和竞争形势，依靠科技进步，着重调整和优化林业产业链结构、规模结构、布局结构、经营模式结构、森林结构、产品结构等内容，以达到调控总量、调优结构、调高效益的目的。

2. 林业三次产业间结构调整

(1) 实行一体化战略

为克服森林资源供给不足的瓶颈，保证第二产业的资源供给，通过有效的政策措施，加大森林资源培植业上的投入，使其增长速度应高于加工业、森林旅游业和其他林业产业，以实现商品林基地资源和木材加工利用的配套。

林业产业具有强烈的前后关联性和带动性：林业主导产业对其他产业的发展具有强烈的前后关联性，能够将林业的产前、产中、产后各环节连接整合为一个完整的产业链系统，实现产品的多次增值，并将自身的产业优势辐射和传递到产业链上各相关产业中去，最终起到“经济发展驱动轮”的作用，带动整个林业产业的全面发展。

(2) 加强政府的宏观调控和市场调节相结合

林业产业结构调整是一个长期动态的过程，特别是目前，林业发展正处于一个关键时期，要求对林业进行战略性调整。在林业产业结构调整的过程中，既要充分发挥市场在资源配置方面的积极作用，又要积极发挥政府的宏观调控职能作用。加强各级政府的宏观调控和指导作用，避免盲目发展，同时又不能由政府大包大揽，走计划经济的老路。必须遵循客观经济规律，进行市场化运作。因此，要进一步加强政府与市场在林业产业结构调整中的作用。

在计划经济条件下，林业产业结构的调整变化，完全是政府的行为，是通过中央计划、层层下达任务的自上而下的方式实现的。而在市场经济条件下，结构调整主要是通过价格信号的诱导机制实现的，是林业生产者的行为和自下而上的变化。但是，由于林业具有经济、社会和生态三大效益以及林业特殊的产业特性，加上我国林农经营能力十分有限，市场发育离成熟完善的程度还相差甚远，致使广大林农很难顺利实现结构的调整。因此，微观决策与宏观管理之间关系的协调是林业产业结构调整的关键。

（3）地区经济发展的差异性

林业产业结构调整应该从本地区的资源条件和经济发展等实际情况出发，不应照搬照抄别人的模式，要避免仅考虑自身的发展，不考虑市场竞争因素，忽视对其他地区、竞争对手和市场环境的发展变化趋势的研究。具体应该考虑以下几个方面的问题：第一，地区的差异性：各地的自然资源、经济资源与社会资源都存在一定的甚至是极大的地方差异性，选择林业产业应当以地方优势资源为基础，实行差异化竞争战略，避免出现省内各地区或与省外产业雷同的现象。第二，序列的更替性：各地区经济发展的水平参差不齐，不能背离本地区经济发展的阶段去选择过高或过低的产业作为该地区的产业。对于经济相对落后的地区，由于资金投入的有限性，在选择林业产业时就必须从本地的实际出发，努力发展投资少、见效快的速生丰产林以及与此相关的加工业；而在经济比较发达的地区，由于资金充足，因此可适当选择考虑投资大、效益高的林业种苗培植基地、深加工龙头企业和技术水平高的产业。

（4）产业的可持续发展。

林业产业的可持续性，要求我们：第一，在产业结构的布局上要有科学合理的长、中、短规划，既要避免仅从短期或眼前利益考虑问题，而不着眼于地方经济的长远发展战略；又要避免脱离当前发展水平，好高骛远，制定和实施不切实际的发展主导产业的战略规划。第二，在产业的发展上，制定优惠的政策，创造优良的环境，应当有效利用有限的资金、资源和技术，有目的、有重点地将其投向能带动地区经济发展的重点项目，并做好项目管理工作，从而按照长远规划，有步骤地、扎扎实实地发展产业。第三，必须选择技术先进、科技含量和附加值高、具有发展前途和增长潜力的产业作为林业产业。第四，在产业的稳定方面，建立和健全全方位的服务体系，确保林业主导产业的可持续发展。

（三）完善木材加工产业政策环境

1. 完善鼓励非公有制木材加工企业发展政策措施

林业政策环境应是以《中华人民共和国森林法》为核心，构成以其为中心的不同类别、不同层次，结构合理有序，调整林业生产关系的林业政策规范体系[84]。《中华人民共和国森林法》为保护森林资源，对发展林业提出了许多鼓励措施。作为林业基本法规定的鼓励措施，是靠完善的政策来实现的，而我国《中华人民共和国森林法实施条例》和相关政策，在对非公有制林业造林、育林给予经济扶持或者长期贷款；鼓励植树造林、扩大森林覆盖率；提出节约使用木材和综合利用木材；征收育林费，用于造林育林等方面没有明确的阐述，国家对非公有制林业发展的鼓励措施落实得不够[85]。

2. 创造条件，逐渐解决融资难的问题

营林资金和林产品加工企业融资困难，与整个金融体系有关，不是一时能解决的。国家应制定林业投资政策，适当放宽条件，应允许非公有制林业经营主体以土地使用权抵押贷款；对非公有制林业造林、育林给予经济扶持，并把营林经济扶持政策与信贷政策结合起来，以增强金融机构发放林业贷款的信心；对林产品加工企业采用新技术、新工艺，以提高木材综合利用和节约木材所需资金，应优先予以考虑。

3. 减轻税费负担

国家应制定一系列税收优惠政策，切实减轻税费负担。一是对林业实行低税率；二是根据分类经营，对非公有制林业经营主体经营的商品林和公益林，分别采取不同的税费标准；三是坚决取消缺乏透明度和随意性很大的税外行政性收费项目。使非公有制林业经营主体经营林业具有盈利的空间，这样有利于林业的发展。

（四）建立规范的森林认证体系

林产品贸易可持续发展必须考虑环境标准与成本，不考虑环境成本因素，不实施环境监管及保护，对林产品贸易活动本身是不利的。因此，与环境有关的贸易限制措施，如绿色产品、绿色包装、生态标志等，已经成为新的贸易壁垒。在目前情况下，通过政府的适度干预和政策法规建设是非常重要的。

一是为了减少贸易引起的森林资源过度开发，应加强森林采伐许可制度和林权证制度建设，在鼓励非公有制经济成分进入林业产业的同时，利用自由贸易体制，进口一些我国急需的林产品，以弥补不足。

二是在技术含量较低、附加值低的林产品贸易中，国家的贸易政策应该积极鼓励技术创新，依靠科学技术进步，研究环保产业。将环境保护研究和推广工作，纳入科技攻关计划，政府对重要的环保产业课题应优先制度安排，综合平衡。

三是采用符合环境保护的产品标准和技术标准。比较典型的有 ISO14000 标准和环境标志制度，它是中国企业进入国际市场的绿色通行证。中国环境标志依据的环境标准、使用的评价方法等应与国际公约相协调。

（五）加快木材加工产业技术支持与政策完善

木材加工产业发展要充分体现可持续发展的方针。产业发展中要淘汰消耗高、性能差、污染严重、浪费资源的落后产品；对生产规模不经济、成本高、效益差的企业进行调整；明确技术改造的重点应放在节约能源、减少原材料消耗、提高产品质量、档次以及防止污染上来，并加强资源的综合利用，这些都是可持续发展林业产业政策的表现。

促进可持续发展技术体系的形成，技术因素在企业发展过程中是最显著的一种。林业企业要获得竞争优势必须进行技术创新，基于一定技术的水平，通过规模化降低成本。反之，仅仅有一定的规模，而不拥有产品的核心和较高的工艺水平的企业，不可能取得成本优势，还可能导致规模不经济。新工艺的使用，有利于提高林业企业的市场竞争力，给人类造就一个良好的生存环境。

产业发展与技术进步是相伴的。随着科学技术进步的加快，科学技术对解决木材产业可持续发展问题的作用日趋重大，能否建立一个可持续发展的技术体系是直接关系到木材产业可持续发展成败的主要因素。可持续发展技术体系是以开发、推广新技术、清洁生产技术、污染处理技术和资源综合利用技术为主要内容的，而技术政策则主要强调大力开发和推广使用可节约资源与能源、可减少废弃物排放的生产技术与工艺。用新技术取代传统技术，开发应用有利于自然资源合理开发、综合利用的技术。

造成林业技术进步落后的主要原因可归纳为：技术进步的体制和机制还没有建立起来；企业经营困难；效益不佳；远未达到成为技术进步主体的要求；技术进步的投入严重不足等。因此，政府在林业产业发展和技术进步的产业制度建设中要注重：

1. 技术政策和产业政策的融合

政府要担负起指导技术开发的责任，把技术政策和产业政策合二为一。同时，还强调加强基础研究与林业产业发展目标之间的结合，并在优先发展的林业领域中加大 R&D 投资，以促进这些领域的发展。为增强企业创新能力，政府可以采取对企业 R&D 投资给予永久性税额减免的优惠待遇，并减免木材加工企业的先进技术长期投资收益税。国家应鼓励中小企业开展技术革新的可行性研究、中间试验、新产品研究和开发计划。

林业经济竞争力最终取决于林业产业技术的水平。促进科研与产业结合，依靠面向市场持续不断的科研开发来提高企业的竞争力，是增强林业竞争实力的重要措施。国家政策的主要目的是为了从根本上改善科学研究与工业发展长期以来联系不力的局面，使科技成果尽快在工业发展中发挥作用。

2. 加快科研成果的产业化和商品化

加快技术推广服务。加快林业科技机构的发展研究，通过信息交流，帮助木材加工企业获得尖端科技并继续对木材企业发展高新技术产业给予帮助。并采取有效的财务税收措施，刺激企业发展高新技术产品，支持科技人员将成果转化为生产力。为促进技术产业化，采取的措施：应包括制定整体科技发展及其重点领域的总方针、总计划；通过建立各种研究开发制度，加强对科技发展的导向，运用经济杠杆对民间企业的科技活动进行指导；对基础技术研究使用的资产进一步实行低息贷款；把国有基础技术专利无偿或低价转移给民间企业。

3. 协调政府、企业、研究机构综合资源

发展林业产业，行之有效的做法是协调政府、企业、研究机构各方资源，增强企业科技开发能力。政府的组织能够分担技术开发的风险，保证研究开发能得到有力的政策支持；研究机构与企业的合作，则保证了研究开发的效率，成果更加符合市场的要求，加快了科技成果向现实生产力的转化。可以通过：一是政府资助研究开发机构与企业界合作。二是政府和企业、研究开发机构共同组成技术开发联合体或研究开发中心。三是政府通过实施专门计划促进研究机构与企业合作。

政府在发展木材加工产业化的过程中，始终把企业作为创新的主体，通过扶持和增强企业的技术创新能力，实现林业的发展目标。在鼓励私营企业加强R&D投入的同时，运用信贷、税收减免和财政补贴等经济手段，鼓励和扶持民间企业开发新技术；及时向民间企业提供国内外经济、技术和产业结构变化的信息，改革一切不利于创新的规章制度。

4. 建立有效的科技投入机制

制定政府法规，鼓励企业增加研究开发的投入。政府以规划目标、制定标准、修订法案的办法，引导私营大企业通过竞争进行分摊。一方面政府不断完善和规范市场，为高技术的发展提供市场融资的条件；另一方面建立较完善的中介服务和大批风险资本家，动员大量社会资金投入高新技术领域。此外，政府通过制定对风险投入的税收政策、建立风险基金等形式，鼓励对高新技术企业风险投入。

技术进步是木材加工产业发展的源泉，制度完善是木材加工产业发展的保证。江苏木材加工产业发展的状况表明，林业经济政策制度变迁是木材加工产业发展的关键，可以得到如下结论：企业技术进步的政策和措施，为企业技术进步营造了有利的宏观政策环境，使林业企业技术进步取得了显著成效，但同时，在推进企业技术进步的进程中，仍存在一些问题，这主要表现在：林业总体竞争力弱；经济结构调整和产业升级提供的动力不足，林业创新体系欠完善；林业技术进步的集成力度不够，力量分散；地方政府在技术进步中的主导作用尚有待加强；符合市场经济内在要求的技术进步投融资体制尚未形成等[①]。

①www.people.com.cn

第五部分

杨树加工产业市场环境分析

YANGSHU JIAGONG CHANYE SHICHANG HUANJING FENXI

一、江苏杨树加工产业市场集中度统计与分析

20世纪70年代以来，以杨树为主要原料的江苏木材加工业迅速兴起和繁荣，给江苏尤其是苏北地区带来了巨大的生态效益、经济效益和社会效益。但因体制、观念和短期利益驱动等原因导致的木材加工企业小、散、乱的状况，使江苏木材加工产业总体上存在着规模不经济问题。因此，基于集中度视角考察江苏木材加工产业的规模状况，提出实现江苏木材加工产业规模经济的策略措施，这对于促进江苏木材加工产业的可持续发展具有十分重要的现实意义。

（一）杨树产业市场集中度统计研究方法选择

市场集中度可以用来考察企业在市场上的相对规模状况，为政府制定限制垄断或抑制过度竞争政策提供依据。从世界各国工业发展的一般趋势看，集中度具有逐步扩大的趋势，即少数大企业在某一行业中的地位越来越重要。这是因为企业规模的扩大有利于企业规模经济的实现，在不考虑市场总规模变化的条件下，这一行为将推动集中度的上升。西方大多数经济学者认为，随着某一产业周期从诞生、成长、成熟到稳定（或衰退）的逐步演进，企业数量的集中度最终会趋向一种相对的动态均衡。

考察特定产业部门各个企业的规模分布状况，称为行业集中，通常用绝对集中度 CR_n 和赫芬达尔指数 H 来衡量。

所谓绝对集中度是指产业中 n 家最大的生产企业的产量（值）占整个行业产量（值）的比重。设某产业的产量（值）总额为 X，第 i 企业的产量（值）为 x_i，i 企业的市场份额为 S_i（S_i=x_i/X），则绝对集中度 CR_n 为：

$$CR_n=\sum_{i=1}^{n}/\frac{X_i}{X}=\sum_{i=1}^{N}S_i \quad (1)$$

式中：n 为行业集中度考察中选取的最大生产企业的数量。国际上一般选取前4家规模最大的企业计算集中度，即 n = 4。而 CR_4 一般在80%以上。

一般认为，$CR_n \geqslant 80\%$ 为高集中度，$60\% \leqslant CR_n \leqslant 80\%$ 为较高集中度，$40\% \leqslant CR_n \leqslant 60\%$ 为中集中度，$CR_n \leqslant 40\%$ 为低集中度。利用这一指标，根据某产业的 CR_1，CR_2......CR_n 数值绘成曲线，可以反映和比较特定产业大企业的规模分布状况。

H 值是某行业内所有企业的市场份额的平方和。其计算公式为：

$$H=\sum_{i=1}^{n}\left(\frac{X_i}{X}\right)^2=\sum_{i=1}^{N}S_i^2 \qquad (2)$$

式中，N 为产业市场中企业总数，其他字母的含义同前。一般说来，H 值越小，市场集中度越低，反之则越高。由于 CR_n 计算简便、直观易懂、易于获得所需资料，因而在相关实证研究中被广泛应用。

（二）杨树产业市场集中度统计与分析

江苏杨树加工产业主要集中于苏北地区。对苏北 5 市有木材加工经营许可证的企业进行绝对集中度统计，见表 5-1。

表5-1　江苏木材加工企业绝对集中度统计（2005年）

地区	企业总数（家）	最大规模企业选取数（家）	年产量（m^3）	
			总额（m^3）	集中度CR_n（%）
苏北	5622	$n=4$	7852399	3.3
		$n=10$	7852399	6.5
		$n=56$	7852399	16.8
徐州	1960	$n=4$	2691076	6.0
		$n=10$	2691076	15.0
		$n=20$	2691076	20.9
淮安	548	$n=4$	1350000	28.0
		$n=10$	1350000	37.0
盐城	262	$n=4$	342354	36.0
		$n=10$	342354	47.0
连云港	216	$n=4$	347310	22.0
		$n=10$	347310	39.0
宿迁	2636	$n=4$	3121659	6.0
		$n=10$	3121659	11.0
		$n=26$	3121659	16.7

资料来源：根据江苏省林业局统计资料（2006年）整理而得。

由于苏北各市的木材加工企业总数差异较大，例如企业数量最多的宿迁市2005年有经营许可证的木材加工企业达2636家，而最少的连云港市仅有216家，因此除了分别选取前4家和前10家最大规模企业进行集中度的考察以外，对于木材加工企业数量较多的徐州、宿迁以及整个苏北地区，按企业总数的1%选取最大规模企业进行衡量，以便使统计结果具有较好的可比性。

从表5-1可以看出，江苏木材加工企业的绝对集中度很低。对照前述集中度判别标准，前4家最大木材加工企业的集中度全部低于40%，为低集中度状况。其中木材加工企业数量较多的徐州、宿迁都仅为6.0%，而整个苏北地区更是低至3.3%，属于极低集中度（CR_n<20%时一般就可认为属于极低集中度）。就前10家最大木材加工企业的集中度而言，除盐城略高于40%外，其余也都处于低集中度状态，见图5-1。即使是按企业总数的1%选取最大规模企业进行衡量，徐州也仅为20.9%，而宿迁和整个苏北较为接近，分别为16.7%和16.8%，仍处于低集中度状态。

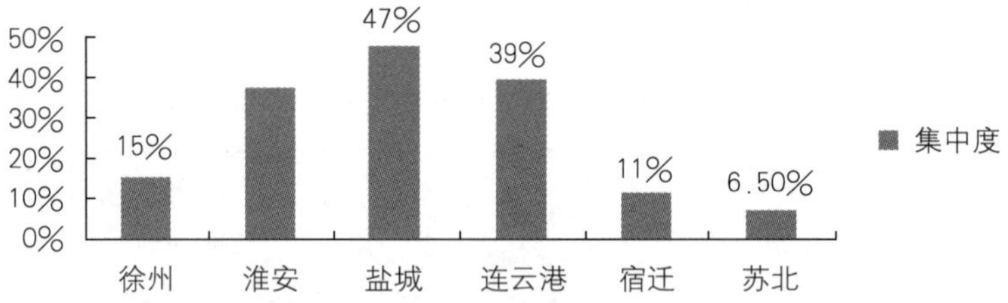

图5-1　2005年苏北及苏北各市前10家最大木材加工规模企业集中度

分产品来看，江苏省木材加工产业项目区各产品产量的集中度见表5-2。整个项目区内的产品集中度$CR_4=67.7\%$，为较高集中度。其中，中密度纤维板、

表5-2　江苏省木材加工产业项目区产品集中度

产品	集中度CR_4（%）	主要集聚区（按年产品产量排序）
单板	56.1	沭阳、邳州、丰县、泗阳
细木工板板条	73.0	邳州、沭阳、泗阳、新沂
胶合板	76.9	邳州、沭阳、泗阳、睢宁
细木工板	90.5	邳州、沭阳、东海、睢宁
刨花板	85.4	沭阳、建湖、灌南、灌云
中密度纤维板	98.1	洪泽、丹阳、灌云、沭阳
贴面板	65.3	睢宁、淮阴、丰县、灌云
其他	69.3	丰县、沭阳、东台、睢宁
合计	67.7	邳州、沭阳、丰县、睢宁

资料来源：根据江苏省农林厅《江苏省杨树产业发展规划》资料整理而得。

细木工板和刨花板产品为高集中度；胶合板、细木工板板条、贴面板及其他木材加工产品为较高集中度；单板为中集中度。由此可见，在江苏木材加工产业项目区内，单板产品较为分散，这与项目区内企业数目众多、规模较小、设备简陋、大多生产初级产品的现状较为吻合。

（三）结论与建议

1. 结论

规模经济性是决定集中度最基本的因素。林业产业需要规模经营，但总体来看，江苏的木材加工企业规模较小，分地区的集中度处于低度位或极低度位，产业竞争处于无序状态。就产品的地区集中度而言，在包括33个县（市）的江苏省木材加工产业项目区内，徐州的邳州市和宿迁的沭阳县是江苏杨木加工产品的主要集聚区，其中邳州的细木工板板条、胶合板、细木工板的年产品产量位居首位；单板、刨花板等产品则主要集中在沭阳地区；中密度纤维板集中于洪泽和丹阳两地；贴面板主要集中于睢宁和淮阴地区。可见，江苏木材加工产业已经形成了一定的产业集聚，这为产业规模的进一步提升奠定了良好基础。

2. 建议

（1）为产业规模发展提供资源保障

木材加工产业是资源高度依赖型产业，重视原料基地的建设是杨树加工产业发展的必要前提。江苏省杨树主栽品种从欧美引种，但种植和产出水平与欧美相比差距悬殊。以意大利为例，其种植的杨树平均每年每亩木材生长量超过2立方米，最高达3.5立方米，而江苏10 ～ 15年生近熟林平均每亩木材蓄积量为6.86立方米，年生长量不到0.7立方米。为此，在杨树资源的培育过程中，亟待加强科技含量，适地适树、精心管护、集约经营，使得定向培育真正能够得到实施，从而遏制企业间对木材原料的恶性、无序竞争，避免资源的过度消耗。

（2）促进产品结构的调整升级

一是适当压缩普通胶合板的比重，加快胶合板企业的技术改造。对于不符合国家产业政策的单板类小厂不宜再盲目扩建，已有小厂采取并、转、扩等措施予以调整；对现有大、中型企业应进行以扩大胶合板树种、表板改薄、提高产品质量和出板率、以及开发胶合板系列新产品为重点的技术改造。二是提高纤维板成套设备的科技含量，及时跟踪世界先进的生产工艺和技术，缩短国内纤维板与世界先进水平的差距。三是优先发展比较适合苏北地区经济发展水平的特种或非木材植物原料刨花板，积极开拓刨花板的应用范围，重点向建筑、包装、车船制造等领域扩展。

（3）加快产业集聚的步伐

以初具集聚效应的邳州、沭阳等地为基础，进一步加快集聚的速度和程度。要集中有限资源大力扶持发展新产品、大品牌、大企业，引导一批企业达到经济规模并发展横向经济技术联合。在加速集聚的过程中，要根据江苏杨树加工产业的现有状况，做到聚集规模经济条件下扶大促小。中小企业通过走小而专、小而精、小而特的专业化生产和社会协作的路子，也可以获得外部规模经济，达到小企业大市场的效果，并满足市场多元化和多层次的需求。

（4）探索适合林业生产的投融资机制

随着林农生产积极性的提高，资金短缺已成为江苏木材加工产业规模发展的瓶颈。金融部门要加大对林业的资金扶持力度，引入农村林业信贷、保险等金融机制，出台林业投融资办法，建立和健全江苏木材加工产业金融服务体系。政府可以进一步提高农村信用社对江苏木材加工产业的金融支持能力，创造条件让更多的江苏木材加工企业特别是符合产业发展要求的小企业进入地方性企业产权和股权交易市场，进行直接融资。

（5）推进组织创新

江苏杨树加工产业的发展，必须以优势企业和实力产品为龙头，创牌组团，实现规模化经营。而集团化、规模化的木材加工企业要改变传统的科层制职能型组织结构，根据企业发展需要进行事业部制、虚拟组织等组织结构变革和创新，提高企业的组织管理水平和抵御市场风险的能力。另外，要积极发展本土木材加工企业，着力把现有的一批中等规模的本土木材加工企业培养成大型企业集团。在此过程中，应强化产品执行标准意识，重视环保标志和 CE、FSC 等相关证书的认证工作。

二、江苏杨树人造板工业发展趋势预测与分析

随着入世后国民经济的快速发展、天然林保护等林业重点工程的启动、人工林培育步伐的加快以及木材加工利用技术的进步，以杨树为原材料的江苏人造板工业得到了空前的发展，一方面人造板的需求和产量不断增长，另一方面人造板的应用领域也不断扩大，开始由家具制造向建筑、工程结构材料等领域拓展。本文根据江苏人造板工业的现有发展水平，结合江苏人造板工业发展所面临的政策、市场等外部环境，对江苏人造板工业的未来发展趋势进行预测与

分析，这对于森林资源贫乏的江苏合理进行人造板工业的资源布局，正确评估资源的支撑能力，实现江苏社会经济的可持续发展具有十分重要的意义。

（一）江苏杨树人造板工业发展状况

据世界粮农组织（FAO）统计，1998 年，在全球人造板生产产量前 10 名的国家中，中国位居第二，但同时，中国也是惟一一个人造板产量巨大但森林资源缺乏的国家。目前，我国森林覆盖率为 16.55%，相当于世界平均森林覆盖率 27%的 61%，人均森林蓄积量为 9.048 立方米，相当于世界人均森林蓄积量 72 立方米的 12.6%，而江苏属平原省份，森林资源更为匮乏，目前森林覆盖率仅为 10.56%。

江苏虽在华东地区属森林资源匮乏的省份，但其意杨蓄积却在全国占有较大比重。随着 20 世纪 70 年代南方型杨树无性系（I -63/51、I -69/55、I -72/58）在江苏的引种成功，杨树成为淮北平原的主栽树种得以大面积推广，并相应地在全国最早开发了杨木加工业，自 70 年代中期淮北地区利用杨树制造胶合板以来，迄今已形成了在产量、品种和销售渠道等方面均达到一定规模的木材加工体系，主要产品品种有杨木芯板、胶合板（薄板、多层板）、细木工板、中密度纤维板、刨花板等，且加工水平不断提高。

杨树的大面积营种，推动了杨树加工产业的发展，如今杨树产业已成为江苏淮北地区特别是徐州、淮安、宿迁三市的支柱产业。杨木加工所制成的各类板材在江苏木材市场的总销量已占到六成左右。2000 年全省林业产值 160 亿元，仅淮北地区木材加工产值就达 73 亿元，利税 7.18 亿元。目前，人造板加工业成为全省林产工业的支柱，全省共有大中型人造板企业 30 多家，多以国家非禁伐的人工林杨树为原料，年加工木板材产量一跃排在全国前 3 位，销售范围覆盖全国 18 个省 80 多个大中城市及日、韩、美、泰等 8 个国家。

（二）江苏杨树人造板工业发展趋势预测

人造板工业是实现木材工业高效利用和木材资源节约的支柱产业。按生产 1 立方米人造板需要 1.5 立方米木材原料，而 1 立方米人造板相当于 3 立方米木材使用计算，生产 1 立方米人造板可以节约 1.5 立方米木材资源。此外，人造板工业可以充分利用“剩余物”、“次小薪”材和短周期人工速生丰产林等资源，有效缩短了森林资源培育到加工利用实现经济价值的周期。21 世纪的前一、二十年是中国经济发展的重要战略机遇期，这一时期，我国的木材供需仍将存在较大缺口，除了大力发展人工林和进口以外，发展人造板工业将是解决木材供需缺口，保护天然林资源，满足国民经济建设和人民生活需求的另一主要途径。

1. 江苏杨树人造板工业发展环境分析

（1）政策因素

1998年，中国政府开始实施"天然林资源保护工程"，使得国内木材供给量下降，尤其是用于旋切加工的大径材急剧减少，市场供求矛盾突出。据统计，"天保工程"实施以后，每年进入流通领域的商品材数量以10%～15%的幅度逐年递减，至2000年，已减至4724万立方米。但2001年，我国国内木材资源供应达到5100万立方米，以8%的升幅止跌回升，其中人工林木材资源3155万立方米，占61.86%，这意味着国内木材供应已从过去以采伐天然林为主向以采伐人工林为主过渡，而人造板作为高效利用木材资源的主要方式，其发展显然符合世界范围内木材资源由利用天然林资源为主向人工林资源为主转变的这一国际趋势。

2001年12月，我国正式成为世贸组织成员，我国人造板出口量在入世后迅速增加。据统计，2001年，我国胶合板首次实现出口量超出进口量，2002年1～7月份，我国胶合板进口34.82万立方米，同比减少26.69%，而出口87.53万立方米，同比增长71.32%，出口量已是进口量的2.5倍。可以预见，入世后随着关税的降低和非关税壁垒的减少，国内产品将因得到享受最惠国待遇的优势（包括低税率、高机遇等）而更容易打入国际市场，我国人造板出口增势将日趋强劲，江苏的杨树人造板制品等一些具有比较优势的出口产品的出口量有望进一步增长。此外，我国现阶段采取的积极的财政政策、住房制度改革、西部大开发等一系列政策措施，都将为江苏人造板工业的发展产生积极而长远的正面影响。

（2）杨树人造板发展市场因素

目前，我国已成为人造板消费和生产大国，江苏则是人造板生产大省。就人造板生产来说，其运行状况很大程度上取决于建筑业尤其是住宅建设的兴旺与否。1999年开始，随着国家住房制度改革，福利分房的结束，房地产业发展兴旺，由此带动了建筑装修和家具业的迅猛发展。2001年全国建筑装饰工程实现总产值近6600亿元，其中家庭住宅装饰工程实现总产值3600亿元，按工程产值的50%计算，则2001年全国建材费用高达3300亿元，木材尤其是人造板制品的消费市场巨大。

仅就江苏而言，近年房地产开发投资处于快速发展阶段。2002年以来，江苏房地产开发投资力度继续加大，增长幅度逐月上升。最新数据显示，2002

年1～10月份，全省房地产开发完成投资401.83亿元，同比增长40.49%，其中住宅投资完成308.63亿元，比去年同期增长41.65%。未来几年内，江苏房地产投资以及对商品房的需求将保持稳步增长的势头，这为与建筑业发展最为密切相关的人造板工业提供了巨大的发展空间。此外，青藏铁路、西电东送、西气东输、三峡工程、南水北调、奥运工程等国家重点工程项目也将形成对人造板需求的强劲拉动。

2. 江苏杨树人造板生产产量预测

我国建筑业和家具业所创造的巨大的市场需求是人造板工业得以发展的坚实基础，而建筑业又是我国国民经济的支柱产业之一，国民经济的持续发展是人造板工业快速发展的条件。虽然影响人造板产量的因素较为复杂，但从表5-3数据和图5-2散点图可以看出，江苏的人造板产量总体上随着江苏国民收入的持续、稳定增长而呈现出线性上升的趋势，因此，根据表1数据，在影响人造板生产的诸多因素中，取国民收入这一主要的原因量进行建模，建立一元线性回归模型：

$$\hat{y} = -73.60+0.0362x \tag{3}$$

表5-3 国内生产总值（GDP）与人造板产量 单位：亿元/万m^3

年份	序列t	江苏省GDP	江苏省GDP占全国GDP的比重（%）	江苏省人造板产量	全国人造板产量
1990	1	1358.17	7.32	6.15	244.60
1991	2	1601.38	7.4	9.15	296.01
1992	3	2136.02	8.01	13.98	428.90
1993	4	2998.16	8.66	22.95	597.79
1994	5	4057.39	8.68	41.02	664.72
1995	6	5155.25	8.82	121.23	1410.77
1996	7	6004.21	8.84	88.22	1034.1
1997	8	6680.34	8.97	187.43	1394.81
1998	9	7199.95	9.19	129.88	1056.33
1999	10	7698.82	9.40	216.87	1503.05
2000	11	8582.73	9.60	180	2001.66
2001	12	9511.91	9.90	380	2110.82
2005	16	13836.24	10.78	427.36	
2010	21	21206.63	11.86	694.1	

数据来源：根据《中国统计年鉴》（1990～2001）和《中国林业统计年鉴》（1990～2001）整理而成。

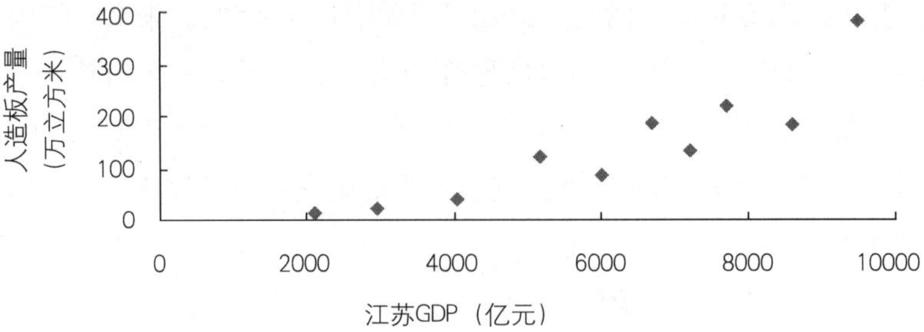

图5-2 江苏GDP与人造板产量关系散点图

式中：x 为江苏 GDP，y 为江苏人造板产量。两者的相关系数 R=0.91>R0.01=0.708，即在显著性水平为 0.01 时，模型（3）合格。由此可预测出各年江苏人造板生产产量，模型 RMSE 检验值为 45.61。

由表 5-3 中江苏省 GDP 占全国 GDP 的比重可以看出，其时间序列具有明显的线性递增特性，因此，选择时间回归模型对江苏 GDP 占全国 GDP 的比重进行序列外推预测，建立模型如下：

$$\hat{y}=7.3328+0.2156t \tag{4}$$

式中：t 为年份序号，t=1 时为 1990 年。模型（4）的相关系数 R=0.961>R0.01=0.708，即在显著性水平为 0.01 时，模型(4)合格，且拟合度较高。由模型（4）可预测出 2005 年江苏省 GDP 占全国 GDP 的比重为 10.78%，到 2010 年江苏省 GDP 占全国 GDP 的比重为 11.86%。

根据我国的经济发展目标，2010 年我国将实现国民生产总值（GDP）在 2000 年的基础上翻一番，即达到 178808 亿元。结合我国国民经济发展的实际情况和经济发展规律，2001 ～ 2005 年，我国 GDP 的增长率将保持在 7%～ 8% 之间，若取其中间值 7.5%计算，2005 年全国 GDP 为 128351 亿元，则江苏省 2005 年和 2010 年的 GDP 分别为 13836.24 亿元和 21206.63 亿元，根据模型（3）可预测 2005、2010 年江苏人造板产量为 427.36 万立方米和 694.1 万立方米。

3. 江苏杨树人造板产品结构预测

杨树是生产胶合板、纤维等产品的重要原料。就江苏而言，绝大多数杨树主要用于人造板工业。随着江苏商品林基地建设步伐的加快、人造板技术的不断进步以及我国政策环境的进一步利好，江苏的人造板工业将会保持良好的发展态势，人造板产量总体上将会保持稳步增长，且人造板的产品结构将不断更新。当前，在我国人造板生产中，胶合板所占比例接近人造板总产量的50%，而世界胶合板产量只占人造板总量的三分之一左右，发达国家甚至出现负增长之势。在胶合板、纤维板和刨花板这三类传统的人造板产品中，每生产1立方米胶合板需要消耗木材2立方米，且对木材的材质要求较高。而刨花板和纤维板的这一比例分别为1 ∶ 1.2和1 ∶ 1.3，刨花板和纤维板的木材利用率相对较高，且可优先利用价格低廉的速生小径材和梢头、枝桠、板皮、边角余料等原木剩余物。因此，鉴于世界范围内大径材数量的减少，胶合板利润空间的降低以及世界人造板工业的发展趋势，江苏人造板生产中胶合板的产量将会减少，胶合板、纤维板和刨花板的比例在2010年将逐步调整到3 ∶ 4 ∶ 3，这既与我国的资源状况相适应，也与世界人造板板种结构基本吻合。

（三）结论分析与对策建议

江苏人造板工业现有的生产能力已接近400万立方米，通过技术改造、加强管理，江苏人造板工业在2010年达到700万立方米的生产能力并不困难，而2010年我国人造板需求量将达到4500万立方米左右，入世后国际竞争国内化和国内竞争国际化的趋势使江苏人造板企业面临的是全球化的市场，因此，江苏人造板工业的发展潜力巨大。根据模型（3）作出的预测结果和对实际情况的分析可知，江苏人造板产量在未来10年内将保持稳定增长的发展态势，但不排除个别年份的产量受全球局势的变化、奥运场馆建设等重大工程的启动，以及某些不可控因素的影响而出现波动。以江苏人造板生产的历史数据为例：1996年，江苏人造板产量受中国经济“软着陆”影响，比上年下降了27%；1998年，受亚洲金融危机和国内特大洪涝灾害的影响，江苏和全国人造板产量当年均出现较大程度下滑；从1998年开始，我国采取积极的财政政策和稳健的货币政策并取得明显成效，受此促进，全国人造板产量从1998年开始出现持续稳定增长势头，但2000年，江苏省人造板生产由于受省政府对淮北地区的木材加工企业进行清理整顿的影响而没有与全国人造板产量实现同步增长。

杨树在淮北平原的成功引种和大面积推广，有力地促进了江苏木材加工产业的兴起和繁荣，但除苏州维德、无锡江海、徐州胜阳等年产量在10万立方米以上的大型企业以外，江苏的人造板加工企业还普遍存在着小而散、小而乱，自行设计、研制开发能力较低，人造板产品质量不平衡，产品的应用面狭窄，管理不够规范以及产品营销理念落后等诸多问题。随着入世后人造板制品进口关税的下调，大量国外优质产品和国外资本的涌入，这些企业在产品价格、质量、品种、品牌和营销等方面的竞争劣势将会显现出来。因此，为了实现江苏人造板生产产量的稳步增长，进一步突出人造板工业在整个社会经济可持续发展中的作用，笔者认为，江苏人造板工业还应注重以下几个方面的建设和完善：

1. 加快资源培育步伐

在“江苏省杨树产业发展规划”所确立的项目区内，木材加工企业年消耗原木总量为899.2万立方米，其中消耗本地木材资源为203.5万立方米，占23%，从外省区购入木材为643.6万立方米，占71%，从国外进口木材为52.1万立方米，占6%。由此可见，虽然经过20多年的发展，南方型杨树使本来不生产商品材的苏北农区及其周边的“淮海经济区”迅速成长为新兴的木材生产基地，但现有的资源显然仍远远不能满足以人造板工业为支柱的江苏木材加工业高速发展的需求。因此，现阶段应大力发展以速生丰产林以及工业原料林为主体的商品林基地建设，保证人造板企业原料供应的稳定性，为人造板工业的持续发展奠定物质基础。

2. 培育龙头企业

龙头企业的强弱和带动能力的大小将决定着产业经营的规模和成效。它既是生产加工中心，又是信息中心，科研和技术创新中心，服务中心，具有开拓市场、深化加工、提供全程服务的综合功能。因此，对于那些符合林业产业政策，有发展潜力的企业，要在政策、资金、科技成果转让等方面予以倾斜和扶持。通过资产重组，组建起几个以龙头企业为骨干，具有国际竞争力的，跨地区、跨所有制的大型企业集团，这将对人造板工业的发展产生巨大的推动作用。

3. 加强应用研究，优化产品结构

随着科技进步和社会生产力发展的加快，人们的消费结构不断更新、变化，市场需求瞬息万变。因此，江苏人造板工业要以市场为导向，联合科研院所加强人造板的应用研究，改变目前人造板产品品种单一的状况，着重发展单板层积材（Laminated Veneer Lumber － LVL）、定向刨花板（Oriented Strand Lumber － OSB）、木条状定向成材（Parallel Strand Lumber － PSL）、长条刨片层积材（Laminated Strand Lumber － LSL）、工字复合梁等结构型人造板，以及阻燃、抗静电、吸收电磁波、保健和装饰等符合市场需求的高附加值多功能人造板，提高产品的市场竞争能力。

第六部分

杨树加工产业的竞争力

YANGSHU JIAGONG CHANYE DE JINGZHENGLI

一、江苏杨树加工产业技术创新的三维路径

目前，木材加工产业在江苏已初具规模，其中以杨木资源为主的木材加工企业就有6500多家，年加工产值300亿元。但与此同时，江苏木材加工企业还存在着小、散、乱，产品品种单一，管理不够规范，以及产品营销理念落后等诸多问题。尤其是江苏木材加工产业发展过程中科技与经济脱节问题还没有从根本上得以解决，杨木生产经营企业的整体技术水平和技术创新能力偏低，已成为制约江苏木材加工产业进一步健康发展的重要因素。因此，加快江苏木材加工产业的技术创新能力建设，提升整个产业的技术水平，这对于江苏林业产业的可持续发展无疑具有重要意义。

（一）江苏杨树加工产业的技术层面问题及原因

1. 杨树产业发展中存在问题分析

（1）杨树种植水平和产出较低

林木资源是木材加工产业可持续发展的基础。江苏省杨树主栽品种从欧、美引种，但种植水平和产出与意大利等欧美国家相比差距悬殊。据统计，意大利种植的杨树平均每年每亩木材生长量超过2立方米，最高达3.5立方米，而江苏10～15年生近熟林平均每亩木材蓄积量为6.86立方米,年生长量不到0.7立方米，仅为意大利的1/3至1/5。

（2）木材加工产品结构不合理

一是技术含量高、附加值高的产品少，能耗物耗较高，产品技术含量处于中等偏低水平的产品居多；二是品种较为单一，自主创新的产品少，产品更新换代周期慢，产品结构老化，应用面狭窄；三是名牌产品少，一般产品多，与本省其他行业相比尚未形成林业产业的“苏货”效应。

（3）人造板产品质量有待提升

在产品质量上，江苏一些大型木材加工企业的产品质量可与国外进口产品

相媲美。但就总体而言，江苏的杨木人造板产品质量与国际先进水平相比差距很大，主要表现在外观、内在质量的均匀性以及产品胶黏剂中的有害物质含量等达不到国际标准。据检测部门抽测，苏北地区木材加工企业的产品质量波动较大，不少企业的产品质量达不到标准要求，其中尤以产品的环保指标不合格居多。有些企业的产品，虽然环保指标能达到欧洲 E1 级的标准要求，但胶合强度又有较大下降，顾此失彼现象时有发生。

（二）主要原因分析

1. 杨树栽培技术有待改进

杨树要求生长季节雨量充沛，长江中下游地区比意大利所处的夏季高温少雨的地中海式气候更有利于杨树的生长。但江苏的杨树单产远低于意大利的水平。究其原因，一是意大利根据不同的工业用材需求，实行定向培养、集约经营。以培养生产胶合板用的大规格原木为例，在栽培上需要采取与之相配套的苗木品种、株距行距和修枝技术，这样定向培养出来的木材几乎没有节疤、虫孔，从而生产出来的胶合板面板没有瑕疵、质量优良。而江苏在杨树资源培育中重栽轻管，导致“无节良材”匮乏。二是在造林方式上，意大利栽种苗木用的是两年生不带根的苗干插干造林，造林前侧枝全部打掉，这样做成活率高、节疤少、抗病虫害能力强，还能节省修枝费用。三是意大利在杨树管理中普遍采用中耕技术，在每年夏冬两季都要翻耕土壤、除掉杂草，以增加土壤通透性，让杨树根系生长发育更良好，由此使木材产量提高近一倍。而土壤比较粘重的江苏里下河地区多以一味地增加施肥为主，中耕技术亟待推广。另外，江苏有规模的良种繁育场少，已有的良种繁育场没有自己的品牌，加上科技推广力度不够，真正了解其特征和如何识别不同品种的杨树种植户不多。现实中苗木以次充好、以假乱真的现象时有出现，直接影响了杨树资源的后续培育。

2. 规模企业缺乏

苏北 6500 多家木材加工企业中，绝大多数为个体私营企业和家庭作坊式企业，规模企业缺乏，不少被清理或者尚需清理的“微型”细木工板生产企业年生产能力只有几百立方米。以宿迁为例，在全市 2636 家木材加工企业中，规模以上企业 269 家，仅占 10.2%，前 10 家规模企业的年产量集中度只有 11%。按销售收入来看，1 亿元以上企业 3 家，5 000 万元到 1 亿元的企业 5 家，3000 万元到 5000 万元的企业 20 家，销售收入 500 万元到 3000 万元的企业 241 家。销售收入在 1000 万元以下的 2367 家企业主要从事单板旋切、拼板制作、普通多层板的生产等初级产品的加工，产品附加值低，资源浪费较为严重，产品质量也无法保证。另外，许多木材加工企业往往单纯重视经济效益，忽视职工技术培训和文化素质的提高。这种不注重劳动生产率的内涵式增长，只注重产品数量规模扩张的片面做法也是导致整个产业缺乏有效创新能力的原因之一。

3. 地方政府的宏观调控力度有待加强

在市场经济体制下，地方政府实行的"财政包干"，导致一些部门为解决"吃饭问题"而培植税源，盲目鼓励和引导发展小项目、小企业。有些地方对木材加工产业的宏观调控不够，许多小加工企业没有申领木材加工经营许可证，也未进行工商登记。大量的无证经营企业一方面抢夺了优质木材资源，另一方面因缺乏足够的技术能力而导致大量低价劣质的产品充斥市场。

（三）江苏杨树加工产业技术创新的三维途径

1. 企业维度

（1）提高林地生产力

木材加工产业具有资源高度依赖性的特点，因此通过选用良种壮苗、实行科学种植和科学管理等途径来提高林地生产力是促进木材加工业发展的必要前提。在杨树资源的培育过程中，要加强科技含量，适地适树，精心管护，集约经营。通过中耕、施肥、间伐、修枝等营林措施的运用提高林木生长速度，提高林地蓄积、出材量和大径材、优质材出材率。建立引种试验基地，对"围庄低产林"进行改造，修枝与病虫防治实行社会化服务和专业化管理。同时，应加强市场信息的反馈，使得定向培育真正能得到实施。

（2）扩大杨木加工企业规模

科技创新的最终目的是实现产业化，而产业化的最终实践者是企业。当前，多数江苏杨木加工企业还没有成为技术创新主体，其根本原因在于企业规模过小，木材加工龙头企业缺乏。因此，提升江苏木材加工产业的技术创新能力，首要工作是提高木材加工企业的规模，并与科研院所或研发实力雄厚的国内外企业建立合作联盟，开发低甲醛绿色人造板和高附加值功能性人造板材产品，在此过程中不断提升江苏木材加工企业自身的技术创新能力。

（3）促进产品结构的调整升级

一是适当压缩普通胶合板的比重，加快胶合板企业的技术改造。对于不符合国家产业政策的单板类小厂不宜再盲目扩建，已有小厂采取并、转、扩等措施予以调整；对现有大、中型企业应进行以扩大胶合板树种、表板改薄、提高产品质量和出板率，以及开发胶合板系列新产品为重点的技术改造。二是提高纤维板成套设备的科技含量，在提高MDF/HDF的生产规模的同时，及时跟踪世界先进的生产工艺和技术，缩短国内纤维板与世界先进水平的差距。三是优先发展特种或非木材植物原料的刨花板。刨花板工业相对于高（中）密度纤维板工业，在规模、产量相同的情况下生产成本较低，比较适合苏北地区的经济发展水平。但需要积极开拓刨花板的应用范围，重点向建筑、包装、车船制造等领域扩展，并加强灌木资源和非木材植物纤维资源的利用。

(4) 加快创新人才培养

江苏木材加工产业发展中非常缺乏高水平的技术和管理人员。加快创新人才培养，是江苏木材加工产业提升科技创新能力的重要途径。首先，江苏木材加工企业的经营决策者需要具备勇于开拓全球化市场的创新精神。其次，对于产业内急需的技术和管理人员，一方面可以一定的优惠条件引进，另一方面也要注重对现有人力资源进行科学、系统的教育培训，比如对于高层次人才，可以委托大学、科研机构联合培养；对于基层的林农和木材加工人员，可以采取邀请相关专家讲座，实行定期和不定期结合的现场指导制度等方式提高其技术水平和创新能力。

2. 政府维度

(1) 引导木材加工龙头企业崛起

引导和培育木材加工龙头企业需要政府在政策层面给予扶持。要优先安排一定的技改贴息资金，支持有较大规模和较强实力的木材加工龙头企业的改、扩建以及购置、引进先进设备，以提高产品档次，扩大生产规模；有关银行对木材加工龙头企业的贷款在利率、期限等方面给予优惠；鼓励企业实行种植业、加工业一体化，企业自己种植原料，自采自用，不再增收额外税收；规范和完善正在执行的一些优惠政策，公平税赋，清理对加工企业的税收之外的不合理收费，减轻企业负担。

(2) 加速产业集聚的步伐

产业集聚可以使分散的产业得以集中，易于获得内、外部规模经济效益。江苏的邳州、沭阳等地已初具集聚效应，政府应在此基础上进一步促进集聚数量的加速和质量的提升，要集中有限资源大力扶持发展新产品、大品牌、大企业，引导一批企业达到经济规模并发展横向经济技术联合。

(3) 完善鼓励科技成果转化和扶持贫困地区发展政策

江苏木材加工产业发展过程中，其营林的主体大多是农民个人，加工主体也以个体居多，科技开发创新的能力非常有限。要发展木材加工产业，政府要加大对科技成果转化的政策扶持，并继续完善和执行扶持苏北贫困地区发展的政策，提升人造板加工等支柱产业的技术创新能力，逐步使“输血”型扶贫转变为“造血”型扶贫，加快苏北的经济发展进程。

3. 行业组织维度

江苏杨木加工业以中小企业居多，其技术创新能力普遍较弱，有些企业虽有创新意识但缺乏创新素质。这些中小企业的技术创新能力想要有所提升，现阶段只有依托社会的技术资源和力量。虽然我国政府已采取了一系列措施鼓励和扶持中小企业进行创新，但总体来说我国还缺乏有效的企业技术创新体系，尤其是中小企业的技术创新更有赖于与外界的合作，更需要有完善的市场服务体系支撑。

因此，建立多部门互助式技术创新服务体系网络对于江苏木材加工产业而言十分必要。通过互助、互联、互通等方式形成资源共享、优势互补、充分发挥各自功能的社会服务网络，并将木材加工产业技术创新服务体系向区、县进行延伸，构筑起面向中小型杨木加工企业技术创新服务的新型体制。以组织网络化、功能社会化、服务产业化为方向，使木材加工产业科技中介服务体系建设尽快跃上一个新的台阶。重点扶持一批专业化服务水平高、组织协调能力强的骨干科技中介机构，支持基础好的生产力促进中心、科技企业孵化器、科技评估和技术交易机构等打造精品服务项目，树立服务品牌和信誉，带动木材加工产业中介服务机构整体水平的提升。要广泛吸纳社会各界力量加入建设和发展科技中介队伍的行列，特别是要促进木材加工科技中介行业协会的建设和发展，建立政府指导下的木材加工行业自律性管理体制，推进其科技市场服务体系的不断完善。

（四）结语

技术创新活动的行为主体主要是企业、高校、科研院所、科技咨询与中介组织等。其中，企业是技术创新系统的核心，高校、科研院所是科技创新源，科技咨询与中介组织是科技与经济对接的粘合剂。此外，政府的政策环境也至关重要。因此，江苏木材加工产业的进一步发展，需要将政府的推动、引导、扶持作用与企业和市场的主导作用有机结合起来，借助完善的中介服务体系，促进现有技术结构的优化升级，推进整个产业技术创新能力的提升，从而为木材加工产业的可持续发展提供不竭动力。

二、基于DEA模型的江苏杨树加工龙头企业效率评价与分析

1978 年，Charnes 等创建了数据包络分析（Data Envelopment Analysis, DEA）模型，即 CCR 模型。该模型以相对效率概念为基础，通过构建效率前沿面来衡量生产决策单元（Decision Making Unit, DMU）的相对有效性。此后，国内外的许多学者又建立了多种 DEA 模型。由于 DEA 方法不涉及参数估计和权重的确定，并且评价结果不受指标间不同量纲的影响，因此在具有多输入、多输出指标的 DMU 相对效率评价中具有明显的优势。

“十五”以来，江苏林业产业保持了良好的发展态势，2006 年全省实现林业产值 716 亿元，由“九五”期末居全国第十位上升为第五位。其中，以人造板为主的木材加工业成为江苏林产工业的支柱，2006 年木材加工业产值达 460 亿元，占林业总产值的 64.2%。随着江苏木材加工业的蓬勃发展，规模大、带动面广的龙头企业的作用日益突显。对现有木材加工龙头企业的规模和技术效率进行衡量，明确不同龙头企业之间的效率差距和改进方向，对于进一步提升江苏木材加工企业的经营效率，促进江苏林业产业的健康发展具有现实意义。

（一）研究方法

1.DEA 模型及方法

设有 n 个决策单元 $DMU_j(j=1,2,\cdots,n)$，每个 DMU_j 都有 m 种输入和 s 种输出，分别用 X_j 和 Y_j 表示 DMU_j 的输入向量和输出向量，用 V 和 U 表示与输入和输出相对应的权向量，即有：

$X_j=(x_{1j}, x_{2j},\cdots, x_{mj})^{\mathrm{T}}$，$Y_j=(y_{1j}, y_{2j}, \cdots, y_{sj})^{\mathrm{T}}$，

$V=(v_1, v_2,\cdots, v_m)^{\mathrm{T}}$，$U=(u_1, u_2, \cdots, u_s)^{\mathrm{T}}$，

$x_{ij}>0$，$y_{rj}>0$，$v_i \geqslant 0$，$u_r \geqslant 0$，$i=1,2,\cdots,m$；$r=1,2,\cdots,s$。

其中，x_{ij} 表示第 j 个决策单元的第 i 种输入，y_{rj} 表示第 j 个决策单元的第 r 种输出。则每个决策单元的效率评价指数为：

$$h_j=\frac{\sum_{r=1}^{s} u_r y_{rj}}{\sum_{i=1}^{m} v_r x_{ij}} 1,2,\cdots,n。 \quad (1)$$

对第 k 个决策单元进行效果评价（$1 \leqslant k \leqslant n$），以决策单元 k 的效率评价指数 hk 为目标函数，以权系数 V 和 U 为变量，以所有决策单元的效率评价指数 $h_j \leqslant 1$（j=1,2,⋯,n）为约束函数，构造出 DEA 的 CCR 模型为：

$$(\bar{P})\begin{cases}\max & h_k=U^TY_k/V^TX_k \\ \text{s.t.} & U^TY_j/V^TX_j \leqslant 1 \\ & U \geqslant 0, V \geqslant 0\end{cases} \tag{2}$$

式中：X_k 和 Y_K 分别表示决策单元 k 的输入向量和输出向量。

令 $t = (V^TX_k)^{-1}$，将式（2）分式规划模型（$\bar{P}$）变换为：

$$(P)\begin{cases}\max & u^TY_k=h_k \\ \text{s.t.} & \omega^TX_j - u^TY_j \geqslant 0 \\ & \omega^TX_k=1 \\ & \omega \geqslant 0, u \geqslant 0\end{cases} \tag{3}$$

根据对偶规划理论，将式（3）线性规划模型（P）表示为对偶规划模型（D）如下：

$$(D)\begin{cases}\min & \theta=h_k \\ \text{s.t.} & \sum_{j=1}^{n}\lambda_jX_j - u^TY_j \geqslant 0 \\ & \sum_{j=1}^{n}\lambda_jY_j + S^+ = Y_k \\ & \omega \geqslant 0, u \geqslant 0 \\ & \lambda_j \geqslant 0,\ j=1,2,\ldots,n;\ S^- \geqslant 0,\ S^+ \geqslant 0\end{cases} \tag{4}$$

式中：θ 是决策单元 k 的技术效率（Technology Efficiency，TE）；λ_j 为通过线性组合重新构造有效决策单元时，第 j 个决策单元的组合比例；s^- 和 s^+ 为引入的松弛变量，其中 s^- 代表无效投入量，即输入冗余，s^+ 代表的是输出不足量。当 $\theta = 1$ 且 $s^- = s^+ = 0$ 时，该决策单元为 DEA 有效；当 $\theta = 1$ 且 $s^- \neq 0$ 或 $s^+ \neq 0$ 时，该决策单元为 DEA 弱有效；当 $\theta < 1$ 时，该决策单元为 DEA 非有效。CCR 模型是基于分析主体规模报酬不变的假设，事实上并非每一分析主体都在固定规模报酬下生产。如果放松这一假设，将整体技术效率值分解为纯技术效率（Pure Technology Efficiency，PTE）和规模效率（Scale Efficiency，SE），则可以对 DEA 非有效是由于投入产出配置不当还是决策单

元规模不适度作进一步的分析。

2. 决策单元选择

DEA模型是通过创建效率前沿、确立标杆，来衡量决策单元相对效率的一种有效方法。选取样本时，在质和量两方面都需遵循一定的规则和标准。就样本质上的要求而言，必须保证每个决策单元的同质特性。就样本量上的要求而言，样本的个数应大于投入产出指标的总个数。根据上述标准，选取《江苏省杨树产业发展规划》中予以重点扶持的10家木材加工龙头企业为样本，以其为决策单元进行相应的DEA评价。

（二）评价与分析

1. 确定输入输出指标

选择正确的投入产出指标对确保结果的有效性和科学性至关重要。一般而言，选择投入产出指标应遵循以下几条原则：在一定范围内，投入产出之间必须存在一种正向关系，即投入的增加可以促使产出的增加，而不是减少；投入产出指标的选取必须保持与实际相吻合，与相应DMU的衡量标准相一致；投入产出变量的测度标准必须保持前后一致；投入产出指标的数据易于获取，并能保证其真实性。据此，结合木材加工企业的特点，选取劳动力投入、科技投入和年消耗木材作为输入指标，产量和产值作为输出指标。样本企业的相关数据见表6-1。

表6-1　江苏木材加工样本企业的输入输出指标数据

样本企业	输入指标			输出指标	
	劳动力投入/人	科技投入/人	年消耗木材/万 m^3	产量/万 m^3	产值/万元
扬州快乐集团	3000 (0.00%)	350 (0.00%)	30 (0.00%)	32 (0.00%)	55000 (0.00%)
江苏胜阳实业股份有限公司	1500 (0.00%)	560 (0.00%)	25 (0.00%)	30 (0.00%)	28000 (0.00%)
江苏新大公司	1600 (0.00%)	253 (0.00%)	2 (0.00%)	3 (0.00%)	21500 (0.00%)
常熟东方人造板总厂	315 (0.00%)	40 (0.00%)	21 (0.00%)	15 (0.00%)	18000 (0.00%)
江苏丹阳人造板厂	398 (0.00%)	64 (44.77%)	12 (0.00%)	5 (83.11%)	12000 (13.69%)
连云港宏杨木业公司	460 (0.00%)	45 (13.07%)	10 (0.00%)	3 (167.74%)	11976 (10.12%)
东台中阳木业有限公司	655 (47.71%)	18 (0.00%)	6 (21.94%)	3 (30.28%)	8000 (8.13%)
徐州海豹木业集团	345 (0.00%)	16 (0.00%)	3.2 (0.00%)	2.9 (0.00%)	7800 (0.00%)
洪泽东盾人造板厂	120 (0.00%)	22 (0.00%)	10 (0.00%)	6 (0.00%)	5000 (0.00%)
宿迁福庆木业有限公司	508 (22.62%)	30 (0.00%)	3.5 (0.00%)	2.8 (18.28%)	3800 (122.09%)

注：括号内为相应企业的输入冗余与输出不足，由XLDEA软件运算而得。

2. 效率评价与分析

借助由 Excel 加载宏而生成的 XLDEA 软件，对样本企业的技术效率、纯技术效率和规模效率进行测算，结果见表 6-2。

表6-2　江苏木材加工样本企业效率值

样本企业	技术效率	纯技术效率	规模效率
扬州快乐集团	1.0000	1.0000	1.0000
江苏胜阳实业股份有限公司	1.0000	1.0000	1.0000
江苏新大公司	1.0000	1.0000	1.0000
常熟东方人造板总厂	1.0000	1.0000	1.0000
江苏丹阳人造板厂	0.8573	0.8796	0.9746
连云港宏杨木业公司	0.8647	0.9081	0.9522
东台中阳木业有限公司	0.9122	0.9249	0.9863
徐州海豹木业集团	1.0000	1.0000	1.0000
洪泽东盾人造板厂	1.0000	1.0000	1.0000
宿迁福庆木业有限公司	0.8063	0.8455	0.9537

根据 DEA 模型中关于效率评价指数的定义，效率值介于 0 ～ 1 之间，值越大效率越高，表明较少的输入能够产生较多的输出。由表 6-2 看出，技术效率上，木材加工样本企业的 DEA 有效率为 60%，扬州快乐集团、江苏胜阳实业股份有限公司、江苏新大公司、常熟东方人造板总厂、徐州海豹木业集团、洪泽东盾人造板厂为 DEA 有效，它们构成了技术有效的最优效率前沿面；江苏丹阳人造板厂、连云港宏杨木业公司、东台中阳木业有限公司和宿迁福庆木业有限公司为 DEA 非有效，其技术效率值介于 0.80 ～ 0.92 之间。

从表 6-2 中还可以进一步看出，DEA 非有效的 4 家企业，其纯技术效率都低于规模效率。纯技术效率上，宿迁福庆木业有限公司最低，仅为 0.8455；规模效率上，连云港宏杨木业公司和宿迁福庆木业有限公司相对较低，但也都在 0.95 以上。这说明上述企业的 DEA 非有效主要是由于其纯技术效率的非有效所导致，即企业在要素投入上的配置不尽合理，尤其是宿迁福庆木业有限公司和江苏丹阳人造板厂表现得更为明显。

对照最优效率前沿面，对 DEA 非有效企业作进一步的输入冗余和输出不足分析。经 XLDEA 软件运算得出的样本企业输入冗余和输出不足情况，如表

6-1 所示。由表 6-1 看出，江苏丹阳人造板厂和连云港宏杨木业公司在科技投入上存在冗余，宿迁福庆木业有限公司在劳动力投入上存在冗余，东台中阳木业有限公司在劳动力投入和年消耗木材上都存在冗余。这说明上述 4 家企业相应的资源投入都未能发挥最大功效。其中，劳动力投入上，东台中阳木业有限公司的冗余率最高，达 47.71%；科技投入上，江苏丹阳人造板厂的冗余率最高，达 44.77%；年消耗木材上，东台中阳木业有限公司的冗余率为 21.94%，其他 3 家企业不存在冗余。

就输出结果来看，6 家 DEA 有效企业在投入要素的不同比例组合下都取得了最佳效果；而 DEA 非有效的 4 家企业都存在着产量和产值输出不足的现象。通过调整投入要素的比例，江苏丹阳人造板厂、连云港宏杨木业公司、东台中阳木业有限公司和宿迁福庆木业有限公司可以在原有的基础上分别提高产量 83.11%、167.74%、30.28% 和 18.28%，提高产值 13.69%、10.12%、8.13% 和 122.09%。可见，连云港宏杨木业公司的产量提高潜力最大，宿迁福庆木业有限公司的产值提高潜力最大。

（三）结论

选取的 10 家木材加工样本企业的 DEA 技术有效率为 60%，DEA 非有效率为 40%，无 DEA 弱有效企业，且非有效企业的效率指数都在 0.80 以上。这说明江苏省重点扶持的木材加工企业的总体效率良好，但仍有一定的改进空间。

DEA 非有效的 4 家企业的规模效率普遍较高，导致 4 家企业 DEA 非有效的主要原因是各投入要素的配置不合理。因此，对于此类木材加工龙头企业而言，今后应合理调整各投入指标之间的比例，以取得最佳的投入产出效果。

DEA 非有效的 4 家企业都存在输入冗余和输出不足情况。通过调整企业的要素投入比例，DEA 非有效企业的输出指标都有所提高，且潜力较大。因此，江苏木材加工龙头企业应进一步注重人力资源建设和科技投入，克服林木资源不足的瓶颈，使各输入要素发挥最大功效。

三、苏北人造板工业企业竞争力研究

江苏苏北地区人造板工业发展迅速，对当地的经济建设和发展，起着不可替代的作用。目前，人造板企业面临着如何进一步提高企业的竞争力问题，本文主要从苏北人造板工业现状分析入手，从总成本领先战略（over all cost leadership)，标歧立异战略（differentiation），目标集聚战略（focus）选择三方面来讨论提高苏北人造板工业的竞争力。

江苏苏北地区，利用杨树资源，大力发展人造板工业，以人造板产品替代大径级木材产品，在满足不断增长国内需求的同时，产品还大量出口，对当地的经济建设和发展，起着不可替代的作用，已成为当地的支柱产业。然而，苏北人造板工业要获得可持续发展，必须不断提高企业竞争力。本文主要从苏北人造板现状分析入手，来讨论提高苏北人造板工业的竞争力。

（一）苏北人造板工业发展现状分析

苏北人造板工业的迅猛发展，对满足国家经济建设、缓解国内木材类产品供需矛盾、调动当地和周边地区农民造林积极性、带动群众脱贫致富、促进生态建设和经济发展起到了积极作用。然而，苏北人造板工业的发展过程中，如何提高产业竞争力方面仍受到诸多因素的制约，突出问题主要表现在：

1. 人造板企业以中小型企业为主

由于国家对人造板工业准入条件的降低，苏北人造板工业的资金投入主体结构发生了巨大变化，私营企业在苏北人造板工业的比重越来越大，在苏北人造板工业发展中的作用也越来越大。一般来说，投资一条年产量 1 万～ 2 万立方米的国内比较先进的胶合板生产线，设备投资需要资金人民币 100 万～ 150 万元；一条年产量 3 万～ 5 万立方米刨花板生产线设备投资需要人民币 1500 万元左右；一条年产量 8 万立方米纤维板生产线需要设备投资人民币 2000 万左右。而芯板生产线的投入则更低，大约需要人民币 50 万元。根据我们在苏北地区的调查，苏北地区人造板企业基本上是私营性质，单个私人投资主体由于受资金影响，往往选择投入少，附加值不高的芯板生产，个别资金较为雄厚的则选择投资胶合板生产，其结果造成胶合板、刨花板和纤维板生产结构的比例严重失调。另外，胶合板对原料的要求比刨花板和纤维板高，需要大径材，在木材资源相对短缺的情况下，不利于对林业“剩余物”、“次小薪柴”和小径材的利用。国家和地方政府对人造板工业准入条件几乎没有，因此苏北地区人造板企业缺乏竞争力的具体表现在：一是区域布局上，缺乏统一规划，人造板企业一般分布在各乡镇村组，依家而设，临路而建；二是人造板产品结构不合理，产品主要是芯板和胶合板，产品的附加值不高。人造板企业在数量不断增加的同时，如何提高企业的竞争力是非常重要的。

2. 人造板企业设备和生产工艺落后

我国人造板企业与世界发达国家相比，总的来说规模小，经济效益差；企业技术装备水平低，生产工艺相对落后，对资源的利用率不高。苏北地区人造板工业的技术水平与国内其他地区的水平大致一样，除个别几家年产量在10万立方米的大型胶合板企业外，绝大多数企业的生产设备简陋，有些关键设备短缺。例如，不少企业不购买烘干设备，采取天然干燥方法，而杨木比较容易变形，这种方法生产的产品在市场上缺乏竞争力。如何提高人造板企业的竞争力，在现阶段我国还没有形成一套行之有效的政策措施情况下，企业应加强技术创新，提高苏北人造板企业的核心竞争力。

3. 产品质量不稳定，产品结构不合理

由于受资金、技术和资源等因素的影响，苏北人造板企业生产的产品质量不稳定，主要表现在产品的外观和内在质量以及质量的均匀性方面。国家已经颁布了《人造板及其制品中甲醛释放限量》GBl8580—2001，实际上许多企业生产的产品胶黏剂中的有害物质的含量超过国家规定的限量，产品的环保指标不符合有关规定；产品单一，而且多为一般的大路货，产品结构不合理，以生产芯板为主，不能满足国内外的多层次的需求，缺乏竞争力。

4. 产品营销理念落后

苏北人造板企业产品营销理念落后，主要表现在两个方面：一是不能建立有效的营销网络，绝大部分企业采取“坐等”方式，等客户上门，不积极主动寻找市场。徐州某一村办集体性质的年产1.8万立方米、投资3200万元的定向刨花板（OSB）生产线，由于没有自己的营销网络和流动资金缺乏等原因，自投入生产以来一直处于停产和半停产状态。二是产品品牌意识不强，根据调查，有的地方加工企业上千家，而有自己品牌的仅几家，绝大部分是为他人加工成品后，根据客户要求，使用他人商标。

（二）影响苏北人造板工业竞争力的因素分析

苏北人造板产业是由一群生产相似替代产品的企业组成。苏北人造板工业竞争力的强弱取决于该产业的主要结构特征，这些结构特征进而决定了产业的利润率。进入威胁、替代威胁、买方侃价能力、供方侃价能力、现有竞争对手的竞争这五种作用力决定着产业竞争强度和产业利润率[87]。这五种作用力对一个产业的影响并不是等同重要，根据产业性质的不同而有所不同。人造板产业有其独特的结构，影响苏北人造板工业竞争力的外部因素主要包括：

1. 进入威胁

进入威胁大小取决于进入壁垒高低和现有企业对进入者的反应。一个产业进入的威胁主要是由产业进入壁垒决定，壁垒高筑，威胁就小。产业进入壁垒分为结构性和策略性的壁垒两大类。结构性的壁垒主要是欲进入的产业本身的基本特征，具体到苏北人造板工业是规模经济、资本需求、市场份额和成本障碍。策略性的壁垒是指现有企业对新进入者的反应。实践中，一个产业的进入壁垒可以由经济、策略和法规多种原因形成，苏北人造板工业进入壁垒主要是由经济原因形成，规模经济因素的影响最大，规模经济的存在阻碍对产业的进入。

一般来说，进入人造板行业至少应当考虑两个因素：一是进入的程度，即同一时间内进入人造板工业的新的企业获得的市场份额减去退出企业放弃的市场份额。二是进入速度，即一开始是以大规模的方式进入，还是先小规模进入，后逐渐发展，扩大生产规模[88]。人造板产业包括：胶合板工业、纤维板工业和刨花板工业。胶合板工业相对纤维板工业和刨花板工业来说，进入的威胁明显要小。许多投资者由于资金的原因，往往选择投资少、企业规模小的杨木芯板、杨木胶合板生产，选择杨木芯板和杨木胶合板生产的投资者在目前的市场环境下，考虑下列因素来决定自己的规模：①资金投入少；②采购费用和采购成本较低。由于苏北地区杨树资源的发展，带动了地方加工企业的发展，不少地方逐渐形成了杨木芯板生产和销售的集散地，本省和周边省份的种植户送货上门；③转换成本低。由于杨木芯板生产和杨木胶合板生产的前道工艺相同，增加刨光设备，就可以生产胶合板；④劳动力成本低；⑤地方的财政、税收优惠政策。因此许多生产实际上是家庭作坊的形式，根本谈不上企业规模，没有规模，规模经济就无从谈起。

2. 企业竞争激烈程度

由于进入人造板行业以中小型企业为主，企业生产的产品品种类似，企业的技术水平相当，企业竞争激烈，人造板企业产品差异化程度不高，同质化产品价格竞争就成为企业的首选。价格竞争虽然是市场经济实现优胜劣汰所必须的竞争方法，但行业性的整体价格战则是产业发展的障碍。营销学权威学者菲利普·科特勒教授认为，在同一市场上，只要企业价格定位不同，就能使企业由于价格的定位的差异与不同消费层次、不同要求的购买者长期共存，行业就不会出现整体性价格战。避免由于价格竞争，导致人造板行业整体崩溃，有效途径不外有：一是建立完善的市场法规；一是企业采取正确有效的价格竞争战略。目前，苏北人造板企业基于相同技术制造的产品，因为没有差异化，在竞争中是不可能支撑实行高价策略的，只有通过新技术、新工艺的运用，通过技术创新，生产出差异化产品，才能提高企业的竞争力。

3. 新型人造板产品的替代压力

苏北人造板产品面临着新型人造板产品的替代压力。随着新技术、新工艺的采用，功能性人造板、环保型人造板以及因原料、结构不同，人造板表面处理新方法的采用而生产的新型人造板产品，对苏北人造板产品的冲击力和影响非常大。

（1）从原料方面讲：其他人工速生林木材原料（如辐射松、落叶松、杉木、马尾松和桉树等树种）制造人造板的技术；非木质原料（如竹材、农作物秸秆等）制造人造板的技术；废旧木材（如废家具、废包装箱和废建筑材料等）制造人造板的技术；复合原料（如木质纤维等与塑料、无机材料）制造人造板的技术。

（2）从产品结构方面讲：超薄或超厚型高中密度纤维板制造技术；结构型人造板（OSB、LSL、PSL 等）制造技术；人工仿真珍贵木材装饰材料制造技术。

（3）从产品性能方面：人造板改性（如增强、防潮、阻燃、保温、隔声、防静电、耐久性等）技术；人造板表面装饰（如贴面装饰、涂饰装饰以及物理化学加工装饰等）技术。

（4）从环境保护方面讲：新型胶黏剂和涂料制造与应用技术；人造板工业清洁生产技术（包括生产场所的环境保护和工人的劳动安全）；低甲醛释放量或无甲醛释放人造板制造技术（包括从胶黏剂、生产工艺和后处理入手）。

（5）从技术手段方面讲：人造板连续热压技术；各种现代技术（如纳米技术、基因技术以及新材料）在人造板工业上的应用。

(6)从产品应用方面讲：人造板产品的标准化。这些功能特异化、表面多彩化、品种多样化的新技术、新工艺的产品，对苏北人造板产品形成了替代压力[89]。

（三）提高苏北人造板工业竞争力的战略措施

苏北人造板工业发展的道路：一是以利用人工林为主要原料，由生产基板转变为生产附加值高的同向胶合板（LVL）等产品；二是由仅仅依靠扩大生产规模的单一发展模式向扩大规模与原料节约使用并举的复合发展模式转变，不断提高木材综合利用率。此外，还要充分利用地缘优势和国外资源，建立和完善更为合理的苏北人造板产业布局。经过多年的产业结构调整，整体上符合产业布局的原则，但是，目前我国尚无可依靠的并且具有操作性的产业政策可循，宏观、微观布局均得不到控制。合理的产业布局，是木材加工产业发展道路的基点，制订政策、采取措施都要围绕这一基点开展[90]。

企业通常的竞争战略有三种：总成本领先战略（over all cost leadership），标歧立异战略（differentiation），目标集聚战略（focus）。这三种战略的选择为企业提供了成功的机会。根据人造板工业的特点，苏北人造板工业竞争力的提高，取决于杨树资源的稳定性、竞争的结构与竞争的强度以及替代产品。因此，苏北人造板工业必须建立适合于自己的战略目标。

1. 总成本领先战略（over all cost leadership）

总成本领先战略的核心是通过低成本在激烈的市场竞争中取得竞争优势。苏北人造板工业要取得竞争优势，必须不断降低成本，对原材料采购、技术开发、生产、销售、服务和管理等方面进行控制，最大限度地减少成本费用，使产品成本低于竞争对手，从而获得高于产业平均水平的收益[91]。总成本领先战略的选择具体到苏北人造板工业，主要与规模经济、技术水平和资源供给有关。

（1）适度规模的选择

规模经济理论的核心涵义是指投入增加的同时，产出增加的比例超过投入增加的比例，单位产品的平均成本随着产量的增加而降低，规模收益递增；反之，产出增加的比例小于增加的比例，单位产品的平均成本随着产量的增加而上升，即规模收益递减；当投入与产出的比例保持不变时，即规模经济不变[92]。投入的增加和产出规模的扩大是规模经济的前提，生产规模的扩大会引起长期平均费用的递减，企业因此会获得较大的经济效益。但实际上企业存在最优生产规模问题，超过最优生产规模，成本费用有可能增加。苏北人造板企业提高竞争力，现有产业适度规模的选择是非常重要的。在目前情况下，笔者认为，可以采取两种有效途径使企业达到一定的规模，最终达到规模经济。

一是提高进入门槛。从经济学角度来看，进入门槛的高低，决定着企业数量和规模分布，在进入门槛较低的情况下，由于人造板产业相对于营林产业而言，风险小、资金周转快、附加值高，大量的潜在进入者随时准备进入；反之，进入门槛过高，由于缺乏潜在进入的威胁，使已经存在的企业能够获取超额利润，从而不注重技术的改进和效率的提高。不存在进入门槛就不存在不完全的竞争市场结构。

二是“合作—竞争”。在激烈的市场竞争中，完全损人利己的竞争逐渐被“合作—竞争”战略所替代。“合作—竞争”战略的战略目标是实现竞争双方的“双赢”（win-win）。“合作—竞争”战略的主要实现形式之一是企业的战略联盟。战略联盟建立的关键在于合作各方在充分了解自己利益所在的基础上，寻找合作各方的结合点，这种结合点实际上是价值链的结合点，通过价值链的结合，实现更大的利益。“合作—竞争”战略的另一实现形式是：外包。即企业从外面获得增加价值的活动，是一种非股权形式的联盟[93]。苏北人造板工业企业采取外包形式的联盟，有利于提高企业的竞争力。

（2）技术创新

技术水平是与总成本有关的另一个重要因素。竞争中，技术变革在所有改变规则的因素中，是最显著的一种。企业的规模经济只有通过技术创新发挥作用，基于一定技术的水平，才能通过规模化降低成本。反之，仅仅有一定的规模，而不拥有产品的核心和较高的工艺水平的企业，不可能取得成本优势，还可能导致规模不经济。一个企业的产品和工艺技术的变革，是企业保持竞争力的重要因素。而R&D（研究和开发）活动作为企业技术创新，是企业获得竞争优势的基本源泉。R&D活动需要雄厚的研究和开发力量，需要充足的研究和开发资金，然而，这些正是苏北人造板工业企业所不具备的。苏北人造板企业普遍存在资金不足，R&D力量薄弱，信息资源短缺和获得途径少、速度慢等，因此，苏北人造板企业可以走合作技术创新的道路，加强企业与科学研究部门的联合，这是非常重要的。

（3）木材资源优势

人造板工业的发展与其他产业不同，受森林资源影响大，资源是影响人造板企业竞争力的关键因素，在新的竞争条件下，木材资源占有量与人造板企业的竞争优势成正比，木材资源的优势决定新的赢家。如何保持资源优势，我们以为，有效途径是人造板企业与木材供应者建立纵向联合。由于苏北地区的杨树种植者以个体为主，人造板企业必须打破过去一般的合同买卖关系，通过利益联结种植户，采取保护价收购和种植户合作造林的方式较为可行。

2. 标歧立异战略 (differentiation)

标歧立异战略的核心是产品或者服务标歧立异，在产业中具有自己独特性的东西。这种战略依赖于基础产品，营销网络，为顾客提供附加价值。人造板生产企业应该从提高产品质 量和完善的营销网络的建立入手，来提高自己的竞争力。

（1）提高产品质量战略

企业产品竞争战略应围绕5个要素，即：T（time to market）、Q（quality）、C（cost）、S（service）、E（environment）[94]。以产品的环境（environment）要素为例，降低人造板甲醛释放量是保护消费者身体健康，给人类造就一个良好的生存环境的重要措施。为此国家对人造板的甲醛释放量给予了强制限制，并颁布了标准。围绕降低人造板甲醛释放量，归纳起来，大致方法有以下几类：①采用低摩尔比脲醛树脂。②用三聚氰胺等对脲醛树脂进行改性。③添加甲醛捕捉剂。④对成品进行氨气熏蒸处理。其中用的最普遍的是采用低摩尔比胶或改性胶。但在工艺上也带来了一些问题，主要有：生产成本有较大幅度上升，树脂固化速度变慢，导致压机的生产能力降低，树脂的贮存期短。因此，许多工厂往往还是生产 E_2 级产品，对人造板产品环境性能的控制带来了一定的压力。

有关专家提出了用真空氨气处理来降低人造板甲醛释放量的新思路，并试制成功了人造板甲醛释放后处理样机，目前已投入工业化使用。科学实验证明，使用新工艺，可以大幅度地降低板子的甲醛释放量。一般说来，无论板子的初始甲醛释放量如何，真空氨气新方法处理后，都可以达到 E_1 级要求。调整处理条件，也可以达到 E_O 级要求[95]。由此可见，新技术、新工艺的采用，可以大大降低人造板甲醛释放量，使产品符合国家的环保标准，提高产品的市场竞争力。

（2）营销网络的建立

苏北人造板工业企业的原料来源和产品销售市场相当大的部分在省外，具有“两头在外”的经济贸易特点，因此企业在建立自己的营销网络时，可以采取以下几种方法。一是人造板加工企业与上游供应商建立以价值为纽带的供应链。目前江苏的木材加工企业生产所需杨木大约 900 万立方米，其中本省仅能提供 200 万立方米，外省购入 640 万立方米，进口木材 50 多万立方米，随着加工企业数量的不断增加，这种比例还在不断扩大。因此，人造板加工企业可以通过与上游供应商建立以价值为纽带的供应链，提高原料质量，缩短时间，降低采购成本。二是与产品经销商以及最终用户建立以价值为纽带的销售链。苏北人造板工业企业产品销售主要是两个部分，初级产品（芯板）主要销售对象是国内其他的后续加工企业，成品（建筑模板、LVL 等）主要是销往国外，因此，苏北人造板工业企业应根据产品的定位，建立以价值为纽带的销售链，提高竞争力，创造竞争的整体优势。

3. 目标集聚战略（Focus）

目标集聚战略是指着眼于产业中某个狭小的空间，进行战略优化，在取得局部领先地位后，再逐步向其他领域发展。由于市场无限而企业的能力有限，顾客对满意的要求越来越高，因此竞争压力也越来越大。目前苏北人造板企业要取得竞争优势，必须对有限的资源进行重新组合，通过目标市场的选择，有能力的企业，应选择附加值高的深加工产品。

第七部分

森林认证与林产品贸易

SENLIN RENZHENG
YU LINCHANPIN MAOYI

一、森林认证体系

（一）森林认证简介

森林认证是一种运用市场机制来促进森林可持续经营，实现生态、社会和经济目标的工具，简称木材认证。它在 20 世纪 90 年代初由环境非政府组织和民间组织发起，目的是改善所有的森林经营活动，并借此来减缓森林减少的速度和抵制森林生态的退化。

森林认证包括两个基本内容，即森林经营认证（FM，Forest Management）和产销监管链认证（COC，Chain of Custody）。森林经营认证（FM）是由独立的第三方按照一定的绩效标准和规定的程序，对某一森林经营单位的森林（或林产品加工企业）进行总体评价，以验证经营单位的森林经营或林业产品加工企业的经营管理是否符合标准要求，并提出改进意见和颁布证书的过程；产销监管链认证（COC）是由森林认证机构按照一套标准对林产品加工企业的审核过程，跟踪从经过认证的森林中生产的木材到运输、贮存、加工成最终产品的全过程。如果一个企业的林产品通过了某个森林认证体系的产销监管链认证，该产品就可以使用这个认证体系特有的商标，表明生产该产品的木材来自于经营良好的森林，从而可以增加企业和产品在消费者心中的地位。

随着世界经济与贸易的发展，人类对森林的滥砍乱伐不断加剧，使得各国森林面积大幅衰减，生态环境日趋恶化，人们的生存空间受到严重威胁，这些现象已经引起了社会各界人士的关注。特别是近年来随着欧美等发达国家环境意识的进一步增强，在有关机构的极力推动下，许多消费者强烈要求对木材及林产品进行森林认证以确保人类的身心健康和森林的可持续经营与发展。因此，从某种程度来说，森林认证实际上已经成为一种市场准入和绿色壁垒，必将对我国以及世界林产品贸易带来深远的影响。

（二）森林认证国内外实践

作为促进森林可持续经营的一种制度创新，森林认证已经为许多国家接受与认可。截至 2008 年 6 月，全球已有约 80 多个国家的 3.2 亿多公顷森林通过了各种森林认证体系的认证。从地区来看，经认证的森林中有 40% 分布于欧洲，47% 分布于北美洲，6% 分布在大洋洲，亚洲和非洲都只占约 2%。从国家来看，目前这些经认证的森林绝大部分分布在发达国家，发展中国家所占比例不超过 10%，且通过认证的森林绝大多数来自温带和寒温带，少数来自热带和亚热带。通过认证的森林面积在前 8 位的国家有：加拿大、美国、芬兰、瑞典、挪威、德国、波兰和奥地利，他们全部来自欧美等发达国家，这从侧面也反映了广大发展中国家对森林认证的重视程度还远远不够，使得全球范围内森林认证进展极不平衡。

森林认证体系繁多，但目前尚未形成统一的、权威的为各国普遍接受的森林认证体系，这主要是由于各森林认证体系背后都有不同的利益团体支持。目前比较有影响的森林认证体系包括森林管理委员会（FSC）、国际标准化组织（ISO）14000 系列、泛欧森林认证体系（PEFC）、美国可持续林业倡议（SFI）、加拿大国家体系（CSA）及马来西亚木材认证委员会（MTCC）等。FSC 体系是全球性的森林认证体系，得到了购买者集团和全球森林与贸易网络的支持，具有较高的市场认可度；PEFC 由欧洲国私有林主发起，目前在世界上最大的认证林产品市场——欧洲影响较大；美国的体系 SFI、加拿大的体系 CSA 及马来西亚的体系 MTCC 也发展迅速，但影响力主要局限于北美地区。马来西亚、印度尼西亚、巴西、智利和荷兰等国也发展了国家森林认证体系，但因其不被欧洲主流市场认可，进展非常缓慢。由于不同体系的发展背景和适用的区域都不同，支持的利益团体也不一样，因而各有其优缺点，现将国际上主要的森林认证体系的要点总结和比较如表 7-1。

在我国，2001 年广东省高要市嘉耀林业局发展有限公司进行了 FSC 的森林认证预评估，2002 年 2 月浙江省临安市昌化林场的 940 公顷森林通过了 FSC 认证，成为我国首家通过森林认证的森林经营单位。2004 年 1 月 15 日广东嘉耀木业发展有限公司所经营的森林通过了 FSC 体系的森林认证，获得了森林认证机构 Smart Wood 颁发的 FSC 森林经营认证证书，其认证总面积达 5237 公顷。2004 年 11 月，黑龙江省的友好林业局和吉林省的白河林业局也进行了 FSC 认证主评估，认证面积分别为 24 万公顷和 18 万公顷，2005 年 4 月

表7-1 主要森林认证体系的要点比较

体系	FSC	PEFC	SFI	CSA	MTCC
标准基础	绩效标准	绩效标准	绩效标准	公众参与，绩效标准	公众参与，绩效标准
认证类型	森林经营，林产品监管链	森林经营，林产品监管链	森林经营，林产品监管链	森林经营，林产品监管链	森林经营，林产品监管链
认证对象	企业	区域、集体、企业	企业	企业	企业
认证机构授权	FSC	国家授权机构	授权机构	授权机构	授权机构
主要支持者	环境NGO，购买集团	中小林主	AFPA	政府，公众	政府
体系管理者	FSC	PEFC	SFB	CSA	MTCC

FSC 在北京向两个林业局颁发了森林认证证书，这是我国国有林区首次通过 FSC 认证，也使我国一跃成为亚洲获得 FSC 认证森林面积最大的国家。2006 年 11 月中国首家生态公益林“北京市八达岭林场”通过了 FSC 森林经营认证，为我国生态公益林认证起到了积极的示范作用。另外，国内的木材加工企业，特别是外向型的企业，已经逐渐自觉地适应国际形势的需要，开始进行 FSC 产销监管链的认证。截至 2007 年底，我国共有近 380 家企业通过了森林管理委员会（FSC）的产销监管链（COC）认证，7 家森林经营单位的 75 万公顷的森林通过了 FSC 的森林经营（FM）认证，我国的国家森林认证体系正在建立之中。

（三）森林认证理论研究

自 1998 年起，中国林科院、中国社科院、国家林业局等单位在一些国际组织的资助下，开展了对森林认证方面的研究，其中中国林科院科技信息研究所森林认证项目组是中国最早开展森林认证研究的机构之一。在世界自然基金会的支持下，该项目组开展了包括森林认证的国际进展、森林认证体系比较、中国森林认证的可行性分析、中国产销监管链企业跟踪调查、森林认证对森林经营和林产品贸易的影响、森林认证标准的比较以及中国森林认证原则与标准制定等方面的研究，这些研究对于推动森林认证在我国的发展有着良好的推动作用。

除此以外，国内许多学者也对森林认证的各个领域及相关问题做了广泛和深入的研究。陆文明的《森林认证机制及其国内进展》一文，在对国际上的 4 种主要森林认证体系进行了详细的比较分析后，开创性的提出了可持续发展的国家政策是森林认证在我国发展的内在动力，国际贸易则是森林认证在我国发展的外在动力的观点；吕勇《中国森林认证探讨》一文通过研究森林认证与森林可持续经营、林产品国际贸易、保护生态环境和生物多样性以及中国林业同国际接轨等方面的关系，详细阐述了中国开展森林认证工作的意义和作用以及中国森林认证的进展情况，分析了森林认证对中国森林经营和林产品贸易的可能影响，认为森林认证是实现林业可持续发展和生态良好的文明发展道路的有效途径；徐斌、赵劼在《中国产销监管链认证现状》一文中认为，中国是一个木材进口大国，近年来随着林产工业的发展，家具等深加工产品的出口额与日俱增，特别是加入世贸组织以后，中国经济必将与世界经济全面接轨，面临着更为广阔的国际市场，这必然给中国家具等林产品出口带来非常好的机遇。但同时，国际市场对绿色产品的需求也使我国面临严峻挑战，比如森林认证就对我国木材加工产品出口市场具有重大的影响；朱春全在《FSC森林认证国际进展》一文中分析了世界森林的现状、林产品的消费趋势、森林认证在促进森林可持续经营中的作用以及森林认证的国际上的进展情况；同时还在《各权益相关者在推动森林认证中的作用》一文中，分析和指出了政府机构、森林经营者、林产品经销者、消费者、科研与舆论、林区居民与职工以及非政府环保组织等权益相关者在森林认证中的不同地位和作用；陆文明在《森林认证对森林经营和林产品贸易的影响》一文中指出，森林认证有改善经营、示范效应的直接促进作用，同时也存在着一定的风险和负面影响；在国际贸易方面他认为，认证会使发展中国家或小公司处于不利的竞争地位，但目前还很难评估森林认证对贸易流向的影响。另外，森林认证对综合环境评估中的作用也有待于进一步评价。刘燕、田明华、钱军在《森林认证与林产品国际贸易关系初探》中认为，森林认证可能阻碍林产品贸易自由化，而不合理的林产品贸易可能会恶化环境，两者是相互影响、相互制约的关系，但两者最终追求的目标都是为了实现可持续发展；森林认证与林产品国际贸易的对立面会对林产品国际贸易产生不利的影响，森林认证与林产品国际贸易统一面可使得森林认证与林产品国际贸易统一于可持续发展；认为林产品国际贸易是推动森林认证快速发展的重要因素，森林认证是促进林产品贸易可持续发展的手段之一。

综上所述，随着森林认证的进一步推广，学界对于森林认证的研究工作也进行得越来越深入，并取得了许多可喜的成就，但同时也存在一些不足，主要体现在以下几个方面：①森林认证仍局限于木材生产框架之下，研究的内容多属于认证的应用技术性问题，许多问题未从理论上加以系统概括和总结；②对

FSC体系研究的比较多，对其他认证体系如PEFC体系、ISO体系、SFI体系等缺乏系统和专门的研究；③研究过程同中国的国情和林情结合的不够紧密，以应对国际市场挑战为出发点的研究还有所欠缺；④森林认证主要是针对木质林产品的认证研究，对非木质林产品的认证研究尚未进行。

二、森林认证对林产品贸易的经济效应分析

随着世界经济与贸易的发展，人类对森林的滥砍乱伐不断加剧，各国森林面积大幅衰减，生态环境日趋恶化，人们的生存空间受到严重威胁。为了缓减这种现象，20世纪90年代初，环境非政府组织和民间组织开始在全球范围内发起了旨在改善所有森林经营活动和防止森林生态进一步退化的森林认证，要求所有来自森林的产品均贴上认证的标签，以证明其来自经营良好和合法采伐的森林（FM）或者其生产加工环节符合产销链认证的要求（COC）。这一举措得到了许多国家的接受与认可，截至2008年6月，全球已有约80多个国家的3.2亿多公顷森林通过了各种体系的森林认证，在这些经认证的森林中，有40%分布于欧洲，47%分布于北美洲，6%分布在大洋洲，亚洲和非洲都只占2%；森林认证体系繁多，但目前尚未形成统一的、权威的为各国普遍接受的认证体系，在全球的20多个森林认证体系当中，尤以FSC（Forest Stewardship Council，森林管理委员会）和PEFC（Programme for the Endorsement of Forest Certification，泛欧森林认证体系）最具影响力，它们均来自欧美等发达国家[96]。

森林认证作为一种旨在维护全球可持续发展的机制，其积极意义不容否定。但是，有些国家常常打着“维护人类长远利益”的幌子，对进口林产品的来源、生产、加工和销售等环节做出诸多限制和规定，使相对落后的国家在面临“维护全人类共同利益的义务”而别无选择的情况下，去迎合与执行这些苛刻的要求，导致成本上升，供给减少，价格上涨，出口企业的竞争优势丧失殆尽。而与此同时，进口国相同产业却能面临比过去更少的竞争。因此从这个角度来看，森林认证与TBT、SPS一样，虽然其本身并不是关税保护措施，但却可能导致某种关税效应，只是它实施的基础更为合情、合理、合法而已[97]。本文将分别从小国大国的情形，来考察森林认证对于国民福利与贸易条件的影响①。

①大国的国内市场供给和需求变化会影响国际市场的价格，因而是price—maker；小国的国内市场供给和需求变化不会影响国际市场的价格变化，是price—taker。一个经济欠发达国家完全可能因对某种资源的独占而成为该种资源密集型产品生产的大国，一个经济发达实体也可能由于某种资源稀缺而成为该资源密集型产品生产的小国。一国究竟是大国还是小国，关键看其对国际市场价格的影响力。

（一）小国的局部均衡分析[98]

小国通常指贸易量小，对国际市场价格缺乏影响力的国家。如上文所述，在全球通过认证的森林当中，有 40% 分布于欧洲，47% 分布于北美洲，6% 分布在大洋洲，亚洲和非洲都只占约 2%，加拿大、美国、芬兰、瑞典、挪威、德国、波兰和奥地利等发达国家通过认证的森林面积列居世界前八，由此可以看出，广大发展中国家和相对落后国家对森林认证的参与程度还远远不够，许多国家都还没形成自己的认证体系，消费者也没有太多的环境意识，当然更谈不上影响林产品国际市场价格了，他们是真正意义上的“小国”，他们开展森林认证所产生的经济效应可通过局部均衡来加以分析。如图 7-1 所示，S 与 D 分别为小国国内供给与需求曲线，在自由贸易下，小国被动地接受国际市场价格 P_W，这时国内供给为 OQ_0，国内需求为 OQ_3，供求缺口 Q_0Q_3 由国外进口来弥补。在小国要求林产品需通过森林认证后，进口林产品为保持原有份额成本无疑上升，上升幅度表现为营林及林产品加工企业认证成本的增加幅度，包括直接费用（认证机构对该森林经营单位进行森林评估和审计的费用、年度审计费用）和间接费用（规划、调整和培训等费用支出）。设费用总和为 TC，则小国国内价格上升至 P_1，P_WP_1=TC。由于价格上升，刺激国内企业加快认证进程，生产扩张，供给增至 OQ_1。另一方面，因为森林认证对小国的消费者来说还是一个全新事物，林业管理部门、森林经营单位和社会公众都对森林认证带来的好处了解不多，价格上升使消费需求减少至 OQ_2，进口量由原来的 Q_0Q_3 减少为 Q_1Q_2。

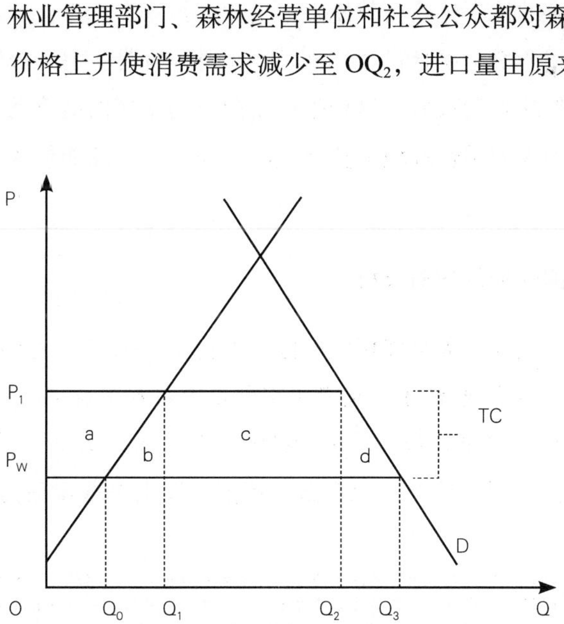

图7-1　小国的森林认证效应

从福利水平来看，小国开展森林认证后，消费者剩余由于价格的上升而减少了，减少量为 $\Delta CS=-(a+b+c+d)$，但这些损失中，面积 a 由生产者剩余的增加来弥补，面积 c 则随森林认证的发展阶段而定。在森林认证的早期，政府主管部门往往通过政策措施和宏观调控手段以及适当的资金扶持来推动森林认证工作的广泛开展，在决定采取何种森林认证体系、制定国家森林认证标准、建立森林认证机构、提高森林认证评审能力、加强森林认证方面的研究和推广、鼓励森林经营单位实施森林认证、培育认证林产品市场需求、提高公众环境保护意识、加强森林认证管理与宣传等方面起着关键作用[99]。因此 c 部分早期往往转化为国家生态效益，这种效益可通过恢复费用法[100]计算获得，即国家如果不积极主导企业实施认证而导致森林植被的过度开发利用以致于生态的破坏，从而需花费面积 c 的代价来进行生态修复。在森林认证发展到成熟阶段，市场竞争和绿色消费成为推动森林认证的真正力量，那些迫切要求进行产销监管链认证（COC）的外向型加工企业以及具有环境友好产品需求的消费者成为真正受益者，这时面积 c 转化为企业的市场及非市场利润（竞争力提高，赢利能力增强，获得更多的市场准入从而市场占有率的提高）和消费者的健康福利（用收入损失法来衡量[101]，即消费者如果不多花 P_WP_1 的价格来进口 Q_1Q_2 数量经认证的林产品会导致健康水平的下降从而医疗费用的支出）。b，d 则在静态局部均衡下是森林认证带来的净福利损失，其中 b 为小国在森林认证的推动初期由于缺乏相应的认证体系而致使生产企业在经营、生产、加工环节落后于发达国家，但不得不勉力提供的生产扭曲，d 则是消费者由于价格上升而导致的消费扭曲。当然从长期来看，这种生产扭曲与消费扭曲能推动小国森林认证体系的不断完善和人们绿色环境消费意识的不断提高，从而使该国的持续竞争能力得到增强。

（二）大国的局部均衡分析

大国通常指贸易量大且能影响国际市场价格的国家。随着欧美等发达国家环境意识的进一步增强，许多消费者也强烈要求对木材及林产品进行森林认证，以确保人类的身心健康和森林的可持续经营与发展，有关资料显示，奥地利、比利时、丹麦、德国、荷兰、卢森堡、英国、瑞士是环境最为敏感的国家[102]，

注：一国开展森林认证也许仅仅是出于环境保护的考虑，或者是希望与国际接轨，鼓励本国企业参与认证，鼓励消费者消费认证后的产品，这并不意味着对进口产品也一定实行强制性认证政策，毕竟森林认证与关税不一样，是一种自愿行为。这里假设一国开展森林认证后，外国产品为了保持和占有原来的市场份额，必须通过认证。

他们对通过认证的森林产品需求量最大[①]；而另一方面，本文前面提及的认证的森林又绝大部分都来自欧美的FSC和PEFC体系，由此可见，无论这些国家的市场容量和绝对规模如何，在林产品的供给、需求和认证体系影响力等方面，他们是名副其实的大国，他们开展森林认证同样会给林产品贸易带来一定影响，其经济效应如下：

为使图形看起来更清晰，假设大国自己不提供林产品，而完全从国外进口林产品，如图7-2所示，S_F为外国林产品对大国的供给曲线，D_D为大国对林产品的需求曲线，P_0与Q_0分别为自由贸易时供求均衡的价格与产量，在这一水平上，大国的进口需求与外国对其的出口供给达到平衡。如果大国要求林产品获得森林认证（事实上现在欧美许多国家都有这样的趋势，包括政府的绿色采购计划），则外国林产品出口企业为了保持原有份额纷纷申请认证，大国进口成本上升，国内价格由P_0上升为P_1。这时，尽管大国绿色革命蓬勃发展，有些高端人群愿意为认证产品支付“环境溢价”（初期表现为国内需求曲线随价格上涨而上扬的部分），但从总体看来，这只是可持续发展观下的一种正常的消费理念，并不会从根本上改变需求规律，即需求还是会随价格上升而减小的。随着进口需求的减少，国际市场价格开始下滑，这个过程一直持续到P_2，使得$P_2P_1 = TC$。在该水平上，大国对林产品的进口需求与国外对其进口供给达到均衡，为Q_1。这时，国内消费者为认证产品所支付的价格为P_1，消费者剩余损失为$\Delta CS= -(a+b)$，但是大国支付给小国的进口价格却为P_2，因此，$(a+d)$的面积为大国要求OQ_1数量的进口产品通过森林认证所得收益[②]，其中，面积a由国内消费者所获得的健康福利来表示，面积d由国外林产品生产企业来承担，表现为大国帮助国外营林企业和林产品加工企业制定森林经营长远规划、调整森林作业操作规程、培训森林经理人员，实施森林可持续经营的评估与审计所得报酬。净福利变动$(a+d)-(a+b)=(d-b)$取决d与b的大小，$d>b$时，$d-b>0$，大国福利增加；$d<b$时，$d-b<0$，大国福利减少。但无论哪种情形，从全球范围来看，短期内净福利水平是降低的，因为$(d+c)$是外国因森林认证成本上升而遭受的利益损失，世界整体福利水平为$(d-b)-(d+c)=-(b+c)$，即$S\Delta ABC$的面积。

①尽管总的来说，认证林产品的供需在全球林产品贸易中所占的比例较小。但全球认证森林的潜在木材供给量是巨大的，以现在的数据估计约为2.34亿m^3（ITTO，2002）

②因为上文已阐明，目前最有影响力的森林认证体系是来自欧美的FSC和PEFC，其他国家要么选择发展自己的认证体系并争取国际认可，要么选择直接引入这些体系，并支付费用。

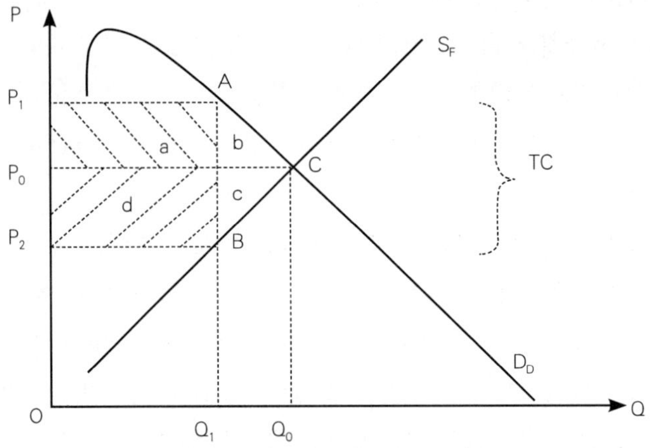

图7-2　大国的森林认证效应

（三）一般均衡下的贸易条件分析

所谓贸易条件是指一国的出口商品价格指数与进口商品价格指数的比，用以说明一国每单位出口商品所能换回的进口商品的能力。森林认证会给企业带来直接费用和间接费用支出，从贸易的角度而言，则相当于对进口产品征收了一定量的生态关税，那么这一做法同样会对贸易双方的进口能力有所影响。为了使分析更贴近实际，现在将上文对一国一种产品的分析拓展到两国两产品的情形，并以古典贸易理论的提供曲线作为分析工具。如图 7-3，OA 与 OB 是 A、B 两国在自由贸易条件下的提供曲线，T_2、T_3 分别为 A、B 两国国内交换比价。A 国出口 Y 换回 X，B 国出口 X 换回 Y，它们在 E 点达到均衡，国际交换比

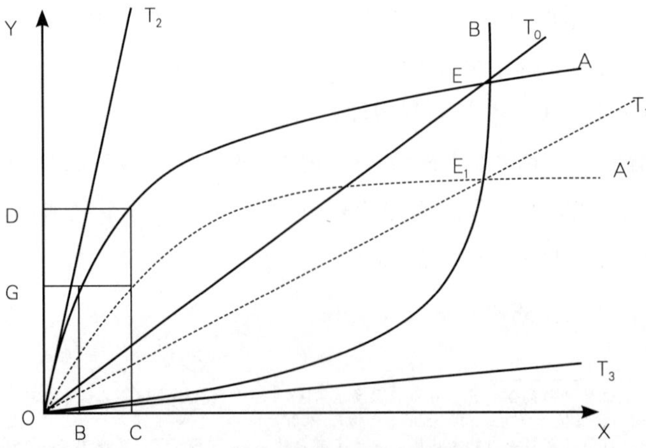

图7-3　一般均衡的贸易条件分析

价为 T_0。现假定A国要求森林认证，这会使进口成本提升从而国内价格上升，一方面国内可能会增加进口替代品X的生产，另一方面，价格的上升还是会使A国减少对X产品的需求，两者的合力会使A国的进口需求减少，即为每单位X产品的进口所愿意提供的出口数量减少，在假设B国对A国Y产品进口需求不变的情况下，这意味着A国能以较少的Y出口从B国换回X产品，在图中表现为提供曲线由OA顺时针旋转为OA′。自由贸易情况下，A国能以OG数量的Y产品出口换回OB数量的X产品进口，而要求认证后，能同样以OG数量的Y产品换回OC数量的X产品，比以前增加了BC数量的X产品；或者说，同样是进口OC数量的X产品，A国所能够而且愿意提供的Y产品由自由贸易下的OD减少为要求认证后的OG。旋转后的提供曲线OA′与B国原来的提供曲线相交于 E_1 点，新的贸易条件由 T_1 表示，离A国原来的国内交换比价 T_2 更远了，表示贸易条件改善，而离B国国内交换比价 T_3 更近了，说明B国贸易条件恶化。

如果A为大国B为小国，且B在A要求森林认证的情况下没采取任何行动，这时A国的提供曲线为一直线，与T重合，先后由 T_0 变为 T_1，表示国际交换比较价由A国来决定，且随着国际交换比价线顺时钟旋转，贸易条件对A越来越有利，B国贸易条件恶化。如果B国也开始在大国的帮助下开始自己的森林认证体系，要求森林认证，则提供曲线OB会逆时钟旋转，与大国A的提供曲线即国际交换比例线交于新的均衡点，其短期结果是，世界林产品贸易量会减小直至为零，因为各国都在生态成本的压力下不同程度地调整自己的产业规划和消费习惯。但值得注意的是，随着可持续发展理念在各个领域的进一步落实，各经济个体在从事经济活动的过程中，开始懂得尊重自然规律，按自然规律办事，如根据成过熟林会阻碍森林资源的再生和碳沉降速度的原理，在产业发展中加大对过熟林的开采力度，以保证森林资源的再生能力。从这个意义上说，森林认证最终会使林产品贸易保持在一个合理的水平，而不会像关税战一样，使两国的提供曲线交于原点，最终贸易量为零。

（四）结语

由以上对森林认证的局部均衡与一般均衡分析可以看出，森林认证对林产品国际贸易的影响很重要的一点在于，它会使企业认证成本增加，竞争力下降，因此基本上可以视之为一种生态关税壁垒，但在作用机理和长期效应上又有其自身的特点，主要表现为：

小国要求森林认证时，国内价格上升使消费者剩余损失部分中的面积 d 将直接转化为国民健康福利，而在征收关税的情况下，这部分将转化为政府的关税收入，是否有利于国民健康水平的提高和经济可持续发展，取决于政府的预算支出和转移支付水平。

在长期看来，小国要求认证导致的生产扭曲与消费扭曲能推动小国森林认证体系的不断完善和人们环境友好型消费意识的不断提高，从而最终增强一国的持续竞争力；而关税政策下导致的生产扭曲，则是通过促使企业进行技术创新和降低成本来实现产业升级和中长期竞争力（但不一定是持续竞争力）的提升，消费扭曲则只会使消费者偏好发生转移，寻求更多的替代产品，从而使经济社会差异产品的产出增加。

大国要求森林认证短期会使国内价格上升，国外价格下降，贸易条件改善。净福利水平取决于 d 与 b 的大小，但世界总福利水平下降，所获认证收益中有一部分（本文为图 7-2 中的 c）直接转化为国民健康福利，而在关税情况下该部分表现为国内消费者的税负。

大国要求森林认证而其他国家跟进，短期内同关税效应一样会使国际贸易量下降，极限为零。但由于森林资源是可再生资源，随着森林认证的发展和全球林产工业结构的进一步调整，森林资源的采伐和利用速度将等于其生长速度，贸易量会保持在一个合理的水平而不会为零。

三、我国木质林产品的贸易规模

（一）我国木质林产品的贸易规模

根据联合国粮农组织（FAO）林业部和欧洲经济委员会合作编制的《FAO 林产品数据库》关于 1961 年以来的林产品年度生产和贸易的数据，其林产品定义参考了《林产品分类和定义》及《标准国际贸易分类》。按照林产品作为商品在生产和国际贸易领域的属性划分，主要涉及 5 大类林产品，主要是指工业用原木、燃料木材和木炭、锯材、胶板木、纤维板。

根据国际组织的标准——《中华人民共和国加入 WTO 议定书》中的《附件 8：第 152 减让表—中华人民共和国》依据，同时结合中国海关进出口统计林产品税号——《中国林业统计年鉴》中的《海关进出口主要林产品代码》标准，我们将林产品分为木质林产品和非木质林产品两大类。其中木质林产品包括：原木类、锯材类、单板类、胶合板、纤维板、刨花板、木制品、纸类（木

表7-2　1994～2007年中国分类木质林产品进口额　　单位：百万美元

	原木	其他原材	锯材	人造板	木制品	木家具	木浆	纸和纸制品	合计
1994	430.37	12.83	145.61	972.34	68.65	48.23	400.87	1823.31	3902.21
1995	368.37	9.28	149.13	948.14	88.81	32.67	672.11	2153.49	4422.00
1996	457.78	11.47	180.09	847.71	61.80	17.45	775.00	2799.10	5150.39
1997	677.03	14.21	268.11	956.51	55.85	22.51	747.92	3445.76	6187.90
1998	599.10	16.72	348.30	918.08	82.39	31.49	923.68	3300.76	6220.47
1999	1248.63	23.78	661.94	920.44	67.66	24.82	1414.57	3640.91	8002.75
2000	1655.64	25.27	982.03	1007.97	44.99	23.08	2120.97	3904.70	9764.65
2001	1693.98	27.33	988.52	731.78	26.16	28.57	2075.94	3782.95	9355.22
2002	2138.26	30.83	1167.46	781.21	25.02	38.63	2167.67	4198.57	10547.67
2003	2447.15	42.69	1198.79	921.07	32.80	60.66	2660.62	4809.67	12173.46
2004	2804.32	53.62	1387.14	909.14	49.74	72.71	3567.72	5427.93	14272.32
2005	3243.54	135.65	1516.89	770.00	46.77	87.22	3725.46	5865.24	15390.76
2006	3929.33	131.03	1697.96	643.16	58.57	117.59	4392.27	6054.38	17024.30
2007	5355.83	175.17	1774.87	607.59	65.92	220.38	5547.62	7247.99	20995.38

注：根据《海关统计年鉴》、《中国林业发展报告》等整理

表7-3　1992～2007年中国木质林产品出口额　　单位：百万美元

	原木	其他原材	锯材	人造板	木制品	木家具	木浆	纸和纸制品	合计
1992	56.74	49.62	97.64	47.32	455.10	277.02	1.35	200.53	1185.31
1993	70.90	72.90	133.01	68.02	491.11	345.35	3.05	238.27	1421.91
1994	43.18	94.63	163.99	79.15	648.77	493.47	5.20	283.47	1811.86
1995	47.16	202.33	194.66	124.34	838.25	597.91	27.54	416.61	2448.78
1996	29.30	186.48	194.16	169.66	831.33	697.90	11.34	384.87	2505.04
1997	29.47	187.52	193.84	272.58	935.15	959.14	11.50	493.78	3082.98
1998	12.46	152.74	114.98	164.71	921.18	1084.66	9.35	499.71	2959.78
1999	8.01	146.51	139.37	272.57	1142.57	1309.54	3.03	479.07	3500.70
2000	7.94	170.17	179.14	373.11	1372.01	1668.49	10.18	693.26	4474.30
2001	5.55	171.05	196.86	434.40	1497.04	1852.07	8.25	740.11	4905.34
2002	3.17	161.84	192.33	693.98	1778.88	2706.33	15.56	867.72	6419.81
2003	2.89	174.38	236.79	851.24	2200.83	3815.51	21.15	1133.15	8435.94
2004	1.96	152.24	219.84	1827.06	2813.57	5229.34	16.15	1418.98	11679.15
2005	2.04	124.11	281.43	2998.29	3002.81	6843.16	35.67	1916.27	15203.79
2006	1.37	97.34	356.39	4489.50	3627.98	8783.74	58.64	2590.73	20005.69
2007	1.21	53.82	392.67	5703.59	3621.83	10953.07	91.93	3439.50	24257.62

注：根据《海关统计年鉴》、《中国林业发展报告》等整理

浆类、纸和纸制品)、家具类和其他类10大项。非木质林产品包括：苗木类、菌、竹笋、山菜类、果类、茶、咖啡类、调料、药材、补品类、林产化工、竹藤软木类7大类。

我们主要是对木质林产品进行研究，并且将对木质林产品主要的几大类：原木、锯材、人造板（胶合板、刨花板、纤维板）、单板、木浆、纸和纸板进行研究分析。我国在世界木质林产品贸易中具有举足轻重的作用，而且地位不断提高，贸易额不断增加，见表7-2和表7-3。

从表7-2和表7-3中，可以看出，我国木质林产品出口以木家具、木制品、人造板为主，1992年三者在出口中所占份额分别为23.37%，38.40%，3.99%，2007年所占份额分别为42.44%，15.67%，74.67%，木质林产品中木家具、木制品、人造板所占份额却在不断上升，1992年三者占总出口的65.76%，上升到2007年的82.79%。同时人造板进口从1994年的24.92%，逐年下降到2007年的2.79%，木制品进口历年所占份额都很小，1992年为1.76%，并不断下降，2006年仅占0.34%，2007年占0.30%，木家具进口所占份额也很小，1992年占1.24%，2006年占0.69%，2007年占0.93%。因此，随着森林认证的迅速发展，其对林产品贸易的影响也在日益加重，如何正确认识其积极和消极影响并为我所用，是我国当前迫切需要解决的问题[①]。

（二）主要林产品贸易规模、商品结构和地理方向

1. 原木

（1）贸易总量

随着我国经济的高速发展，人民生活水平和生活质量的日益提高，人们对林产品的需求也在大幅度的增长。自我国政府实施“天然林保护工程”以来，严格限制对国内森林的采伐，因此我国的原木产量在逐渐下降。为了弥补我国优质大径材资源的不足，解决原木的供需缺口，我国不得不依靠从国外大量进口原木。从1999年1月起政府实施了新的木材进口关税政策，不仅放宽了木材的贸易经营权，还将原木的进口税调减到零。从表7-4我们可以看出，1998～2007年中，原木进口量迅速上升。从1998年的482.30万立方米上升到2007年的3713.26万立方米，增长了7倍多。进口金额也从1998年的5.99亿美元增加到53.55亿美元。目前，我国已发展成为世界上主要的原木进口国

①顾晓燕，中国木质林产品出口贸易结构的实证研究，博士论文，59—60

之一。原木的出口量则在大幅度的下降，从 1998 年的 3.19 万立方米下降到 0.37 万立方米，下降了 8 倍多。出口金额也从 1998 年的 0.12 万美元下降到 2007 年的 0.01 万美元。

表7-4　1998～2007年我国原木进出口总量和金额

年份	原木进口量 (10^4m^3)	原木进口金额 (10^8美元)	原木出口量 (10^4m^3)	原木出口金额 (10^8美元)
1998	482.30	5.99	3.19	0.12
1999	1013.57	12.49	2.30	0.08
2000	1361.17	16.56	2.67	0.07
2001	1686.38	16.94	1.77	0.06
2002	2433.30	21.38	1.10	0.03
2003	2545.55	24.47	0.94	0.02
2004	2630.85	28.04	0.61	0.01
2005	2936.80	32.43	0.69	0.02
2006	3215.20	39.29	0.43	0.01
2007	3713.26	53.55	0.37	0.01

数据来源：联合国统计署的COMTRADE数据库，采用协调制度HS2002分类方法获得

（2）原木对外贸易商品结构

20 世纪 80 年代，进口原木中针叶材所占比重为 88.9%，其中 1986 年最高达到 94.2%。进入 90 年代，进口原木中针叶材所占比重明显下降，其中最低的 1996 年为 20.5%，这一变化主要是由市场需求导致的。

我国进口针叶材在过去一般主要用于建筑结构用材和门窗用材。近几年，随着人们生活水平和生活质量的不断提高，住宅和建筑中则普遍使用水泥构件、金属门窗和塑钢窗等，因此导致木材的使用量逐渐减少。而阔叶材的需求在不断增长，这主要是由家具用材和室内装修的大幅度增加造成的。另外，我国胶合板工业规模的不断扩大，使得胶合板原料出现较大的缺口，所以我国每年必须进口一部分阔叶材。

（3）原木对外贸易地理方向

近两年来，原木主要进口国的变化不是很明显。2007 年从俄罗斯进口的原木总量比 2006 年提高了 16.3%，占原木进口总量的 68.5%。从巴布亚新几

内亚和加蓬进口的总量分别比上一年提高了13.4%和20%。从马来西亚进口的总量比上一年下降了5.7%。按进口金额排序，前5位依次是：俄罗斯(50.5%)、巴布亚新几内亚（7.7%）、加蓬（7.3%）、马来西亚（4.7%）、所罗门群岛（3.4%）。出口的贸易国按金额排序，前5位依次是：日本（70.9%）、韩国（20.1%）、马来西亚（4.8%）、亚洲其他国家（1.9%）、印度（1.8%）。

2. 锯材

（1）贸易总量

1998年以来，随着我国室内装饰、装修以及家具行业对阔叶锯材需求的不断增加，尤其是对山毛榉、红木、桃花心木、橡木、柚木等高档装潢用材的需求不断增长，导致了我国阔叶锯材进口量的逐年增加。此外，目前我国锯材进口采用小批量进口方式，取代了以往的大批量进口方式，并且进口的是高质量产品，交易日益频繁。

从1998年到2007年，我国进口锯材的数量不断增长，但进口增长总体趋缓。1999年进口锯材的增长速度最大，达到63.1%，接下来的几年进口锯材的增长速度较缓，到2005年甚至降到0.04%。主要是因为世界各国出于保护本国森林资源而对锯材的出口进行限制，以及我国锯材加工质量和效益的日益提高。2007年，我国锯材进口量为655.79万立方米，进口金额达到17.74亿

表7-5　1998～2007年我国锯材进出口总量和金额

年份	锯材进口量 (10^4m^3)	锯材进口金额 (10^8美元)	锯材出口量 (10^4m^3)	锯材出口金额 (10^8美元)
1998	169.03	3.48	25.81	1.14
1999	275.64	6.61	35.46	1.39
2000	361.37	9.82	41.43	1.79
2001	403.41	9.88	44.97	1.96
2002	548.37	11.67	44.83	1.92
2003	559.81	11.98	54.30	2.36
2004	605.17	13.87	48.93	2.19
2005	605.42	15.16	68.21	2.81
2006	615.26	16.97	82.99	3.56
2007	655.79	17.74	76.35	3.92

数据来源：联合国统计署的COMTRADE数据库，采用协调制度HS2002分类方法获得，其中锯材代码为4406、4407

美元。

我国锯材的出口数量除了2004年和2007年略有下降外，总体上是不断增长的。2007年我国锯材出口量达到76.35万立方米，比1998年增长了近2倍。出口金额为3.92亿美元，比1998年增长了近3倍（见表7-5）。

（2）锯材对外贸易商品结构

为了适应我国现代化建设的需要，过去我国进口主要以北美花旗松、铁杉以及云杉等针叶材为主。随着近几年家具行业、室内装饰和装修及制造业的高速发展，来自东南亚、非洲、大洋洲许多国家的阔叶材纷纷涌进了国门。锯材的进口量在不断的增加，进口的锯材不但品种多元化而且附加值高。

（3）锯材对外贸易地理方向

从我国锯材进口国别来看，近三年来，俄罗斯始终是我国锯材进口量最大的国家。我国从俄罗斯进口的锯材量大幅度增加，主要原因是俄罗斯有着优势的地理位置和低廉的木材价格。2007年，按进口量计算，前5位进口贸易伙伴依次为：俄罗斯（24.8%）、美国（16.4%）、泰国（10.6%）、加拿大（10.3%）、马来西亚（4.7%）。纵观近三年，俄罗斯、美国、泰国一直保持在前3位，从俄罗斯进口的份额逐年在提高，2007年比2005年增加了6.3个百分点；从美国进口的份额有增有减，但总的来说还是在不断增加的，2007年比2005年增加了2.3个百分点；从泰国进口的份额却是在不断下降，2007年比2005年下降了2.0个百分点。

3. 人造板、单板

（1）贸易总量

1998～2007年，由于国产板质量不能充分满足需要，所以我国刨花板和纤维板进口量总体上是不断增长的。另外，我国对强化木地板的需求也急剧上升，而胶合板的进口量则大幅度的降低。主要是因为国内利用速生杨树木材做芯板，这样一来生产成本就大大降低了；此外，由于在中国进行投资的外资企业数量不断增加，国产板的质量得到显著的提高，因而取代了部分进口产品。另外，人造板的出口量在迅速增长，其中增长最为显著的是胶合板。2007年，人造板进口金额为4.45亿美元，比2006年减少了10.1%。出口金额为46.99亿美元，比2006年增长了31.6%（见表7-6）。

在这十年中，单板的进口量大幅下降，出口量快速增长。2007年单板的进口量为13.02万立方米，比2006年下降了2.83%，进口金额为1.36亿美元，比上一年增长了15.25%；出口量为15.27万立方米，出口金额为2.00亿美元，

表7-6 1998～2007年我国人造板、单板进出口金额（亿美元）

年份	胶合板		刨花板		纤维板		单板	
	进口	出口	进口	出口	进口	出口	进口	出口
1998	5.55	0.65	0.30	0.05	1.34	0.06	1.53	0.42
1999	4.16	1.24	0.51	0.07	2.07	0.05	2.05	0.46
2000	4.37	1.90	0.66	0.09	2.82	0.10	1.92	0.56
2001	2.54	2.42	0.84	0.06	2.80	0.09	0.96	0.70
2002	2.59	4.27	1.04	0.22	3.03.	0.20	0.89	0.89
2003	3.55	4.95	1.13	0.20	3.21	0.21	0.96	1.10
2004	3.84	12.50	1.23	0.21	2.73	1.26	1.10	1.20
2005	2.77	18.79	1.15	0.18	2.29	3.96	1.21	1.29
2006	1.97	29.10	1.02	0.25	1.96	6.36	1.18	1.71
2007	1.70	35.78	1.06	0.35	1.69	10.86	1.36	2.00

数据来源：联合国统计署的COMTRADE数据库，采用协调制度HS2002分类方法获得，其中单板代码为4408，胶合板代码为4412

比2006年分别增长了6.19%和16.96%。

（2）人造板对外贸易商品结构

从表7-6中我们可以看出，我国人造板出口的增长速度比较快。从品种结构看，胶合板出口所占的比重最大，而进口主要以胶合板和纤维板为主，在人造板进出口中胶合板的主导地位将不断提高。2007年，人造板进口金额为4.45亿美元，出口金额为46.99亿美元。“三板”进口金额中胶合板、刨花板、纤维板所占的比重分别为38.20%、23.82和37.98%。“三板”出口金额中胶合板占76.14%、刨花板占0.74%、纤维板占23.11%。与2006年相比，胶合板在“三板”进口和出口中所占比重分别下降了1.60%和5.35%，刨花板和纤维板所占比重都有不同程度的提高。

（3）人造板、单板对外贸易地理方向

2007年，按胶合板出口金额排序，前5位的贸易伙伴为：美国（27.5%）、日本（6.9%）、联合国（5.1%）、韩国（4.1%）、阿联酋（3.6%）；按刨花板出口金额排序，前5位的贸易伙伴为：俄罗斯（27.9%）、乌兹别克斯坦（17.1%）、其他亚洲国家（9.4%）、美国（6.4%）、中国香港（5.4%）；按纤维板出口金额排序，前5位的贸易伙伴为：美国（15.9%）、加拿大（8.2%）、土耳其（8.1%）、沙特阿拉伯（6.9%）、俄罗斯（6.6%）；按单板出口金额排序，前5位的贸易伙伴为：韩国（16%）、日本（15%）、美国（11.5%）、马来西亚（5.5%）、俄罗斯（4%）。

4. 木浆

（1）贸易总量

从1998年到2007年，我国对木浆的进口也是持续上升的趋势。进口总量从1998年的217.92万吨增加到2007年的838.39万吨，增长了近4倍。进口金额也从1998年的91234.00万美元增加到2007年的552872.30万美元，增长了近6倍。其中2001年的增长速度是最快的，2001年进口木浆共487.31万吨，比2000年的329.44万吨增长了47.94%。

1998年到2005年，木浆的出口量比较平稳，虽然有增有减，但总的来说，一直没有太大的变化，始终没有超过2.5万吨。然而在接下去的两年，木浆出口量快速增长，2007年木浆出口量达到5.08万吨，出口金额为2748.70万美元。出口量比1998年增长了近4倍。但我们需要注意的是，我国木浆的出口一直以来是呈下降趋势，2005年到2007年的迅猛增长并不能体现我国木浆的出口

表7-7　1998～2007年我国木浆进出口总量和金额

年份	木浆进口量（10^4t）	木浆进口金额（10^4美元）	木浆出口量（10^4t）	木浆出口金额（10^4美元）
1998	217.92	91234.00	1.33	734.20
1999	308.02	140342.70	0.17	100.20
2000	329.44	209366.40	1.28	608.10
2001	487.31	206143.80	0.58	270.40
2002	523.26	215447.80	0.46	237.30
2003	598.86	264333.60	0.38	204.10
2004	721.50	352670.90	0.15	92.50
2005	752.01	369478.00	2.05	1072.80
2006	788.13	435432.20	3.20	1648.00
2007	838.39	552872.30	5.08	2748.70

数据来源：联合国统计署的COMTRADE数据库，采用协调制度HS2002分类方法获得，其中木浆代码为4701、4702、4703、4704、4705，且木浆中未包括从回收纸和纸板中提取的木浆

能力的增长。因为我国是原料性林产品缺乏国家，对于像木浆这种原料产品，在短期内还是要依靠大量进口来解决国内所需的（见表 7-7）。

（2）木浆对外贸易商品结构

我国对进口木浆的需求，不仅表现为增加的数量在加大，而且还表现为品种结构的不断变化。木浆进口的两大品种分别是半漂白或漂白硫酸盐阔叶浆、半漂白硫酸盐针叶浆，前者每年平均进口 217 万吨，占木浆进口份额的 39%，后者每年平均进口 184 万吨，占 33.12%。

（3）木浆对外贸易地理方向

近两年来，我国木浆主要进口国的变化不是很明显，加拿大是我国木浆进口的主要国家。2007 年从加拿大进口的木浆总金额比 2006 年增加了 27329.32 万美元。2007 年按照木浆进口金额排序，前 5 位贸易伙伴依次是：加拿大（26.2%）、印度尼西亚（12.9%）、美国（12.8%）、智利（12.7%）、俄罗斯（12.3%）。

5. 纸和纸制品

（1）贸易总量

1998 ~ 2007 年我国进口纸和纸制品金额达到 553.30 亿美元，年平均进口金额为 55.33 亿美元。期间进口金额总体来说是不断上升的，2007 年达到 49.37 亿美元，比 2006 年的 47.53 亿美元上涨了 2.2%。我国纸和纸制品的进口金额占我国木质林产品进口总金额的比重较大，由于它们属于资金和技术密集型林产品，市场价格较高而且附加值也较高，因而其在我国的林产品进口贸

表7-8 1998～2007年我国纸和纸制品进出口金额 （亿美元）

年份	纸和纸制品进口金额（亿美元）	纸和纸制品出口金额（亿美元）
1998	39.16	13.35
1999	42.70	12.88
2000	42.84	18.42
2001	40.23	19.73
2002	44.74	23.23
2003	47.38	30.08
2004	50.11	37.81
2005	48.20	50.78
2006	47.53	68.37
2007	49.37	91.00

数据来源：联合国统计署的COMTRADE数据库，采用协调制度HS2002分类方法获得

易额中所占的份额也较大。

我国纸和纸制品的出口金额则在迅猛上升，从1998年的13.35亿美元上升到2007年的91.00亿美元，增长了近7倍，可见其增长速度是相当的快。主要原因是我国现在已经是世界上仅次于美国的第二大纸和纸制品消费国，各类纸和纸制品的消费量占世界纸消费总量的16%以上。

（2）纸和纸制品对外贸易地理方向

从我国纸和纸制品进口国别来看，2005年到2007年，按进口金额计算，前5位进口贸易伙伴依次为：日本、美国、亚洲其他国家、韩国、瑞典。这三年中从日本、美国、瑞典进口的份额在不断的增长，2007年比2005年分别增加了1.3个百分比、1.7个百分比和1.3个百分比。从亚洲其他国家和韩国进口的份额在不断的下降，2007年比2005年分别下降了0.8个百分比和1.5个百分比。按进口金额计算，2007年前5位出口贸易伙伴依次为：美国（21.1%）、中国香港（18.9%）、日本（7.0%）、澳大利亚（3.1%）、韩国（2.9%）。

（三）结论

从总体来看，有我国在加入WTO以后，贸易政策发生了变化，木质林产品政策主要有降低关税、减少非关税措施、贸易自由化三个方面。

我国木质林产品贸易体制和贸易政策的制定是有利于我国木质林产品贸易方向发展的，特别是随着国民经济的快速发展和人民生活水平的不断提高，国内对林产品的需求量急剧增加，林产品贸易在保证国家经济建设和人民生活需求方面发挥了重要的作用。但由于中国森林资源匮乏，人均森林蓄积量低下，因此，在林产品进口方面，中国的林产品贸易的主要特点是单向补缺型的进口贸易。

中国的非关税措施1992年为1247项，1996年为384项，2004年以后全部废除非关税壁垒。1999年以后，除CITES等规定外，没有对林产品贸易进行限制，没有设置专门针对林产品的非关税壁垒。基本上遵从“有效保护理论”，按照原料——制成品“关税升级”原则设计、调整关税，没有重视环境因素。对进口产品和外商投资企业的环境要求不高，对外国产品和污染密集型企业的进入标准较为宽松。

通过2006年和2007年林产品贸易进出口额比较发现，2007年我国林产品进出口贸易总额为642.91亿美元，与2006年同口径比增长23.32%。其中，林产品出口319.31亿美元，比2006增长21.06%，增幅回落7.15个百分点，占全国商品出口额的2.62%；林产品进口323.60亿美元，与2006年同口径比增长25.43%，增速加快7.7个百分点，占全国商品进口额的3.37%。林产品贸易逆差为4.29亿美元。木质林产品进出口中，原木出口3721立方米，原木进口3713.26万立方米，比2006年增长15.49%；2007年锯材（不包括特形材）出口76.35万立方米，比2006年减少8.01%，进口655.78万立方米，比2006年增长6.58%；人造板出口量中，胶合板、纤维板和刨花板依次为871.59万立方米、305.68万立方米和17.98万立方米，分别比2006年增长4.96%、55.30%和26.89%；人造板进口量中，胶合板、纤维板和刨花板分别为30.41万立方米、70.25万立方米和52.49万立方米，分别比2006年减少26.44%、24.01%和2.99%；木家具出口106.83亿美元，比2006年增长21.62%，增幅回落6.74个百分点；进口2.20亿美元，比2006年增长86.44%，增幅上升50.81个百分点；木制品出口38.29亿美元，比2006年增长0.97%；木浆进口838.39万吨，比2006年增长6.38%；纸和纸制品（按木浆比例折合值）出口145.73万吨，比2006年增长27.20%，进口420.87万吨，与2006年同口径相比下降了8.60%①。

林产品进出口仍然高度集中于美国、日本、俄罗斯和东南亚市场，但欧洲市场份额不断提高，市场分散化趋势明显。2007年，前5位出口贸易伙伴的市场份额依次为：美国28.64%、日本11.43%、中国香港6.43%、英国5.05%、韩国3.64%；前5位进口贸易伙伴的市场份额分别为：马来西亚12.88%、美国12.39%、俄罗斯11.72%、印度尼西亚10.07%、泰国8.14%。木质林产品的出口主要是遭遇非关税壁垒，像欧美这种“环境敏感市场”只接受通过认证的木质林产品，而那些没有贴有认证标志的木质林产品就不能获得市场准入，从某种角度上看，森林认证无疑成为一种新型的“绿色壁垒”。特别是胶合板这类林产品的出口量迅速增长，而且大部分是出口到欧美市场，如果不进行森林认证，必被拒之门外，从而我国外向型木材加工企业在欧美市场的贸易份额将很有可能失去。

四、森林认证对我国木质林产品贸易的影响

森林认证从产生到现在经历了十多年的时间，其发展速度是相当快的，据森林管理委员会（FSC）国际总部统计：截至2008年6月，全球已有约80多个国家的3.2亿多公顷森林通过了各种森林认证体系的认证，约占全球森林面

①2008年中国林业发展报告

积 38.69 亿公顷的 8.6%。

随着木质林产品贸易的快速发展，森林认证对其影响也日益加重，如何正确认识和处理森林认证与木质林产品贸易之间的关系，是我国当前迫切需要解决的问题。目前，我国的木材生产已经从天然林为主转变到以人工林为主，木材的自给率约为 60%，这就意味着我国木材消费量有 40% 还须依赖进口。我国已经上升为世界上林产品进口第二大国。此外，2001 年，我国胶合板的出口量首次超过了进口量，成为胶合板的净出口国。因此我们可以看出，木质林产品贸易已经成为我国经济中不可缺少的部分。然而在进口方面，我国政府因为木质林产品贸易给环境带来的问题而经常遭受环境舆论的谴责；在出口方面，又常受到森林认证等“绿色壁垒”的影响。因此森林认证作为一种促进森林可持续经营的方式成为保护环境与保护贸易这两者矛盾的焦点，无论是从可持续发展的角度还是克服贸易壁垒的角度，都需要大力发展森林认证。森林认证意味著环境保护，木质林产品贸易则代表国际贸易，两者之间的关系本质上是环境与贸易的关系。因此，森林认证与木质林产品贸易之间存在着对立统一的关系，也就是说，森林认证对木质林产品贸易既产生积极的影响又产生消极的影响。

（一）积极影响

1. 有利于提升我国木质林产品的国际竞争力，帮助外向型林产品加工企业开拓国际市场

从全球可持续发展的趋势看来，森林在生态建设中的主体地位和在可持续发展中的关键作用日益明显。随着消费者的环保意识加强，收入水平的提高，全世界有更多的消费者希望通过购买有认证的产品的方式来保护人类赖以生存的森林。据一份调查显示，67% 的荷兰人、77% 的美国人、80% 的德国人愿意购买绿色产品，哪怕多支付 10% 的价钱也在所不惜，也就是说，他们愿意为绿色产品支付更高的环境溢价。这就形成了一种有效的绿色消费需求，在这种需求的推动下，我国的林产品加工企业为了获取利润，必须通过森林认证来满足这种绿色需求。近年来，随着林产工业的发展，我国木质林产品特别是家具和胶合板的出口量迅速增加，而这些木质林产品绝大部分是出口到欧美市场，如果不开展森林认证，尤其是我国的木材产品如果不尽快进行产销监管链认证，我国外向型加工企业将逐渐失去已经拥有的欧美国际市场份额。因此，开展森林认证工作，加快对林产品进行认证，不但有利于提升我国林产品的国际竞争力，而且能促使我国外向型加工企业稳定现有产品市场份额，为进入新的市场

准入打下良好的基础。

2. 有利于增加我国木质林产品出口贸易额

越来越多的林产品企业发现，出口到欧洲的产品开始受到森林认证的限制，其中既有木材原料的认证，也有林产品加工环节的产销监管链认证。如我国南方一家家具出口企业的产品出口到欧盟某国，进口方询问产品是否有绿色标签，如果有则可以向海关申请可观的关税优惠，另外，如果还符合欧盟所谓的“贸易鼓励安排”的政策规定，即出口到欧盟国家的商品包括林产品，其生产过程符合欧盟的要求，就可享受一定比例的关税折扣，这意味着通过森林认证的出口企业单位产品出口成本和价格将大幅降低,在出口总量不变的情况下，所得的外汇收入和贸易额是增加的。随着国际消费者环保意识的不断提高，越来越多的国家开始对木材产品提出要求，完全可能将没有通过森林认证的产品拒之门外，届时，没通过森林认证的企业要想提高自己的出口贸易额将成为幻想。据有关资料显示，奥地利、比利时、丹麦、德国、卢森堡、荷兰、瑞士和英国八个欧洲国家对环境最为敏感，而上述国家正是我国相当比例的林产品出口的主要市场，因此我国只有加快森林认证的进程，才能进一步增加我国木质林产品对上述国家的贸易额。

3. 有利于缓解贸易摩擦，打击非法采伐与贸易

全球林业正面临着生态环境破坏和森林资源告罄的危机，而导致生态环境破坏和森林资源紧缺的首要原因是木材非法采伐与贸易。根据世界自然基金会(WWF)的定义,非法砍伐和森林犯罪包括规模或大或小的木材偷盗、转让价格、违背税法、各种非法形式的木材供给和通过贿赂或诈骗获得特许协议等。如果非法采伐不止，全球的森林将会继续遭殃，木材供应将难以达到良性循环。森林认证能很好地将来自良好经营森林的木材及相关产品与来源不明的木材及相关产品区分开来，这样国际木材贸易市场上的买方就可以很容易地区分非法采伐的木材，进而通过购买经过认证的林产品的方式使非法采伐和贸易的木材逐渐失去市场，从而有效杜绝非法采伐行为的出现，同时可以保证经济秩序的正常运行。

（二）消极影响

森林认证对木质林产品贸易除了以上积极影响以外，还有一定的负面影响。

1. 一定程度上会阻碍我国木质林产品的贸易自由化

森林认证作为一种旨在维护全球可持续发展的制度，本来是无可非议的。但是当某些国家将森林认证的环节、类型及评审程序等作为一定的目的来实施的时候，真理可能就变成了谬误，“善意”可能也就变成“壁垒”了。事实上，许多发达国家往往打着“维护人类长远利益”的幌子，对林产品和进口林产品的品质、来源、生产、加工和销售等环节做出诸多限制和规定，使相对落后的国家在面临“人类共同的利益而别无选择”的情况下，去迎合与执行这些苛刻的要求，但由于技术、资金、管理手段等方面与发达国家相比存在明显差距而无法逾越，这时，无论他们承认与否，森林认证实际上已经构成了一种绿色壁垒，必将阻碍林产品贸易自由化的发展，这与WTO的宗旨与原则是背道而驰的。我国作为最大的发展中国家和第六大木质林产品出口国，也将首当其冲地受到深远影响。

2. 将短期内减少企业利润，降低认证积极性，从而间接削弱出口产品的持续竞争力

经过森林认证的木质林产品与普通木质林产品的成本差异主要表现为认证成本。认证成本体现为直接费用和间接费用。直接费用是指要通过森林认证体系所发生的费用，它包括认证机构对该森林经营单位进行森林评估和审计的费用、年度审计费用等。据 WWF 森林认证工作组的一个调查显示：一个约为150 人左右的中小型企业，认证的评估费用约为 4600 美元，每半年一次的审核费用约为 4000 美元；间接费用又称可变费用，它与认证单位实施的森林经营体系质量有关。它包括制定森林经营长远规划、调整森林作业操作规程、培训森林经理人员、实施森林可持续经营所支付的费用。认证费用与认证森林的规模和森林经营单位的经营水平相关。在同等经营水平下，规模小的森林比规模大的森林的认证费用要高。在同等规模下，经营管理欠缺的森林经营单位比经营管理良好的森林经营单位的费用高。

我国木质林产品目前在国际市场上的竞争仍然体现为价格竞争，而森林认证短期内会使企业经营成本上升，利润水平下降。一方面，认证费用较高，使得经森林认证的木材成本一般上升为 12% ~ 15%；另一方面，现阶段认证产品的价格与未经认证的产品的价格差异不是很明显，最多高出 10% 左右，这就导致利润水平的绝对下降，少数经森林认证的企业在与大多数未经认证的企业在市场竞争中，反而可能处于不利地位。被调查的企业中大部分认为，认证

产品的利润率比未认证产品的利润率低，因而缺乏对森林认证的激情。另一方面，森林认证与可持续发展虽然短期内将增加企业成本，降低企业利润，但它代表绿色消费，代表未来经济发展的方向。企业或产品要想拥有持续竞争力，终将要走认证的道路。因此，森林认证将削弱“近视”企业的持续竞争力。

五、森林认证策略选择

森林认证是在森林资源利用和保护这对矛盾长期碰撞下产生的一种全新的森林经营和林产品贸易可持续发展新型发展战略，森林认证提供了一种全新的林产品贸易市场模式，是一种对环境负责和对市场负责的市场模式，反映全球森林产品贸易市场的发展方向。森林认证也是发展中国家的木材生产和木质林产品加工企业及其他林产品贸易打破“绿色贸易壁垒”，参与国际竞争的一张国际市场的“通行证”。

目前，世界各国都在采取积极行动，应对森林认证所带来的挑战。由于我国的森林认证措施相对于发达国家来说水平还比较低，对我国木质林产品贸易的影响较大，主要表现在我国木质林产品的出口方面。因此，我们要以积极的态度研究和采取应对森林认证的有效对策。应对森林认证是一项社会各方面共同参与的，它需要消费者、政府、企业的齐心协力，构建一个有利于扩大出口贸易的策略体系。

（一）消费者认知转变

要顺应森林认证这一绿色壁垒，充分利用其积极作用扩大我国木质林产品出口。森林资源相对于人们的需要而产生价值，而人们对森林资源的需要以及对需要的满足同人们的认知能力、发展的水平等多种因素直接相关。在不同的条件下，对森林资源需求的认识不同，对其价值评价标准和认识也有很大的差异。随着森林功能的不断扩大、人们的认识能力的不断提高，以往片面的森林资源的经济价值观将不断地得到纠正。森林资源的环境、经济和社会价值逐渐被接受，观念与意识形态的转变，是指导人们行动的决定性因素。因此，我们必须要加强宣传教育、转变认证观念。

树立环境价值意识。确立“环境是一种资源，具有相应的价值”的观念。随着经济的飞速发展，人们物质生活得以改善，人们对生存环境提出了更高的要求，保护环境已成为人类的共识，要消除“产品高价、资源低价、环境无价”

的观念，企业要树立环境价值观，使消费者愿意负担由于林产品生产的负外部性而使环境成本内部化引起的产品价格上升。

树立绿色质量意识。传统观念对森林认证存在片面认识，片面地夸大了森林认证的负面作用，对林产品出口中遇到的一些问题过多地强调森林认证这一外部因素的影响，要想真正扩大我国林产品的出口，应该从产品的质量入手，保证林产品生产的原料来自可持续经营的森林，全面树立绿色质量意识，从各个层次上提高我国出口林产品的质量。

（二）政府宏观策略

由于森林资源的价值是多重的，既具有消费意义上的使用价值，又具有生态环境价值，木材使用就无法保证它的调节空气温度及防风固沙的环境功能的发挥，而发挥它的环境功能，就无法把它作为木材来使用，森林资源的多重价值又不可能完全同步发挥的特征，要求各个国家政府、国际组织等通过制度、体制的规范和制约以实现森林资源的可持续发展，因此，国家的宏观政策是非常必要的。

1. 建立国家森林认证体系

森林认证作为促进森林可持续经营和林产品市场准入的有效手段，日益得到世界的普遍关注。目前世界建立了不同层次的森林认证体系，全球森林认证体系包括森林管理委员会（FSC）体系和泛欧森林认证（PEFC）体系；国际体系框架下或者国家独立建立的国家森林认证体系，包括美国、马来西亚、印度尼西亚等 20 多个国家。由于世界各国森林认证发展不平衡，欧洲和北美地区森林认证发展较快，包括中国在内的发展中国家森林认证进程较为缓慢，而且大部分是工业人工林，例如江苏的杨树人工林占省森林资源的 70% 以上，如何借鉴发达国家的经验，建立适合我国实际情况的森林认证体系是非常必要的。

FSC 是全球 30 多个森林认证体系中惟一能够满足政府、环保等组织认可的森林认证的基本条件的体系，它得到了全球森林经营与贸易网络的支持，具有较可靠的市场基础。由于 FSC 森林认证体系包括两部分：森林经营认证（FM，Forest Management）和产销监管链认证（COC，Chain of Custody），目前，我国企业主要是进行产销监管链认证，在森林管理委员会（FSC）框架下，制定出既符合中国国情的、可操作的，又受到 FSC 认可的国家森林认证体系，对我国森林可持续经营和林产品贸易可持续发展有一定的现实意义。

2. 制定相关政策，充分发挥政府的主导作用

森林认证是促进森林可持续经营和林产品市场健康发展的一种市场机制，它是一种企业行为，而企业在进行森林认证时仍然缺乏技术支撑、有效的指导和监督，而政府在森林认证发展中、在推动和实施森林认证方面具有不可代替的作用，政府对森林认证的相关政策，直接关系到将来森林认证工作能否顺利地进行。因此，我国应尽快制定出相关的政策，充分发挥政府在推动森林认证进程中的指导和监督作用。主要表现在以下两个方面：一方面应制定相关的法律法规，实行监督管理，保证认证过程的合法公正；另一方面政府应出台相关的鼓励和优惠政策，引导企业进行绿色生产，使得通过认证的森林经营单位和企业得到实惠。如 2008 年 1 月 1 日在全国推广的“绿色”采购政策，要求各级国家机关、事业单位和团体组织用财政性资金进行采购的，要优先采购环境标志的林产品，以确保林产品原料来自可持续经营的森林。另外，要充分发挥经济杠杆作用，考虑到森林认证产品的生产需要比非认证产品生产在资源、技术、生产设备与工艺等方面有更高的要求和更多的投入，因而增加生产成本，导致了认证产品的价格比非认证产品的价格高，企业没有价格优势的情况，可以考虑通过制定绿色税收政策来调整认证产品和非认证产品之间的价格差，从而能更好的促进森林认证的发展。

3. 加快与国际接轨步伐，争取各体系间的相互认可

森林认证工作具有很强的国家性，开展森林认证必须加强国际合作，取得国际上认可，从而促进各体系间的相互认可。经过我国的国家体系认可的林产品要想获得国际认可和进入国际市场，其认证体系和认证标准必须加快与国际接轨，寻求国际市场的广泛认可。目前，全球已有约 3 亿多公顷的森林通过了各种森林认证体系的认证。北欧一些林业发达国家和大多数跨国林产品贸易公司的森林基本上都通过了认证。

随着我国木材及林产品出口贸易的增加，需要不断地与国际惯例保持一致，促进我国森林认证体系与世界主要森林认证体系的互认。从而使我国在关系到未来林业可持续发展的重大问题方面有平等的决策权，使我国的森林认证机构和咨询机构具有相等的优先权，同时也有利于降低我国森林认证的昂贵费用。

（三）企业微观策略

1．积极的培养市场原动力

现在木材及其林产品市场，特别是发达国家市场对进口的木材及林产品的绿色、环境保护的要求非常苛刻，经过森林认证的木材和林产品才能获得市场准入，没有经过森林认证的木材和林产品被拒之门外。随着我国出口到国际市场的木材及林产品的市场份额在逐年递增，如果不积极开展森林认证，那么就可能被拒之门外，这样不但难以扩大市场份额和增加市场占有率，相反还会被挤出市场。

经过森林认证的林产品在我国还没有体现出应有的效益，主要是因为我国消费者对经过森林认证的林产品认识不足。因此，我国应加强对森林认证的宣传工作和积极培养国内市场原动力。

我们应该从以下几方面有所突破：一是提高消费者对绿色林产品的认知度。主要通过加强森林认证的宣传工作方式，针对我国森林认证尚属于起步阶段，对于许多普通人来说依然是一个新生事物，甚至有的人对其闻所未闻的情况，应利用电视台、广播、互联网络及报刊等各种媒体，对森林认证的重要性进行广泛的宣传，不断提高公众的环境保护意识，从而使消费者自觉地购买经森林认证的林产品。二是发挥购买者集团的示范作用。购买者集团对世界森林认证的发展起到了至关重要的推动作用，承诺优先购买经过森林认证的林产品，虽然类似的集团在我国还没有形成，但一些大型的国外零售商已开始纷纷涌入中国。例如英国的百安居、瑞典的宜家，他们承诺将优先引进我国经过森林认证林产品出口到欧美市场，并在我国市场上销售经过认证的林产品。三是发挥网络贸易作用。由相关协会吸纳林产品生产厂家、零售商、批发商为成员组成林产品贸易网络，形成经森林认证的林产品在国内市场上的统一销售，最终通过市场原动力来推动森林认证在我国的全面展开。

2．积极申请并取得森林认证

面对越来越激烈的竞争和欧美环境敏感国家对森林认证绿色壁垒的设定，使得我国很多企业开始认识到森林认证的重要性，如果企业不开展森林认证工作，将可能面临逐渐失去欧美市场份额的危险。森林认证作为一项具有创新意义的手段和工具，以市场机制促进森林认证的可持续经营，符合世界发展的最新潮流，有利于促进我国林产品出口。

森林认证是对森林经营管理是否可持续的一种证明。每一件出自这种森林的产品上都会有特别的标志，并由消费者对认证加以监控。森林认证虽是厂家自愿申请，但强有利的市场督促使越来越多的人关注森林认证，推广森林认证是通过消费者对环境保护的选择，引导森林经营单位走上健康、环保的发展道路。欧洲和北美国家的消费者普遍要求在市场上销售的木材产品应贴有森林认证标志，以证明他们所购买的木材产品源自可持续经营的森林。

近年来，我国森林及林产品认证取得了快速发展，截至 2007 年底，共有 380 家企业通过了森林管理委员会（FSC）的监管链（COC）认证，厂家森林经营单位的 75 万公顷的森林通过了 FSC 的森林经营（FM）认证。

第八部分

绿色林产品贸易环境

LVSE LINCHANPIN MAOYI HUANJING

一、绿色壁垒与林产品贸易

（一）绿色贸易壁垒

绿色贸易壁垒也称绿色壁垒。加入 WTO 以后，我国以成员国的身份，享有较低关税，甚至是零关税的出口，我国贸易在近几年的发展非常迅速，以前的关税壁垒已经不能阻碍我国产品的出口，非关税壁垒则相应而生，绿色贸易壁垒是其中非常重要、打击力非常大的一种措施。从广义讲，绿色贸易壁垒，是指进口国（主要指发达国家）以保护生态环境、自然资源以及人类和动物的健康为由而限制进口的非关税壁垒措施。强调绿色贸易壁垒的目的在于保护生态环境、自然资源以及人类和动物的健康，并不一定是蓄意设置的贸易障碍。但若从狭义上说，绿色贸易壁垒指的是一个国家（通常指发达国家）以保护环境为理由，以限制进口、保护贸易为目的，通过颁布复杂多样的环保法规、条例，建立严格的环保技术标准和产品包装要求，建立繁琐的检验、认证和审批程序，实施环境标志制度以及课征环境进口税等方式对进口产品设置的贸易障碍。把绿色贸易壁垒看作是一些国家，主要是发达国家蓄意设置的贸易障碍。

绿色贸易壁垒就其本身来说是中性的，只是不同的利益主体出于不同的目的使得绿色贸易壁垒在特定的情况下具有了正当和不正当之分。正当的绿色贸易壁垒是真正出于保障人类和动植物的健康和安全、保护自然资源和生态环境为目的而采取的限制进口措施；而不正当的绿色壁垒则是指一些国家以保障人类和动植物的健康和安全、保护自然资源和生态环境为名实施的贸易保护主义措施，实际上是为了限制国外商品的进入。因此，绿色贸易壁垒具有双重性。一方面，绿色壁垒在国际贸易中有利于保护环境、保护人类和动植物的健康和生命，它反映了各国对环保的普遍重视，有其合理的一面；另一方面，有些发达国家打着保护环境的幌子，其实是为了达到贸易保护的目的，从而成为一种新的非关税壁垒，即“绿色壁垒”。

（二）绿色贸易壁垒的表现形式

绿色壁垒的表现形式主要有绿色关税、绿色技术标准、绿色补贴、绿色环境标志、绿色包装、绿色卫生检疫制度等等。

1. 绿色关税

绿色关税也称环境进口附加税，是发达国家以保护环境、保护人类、动植物的安全和健康为名，对有可能造成污染、危害生态和人类健康的进口产品征收的一种附加关税。绿色关税把防治污染和破坏环境的费用计算在了商品的价格中，体现了“污染者付费”的原则。例如，美国对原油和某些进口石油化工制品课征的进口附加税的税率，比国内同类产品高出 3.5 美分／桶。

绿色关税由进口国海关征收，征收的对象是污染品或是预期污染品，征收的标准根据污染程度和治理污染的难度来确定。

2. 绿色环境标志

绿色环境标志是指由政府管理部门或民间环境团体根据一定的环境标准向有关厂家颁布证书，企业将该环境标志（图形标签，印制或粘贴）附印在产品或包装上，用以向消费者证明该产品不但质量符合标准，而且在生产、使用、处理的全过程符合环保要求，对生态环境和人类健康无伤害或危害极小。绿色环境标志是企业产品环保的外在表现，绿色环境标志认证程序复杂、手续繁琐、标准严格，增加了外国厂商的生产成本和交易成本，申请过程中需要经过权威部门的严格审查，还要付出高额的费用，这是对发展中国家的出口歧视，造成了出口贸易壁垒，也成为其他国家产品进入一国市场的环境壁垒。自德国于 1978 年第一个实施环境标志制度“蓝天使”计划以来，环境标志制度发展极为迅速，目前世界上已有 50 多个国家和地区实施这一制度，而且涉及的产品越来越广泛，绿色标志已经成为国际通行证。

3. 绿色技术标准

绿色技术标准是发达国家根据本国技术水平制定的，是针对有形产品在使用时能成功满足用户的需要程度标准下作出的强制性规范。由于发达国家以环境保护为目的的环保技术标准都是根据本国的生产和技术水平制定的，而发展中国家技术水平相对较低，短期内大部分的企业达不到发达国家的技术标准，从而造成发展中国家出口受阻，发达国家也达到了限制国外产品进入的目的。这就是发达国家对发展中国家实施的绿色技术标准壁垒。

4. 绿色包装

绿色包装指能节约能源、减少废弃物、易于回收再利用或再生、易于自然分解、不污染环境的包装。发达国家制定了各种法规，以规范包装材料市场。

某些包装材料本身的材质以及包装材料使用后产生的废弃物对环境能够产生污染，由此，各国政府制定了许多有关包装的法律法规，采取立法的形式禁止某些包装材料，如禁止使用含铅、汞和镉等成分的包装材料、不能再使用的容器；许多国家硬性规定啤酒、软性饮料、矿泉水、油漆、洗涤剂等物的包装器皿必须可循环使用或是循环利用。1998年9月,美国农业部签署一个法令，要求来自中国的木包装必须有检验和检疫标志，否者不得出口到美国。如果违规，整个产品不准进入美国，或者在美国监视下销毁，一切损失有中方负责，这严重的影响了中国的出口。这些“绿色包装”法规有利于环境保护，但同时大大增加了出口商的成本，也为这些国家制造“绿色壁垒”提供了借口。

5. 绿色补贴

绿色补贴是指为了将环境和资源费用计入产品成本，政府给予环境成本内在化有困难的企业用于环境改造和绿色产品研制的财政补贴。为了保护环境和资源，政府采取干预政策，将环境和资源成本内在化。绿色补贴降低了企业的生产成本和环境成本，提高了环保产品的竞争力，有利于绿色产品的出口．但不当的补贴有可能造成相反的结果，如发达国家将严重污染的产业转移到发展中国家以降低环境成本，造成发展中国家环境成本上升，而发展中国家的企业大多无力承担环境治理的费用，政府有时不得不给予一定的环境补贴，如果补贴不到位，反而使环境更为恶化。

按世贸组织修改后的国际补贴与反补贴规则，这类补贴属于不可申诉补贴范围，因而为越来越多的国家所采用。

6. 绿色卫生检疫制度

为保护国内消费者的利益，满足对此商品健康、安全等隐性需求，各国海关、商检机构都制定了不同的卫生检疫制度，对进口商品的品质进行检测和鉴定。建立在现代科学技术基础上的各种检疫措施不仅极为严格,而且繁琐复杂。基于保护环境和生态资源，确保人类和动植物的健康，许多国家特别是发达国家往往把海关的卫生检疫制度作为控制从发展中国家进口的重要工具，制定严格的环境和技术标准。如食品的安全卫生指标、农药残留、放射性残留、重金属含量、细菌含量等指标的要求极为苛刻。由于各国环境和技术标准的指标水平和检验方法不同，以及对检验指标设计的任意性，而使环境拟稿和技术标准可能成为绿色贸易壁垒。

（三）绿色贸易壁垒的特点

1. 绿色贸易壁垒的合理性

随着人们生活水平的提高，人们越来越关注环境问题和身体健康问题，对那些有害于身体健康和生态安全的产品严加排斥。绿色贸易壁垒也随之而产生，以保护环境为借口，迎合了大众的需求，这就为绿色贸易壁垒披上了合理的外衣。

2. 绿色贸易壁垒的合法性

绿色贸易壁垒虽然属于非关税壁垒的范畴，但其不同之处在于绝大部分的非关税壁垒不是通过公开立法来加以规定和实施的，是以一系列的国际、国内公开的环保公约、条约和本国环保法规、政策为依据。70 年代以来，国际社会通过有关国际组织及国际会议先后制定了许多多边国际环保协议、规则。例如，《贸易的技术壁垒协定》规定只要是为了保护人民、动植物的生命、健康和环境，且不构成武断和不合理的差别待遇，不构成对国际贸易的变相限制，缔约方可制定技术性的规定。《技术标准协定》序言中声明“认识到不应妨碍任何国家采取必要措施，保护人民、动植物的生命、健康和环境，只要这些措施不致成为情况相同的国家之间进行任意和无理的歧视或变相限制国家贸易的手段。”

《农业协定》承认许多国家政府所进行的项目，包括“绿匣子政策”，如保护生态环境计划及农场主的直接绿色补贴等国内扶持措施。《实施动植物卫生检疫措施的协议》（简称 SPS 协议）规定的内容大多与环境有关，它规定，各缔约方政府有权采取必要的卫生和动植物卫生措施保护人类和动植物的生命健康，使人免遭饮食或饲料中的添加剂、污染物、毒素和致病生物体的影响，并保护人类健康免受动植物携带的病虫害或病疫的危害等。WTO 的这一系列规定，就在国际贸易法律上给以环境保护为目的绿色壁垒提供合法性的依据。

3. 绿色贸易壁垒的隐蔽性

与传统的非关税壁垒措施，如进口数量与配额等相比，绿色保护壁垒具有更多的隐蔽性。它不像配额和许可证管理措施那样，明显地带有分配上的不合理性和歧视性，它是建立在现代科学技术基础之上的各种检验标准，不仅极为严格，而且烦琐复杂。绿色贸易壁垒无非就两个目的：一是真正保护人类环境、动植物的安全健康，二是真正保护国内市场免受国外产品的冲击。实施绿色壁垒的国家即使是第二个目的，也会打着保护人类环境、动植物的安全健康的旗帜，使得国际组织和出口国无可奈何。他们以环境保护为掩护，使得绿色贸易壁垒具有“隐蔽性”。

4. 绿色贸易壁垒的广泛性

为了保护生态环境和人类的健康，国际组织颁布了很多有关环保的保护性公约，保护的内容十分广泛，它不仅涉及到与资源环境保护和人类健康有关的许多商品在生产和销售方面的规定和限制，而且对那些需达到一定的安全、卫生、防污等标准的工业制成品亦产生巨大压力，可以说，绿色壁垒包括了所有的产品，因此对发展中国家的对外贸易与经济发展具有极大的挑战性。同时，由于绿色贸易壁垒保护措施具有不确定性和可塑性，因此在具体实施和操作时，也很容易被某些发达国家用来对来自于发展中国家的产品随心所欲地加以刁难和抵制。对生产技术水平相对较低的发展中国家来说，绿色贸易壁垒的影响比一般的关税壁垒有过之而无不及。

5. 绿色贸易壁垒的复杂性

世界上各个国家甚至一个国家的各个地区都有不同的环保标准，目前发达国家的技术法规有上万个，技术标准超过 10 万个，而且数量越来越多，要求越来越复杂，使用范围也越来越广。这使得本来就复杂的技术标准更加复杂，出口国企业无法适应。例如，美国、日本、欧盟甲醛合格标准各不相同，采用的标准分类也不尽相同。美国使用脲醛胶的刨花板甲醛释放量限额为 0.30 毫升 / 立方米，检验方法为大房间法；欧洲刨花板甲醛释放量标准规定：1 级≤ 9.0 毫克 /100 克，2 级＞ 8 毫克 /100 克和≤ 30 毫克 /100 克，检验方法为穿孔法；日本采用的是 F 级标准，标准要求最为高，Fc0 级≤ 0.7 毫克 / 升，Fc1 级≤ 2.1 毫克 / 升，Fc2 级≤ 7.0 毫克 / 升，采用的检验方法为 9 ～ 11 升干燥气法。

6. 绿色贸易壁垒的歧视性

由于各国发展水平不同，技术水平不同，各国对环保的认识不同，造成了环保措施的不同。一般而言，西方发达国家的生产力水平较高，人民环保意识较强，对环保要求的标准比发展中国家要严格，在贸易过程中这中差距就造成了针对发展中国家的贸易壁垒。以绿色包装为例，大多数环保标准操纵在发达国家手里，他们往往只考虑本国的需求、资源禀赋、技术条件，而不顾发展中国家技术水平落后的现状，要求发展中国家符合发达国家的技术和环保包装标准。发展中国家为了贸易，不得不增加包装成本及其他的相关费用，这在一定程度上阻碍了发展中国家向发达国家出口产品的份额。绿色贸易壁垒是发达国家对发展中国家实施的贸易歧视措施。

（四）林产品绿色贸易标准

我国木材加工企业生产主要污染物有大气污染、水体污染物、固体废弃物。其主要环境问题主要是板材的环境问题、涂料的环境问题、面料的环境问题、包装的环境问题、生产过程的环境问题。发达国家制定的法律法规相对较为严格，造成了我国企业出口过程中的绿色贸易壁垒。下面逐一介绍对我国出口造成重大影响的环保标准。

1. 国际环境管理体系系列标准（ISO14000）。

1996 年，国际标准化组织颁布了 ISO14000 系列标准，它是包括环境管理体系、环境审核、生命周期评估、环境行为评估、环境标志等方面在内的环境管理体系国际标准。ISO14000 管理体系是通过对企业生产进行全过程监控，在产品设计、原材料选用、生产过程、运输储存、废物排放等一系列过程中考虑环保要求，来推动各行业乃至全社会环境行为的改善。而 ISO14000 标准的核心就是强调污染预防和持续改进，它要求企业实施全面管理，把污染消除在产品设计和生产过程之中，并且要求企业的环境逐年改进；强调管理体系采用结构化、程序化、文件化的管理手段；强调用生命周期思想来分析产品从生产到废弃全过程对环境的影响。

ISO/TC207 在制定 ISO14000 系列标准时的指导思想是："不增加并努力消除贸易壁垒，无论对环境好还是环境差的地区。"从客观上看，ISO14000 系列标准统一了全球的环境管理体系标准，有利于贸易壁垒的消除，但是由于各国的差异，ISO14000 系列标准并不能完全统一各国的环境与产品标准，因而也不能消除由此而带来的技术与贸易壁垒。而且，从 ISO14000 系列标准的实施情况看，由于其内容繁杂，工作量大，环境认证的费用较高，因此在推行时使发展中国家一部分企业难以接受，造成 ISO14000 标准成为另一种贸易壁垒。

ISO14000 标准的范围包括以木材、玻璃和金属制造的各种款式的家具，这一标准对家具企业的评定标准是（聂微，突破绿色壁垒—家具企业实施 ISO14001 实务指南）：

（1）对人造板材的要求。产品所使用的人造板游离甲醛的释放量必须小于 30.0 毫克 /100 克。

（2）对涂料的要求

a. 产品不得人为添加含有甲醛、二氯甲烷、三氯乙烷、四氯化碳、苯、甲苯、二甲苯的化合物，若含有上述化合物则含量均应小于 100 毫克 / 千克。

b. 产品不得人为添加含有重金属的化合物，由产品原材料带入的重金属总量小于 500 毫克 / 千克。我国广东一家产品出口到欧盟的家具企业，仅因为产品含铅量过高而被退回，造成百万元损失。

（3）对粘合剂的要求

a. 产品所使用的粘和剂中重金属含量必须小于 500 毫克 / 千克。

b. 产品所使用的粘和剂中甲醛含量必须小于 500 毫克 / 千克。

c. 产品所使用的粘和剂中苯、甲苯、二甲苯含量必须小于 100 毫克 / 千克。

d. 产品所使用的粘和剂中二氯甲烷、二氯乙烷、三氯甲烷、四氯化碳的含量必须小于毫克 / 千克。

e. 产品所使用的粘和剂中苯酚的含量必须小于 500 毫克 / 千克。

（4）对金属的要求。产品中金属镀层不得使用含有氰化物的电镀液。

（5）对玻璃的要求。产品不得使用含铅玻璃。

（6）对原木的要求

a. 产品中原木的使用率不得小于 75%。

b. 产品中所使用的原木必须标明原木的产地。

（7）对面料的要求

a. 面料中甲醛含量小于 300 毫克 / 千克。

b. 面料中浸出液 PH 值在 4.0 ～ 9.0 之间。

c. 面料中可提取重金属含量应符合下表（表 8-1）要求。

表8-1

重金属	As(砷)	Pb(铅)	Cd(镉)	Cr(铬)
限值（mg/kg)	1.0	1.0	0.1	2.0
Cr(五价)	Co(钴)	Cu(铜)	Ni(镍)	Hg(汞)
不得检出	4.0	50.0	4.0	0.02

d. 面料中杀虫剂残留量小于 1.0 毫克 / 千克。

e. 面料的色牢度符合下表（表 8-2）的要求。

表8-2

项目	耐水	耐汗液	干摩擦	湿摩擦
限值/级	3	3～4	4	2～3

f. 面料不得经过有氯漂白处理。

g. 面料不得添加苯酚和四氯苯酚。

h. 面料不得使用有毒芳香胺的染料。

2.《化学品注册、评估、许可和限制法规》(REACH 法规)

2004 年 1 月 21 日欧盟通过 WTO 秘书处发出关于化学品注册、评估和许可(REACH)法规议案的通报，经过多年的完善，自 2007 年 6 月 1 日起，欧盟《关于化学品注册、评估、授权和限制制度》(以下简称"REACH 法规")在欧盟将全面实施。欧盟的 REACH 法规，与此前出台的环保指令相比，REACH 法规涉及范围更广，是一个涉及化学品生产、贸易、使用安全的综合性法规。将欧盟自产或出口到欧盟市场上约 3 万种化工产品，以及涉及所有使用化工产品的下游产品，如纺织、轻工、玩具、机电等产品分别纳入注册(约占 80%)、评估(约占 15%)、许可(约占 5%)3 个管理监控系统，以规范欧盟市场上化学品的制造、使用和流通。按照欧盟拟定的时间表，产量在 1000 吨以上化学物质的企业，须在 REACH 法规实施后 3 年内完成注册，最迟须在 11 年内完成注册，未能按期纳入管理监控系统的产品不能在欧盟市场上销售。据估计，约 80% 的输欧产品仅需履行注册这道程序，而无需评估和许可，所以，对企业来讲，最关键的、最应予以重视的就是注册。

法规中对物品(如家具)中包含的物质有以下的规定：

(1)当某个进口商每年向欧盟进口的商品中某化学物质超过一吨，且该物质在正常和合理预见的情况下使用时会被有意释放，在该化学物质尚未被注册的情况下，进口商必须注册。

(2)商品的制造商和进口商还必须通报"高度关注的物质(SVHC)"即 PBT(持久性、生物富集型和毒性)/vpvb(高度持久性和高度生物富集型)物质和 CMR(致癌性、诱变性和生殖毒性)物质，在下述情况下必须告知：a)每年每位制造商 / 进口商物品包含物质总量超过一吨；b)物品包含物质重量浓度超过 0.1%(w/w)。若制造商 / 进口商可避免使物品接触人体或环境，其无需告知，但是应当向物品接收者做出适当指示。

家具作为化学品的下游产业，也将受到严重的影响，我国家具企业要想继续出口欧盟，首先要积极收集、了解最新信息，积极注册。其次加强与上下游供应链的沟通，及时了解自己产品中所含化学物质的种类及具体含量。

3. 社会责任标准(SA8000)

社会责任标准 Social Accountability8000 简称 SA8000。该标准包括人群、劳工标准、环保三个主要领域，宗旨是"赋予市场经济以人道主义"，保护人类的基本权益。SA8000涉及的范围包括：职业健康与安全、雇佣童工问题、强迫劳动问题、结社自由（组织工会）问题、工资及工作时间问题、不歧视问题等。分析人士认为，受SA8000标准约束的主要是劳动密集型产品，如服装、纺织、制鞋、化工原料、家具等。这些行业产品是欧美发达国家进口的重要部分，属于劳动密集型产品。2004年5月1日，美国、欧洲一些国家开始强制推行SA8000这一新兴标准体系，SA8000标准对企业在工作环境、员工健康和安全、员工培训、薪酬、工会权利等的具体责任，都有最低的标准。SA8000是企业继ISO9000和ISO14000之后的最新管理体系标准，反映了企业管理的新趋势。SA8000虽然还没有纳入ISO国际标准体系之中，但是发达国家一致认为，SA8000一定会纳入国际标准体系之中，只是时间问题，所以国际发达国家纷纷展开了SA8000认证工作。截止2004年，全世界共有40多个国家410多个企业获得了SA8000认证书，而我国有关认证工作迟迟没有展开，很多企业还不知道社会责任标准，仅有的一些通过SA8000认证的企业，主要是集中在珠三角地区的劳动密集型企业。美国、欧盟一些国家开始强制推广SA8000认证，现在有超过50%的跨国公司和外资企业表示，如果该标准实施，将会重新考虑与中国企业签订购销合同。

对于SA8000标准，因为是欧美发达国家的企业首先提倡、研究、制定并在一些企业实施，特别是采购商对供货商的要求，主要体现在对发展中国家劳动密集型产业采购时的要求，而企业通过SA8000标准就会增加发展中国家劳动密集型产业的成本，不利于国际竞争，这是发达国家的一种贸易保护措施，因此，一定程度上SA8000对发展中国家来说，是另一新的贸易壁垒形式。1995年以来，我国沿海地区有8000多家企业接受跨国公司的社会责任审核，部分企业因没有达标被取消供应商资格。

4. 森林体系认证（FSC认证）

FSC组织是Forestry Stewardship Council（国际林业管理委员会）的缩写，该组织成立于1993年，是由5个国家的环保组织、社会组织、林业组织及木材贸易组织、土著居民组织、社会林业组织共同发起组建的非牟利的非政府组织。目前，该组织已扩散到全球大多数国家，在一百多个国家设有不同类型的分支机构。森林认证（FSC认证）是通过独立的第三方对某一森林经营单位或区域的森林进行可持续经营的总体评价，以验证该单位或区域的森林经营是否经营良好，是否符合可持续发展原则和标准的要求，并颁发证书的过程。FSC认证是一种“绿色标签”，像对“绿色食品”进行认证一样，FSC森林认证就是给符合环保标准的木材及其制品贴上“绿色标签”，确保森林的可持续发展。

森林认证（FSC认证）是在全球性生态环境恶化、森林特别是天然林破坏严重并且有加剧趋势的背景下产生的，其宗旨就是达到森林的环境保护、社会责任和经济效益的全面发展。近年来，随着人类环境意识的不断提高，森林认证已被越来越多国家和地区所接受，许多国家和地区都对进口木材及其制品提出了森林认证的要求。截止2007年10月，全球已有77个国家975个森林经营单位9071.0640万公顷森林通过了FSC认证，有84个国家的7249个企业通过了产销监管链(COC)认证。一些国际知名的跨国公司为了满足消费者的环保需求，树立公司的绿色形象，都已声明要购买和销售认证产品。宜家家居公司（IKEA）的长期目标，就是使所采用的木材全部来自经营良好的森林；在英国，百安居公司每年销售300万立方米的木制品，其中有95%经过了认证；在美国，Home base公司所销售的木制品中已有29%经过了森林认证。为了推动森林认证，欧盟也出台了一项贸易鼓励安排政策，即如果出口到欧盟国家的商品包括林产品，其生产过程符合欧盟的要求，就可以享受一定比例的关税优惠。企业如果能贴上FSC标签，可借此向海关申请比例可观的关税折扣。没有获得FSC认证的国外企业，将享受不到欧盟的关税优惠。

FSC的认证有效期为5年,过了这个期限要重新申请。即使在5年期限内，FSC认证也非一劳永逸，而是要不断改进不足之处。获得认证后每年都要进行复查,如果存在的问题在发现后没有及时纠正,认证机构将有权取消FSC标签。FSC认证程序的复杂性和费用的高昂，使得很多发展中国家的企业无力承受，获得FSC认证的企业相对较少，主要集中在大型的出口型企业中。没有通过认证的企业即意味着失去了国际市场。近些年来，我国一些企业发现，出口到欧洲的木制品由于没有获得FSC认证而被要求退货或遭到价格限制。FSC认证成为我国及世界发展中国家木制品出口遭遇的又一绿色贸易壁垒。

5.2003年1月9日欧委会颁布的2003/2号关于限制用含砷防腐剂处理的木材用途的指令

欧盟新的技术壁垒根据2003年1月9日欧委会颁布的2003/2号关于限制用含砷防腐剂处理的木材用途的指令，输往欧盟的木材及木制品除加铬砷酸铜（CCA）外，不得使用其他含砷防腐剂；凡是用CCA进行防腐处理的木材及木制品，均不能用作居家结构材料和经常与皮肤接触的器材。该指令从2004年6月30日起生效。目前，我国大部分家具生产企业使用含砷防腐剂对木材及木制品进行防腐处理。使用砷的替代产品，不但将增加生产成本，而且会造成技术上的障碍。因此，欧盟强制实施的这项环保指令将对我国输欧盟木质家具构成一道很高的技术壁垒。

6. 绿色包装

绿色包装是指能够循环复用、再生利用或降解腐化，而且在产品的整个生命周期中对人体及环境不造成公害的适度包装，是人们为克服环境恶化、资源匮乏、能源短缺日益加剧的危机，对包装产生的一种新理念（戴宏民，绿色包装，2002 年）。绿色包装具有保护环境和节约资源两方面的含义，其中最主要的是保护环境，但节约资源和保护环境关系十分密切，资源消耗越多，废弃物越多，对环境污染也越大；减少包装资源的耗损，也就从源头上减少了环境污染的包装废弃物。我国对绿色包装的分级标准如下：A 级绿色包装：指废弃物能够循环复用、再生利用或降解腐化，含有毒物质在规定限量范围内的适度包装。AA 级绿色包装：指废弃物能够循环复用、再生利用或降解腐化，且在产品整个生命周期中对人体及环境不造成公害，含有毒物质在规定范围内的适度包装。

关于包装的法规很多，有关包装卫生的法律法规，有对包装安全性的法律要求。在包装材料方面，各国主要限制那些原始的包装材料和部分回收复用的包装材料，如木材、稻草、竹片、柳条、原麻及以此为材料的包装制品（如木箱、草袋、竹篓、等），为了避免因木制包装问题引起退货及其他不必要的损失，我国有关部门也具体采取了措施，制定了相关的法规。欧共体 1992 年底公布的“包装、包装废弃物欧共体委员会有关指令”规定，包装用品的设计、生产、商品化，必须使其能够再利用和再生。对不可回收及不可分解的原料将制定管制新协议。我国家具产品作为人们生活密切相关的产品，在有关包装的卫生方面及安全性方面都有着更高的要求。

二、绿色贸易壁垒的经济效应分析

绿色壁垒的经济学分析主要是指对一国实行的对绿色贸易壁垒所产生的各种经济影响进行分析，包括绿色壁垒作用机理、对相关国家及本国各利益团体的经济利益得失及其变动的影响进行分析。

贸易壁垒对国内市场的保护，通过对进口价格和进口数量进行控制，形成价格控制机制和数量控制机制。从贸易壁垒的作用机理来看，关税壁垒可以说是一种比较典型的价格控制机制，绿色贸易壁垒作为新型非关税贸易壁垒对国内市场的保护，通过标准、规定和法规条文对进口产品进行检查。在实施过程中，由于环境标准之高、检验指标之多和认证制度之严格等，出口国产品就会由于环境保护等因素而无法进入目标市场或被迫退出该目标市场。

绿色壁垒的保护内容已逐步渗透到产品的设计、原材料供应、产品的生产制造、包装销售到消费处理等各个环节。绿色壁垒为保护环境常常通过市场准入、环境标准、质量认证、绿色包装等形式直接或者间接影响进出口产品。绿色壁垒的实施，一方面具有控制进口商品数量的作用，即只有符合绿色标准的商品才能进口，否者不许进口；另一方面具有控制进口商品价格的作用，即增加进口商品成本，进而提高商品价格。这就是绿色贸易壁垒的数量控制机制和价格控制机制。

（一）绿色贸易壁垒数量控制效应

绿色壁垒和关税壁垒不同，绿色壁垒要求产品必须符合进口国制定的绿色标准，达不到标准就不能进入该国市场，这直接导致出口国出口数量的减少，进口国进口数量同样减少。下面通过图 8-1 具体说明贸易壁垒的数量控制机制。

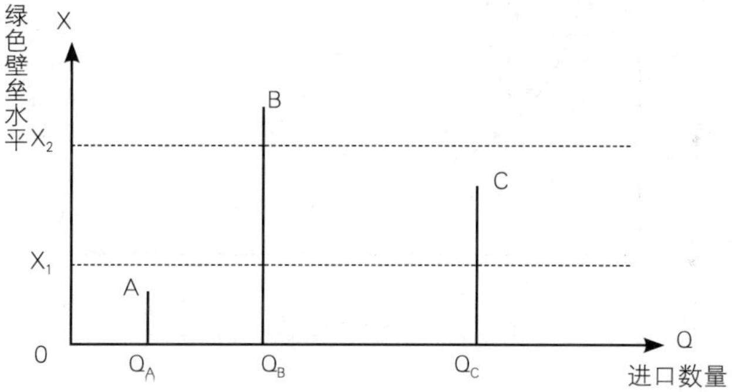

图8-1　绿色贸易壁垒数量控制

图 8-1 中，横轴代表进口商的进口数量，纵轴代表设置绿色壁垒的水平。X_1、X_2 代表不同的绿色壁垒水平，其中 $X_1 < X_2$，即 X_2 代表的绿色贸易水平大于 X_1 代表的绿色贸易壁垒水平。A、B、C 代表不同批次的产品，进口国没有设置绿色贸易壁垒之前，A、B、C 三种产品都能进入国际市场，但当进口国实施 X_1 绿色贸易壁垒水平时，由于 A 产品为能达到进口国要求的标准，被拒绝进口，而 B、C 达到了 X_1 的水平，可以顺利进入进口国，此时进口量减少 Q_A。但当进口国实施 X_2 水平的绿色贸易壁垒时，C 由于未能达到标准，也被排斥在进口国之外，只有 B 可以顺利出口，此时进口国又减少了 Q_C 数量的产品进口，进口量

仅为 QB。如此下去，进口国不断提高绿色壁垒水平，进口数量就不断的减少，从而达到控制数量的目的，这就是绿色贸易壁垒的数量控制机制。

（二）绿色贸易壁垒价格控制效应

由于进口国不断提高绿色壁垒水平，出口国就会逐步加大技术投入，使产品从研发、生产到销售的全过程都必须满足进口国的环保要求和相关认证，获得国际通行的绿色环境标志，提高产品的绿色水平，达到进口国苛刻的环保标准。这一过程需要花费大量的金钱，通过引进先进的技术、进行新的投资，对产品进行改进，这就增加了企业的产品成本，削弱了产品的成本优势，降低了商品在进口国市场上的竞争力，使出口企业的利润降低，从而阻碍商品的出口。如图 8-2 所示。

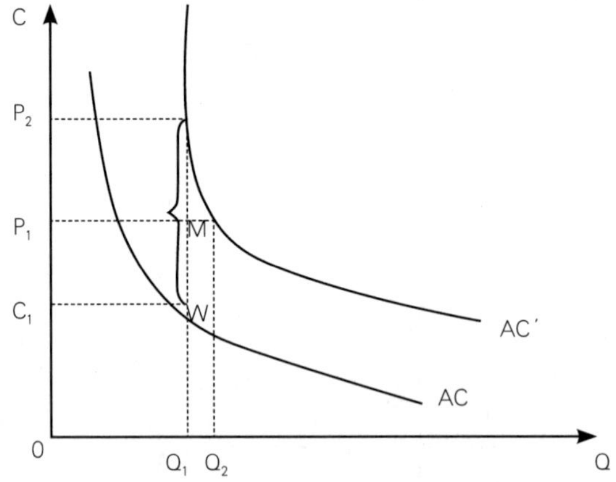

图8–2　绿色贸易壁垒价格控制

图 8-2 中，横轴 Q 代表出口企业生产的产品数量，纵轴 C 代表产品的生产成本，AC 代表该产品的单位平均成本。假设企业生产过程中具有规模经济，AC 曲线凸向原点并严格递减。假设不存在绿色贸易壁垒的条件下，产品的国际市场价格为 P_1，出口企业的产量为 Q_1，则出口的产品的单位利润为 MW，出口企业获取的利润为 P_1MWC_1。当进口国设置绿色贸易壁垒时，出口企业的产品成本就会增加，那么新的边际成本曲线是 AC′ 。这样在出口产量仍为 Q_1 时，出口企业必须提价至少到 P_2，才能保证企业不亏本。而提价势必降低产品在国际市场上的竞争力。如果出口企业仍要在不亏损的前提下以 P_1 的价格出口，就必须利用规模效应，使生产量达到 Q_2 以上。规模节约企业，有条件进行大规模生产，随着产量的增加，在一个相当大的产量范围内，单位产品的

成本递减，形成价格优势。但规模节约的实现与市场容量有密切关系。这就是绿色贸易壁垒的价格控制机制——通过壁垒设置提高进口产品价格。

（三）绿色贸易壁垒动态抑制效应①

绿色贸易壁垒的数量控制和价格控制都是从静态角度探讨绿色贸易壁垒的抑制效应，但是事实并非如此，进口国绿色贸易壁垒设置和出口国超越壁垒的行动伴随着技术进步不断调整，绿色贸易壁垒机制呈现出动态发展的特征。当出口国跨越了绿色贸易壁垒之后，新的绿色贸易壁垒就又出现了，仍对产品起到数量抑制和价格作用。出口国依据新的绿色标准提高技术水平、改进产品，适应了新的绿色贸易壁垒，绿色贸易壁垒便实现了价格控制作用。动态抑制就是在进口国出现新的绿色贸易壁垒，出口国在适应新的绿色贸易壁垒中不断发展的过程。

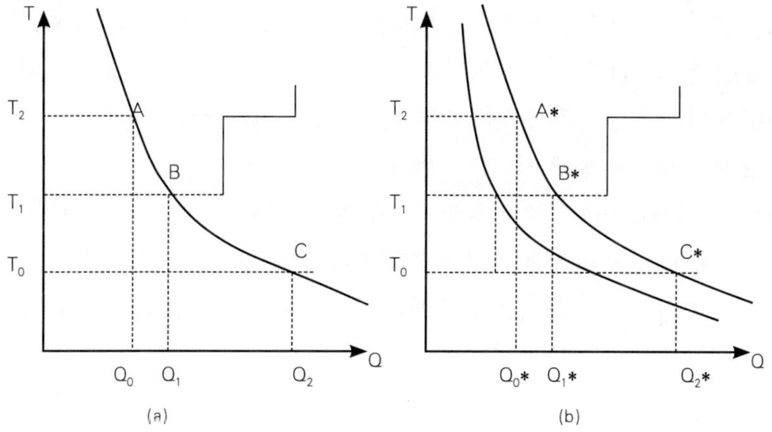

图8-3　绿色贸易壁垒的动态抑制效应

如图 8-3 所示，横轴 Q 代表林产品的出口量，纵轴 T 代表绿色贸易壁垒水平。由（a）图可以看出，当贸易壁垒水平为 T_0 时，只有达到和超过进口国要求的林产品方可进入该国，随着绿色贸易壁垒水平的提高，林产品的出口量在不断的减少，由 T_0 提高到 T_1，出口数量就由 Q_2 减少到 Q_1，由 T_2 提高到 T_3 时，出口数量减少到 Q_0。由（b）图可以看出，出口林产品为达到进口国环境

①Wilson, John S, 1998, The Economic Benefits of Removing Technical and Regulatory Barriers: Mutual ecognition Agreements and Other Trade Facilitation Models, International Organization for Standardization Workshop on Mutual Recognition Agreements, Geneva

保护的要求，积极进行认证，技术改进等方法，使曲线 ABC 右移至 A*B*C*，面对进口国的绿色贸易壁垒水平 T_1、T_2，在新的成本曲线下，同样随着绿色贸易水平的提高，出口数量逐渐减少，由 Q_2* 到 Q_1* 再到 Q_0*。但是从（b）图可以看出，出口数量较图（a）明显地增加了许多，即 $Q_2^* > Q_2$，$Q_1^* > Q_1$，$Q_0^* > Q_0$，这是出口企业技术改进等措施的结果。从以上的分析看以得出：出口企业要想在绿色贸易壁垒存在的条件下，仍然在世界市场中占据居有利地位，就必须不断提高技术水平。

（四）绿色贸易壁垒使出口国贸易条件恶化

贸易条件（Terms of Trade）又称交换比价或贸易比价，即出口价格与进口价格之间的比率，也就是说一个单位的出口商品可以换回多少进口商品。它是用出口价格指数与进口价格指数来计算的。

计算的公式为：出口价格指数 / 进口价格指数 ×100

以一定时期为基期，先计算出基期的进出口价格比率并作为 100，再计算出比较期的进出口价格比率，然后以之与基期相比，如大于 100，表明贸易条件比基期有利；如小于 100，则表明贸易条件比基期不利，交换效益劣于基期。

1. 贸易条件短期影响分析

假设出口国国内供求状况不变，包括供求弹性。如图 8-4，横轴表示某国林产品的出口量，纵轴代表某国林产品的进口量，OE 和 OF 代表实施绿色贸易壁垒之前进口国和出口国的供给曲线，二者的均衡点在 A 点，此时贸易条

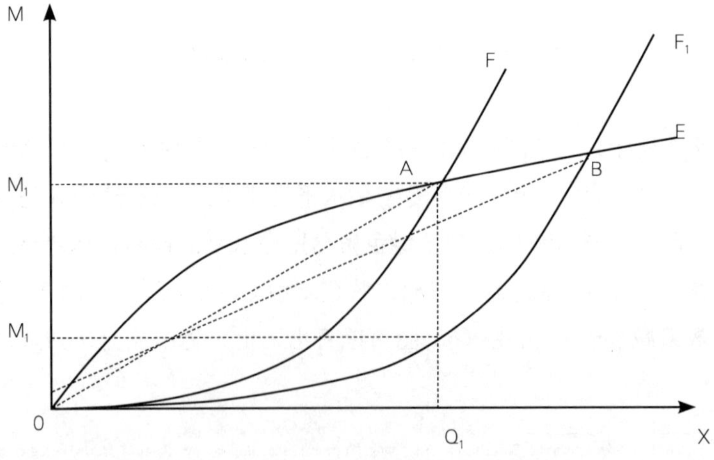

图8-4　短期出口国贸易条件恶化

件为 OA；实施绿色贸易壁垒后，供给曲线为 OF_1，在进口国供给曲线不变的条件下，短期内出口国出口量迅速减少，被迫将原先出口的林产品更多地留在国内市场，进而造成国内市场林产品供求关系发生变化，价格下降，此时贸易条件为 OB。在原有的贸易条件下，该国用 Q_1 数量的出口商品可以换 M_1 数量的进口商品；贸易条件恶化后，用同量的出口商品仅能换回 M_2 数量的进口商品，贸易条件恶化。

2. 贸易条件中长期影响分析

绿色贸易壁垒短期内使出口国贸易条件恶化，但中长期内是否同样使贸易条件恶化呢？如图 8-5 所示，短期内出口国无法达到进口国有关绿色贸易的相关要求，但是出口国从长远考虑，会投入技术、资金等改进产品质量，生产符合进口国要求的林产品，这样出口就不会受到大的影响，甚至会使得出口量比实施绿色壁垒之前更大，供给曲线会从 F_1 向左移至 F_2，同时出口国技术条件的改进，会使进口国进口量增加，供给曲线由 OE 移至 OE_1，新的均衡点为 D，贸易条件为 OD，可见出口贸易条件得到改善。

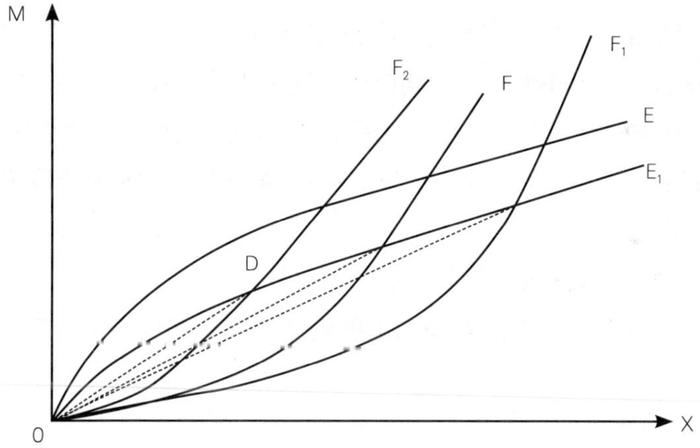

图8-5　中长期出口贸易条件改善

（五）绿色贸易壁垒使出口国社会福利水平发生变化

1. 社会福利短期效应分析

从短期内来看，由于供给不变，出口量的减少使出口国国内供过于求，绿色贸易壁垒使出口国的消费者得利，生产者受损失，总体社会福利减少。对于这一问题的分析，笔者将借用复旦大学尹翔硕教授《国际贸易教程》中的关税效应模型来分析。

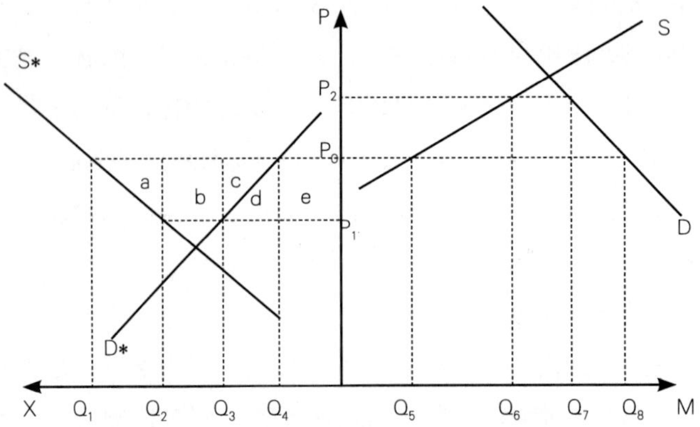

图8-6　短期内社会福利受损效应

如图 8-6 所示，假设纵轴表示某林产品的价格，横轴左右分别表示出口国和进口国的供求数量，S、D 曲线表示进口国的供给曲线和需求曲线，S* 和 D* 分别代表出口国的供给和需求曲线。在实施绿色贸易壁垒以前，两国贸易的均衡价格为 P_0，出口量 Q_1Q_4，进口量 Q_8Q_5。实施绿色贸易壁垒之后，短期内，出口国商品出口受到抑制，一部分林产品不得不在国内销售，使得国内供过于求，商品价格下降为 P_1，而同时进口国由于进口量减少，国内供给减少，进口国国内价格上涨为 P_2。图中可以看出，出口国国内消费者剩余增加了(d+e)的面积，而生产者剩余减少了（a+b+c+d+e）的面积，因此社会福利净损失为（a+b+c）的面积。

2. 社会福利中长期效应分析

中长期内绿色贸易壁垒在技术上的创新和突破必然带来贸易量的不断增

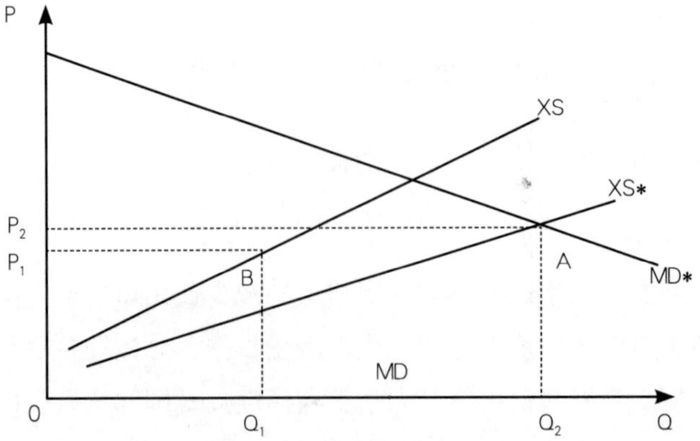

图8-7　出口贸易效应

加，即出口量不断增加，出口商品价格不断提高（如图 8-7 所示），XS 代表出口供给曲线，MD 代表进口需求曲线，实施绿色贸易壁垒前均衡点为 B，此时出口国的出口量为 Q_1，价格为 P_1；实施绿色贸易壁垒后，长期内，出口供给右移至 XS*，进口需求曲线右移至 MD*，此时均衡点为 A，出口量增加为 Q_2，价格上升为 P_2。出口商品和价格都在增加，出口国社会福利也在增加。

三、绿色贸易壁垒对企业的影响分析——以家具企业为例

我国家具出口处于快速增长阶段，已由 1995 年的 11.04 亿美元猛增到 2007 年的 232.68 亿美元。20 世纪 90 年代以来，随着外资、台资、港资的进入，特别是在我国加入 WTO 之后，家具关税大幅度降低，这大大促进了我国家具业的发展，出口量也日益增多，中国家具出口额以每年 30% 以上的幅度加速增长，由 2002 年的世界家具生产第六大国，家具出口总额 54.1671 亿美元，占全球家具生产的 7.9%，发展到 2004 年家具出口额突破 100 亿美元，成为仅次于意大利的第二大出口国，我国已经成为家具出口和消费大国。2005 年，中国家具出口额更是达到 137.67 亿美元，成为世界第一出口大国和家具生产大国。

表8–3　1995～2007年家具出口金额（亿美元）

年份	家具（亿美元）	木质家具（亿美元）
1995	11.04	5.98
1996	12.97	6.98
1997	18.20	9.59
1998	21.93	10.85
1999	27.00	13.10
2000	35.65	16.68
2001	39.68	18.52
2002	54.17	26.06
2003	73.33	38.16
2004	103.53	52.29
2005	137.67	68.43
2006	174.65	87.80
2007	232.68	106.83

根据《海关统计年鉴》、《中国林业发展报告》整理

我国出口的家具主要有以下几种：木质家具、金属家具、塑料家具、软体家具及家具零件等。木制家具一直是我国家具出口的主要部分，据专家估计，家具产品中80%为木质家具。2007年，家具净出口贸易额更是达到世界净出口贸易额的22%，较2006年同比增长34.95%。在家具产业发展中，木质家具占据举足轻重的地位（表8-3）。

从目前来看，我国家具出口比例不断上升，出口为我国的家具企业创造了可观的效益，同时也为我国的国民经济水平的提升做出了很大的贡献。但是，近年来发达国家和地区对我国家具企业实施了绿色贸易壁垒，这对我国经济和相关企业造成了很大的影响。具体分析如下：

（一）对我国家具企业的消极影响

1. 增加企业成本，削弱价格竞争力

绿色壁垒的实施要求将环境科学和生态科学的原理运用到产品生产、加工、储藏、运输和销售等过程中，从而形成一个完整的无公害、无污染的环境管理体系。我国家具产业近年来发展迅速，但是加工工艺与发达国家相比有一些差距；同时，家具行业的环保标准、环保法律法规与国际标准相比较低，而且很多标准并不具有强制性，在国内家具企业成本较低。但为了符合国际环保标准，进入国际市场，并在国际市场中长期占有一定的份额，我国家具企业就不得不增加有关环境保护的检验、测试、认证和鉴定手续，生产产品的外观包装、出口标签也要作大幅度调整，从而导致企业支付的相关中间费用和附加费用增多，企业产品的内在化环境成本提高，最终推动企业的成本总体上涨，使我国企业失去原有的价格竞争优势。

绿色贸易壁垒对家具出口企业成本的影响大致表现为：一是认证费用。绿色贸易壁垒引发的检验环节和认证制度产生的相关费用，直接增大企业的出口成本；二是适应性成本。国外绿色贸易技术标准和法规经常变动，企业为跨越新壁垒，要不断收集信息，对其进行研究，重新认证甚至更改工艺流程，由此增加企业适应性成本；三是销售成本。对绿色产品重新包装及支付的广告宣传费用。这势必会增大出口企业的销售支出；四是其他的派生费用或成本。

以森林认证对我国木制家具出口企业成本的影响进行分析。森林认证的费用包括直接费用和间接费用。直接费用是认证本身的费用，如森林评估和审计费用、认证人员的工资和差旅费。间接费用是要达到认证标准所需的额外费用，如调整森林经营长远规划和森林操作规程、提高森林的经营水平、对生产人员

进行培训等的费用。

森林认证包括：森林经营认证（FM）和林产品产销监管链认证（COC）。据认证专家介绍，欧美国家开展森林认证每年每公顷的直接费用为 0.3 ～ 10 美分。森林经营认证（FM）在我国东北约 20 万公顷的森林，开展 FSC 森林经营认证的预审和主审约需 30 万元，年审约 13 万。目前由于无国内认证机构等原因，认证费用相对较高[1]。

林产品产销监管链认证（COC），从我国获取森林认证的家具企业的调查显示，从原木的采购、运输、加工到流通整个链条进行鉴定，以确保最终产品源自于经过认证的经营良好的森林认证的费用保守估计为 10 万人民币。假定我国出口木制家具平均利润大约为 13%（根据家具协会 2004 年统计，家具平均销售利润为 15%，而 2007 年我国家具出口退税率降低 2 个百分点）。按照家具协会的统计，木材成本占木制家具成本的 50%，购买经 FSC 认证的木材平均价格涨 29%。按照销售额为 300 万元计算，总成本为 261 万元。

通过认证使成本增加百分比：$10/261 \times 100\% = 3.83\%$ （1）

购买认证木材使成本增加百分比：

$$261 \times 50\% \times (1+20\%) - 261 \times 50\% / 261 = 10\% \quad (2)$$

综合（1）（2）可知，认证费用和购买认证木材使家具企业成本共增加 13.83%。保守估计，我国家具企业完全达到进口国的环保标准，其成本增加将达 15%，如此高额的成本使得大部分的家具企业无法进入国际市场，甚至被淘汰。

2．家具产品出口市场准入障碍

由于我国采取的环境标准较低，来自发达国家和部分新兴工业化国家、地区的种种绿色壁垒，对我国家具产品的出口已经造成或即将造成某种程度上市场准入的障碍。

根据 2003 年 1 月 9 日欧委会颁布的 2003/2 号关于限制用含砷防腐剂处理的木材用途的指令，输往欧盟的木材及木制品除加铬砷酸铜（CCA）外，不得使用其他含砷防腐剂；凡是用 CCA 进行防腐处理的木材及木制品，均不能用作居家结构材料和经常与皮肤接触的器材，该指令从 2004 年 6 月 30 日起生效。

铬化砷酸铜是一种由铬、砷、铜组成的化合物，是全球最受欢迎的木材防腐剂，可预防木材生长蕈类、黴菌、白蚁，但是医学界逐渐证实，经铬化砷酸

① http://www.cait.cn/cprz/rzlb/senlin/200811/t20081128_11700.shtml

铜处理过的木材，会因雨水或土壤酸度而释出砷及铬，容易通过接触进入人体。铬已证实是人类致癌物，砷也证实具有毒性①。而砷正是国内大部分家具厂处理木材及木制品防腐剂的重要元素，以我国现有的技术水平，改进木材处理不可能在短期内完全实现，这就在一定程度上阻碍了我国家具企业进入国际市场。据有关部门统计，这一项法令为近10亿元的中国家具出口欧盟筑起了一道高高的“绿色壁垒”门槛。

欧洲一些国家已将森林认证作为木材产品进口的一个必要条件，还有一些国家将该认证采购纳入政府采购，我国出口到欧洲的木制品由于没有获得FSC认证而被要求退货或遭到价格限制。争议许久的欧盟木材及木制品规例和新环保设计指令议案两项法规，2009年4月正式在欧洲议会的立法提案中获得多票通过，欧洲议会通过“欧盟木材及木制品规例”，意味着对相关木制产品进入欧盟设置了一道绿色壁垒。欧洲议会通过针对源自第三国的木材及木制产品的规例，以确保消除非法伐取木材及木材产品流入欧盟的风险，要求供应链上所有营运商分担责任。规例涵盖用于办公室、厨房、睡房、客饭厅的木制家具，木器（包括若干类木制饰板）、各类木板、木制画框、照相框及镜框以及各类木制包装（包括箱子、盒子）。新木材法要求木材生产加工销售链条上的所有厂商，须向欧盟提交木材来源地、国家及森林、木材体积和重量、原木供应商的名称和地址等证明木材来源合法性的基本资料，非法木材及木制品将受严厉处罚。

两项新规的出台将严重束缚不少产品进入欧盟，一方面，欧盟是我国木制品出口第二大市场，2008年出口欧盟的木制品占到中国木制品当年出口总额的近1/4，新木材法成为中国木制品出口的一道绿色壁垒，不能提供足够的合法性证明的木材和木制品将受阻欧盟。对于欧盟新木材法，企业在木制品原辅材料的选择上保证来源合法，实行负责任采购，还要积极地向经过森林管理委员会（FSC）认证的可持续木材靠拢，确保向欧盟输出木材和木制品的合法性证明等基本资料的齐全，杜绝参与非法木材和非法木制品交②。

3. 出口家具商品结构变化

多年以来，木制家具一直是我国家具出口的主要部分，也是绿色贸易壁垒影响最为严重的部分。但是由于我国现有的技术水平、资金实力等条件未能达到发达国家的标准，短期内木制家具的出口受到了限制，出口数量大幅下降，但是我国家具企业也在不断提升技术水平，出口家具单价有很大的提升，出口

① http://www.geoenv.cn/lrm_article/a1/5170.html
② 《欧盟出台新木材法 约束我国的木制家具出口》 http://home.sohu.com/news/2009-06-26/143254.html

额仍是不断增加，但是出口额增长率却在逐年下降。

4. 贸易摩擦增加

多年来，中国的劳动密集型行业凭借低廉的劳动力成本，在国际市场拥有很强的竞争优势，发达国家一直以保护环境为名，单方面的采取各种贸易措施，阻止中国产品的进入，由此引发了很多的国际贸易摩擦。我国的家具行业同属劳动密集型行业，家具出口外销比例逐年上涨（如表 8-4），2006 年达到 32.34%，2005 年我国出口额首次超过意大利，成为世界第一出口大国，我国家具行业的快速发展的同时也出现了越来越多的绿色贸易壁垒。

表8-4　2001～2007年木制家具贸易额

年份	出口额（亿美元）	出口额增长率（%）
2001	18.52	11.03
2002	27.06	46.11
2003	38.16	41.01
2004	47.24	23.79
2005	68. 43	44.85
2006	56.09	18.73
2007	66.4	15.52

资料来源：根据中国家具协会数据整理

美国林产品协会 2006 年 10 月报道：中国加入世贸组织以来，中国家具迅速进军美国市场，2000 ～ 2003 年的 4 年内，美国有一大批家具公司宣告破产倒闭，2002 年中国对美家具出口 64 亿美元，2003 年中国取代加拿大，成为对美家具最大出口国。中国出口家具的最大竞争优势是劳动力便宜，每小时仅为 0.51 美元，只相当于美国的 1/20，美国家具业受雇职工 1999 年为 67.63 万人，2004 年减为 57.55 万人，减少了 15%。美国政府和企业把这一结果归咎于中国家具出口，出现的反倾销和绿色贸易壁垒等就是美国为保护本国家具行业做出的单方面的措施，造成了中美之间的贸易摩擦。美国是我国家具出口第一大国，种种贸易壁垒严重阻碍了我国家具产品的出口。

（二）对我国家具企业的积极影响

1. 带动我国绿色家具的快速发展

随着人们生活水平的提高，环保意识也已深入人心，各国的环保投资额不断增长，越来越多的国家力求在国际环保市场上获得竞争优势，环保产业已经构成了发达国家新的经济增长点，从而成为当前国际经济竞争的新热点，也是发展绿色经济的重点。家具作为家庭生活必需品，和人们的生活密切相关，环保家具就成为人们的首选，绿色家具在未来市场上具有极大的吸引力和竞争力，21 世纪将是绿色家具的时代。

据 2005 年绿色和平组织对我国主要三大城市的消费调查显示，有高达 91% 的消费者认为有权知道所购买的木制品是否非法和破坏性采伐，更有 71% 的消费者认为会拒绝购买来自非法和破坏性采伐的木制品；根据联合国统计署提供的数据表明：90% 的美国人、89% 的德国人和 84% 的荷兰人在购买物品时都会考虑到产品的环保标准。可见绿色产品在人们的心目中占有很重要的位置，企业要想做大做强，获取丰厚的利润，就必须迎合消费者需求，使产品绿色化。绿色的消费产生绿色的生产，我国的家具产品将会不断绿色化。

2. 提升我国家具产品的国际竞争力

与发达国家的家具行业相比，我国家具行业拥有成本优势，但是技术优势相对缺乏，也正因如此我国家具出口才不断遭受绿色贸易壁垒，影响我国家具出口。通过绿色贸易壁垒可以使我国家具行业从长远利益出发，在产品的生产、加工、工艺流程、流通、销售、回收等环节上提高技术水平，促使家具产品绿色化，并通过国际相关认证，真正突破发达国家的绿色壁垒制约。突破技术差异因素，我国的家具行业的竞争力会进一步提高，出口额将会更快速的增加，利润也将随之而来。同时，企业加大投入开发环保产品即意味着一种社会责任，可以提升企业形象，这是一种无形资产，对企业的长远发展绝对有利无弊。因此可以说"绿色壁垒"是一把双刃剑，改进技术、突破严格的环境标准将会为我国家具行业带来新的发展机会，进一步提升我国家具行业的竞争力。

（三）遭遇绿色贸易壁垒原因分析

我国企业出口屡遭绿色贸易壁垒侵袭有着很复杂的原因，其中有历史、国别、技术水平等方面的问题，下面做具体的分析。

1. 国际贸易保护主义长期存在

绿色壁垒是发达国家继关税、许可证、配额之后限制我国产品出口的又一拦路虎，特别是在我国加入 WTO 后，贸易壁垒已消解，国外一些国家担心我国产品出口会在国际市场上占据重要的地位，就依据其具有的技术优势达到限制发展中国家经济崛起的目的。我国家具企业出口发展迅速，引起了发达国家的警惕，他们开始制定针对中国家具的种种环保标准限制。家具作为生活必需品，要求环保，要求产品绿色化本来无可厚非，但是发达国家却制定了非常苛刻的环保标准，超出了一般环保的要求。如2008年5月正式生效的美国《雷斯法案》修正案规定，进入美国的木材、木制品、活植物、鳞茎、木浆、纸、纸制品、乐器、家具等，都要依法申报，包括植物的学名、进口额、进口数量、原产地等。这一行为无疑是发达国家针对发展中国家的贸易壁垒，妨碍了我国家具产品的出口。欧洲议会2009年正式通过的《欧盟木材及木制品规例》和《新环保设计指令议案》与美国的法案堪有一比。

2. 我国家具出口国过于集中

我国家具出口国家和地区主要集中在美国、欧盟、香港、日本，而这些国家和地区正是对我国家具出口企业遭遇绿色贸易壁垒最为严重的国家和地区，特别是美国占我国家具出口额的一半左右（如表8-5）。美国家具行业进出口比例失调，出现贸易逆差，2005年进口总额为206.27亿美元，出口额仅为19.824亿美元，出口占进口的比例不足10%。特别是中国，是美国家具进口第一大国，2006年进口中国家具金额120.617亿美元，而出口到中国的家具金额仅为3190万美元（如表8-5、8-6）。在这一贸易形式下美国国内家具行业受到冲击，倒闭的家具企业和失业人数不断上升，美国政府和企业把这一结果归咎于国外家具产品的进入，中国作为贸易顺差最大的国家，无疑是美国贸易壁垒的最大目标，中国不断受到美国反倾销壁垒和绿色贸易壁垒。

表8-5　2006年美国十大家具进口国/地区　　单位：百万美元

	2006年	2005年	增长率（%）
中国	12061.7	10557.4	14
加拿大	2377.6	2469.7	−4
墨西哥	1196.1	1170.5	2
意大利	994.8	1153.3	−14
越南	874.1	668.8	31
马来西亚	777.3	710.6	9
印度尼西亚	713.9	595.7	3
中国台湾	556.5	613.4	−9
泰国	372.4	417.8	−11
巴西	366.3	474.9	−23
总计	21994.3	20627.0	7

资料来源：美国海关，美国国际贸易署

表8-6　2006年美国家具十大出口国　　单位：百万美元

	2006年	2005年	增长率
加拿大	1202.1	1056.4	14
墨西哥	230.6	220.3	5
英国	103.8	84.8	22
日本	48.5	48.2	0
澳洲	36.5	25.9	41
中国	31.9	25.8	24
沙特阿拉伯	31.9	27.1	18
韩国	24.1	21.6	11
法国	22.1	8.8	150
德国	21.0	9.1	129
总计	2234.0	1982.4	13

资料来源：美国海关，美国国际贸易署

3．某些家具产品本身不符合环保标准

我国家具产业发展虽快，但产品整体质量水平不容乐观。从我国家具检查和各省市监督抽查结果来看，家具产品质量整体合格率偏低，徘徊在60%左右，西部经济条件差的地区更低。我国强制性标准GB18584-2001《室内装修材料木家具中有害物质限量》规定木家具中甲醛含量应≤1.5mg/L，而事实上，市场上有30%以上的家具中甲醛释放量超标。家具产品有机物释放量超标是另一严重问题，由于GB18584-2001《室内装修材料木家具中有害物质限量》仅规定了家具的甲醛释放量和有害重金属元素含量，为对苯、甲苯、二甲苯、乙酸丁酯、苯乙烯、TVOC（有机挥发物）含量的限定。造成市场流通的符合GB18584-2001的家具由于含有大量胶黏剂、油漆、涂料等，导致不符合GB/T18883-2002《室内空气质量标准》，使用合格的板材却加工出不合格的家具。

4．国家和行业标准与国际脱轨

我国已制定/修改发布实施的各项家具标准已达67项，其中国家标准有33项、轻工业标准有34项。仅GB17927-1999、GB18584-2001、QB2453.1-1999、GB5296.6-2004共四份标准为国家强制性标准，分别涉及软体家具抗引燃特性、木制家具中有害物质限量和儿童床安全。但是由于至今未设立国家家具标准化技术委员会，导致了家具标准归口混乱，家具标准修订不及时。多年来，我国一直未能实质性的参与家具ISO组织的软件模块，在引用国际标准时过分考虑价格和企业承受能力等问题，从而人为的降低了标准要求，导致我国家具标准落后，未能与发达国家和地区保持信息的一致性。如对木家具中甲醛释放量的检测，在GB18584-2001的采标过程中，为符合我国国情，降低成本，采用的是快速检测法——干燥器法，而欧美国家采用的是环境实验舱法（气候箱法），将家具整体放入环境实验舱内测定其甲醛释放量和TVOC。两者相比虽然环境实验舱法成本高，试验周期长，但是能更好地检测家具整体环保情况，保护消费者的身体健康。

（四）应对绿色贸易壁垒政策措施

我国家具出口企业应对发达国家的绿色贸易壁垒需要宏观和微观策略相互结合，共同促进。这不仅需要企业发挥自身的积极作用，加大企业规模、提高技术水平、积极与世界家具市场接轨，同时还需要国家发挥在国际政治和市场中的作用，为我国家具企业的出口提供公平、公正、开放的国际市场环境，同时家具行业协会作为国家宏观措施的补充，也应为家具企业提供国际即时信息、咨询、监督管理等职能。

1. 政府应采取的措施

我国家具企业规模较小，分散程度较大，出口企业要突破绿色贸易壁垒需要国家采取措施，创造良好的政治环境、法律环境、市场环境、经济环境等，为我国家具行业的国际发展提供全面的服务。下面主要从政策、经济手段、监督等方面对各种措施做出具体的讲述。

（1）构建家具产品绿色贸易壁垒预警机制

绿色贸易壁垒是以环境保护和人类健康安全为主要内容的贸易壁垒，并对林产品国际贸易产生某种限制或障碍作用。由于各国生产技术和工艺水平的差异，其所依据的标准不一致，对林产品的绿色贸易壁垒各异，加之发达国家对发展中国家产品的歧视态度，发展中国家往往遭受绿色贸易壁垒的制裁。我国家具出口由于绿色贸易壁垒的阻挠，出口产品价格和数量都在一定程度上受到影响。要突破绿色贸易壁垒，首先就要全面认识绿色贸易壁垒，了解其表现形式、内容、实质及我国面对的绿色贸易壁垒形势。由于空间和企业资金技术力量的限制，使得我国家具企业由于其自身的局限性，对国际绿色贸易壁垒的动态把握不住，往往不能及时采取相应的措施，造成了很大的损失。跨越绿色贸易壁垒，提高我国家具产品的出口竞争力，这并非只是企业自身的事情，它需要我国政府及各个部门的支持。

目前，我国家具企业对绿色贸易壁垒限制的具体内涵及外延，对本企业产品的最终销售国绿色贸易标准要求的测试项目有哪些，以及如何测试并不完全了解，因此，迫切需要建立绿色贸易壁垒预警系统。建立绿色壁垒预警机制对避免和减轻绿色壁垒对我国外贸的影响具有十分重要的意义。

近年来，世界发达国家不断出台新的环保法规，这对国际绿色营销主体——政府提出了要求，政府通过绿色贸易壁垒机制，分析主要发达国家已颁布的与贸易有关的环境措施的特点、合理性、合法性、实施弹性、可操作性，对照家具产品的国家标准和行业标准，并根据实际情况，评估国外环境措施对我国家具产业的影响面和影响程度；预测主要发达国家将会采取哪些新的环境措施；分析绿色壁垒对我国家具产业的现实影响和潜在影响；研究 WTO 规则和国际贸易惯例，增强对规则的理解和运用能力，使企业在 WTO 的规则下进行贸易，避免绿色贸易壁垒。

（2）建立完善的产品技术标准

我国家具的国家标准和行业标准与西方发达国家差距过大是我国遭遇技术贸易壁垒的重要原因之一。因而，政府应加大对家具技术标准研制方面的资金及人力投入，在充分发挥行业协会在技术标准研制工作中的作用的基础上，借鉴国外在技术标准研制中的经验，通过加强与相关组织以及国外相关机构的交流，使我国家具生产技术标准与国际标准以及发达国际的技术标准相衔接。

（3）建立完善的产品绿色认证机制

我国目前在产品认证工作方面与西方发达国家存在很大差距，而且具体认证工作非常混乱。而绿色认证是世界各国协调的产物，它反映了在现有经济条件下，各国普遍认同的国际环保标准，是国际贸易的主要条件和处理国际纠纷的主要基础，是进入国际市场的通行证。

从长远来看，首先我国政府要按照世界贸易组织规则的要求、统一认证目录、统一标准、统一技术法规和合格认证程序、统一我国的认证标志。其次积极推行 ISO9000 和 ISO14000 系列的认证工作，对企业进行绿色认证，绿色认证是国际通行证，是减少贸易摩擦，突破绿色贸易壁垒，产品出口获得国际竞争力的根本途径。我国企业由于受技术力量等条件的限制，有些企业对环境认证不够重视，而有的企业是在认证过程中遇到这样或那样的困难，这时就要必要由政府出面进行引导和帮助，提供各种认证咨询服务，加强与国际组织及其他国家认证机构的合作，及时与主要国家环境认证机关等进行交流，为我国企业认证提供良好的环境。第三，建立自己的认证体系。由于国际认证标准的难度和费用较高，对我国大多数企业来说不太现实，我国政府要致力于建立自己的认证机构。我国政府通过研究国际相关环保法规，并于相关国家进行交流，依据国家环保法规，制定出符合我国国情的，并于国际法规相符的我国的环保法规，得到世界各国的认可，并根据我国的环保法规展开绿色认证。这样不仅会加强国内企业对绿色产品的认识，也会减少费用，增强企业参与绿色认证的积极性，从而提高我国绿色产品的出口竞争力。

(4) 积极开展“环境外交”与国际合作

以主权国家身份，通过正式代表国家的机构和人员的官方行为，运用谈判、交涉等外交方式，处理和调整环境领域的国际关系的一切活动。随着我国在国际贸易中占有的份额不断增加，受绿色贸易壁垒限制也越来越多，政府应通过“环境外交”与世界主要国家交流合作，突破绿色贸易壁垒，为我国的家具企业出口创造有利的国际环境。

①积极参与国际有关组织活动及谈判，参与国际规则创制

我国作为政治和经济大国，应积极参与国际相关组织的活动，以保护我国的既有利益和制定有利于我国的法律法规。我国是发展中国家，WTO 等国际组织对发展中国家在国际贸易中给予了一定的优惠政策。首先，我国政府要积极参加国际组织的活动，防止发达国家不顾发展中国家现状，以损害发展中国家利益换取他国利益的行为，坚决抵制一切滥用绿色壁垒和放任贸易保护主义的企图，为我国及其他发展中国家出口贸易积极争取宽松的国际环境。其次，我国政府要积极参与国际社会现在和将来有关环境问题和贸易问题的讨论、谈判以及法律文件的起草和修订，充分发挥我国在世界贸易组织、联合国环境规划署等有关贸易与环境问题的重要论坛中的作用，积极参与公平条件下国际条约和国际贸易的谈判，参与国际环境组织和贸易组织的谈判和活动，扩大立法影响，使国际标准的制定更多地照顾到发展中国家的实际情况，对不合理的技术障碍据理力争。

②加强与其他发展中国家的合作

绿色壁垒产生的根源在于不合理的国际经济旧秩序，其实质是经济发展的不平衡问题。在这一条件下，发展中国家必须加强合作，在国家环境贸易中争取发展中国家的利益。中国作为发展中国家的大国，应采取行动并呼吁发展中国家在国际环境贸易方面的合作，在国际性条约制定、修改和谈判中，共同坚持发展中国家的合法合理的要求，阻止发达国家的一切滥用环境贸易协议条款，

乱设绿色贸易壁垒，进行贸易保护主义的企图，共同维护发展中国家的利益。

③有效运用 WTO 争端解决机制

相对来讲，发展中国家面临着更多的绿色贸易壁垒，这是与发达国家苛刻的环保要求分不开的，这在一定程度上违反了 WTO 中有关对发展中国家提供优惠的有关规定。对于发达进口国单方面设置的具有贸易保护性质的歧视性绿色贸易壁垒，我国要通过外交途径与进口国谈判，或向 WTO 争端解决机构（DSB）提出起诉。充分利用世界贸易组织多边贸易体制的谈判机制、合理对抗机制等，向 WTO 的仲裁机构提出交涉或申诉，力争在框架下通过磋商和谈判维护自己的合法权益，达到阻止发达进口国的不合理绿色贸易壁垒。

但是我国在参与国家诉讼方面十分缺乏经验，为此，我们必须增强我国在国际诉讼中的能力，研究国际上的诉讼案例，积累经验。目前，我们应该重视国际法律人才的培养，多学习，在实践中积累经验，增强实战能力，最大限度地争取我国的合法权益。

（5）鼓励企业进行绿色技术创新

绿色技术包括清洁生产技术、治理污染技术和改善生态环境技术。绿色技术创新是指减少原材料和能源消耗、减少环境污染等方面的技术创新，是所有新环境知识、能力和物质手段构成的创新系统总和。目前，我国家具企业对于绿色技术的创新意识、创新成果、创新应用方面都十分有限。企业的自主绿色技术创新意识薄弱，绝大多数的创新活动是无组织、被动的创新状态，即使科研院所和企业创新成果，由于资金问题，技术转化率都非常低。为了提高企业的环保意识及绿色创新意识，我国政府应给予积极采取绿色技术创新的环保企业以政策上的支持，一是给予税收上优惠，在一定时期内，对绿色家具企业可以减轻或免征增值税，对企业新开发的绿色家具产品也可以缓征所得税。二是要通过财政补贴，对绿色家具企业在因绿色技术创新而出现的暂时亏损，或开发新产品而出现的暂时亏损予以财政补贴。三是要加大政府采购中对绿色家具产品的分量。四是要对绿色家具企业在贷款利率、贷款额度上实行优惠。五是给予技术创新的家具企业优惠的出口退税政策。

2. 企业应采取的措施

（1）积极参与国际合作与交流

在政府积极参与国际贸易环境交流的同时，我国家具企业也要投入相关的人力、物力、财力参与国际交流，充分掌握有关进口国对产品的技术、质量、安全、卫生环保、包装和标签的标准及法规，熟悉有关的合格评定程序及认证制度，并在此基础上将本企业产品与贸易对象国的各种标准及法规相比较，分析研究差距，为改进家具产品提供现实依据，提前关注与自己产品可能相关的绿色贸易壁垒，克服壁垒的影响，对扩大出口具有深远的影响。提升企业形象对企业的出口和国内外销售有着至关重要的影响，我国家具企业要不断提升产品的绿色化、通过国际交流宣传绿色家具，为本家具企业树立国际环保形象。

过去我国家具企业面对国外贸易壁垒是采取了消极被动的应对措施，一是因为对贸易国的法律法规了解甚少，二是因为对国际形势与国际法规知之不多，从而丧失了维护自己权利的机会。以后我国家具企业应积极运用国际政府组织和非政府组织制定的相关法规条例维护作为发展中国家一员的权利，坚决抵制国际上不合理的绿色贸易壁垒。而政府相关部门掌握着相对详细的国际绿色壁垒信息，我国家具企业要加强同政府部门的沟通与联系，从中获取最新的相关绿色贸易壁垒的信息，包括新的法规、标准和认证信息，甚至包括未来可能出现的新标准，有利于家具企业制定长远的发展战略。

（2）积极开展相关绿色认证

申请国际认证及贸易对象国的认证，是通往国际市场的通行证，是我国家具企业突破绿色贸易壁垒的必要措施。家具企业要加强收集和研究主要贸易国和国际组织的环保法规、标准、检验与认证制度，使之与本企业的家具产品相联系，严格按照主要贸易国和国际组织的标准生产家具产品，这样就使我国的家具产品具有了进入国际市场的必备条件，提升我国家具产品的国际竞争力。在国外，尤其是发达国家，为了提高企业的竞争力，凭借其先进的技术水平，积极参与国际、国内标准的制定企业参与国际标准化活动的积极性很高，企业标准普遍高于国家标准和国际标准，某些企业甚至积极要求将自己的企业标准转化成国家标准或国际标准，以达到该企业垄断某产品的目的。

（3）家具企业绿色营销策略——我国家具企业出口的必由之路

绿色营销策略是企业以绿色营销战略为出发点，通过市场定位和产品定位，利用有利时机，正确运用产品、价格、促销和渠道等营销技术组合，在不损害人类及后代并满足自身需要的条件下，从质和量两方面满足顾客的需要，同时也是企业在市场竞争中获取最大市场份额的重要手段（裴蓉，市场营销学，2001 年）。英国威尔斯大学肯·毕提教授在其所著的《绿色营销——化危机为商机的经营趋势》一书中指出："绿色营销是一种能辨识、预期及符合消费的社会需求，并且可带来利润及永续经营的管理过程。"我们从产品、价格、渠道、促销等各个方面具体分析我国家具企业应如何进行绿色营销。

①树立绿色营销观念

21 世纪是绿色产品、绿色消费占主导地位的时代，只有把环境保护、人类健康和企业发展统一的企业才能得到市场的认可，才能立足于长远的发展。由于传统的营销模式造成了资源浪费和环境破坏的后果，使得企业树立绿色营销观念更为迫切。树立绿色营销观念，就要注重培育绿色企业文化。绿色企业文化是指在企业文化中融入了环境保护理念，以绿色意识贯穿于企业活动的各方面、全过程的企业文化。

我国家具行业属于劳动密集型行业，家具企业规模较小，实力较弱，技术和工艺水平较低，大多数家具企业仍属于粗放型的生产方式，种种局限要求家具企业更应该培育绿色企业文化。培育绿色企业文化就必须注重领导观念的更新和对企业员工的绿色教育与培训，使领导认识到只注重产品数量、不顾环境、浪费严重的生产方式已不能适应市场的发展要求，努力使全体员工认识到环保事业是利在当代，功在千秋的崇高事业，以环保为己任，把环保与所从事的生产经营活动融为一体，在满足消费者绿色需求的基础上谋求企业的盈利。

②设计绿色产品

设计绿色产品的策略主要包括绿色设计策略、绿色包装策略和绿色标志策略。

第一，绿色设计策略。绿色设计是指在生产过程中采用清洁技术无污染技术，降低资源消耗，减少环境污染，使产品在使用消费过程中，有利于消费者身心健康，减少对环境的污染和破坏。也就是在生产、使用及处理该商品的过程中符合环境要求，对环境无害或危害极小，且便于资源再生和回收利用。我国家具企业实施绿色营销策略就应致力于绿色家具的设计，主要包括材料、功能、结构、工艺、回收等内容。

一是材料绿色。我国家具企业在家具材料选取上要求选择既有良好使用性能又与环境具有良好协调性的材料，即绿色材料或环境协调材料。

木材是人类最早使用的家具材料之一，也是世界上应用最广泛的家具材料。它是一种多孔材料，具有一定的调温调湿性，它是有机生物材料，不像大理石、花岗岩等无机材料会产生辐射，回收处理比较容易。但是我国是少林国家，长期以来我国的木材需求量大于供求量，供需矛盾相当尖锐，尤其是家具用材。要解决这个矛盾，除了要保护好现有的资源，合理利用有限的资源外，还要积极发展和增加资源，提倡采用木材的木质替代品如中密度纤维板、刨花板和改性的速生材作为木家具的主要原料；在设计中应充分利用自然资源，做到普材优用、小材大用、优材高附加值、废材利用，充分开发利用速生材和可更新的木材资源和其他自然资源；在饰面上采用“绿色”饰画材料，如木纹纸和薄皮等，最大限度节约和利用珍贵木材。

家具用材中的涂料多是有毒物质，含有甲苯、二甲苯、甲醛等毒性，符合环保标准的涂料没有几种。因此家具企业实施绿色化的过程中，严格执行国家有关规定。一是应致力在使用、供给、安装及装修、产品维修利用方面使用对环境影响最小的涂料和胶料，并消耗最少的有害涂料，执行 10 项国家强制性标准（见表 8-7）。这些强制性标准对室内装饰材料和家具中甲醛、挥发性有机化合物、苯、氨、氨、氯乙烯、可溶性铅、汞、砷等有害物质以及建筑材料放射性核素的限量值都作了明确规定。二是在改善原有涂料，严格控制有毒气体挥发数量指标的同时，发展以水代有机溶剂的水溶性涂料。

表8-7　10项国家强制标准

1	GB 18580—2001	室内装饰装修材料	人造板及其制品中甲醛释放限量
2	GB 18581—2001	室内装饰装修材料	溶剂型木器涂料中有害物质限量
3	GB 18582—2001	室内装饰装修材料	内墙涂料中有害物质限量
4	GB 18583—2001	室内装饰装修材料	胶黏剂中有害物质限量
5	GB18584—2001	室内装饰装修材料	木家具中有害物质限量
6	GB18585—2001	室内装饰装修材料	壁纸中有害物质限量
7	GB18586—2001	室内装饰装修材料	聚氯乙烯卷材地板中有害物质
8	GB18587—2001	室内装饰装修材料	地毯、地毯衬垫及地毯胶黏剂中有害物质限量
9	GB18588—2001		混凝土外加剂中释放氨的限量
10	GB6566—2001		建筑材料放射性核素限量

二是绿色家具人性化设计。人性化设计是以人性化理论为基础的面向人的产品设计技术，它是在符合人们的物质需求的基础上，强调精神与情感需求的设计。因此，家具设计中的尺度、造型、色彩及其布置方式，都必须符合人体生理、心理尺度及人体各部分的活动规律，以便达到安全、实用、方便、舒适、美观之目的。

三是绿色家具工艺设计。家具除它的使用价值外，也是室内装饰的重要组成部分，可以满足人们精神上的审美要求。品位高、具有一定文化内涵是绿色家具的特点之一。因此企业在家具设计过程中，注意家具造型结构和颜色的搭配。家具造型结构的美，主要体现在结构比例和整体的协调方面，这在成套家具中更为突出，一套完美的家具置于室中，通过视觉能与人的思想感情产生共鸣。色彩也对家具审美起着一定作用，而且对人的精神和心理状态也有着一定的影响。

四是绿色家具回收。绿色家具设计的最后一个环节就是家具的回收处理。传统家具制造商在家具产品开发、制造、销售完成之后，对家具的回收处理并不关心。绿色家具设计则必须考虑这个环节，将绿色设计理念贯彻始终，使过时或损坏的家具便于回收处理，各种材料仍能再次利用。

第二，绿色包装策略。绿色包装策略是指节约资源，减少废弃物，用后易于回收再用或再生，易于自然分解，又不污染环境的包装。这就要求我国企业在家具产品包装的过程中，要做到绿色化主要从以下几点入手：一是尽量减少包装材料；二是尽量选用能够重复使用的包装；三是使用可降解材料包装，如可降解塑料材料包装和可以降解复合材料包装等；四是注重包装图案设计的绿色化，能够发挥绿色包装的宣传作用。如设计时突出绿色产品的特点，把“环境标志”放在显著位置并加以说明,说明包装废弃物及产品废弃物的回收、处理、方法及其他信息；五是不断研制开发出新型的绿色包装材料，探索出一条“绿色包装”的新路子。现在家具包装的填充物基本上采用的是泡沫塑料，给环境造成了严重的白色污染，所以在进行包装设计的时候最好能够考虑使用其他的替代品，比如蜂窝纸或其他可降解的环保材料作填充物。

第三，绿色标志认证策略。绿色标志是指一种印刷（或贴）在产品或产品的包装上的图形，用以表明该产品从设计、生产、使用及废弃处理、回收利用过程都符合环境保护的要求，不危害人体健康，产生的垃圾无害或者危害极小，有利于资源再生和回收利用，可以大大提高企业的竞争能力。绿色标志是企业向社会证明其环保行为的一个重要指标，是企业必备的一个绿色通行证。

为了规范全球环境标志工作，规范绿色产品，全球标准化组织颁布了ISO14020、ISO14021、ISO14024、ISO14025 等标准，提出了认证、验证、检测产品并授予三种不同形式环境标志的原则规定。其中国际标准化组织 1999 年公布的 ISO14021 标准规定了从生产到处置过程、产品原料和过程控制及废弃物处置利用的 12 条自我环境声明，称为Ⅱ型环境标志。

2004 年 5 月 31 日，国家环境保护总局发布了《环境标志产品认证技术要求 家具》(HBC22-2004)，该技术要求制定的目的是要减少家具的生产、使用和处置过程中对人体健康和环境的影响，特别强调减少对环境有害物质的使用及家具的可回收性。该技术要求规定了家具类环境标志产品的基本要求、技术内容和检验方法。家具类环境标志制定要求参照北欧白天鹅产品标准。

③绿色定价策略

绿色定价是指企业在制定价格时要树立“污染者付费”、“环境有偿使用”和“资源节省使用”等观念，把企业用于环保方面的支出计入成本，形成绿色成本，成为绿色价格构成中的一部分。绿色产品的价格不仅包括生产经营过程中所发生的一般费用，还包括对绿色产品的认证费用，对绿色资源开发运用所付出的代价以及为保证清洁生产、利用绿色包装等所增加的费用。在对绿色产品订价时不仅要考虑绿色产品的实际构成成本，还要考虑各国的政策因素和消费者的承受能力。那么如何合理地制定价格，才能既提高企业的收益，又能提高企业的环保形象。

一般来说，绿色家具产品在市场的投入期，生产成本会高于同类传统产品。按照国际市场的惯例，政府允许绿色产品的价格比同类产品价格上浮一定的比例。德国霍因海姆大学农业经济专家哈曼博士的研究结果表明：绿色食品的价格比一般食品约高 50% ~ 200 %。在美国，有一半以上的美国人愿意为绿色产品支付更高的价格，对绿色产品的平均溢价是 4%。在欧美国家半数以上的消费者在购物时要考虑商品的绿色程度，并愿为之多付 30% ~ 100% 的费用[103]。

短期内绿色家具产品的目标顾客只能是具有一定经济基础的、具有一定的文化素养和社会责任感的群体，而这个群体相对来说非常的少，无形中影响了企业的经济效益。但随着人们环保意识的增强，绿色家具产品能够给消费者带来绿色利益；随着消费者经济收入的增加，消费者对商品可接受的价格也会逐步增加，乐于接受价格高但对环境有益的绿色家具产品。所以，我国家具企业营销绿色产品不仅能使企业盈利，更能在同行竞争中取得优势。

商品价格是直接影响企业竞争力和形象的“双刃剑”。我国家具产品的绿色定价，应该从国际和国内两个方面考虑。由于发展不平衡，在国际市场上，我国绿色家具的定价要以有利于增强商品的国际竞争力和提高商品的绿色形象度为原则，主要实行新产品绿色定价策略，新开发的绿色产品的价格要高于传统产品价格，新产品价格包含有绿色价值，符合现代消费者需求，符合消费者的承受能力。而企业在开发和营销绿色产品过程中，要采用新技术和新工艺，实行清洁生产、整治环境等方面，要支付大量的成本费用，将生态环境价值观贯穿于绿色产品定价体系，加强生态环境成本核算，把绿色产品的生态环境成本计入总成本，对绿色产品实行按质论价的价格上浮政策，在西方发达国家，已形成汽车、食品、电器、冶金、机械等的绿色产品市场；在国内市场上，绿色家具产品的价格定位则必须面向大众消费者，让更多的人能够接受它，尤其在产品开发和市场发育初期，要吸引众多的消费者。有一定文化层次、经济基础的消费者是绿色产品消费的积极者和倡导者，他们注重绿色产品的消费能给自身带来健康或对保护环境有利，对产品的价格并不是太敏感，但是有相当数量的消费者，愿意购买绿色产品，但不愿意支付更高价格或者漠视绿色产品，因此国内绿色产品的定价，要在保持与同类非绿色产品比价平衡的基础上，在绿色家具市场不断完善的过程中，采用灵活目标价格策略，使消费者在满足绿色家具产品的安全优质、时尚等心理需求的同时，根据企业预期的利润收益，结合市场对该绿色产品的需求量和绿色产品的成本费用确定产品的价格。

④绿色营销渠道策略

绿色营销渠道是绿色产品从生产者转移到消费者所经过的通道。主要通过生产者自销、中间商、代理人的渠道来销售，绿色营销渠道不仅具有一般分销渠道的含义而且还具有一定的绿色标志。选择恰当的绿色销售渠道是拓展销售市场、提高绿色家具市场占有率、成功实施绿色营销的关键，我国家具企业实施绿色营销必须建立稳定的绿色营销渠道，确保绿色营销渠道的畅通。

我国的家具产品流通环节中主要采取通过代理商代销；自租场地，生产厂家自己销售；通过大型的家具商场或家具城来展销三种形式。企业的自销渠道中，可以设立绿色专柜或绿色商品购销公司，以回归自然的装饰为标志，招徕顾客，开展绿色产品直销活动，缩短渠道，减少污染；代理商代销中要关注中间商是否关心环保、服务社会，在消费者心目中有无良好信誉，是否具有与本企业相同的绿色意识，选择在消费者心目中具有良好绿色信誉的中间商，有利于维护绿色家具产品的形象；通过大型的家具商场或家具城方式，企业要合理设置供应配送中心和简化供应配送系统及环节，选择绿色运输工具，建立绿色仓库，绿色装卸、运输、贮存，建立全面覆盖的销售网络，不断提高绿色产品的市场占有率。

⑤开展绿色促销

绿色促销是通过绿色促销媒体，传递绿色信息，指导绿色消费，启发引导消费者的绿色需求，最终促成购买行为。营销信息的传播方法有很多种，我国家具企业在开展绿色促销的过程中，充分发挥绿色广告作用，顺利将家具产品的绿色信息及绿色认证等相关信息传递给消费者，使消费者充分认识绿色消费的意义及其重要性，同时广告中应表现产品的绿色功能定位，引导消费者理解并接受广告诉求；广告要具有说服力，广告形式与过程中也必须贯彻绿色理念；广告材料要尽可能选择对环境无污染、可回收利用的材料；选择具有“绿色”特性的媒体；广告本身要符合“绿色”特性，避免广告过多而形成光、声等感官污染。

⑥完善绿色销售服务

绿色售后服务是绿色营销过程中不可缺少的一部分，是家具市场交易的重要组成部分。在绿色营销中，要坚决维护消费者的合法权益；充分考虑家具废弃物的回收和处理的方便，努力减少污染和二次污染，它不仅对市场的高速有效运行有着积极的促进作用，而且对市场的持续健康发展有着良好的保障作用。西方发达国家政府要求把回收的旧木质材料进行二次处理作为二次原材料加以利用。德国 2003 年 3 月专门颁布实施了一项有关废旧木材回收的法律文件“废旧木材管理法令”，禁止随意填埋废旧木材，每年产生的废旧木材约 800 万吨。意大利的 Mauro Saviola 集团利用城市废旧木材生产人造板，年生产刨花板 150 万立方米。美国、法国、日本等国家早在 90 年代已开展木质废弃物的回收利用，日本已在有关法律中规定 2010 年前废弃木材回收要达到 98% 以上[104]。因此，我国家具企业应做好售后服务标准化工作，尽量提供优质的售后服务质量，特别是做好报废家具的回收处理工作。

总之，我国家具企业要灵活运用绿色营销组合，使绿色产品与绿色包装、绿色价格、绿色销售渠道、绿色促销和绿色销售服务相互配合，融为一体。只有这样，才能确保绿色家具需求与日俱增，我国家具企业在国内、国际市场上永保竞争优势。

3. 家具行业协会的对策

加强行业协会的作用。市场经济中，对企业的协调和管理主要通过行业协会进行。行业协会承担着制订行业规范和行业标准，并组织实施和进行行业监督的责任。行业协会在保护公平竞争、处理不公平行业竞争、协调行业竞争关系等方面都具有重要作用。对企业的环境保护和绿色营销活动，主要也应通过行业协会进行管理。由于我国对企业的行政管理主要由政府进行，行业协会的作用较小，而环境保护、绿色营销无法完全由政府行为来替代，因而应加强行业协会的行业管理作用，使之成为环境管理的重要组织。

中国家具行业协会组织充分发挥了政府与行业之间桥梁和纽带的作用，为我国家具产业规划和决策提供了切实可行的信息和技术支持。行业协会作为最具活力的经济社团，不仅是市场经济发展的需求，更是独立运作的企业发展的需求。应对绿色贸易壁垒，我国家具行业协会组织应在以下几个方面发挥积极的作用：

（1）收集国内外相关信息

一直以来，我国的家具企业数量较多，规模相对较小，企业之间联系较少，信息沟通不畅，造成了企业集体受国外绿色贸易壁垒的现象，这就需要家具行业协会发挥其作用，改善目前这种状况。因而家具行业协会要加强对国际上环保及各项认证标准的研究，争取建立我国家具出口商品技术标准库，方便企业查询；同时及时收集、整理、跟踪国外的绿色贸易壁垒措施；将国内外企业在同类产品出口中遇到的新信息、新问题，及时进行搜集整理、分析研究、总结归纳，建立信息中心和数据库，并及时将信息反馈给有关部门和企业，帮助企业熟悉进口国对产品的具体标准和要求，按进口国的安全生产标准合理组织生产，降低经营风险，避免在出口中因不符合环保法规而造成不必要的损失。

（2）加强家具行业的自律

多数家具出口企业还是实行无序竞争的策略，而且出口商品市场过于集中（主要在欧、美、日等发达国家），极易遭遇国外的绿色贸易壁垒。家具行业协会组织是企业实现自律和规范市场经济秩序的一支重要力量，在规范企业行为、维护市场秩序、完善社会信用体系、行业协调、对外交往、维护行业利益等方面发挥积极作用。家具行业协会组织可以通过为企业制定章程、行业公约、行业服务规范、行业交易规则或惯例、行业质量标准、行业规范经营示范条例、违反执业纪律和职业道德惩戒规则、商业争议处理规则等行为标准，对行业内的违规行为进行惩罚和监督职能，引导企业之间的合作与有序竞争，使家具企业出口方式转型，避免我国家具企业集体受损事件的发生，有利于我国家具行业出口形势的好转。

（3）完善家具行业标准

我国家具行业迅速发展，已经成为一个机械化生产为主、门类齐全的重要产业，中国已经成为世界第一家具生产和出口大国。但是我国家具标准化工作一直滞后于行业发展，截至 2008 年，我国已经发布实施的家具标准共 75 项，其中国家标准 33 项（见表 8-8），轻工行业标准 42 项。已经完成标准报批稿还未批准颁布的共有 9 项，其中国家标准 5 项，轻工行业标准 4 项，已下达标准修订计划项目正在起草制定的有 20 项。目前现行的 75 项标准中部分存在标龄过长、技术水平落后、国际标准采标率不高等问题。

表8-8　家具标准目录

1	GB 18580-2001	人造板及其制品中甲醛释放限量
2	GB 18581-2001	溶剂型木器涂料中有害物质限量
3	GB 18583-2001	胶黏剂中有害物质限量
4	GB 18584-2001	木家具中有害物质限量
5	QB/T 1952.1-2003	软体家具　沙发
6	QB/T 1952.2-2003	弹簧软床垫
7	QB/T 2280-1996	转椅
8	QB/T 2383-1998	餐桌餐椅
9	QB/T 2384-1998	木制写字台
10	GB/T 3324-1995	木家具通用技术条件
11	GB/T 3325-1995	金属家具通用技术条件
12	GB/T 3326-1997	家具 桌、椅、凳类主要尺寸
13	GB/T 3327-1997	家具 柜类主要尺寸
14	GB/T 3328-1997	家具 床类主要尺寸
15	GB/T 3976-1983	学校课桌椅功能尺寸
16	GB/T 13667.1-1992	钢制书架通用技术条件
17	GB/T 13667.3-1992	手动密集书架技术条件
18	GB/T 13668-1992	钢制书柜、资料柜通用技术条件
19	GB 17927-1999	软体家具 弹簧软床垫和沙发抗引燃特性的评定
20	QB/T 1242-1991	家具五金 环状暗铰链安装尺寸
21	QB/T 1951.1-1994	木家具 质量检验及质量评定
22	QB/T 1951.2-1994	金属家具 质量检验及质量评定
23	QB/T 2189-1995	家具五金 环状暗铰链及其安装底座要求和检验
24	QB/T 2454-1999	家具五金 抽屉导轨 要求和检验
25	QB/T 3916-1999	课桌椅
26	QB/T 1952.1-1999	软体家具　沙发质量检验及分等综合评定 弹簧软床垫质量检验及分等综合评定
27	QB/T 2600-2003	棕纤维弹性床垫
28	QB/T 2601-2003	体育场馆公共座椅
29	QB/T 2602-2003	影剧院公共座椅
30	QB/T 2603-2003	木制宾馆家具
31	GB/T 4897-2003	刨花板
32	GB/T11718-1999	中密度纤维板
33	QB/T2530-2001	木制柜

我国家具行业有国家标准和行业标准，但标准名目繁多、参差不齐，使得家具企业无所适从，导致家具产品市场鱼龙混杂，家具产品整体质量不高。我国家具行业协会组织应致力于行业标准的统一，提高家具产品的质量，同时我国家具行业标准要逐步与世界标准接轨，以提高我国家具行业的整体标准，达到发达国家的标准要求，从而突破绿色贸易壁垒。

在国际贸易中，技术壁垒的作用越来越大，我国部分出口木家具和软体家具等产品多次遇到欧盟、美国等发达国家和地区的贸易技术壁垒。事实上我国的产品出口，受技术壁垒的影响比反倾销还大，我国加入 WTO 以后，贸易壁垒是减少了，但是欧美国家又用技术、标准壁垒来卡中国出口的产品。因此 2009 年全国家具标准化技术委员会成立，组建的全国家具标委会是行业健康持续发展的需要，也是家具标准化事业跨越式发展的需要，这将全面系统地推进标准工作打破国际技术壁垒①。

(4) 加强宏观指导，积极应对绿色贸易壁垒

面对我国遭遇的不公平绿色贸易壁垒，我国政府、企业、行业协会共同努力，各尽所能，为我国家具出口提供公平、公正的竞争环境。加入 WTO 以后，我国家具出口越来越多，成为世界第一大出口国，面对的绿色贸易壁垒也越来越多，我国家具企业实力有限、政府又不可能面面俱到，在某些方面家具行业组织的作用就显得非常重要。面对国外的绿色贸易壁垒时，家具行业协会应组织各大家具企业力量积极应对，在本行业采取一致行动，并积极与国际家具行业组织及时沟通、交流，充分利用国际贸易规则和 WTO 争端解决机制，采取快速的措施，抗议不合理的绿色贸易壁垒措施，做企业的坚强后盾。

我国家具企业总体实力较弱，规模较小，而且数量众多，这就造成了在国际市场上没有话语权，而且消息不灵通，各个家具企业联系甚少，在遭到国外贸易壁垒时只是一味地被动。目前,国外不同形式的绿色贸易壁垒在不断增加，绿色贸易壁垒对我国家具企业的影响越来越大，这对我国家具企业的出口是很大的挑战。家具行业对我国经济的贡献率很高，是我国出口的重要组成部分，我国政府、企业、行业协会组织应积极面对绿色贸易壁垒这一挑战，根据家具行业的特殊性及我国的基本国情采取行之有效的措施。我国政府应发挥其在国际政治中的作用，通过政治协商、交流，为我国家具企业创造一个公平、公正的国际市场竞争环境，使我国家具企业在国际市场上占有一席之地。企业本身

---

① 《中国家具标准打破国际技术壁垒》，http://www.aijiazhuang.com/g/2009/7/2395.html

也应向国际先进的家具企业学习，借鉴其先进的技术、管理、理念等等，使我国家具企业的发展与世界接轨，消除信息不对称对我国家具企业出口造成的不利影响，家具行业协会组织是我国不够完善的家具市场的监督者和辅助者，对我国家具企业的发展有着至关重要的影响，家具行业协会组织在中层范围内帮助家具行业在国际市场上与相关协会组织协商交流，促进世界相关家具协会组织的相互沟通，达到互惠互利的目的。

四、绿色产品——农作物秸秆人造板

利用农作物秸秆资源，发展农作物秸秆人造板产业，符合国家加强对森林资源和生态环境保护的发展战略。我国人造板工业近年来一直保持良好发展态势，人造板产量快速增长，现已成为世界人造板生产大国。

人造板工业生产的主要原材料为木材，而木材产量取决于森林资源的多寡。森林资源持续增长，人工林面积不断增加，使得我国木材加工产业的原材料基础条件大为改善。但林产工业发展与木材供给之间的矛盾仍然突出，据有关资料表明：2007 年，天然林资源保护工程休养生息的良性效应开始显现。全国木材产量为 6976.65 万立方米，达到历史最高水平，比 2006 年增长 5.52%。锯材产量增长势头不减，产量达到 2829.10 万立方米，比 2006 年增长 13.78%。人造板产量继续保持两位数增长，产量达到 8838.58 万立方米，比 2006 年增长 18.98%。其中，胶合板 3561.56 万立方米，同比增长 30.52%；纤维板 2729.85 万立方米，同比增长 10.67%；刨花板 829.07 万立方米，同比减少 1.68%；其他人造板 1718.09 万立方米（细木工板占 77.07%），同比增长 23.61%。木地板产量大幅度增长，达到 34343 万平方米，同比增长 46.77%。木制家具产量继续增长，全国总产量 17467 万件，比 2006 年下降 18.11% 。木浆产量持续增长，2007 年达到 605 万吨，比 2006 年增长 12.04% [①]。但总供给与总需求之间还存在缺口，大力发展人工林和通过进口弥补原料短缺，发展木材替代品将是我国林业产业发展的方向。

作为再生资源的农作物秸秆，资源十分丰富，据不完全统计：我国每年各种农作物秸秆产量高达 6 亿～ 7 亿多吨，其中 40% ～ 60% 为麦秸和稻秸，若能利用其中的 1% ～ 2%，即可生产约 600 万～ 1200 万立方米人造板，按 1 立

① 《2008年中国林业发展报告》http://news.8035.com/2008/1202/article_7783.html

方米人造板需要3立方米原木计算，可替代1800万～3600万立方米原木。由此可见，发展秸秆人造板生产，对于减少木材用量，保护森林资源和生态环境有十分重大的意义[105]。

（一）研究的理论基础

1. 技术进步与产业发展

技术进步就是技术伴随着社会生产的发展过程。技术进步可以分为广义和狭义两种。狭义的技术进步是指硬技术直接应用，并取得的进步；而广义的技术进步是指扣除劳动力和资金投入使经济增长以外，所有其他因素对经济增长产生的作用。技术进步按照经济学家熊彼特的观点，他认为技术进步是生产过程中引入了新的组合，或者经济系统引入的一种新的生产函数，新的生产函数的建立就意味着生产的技术条件或水平发生了变化，并且这种变化的结果将带来经济效益。这个新函数包括新产品、新技术、新市场、原材料的新来源和新的企业组织形式等。

技术进步与经济发展的结合或统一是技术创新。技术创新是提升人造板工业发展水平的重要支撑力量。从科学技术的角度看，人造板工业发展的关键是产业技术水平的变化，是通过新的科学技术在产业中的应用而实现的。从技术论的角度看，技术创新就是把科学理论应用于发明、再到将技术发明应用于生产的过程。因此，技术创新是由研究、发明、开发、设计、试验、生产等多个环节组成的[106]。我国人造板工业生产技术落后、产业化程度和现代化水平都较低，产业经济增长幅度缓慢。解决问题的重要依托是提升人造板工业生产的技术水平。

林业技术创新对人造板工业的影响可以从两个方面理解：一方面，新技术、新工艺、新方法等先进技术，可以使木材资源利用率提高，同时使产品成本下降，产品质量提高，企业的竞争力提高，另一方面，替代资源进入生产领域，使被替代资源的消耗下降，资源需求结构发生变化，从而影响产业结构。

2. 技术进步对产业发展的贡献率

经济增长理论是以增长为研究对象，分析各个经济增长要素在经济增长中的作用，索洛和丹尼森等经济学家针对早期增长理论中忽视了技术进步对经济增长的作用以及资本和劳动之间的可替代性的情况，提出了新的增长模型，指出了除资本要素以外的其他要素对经济增长的作用。索洛模型的生产函数为：

$$Y(t)=F[K(t),\ A(t),\ L(t),\ R(t)]$$

其中，K 和 L 分别代表资本和劳动的投入，A 代表技术状况，R 为可耕地和自然资源存量。

在上述表达式的基础上，索洛等人又进一步将生产函数转换为能够测度每种投入对经济增长贡献的形式。根据他们对增长的原因测度的结果，投入要素的效率提高在增长率中所起作用越来越大。这意味着各种投入要素的质量和技术进步已经成为经济增长的核心要素。索洛从美国 1909 ~ 1949 年间的时间数据中得出：美国在这一时期人均总产出增加的原因是：87.5% 是技术进步的结果，12.5% 是不断增加资本使用的结果。然而，在现实的经济增长过程中，技术进步的作用常常又体现在劳动效率的提高、投入的资本存量效率的提高和对资源的合理开发和利用上[107]。

根据经济学的理论，林业产业的发展主要是由三个因素引起的，一是资本的投入，二是劳动的投入，三是技术进步，这三个因素是决定发展的重要因子，其中最重要的因素是科学技术，它是最重要的生产力。

3. 技术创新与 R&D

R&D 即研究与开发（Research and Development），R&D 与技术创新的关系，罗森伯格认为，R&D 对技术创新的作用可以说是通过技术不平衡表现出来的，这种不平衡常常发生在由若干密切相联的步骤构成的生产活动中，即这些生产过程中常常有些“瓶颈”。“瓶颈”的存在将把 R&D 的努力集中在它的解决方法上，然而，方法的出现又将产生新的“瓶颈”和进一步的解决方法[108]。新知识的产生和在经济中产生新的不稳定性是 R&D 的直接结果。新知识可不断解决技术创新中的“瓶颈”；新的不稳定性，则可能带来新的“瓶颈”和创新过程中的飞跃性突破。R&D 的作用机制，影响技术创新。

（二）农作物秸秆人造板工业发展中的问题

1. 农作物秸秆新产品

（1）秸秆人造板

秸秆人造板是利用农作物秸秆为原料，添加改性异氰酸酯胶黏剂或者复合型胶黏剂，在一定温度压力下压制而成的一种新型人造板。包括农作物秸秆碎料板、木草复合板、中密度稻草板和中密度秸秆纤维板等，此类产品可以替代木质人造板用于包装行业和家具制造业。

（2）农作物秸秆墙体材料

充分利用秸秆材料中空保温隔热特点，借助化学或机械结合方式，利用农作物秸秆复合制造技术，生产轻质秸秆材料以替代传统的粘土砖用作框架结构房屋的内墙或外墙。包括秸秆模压墙体材料、挤压秸秆墙体材料、平压法轻质保温内衬材料和定向结构组合墙体。该类产品可以根据墙体幅度的需要，制成不同的规格，有助于墙体的预制和现场拼装。

(3) 农作物秸秆包装材料

以秸秆为原料，用专门设备将其加工成杆状单元，施加异氰酸酯或酚醛树脂后铺装成型，热压成板条，也可以将板条分割成板块，成为包装箱底层垫块。这种材料可以制成包装托架和包装箱。

(4) 秸秆纤维复合材料

以秸秆纤维为基本原料，与无机矿物材料或塑料复合而成的一种板材 。另外，可以在秸秆材料上，利用化学和机械技术在其面板上复合石膏板、水泥板、胶合板、石膏刨花板和水泥刨花板等，制成新型复合材料。可以用作建筑材料或包装材料。

(5) 秸秆模压制品

以农作物秸秆为原料，用一步模压成型法直接制成产品，例如：桌面、凳面、托盘、家具构件和建筑构件等[109]。

2. 农作物秸秆人造板产业化过程中存在的问题

我国农作物秸秆资源非常丰富，我国传统利用农作物秸秆的方式主要是作燃料、饲料、肥料和造纸等，这些方法仅利用了30%左右的农作物秸秆。有些传统利用方法对环境影响较大，且产业化难度大，因此，如何采用新技术和新方法，有效利用农作物秸秆，为70%左右的农作物秸秆寻找出路，是非常重要的。农作物秸秆人造板产业发展，一方面可以节约大量木材；另一方面可以充分利用农作物秸秆，是农作物秸秆被循环利用基础上的循环流动的环型经济，这符合可持续发展和循环经济的要求，在一定程度上实现经济与自然生态系统和谐发展。然而，农作物秸秆人造板产业化过程中还存在一些问题，主要表现在：

(1) 技术层面

与木质人造板相比，秸秆人造板在生产技术上存在一些难点，主要有两个：

一是由于秸秆细胞的结构特征和化学组分与木材不尽相同，以稻草为例：稻草纤维的超微结构与木纤维相似，从纤维外壁到细胞腔分为ML、P、S_1、S_2、S_3等五层，但稻草纤维的S_1层比木纤维S_1层厚，解纤过程中难于分丝帚化，故采用传统的办法进行物料破碎或纤维分离，得率低，形态差，影响了产品的物理力学性能。

二是由于秸秆表面多数有不利于胶合的物质，如稻草秸秆表面层含有蜡质和硅质，采用传统的脲醛树脂或酚醛树脂胶，难以得到满意的胶合强度（尤其是内结合强度）。在实验室条件下，板材密度为 0.8 克 / 立方厘米和 UF 施胶量为 17%，MDI 施胶量为 6% 时，稻草中密度纤维板的物理力学性能达到 GB/T11718-1999 一等品的指标要求（见表 8-10）。目前，国内外已建成的生产厂家几乎都以异氰酸酯（MDI）为胶黏剂。使用异氰酸酯产品强度较高，机械加工性能好，耐水性好，无甲醛释放，但一是会产生成本问题，因为异氰酸酯施胶量比脲醛树脂低，但价格为脲醛树脂的 8 ～ 10 倍。二是粘板问题，如直接采用异氰酸酯胶黏剂，将会在热压过程中产生严重的粘板现象[110]。

表8-10　稻草中密度与木材中密度的性能比较①

种类	密度 (g/cm³)	施胶量 (%)	物理力学性能			
			弹性模量 MOE (MPa)	静曲强度 MOR (MPa)	内结合强度 IB (MPa)	吸水厚度膨胀率 TS (%)
UF稻草MDF	0.80	17	3049	29.8	0.52	13.7
MDI稻草MDF	0.8	6	3058	32.5	0.87	9.3
室内型板(一等品)	0.45～0.88	8～12	2500	22	0.55	12

（2）经济层面

有关资料表明，世界上利用农作物剩余物制造人造板已有几十年的历史。但是，以农作物秸秆主体——麦秸和稻草为原料制造人造板，建成工业化生产线，却只有 10 年左右的历史，但产业化还很难形成。从经济层面看主要有：一是原料收集、运输和贮存问题。农作物秸秆是一年生植物，季节性强，质地松散，易虫蚀、霉变和腐烂、容易引起火灾，尽管秸秆收购价格较低，但原料收集、运输、贮存和利用率问题却突出。造成最终实际成本与木材原料价格相差无几。二是投入问题，建立秸秆人造板企业的投入较大，特别是在我国，木材加工企业 90% 以上是非公有制投资主体，投资风险的不确定性，使投资者的积极性不高。例如，目前研究的农作物秸秆人造板实为秸秆碎料板，其工艺属碎料板。国内外所报道的用高温磨浆，施加脲醛树脂胶而制成的秸秆中密度纤维板，基本上是实验室的小型样品。根据国内外秸秆人造板建厂资料表明，

① UF稻草MDF 和MDI稻草MDF的数据来源：吴章康，《热磨处理对稻草原料表面特性的影响》，博士论文，69
室内型板数据来源：GB/T11718—1999

同样规模的秸秆人造板企业和木质人造板企业，采用现行的秸秆人造板生产技术，经营非常成功的前提下，二者的经济效益才相似。因此，投资秸秆人造板工厂的企业具有非常大的投资风险。

(3) 市场层面

从市场层面看，农作物秸秆人造板现状对农作物秸秆人造板产业化有一定影响，主要表现在：一是由于农作物秸秆人造板利用的原料不同，木材纤维与秸秆纤维的差异，使得秸秆人造板产品质量标准的制定存在差异，同等条件下，对产品的市场竞争力有一定影响；二是产品的认可度，迄今为止，秸秆人造板在市场上尚未像木质人造板那样为广大用户所认同；三是由于农作物秸秆人造板处于产品开发阶段，产品成本较高，产品没有价格竞争优势。

（三）秸秆人造板产业化政策措施

基于以上原因，目前国内对于秸秆人造板产生了“实验室研究多、产业化推广少，可行性报告多，实际投资建厂少，对产品舆论支持多，实际应用少”的现象[111]。如何加快农作物秸秆人造板产业化，笔者认为，除技术上应该有所突破外，应该建立较为完善的制度体系，具体从以下几个方面入手：

1. 完善促进农作物秸秆人造板产业化的财政政策

(1) 加大 R&D 的投入

国家对农作物秸秆的合理利用十分重视，国家“863”、“973”项目都将农作物秸秆的合理利用纳入了研究内容，地方政府如江苏省也投入了大量的科研经费。促进农作物秸秆人造板产业化，完善的财政政策非常重要。

我国财政在促进技术进步方面发挥的作用越来越大，特别是实施积极财政政策以来，一大批发明创造利用国家的财政投入而完成，农作物秸秆合理利用的发明创造特别明显，这有力地提高了企业的技术水平，增强了企业的市场竞争力。

由于我国目前农作物秸秆人造板企业缺乏人才、资金、信息和有效的创新管理能力，企业还不能成为技术创新主体，政府和学校的 R&D 资源配置处于主导地位，进一步发展农作物秸秆人造板产业，就要在财政的科技投入在绝对量上不断增长的情况下，加大科技投入占财政支出的比重及 GDP 的比重。

(2) 对生产企业财政扶持

国家对经济结构进行战略性调整，加强对森林资源和生态环境的保护，大力发展农作物秸秆人造板产业符合国家发展战略。正如前面分析，农作物秸秆人造板投入和生产的风险大，加上我国企业技术创新能力低，现阶段对生产企业财政扶持，有利于农作物秸秆人造板产业化速度的提高。

加大企业技术进步的财政扶持力度。政府财政可通过税收优惠、财政投融资及政府采购等手段，加大对农作物秸秆人造板企业的技术进步的扶持力度。可以考虑允许农作物秸秆人造板企业的 R&D 支出实行 100% 的税收抵扣，对生产设备实行加速折旧制度。并通过财政贴息、贷款担保等对农作物秸秆人造板企业给予资金支持，促进企业的技术进步。

利用国际规则，对企业进行补贴。利用 WTO《补贴与反补贴措施协议》中有关不可诉补贴的规定。不可诉补贴是指不具有专向性或属于以下类型的补贴：研究补贴包括对公司进行研究活动的援助，或对高等教育或研究机构与公司签约进行研究活动的援助；按地区发展总体框架，对某落后地区的非专向性补贴；不可诉补贴的第三种形式为促进现有设施适应法律和法规实行的新环境要求而提供的援助，WTO《补贴与反补贴措施协议》明确规定，在某些特定条件下，所有成员方为促进现有的生产设施适应新的能对公司企业加重经济负担的环境法规可以给予补贴。因此，对农作物秸秆人造板产业政府贷款利率或贴息水平可控制在 WTO 相关规则允许的范围内，并且财政的资助必须是非专向性的，并不超过工业研究成本的 75% 或竞争前技术开发活动成本的 50%。

（3）完善投资、金融管理体制

在现行投融资管理体制下，国家按投资和融资额度的大小，由各级行政主管部门行使审批权，而且项目审批制仅限于国有企业。随着我国经济的不断发展，非公有制经济在林业生产中的地位越来越重要、作用越来越大的今天，这种项目的行政审批制的弊端表现得越来越明显，使得非公有制经济主体处于不平等的地位，影响了非公有制经济主体投资农作物秸秆人造板企业的积极性。因此，国家应完善投资、金融管理体制，确保投资和融资渠道畅通。

另外，可以通过建立政府、银行、企业和社会等多元化科技投入体系，充分利用社会上各种闲散资金，筹集资金发展农作物秸秆人造板产业，分散投资风险[112]。

2. 完善科技成果转化机制

《中华人民共和国促进科技成果转化法》规定，科技成果转化，是指为提高生产力水平而对科学研究与技术开发所产生的具有实用价值的科技成果所进行的后续试验、开发、应用、推广直至形成新产品、新工艺、新材料、发展新产业等活动。

农作物秸秆人造板产业化必须依靠技术进步。技术发展一般经过三个阶段：技术理论、技术发明创造和技术应用。农作物秸秆人造板产业发展的关键是技术创新，即农作物秸秆人造板技术理论应用于技术发明创造、再将技术发明创造应用于生产过程。实现转化过程中，建立具有先进水平的林业科技体系，高效率的林业科研成果技术推广体系，高效益的林业科技成果的转化与应用基地，是农作物秸秆人造板产业发展的重要支撑力量。

农作物秸秆人造板技术理论和技术发明创造主要是由高校科研和相关科研机构的人员完成，如：南京林业大学在农作物秸秆人造板方面获得 1 项发明专利、2 项实用新型专利和 2 项技术成果；农作物秸秆墙体材料方面获得 1 项发明专利、4 项实用新型专利；农作物秸秆包装材料方面获得 1 项实用新型专利。这些技术转化途径主要有：一是内部转化，即自办企业转化；一是技术成果流向企业，90% 以上是这种形式的转化。不管何种形式的转化，都涉及到科技成果的供应方、需求方和转化的外部环境，三者相互作用，共同影响科技成果的转化速度和效果。因此，应该从以下几个方面加以完善：

（1）健全产、学、研合作机制

应当建立一种以政府为引导的新型产、学、研一体化的合作机制，以学、研为基石，以企业为支柱，利益共享、风险共担的合作形式。具体到农作物秸秆人造板技术产、学、研一体化的合作机制，笔者认为：中试阶段合作机制完善是非常重要的。中试阶段是科技成果向生产力转化的必经阶段。农作物秸秆人造板技术成果如果未经中试的不成熟技术的状态面市，则企业无力直接消化这类不成熟技术，这必将导致科技成果转化率低，影响农作物秸秆人造板产业化速度。可以参考国外的做法，在成果转化的不同阶段，通过签订不同约束力的合同来保证科技成果转化的持续性和完整性，维护各方的权利，共同承担合作风险。

（2）建立和完善技术产权交易市场

农作物秸秆人造板产业投资风险大，技术商品供求关系发生了新的变化，技术产权交易市场建立和完善，有助于农作物秸秆人造板产业化。进行农作物秸秆人造板技术产权交易，探索新形势下促进科技成果转化、高新技术产业化的新途径。一是利用信息经济，建立以政府为主导的农作物秸秆人造板技术产权交易网；二是完善中介服务体系，提高科技经纪人队伍素质。中介组织和高素质科技经纪人是科技成果交流、交易、传递、扩散的媒介，也是转化的一个重要环节。应当规范中介服务机构的行为，建立一种风险共担、利益共享、以市场经济体制运作的服务体系[113]。

3. 保护知识产权

农作物秸秆人造板科技成果转化与知识产权制度既相互联系又有区别。农作物秸秆人造板科技成果转化可直接加速技术进步和农作物秸秆人造板产业化进程，如何通过以技术转移为手段，面向社会提高技术成果的转化率，知识产权保护占据着不可替代的重要位置。可以通过知识产权制度规范科技管理，建立促进科技创新的利益机制和激励机制，知识产权制度可以保护农作物秸秆人造板技术权利人的合法利益，调动发明创造者的积极性。

参考文献

[1] [德]K.F.齐默尔曼，申其辉，孙静，周晓等译.经济学前沿问题[M].北京：中国发展出版社，2004.
[2] 魏建，周林彬.法经济学[M].北京：中国人民大学出版社，2008:92～93
[3] 张五常.关于新制度经济学.契约经济学[M].北京：经济科学出版社，1999.
[4] 科斯.评论.契约经济学[M].北京：经济科学出版社，1999.
[5] 卢现祥，李小平.制度转型、经济增长和交易费用[J].经济学家，2008（3），56
[6] 吴易风:论政治经济学或经济学的研究对象，张宇等主编.高级政治经济学[M]，北京：中国人民大学出版社，2006.
[7] 罗宾斯.经济科学的性质与意义[M].北京：商务印书馆，2000.
[8] 保罗，萨缪尔森，威廉，诺德豪斯著，萧琛等译.经济学[M].北京：华夏出版社，1999.
[9] [日]青木昌彦.比较制度经济学[M].周黎安译.上海：上海远东出版社，2001：3～7
[10] [日]青木昌彦.比较制度经济学[M].周黎安译.上海：上海远东出版社，2001：28～29
[11] [德]柯武刚，史漫飞.制度经济学[M].韩朝华译.北京：商务印书馆，2002.
[12] [德]柯武刚，史漫飞.制度经济学[M].韩朝华译.北京：商务印书馆，2002：127～135
[13] [美]丹尼尔.F.史普博.管制与市场[M].余晖，何帆，钱家骏等译.上海：上海三联书店，上海人民出版社，1999.
[14] Viscusi W.K., J.M.Hharrington, Jr., 1995, Economics of Regulation and Antitrust, The MIT Press, p.295
[15] [美]丹尼尔.F.史普博.管制与市场[M].余晖，何帆，钱家骏等译.上海：上海三联书店，上海人民出版社，1999.
[16] 植草益.微观规制经济学[M].北京：中国发展出版社，1992：1～2
[17] 王俊豪.政府管制经济学导论[M].北京：商务印书馆，2003:2～3
[18] [美]汤姆，泰坦伯格.环境与自然资源经济学[M].严旭阳译.北京：经济科学出版社，2003.
[19] 韩丽华，潘明星.政府经济学[M].北京：中国人民大学出版社.2003:25～26
[20] [美]罗伯特.考特，托马斯.尤伦.法和经济学[M].张军译.上海：上海三联书店，上海人民出版社.1994:146～147
[21] 臧旭恒，徐向艺，杨蕙馨.产业经济学[M].北京：经济科学出版社.2002.
[22] [美]汤姆.泰坦伯格.环境与自然资源经济学[M].严旭阳译.北京：经济科学出版社，2003.
[23] [美]罗伯特.考特，托马斯.尤伦.法和经济学[M].张军译.上海：上海三联书店，上海人民出版社，1994:147～149
[24] [美]罗伯特.考特，托马斯.尤伦.法和经济学[M].张军译.上海：上海三联书店，上海人民出版社，1994.

[25] [美]罗伯特.考特，托马斯.尤伦.法和经济学[M].张军译.上海：上海三联书店，上海人民出版社.1994.
[26] Charles, H.C.K, 1991, The World of economics (2nd revised edition, volume Ⅰ) [M].Commonwealth Publishing Co., Ltd, p.252.转引自《政府管制经济学导论》.王俊豪著.北京：商务印书馆，2002.
[27] 王俊豪.政府管制经济学导论[M].北京：商务印书馆.2002:332～335
[28] 韩丽华，潘明星.政府经济学[M].北京：中国人民大学出版社.2003:53～56
[29] 韩丽华，潘明星.政府经济学[M].北京：中国人民大学出版社.2003.
[30] 王俊豪.政府管制经济学导论[M].北京：商务印书馆.2002:332～335
[31] 埃德温，曼斯菲尔德，王志伟等译.管理经济学[M].第3版，北京：经济科学出版社.1999.
[32] 王俊豪.政府管制经济学导论[M].北京：商务印书馆.2002:328～329
[33] [美国]Tom Tietenberg, Environmental and Natural Resource Economics[M].Fifth Edition，北京：清华大学出版社.2003:66～68
[34] 王俊豪.政府管制经济学导论[M].北京：商务印书馆.2002.
[35] [联邦德国]E.罗发埃尔.人造板和其他材料的甲醛散发[M].王定选等译.北京：中国林业出版社，1992:204～205
[36] 埃德温，曼斯菲尔德，王志伟译.管理经济学(第3版)[M].北京：经济科学出版社.2002:659～662
[37] 赵国青主编.外国环境法选编[M].北京：中国政法大学出版社，2007.
[38] 洪银兴主编.可持续发展经济学[M].北京：商务印书馆，2002.
[39] 沈文星，佘光辉.福建集体林业产权制度改革利益冲突的制度控制.[J].林业经济，2006 (11)：26～29
[40] 沈文星，赵元刚.江苏省林业产权制度改革中权属关系之研究[J].林业经济问题，2001(6)，21：333～336
[41] 沈文星，杨红强.非公有制林业发展的法律政策问题研究[J].林业经济问题，2005(5)，25：278～281
[42] 隋彭生.用益债权——新概念的提出与探析[J].政法论坛，2008 (3)，26：58
[43] 胡家强，马乾梁.土地承包经营权的物权法思考[J].农村经济，2008 (3)，22～25
[44] 沈文星.森林采伐限额管理制度研究[J].林业资源管理，2004 (6)，1～4
[45] 袁小荣.土地承包经营权流转的物权法分析[J].广东土地科学，2007 (5)，6：27
[46] 赖盛中.土地保障和农村社会保障[J].柳州师专学报，2003，(3)：54～56
[47] 江苏全面启动编制水系规划.2006年7月19日《扬子晚报》
[48] 傅道忠.促进技术进步的财政政策选择.石家庄经济学院学报，2004，27(6):686～688
[49] 道格拉斯.诺斯，罗伯特.托马斯，厉以平，蔡磊译.西方世界的兴起，北京：华夏出版社，1999，1
[50] 科斯. 财产权利与制度变迁[M]. 上海:上海三联书店，1994.
[51] 科斯.企业、市场与法律[M].上海:上海三联书店，1990.
[52] 黄新华.制度创新的经济学理论，理论学刊，2004，119 (1)，36
[53] 道格拉斯.诺斯，罗伯特.托马斯，厉以平，蔡磊译.西方世界的兴起[M].北京：华夏出版社，1999.
[54] 沈文星.财产所有权与林业经济体制改革[J].林业经济问题.1999年第5期，15～17

[55] [美]汤姆，惕藤伯格，朱启贵译.环境经济学与政策[M].上海：上海财经大学出版社，2003.
[56] 罗江滨，陈平留，陈新兴.森林资源资产评估[M].北京：中国林业出版社，2002.
[57] 田明华，陈建成.中国森林资源管理变革趋势：市场化研究[M].北京：中国林业出版社，2003:86～87
[58] 包宗顺，金高峰.江苏农民收入差距新特征及增收对策[J].农业现代化研究，2007（5）:285～288
[59] 李艳华.江苏省区域经济发展差异成因及其实证研究[J].黑龙江对外经贸，2008（11）:128～131
[60] 欧向军，沈正平，朱灵子，秦永东.产业结构转换对区域经济差异的影响初探——以江苏省为例[J].工业技术经济，2007（3）:31～34
[61] 严宏生.苏北发展农村经济、增加农民收入的有效途径[J].中国林业产业，2006（7）:19～22
[62] 周斯仁.产权与制度变迁:中国改革的经验研究[M].北京：北京大学出版社，2004：1～2
[63] 徐晋涛，孙妍，姜雪梅，李.我国集体林区林权制度改革模式和绩效分析[J].林业经济，2008（9）:27～38
[64] 曾小平.我国区域经济发展的差异因素以及政策机制研究[J].全国商情（经济理论研究）2007(1):3～5
[65] 张利国.江西省集体林权制度改革探析[J].林业科学，2008:79～83
[66] 沈文星，范泽华，翁小杰.福建省集体林权制度改革研究报告[M].北京：中国林业出版社，2008:54～58
[67] 沈文星，佘光辉．“第三部门”视野下的福建集体林业产权制度改革[J].南京林业大学学报，2007(2)
[68] 沈贵.中国木材工业的历史性转变[J].林产工业.2004年第1期，3
[69] 孙建.中国木材工业发展现状、趋势和政策取向[J].绿色中国，2004(12)，17～20
[70] 沈贵.中国木材工业的历史性转折[J].林产工业，2004年第1期，3～5
[71] 孙建.中国木材工业发展现状、趋势和政策取向[J].绿色中国，2004(12)，17～20
[72] 洪银兴.可持续发展经济学[M].北京：商务印书馆，1998.
[73] 江苏林业网.全球森林资源告急 木材走私与毒品走私一样严重，2004(4)
[74] 那力，何志鹏编著.WTO与环境保护[M].长春：吉林人民出版社，2002:22～23
[75] 田明华，陈建成.中国森林资源管理变革趋势：市场化研究[M].北京：中国林业出版社，2003:86～89
[76] 刘红梅，王克强.论农村土地使用权流转过程中的利益分配[J].社会科学研究，成都，2001年，第5期，30～32
[77] [美] 汤姆，惕藤伯格，朱启贵译.环境经济学与政策[M].上海：上海财经大学出版社，2003:199～205
[78] 沈文星，《森林采伐限额管理制度研究》[J].林业资源管理，北京，2004年，第6期，1～4
[79] 田明华 陈建成，中国森林资源管理变革趋势：市场化研究[M].北京：中国林业出版社，2003:16～17
[80] 田明华，陈建成.中国森林资源管理变革趋势：市场化研究[M].北京：中国林业出版社，2003:17～20
[81] 罗江滨.森林资源资产评估[M].北京：中国林业出版社，2002:10～12
[82] 赵国青.外国环境法选编[M].北京：中国政法大学出版社，2000.

[83] 沈文星，陈大胜.森林资源管理的行政许可制度研究[J].南京林业大学学报.2004(4)，31～35
[84] 沈文星.改善林业法律环境的探讨[J].林业资源管理，北京，1997(4)，9
[85]“非公有制林业发展研究”课题组.公有制林业发展制度障碍及解决对策[J].林业经济，北京，2003(2)，18～19
[87] [美]迈克尔，波特，陈小悦译.竞争战略[M].北京：华夏出版社，1997:4～5
[88] 臧旭恒，徐向艺，杨蕙馨.产业经济学[M].北京：经济科学出版社，2002.
[89] 周定国.人造板生产新技术[A].中国木材工业可持续发展高层论坛论文集[C].北京，2004:74～75
[90] 赵戈.浅谈我国木材行业发展的现状问题及对策[J].木材工业，2003(5)，1～3
[91] [美]迈克尔，波特，陈小悦译.竞争战略[M].北京：华夏出版社，1997:34～35
[92] 曹德骏.合作——竞争：企业基本竞争战略[J].经济论坛，2002(6)，86～88
[93] 臧旭恒，徐向艺，杨蕙馨.产业经济学[M].北京：经济科学出版社，2002:115～116
[94] 刘伟.制造业产品竞争战略与创新管理体系的演变与发展[J].中国机械工程，第11卷第12期，2000(12)，1345～1347
[95] 周定国.人造板生产新技术[A].中国木材工业可持续发展高层论坛论文集[C].北京，2004:81～82
[96] 赵，陆文明.森林认证的现状与发展趋势[J].世界林业研究，2004（1）：1～4
[97] 高成兴，黄卫平等.国际贸易教程（第三版）[M].北京：中国人民大学出版社，2007： 166～167
[98] 查尔斯，范·马芮威耶克.中级国际贸易学[M].上海：上海财经大学出版社，2006：158～171
[99] 蒋敏元，唐宏.浅析森林认证对我国相关利益主体之影响 [J].中国林业企业，2005(5):5～7
[100] 王寿兵，吴峰，刘晶茹.产业生态学 [M].北京：化学工业出版社，2006： 92～93
[101] 王寿兵，吴峰，刘晶茹.产业生态学 [M].北京：化学工业出版社，2006： 92～93
[102] 陆文明.森林认证对森林经营和林产品贸易的影响 [J].林业科技管理，2001（4）：16～20
[103] 何志毅，于泳.绿色营销发展现状及国内绿色营销的发展途径 [J] .北京大学学报（哲学社会科学版），2004（6）：86
[104] 胡孙跃，向仕龙.废旧木质家具材料的循环回收利用 [J] .木材加工机械，2006（1）：32
[105] 郭星恺.我国农作物秸秆人造板发展前景展望 [J] .人造板通讯，2001，(1):6～8
[106] 臧旭桓，徐向艺，杨蕙馨.产业经济学 [M].北京:经济科学出版社，2002:231～232
[107] 洪银兴.可持续发展经济学[M].北京:商务印书馆，2000:30～33
[108] 臧旭桓，徐向艺，杨蕙馨.产业经济学 [M].北京:经济科学出版社，2002:237
[109] 周晓燕.农作物秸秆材料新产品及生态环保型人造板的研制开发 [J] .林业科技，2002，16(3):8～9
[110] 周定国.农作物秸秆人造板开发现状、难点、风险和建议 [J] .林产工业，2002，29(2):3～6
[111] 周定国.农作物秸秆人造板开发现状、难点、风险和建议 [J] .林产工业，2002，29(2):5
[112] 傅道忠.促进技术进步的财政政策选择 [J] .石家庄经济学院学报，2004，27(6):686～688
[113] 李阳，王要武，薛小龙.知识经济环境下促进科技成果转化的对策研究 [J] .中国科技论坛，2004，(6):32

高等职业教育社会工作系列教材

社会工作政策法规

（第三版）

主　编　蒋传宓　孙　丽
副主编　赵　春

中国轻工业出版社

图书在版编目（CIP）数据

社会工作政策法规/蒋传宓，孙丽主编．--3版．—北京：中国轻工业出版社，2024.7

高等职业教育“十三五”规划教材

ISBN 978-7-5184-2437-5

Ⅰ.①社… Ⅱ.①蒋… ②孙… Ⅲ.①社会政策—中国—高等职业教育—教学参考资料 ②社会工作—法规—中国—高等职业教育—教学参考资料 Ⅳ.①D601 ②D922.11

中国版本图书馆CIP数据核字（2019）第067026号

策划编辑：张文佳
责任编辑：崔丽娜　　责任终审：劳国强　　封面设计：锋尚设计
版式设计：砚祥志远　　责任校对：吴大鹏　　责任监印：张　可

出版发行：中国轻工业出版社（北京鲁谷东街5号，邮编：100040）
印　　刷：三河市万龙印装有限公司
经　　销：各地新华书店
版　　次：2024年7月第3版第7次印刷
开　　本：787×1092　1/16　印张：19.25
字　　数：450千字
书　　号：ISBN 978-7-5184-2437-5　定价：48.00元
邮购电话：010-85119873
发行电话：010-85119832　010-85119912
网　　址：http://www.chlip.com.cn
Email：club@chlip.com.cn

如发现图书残缺请与我社邮购联系调换

241292J2C307ZBW

第三版 前言

自党的十六届六中全会作出建设宏大的社会工作人才队伍战略决策以来，我国社工人才队伍建设以及社会工作事业快速发展。截至2017年底，全国持证社会工作者达到32.7万人，承接了大量的社会服务工作，社会工作已经成为我国社会建设重要的组成部分。实践证明，发挥社会工作专业人才的专业优势是解决社会问题、应对社会风险、创新社会治理的有效手段。

自党的十八届四中全会提出全面推进依法治国以来，社会工作领域新的政策法规不断出台，新的要求不断提出。十九大报告指出，中国特色社会主义进入新时代，我国社会主要矛盾已经转化为人民日益增长的美好生活需要与不平衡不充分的发展之间的矛盾。毫无疑问，这对社会工作者依法从事社会工作的能力和水平提出了更高的要求。为了适应新的形势，增强社会工作专业教育教学的针对性、适用性和专业性，社会工作政策法规教材编写组决定对《社会工作政策法规（修订版）》再次修订。

本次修订在体例上作了一些微调整合，进一步加强对社会工作政策法规具体制度和规范的介绍，强调学以致用；在内容上，根据国家法律法规和政策的“立改废”进行重新梳理，确保内容的新颖性、时代性、准确性和有效性。

本书的各项政策法规中出现的数字，部分为阿拉伯数字，部分为汉字数字，编写过程中，查看了各项政策法规的原文，在尊重原文的基础上，未进行全文统一。

本次教材修订参考了《社会工作者职业水平考试大纲·社会工作法规与政策（中级）考试大纲（2015年版）》，定位于社会工作专业及其他相关专业的教学用书，也可以作为社会工作者职业水平考试的复习参考用书、培训教材和社会工作者从事社会工作实务的参考资料、一般读物。

本次修订由重庆城市管理职业学院蒋传宓、孙丽任主编，赵春任副主编，全书由蒋传宓负责拟定大纲和统稿。具体编写工作如下：

蒋传宓（重庆城市管理职业学院）：第一章、第二章、第七章、第十三章；

何　静（重庆城市管理职业学院）：第三章；

贾丽彬（重庆城市管理职业学院）：第四章；

王小丽（重庆城市管理职业学院）：第五章、第十一章；

郭小建（重庆城市管理职业学院）：第六章；

孙　丽（重庆城市管理职业学院）：第八章、第九章；

赵　春（重庆城市管理职业学院）：第十章；

刘　彪（重庆含宪律师事务所）：第十二章。

本次修订是重庆市高等职业院校专业能力（骨干专业）社会工作专业建设项目的建设成果。本书是编写组全体工作人员辛勤劳动的结果，在编写和出版过程中，得到了重庆城市管理职业学院和中国轻工业出版社领导的大力支持，得到了重庆城市管理职业学院周良才、重庆市社会工作者协会黄启达、重庆福润德养老产业有限公司高艳萍、中国轻工业出版社刘云辉、张文佳等同志的帮助，在此一并向他们表示衷心的感谢。

由于编者水平有限，本书不足之处在所难免，恳请同行专家和广大读者不吝赐教。

编　者

2018 年 10 月

第一版 前言

社会工作专业人才是具有一定社会工作专业知识和技能，在社会福利、社会救助、扶贫济困、慈善事业、社区建设、婚姻家庭、精神卫生、残障康复、教育辅导、就业援助、职工帮扶、犯罪预防、禁毒戒毒、矫治帮扶、人口计生、应急处置、群众文化等领域直接提供社会服务的专门人员。社工人才是构建社会主义和谐社会、加强和创新社会管理不可或缺的重要力量，充分发挥他们的专业优势，对解决社会问题、应对社会风险、促进社会和谐、推动社会发展具有重要的基础性作用。

自党的十六届六中全会作出建设宏大的社会工作人才队伍战略决策以来，我国社工人才队伍建设步伐加快，取得了显著成绩，但还存在人才能力素质不高，对现行社会工作相关政策法规解读和运用能力欠缺等问题。

为了加快推进社工人才队伍建设，2011 年 11 月 8 日，中央组织部、中央政法委、民政部等 18 个部门和组织联合发布了《关于加强社会工作专业人才队伍建设的意见》，提出要大力发展社会工作专业教育，建构中国特色的社会工作专业理论、课程和教材体系。紧接着，2012 年 3 月 7 日，中央组织部、中央政法委、民政部等 19 个部委和群团组织联合印发了《社会工作专业人才队伍建设中长期规划（2011— 2020 年）》，提出要适应社会工作专业教育、理论、政策与实务发展需要，重点培养造就一批理论功底深、实务能力强，系统掌握国内外社会工作法规政策，能够推动本土社会工作理论和政策实务发展、具备开展国际交流合作能力的社会工作教育与研究人才。

鉴于此，我们组织编写了本书。本书根据高职教学特点和社会工作实际需要，坚持素质教育和能力本位的指导思想，贯穿“够用”和“实用”的原则，突出“时代性”和“准确性”的特色，广泛吸收专家学者的最新研究成果，紧跟国家政策导向和立法步伐，力图创新。全书对社会工作政策法规基本理论作通识性的介绍，重点讲述我国现行的社会工作实务相关政策法规制度。

本书可作为高职院校社会工作专业及其他相关专业的教材和教学参考用书。在编写过程中，我们参考了《社会工作者职业水平考试大纲 · 社会工作法规与政策（中级）考试大纲（2010 年版）》。因此，本书可以作为社会工作者职业水平考试的复习参考用书和培训教材，也可以作为社会工作者从事社会工作实务的参考用书。

本书由重庆城市管理职业学院蒋传宓任主编，负责拟定大纲和统稿。编写工作主要由从事社会工作专业教学、实务的一线教师和社工师承担，具体分工如下：

蒋传宓（重庆城市管理职业学院副教授）：第一章、第二章、第六章第四节、第八章、第十一章第一节、第十二章第一节、第十三章第一节；

何静（重庆城市管理职业学院讲师、社工师）：第三章；

贾丽彬（重庆城市管理职业学院社工师）：第四章、第十一章第二节、第十三章第二节；

王小丽（重庆城市管理职业学院讲师、社工师）：第五章、第十章；

郭小建（重庆城市管理职业学院社工师）：第六章第一节、第二节、第三节、第十二章第二节；

孙丽（重庆城市管理职业学院二级秘书）：第七章；

赵春（重庆城市管理职业学院讲师）：第九章。

本书是重庆城市管理职业学院“国家骨干高职院校建设项目”的成果之一，其编写和出版得益于重庆城市管理职业学院和中国轻工业出版社领导的大力支持，得益于重庆城市管理职业学院周良才、齐芳以及重庆市社会工作者协会黄启达、中国轻工业出版社刘云辉等同志的帮助，在此一并向他们表示衷心的感谢。

由于水平有限，不足之处在所难免，真诚希望同行专家和广大读者批评指正。

编者

2013 年 12 月

目录

Contents

第一章　社会工作政策法规概述

学习目标

通过本章的学习，你应该能够：

1. 掌握社会工作政策法规的体系、社会建设基本政策内容；

2. 掌握社会工作专业人才队伍建设的政策法规，以及社会工作专业人才队伍建设中长期规划（2011—2020 年）的主要内容；

3. 学会运用习近平新时代中国特色社会主义思想理解社会工作政策法规并开展社会工作。

第一节　社会工作政策法规的体系和内容

一、社会工作政策法规体系

（一）社会工作政策法规的含义

从一般性的意义上看，法规是指国家立法机构和政府行政机关为规范社会秩序和实施有效的社会管理而制定的各种规范性文件的总称。从广义上看，法规包含国家及地方立法机构制定的法律体系和政府行政部门制定的规范性文件。但从狭义上看，法规有时也指除国家正式的法律体系之外的规范性文件，如中央政府颁布的行政法规、省级人民代表大会依照法定职权和程序制定的地方性法规。本书所指的法规概念一般取其广义，即由国家和地方立法机构和政府行政机关为规范社会秩序和实施有效的社会管理而制定的各种规范性文件的总称，它包括国家法律、国务院行政法规、地方法规，以及各级政府及其行政部门制定的其他各种规范性文件。法规最大的特点在于其规范性和强制性。其规范性体现在它必须要按照规范化的程序去制定和实施；其强制性体现在它一经制定和颁布，在其适用范围内就必须得到有效的执行。

社会工作的政策法规是指社会工作者在其职业活动中应该遵循的国家法律、政府行政法规和其他各种政策文件。社会工作政策法规主要包括两类，一类是国家立法机关、政府行政机构和具有管理职能的社会工作行业组织为规范社会工作组织建设、人员管理和职业活动等事项，并促进社会工作发展而制定和发布的各种法律、法规、政策文件和行业规范性文件。在社会工作职业体系比较成熟的国家里，这类政策法规体系比较健全，对社会工作的运行和发展起到重要的作用。另一类是在社会工作实践中涉及的国家法律、政府法规和政策文件，这是社会工作政策法规的主体部分。

（二）社会工作政策法规的体系渊源

社会工作政策法规的渊源是指社会工作政策法规的出处，不同机关制定的文件，其效力不尽一样。因此，社会工作政策法规的体系渊源是一个具有效力层级性的文件体系，既包括规范性文件，即法规体系，又包括政策性文件体系。

1. 法规体系

（1）国家法律。国家法律是指由全国人民代表大会及其常务委员会制定的各种规范性文件的总称。这种文件一般以“中华人民共和国××法”命名，如《中华人民共和国慈善法》等。

（2）行政法规。行政法规是指国务院根据宪法和法律制定的有关行政管理等方面的规范性文件。行政法规一般称“条例”，如《婚姻登记条例》等。

（3）国务院部门规章。国务院部门规章是指国务院各部、各委员会、各署、中国人民银行和具有行政管理职能的直属机构等部门根据法律和国务院的行政法规、决定、命令，在本部门的职权范围内制定的法规性文件。规章的名称一般称“规定”“办法”等，如民政部《养老机构管理办法》等。

（4）地方性法规。地方性法规是指省、自治区、直辖市和较大的市的人民代表大会及其常委会制定的规范性文件。地方性法规一般也称“条例”，如《重庆市老年人权益保障条例》。自治州、自治县的人民代表大会依照法定职权和程序制定的自治条例、单行条例也具有地方法规的效力。

（5）地方政府规章。地方政府规章是指省、自治区、直辖市和较大的市的人民政府制定的规范性文件。地方性规章的名称一般也称“规定”“办法”，如《重庆市工伤保险实施办法》等。

此外，各级政府还有其他一些规范性的文件也属于法规的范畴，包括国务院部门以及省、自治区、直辖市和较大的市的人民政府及其主管部门对具体应用法律、法规或规章作出的解释等。

2. 政策体系

政策体系是国家、政府和政党为实现其目标而制定的总体方针、行动准则和具体行动的总和。政策文件的内容非常广泛，形式多样。一类是党和政府及其职能部门以政策文件的形式向其下级组织下达政策指令，要求下级组织按照上级政府或其职能部门的要求办理某类公共事务，或者为下级政府及其职能部门的工作提供指导原则。此类文件常常以“通知”“意见”等文件方式下发，有时也以对下级上报请示文件的“批复”等信函的方式下发。另一类则更侧重向社会宣布政府的政策方向、原则及内容，其形式常常是以“白皮书”等方式发布。还有一类政策文件既针对其下属组织及部门，又面向社会，这类文件常常是以“决定”“公告”等方式发布。

按照发文主体，政策文件可以分为不同的层级和类别，主要有中共中央文件、国务院文件、中共中央与国务院联合发布的政策文件、中共中央与国务院各个部门的政策文件、中共中央与国务院有关部门联合发布的文件、中央各部门与具有公共管理职能的群众团体（如全国妇联、全国总工会、共青团中央、中国残联等）联合发布的政策文件，以及地方各级政府及其职能部门发布的地方性政策文件等。

3. 国际条约

在当代社会中，随着全球化的发展，各国之间的交往和相互影响日益加强，国际性和全球性的公共事务也不断增多。因此，国际组织的政策文件和国际公约、条约等规范性文件对国内公共事务也产生着越来越大的影响。但是，国际组织和国际公约条约的文件不能直接作为处理国内事务的法定依据，必须要通过本国的立法程序，才能纳入本国法规体系。

4. 政策法规体系的效力关系

政策法规体系的内部结构很复杂，不同的主体所制定的文件以及不同的文件形式，其效力和约束力是不一样的。

在效力方面，根据立法规定，首先，宪法具有最高的法律效力，一切法律、行政法规、地方性法规、自治条例和单行条例、规章都不得同宪法相抵触。其次，法律的效力高于行政法规、地方性法规、规章。再次，行政法规的效力高于地方性法规、规章，地方性法规的效力高于本级和下级地方政府规章。省、自治区人民政府制定的规章效力高于本行政区域内的较大的市的人民政府制定的规章。此外，自治条例和单行条例可以依法对法律、行政法规、地方性法规作变通规定，在本自治地方适用。经济特区法规根据授权可以对法律、行政法规、地方性法规作变通规定，在本经济特区适用。最后，部门规章之间、部门规章与地方政府规章之间具有同等效力，在各自的权限范围内施行。

在约束力方面，法律、法规具有完整的约束力，必须严格执行。国务院及其行政部门和地方政府制定并发布的各种“决定”“通知”“规定”“办法”等文件也具有约束力，在其规定的范围内应该执行。各级政府及其行政部门发布的各种“意见”属于指导性的文件，约束力相对较弱。各级政府及其行政部门的各种“批复”“答复”等文件，在其直接针对的地区和部门及单位具有约束力，但对其他地区、部门和单位则只具有参照性效力。

二、社会工作政策法规的内容

社会工作政策法规是社会建设的重要推手，其领域相当广泛，所涉及的政策法规也相当广泛，既包括社会建设基本政策，也包括开展社会工作的具体政策法规。

（一）社会建设基本政策

1. 十六届六中全会关于构建社会主义和谐社会的政策

党的十六届六中全会通过的《中共中央关于构建社会主义和谐社会若干重大问题的决定》（以下简称《决定》），对构建社会主义和谐社会进行了总体部署。

(1) 总体要求和原则。构建社会主义和谐社会，要按照民主法治、公平正义、诚信友爱、充满活力、安定有序、人与自然和谐相处的总要求，以解决人民群众最关心、最直接、最现实的利益问题为重点，着力发展社会事业、促进社会公平正义、建设和谐文化、完善社会管理、增强社会创造活力，走共同富裕道路，推动社会建设与经济建设、政治建设、文化建设协调发展。

构建社会主义和谐社会，要遵循以下原则：必须坚持以人为本，必须坚持科学发展，必须坚持改革开放，必须坚持民主法治，必须坚持正确处理改革发展稳定的关系，必须坚持在党的领导下全社会共同建设。

（2）目标任务。《决定》提出，到2020年，构建社会主义和谐社会的目标和主要任务是：社会主义民主法制更加完善，依法治国基本方略得到全面落实，人民的权益得到切实的尊重和保障；城乡、区域发展差距扩大的趋势逐步扭转，合理有序的收入分配格局基本形成，家庭财产普遍增加，人民过上更加富足的生活；社会就业比较充分，覆盖城乡居民的社会保障体系基本建立；基本公共服务体系更加完备，政府管理和服务水平有较大提高；全民族的思想道德素质、科学文化素质和健康素质明显提高，良好道德风尚、和谐人际关系进一步形成；全社会创造活力显著增强，创新型国家基本建成；社会管理体系更加完善，社会秩序良好；资源利用效率显著提高，生态环境明显好转；实现全面建设惠及十几亿人口的更高水平的小康社会的目标，努力形成全体人民各尽其能、各得其所而又和谐相处的局面。

《决定》还提出了构建社会主义和谐社会若干重要方面的重要任务：一是坚持协调发展，加强社会事业建设；二是加强制度建设，保障社会公平正义；三是建设和谐文化，巩固社会和谐的思想道德基础；四是完善社会管理，保持社会安定有序；五是激发社会活力，增进社会团结和睦；六是加强党对构建社会主义和谐社会的领导。

2. 十七大关于加强社会建设政策

党的十七大报告将社会建设纳入总体格局，提出要加快推进以改善民生为重点的社会建设。报告指出，社会建设与人民幸福安康息息相关。必须在经济发展的基础上，更加注重社会建设，着力保障和改善民生，推进社会体制改革，扩大公共服务，完善社会管理，促进社会公平正义，努力使全国人民学有所教、劳有所得、病有所医、老有所养、住有所居，推动建设和谐社会。报告还提出了推进以改善民生为重点的社会建设六大任务：一是优先发展教育，建设人力资源强国。二是实施扩大就业的发展战略，促进以创业带动就业。三是深化收入分配制度改革，增加城乡居民收入。四是加快建立覆盖城乡居民的社会保障体系，保障人民基本生活。五是建立基本医疗卫生制度，提高全民健康水平。六是完善社会管理，维护社会安定团结。

3. 十八大关于加强社会建设的政策

党的十八大报告指出，建设中国特色社会主义，总布局是五位一体，即全面推进经济建设、政治建设、文化建设、社会建设、生态文明建设。报告提出在改善民生和创新管理中加强社会建设，并对加强社会建设提出了要求。第一，加强社会建设，是社会和谐稳定的重要保证。必须从维护广大人民群众根本利益的高度，加快健全基本公共服务体系，加强和创新社会管理，推动社会主义和谐社会建设。第二，加强社会建设，必须以保障和改善民生为重点。提高人民物质文化生活水平是改革开放和社会主义现代化建设的根本目的。

要多谋民生之利，多解民生之忧，解决好人民最关心、最直接、最现实的利益问题，在学有所教、劳有所得、病有所医、老有所养、住有所居基础上持续取得新进展，努力让人民过上更好的生活。第三，加强社会建设，必须加快推进社会体制改革。要围绕构建中国特色社会主义社会管理体系，加快形成党委领导、政府负责、社会协同、公众参与、法治保障的社会管理体制，加快形成政府主导、覆盖城乡、可持续的基本公共服务体系，加快形成政社分开、权责明确、依法自治的现代社会组织体制，加快形成源头治理、动态管理、应急处置相结合的社会管理机制。报告还提出了加强社会建设六个方面的重点任务：努力办好人民满意的教育；推动实现更高质量的就业；千方百计增加居民收入；统筹推进城乡社会保障体系建设；提高人民健康水平；加强和创新社会管理。

4. 十八届三中全会关于深化社会建设改革的政策

党的十八届三中全会通过的《中共中央关于全面深化改革若干重大问题的决定》指出，全面深化改革的目标之一是：紧紧围绕更好保障和改善民生、促进社会公平正义，深化社会体制改革，改革收入分配制度，促进共同富裕，推进社会领域制度创新，推进基本公共服务均等化，加快形成科学有效的社会治理体制，确保社会既充满活力又和谐有序。具体要求如下：

（1）加快社会事业改革，解决好人民最关心、最直接、最现实的利益问题，努力为社会提供多样化服务，更好地满足人民需求，实现发展成果，更多、更公平地惠及全体人民。深化教育领域综合改革，大力促进教育公平，逐步缩小区域、城乡、校际差距。健全促进就业创业体制机制，建立经济发展和扩大就业的联动机制，健全政府促进就业责任制度，规范招人用人制度，消除城乡、行业、身份、性别等一切影响平等就业的制度障碍和就业歧视，形成合理有序的收入分配格局，着重保护劳动所得，多渠道增加居民财产性收入，保护合法收入，调节过高收入，清理规范隐性收入，取缔非法收入，增加低收入者收入，扩大中等收入者比重，努力缩小城乡、区域、行业收入分配差距，逐步形成橄榄型分配格局。建立更加公平可持续的社会保障制度，实现基础养老金全国统筹，构建多层次社会保障体系。深化医药卫生体制改革，统筹推进医疗保障、医疗服务、公共卫生、药品供应、监管体制综合改革。

（2）创新社会治理体制。报告指出，创新社会治理，必须着眼于维护最广大人民根本利益，最大限度增加和谐因素，增强社会发展活力，提高社会治理水平，全面推进平安中国建设，维护国家安全，确保人民安居乐业、社会安定有序。报告要求：一要改进社会治理方式，坚持系统治理、依法治理、综合治理、源头治理；二要激发社会组织活力，推进社会组织发挥作用；三要创新有效预防和化解社会矛盾体制，畅通诉求表达，化解矛盾纠纷；四要健全公共安全体系，维护社会秩序，有效控制和应对突发事件。

5. 十八届四中全会关于加强社会建设法治化的政策

党的十八届四中全会通过了《中共中央关于全面推进依法治国若干重大问题的决定》（以下简称《决定》）。《决定》强调加快保障和改善民生、推进社会治理体制创新和法律制度建设。要求依法加强和规范公共服务，完善教育、就业、收入分配、社会保障、医疗卫生、食品安全、扶贫、慈善、社会救助和妇女儿童、老年人、残疾人合法权益保护等方面的法律法规。加强社会组织立法，规范和引导各类社会组织健康发展。制定社区矫正法。

《决定》提出，要建设完备的法律服务体系。要求推进覆盖城乡居民的公共法律服务体系建设，加强民生领域法律服务。完善法律援助制度，扩大援助范围，健全司法救助体系，保证人民群众在遇到法律问题或者权利受到侵害时获得及时有效的法律帮助。

《决定》提出，要健全依法维权和化解纠纷机制。要求强化法律在维护群众权益、化解社会矛盾中的权威地位，引导和支持人们理性表达诉求、依法维护权益，解决好群众最关心、最直接、最现实的利益问题。构建对维护群众利益具有重大作用的制度体系，建立健全社会矛盾预警机制、利益表达机制、协商沟通机制、救济救助机制，畅通群众利益协调、权益保障法律渠道。把信访纳入法治化轨道，保障合理合法诉求依照法律规定和程序就能得到合理合法的结果。健全社会矛盾纠纷预防化解机制，完善调解、仲裁、行政裁决、行政复议、诉讼等有机衔接、相互协调的多元化纠纷解决机制。加强行业性、专业性人民调解组织建设，完善人民调解、行政调解、司法调解联动工作体系。完善仲裁制度，提高仲裁公信力。健全行政裁决制度，强化行政机关解决同行政管理活动密切相关的民事纠纷功能。

6. 十九大关于新时代社会建设的政策

党的十九大报告指出，中国特色社会主义进入了新时代，我国社会主要矛盾已经转化为人民日益增长的美好生活需要和不平衡不充分的发展之间的矛盾。新时代中国特色社会主义必须长期坚持习近平新时代中国特色社会主义思想作为全党全国人民为实现中华民族伟大复兴而奋斗的行动指南；必须坚持以人民为中心的发展思想，不断促进人的全面发展、全体人民共同富裕；明确中国特色社会主义事业总体布局是“五位一体”、战略布局是“四个全面”即全面建成小康社会、全面深化改革、全面依法治国、全面从严治党，强调坚定道路自信、理论自信、制度自信、文化自信。

十九大报告要求，必须坚持在发展中保障和改善民生。报告指出，增进民生福祉是发展的根本目的。必须多谋民生之利、多解民生之忧，在发展中补齐民生短板、促进社会公平正义，在幼有所育、学有所教、劳有所得、病有所医、老有所养、住有所居、弱有所扶上不断取得新进展，深入开展脱贫攻坚，保证全体人民在共建共享发展中有更多获得感，不断促进人民的全面发展、全体人民共同富裕。建设平安中国，加强和创新社会治理，维护社会和谐稳定，确保国家长治久安、人民安居乐业。

十九大报告第八部分专门论述了“提高保障和改善民生水平，加强和创新社会治理”问题。报告提出，必须始终把人民利益摆在至高无上的地位，让改革发展成果更多、更公平地惠及全体人民。保障和改善民生要抓住人民最关心、最直接、最现实的利益问题，既尽力而为，又量力而行，一件事情接着一件事情办，一年接着一年干。坚持人人尽责、人人享有，坚守底线、突出重点、完善制度、引导预期，完善公共服务体系，保障群众基本生活，不断满足人民日益增长的美好生活需要，不断促进社会公平正义，形成有效的社会治理、良好的社会秩序，使人民获得感、幸福感、安全感更加充实，更有保障，更可持续。报告要求：一要优先发展教育事业，办好人民满意的教育，发展素质教育，推进教育公平。二要提高就业质量和人民收入水平，实现更高质量和更充分就业，促进收入分配更合理、更有序，加快推进基本公共服务均等化，缩小收入分配差距。三要加强社会保障体系建设，按照兜底线、织密网、建机制的要求，全面建成覆盖全民、城乡统筹、权责清晰、保障适度、可持续的多层次社会保障体系。四要坚决打赢脱贫攻坚战，确保到2020年我国现行标准下农村贫困人口实现脱贫，贫困县全部摘帽，解决区域性整体贫困，做到脱真贫、真脱贫。五要实施健康中国战略，完善国民健康政策，为人民群众提供全方位、全周期健康服务，全面取消以药养医，积极应对人口老龄化，构建养老、孝老、敬老政策体系和社会环境。六要打造共建、共治、共享的社会治理格局。加强社会治理制度建设，完善党委领导、政府负责、社会协同、公众参与、法治保障的社会治理体制，提高社会治理社会化、法治化、智能化、专业化水平。加强预防和化解社会矛盾机制建设，正确处理人民内部矛盾。树立安全发展理念，弘扬生命至上、安全第一的思想，健全公共安全体系，完善安全生产责任制，坚决遏制重特大安全事故，提升防灾减灾救灾能力。加快社会治安防控体系建设，依法打击和惩治黄、赌、毒、黑、拐骗等违法犯罪活动，保护人民人身权、财产权、人格权。加强社会心理服务体系建设，培育自尊自信、理性平和、积极向上的社会心态。加强社区治理体系建设，推动社会治理重心向基层下移，发挥社会组织作用，实现政府治理和社会调节、居民自治良性互动。七要有效维护国家安全，推动全社会形成维护国家安全的强大合力。

（二）社会工作的具体政策法规

1. 社会救助政策法规

社会救助是社会工作的主要领域。社会救助政策法规以最低生活保障政策法规为基础，其中包括特困人员供养、受灾人员救助和医疗救助、教育救助、住房救助、就业救助等各种专项救助，以及临时救助等政策法规。

2. 针对特定人群的政策法规

社会工作常常面对社会中的特殊人群，尤其是弱势人群，需要向他们提供专门的服务。在这些领域中，国家和政府也制定了相关的政策法规。其中主要包括针对老年人、妇女、未成年人和残疾人等特殊人群的政策法规。这些政策法规的目标一是规定这些群体的权益保护，二是向他们提供专门的社会福利服务。

3. 婚姻家庭政策法规

社会工作的主要内容之一是帮助人们协调婚姻家庭关系，解决婚姻家庭中的各种问题。在此方面，社会工作者要依据的政策法规包括规范婚姻家庭关系的法规、有关私有财产继承和收养关系等方面的法规和政策。

4. 人民调解、信访工作和突发事件应对政策法规

人民调解、信访工作和突发事件应对都是围绕着调解邻里矛盾、解决社会问题、纠正偏差行为、化解社会矛盾和应对突发事件而展开的工作，这也是我国社会工作者发挥作用的主要领域。在这些领域中，政府也制定了相应的政策法规。

5. 社区矫正、禁毒和治安管理等方面的政策法规

社区矫正、禁毒和治安管理是控制、矫正偏差行为，是建设平安社区、维护社会正常秩序的重要领域，也是社会工作介入的领域。社会工作者应当掌握社区矫正、禁毒和治安管理等方面的政策法规。

6. 优抚安置政策法规

优抚安置是帮助军人和烈军属，维护军队稳定，巩固国防建设的重要领域。在这方面的政策法规包括烈士褒扬政策法规以及抚恤优待和退役军人安置的政策法规。

7. 社区建设政策法规

社区是社会工作的主要场所之一，促进社区建设、做好社区服务是我国社区社会工作的主要任务。社区建设的政策法规包括居民自治、村民自治和城乡社区建设等方面的政策法规。

8. 公益慈善事业政策法规

公益慈善事业政策法规是规范和促进公益慈善事业和志愿服务发展的政策法规，主要包括慈善法、志愿服务和彩票管理等方面的政策法规。

9. 社会组织政策法规

社会组织政策法规是我国目前规范和促进民间组织发展的政策法规，主要包括有关社会团体、民办非企业单位和基金会的政策法规。

10. 劳动就业的政策法规

劳动就业政策法规涉及范围很广泛，主要包括促进就业、保护劳动者权益、协调劳资关系和处理劳动争议等方面的政策法规。

11. 社会保险政策法规

社会保险方面的政策法规主要包括养老保险、医疗保险、失业保险、工伤保险、生育保险等方面的政策法规。

12. 医疗卫生与健康政策法规

医疗卫生与健康政策法规主要包括公共卫生、医疗服务和医疗保障等方面的政策法规以及计划生育方面的政策法规。

13. 社会工作职业政策法规

社会工作职业政策法规主要包括社会工作中的人才队伍建设和促进社会工作事业发展等方面的政策法规。

第二节　社会工作人才队伍建设政策法规

党的十六届六中全会提出，要建设一支宏大的社会工作人才队伍。为了落实这一重大决定，2011 年 11 月 8 日，中央组织部、中央政法委、民政部等 18 个部门和组织联合发布了《关于加强社会工作专业人才队伍建设的意见》（以下简称《意见》），并制定了《社会工作专业人才队伍建设中长期规划（2011—2020 年）》（以下简称《规划》）。《意见》和《规划》奠定了我国社会工作人才队伍建设的政策基础。

一、关于加强社会工作专业人才队伍建设的政策

《意见》指出，当前和今后一个时期，要大规模开展专业培训，大幅度提升现有从事社会服务人员的专业素质和职业能力，逐步扩大社会工作专业人才队伍规模；深化社会工

作专业教育改革，完善社会工作专业培训体系，初步形成适合我国国情的社会工作专业人才培养模式；逐步建立社会工作专业人才培养、选拔、使用、流动、评价、激励等方面的政策法规体系；着力加强中国特色社会工作专业人才理论研究和宣传普及，提升社会工作专业人才的认知度和认可度；加大社会工作专业人才使用力度，形成各地各部门共同推进社会工作专业人才队伍建设的总体态势。到2020年，建立较为完善的社会工作专业人才队伍建设运行机制和工作格局，使社会工作专业人才队伍的数量、结构和素质能力能够适应构建社会主义和谐社会的需要，满足广大人民群众不断增长的服务需求。

（一）大力加强社会工作专业教育培训

1. 统筹规划社会工作专业教育培训

《意见》指出，加强社会工作专业教育培训，要根据社会工作专业人才队伍现状和经济社会发展趋势，研究制定社会工作专业人才教育培训规划，建立教育培训长效机制。合理配置教育培训资源，明确不同地区、不同领域、不同层次的社会工作专业人才教育培训重点任务和保障措施，加快建立不同层次教育协调配套、加强专业培训和知识普及有机结合的社会工作专业人才培养体系。

2. 切实加强社会工作专业人才职业道德建设

社会工作专业人才职业道德是社会工作者最为重要的素质。《意见》要求切实加强社会工作专业人才职业道德建设，构建中国特色的社会工作专业人才职业道德体系。为落实这一要求，2012年12月28日，民政部制定了《社会工作者职业道德指引》（以下简称《指引》），以指导推动社会工作者职业道德建设。《指引》规定，社会工作者应热爱祖国、热爱人民、拥护中国共产党领导，遵守宪法和法律法规，贯彻落实党和国家有关方针政策。社会工作者应践行社会主义核心价值观，遵循以人为本、助人自助专业理念，热爱本职工作，以高度的责任心，正确处理与服务对象、同事、机构、专业及社会的关系。同时，《指引》还明确了4个方面的职业道德规范。

（1）尊重服务对象，全心全意服务。社会工作者应做到：①以服务对象的正当需求为出发点，全心全意为服务对象提供专业服务，最大程度地维护服务对象的合法权益。②平等对待和接纳服务对象，不因民族、种族、性别、户籍、职业、宗教信仰、社会地位、教育程度、身体状况、财产状况、居住期限等因素而区别对待。③尊重服务对象知情权，确保服务对象在接受服务过程中，了解自身和机构的权利、责任和义务，以及获得服务的情况和可能由此产生的结果。④在不违反法律、不妨碍他人正当权益的前提下，保护服务对象的隐私，对在服务过程中获取的信息资料予以保密。⑤培养服务对象自我决定的能力，尊重和保障服务对象对与自身利益相关的决定进行表达和选择的权利。⑥不得利用与服务对象的专业关系，牟取私人利益或其他不正当利益，损害服务对象的合法权益。

（2）信任支持同事，促进共同成长。社会工作者应做到：①与同事建立平等互信的工作关系。②主动与同事分享知识、经验、技能，互相促进，共同成长。有责任在必要时协助同事为服务对象提供服务，接受转介的工作。③尊重其他社会工作者、专业人士和志愿者不同的意见及工作方法。任何建议、批评及冲突都应以负责任、建设性的态度沟通和解决。④相互督促支持，对同事违反专业要求的言行予以提醒，对同事受到与事实不符的投诉予以澄清。

（3）践行专业使命，促进机构发展。社会工作者应做到：①认同机构使命和发展目标，遵守机构规章制度，按照机构赋予的职责开展专业服务。②积极维护机构的形象和声誉，在发表公开言论或进行公开活动时，应表明自己代表的是个人还是机构。③致力于推动机构遵循社会工作专业使命和价值观，促进机构成长、参与机构管理，增强服务能力、提高服务质量。

（4）提升专业能力，维护专业形象。社会工作者应做到：①在提供专业服务时，应诚实、守信、尽责，积极维护专业形象。在自身专业能力和服务范围内提供服务。②不断内化和践行专业理念，持续充实专业知识和技能，提升专业能力，促进专业功能的发挥和专业地位的提升。③继承中华民族优良传统，借鉴国际社会工作发展的优秀成果，总结中国社会工作经验，推动中国特色社会工作发展。

（5）勇担社会责任，增进社会福祉。社会工作者应做到：①运用专业视角，发挥专业特长，参与相关政策法规的制定和完善，维护社会公平正义，增进社会福祉。②正确鼓励、引导社会大众参与社会公共事务，推动社会建设。③推广专业服务，促进社会资源合理分配，使社会服务惠及社会大众。

3. 大力开展社会工作专业培训

《意见》指出，要建立健全社会工作专业培训制度，实施“三项工程”，开展“两项培训”。“三项工程”：一是组织实施社会工作服务人才职业能力建设工程，重点对城乡基层居（村）民自治组织、社区服务组织、公益服务类事业单位、公益慈善类社会组织、基层社会服务部门直接从事社会服务的人员进行大规模、系统化的社会工作专业知识培训，切实提高其职业素质和专业水平。二是实施高层次社会工作专业人才培养工程，培养一批高层次社会工作专业人才，发挥他们在社会工作专业教育、研究与督导等方面的重要作用。三是实施社会工作管理人才综合素质提升工程，重点加大社会福利、社会救助、社区服务、残障康复、婚姻家庭、职工帮扶等社会服务机构管理人才培养力度，提高社会工作服务管理的科学化水平。“两项培训”：一是对涉及社会管理和公共服务工作的党政部门、人民团体、相关事业单位、部分执法单位的干部特别是领导干部有计划、有步骤地进行社会工作基础理论、专业知识和方法技能培训，提高其开展社会服务、管理社会事务、协调利益关系、做好群众工作、构建和谐社会的能力。二是对下派基层锻炼的党政部门、人民团体、相关事业单位、部分执法单位的干部和选聘到村、社区任职的大学毕业生要普及社会工作专业知识。

《意见》还要求：依托有条件的高校、干部学院、科研院所、培训机构、社会服务机构开展培训工作；分领域研究、开发社会工作培训课程和教材；加大社会工作培训师资队伍建设，打造一支专兼职结合、理论与实务水平较高的培训师资队伍；制定社会工作培训质量评估政策和指标体系，加强对培训机构的评估和监督。

4. 大力发展社会工作专业教育

对于社会工作专业教育，《意见》要求：①加强社会工作学科专业体系建设，制定科学的专业设置标准，完善社会工作专业教学规范。②支持社会工作专业学士、硕士、博士学位授权点基础建设，积极推广社会工作硕士专业学位教育，促进社会工作硕士专业学位教育与社会工作专业人才职业水平考试相衔接。③推动社会工作学科重点研究及人才培养基地建设。④发展社会工作高等职业教育，改善职业教育结构，逐步形成完善的职业教育体系。⑤改革、完善社会工作专业人才培养模式，提高实践教学在学校教育中的比重，健全实习督导制度，加大实践教学和实习基地建设力度。⑥组织实施社会工作教育与研究人才培养引进工程，适应社会工作专业人才培养和专业发展需要，重点培养和引进一批高素质社会工作教育与研究人才。⑦建立教师参与社会工作实践制度，鼓励一线优秀社会工作专业人才到高校授课。⑧系统总结中国社会工作经验和做法，借鉴国外社会工作专业理论和方法，建构中国特色的社会工作专业理论、课程和教材体系。⑨通过国家社科基金项目、国家软科学研究计划等，支持社会工作专业相关研究。⑩促进社会工作学术团体和平台建设。⑪加强对高校相关专业学生的社会工作通识教育。

（二）积极推动社会工作专业岗位开发和专业人才使用

1. 研究制定社会工作专业岗位开发设置政策措施

《意见》指出，社会工作专业岗位开发设置要与我国加强社会建设的进程相适应，深入研究城乡社区、相关单位和社会组织使用社会工作专业人才的政策措施。按照精简效能、按需设置、循序渐进的原则，研究社会工作专业岗位设置范围、数量结构、配备比例、职责任务和任职条件，建立健全社会工作专业岗位开发设置的政策措施和标准体系。

2. 以基层为重点配备和使用社会工作专业人才

《意见》指出，城乡基层特别是城市社区要注重配备和使用社会工作专业人才，提高社会服务专业水平，促进社会服务业发展。适应社会主义新农村的建设要求，加大为农村特殊群体和困难群众提供服务的社会工作专业人才培养力度，在乡镇和有条件的农村社区探索、吸纳和使用社会工作专业人才。创造条件引导和鼓励社会工作专业人才到农村社区开展服务。在少数民族聚居和信教群众较多的社区，可根据需要配备政治立场坚定、熟悉民族和宗教事务的社会工作专业人才。

3. 明确相关事业单位社会工作专业岗位

《意见》指出，要根据事业单位社会功能、职责任务、工作性质、人员结构等因素，分类设置社会工作专业岗位。对老年人福利机构、残疾人福利和服务机构、儿童福利机构、收养服务机构、妇女儿童援助机构、困难职工帮扶机构、婚姻家庭服务机构、青少年服务机构、社会救助服务和管理机构、优抚安置服务保障机构等以社会工作服务为主的事业单位，可将社会工作专业岗位明确为主体专业技术岗位。对学校、医院、人口计生服务机构等需要开展社会工作服务的单位，要将社会工作专业岗位纳入专业技术岗位管理范围。

4. 引导相关社会组织吸纳社会工作专业人才

《意见》要求，适应政府职能转变、建设服务型政府的要求，按照培育发展和管理监督并重原则，完善培育扶持和依法管理政策，积极发展民办社会工作服务机构。采取财政资助、提供服务场所等方式支持民办社会工作服务机构更好地开展工作。加强对民办社会工作服务机构的管理监督，建立健全专业评估机制，指导民办社会工作服务机构加强自身建设，促进民办社会工作服务机构健康发展。通过政府购买服务等方式，引导和鼓励公益慈善类社会组织和民办非企业单位吸纳社会工作专业人才。

5. 加大相关行政部门和群团组织使用社会工作专业人才力度

《意见》要求，承担社会服务职能的相关行政部门和群团组织要根据事业发展需要逐步使用社会工作专业人才，提高社会服务管理能力。注重培养选拔熟悉社会工作、社会政策的人才进入地方及有关部门和单位领导班子。县（市、区）、乡（镇、街道）行政机关、人民团体中直接面向人民群众提供社会服务的相关岗位，鼓励充实社会工作专业人才，现有人员要善于运用社会工作专业知识和方法，提高社会管理和服务水平。

6. 建立社会工作专业人才流动机制

《意见》要求，按照社会主义市场经济规律，打破行业、地域、身份、所有制界限，放宽视野，拓宽渠道，完善社会工作专业人才选拔、流动机制。各级党政机关招录社会服务相关职位公务员时，在同等条件下可优先录用具有丰富基层实践经验、善于做群众工作的社会工作专业人才。实施社会工作专业人才服务新农村建设、社会工作专业人才服务边远贫困地区、边疆民族地区和革命老区等计划，鼓励社会工作专业人才到基层建功立业。

7. 建立社会工作专业人才和志愿者队伍联动服务机制

《意见》指出，志愿者队伍是社会工作专业人才开展服务的重要补充力量。要建立健全面向全社会的志愿服务动员系统，进一步完善志愿服务体系，普及志愿理念，强化志愿意识，弘扬志愿精神，倡导志愿行为，完善激励机制，培育一支参与广、功能强、作用好的宏大志愿者队伍。要建立健全社会工作专业人才和志愿者相互协作、共同开展服务的机制，通过社会工作专业人才，规范志愿者招募注册与管理，提升志愿者服务水平，丰富社会工作专业人才资源，拓展社会工作专业服务范围，增强社会工作专业服务效果。

（三）切实推进社会工作专业人才评价和激励工作

对于推进社会工作专业人才评价和激励工作，《意见》提出了 3 点要求。

1. 建立健全社会工作专业人才评价制度

《意见》要求，建立以岗位职责要求为基础，以品德、能力和业绩为导向，科学化、社会化的社会工作专业人才评价机制。完善社会工作专业人才职业水平评价制度，将取得职业水平证书的社会工作专业人才纳入专业技术人员管理范围。支持城乡基层居（村）民自治组织、社区服务组织、公益服务类事业单位、公益慈善类社会组织、基层社会服务部门相关人员参加社会工作专业人才职业水平考试，不断提高职业素质和专业水平。鼓励用人单位根据工作需要聘用持有职业水平证书的社会工作专业人才。

2. 做好社会工作专业人才薪酬保障工作

《意见》要求，建立健全社会工作专业人才薪酬保障机制，切实提高基层社会工作专业人才薪酬待遇水平。在事业单位工作的社会工作专业人才，工资待遇按照国家有关规定执行；在城乡社区、公益慈善类社会组织、民办非企业单位工作的社会工作专业人才，由所在单位合理确定薪酬水平。重视解决社会工作专业人才的社会保障问题，按照国家有关规定办理社会保险事宜。

3. 建立社会工作专业人才表彰奖励制度

《意见》要求，社会工作专业人才表彰奖励以党委、政府表彰奖励为导向，以用人单位和社会力量为主体，按照国家有关规定开展表彰奖励活动。将符合条件的社会工作专业人才纳入享受国务院政府特殊津贴范围。按照国家政策表彰奖励业绩突出、能力卓著、群众认可的优秀社会工作专业人才，大力宣传社会工作专业人才队伍建设方针政策和优秀社会工作专业人才的先进事迹，形成关心支持、理解尊重社会工作专业人才的良好社会氛围，激发广大社会工作专业人才的工作热情和创造潜能。

此外，《意见》还提出要加强党对社会工作专业人才队伍建设的领导。要求建立健全领导体制和工作格局，加快推进社会工作专业人才政策法规和制度建设，加大社会工作专业人才队伍建设投入，充分发挥基层党组织的领导作用，为社会工作专业人才开展工作和成长发展营造环境、创造条件。

二、社会工作专业人才队伍建设中长期规划

为加快推进我国社会工作专业人才队伍建设，中央组织部、民政部等 19 个部委和群团组织联合发布了《社会工作专业人才队伍建设中长期规划（2011—2020 年）》（以下简称《规划》），对社会工作专业人才队伍建设进行部署。

（一）社会工作专业人才队伍建设的战略目标

1. 总体目标

《规划》提出，到 2020 年，我国社会工作专业人才队伍建设的总体目标是：建立健全社会工作专业人才法规、政策和制度体系，造就一支结构合理、素质优良的社会工作专业人才队伍，使之适应构建社会主义和谐社会的要求，满足人民群众日益增长的社会服务需求。

2. 具体目标

为了实现总体目标，《规划》进一步明确了我国社会工作专业人才队伍建设的 5 个具体目标。

（1）社会工作专业人才队伍规模不断壮大。到 2015 年，社会工作专业人才总量增加到 50 万人，其中具有社会工作师职业水平证书或达到同等能力素质的中级社会工作专业人才达到 5 万人，具有高级社会工作师职业水平证书或达到同等能力素质的高级社会工作专业人才达到 1 万人。到 2020 年，社会工作专业人才总量增加到 145 万人，其中中级社会工作专业人才达到 20 万人、高级社会工作专业人才达到 3 万人。

（2）社会工作专业人才队伍结构不断优化。根据统筹城乡发展、统筹区域发展、统筹经济社会发展的要求，逐步优化社会工作专业人才区域结构、城乡结构、领域结构、专业结构、能力结构和年龄结构，形成合理的初、中、高级人才梯次结构和人才布局，逐步实现社会工作服务在城乡、区域和领域的全覆盖。

（3）社会工作专业人才能力素质不断提升。未系统受过社会工作专业教育的社会服务人员普遍接受一定时数的社会工作专业培训。社会工作专业人才思想政治和职业道德水平不断提高，专业价值与伦理不断强化，专业理论与知识不断丰富，专业方法与技术不断完善，专业实务能力不断增强，综合素质大幅度提升。

（4）社会工作专业人才效能不断增强。社会工作专业人才在提供社会服务、解决社会

问题、化解社会矛盾、降低社会风险、维护社会稳定、增进公平正义、促进社会和谐等方面的专业作用得到充分发挥。

（5）社会工作专业人才发展环境不断改善。社会工作专业人才培养开发、评价发现、选拔使用、流动配置、激励保障方面的法规、政策与制度不断完善；社会工作服务与管理网络基本建立；社会工作服务组织数量更加充足，布局更加合理，覆盖更加全面，治理更加科学，作用更加明显，社会工作专业人才市场进一步发展；社会工作专业人才队伍建设体制机制更加健全。

（二）社会工作专业人才队伍建设的主要任务

《规划》提出了建设“三个人才队伍”，即社会工作服务人才队伍、社会工作管理人才队伍和社会工作教育与研究人才队伍的具体目标任务，并明确了具体举措要求。

1. 大规模开发社会工作服务人才

《规划》提出，要大规模开发社会工作服务人才。其发展目标是要适应公共服务和社会管理转型需要，满足人民群众日益增长的个性化、专业化社会服务需求，以培养开发社区建设、社会救助、老年人服务、残疾人服务、青少年服务、妇女儿童服务、职工服务、流动人口服务、婚姻家庭服务、教育辅导、卫生服务、矫治帮扶、群众文化等领域的基层社会工作服务人才为重点，以整合、提升、转化现有社会工作从业人员为基础，统筹推进各类社会工作服务人才队伍建设，培养造就一支数量足、结构优、能力强、素质高的社会工作服务人才队伍。

对于大规模开发社会工作服务人才，《规划》明确了以下主要举措：

一是制定高层次社会工作服务人才培养计划，将国（境）内外优质社会工作培训资源优先用于培养开发各领域高层次社会工作服务人才。研究制定各主要领域加强社会工作服务人才队伍建设的实施意见。

二是将社会工作专业技术人才纳入国家专业技术人才知识更新工程和高校毕业生基层培养计划，组织实施社会工作服务人才职业能力建设工程，重点对城乡基层党组织、群团组织、居（村）民自治组织、社区服务组织、从事公益服务的事业单位、公益慈善类社会组织、基层公共服务和社会管理部门中直接从事社会服务的人员进行大规模、系统化的社会工作专业知识培训。

三是实施社会工作信息系统建设工程，研究开发社会工作远程教育培训网络。实施社会工作专业人才培训基地和教材建设工程，建立一批分工明确、布局合理、功能完善的社会工作培训基地，开发适应各领域、各类型社会工作服务人才发展需要的培训教材体系。加强实训基地建设，依托基础较好的社会工作服务机构，建立一批覆盖各领域的社会工作实训基地。

四是实施社会工作服务标准化建设示范工程，通过加强标准化建设，建立和完善社会工作服务体系。实施民办社会工作服务机构孵化基地建设工程，着力培育发展民办社会工作服务机构，广泛吸纳社会工作服务人才。

五是研究制定农村社会工作专业人才发展政策。实施社会工作专业人才服务边远贫困地区、边疆民族地区和革命老区计划以及服务新农村建设计划，支持培养边远贫困地区、边疆民族地区、革命老区和广大农村社会工作服务人才。

2. 大力培养社会工作管理人才

《规划》指出：大力培养社会工作管理人才的发展目标是适应社会工作行政管理、行业组织建设、服务机构发展和专业实务推进的需要，培养造就一批政治立场坚定，具有宏观视野、战略思维与专业眼光，善于推动事业发展的社会工作行政和行业管理人才；培养造就一批具有社会使命感、懂运营、会管理、通晓社会服务专业知识的社会工作机构管理人才；培养造就一批熟练掌握专业督导方法与技术、具备丰富实务经验、善于解决复杂专业问题，能够带动社会工作服务人才成长、推动专业实务发展的社会工作督导人才。

对于大力培养社会工作管理人才，《规划》明确了以下主要举措：

一是依托国内外高水平大学、示范性职业院校、知名公益类服务组织、公共服务机构和其他社会工作培训机构，加大各类社会工作管理人才培养力度。组织实施社会工作管理人才综合素质提升工程，重点加大社会福利、社会救助、社区服务、残障康复、婚姻家庭、扶贫济困、职工帮扶等社会服务机构管理人才培养力度，提高社会工作服务管理的科学化水平。将社会工作行政管理人才纳入党政人才素质能力提升工程，突出培养一批熟悉社会工作、社会政策的领导干部进入地方及有关部门和组织领导班子，同时对现有分管社会工作的领导干部加强社会工作专业培训。

二是公共服务和社会管理有关部门与组织要培养、引进和选拔一批熟悉社会工作理论知识、掌握社会工作方法技术的行政管理人才。适应各层次、各领域、各类别社会工作行业组织发展需要，遵循社会工作行业管理规律，创新行业管理人才培养、选拔、使用和流动机制。健全民办社会工作服务机构内部治理结构，将民办社会工作服务机构管理人才纳入各级政府人才培养体系。创新从事公益服务的事业单位社会工作管理人才选拔使用机制、任期目标责任制和经营业绩评价指标体系。分类制定社会工作专业督导能力素质标准，完善专业督导方法与技术，建立健全社会工作专业督导制度。

3. 加快培养社会工作教育与研究人才

《规划》指出，加快培养社会工作教育与研究人才的发展目标是适应社会工作专业教育、理论、政策与实务发展需要，重点培养造就一批理论功底深、实务能力强，系统掌握国内外社会工作法规政策，能够推动本土社会工作理论和政策实务发展、具备开展国际交流合作能力的社会工作教育与研究人才。

对于加快培养社会工作教育与研究人才，《规划》明确了以下主要举措：

一是将社会工作专业人才纳入青年英才开发计划，组织实施社会工作教育与研究人才培养引进工程，通过社会工作博士学位教育、社会工作科研和服务项目带动、国（境）外进修深造等方式，重点培养一批学历高、研究能力强、学术成果丰富、有良好国际沟通能力的社会工作教育教学人才和政策实务研究人才。支持高等学校、科研院所与海外高水平教育、科研机构联合建立社会工作教育与研究人才培养基地。积极吸引国（境）外高层次社会工作专业人才来华从事教育教学与研究工作。鼓励社会工作教育与研究人才领办民办社会工作服务机构，引导社会工作教育与研究人才走出书本、走出课堂、走向基层、深入实践，提高其应用理论解决实践问题的能力。强化对社会工作基础理论和政策实务研究的支持。加强社会工作专业研究机构和学术交流平台建设。

二是统筹协调各部门、各行业现有社会工作专业人才资源，根据相关社会服务部门、行业和领域的特点，大力培养适合部门需要、体现行业特色、满足领域需求的社会工作服务人才、管理人才及教育与研究人才。大力普及志愿服务理念，强化志愿服务意识，弘扬志愿服务精神，倡导志愿服务行为，健全面向全社会的志愿服务动员系统。充分发挥社会工作专业人才优势，规范相关志愿者招募注册，加强相关志愿者培训管理，建设宏大的社会服务志愿者队伍，建立社会工作专业人才和相关志愿者队伍联动服务机制，为加强社会服务与管理提供坚实的人才资源基础。

（三）社会工作专业人才队伍建设的体制机制与重大政策

1. 建立健全社会工作专业人才管理体制机制

《规划》指出，社会工作专业人才管理体制机制的建设目标要求是根据社会工作专业人才队伍建设的当前需要和长远需求，按照党管人才原则，建立健全符合社会工作专业人才发展规律、体现中国特色的管理体制机制。

对于建立健全社会工作专业人才管理体制机制，《规划》明确了以下主要举措：

一是坚持党管人才原则，切实加强党对社会工作专业人才队伍建设的领导，建立组织部门牵头抓总，民政部门具体负责，机构编制、发展改革、教育、公安、司法、财政、人力资源社会保障、文化、卫生、人口计生、信访、扶贫等部门以及工会、共青团、妇联和残联、红十字会等组织密切配合，社会力量广泛参与的工作格局。组织部门要做好社会工作专业人才队伍建设的宏观指导、综合协调；民政部门要加强社会工作专业人才管理机构和队伍建设，切实履行好推进社会工作专业人才队伍建设的有关职能；有关部门要在各自职责范围内积极推进社会工作专业人才队伍建设；工会、共青团、妇联和残联、红十字会等组织要充分发挥自身优势，大力加强本系统、本领域社会工作专业人才队伍建设，提高其联系群众、服务群众、教育群众、维护群众合法权益等工作的水平和效果。建立社会工作专业人才队伍建设联席会议制度。开展社会工作专业人才信息统计，建立社会工作专业人才资源年度统计调查和定期发布制度，加强社会工作专业人才资源信息库建设。

二是进一步改进人才管理方式，完善相关公共服务，为在社会组织从业的社会工作专业人才提供档案管理、户籍转移、保险交付、争议仲裁等“一站式”服务，解决社会工作专业人才发展后顾之忧。加强社会工作专业人才市场培育发展，形成以市场调节为基础的人才流动配置机制。

三是进一步加强相关法制建设，推动社会工作立法，制定社会工作专业人才管理条例，建立健全社会工作专业人才信息披露、专业督导、服务评估、行业自律、继续教育、违纪处置、职业道德规范等配套制度，用法律法规明确社会工作专业人才的职责权利、规范职业行为，形成科学化、制度化、规范化的社会工作专业人才发展环境。

四是建立健全社会工作专业人才投入机制，落实人才优先投入政策，逐步加大社会工作专业人才队伍建设投入力度；制定政府购买社会工作服务政策，将民办社会工作服务机构纳入政府支持范围，建立并逐步完善政府与民办社会工作服务机构的合作机制；鼓励、支持社会组织建立社会工作发展基金，为推动社会工作专业人才发展提供稳定、充足的经费支持。

2. 建立健全社会工作专业人才培养政策

《规划》指出，社会工作专业人才培养政策的建设目标要求是以国家发展和社会需求为导向，以专业化、职业化为核心，建立健全不同学历层次教育共同发展，专业培训和知识普及有机结合的社会工作专业人才培养政策。

对于建立健全社会工作专业人才培养政策，《规划》明确了以下主要举措：

一是研究制定社会工作专业人才教育培训规划，合理配置教育培训资源，明确不同地区、不同领域、不同层次、不同类型社会工作专业人才教育培训重点任务和保障措施。研究制定支持民族地区社会工作专业人才队伍建设意见，加大西部地区、民族地区社会工作管理人才、服务人才及教育与研究人才培养开发力度。

二是加强社会工作学科专业体系建设，制定适合我国各层次、各领域社会工作专业人才培养目标的课程设置和教学标准，建立科学、规范的社会工作专业教学管理制度。建立健全专科、本科、硕士、博士相衔接的社会工作专业学历学位体系，完善社会工作硕士专业学位教育制度。改革社会工作教育培养模式，提高实践教学在学校教育中的比重，探索实行社会工作课堂教学与实务教育相结合的机制，配备具有丰富实践经验的实习督导。制定社会工作服务项目实施和社会工作专业人才培养有机结合的政策措施。建立社会工作专科、本科成人教育制度。大力发展社会工作中等和高等职业教育，根据行业、领域发展需要，设置相关专业方向，着力培养应用型社会工作专业人才，逐步形成完善的职业教育体系。加强实习、实训基地建设，制定社会工作专业学生实习督导管理办法，建立科学合理、标准规范的实习督导制度，明确社会工作督导教师配备标准。建立社会工作专业教师参与社会工作实践制度，加强“双师型”队伍和督导教师队伍培养力度。改革社会工作专业教师评价办法，加大实践教学成果考核比重。开发一批社会工作专业精品课程，形成具有本土特色的教材体系。

三是完善社会工作专业人才继续教育制度，构建分层分类的社会工作专业人才继续教育体系。加大社会工作培训师资队伍建设，打造一支专兼职结合、理论与实务水平较高的培训师资队伍。制定社会工作培训质量评估指标体系，加强对培训机构的培育、评估和监督。

3. 建立健全社会工作专业人才评价政策

《规划》指出，建立健全社会工作专业人才评价政策的目标要求是坚持以职业道德、能力和业绩为导向，以社会工作专业人才职业水平评价为基础，逐步完善符合国情、与国际接轨、科学合理的社会工作专业人才评价政策。

对于建立健全社会工作专业人才评价政策，《规划》明确了以下主要举措：

一是实施分类管理，研究制定适合不同类型、不同层次社会工作专业人才的能力素质标准以及评价、鉴定办法。制定社会工作员和高级社会工作师职业水平评价办法，完善社会工作专业人才职业水平评价制度，形成初、中、高级相衔接的社会工作专业人才职业水平评价体系。将取得职业水平证书的社会工作专业技术人才纳入专业技术人员管理范围，改进社会工作专业人才人事管理办法。完善社会工作专业人才登记管理办法，探索建立与国际接轨的社会工作专业人才职业资格制度。研究制定社会工作专业人才职业道德守则和专业行为规范，加强职业道德和作风建设。

二是完善社会工作专业人才考核制度，根据社会工作专业人才从业领域、单位性质和岗位胜任力要求，分类形成由品德、知识、能力、业绩等要素构成的岗位评价指标体系。要在有关事业单位建立健全以聘用合同和岗位职责为依据，以工作绩效为主要内容，以服务对象满意度为基础的考核办法。要积极引导有关社会组织建立符合社会工作专业人才特点的评价机制。

4. 建立健全社会工作专业人才使用政策

《规划》指出，建立健全社会工作专业人才使用政策的目标要求是坚持以用为本原则，着眼于发挥社会工作专业人才作用、推动社会工作专业人才合理流动的需要，以开发专职岗位和培育服务载体为重点，以畅通人才流动渠道为保障，逐步完善社会工作专业人才使用政策。

对于建立健全社会工作专业人才使用政策，《规划》明确了以下主要举措：

一是建立健全城乡社区、相关事业单位、公益慈善类社会组织社会工作岗位开发设置和专业人才使用的政策措施。在城市社区要逐步加大社会工作专业人才配置力度，探索在农村社区设置社会工作岗位，通过政府购买服务等方式，配备社会工作专业人才，逐步实现每个农村社区至少配备一名社会工作专业人才的目标。制定出台城乡基层社会工作服务体系建设意见，逐步建立城乡基层社会工作服务网络。坚持培育发展和管理监督并重，积极发展民办社会工作服务机构。完善民办社会工作服务机构发展政策，加大政府购买社会工作服务岗位力度，改善民办社会工作服务机构发展环境。建立社会工作服务机构第三方监督机制。加强党对民办社会工作服务机构的领导，在各类民办社会工作服务机构建立健全基层党组织和工青妇等群团组织。

二是加大相关事业单位社会工作岗位开发和专业人才使用力度，老年人福利机构、残疾人福利和服务机构、儿童福利机构、收养服务机构、妇女儿童援助机构、困难职工帮扶机构、婚姻家庭服务机构、青少年服务机构、社会救助和管理机构、优抚安置服务保障机构等以社会工作服务为主的事业单位要将社会工作岗位明确为主体专业技术岗位；学校、医院、基层文化服务机构、人口计生服务机构等要根据需要逐步设置社会工作岗位。支持企业设立社会工作岗位，使用社会工作专业人才，开展职工服务。有社会工作服务需求的公共服务和社会管理部门要根据需要明确社会工作岗位。

三是研究制定促进社会工作专业人才流动政策，积极推动将社会工作专业人才纳入国家有关对口支援机制，通过双向挂职、短期工作、项目合作等多种形式，引导社会工作专业人才向急需紧缺地区、部门和行业流动。采取政府购买服务、报考公职人员和社会工作硕士专业学位优先录用等措施，鼓励和引导高校社会工作专业毕业生到城乡基层、边远贫困地区、边疆民族地区和革命老区就业。开展城乡人才对口扶持，推动社会工作专业人才服务社会主义新农村建设，创造条件引导和鼓励城市社会工作专业人才到农村社区开展服务。研究制定吸引、留住社会工作专业人才到西部地区工作的优惠政策，建立社会工作专业人才对口支持制度，大力推进东部、中部与西部地区社会工作专业人才的交流与合作。

5. 建立健全社会工作专业人才激励保障政策

《规划》指出，建立健全社会工作专业人才激励保障政策的目标要求是以激发社会工作专业人才积极性、稳定人才队伍、充分实现人才价值为目标，综合运用物质激励和精神激励方式，建立健全有利于社会工作专业人才长期、安心扎根基层、服务一线的激励保障政策。

对于建立健全社会工作专业人才激励保障政策，《规划》明确了以下主要举措：

一是建立健全社会工作专业人才薪酬保障机制，逐步提高社会工作专业人才整体薪酬。在城乡社区和公益类社会组织工作的社会工作专业人才，由所在单位合理确定薪酬水平；在党政机关、人民团体、事业单位工作的社会工作专业人才，工资待遇按照国家有关规定执行。重视社会工作专业人才的社会保障问题，按照国家有关规定办理社会保险事宜。以党委、政府奖励为导向，按照国家有关规定开展多种形式的表彰奖励活动。以用人单位和社会力量为主体，努力提高社会工作专业人才的地位和待遇。

二是将吸纳一定比例的社会工作专业人才，作为评估公益类社会组织的重要指标和政府购买服务的重要条件。鼓励各级党政机关、人民团体、事业单位在招录、招聘社会服务相关职位工作人员和选拔干部时，在同等条件下要优先录用具有丰富基层实践经验的社会工作专业人才。注重把政治素质好、熟悉社会服务与管理的社会工作专业人才吸纳进基层党员干部队伍，选拔进基层党组织领导班子，支持有突出贡献的社会工作专业人才进入地方基层人大、政协参政议政。

（四）社会工作人才队伍建设的重点工程

《规划》针对社会工作专业人才队伍建设急需加强的薄弱环节，提出要实施好 10 项重点工程。

1. 社会工作服务人才职业能力建设工程

《规划》提出，为适应构建社会主义和谐社会对高素质社会工作专业人才队伍的迫切需要，切实改变现有社会工作服务人员创新创业能力不强的现状，每年培训 10000 名取得助理社会工作师、社会工作师和高级社会工作师职业水平证书人员。到 2020 年，实现所有在岗社会工作服务人员都能系统接受良好的专业教育和培训。

2. 社会工作管理人才综合素质提升工程

《规划》提出，要着眼于提高我国社会工作现代化管理水平和社会公共服务产品供给能力，到 2020 年，培养一批具备社会工作专业理念、熟悉社会工作发展规律，能够统筹推进社会工作专业人才队伍建设的行政管理和行业管理人才；培养 8 万名具有社会使命感，掌握现代组织管理知识，拥有丰富管理经验，能够有效整合资源、协调关系、凝聚队伍的社会工作机构管理人才；培养 8 万名具有扎实理论知识基础、丰富实务经验且能够指导解决重大复杂专业问题、引导推动社会工作服务人才成长发展的专业督导人才。

3. 社会工作教育与研究人才培养引进工程

《规划》提出，要适应我国社会工作蓬勃发展需要，着眼于培养高层次、领军型社会工作教育与研究人才，将高等学校中社会工作教育与研究人才培养纳入国家高素质教育人才培养工程、青年英才开发计划。在统筹考虑现有社会工作学科研究布局和资源基础上，推动社会工作学科重点研究基地建设。到 2020 年，依托现有资源，建立 500 家社会工作专业重点实训基地。加快推进社会工作硕士专业学位教育发展，到 2020 年培养和引进 3 万名社会工作硕士专业学位研究生，300 名社会工作专业博士，3000 名“双师型”专业教师。

4. 社会工作知识普及工程

《规划》提出，要将社会工作知识列入党政领导干部以及人民团体和有关事业单位领导干部培训课程，在各级党政领导干部以及人民团体和有关事业单位领导干部专题研讨班中加入社会工作专业人才队伍建设专题。每年定期举办地厅（局）级领导干部社会工作专题研究班和县（处）级领导干部社会工作专题研究班，有计划地对社会服务与管理密切相关的部门和组织干部职工进行社会工作知识普及培训，到2020年基本完成对主管社会服务与管理有关部门或相关工作的地厅（局）级和县（处）级领导干部社会工作知识轮训。着重对乡镇（街道）相关工作人员、基层党组织干部、居（村）民委员会成员、下派基层锻炼干部和大学生，以及直接从事社会服务与管理一线人员普及社会工作知识，提升其专业服务与管理能力。将社会工作课程列入高等学校公共基础课程范围，对相关专业学生进行社会工作通识教育。加强对教育工作者、医务工作者、司法工作者等与社会工作专业人才密切相关人员的社会工作知识普及培训。组织编写社会工作知识普及读本，加强社会工作宣传载体建设，通过多种方式提高人们对社会工作的认知度和参与度。

5. 社会工作专业人才服务社会主义新农村建设计划

《规划》提出，要按照社会工作专业人才服务社会主义新农村建设部署，研究制定社会工作专业人才服务社会主义新农村建设政策措施。采取政府购买服务等方式，从高校社会工作院系、社会工作服务机构抽调专业人员组建服务队，培育农村社会工作专业服务力量。到2015年，在国家扶贫开发工作重点县通过依托社区服务中心或新建等方式培育发展200个农村社会工作服务站，到2020年，基本实现每个国家扶贫开发工作重点县有一家社会工作服务站，带动培养5万名农村社会工作专业人才。通过国家扶贫开发重点县示范引领其他农村地区社会工作服务发展，推动解决工业化、城市化和市场化带来的农村流动人口、留守人员以及社区发展方面的有关问题，促进社会主义新农村建设。

6. 社会工作专业人才服务边远贫困地区、边疆民族地区和革命老区计划

《规划》提出，按照国家边远贫困地区、边疆民族地区和革命老区人才支持计划要求，研究制定社会工作专业人才服务边远贫困地区、边疆民族地区和革命老区的政策措施。采取培训、调训、挂职锻炼等形式每年为边远贫困地区、边疆民族地区和革命老区培养500名急需紧缺的社会工作专业人才，支持当地培养相关社会工作专业人才。每年组织选派1000名社会工作专业人才到边远贫困地区、边疆民族地区和革命老区工作或提供服务，同时为边远贫困地区、边疆民族地区和革命老区的社会工作专业人才到发达地区实践锻炼创造条件。

7. 社会工作专业人才培训基地和教材建设工程

《规划》提出，为适应大规模开展社会工作从业人员教育培训的需要，着力加强社会工作培训基地建设。按照分工明确、布局合理、整合资源、优势互补原则，依托各级党校、行政学院、高等院校和各类培训机构等现有培训资源，到2020年，重点扶持发展300家社会工作专业人才培训基地，其中国家层面发展50家并纳入国家专业技术人才知识更新工程、国家级继续教育基地建设范围，逐步形成覆盖全国的社会工作培训与继续教育网

络。分类制定社会工作培训课程大纲，形成一批针对性、实务性和科学性强的社会工作培训教材。

8. 民办社会工作服务机构孵化基地建设工程

《规划》提出，为创新社会服务与管理方式，扩大社会工作服务供给，满足人民群众日益增长的服务需求，通过政府购买服务支持，整合现有资源或新建等方式，逐步建立50个国家级民办社会工作服务机构孵化基地，重点扶持和发展为老年人、妇女、儿童、青少年、残疾人、失业人员、低保对象、扶贫对象、受灾群众、进城务工人员、药物滥用人员、艾滋病患者等特殊群体提供服务的民办社会工作服务机构。到2020年，培育发展8万家民办社会工作服务机构。

9. 社会工作服务标准化建设示范工程

《规划》提出，要大力加强社会工作服务组织网络建设，逐步推进全国街道（乡镇）社会工作服务组织和城乡社区社会工作服务组织建设，到2020年，基本实现街道（乡镇）社会工作服务组织全覆盖。着力推进社会工作标准体系研究，建立与我国社会工作发展相适应的社会工作标准体系。到2020年，建立200个社会工作服务标准化示范地区、1000个社会工作服务标准化示范单位和2000个社会工作服务标准化示范社区，引导和推动社会工作服务发展，扩大社会工作服务覆盖面。

10. 社会工作信息系统建设工程

《规划》提出，为适应社会工作信息化、现代化发展需要，按照分级、属地原则，建设全国社会工作专业人才队伍管理门户网站，到2015年，建立能够支撑200万用户在线，全面覆盖所有县（区、市）的管理信息系统平台，实现社会工作专业人才需求预测、就业预警、在线登记注册、信息查询、行业自律和社会监管；建设社会工作服务机构信息库，推动整合社会工作服务机构资源，建立社会工作服务网络体系；开发各领域、各层次、各类型社会工作教育培训课件，扩大远程教育培训覆盖面；加强社会工作专业人才服务过程管理，不断提高社会工作服务质量、提升社会工作信息化水平。

三、推进民办社会工作服务机构发展的政策

为发挥民办社会工作服务机构在吸纳使用社会工作专业人才，提供专业化、个性化社会工作服务，创新社会治理方面的重要作用，进一步加快推进民办社会工作服务机构发展，2014年4月9日，民政部印发了《关于进一步加快推进民办社会工作服务机构发展的意见》（民发〔2014〕80号，以下简称《民政部意见》），对进一步加快推进民办社会工作服务机构发展提出了要求，明确了措施。

（一）发展的主要目标

《民政部意见》提出，加快推进民办社会工作服务机构发展的主要目标是：建立健全加快推进民办社会工作服务机构发展的政策制度，逐步形成协调有力的管理体制和规范高效的工作机制；进一步完善登记服务和监督管理措施，为民办社会工作服务机构登记成立和健康发展创造有利条件；加强民办社会工作服务机构能力建设，促进社会工作行业组织

发展；加快推进政府购买社会工作服务，建立健全民办社会工作服务机构支持保障体系。到2020年，在全国发展8万家管理规范、服务专业、作用明显、公信力强的民办社会工作服务机构，有效承接政府社会服务职能，满足人民群众专业化、个性化的社会工作服务需求。

（二）完善民办社会工作服务机构管理制度

1. 改进登记方式

《民政部意见》要求，成立民办社会工作服务机构，应当符合《民办非企业单位登记管理暂行条例》规定的条件，专职工作人员中应有三分之一以上取得社会工作者职业水平证书或社会工作专业本科及以上学历，章程中应明确社会工作服务宗旨、范围和方式。民办社会工作服务机构可直接向民政部门依法申请登记。鼓励有条件的民办社会工作服务机构规模化、综合化发展，面向城乡基层设立社会工作服务站点。

2. 强化监督管理

《民政部意见》要求，各级民政部门要坚持积极引导发展、严格依法管理的原则，进一步加强对民办社会工作服务机构履行章程、开展活动、使用资金的监督管理，综合运用年度检查、社会评估、绩效评价、信用建设等监督管理手段。对违反章程开展活动、骗取或违规使用政府购买服务与社会捐赠资金、公布虚假失实信息、侵害服务对象权益等行为要严肃依法惩处，建立健全责任追究和行业退出机制。深入做好民办社会工作服务机构评估工作，将评估结果作为政府购买服务和资源支持的重要依据，充分发挥评估工作的导向、激励和约束作用。

3. 推动信息公开

《民政部意见》要求，建立健全民办社会工作服务机构信息公开制度，督促民办社会工作服务机构真实、准确、完整、及时地向社会公开组织机构、年报公告、财务收支、捐资使用、服务内容、奖惩情况等重要信息，主动接受社会监督，努力树立良好社会公信力。依托各级社会组织管理服务信息平台，实现民办社会工作服务机构信息公开与注册登记、申请项目、吸引捐赠的有机衔接，广泛争取社会各界对民办社会工作服务机构的认可与支持。

（三）加强民办社会工作服务机构能力建设

1. 进一步增强民办社会工作服务机构内部治理能力

《民政部意见》要求，督促民办社会工作服务机构建立健全以章程为核心的各项规章制度，健全理事会、监事会制度，完善法人治理结构，恪守民间性、公益性、非营利性原则。以政府购买社会工作服务为杠杆，发挥市场配置资源的决定性作用，促进民办社会工作服务机构提升战略谋划、项目运作、资源整合、创新发展和组织管理能力。指导民办社会工作服务机构建立健全财务管理制度，主动拓宽资金来源，积极争取企业、基金会和社会各界资助，增强自身造血功能，增强资金计划、分配与使用的规范性和透明度。加快培养一批具有社会使命感、掌握现代组织管理知识、拥有丰富管理经验的民办社会工作服务机构管理人才以及具有扎实理论知识和丰富实务经验、能够指导解决复杂专业问题、引导推动社会工作服务人才成长发展的专业督导人才。

2. 着力提升民办社会工作服务机构服务水平

《民政部意见》要求，加强对民办社会工作服务机构提供服务情况的指导、监督与反馈，逐步优化民办社会工作服务机构的区域布局、业务结构和服务功能。建立健全民办社会工作服务机构服务成效评估指标体系，为评价民办社会工作服务机构服务情况、提升服务水平提供科学依据。加强民办社会工作服务机构一线服务人员的教育培训，鼓励其参加社会工作者职业水平考试，不断提升综合素质和专业水平。指导民办社会工作服务机构结合群众需求和自身优势特点加强服务品牌建设，形成一批社会认可、特色鲜明、具有示范指导作用的优秀社会工作服务项目。支持符合条件的民办社会工作服务机构承接社会工作专业人才实习实训任务，积极引导高校社会工作专业毕业生到民办社会工作服务机构就业创业、建功立业。

3. 建立健全民办社会工作服务机构联系志愿者制度

《民政部意见》要求，以民办社会工作服务机构为平台，深入做好志愿者的招募注册、组织管理、培训指导和服务记录工作，鼓励志愿者长期参加民办社会工作服务机构的有关活动，通过自学、考试等方式转化提升为社会工作专业人才。通过社会工作专业人才和志愿者（义工）的互动，引领提升志愿服务的专业化、组织化水平，丰富社会工作专业人才资源，拓展社会工作专业服务范围，增强社会工作专业服务效果。

4. 加强民办社会工作服务机构党群组织建设

《民政部意见》要求，按照现代社会组织党建工作要求，指导民办社会工作服务机构建立基层党组织，逐步实现民办社会工作服务机构党组织全覆盖，支持有条件的民办社会工作服务机构建立共青团、工会、妇女组织等群团组织，充分发挥党组织的领导核心作用、团组织的先锋模范作用以及工会、妇女组织的服务维权作用，确保民办社会工作服务机构的正确发展方向。

（四）切实发挥社会工作行业组织的功能作用

1. 支持社会工作行业组织发展

《民政部意见》要求，加大社会工作行业组织扶持发展力度，将社会工作行业组织纳入政府购买社会工作服务对象范围。加强对社会工作行业组织的监督管理，促进行业管理与服务人才队伍建设，引导在行业中起骨干作用的民办社会工作服务机构参与组建、发展行业组织。积极探索在社会工作行业组织中引入竞争机制，不断提升民办社会工作服务机构的服务水平。

2. 推进民办社会工作服务机构行业自律

《民政部意见》要求，指导社会工作行业组织建立健全各项行业自律制度，制定并实施行业职业道德准则，推动行业诚信体系建设，依法依规开展行业评比奖励和质量认证等活动，规范民办社会工作服务机构行为、增强民办社会工作服务机构公信力。有条件的地区要逐步将民办社会工作服务机构及其有关人员的资质核查、信息统计、教育培训等日常管理事务委托社会工作行业组织承担，充分发挥行业组织在民办社会工作服务机构管理中的前置和基础作用，推动政府监管与行业自律的有机结合。

3. 积极做好民办社会工作服务机构行业服务

《民政部意见》要求，社会工作行业组织要主动加强行业调查研究，积极参与相关法律法规、行业规划、行业标准的研究制定工作，及时向政府部门反映民办社会工作服务机构诉求，提出行业发展意见和建议。要积极为民办社会工作服务机构提供政策咨询、规划指导、项目推介、信息发布、权益维护、能力建设、合作交流等服务，增进民办社会工作服务机构之间以及民办社会工作服务机构与有关方面的沟通联系，为民办社会工作服务机构发展争取有力支持。

（五）建立健全民办社会工作服务机构支持保障体系

1. 加快推进政府购买社会工作服务

《民政部意见》要求，积极推动政府职能转变，贯彻落实国务院办公厅《关于政府向社会力量购买服务的指导意见》（国办发〔2013〕96号）和民政部、财政部《关于政府购买社会工作服务的指导意见》（民发〔2012〕196号），将社会工作专业人才配备、社会工作岗位设置、机构管理服务能力与成效等情况作为政府购买民办社会工作服务机构服务的重要依据。规范政府购买社会工作服务程序，除技术复杂、性质特殊的社会工作服务项目和岗位，原则上均应通过公开招标方式竞争性购买，公平对待民办社会工作服务机构承接政府购买社会工作服务。严格民办社会工作服务机构承接政府购买社会工作服务的资质条件，加强对政府购买社会工作服务的监督管理和绩效评价，建立健全评价结果反馈应用与奖惩机制，确保民办社会工作服务机构依法依约提供服务。积极发展社会工作专业评估与咨询服务机构，为开展政府购买社会工作服务提供技术支持。

2. 加大对民办社会工作服务机构扶持力度

《民政部意见》提出，实施民办社会工作服务机构孵化基地建设工程，通过整合现有资源或新建等方式，到2020年建立50个国家级民办社会工作服务机构孵化基地。各地要积极推动本地区民办社会工作服务机构孵化基地建设，优先孵化以老年人、残疾人、青少年、城市流动人口、农村留守人员、特殊困难人群、受灾群众等为重点服务对象和以婚姻家庭、教育辅导、就业援助、职工帮扶、犯罪预防、矫治帮教、卫生医疗、人口服务、应急处置等为重点服务领域的民办社会工作服务机构。鼓励有条件的地方设立扶持民办社会工作服务机构发展专项资金，通过公益创投、补贴奖励、提供场所、减免费用等多种方式，支持民办社会工作服务机构的启动成立和初期运作。采取公办民营、民办公助等方式，面向民办社会工作服务机构开放公共和社会资源，支持其以社区为平台开展社会工作服务。积极协调有关部门落实促进民办社会工作服务机构发展的各项财税优惠政策，降低其运行管理和提供服务成本。各地民政部门要会同有关部门研究制定民办社会工作服务机构有关人员引进落户、薪酬保障、职业发展、表彰奖励等方面的激励措施，充分调动民办社会工作服务机构开展专业服务的积极性、主动性和创造性。

3. 鼓励社会力量支持和参与民办社会工作服务机构发展

鼓励社会工作院校与民办社会工作服务机构开展产学研合作，鼓励社会工作专业教师创办民办社会工作服务机构。积极引导志愿者机构、公益慈善类社会组织和企事业单位按照注册登记条件成立民办社会工作服务机构。鼓励国（境）内外组织和个人依法通过捐资方式创办民办社会工作服务机构，通过设立基金、提供场所、项目合作、专业扶持等多种方式支持民办社会工作服务机构发展。

四、政府购买社会工作服务的政策

为建立健全政府购买社会工作服务制度，加快推进社会工作专业人才队伍建设，2012年11月14日，民政部、财政部印发了《关于政府购买社会工作服务的指导意见》（民发〔2012〕196号，以下简称《指导意见》），对政府购买社会工作服务提出了明确的要求。

（一）购买主体

《指导意见》指出，各级政府是购买社会工作服务的主体。各级民政部门具体负责本级政府购买社会工作服务的统筹规划、组织实施和绩效评估；各级财政部门具体负责本级政府购买社会工作服务规划的计划审核、经费安排与监督管理；各有关部门和群团组织负责本系统、本行业社会工作服务需求评估，向同级民政部门申报社会工作服务计划并负责具体实施。

（二）购买对象

政府购买社会工作服务的对象主要为具有独立法人资格，拥有一支能够熟练掌握和灵活运用社会工作知识、方法和技能的专业团队，具备完善的内部治理结构、健全的规章制度、良好的社会公信力以及较强的公益项目运营管理和社会工作专业服务能力的社会团体、民办非企业单位和基金会，具备相应能力和条件的企事业单位可承接政府购买社会工作服务。

（三）购买范围

《指导意见》要求，按照“受益广泛、群众急需、服务专业”原则，重点围绕城市流动人口、农村留守人员、困难群体、特殊人群和受灾群众的个性化、多样化社会服务需求，组织开展政府购买社会工作服务。实施城市流动人口社会融入计划，为流动人口提供生活扶助、就业援助、生计发展、权益维护等服务，帮助其尽快融入城市生活，实现城市户籍居民与外来经商务工人员的和谐共处。实施农村留守人员社会保护计划，帮助农村留守儿童、妇女和老人缓解生活困难，构建完善的社会保护与支持网络。实施老年人、残疾人社会照顾计划，为老年人和残疾人提供生活照料、精神慰藉、社会参与、代际沟通等服务，构建系统化、人性化、专业化的养老助残服务机制。实施特殊群体社会关爱计划，帮助药物滥用人员、有不良行为的青少年、艾滋病患者、精神病患者、流浪乞讨人员、社区矫正人员、服刑人员、刑释解教人员等特殊人群纠正行为偏差、缓解生活困难、疏导心理情绪、改善家庭和社区关系、恢复和发展社会功能。实施受灾群众生活重建计划，围绕各类受灾群众的经济、社会、心理需要，开展生活救助、心理疏导、社区重建、资源链接、生计项目开发等社会工作专业服务，帮助受灾群众重树生活信心、修复社会关系、恢复生产生活。

（四）购买程序

按照《指导意见》的要求，政府购买社会工作服务程序包括四个环节：一是编制预算。民政部门根据本地经济社会发展水平和财力状况，协调有关部门和群团组织切实做好人民群众尤其是困难群体、特殊人群社会服务需求的摸底调查与分析评估，核算服务成本，提出政府购买社会工作服务的数量、规模、质量与效果目标要求，科学编制年度社会工作服务项目预算并报同级财政部门审批。二是组织购买。购买社会工作服务，原则上应通过公开招标方式进行。对只能从有限范围服务机构购买，或因技术复杂、性质特殊而不能确定具体服务要求、不能事先计算出价格总额的社会工作服务项目，经同级财政部门批准，可以采用邀请招标、竞争性谈判方式购买。对只能从唯一服务提供机构购买的，向社会公示并经同级财政部门批准后，可以采取单一来源采购方式组织采购。政府购买社会工作服务的组织实施，必须符合《中华人民共和国政府采购法》以及相关法律法规和部门规章要求。三是签订合同。民政部门要按照合同管理要求，与服务提供机构订立购买服务合同，明确购买服务的范围、数量、质量要求以及服务期限、资金支付方式、违约责任等内容。四是指导实施。财政和民政部门要及时下拨购买经费，指导、督促服务承接机构严格履行合同义务，按时完成服务项目任务，保证服务数量、质量和效果。

（五）监督管理

《指导意见》要求，建立健全政府购买社会工作服务监督管理制度，形成完善的社会工作服务项目购买文件档案，制定具体、翔实、严格的专业服务、资金管理及效果评价等方面的指导标准。切实加强过程监管，按照政府购买社会工作服务的合同要求，对专业服务过程、任务完成和资金使用情况等进行督促检查。建立由购买方、服务对象及第三方组成的综合性评审机制，及时组织对已完成社会工作服务项目的结项验收。积极推进第三方评估，发挥专业评估机构、行业管理组织、专家等方面的作用，对服务机构承担的项目管理、服务成效、经费使用等内容进行综合考评。坚持过程评估与结果评估、短期效果评估与长远效果评估、社会效益评估与经济效益评估相结合，确保评估工作的全面性、客观性和科学性。将考评结果与后续政府购买服务挂钩，对考评合格者，继续支持开展购买服务合作；对考评不合格者，提出整改意见，并取消一定时期内承接政府购买社会工作服务资格；对情节严重者，依法依约追究有关责任。建立社会工作服务提供机构的征信管理制度。

本章练习

1. 简述行政法规的概念。
2. 简述我国新时代社会的主要矛盾。
3. 简述大力开展社会工作专业培训的“三项工程”。
4. 简述《社会工作专业人才队伍建设中长期规划（2011—2020年）》确立的我国社会工作专业人才队伍建设战略目标。
5. 如何改进民办社会工作服务机构的登记方式？
6. 简述《关于政府购买社会工作服务的指导意见》提出的政府购买社会工作服务的购买主体和购买对象。

第二章 社会救助政策法规

学习目标

通过本章的学习，你应该能够：

1. 掌握我国社会救助的体制机制和体系；
2. 掌握社会救助的对象、内容、方式和程序；
3. 掌握社会救助综合改革内容，以及社会救助在打赢脱贫攻坚战中的兜底作用；
4. 学会运用社会救助政策法规开展社会工作。

社会救助是公民在生活发生严重困难时，由政府和社会对其提供基本生活保障救助，是社会保障重要组成部分。为了加强社会救助，规范社会救助工作，保障公民的基本生活，促进社会公平，维护社会和谐稳定，2014 年 2 月 21 日，国务院发布了第 649 号令，公布《社会救助暂行办法》（以下简称《暂行办法》），自 2014 年 5 月 1 日起施行。《暂行办法》规定了最低生活保障、特困人员供养、受灾人员救助、医疗救助、教育救助、住房救助、就业救助和临时救助八项救助。《暂行办法》的实施，标志着我国社会救助制度全面建立，社会救助步入规范化、法制化。

第一节 社会救助的一般规定

一、社会救助的原则与机制

（一）社会救助的原则

1. 实体性原则

《暂行办法》规定，社会救助制度坚持托底线、救急难、可持续，与其他社会保障制度相衔接，社会救助水平与经济社会发展水平相适应。

2. 程序性原则

社会救助工作程序应当遵循公开、公平、公正、及时的原则。这“八字”原则强调社会救助的程序正义，只有这样，才能使社会救助制度的初衷落到实处。

（二）社会救助的工作职责

1. 社会救助管理部门的职责

《暂行办法》规定，国务院民政部门统筹全国社会救助体系建设。国务院民政、卫生计生、教育、住房城乡建设、人力资源社会保障等部门，按照各自职责负责相应的社会救助管理工作。县级以上地方人民政府民政、卫生计生、教育、住房城乡建设、人力资源社会保障等部门，按照各自职责负责本行政区域内相应的社会救助管理工作。

2. 基层政府和村（居）委会的职责

根据《暂行办法》规定，在社会救助工作中，乡镇人民政府、街道办事处负责有关社会救助的申请受理、调查审核，具体工作由社会救助经办机构或者经办人员承担。村民委员会、居民委员会协助做好有关社会救助工作。

（三）工作协调机制

社会救助工作需要政府和社会协调形成合力才能做好。各主体各司其职又相互协作。按照《暂行办法》规定，县级以上人民政府应当将社会救助纳入国民经济和社会发展规划，建立健全政府领导、民政部门牵头、有关部门配合、社会力量参与的社会救助工作协调机制，完善社会救助资金、物资保障机制，将政府安排的社会救助资金和社会救助工作经费纳入财政预算。

在资金管理上，社会救助资金实行专项管理，分账核算，专款专用，任何单位或者个人不得挤占挪用。社会救助资金的支付，按照财政国库管理的有关规定执行。在信息管理上，县级以上人民政府应当按照国家统一规划建立社会救助管理信息系统，实现社会救助信息互联互通、资源共享。

二、社会力量参与政策

社会救助需要社会力量参与，国家鼓励、支持社会力量参与社会救助。

（一）参与方式与途径

《暂行办法》规定，国家鼓励单位和个人等社会力量通过捐赠、设立帮扶项目、创办服务机构、提供志愿服务等方式参与社会救助。县级以上地方人民政府可以将社会救助中的具体服务事项通过委托、承包、采购等方式，向社会力量购买服务。

县级以上地方人民政府应当发挥社会工作服务机构和社会工作者作用，为社会救助对象提供社会融入、能力提升、心理疏导等专业服务。

（二）支持政策

社会力量参与社会救助，按照国家有关规定享受财政补贴、税收优惠、费用减免等政策。

社会救助管理部门及相关机构应当建立社会力量参与社会救助的机制和渠道，提供社会救助项目、需求信息，为社会力量参与社会救助创造条件、提供便利。

第二节　最低生活保障与特困人员供养

一、最低生活保障制度

《暂行办法》规定，国家对共同生活的家庭成员人均收入低于当地最低生活保障（以下简称“低保”）标准，且符合当地最低生活保障家庭财产状况规定的家庭，给予最低生活保障。其中，低保标准由省、自治区、直辖市或者设区的市级人民政府按照当地居民生活必需的费用确定、公布，并根据当地经济社会发展水平和物价变动情况适时调整。低保家庭收入状况、财产状况的认定办法，由省、自治区、直辖市或者设区的市级人民政府按照国家有关规定制定。

为规范最低生活保障审核审批工作，民政部于2012年12月12日颁布实施《最低生活保障审核审批办法（试行）》（以下简称《办法》），对低保的审核审批作出了进一步的规范。

（一）低保对象的资格条件

《办法》规定，户籍状况、家庭收入和家庭财产是认定低保对象的三个基本要件。持有当地常住户口的居民，凡共同生活的家庭成员人均收入低于当地低保标准，且家庭财产状况符合当地人民政府规定条件的，可以申请低保。

1. 共同生活的家庭成员

《办法》规定，共同生活的家庭成员包括：

（1）配偶；

（2）父母和未成年子女；

（3）已成年但不能独立生活的子女，包括在校接受本科及其以下学历教育的成年子女；

（4）其他具有法定赡养、扶养、抚养义务关系并长期共同居住的人员。

其中，下列人员不计入共同生活的家庭成员：

（1）连续三年以上（含三年）脱离家庭去独立生活的宗教教职人员；

（2）在监狱、劳动教养场所内服刑、劳动教养的人员；

（3）省级人民政府民政部门根据本条原则和有关程序认定的其他人员。

持有非农业户口的居民，可以申请城市低保。持有农业户口的居民，可以申请农村低保。取消农业和非农业户口划分的地区，原则上可以将申请人户籍所在地为城镇且居住超过一定期限、无承包土地、不参加农村集体经济收益分配等作为申请城市低保的户籍条件。

2. 家庭收入

家庭收入是指共同生活的家庭成员在规定期限内的全部可支配收入。家庭可支配收入是指扣除缴纳的个人所得税及个人按规定缴纳的社会保障性支出后的收入。主要包括以下5种类型。

（1）工资性收入。指因任职或者受雇而取得的工资、薪金、奖金、劳动分红、津贴、补贴以及与任职或者受雇有关的其他所得等。

（2）家庭经营净（纯）收入。指从事生产、经营及有偿服务活动所得。包括从事种植、养殖、采集及加工等农林牧渔业的生产收入，从事工业、建筑业、手工业、交通运输业、批发和零售贸易业、餐饮业、文教卫生业和社会服务业等经营及有偿服务活动的收入等。

（3）财产性收入。包括动产收入和不动产收入。动产收入是指出让无形资产、特许权等收入，储蓄存款利息、有价证券红利、储蓄性保险投资以及其他股息和红利等收入，集体财产收入分红和其他动产收入等。不动产收入是指转租承包土地经营权、出租或者出让房产以及其他不动产收入等。

（4）转移性收入。指国家、单位、社会团体对居民家庭的各种转移支付和居民家庭间的收入转移。包括赡养费、扶养费、抚养费，离退休金、失业保险金，社会救济金、遗属补助金、赔偿收入，接受遗产收入、接受捐赠（赠送）收入等。

（5）其他应当计入家庭收入的项目。

3. 家庭财产

家庭财产是指家庭成员拥有的全部动产和不动产。家庭财产主要包括：

（1）现金、银行存款和有价证券；

（2）机动车辆（残疾人功能性补偿代步机动车辆除外）、船舶；

（3）房屋；

（4）债权；

（5）其他财产。

（二）低保对象认定程序

1. 申请

申请最低生活保障，由共同生活的家庭成员向户籍所在地的乡镇人民政府、街道办事处提出书面申请；家庭成员申请有困难的，可以委托村民委员会、居民委员会代为提出申请。受申请人委托，村（居）民委员会代其向户籍所在地乡镇人民政府（街道办事处）提交低保书面申请及其相关材料。申请人有下列情况之一的，可以单独提出申请：①困难家庭中丧失劳动能力且单独立户的成年重度残疾人；②脱离家庭、在宗教场所居住三年以上（含三年）的生活困难的宗教教职人员。

申请人或者其家庭成员的户籍有下列情况之一的，可以按以下方式办理：

（1）在同一市县辖区内，申请人经常居住地与户籍所在地不一致的，根据市县人民政府的规定，申请人凭户籍所在地县级人民政府民政部门出具的未享受最低生活保障的证明，可以向经常居住地乡镇人民政府（街道办事处）提出申请。

（2）户籍类别相同但家庭成员户口不在一起的家庭，应将户口迁移到一起后再提出申请。因特殊原因无法将户口迁移到一起的，可选择在户主或者其主要家庭成员的户籍所在地提出申请，户籍不在申请地的其他家庭成员分别提供各自户籍所在地县级人民政府民政部门出具的未享受低保的证明。

(3) 共同生活的家庭成员分别持有非农业户口和农业户口的，一般按户籍类别分别申请城市低保和农村低保。

申请人提出低保申请时，应当按规定提交相关材料，书面声明家庭收入和财产状况，并签字确认，履行授权核查家庭经济状况的相关手续，承诺所提供的信息真实、完整。

2. 受理

乡镇人民政府（街道办事处）应当对申请人或者其代理人提交的材料进行审查，材料齐备的，予以受理；材料不齐备的，应当一次性告知申请人或者其代理人补齐所有规定材料。乡镇人民政府（街道办事处）应当及时受理低保申请，农村地区可以实行定期集中受理。

申请低保时，申请人与低保经办人员和村（居）民委员会成员有近亲属关系的，应当如实申明。对已受理的低保经办人员和村（居）民委员会成员近亲属的低保申请，乡镇人民政府（街道办事处）应当进行单独登记。"低保经办人员"是指涉及具体办理和分管低保受理、审核（包括家庭经济状况调查）、审批等事项的县级人民政府民政部门及乡镇人民政府（街道办事处）工作人员。"近亲属"包括配偶、父母、子女、兄弟姐妹、祖父母、外祖父母、孙子女、外孙子女。

3. 家庭经济状况调查

家庭经济状况包括申请人及其家庭成员拥有的全部可支配收入和家庭财产的情况。乡镇人民政府、街道办事处应当通过信息核对、入户调查、邻里访问、信函索证、群众评议、信息核查等方式，对申请人的家庭收入状况、财产状况进行调查核实，提出初审意见，在申请人所在村、社区公示后报县级人民政府民政部门审批。

乡镇人民政府（街道办事处）应当自受理低保申请之日起 10 个工作日内，在村（居）民委员会协助下，组织驻村干部、社区低保专干等工作人员对申请人家庭经济状况和实际生活情况逐一进行调查核实。每组调查人员不得少于 2 人。调查申请人家庭经济状况和实际生活情况，可以采取以下方式：

(1) 信息核对。乡镇人民政府（街道办事处）通过县级以上人民政府民政部门与公安、人力资源社会保障、住房城乡建设、税务、金融、工商等部门和机构，对低保申请家庭的户籍、车辆、住房、社会保险、养老金、存款、证券、个体经营、住房公积金等收入和财产信息进行核对，并根据信息核对情况，对申请人家庭经济状况声明的真实性和完整性提出意见。

(2) 入户调查。调查人员到申请人家中了解其家庭收入、财产情况和吃、穿、住、用等实际生活状况；根据申请人声明的家庭收入和财产状况，了解其真实性和完整性。入户调查结束后，调查人员应当填写家庭经济状况核查表，并由调查人员和申请人（被调查人）分别签字。

(3) 邻里访问。调查人员到申请人所在村（居）委员会和社区，走访了解其家庭收入、财产和实际生活状况。

(4) 信函索证。调查人员以信函方式向相关单位和部门索取有关证明材料。

(5) 其他调查方式。

经家庭经济状况信息核对，对符合条件的低保申请，乡镇人民政府（街道办事处）应当依程序开展入户调查。不符合条件的，乡镇人民政府（街道办事处）应当书面通知申请人并说明理由。申请人对家庭经济状况信息核对结果有异议的，应当提供相关证明材料；乡镇人民政府（街道办事处）应当对申请人提供的家庭经济状况证明材料进行审核，并组织开展复查。

4. 民主评议

家庭经济状况调查结束后，乡镇人民政府（街道办事处）应当在5个工作日内，在村（居）民委员会的协助下，以村（居）为单位对申请人家庭经济状况调查结果的客观性、真实性进行民主评议。民主评议由乡镇人民政府（街道办事处）工作人员、村（居）党组织和村（居）委会成员、熟悉村（居）民情况的党员代表、村（居）民代表等人员参加。村（居）民代表人数不得少于参加评议总人数的三分之二。有条件的地方，县级人民政府民政部门可以派人参加民主评议。民主评议应当遵循以下程序：

（1）宣讲政策。乡镇人民政府（街道办事处）工作人员宣讲低保资格条件、补差发放、动态管理等政策规定，宣布评议规则和会议纪律。

（2）介绍情况。申请人或者代理人陈述家庭基本情况，入户调查人员介绍申请家庭经济状况调查情况。

（3）现场评议。民主评议人员对申请人家庭经济状况调查情况进行评议，对调查结果的真实性和完整性进行评价。

（4）形成结论。乡镇人民政府（街道办事处）工作人员根据现场评议情况，对申请人家庭经济状况调查结果的真实有效性作出结论。

（5）签字确认。民主评议应当有详细的评议记录。所有参加评议人员应当签字确认评议结果。

对民主评议争议较大的低保申请，乡镇人民政府（街道办事处）应当重新组织调查组对该家庭经济状况进行调查核实。

5. 审核审批

《暂行办法》规定，县级人民政府民政部门经审查，对符合条件的申请予以批准，并在申请人所在村、社区公布；对不符合条件的申请不予批准，并书面向申请人说明理由。

乡镇人民政府（街道办事处）应当根据家庭经济状况进行信息核对、入户调查、民主评议等方式了解情况，对申请家庭是否给予低保提出建议和意见，并及时在村（居）民委员会设置的村（居）务公开栏公示入户调查、民主评议和审核结果。公示期为7天。公示结束后，乡镇人民政府（街道办事处）应当将申请材料、家庭经济状况调查结果、民主评议情况等相关材料报送县级人民政府民政部门审批。县级人民政府民政部门应当自收到乡镇人民政府（街道办事处）审核意见和相关材料5个工作日内提出审批意见。拟批准给予低保的，应当同时确定拟保障金额。不符合条件、不予批准的，应当在作出审批决定3日内，通过乡镇人民政府（街道办事处）书面告知申请人或者其代理人并说明理由。县级人民政府民政部门在提出审批意见前，应当全面审查乡镇人民政府（街道办事处）上报的申请材料、调查材料和审核意见，并按照不低于30%的比例入户抽查。对单独登记的低保经办人员和村（居）民委员会成员近亲属的低保申请，以及有疑问、有举报或者其他需要重点调查的低保申请，县级人民政府民政部门应当全部入户调查。不得将不经过调查核实的任何群体或者个人直接审批为低保对象。有条件的地方，县级人民政府民政部门可以邀请申请人户籍所在地乡镇人民政府（街道办事处）、村（居）民委员会派人参与低保审批，对申请家庭是否符合低保条件提出审批意见。

保障金额应当按照核定的申请人家庭人均收入与当地低保标准的差额乘以共同生活的家庭成员人数计算。对低保家庭中的下列人员，可以采取多种措施提高救助水平：

（1）老年人；

（2）未成年人；

（3）重度残疾人；

（4）重病患者；

（5）县级以上地方人民政府确定的其他生活困难人员。

县级人民政府民政部门应当对拟批准的低保家庭通过乡镇人民政府（街道办事处）、村（居）民委员会固定的政务公开栏、村（居）务公开栏以及政务大厅设置的电子屏等场所和地点进行公示。公示内容包括申请人姓名、家庭成员、拟保障金额等。公示期为 7 天。公示期满无异议的，县级人民政府民政部门应当在 3 个工作日内作出审批决定，对批准给予低保的，发给低保证，并从批准之日下月起发放低保金。对公示有异议的，县级人民政府民政部门应当重新组织调查核实，在 20 个工作日内作出审批决定，并对拟批准的申请重新公示。

（三）低保资金发放和动态管理

1. 低保资金发放

对批准获得最低生活保障的家庭，县级人民政府民政部门按照共同生活的家庭成员人均收入低于当地最低生活保障标准的差额，按月发给最低生活保障金。低保金原则上实行社会化发放，通过银行、信用社等代理金融机构，直接支付到低保家庭的账户。低保金应当在每月 10 日前发放到户。金融服务不发达的农村地区，低保金可以按季发放，每季度初 10 日前发放到户。

县级人民政府民政部门应当根据低保对象的年龄、健康状况、劳动能力以及家庭收入来源等情况对低保家庭实行分类管理。乡镇人民政府（街道办事处）应当根据低保家庭成员和其家庭经济状况的变化情况进行分类复核，并根据复核情况及时报请县级人民政府民政部门办理低保金停发、减发或者增发手续。

对获得最低生活保障后生活仍有困难的老年人、未成年人、重度残疾人和重病患者，县级以上地方人民政府应当采取必要措施给予生活保障。

2. 低保动态管理

最低生活保障家庭的人口状况、收入状况、财产状况发生变化的，应当及时告知乡镇人民政府、街道办事处。县级人民政府民政部门以及乡镇人民政府、街道办事处应当对获得最低生活保障家庭的人口状况、收入状况、财产状况进行定期核查。对城市“三无”人员和家庭成员中有重病、重残人员且收入基本无变化的低保家庭，可每年复核一次。对短期内家庭经济状况和家庭成员基本情况相对稳定的低保家庭，可每半年复核一次。对收入来源不固定、有劳动能力和劳动条件的低保家庭，原则上城市按月、农村按季复核。

县级人民政府民政部门应当对低保家庭实行长期公示，并完善面向公众的低保对象信息查询机制。公示中应当保护低保对象的个人隐私，不得公开与低保无关的信息。县级以上地方人民政府民政部门和乡镇人民政府、街道办事处应当公开低保监督咨询电话，主动接受社会和群众对低保审核审批工作的监督、投诉和举报。有条件的地方可以省为单位设置统一的举报投诉电话。县级以上地方人民政府民政部门和乡镇人民政府、街道办事处应当健全完善举报核查制度，对接到的实名举报，应当逐一核查，并及时向举报人反馈核查处理结果。

最低生活保障家庭的人口状况、收入状况、财产状况发生变化的，县级人民政府民政部门应当及时决定增发、减发或者停发最低生活保障金；决定停发最低生活保障金的，应当书面说明理由。

二、特困人员供养制度

（一）特困人员的认定条件

《暂行办法》规定，国家对无劳动能力、无生活来源且无法定赡养、抚养、扶养义务人，或者其法定赡养、抚养、扶养义务人无赡养、抚养、扶养能力的老年人、残疾人以及未满 16 周岁的未成年人，给予特困人员供养。

为进一步规范特困人员认定工作，确保特困人员救助供养制度公开、公平、公正实施，2016 年 10 月 10 日，民政部印发了《特困人员认定办法》（民发〔2016〕178 号，以下简称《认定办法》），对特困人员的认定条件作出了具体规定。

1. 无劳动能力

《认定办法》规定，符合下列情形之一的，应当认定为无劳动能力：

（1）60 周岁以上的老年人；

（2）未满 16 周岁的未成年人；

（3）残疾等级为一、二级的智力、精神残疾人，残疾等级为一级的肢体残疾人；

（4）省、自治区、直辖市人民政府规定的其他情形。

2. 无生活来源

《认定办法》规定，收入总和低于当地最低生活保障标准，且财产符合当地特困人员财产状况规定的，应当认定为无生活来源。其中，“收入”包括工资性收入、经营净收入、财产净收入、转移净收入等各类收入，不包括城乡居民基本养老保险中的基础养老金、基本医疗保险等社会保险和高龄津贴等社会福利补贴。特困人员财产状况认定标准由设区的市级以上地方人民政府民政部门制定，并报同级地方人民政府同意。

3. 无法定赡养、抚养、扶养义务人或者其法定义务人无履行义务能力

《认定办法》规定，法定义务人符合下列情形之一的，应当认定为无履行义务能力：

（1）具备特困人员条件的；

（2）60 周岁以上或者重度残疾的最低生活保障对象，且财产符合当地特困人员财产状况规定的；

（3）无民事行为能力、被宣告失踪、或者在监狱服刑的人员，且财产符合当地特困人

员财产状况规定的；

（4）省、自治区、直辖市人民政府规定的其他情形。

未满16周岁的未成年人同时符合特困人员救助供养条件和孤儿认定条件的，应当纳入孤儿基本生活保障范围，不再认定为特困人员。

（二）特困人员的供养

1. 特困人员供养的内容

《暂行办法》规定，特困人员供养的内容包括：①提供基本生活条件；②对生活不能自理的给予照料；③提供疾病治疗；④办理丧葬事宜。

按照《国务院关于进一步健全特困人员救助供养制度的意见》（国发〔2016〕14号）作出了具体的要求。

2. 特困供养形式

根据《暂行办法》规定，特困供养形式分为集中供养和分散供养。特困供养人员可以在当地的供养服务机构集中供养，也可以在家分散供养。特困供养人员可以自行选择供养形式。

3. 生活自理能力评估

《认定办法》规定，县级人民政府民政部门应当在乡镇人民政府（街道办事处）、村（居）民委员会的协助下，对特困人员生活自理能力进行评估，并根据评估结果，确定特困人员应当享受的照料护理标准档次。有条件的地方，可以委托第三方机构开展特困人员生活自理能力评估。

特困人员生活自理能力，一般依据以下6项指标综合评估：

（1）自主吃饭；

（2）自主穿衣；

（3）自主上下床；

（4）自主如厕；

（5）室内自主行走；

（6）自主洗澡。

特困人员生活自理状况，6项指标全部达到的，可以视为具备生活自理能力；有3项以下（含3项）指标不能达到的，可以视为部分丧失生活自理能力；有4项以上（含4项）指标不能达到的，可以视为完全丧失生活自理能力。

特困人员生活自理能力发生变化的，村（居）民委员会或者供养服务机构应当通过乡镇人民政府（街道办事处）及时报告县级人民政府民政部门，县级人民政府民政部门应当自接到报告之日起10个工作日内组织复核评估，并根据评估结果及时调整特困人员生活自理能力认定类别。

（三）终止救助供养

《认定办法》规定，特困人员有下列情形之一的，应当及时终止救助供养：

（1）死亡、被宣告失踪或者死亡；

（2）经过康复治疗恢复劳动能力或者年满 16 周岁且具有劳动能力；

（3）依法被判处刑罚，且在监狱服刑；

（4）收入和财产状况不再符合相关规定；

（5）法定义务人具有了履行义务能力或者新增具有履行义务能力的法定义务人。

特困人员中的未成年人，满 16 周岁后仍在接受义务教育或者在普通高中、中等职业学校就读的，可继续享有救助供养待遇。

第三节　受灾人员救助

自然灾害是指由于自然异常变化造成的人员伤亡、财产损失、社会失稳、资源破坏等现象或一系列事件。我国常见的自然灾害种类繁多，主要包括洪涝、干旱灾害，台风、冰雹、暴雪、沙尘暴等气象灾害，火山、地震灾害，山体崩塌、滑坡、泥石流等地质灾害，风暴潮、海啸等海洋灾害，森林草原火灾和重大生物灾害等。为了规范自然灾害救助工作，2010 年 6 月 30 日，国务院第 117 次常务会议通过了《自然灾害救助条例》（以下简称《条例》），自 2010 年 9 月 1 日起施行。《条例》对我国备灾救灾作了全面的规定。

一、自然灾害救助体制

（一）自然灾害救助工作的宗旨和原则

自然灾害救助工作最基本的宗旨是保障受灾人员的基本生活。自然灾害救助工作遵循以人为本、政府主导、分级管理、社会互助、灾民自救的原则，实行各级人民政府行政领导负责制。

（二）自然灾害救助工作机构

1. 领导机构

国家减灾委员会负责组织、领导全国的自然灾害救助工作，协调开展重大自然灾害救助活动。县级以上地方人民政府或者人民政府的自然灾害救助应急综合协调机构，组织、协调本行政区域的自然灾害救助工作。

2. 工作机构①

国务院民政部门负责全国的自然灾害救助工作，承担国家减灾委员会的具体工作。国务院有关部门按照各自职责做好全国的自然灾害救助相关工作。县级以上地方人民政府民政部门负责本行政区域的自然灾害救助工作。县级以上地方人民政府有关部门按照各自职责做好本行政区域的自然灾害救助相关工作。县级以上人民政府应当将自然灾害救助工作纳入国民经济和社会发展规划，建立健全与自然灾害救助需求相适应的资金、物资保障机制，将人民政府安排的自然灾害救助资金和自然灾害救助工作经费纳入财政预算。

① 根据第十三届全国人民代表大会第一次会议批准的《国务院机构改革方案》，救灾职责已划归应急管理部。

村民委员会、居民委员会以及红十字会、慈善会和公募基金会等社会组织，依法协助人民政府开展自然灾害救助工作。国家鼓励和引导单位和个人参与自然灾害救助捐赠、志愿服务等活动。对在自然灾害救助中作出突出贡献的单位和个人，按照国家有关规定给予表彰和奖励。

3. 防灾减灾宣传教育

各级人民政府应当加强防灾减灾宣传教育，提高公民的防灾避险意识和自救互救能力。村民委员会、居民委员会、企业事业单位应当根据所在地人民政府的要求，结合各自的实际情况，开展防灾减灾应急知识的宣传普及活动。

二、救助准备

（一）编制应急预案

县级以上地方人民政府及其有关部门应当根据有关法律、法规、规章，上级人民政府及其有关部门的应急预案以及本行政区域的自然灾害风险调查情况，制定相应的自然灾害救助应急预案。自然灾害救助应急预案包括下列内容：①自然灾害救助应急组织指挥体系及其职责；②自然灾害救助应急队伍；③自然灾害救助应急资金、物资、设备；④自然灾害的预警预报和灾情信息的报告、处理；⑤自然灾害救助应急响应的等级和相应措施；⑥灾后应急救助和居民住房恢复重建措施。

根据突发性自然灾害的危害程度等因素，国家设定一级到四级四个自然灾害救助应急预案响应等级。

（二）救灾物资储备

国家建立自然灾害救助物资储备制度，由国务院民政部门分别会同国务院财政部门、发展改革部门制定全国自然灾害救助物资储备规划和储备库规划，并组织实施。设区的市级以上人民政府和自然灾害多发、易发地区的县级人民政府应当根据自然灾害特点、居民人口数量和分布等情况，按照布局合理、规模适度的原则，设立自然灾害救助物资储备库。

按照民政部等九部门《关于加强自然灾害救助物资储备体系建设的指导意见》（民发〔2015〕164号）提出，要科学规划、稳妥推进救灾物资储备网络建设。经各方努力，使我国救灾物资储备能力和管理水平得到全面提升，形成分级管理、反应迅速、布局合理、规模适度、种类齐全、功能完备、保障有力、符合我国国情的“中央—省—市—县—乡”五级救灾物资储备体系；救灾物资储备网络化、信息化、智能化管理水平显著提高，救灾物资调运更加高效、快捷有序；确保自然灾害发生12小时之内，第一批救灾物资运抵灾区，受灾群众基本生活得到初步救助。

（三）设立应急避难场所

县级以上地方人民政府根据当地居民人口数量和分布等情况，利用公园、广场、体育场馆等公共设施，统筹规划设立应急避难场所，并设置明显标志。启动自然灾害预警响应或者应急响应，需要告知居民前往应急避难场所的，县级以上地方人民政府或者人民政府的自然灾害救助应急综合协调机构应当通过广播、电视、手机短信、电子显示屏、互联网等方式，及时公告应急避难场所的具体地址和到达路径。

（四）自然灾害救助人员的队伍建设和技术支撑

县级以上地方人民政府应加强自然灾害救助人员的队伍建设和业务培训。国家实行灾害信息员制度，村民委员会、居民委员会和企业事业单位应当设立专职或者兼职的自然灾害信息员。

县级以上人民政府应当建立健全自然灾害救助应急指挥技术支撑系统，并为自然灾害救助工作提供必要的交通、通信等装备。

三、应急救助

（一）预警

县级以上人民政府或者人民政府的自然灾害救助应急综合协调机构应当根据自然灾害预警预报启动预警响应，采取下列一项或者多项措施：①向社会发布规避自然灾害风险的警告，宣传避险常识和技能，提示公众做好自救互救准备；②开放应急避难场所，疏散、转移易受自然灾害危害的人员和财产，情况紧急时，实行有组织的避险转移；③加强对易受自然灾害危害的乡村、社区以及公共场所的安全保障；④责成民政等部门做好基本生活救助的准备。

根据《国家自然灾害救助应急预案》（国办函〔2016〕25号），国家减灾委办公室根据自然灾害预警预报信息，结合可能受影响地区的自然条件、人口和社会经济状况，对可能出现的灾情进行预评估，当可能威胁人民生命财产安全、影响基本生活、需要提前采取应对措施时，启动预警响应，视情采取以下一项或多项措施：

（1）向可能受影响的省（区、市）减灾委或民政部门通报预警信息，提出灾害救助工作要求。

（2）加强应急值守，密切跟踪灾害风险变化和发展趋势，对灾害可能造成的损失进行动态评估，及时调整相关措施。

（3）通知有关中央救灾物资储备库做好救灾物资准备，紧急情况下提前调拨；启动与交通运输、铁路、民航等部门和单位的应急联动机制，做好救灾物资调运准备。

（4）派出预警响应工作组，实地了解灾害风险，检查指导各项救灾准备工作。

（5）向国务院、国家减灾委负责人、国家减灾委成员单位报告预警响应启动情况。

（6）向社会发布预警响应启动情况。

灾害风险解除或演变为灾害后，国家减灾委办公室终止预警响应。

（二）信息报告和发布

1. 信息报告

对突发性自然灾害，县级人民政府民政部门应在灾害发生后2小时内将本行政区域灾情和救灾工作情况向本级人民政府和地市级人民政府民政部门报告；地市级和省级人民政府民政部门在接报灾情信息2小时内审核、汇总，并向本级人民政府和上一级人民政府民政部门报告。

对造成县级行政区域内10人以上死亡（含失踪）或房屋大量倒塌、农田大面积受灾等严重损失的突发性自然灾害，县级人民政府民政部门应在灾害发生后立即上报县级人民政府、省级人民政府民政部门和民政部。省级人民政府民政部门接报后立即报告省级人民政府。省级人民政府、民政部按照有关规定及时报告国务院。

特别重大、重大自然灾害灾情稳定前，地方各级人民政府民政部门执行灾情24小时零报告制度，逐级上报上级民政部门；灾情发生重大变化时，民政部立即向国务院报告。灾情稳定后，省级人民政府民政部门应在10日内审核、汇总灾情数据并向民政部报告。

对于旱灾害，地方各级人民政府民政部门应在旱情初显、群众生产和生活受到一定影响时，初报灾情；在旱情发展过程中，每10日续报一次灾情，直至灾情解除；灾情解除后及时核报。

县级以上地方人民政府要建立健全灾情会商制度，各级减灾委或者民政部门要定期或不定期组织相关部门召开灾情会商会，全面客观评估、核定灾情数据。

2. 信息发布

信息发布坚持实事求是、及时准确、公开透明的原则。信息发布形式包括授权发布、组织报道、接受记者采访、举行新闻发布会等。要主动通过重点新闻网站或政府网站、政务微博、政务微信、政务客户端等发布信息。

灾情稳定前，受灾地区县级以上人民政府减灾委或民政部门应当及时向社会滚动发布自然灾害造成的人员伤亡、财产损失以及自然灾害救助工作动态、成效、下一步安排等情况；灾情稳定后，应当及时评估、核定并按有关规定发布自然灾害损失情况。

（三）应急响应

自然灾害发生并达到自然灾害救助应急预案启动条件的，县级以上人民政府或者人民政府的自然灾害救助应急综合协调机构应当及时启动自然灾害救助应急响应，采取下列一项或者多项措施：①立即向社会发布政府应对措施和公众防范措施；②紧急转移安置受灾人员；③紧急调拨、运输自然灾害救助应急资金和物资，及时向受灾人员提供食品、饮用水、衣被、取暖、临时住所、医疗防疫等应急救助，保障受灾人员的基本生活；④抚慰受灾人员，处理遇难人员的善后事宜；⑤组织受灾人员开展自救互救；⑥分析评估灾情趋势和灾区需求，采取相应的自然灾害救助措施；⑦组织自然灾害救助捐赠活动。

根据自然灾害的危害程度等因素，国家自然灾害救助应急响应分为Ⅰ、Ⅱ、Ⅲ、Ⅳ四级。

四、灾后救助

（一）过渡性安置

受灾地区人民政府在确保安全的前提下，采取就地安置与异地安置、政府安置与自行安置相结合的方式，对受灾人员进行过渡性安置。就地安置应当选择在交通便利、便于恢复生产和生活的地点，并避开可能发生次生自然灾害的区域，尽量不占用或者少占用耕地。同时，受灾地区人民政府应当鼓励并组织受灾群众自救互救，恢复重建。

特别重大、重大灾害发生后，国家减灾委办公室组织有关部门、专家及灾区民政部门评估灾区过渡期生活救助需求情况。财政部、民政部及时拨付过渡期生活救助资金。民政部指导灾区人民政府做好过渡期生活救助的人员核定、资金发放等工作。民政部、财政部监督检查灾区过渡期生活救助政策和措施的落实，定期通报灾区救助工作情况，过渡期生活救助工作结束后组织绩效评估。

（二）倒房重建

居民住房恢复重建按照因地制宜、经济实用的原则和确保房屋建设质量符合防灾减灾的要求进行。

自然灾害危险消除后，受灾地区人民政府应当统筹研究制订居民住房恢复重建规划和优惠政策，组织重建或者修缮因灾损毁的居民住房，对恢复重建确有困难的家庭予以重点帮扶。受灾地区人民政府民政等部门应当向经审核确认的居民住房恢复重建补助对象发放补助资金和物资，住房城乡建设等部门应当为受灾人员重建或者修缮因灾损毁的居民住房提供必要的技术支持。

因灾倒损住房恢复重建要尊重群众意愿，以受灾户自建为主，由县级人民政府负责组织实施。建房资金等通过政府救助、社会互助、邻里帮工帮料、以工代赈、自行借贷、政策优惠等多种途径解决。重建规划和房屋设计要根据灾情因地制宜确定方案，科学安排项目选址，合理布局，避开地震断裂带、地质灾害隐患点、泄洪通道等，提高抗灾设防能力，确保安全。

居民住房恢复重建的补助对象由受灾人员本人申请或者由村民小组、居民小组提名。经村民委员会、居民委员会民主评议，符合救助条件的，在自然村、社区范围内公示；无异议或者经村民委员会、居民委员会民主评议异议不成立的，由村民委员会、居民委员会将评议意见和有关材料提交乡镇人民政府、街道办事处审核，报县级人民政府民政等部门审批。

（三）冬春救助

自然灾害发生后的当年冬季、次年春季，受灾地区人民政府应当为生活困难的受灾人员提供基本生活救助。

民政部每年 9 月下旬开展冬春受灾群众生活困难情况调查，并会同省级人民政府民政部门，组织有关专家赴灾区开展受灾群众生活困难状况评估，核实情况。受灾地区县级人民政府民政部门应当在每年 10 月底前统计、评估本行政区域受灾人员当年冬季、次年春季的基本生活救助需求，核实救助对象，编制工作台账，制定救助工作方案，经本级人民政府批准后组织实施，并报上一级人民政府民政部门备案。

五、救助款物管理

（一）灾害救助款物管理部门

县级以上人民政府财政部门、民政部门负责自然灾害救助资金的分配、管理并监督使用情况。县级以上人民政府民政部门负责调拨、分配、管理自然灾害救助物资。

人民政府采购用于自然灾害救助准备和灾后恢复重建的货物、工程和服务，依照有关政府采购和招标投标的法律规定组织实施。自然灾害应急救助和灾后恢复重建中涉及紧急抢救、紧急转移安置和临时性救助的紧急采购活动，按照国家有关规定执行。

（二）救助款物使用

自然灾害救助款物专款（物）专用，无偿使用。定向捐赠的款物，应当按照捐赠人的意愿使用。政府部门接受的捐赠人无指定意向的款物，由县级以上人民政府民政部门统筹安排用于自然灾害救助；社会组织接受的捐赠人无指定意向的款物，由社会组织按照有关规定用于自然灾害救助。

自然灾害救助款物应当用于受灾人员的紧急转移安置，基本生活救助，医疗救助，教育、医疗等公共服务设施和住房的恢复重建，自然灾害救助物资的采购、储存和运输，以及因灾遇难人员亲属的抚慰等项支出。

第四节 专项救助

一、医疗救助

《暂行办法》规定，国家建立健全医疗救助制度，保障医疗救助对象获得基本医疗卫生服务。

（一）一般规定

1. 救助对象和方式

按照《暂行办法》，下列人员可以申请相关医疗救助：

（1）最低生活保障家庭成员；

（2）特困供养人员；

（3）县级以上人民政府规定的其他特殊困难人员。

医疗救助采取下列两种方式：一是对救助对象参加城镇居民基本医疗保险或者新型农村合作医疗的个人缴费部分，给予补贴；二是对救助对象经基本医疗保险、大病保险和其他补充医疗保险支付后，个人及其家庭难以承担的符合规定的基本医疗自负费用，给予补助。

医疗救助标准，由县级以上人民政府按照当地经济社会发展水平和医疗救助资金情况确定、公布。

2. 救助程序

申请医疗救助的，应当向乡镇人民政府、街道办事处提出，经审核、公示后，由县级人民政府民政部门审批。最低生活保障家庭成员和特困供养人员的医疗救助，由县级人民政府民政部门直接办理。

县级以上人民政府应当建立健全医疗救助与基本医疗保险、大病保险相衔接的医疗费用结算机制，为医疗救助对象提供便捷服务。

国家建立疾病应急救助制度，对需要急救但身份不明或者无力支付急救费用的急重危伤病患者给予救助。符合规定的急救费用由疾病应急救助基金支付。疾病应急救助制度应当与其他医疗保障制度相衔接。

（二）进一步完善医疗救助制度全面开展重特大疾病医疗救助工作

为了做好医疗救助工作，2015 年 4 月 21 日，国务院办公厅转发了民政部等部门《关于进一步完善医疗救助制度全面开展重特大疾病医疗救助工作意见》（国办发〔2015〕30 号）。全面开展重特大疾病医疗救助工作，进一步细化实化政策措施，实现医疗救助制度科学规范、运行有效，与相关社会救助、医疗保障政策相配套，保障城乡居民基本医疗权益。

二、教育救助

（一）救助对象

《暂行办法》规定，国家对在义务教育阶段就学的最低生活保障家庭成员、特困供养人员给予教育救助。对在高中教育（含中等职业教育）、普通高等教育阶段就学的最低生活保障家庭成员、特困供养人员，以及不能入学接受义务教育的残疾儿童，根据实际情况给予适当教育救助。

（二）救助内容

教育救助根据不同教育阶段需求，采取减免相关费用、发放助学金、给予生活补助、安排勤工助学等方式实施，保障教育救助对象的基本学习、生活需求。教育救助标准，由省、自治区、直辖市人民政府根据当地经济社会发展水平和教育救助对象的基本学习、生活需求确定、公布。

（三）救助程序

申请教育救助，应当按照国家有关规定向就读学校提出，按规定程序审核、确认后，由学校按照国家有关规定实施。

（四）免除家庭经济困难学生学杂费

为深入贯彻落实脱贫攻坚政策，2016 年 8 月 30 日，财政部、教育部印发了《关于免除普通高中建档立卡家庭经济困难学生学杂费的意见》，自 2016 年秋季学期起，免除普通高中建档立卡家庭经济困难学生学杂费。

三、住房救助

《暂行办法》规定，国家对符合规定标准的住房困难的最低生活保障家庭、分散供养的特困人员给予住房救助。住房救助通过配租公共租赁住房、发放住房租赁补贴、农村危房改造等方式实施。住房困难标准和救助标准，由县级以上地方人民政府根据本行政区域经济社会发展水平、住房价格水平等因素确定、公布。

城镇家庭申请住房救助的，应当经由乡镇人民政府、街道办事处或者直接向县级人民政府住房保障部门提出，经县级人民政府民政部门审核家庭收入、财产状况和县级人民政府住房保障部门审核家庭住房状况并公示后，对符合申请条件的申请人，由县级人民政府住房保障部门优先给予保障。农村家庭申请住房救助的，按照县级以上人民政府有关规定执行。各级人民政府按照国家规定通过财政投入、用地供应等措施为实施住房救助提供保障。

四、就业救助

（一）救助对象和程序

《暂行办法》规定，国家对最低生活保障家庭中有劳动能力并处于失业状态的成员，通过贷款贴息、社会保险补贴、岗位补贴、培训补贴、费用减免、公益性岗位安置等办法，给予就业救助。吸纳就业救助对象的用人单位，按照国家有关规定享受社会保险补贴、税收优惠、小额担保贷款等就业扶持政策。

申请就业救助的，应当向住所地街道、社区公共就业服务机构提出，公共就业服务机构核实后予以登记，并免费提供就业岗位信息、职业介绍、职业指导等就业服务。

（二）就业救助的要求

《暂行办法》对就业救助作出了两项明确的要求。一是要求地方政府应积极救助，即最低生活保障家庭有劳动能力的成员均处于失业状态的，县级以上地方人民政府应当采取有针对性的措施，确保该家庭至少有一人就业。二是要求救助对象应接受救助，即最低生活保障家庭中有劳动能力但未就业的成员，应当接受人力资源社会保障等有关部门介绍的工作；无正当理由，连续 3 次拒绝接受介绍的与其健康状况、劳动能力等相适应的工作的，县级人民政府民政部门应当决定减发或者停发其本人的最低生活保障金。

第五节　临时救助

一、临时救助制度的建立和目标原则

《暂行办法》规定，国家对因火灾、交通事故等意外事件，家庭成员突发重大疾病等原因，导致基本生活暂时出现严重困难的家庭，或者因生活必需支出突然增加超出家庭承受能力，导致基本生活暂时出现严重困难的最低生活保障家庭，以及遭遇其他特殊困难的家庭，给予临时救助。

为了全面建立临时救助制度，2014 年 10 月 24 日，国务院发布了《关于全面建立临时救助制度的通知》（国发〔2014〕47 号，以下简称《通知》）。《通知》要求临时救助制

度要以解决城乡群众突发性、紧迫性、临时性基本生活困难问题为目标，通过完善政策措施，健全工作机制，强化责任落实，鼓励社会参与，增强救助时效，补“短板”、扫“盲区”，编实织密困难群众基本生活安全网，切实保障困难群众基本生活权益。同时，《通知》还明确了以下临时救助制度的原则：

（1）应救尽救，确保有困难的群众都能求助有门，并按规定得到及时救助；

（2）适度救助，着眼于解决基本生活困难、摆脱临时困境，既要尽力而为，又要量力而行；

（3）公开公正，做到政策公开、过程透明、结果公正；

（4）制度衔接，加强各项救助、保障制度的衔接配合，形成整体合力；

（5）资源统筹，政府救助、社会帮扶、家庭自救有机结合。

为了进一步贯彻落实《通知》的要求，2018 年 1 月 23 日，民政部、财政部发布了《关于进一步加强和改进临时救助工作的意见》（民发〔2018〕23 号，以下简称《临时救助意见》），要求全面贯彻落实党的十九大精神，以习近平新时代中国特色社会主义思想为指导，坚持以人民为中心的发展思想，以有效解决城乡群众突发性、紧迫性、临时性基本生活困难为目标，以充分发挥临时救助制度效能为主线，落实“兜底线、织密网、建机制”工作要求，坚持托底、高效、衔接，进一步完善政策措施，健全工作机制，强化责任落实，加强工作保障，加快形成救助及时、标准科学、方式多样、管理规范的临时救助工作格局，筑牢社会救助体系的最后一道防线，切实维护人民群众基本生活权益。

二、临时救助制度的主要内容

临时救助是国家对遭遇突发事件、意外伤害、重大疾病或其他特殊原因导致基本生活陷入困境，其他社会救助制度暂时无法覆盖或救助之后基本生活暂时仍有严重困难的家庭或个人给予的应急性、过渡性的救助。

（一）对象范围

临时救助的对象分为家庭对象和个人对象。家庭对象包括：因火灾、交通事故等意外事件，家庭成员突发重大疾病等原因，导致基本生活暂时出现严重困难的家庭；因生活必需支出突然增加超出家庭承受能力，导致基本生活暂时出现严重困难的最低生活保障家庭；遭遇其他特殊困难的家庭。个人对象包括：因遭遇火灾、交通事故、突发重大疾病或其他特殊困难，暂时无法得到家庭支持，导致基本生活陷入困境的个人。其中，符合生活无着的流浪、乞讨人员救助条件的，由县级人民政府按有关规定提供临时食宿、急病救治、协助返回等救助。县级以上地方人民政府应当根据当地实际，制定具体的临时救助对象认定办法，规定意外事件、突发重大疾病、生活必需支出突然增加以及其他特殊困难的类型和范围。

《临时救助意见》进一步细化明确了对象范围和类别。根据困难情形，临时救助对象可分为急难型救助对象和支出型救助对象。急难型救助对象主要包括因火灾、交通事故等意外事件，家庭成员突发重大疾病及遭遇其他特殊困难等原因，导致基本生活暂时出现严重困难、需要立即采取救助措施的家庭和个人；支出型救助对象主要包括因教育、医疗等生活必需支出突然增加超出家庭承受能力，导致基本生活一定时期内出现严重困难的家庭，原则上其家庭人均可支配收入应低于当地上年度人均可支配收入，且家庭财产状况符合当地有关规定。对急难型救助对象，要进一步明确意外事件、突发重大疾病以及其他特殊困难的类型、范围和程度；对支出型救助对象，要进一步明确生活必需支出的范围和救助对象财产状况认定标准。各地要结合本地实际，制定和完善临时救助对象认定的具体办法。

（二）申请受理

1. 依申请受理

凡认为符合救助条件的城乡居民家庭或个人均可以向所在地乡镇人民政府（街道办事处）提出临时救助申请；受申请人委托，村（居）民委员会或其他单位、个人可以代为提出临时救助申请。对于具有本地户籍、持有当地居住证的，由当地乡镇人民政府（街道办事处）受理；对于上述情形以外的，当地乡镇人民政府（街道办事处）应当协助其向县级人民政府设立的救助管理机构（即救助管理站、未成年人救助保护中心等）申请救助；当地县级人民政府没有设立救助管理机构的，乡镇人民政府（街道办事处）应当协助其向县级人民政府民政部门申请救助。申请临时救助，应按规定提交相关证明材料，无正当理由，乡镇人民政府（街道办事处）不得拒绝受理；因情况紧急无法在申请时提供相关证明材料的，乡镇人民政府（街道办事处）可先行受理。

2. 主动发现受理

乡镇人民政府（街道办事处）、村（居）民委员会要及时核实辖区居民遭遇突发事件、意外事故、罹患重病等特殊情况，帮助有困难的家庭或个人提出救助申请。公安、城管等部门在执法中发现身处困境的未成年人、精神病人等无民事行为能力人或限制民事行为能力人，以及失去主动求助能力的危重病人等，应主动采取必要措施，帮助其脱离困境。乡镇人民政府（街道办事处）或县级人民政府民政部门、救助管理机构在发现或接到有关部门、社会组织、公民个人报告救助线索后，应主动核查情况，对于其中符合临时救助条件的，应协助其申请救助并受理。

（三）审核审批

1. 一般程序

乡镇人民政府（街道办事处）应当在村（居）民委员会协助下，对临时救助申请人的家庭经济状况、人口状况、遭遇困难类型等逐一调查，视情组织民主评议，提出审核意见，并在申请人所居住的村（居）民委员会张榜公示后，报县级人民政府民政部门审批。对申请临时救助的非本地户籍居民，户籍所在地县级人民政府民政部门应配合做好有关审核工作。县级人民政府民政部门根据乡镇人民政府（街道办事处）提交的审核意见作出审批决定。救助金额较小的，县级人民政府民政部门可以委托乡镇人民政府（街道办事处）审批，但应报县级人民政府民政部门备案。对符合条件的，应及时予以批准；不符合条件的不予批准，并书面向申请人说明理由。申请人以同一事由重复申请临时救助，无正当理由由的，不予救助。对于不持有当地居住证的非本地户籍人员，县级人民政府民政部门、救助管理机构可以按生活无着人员救助管理有关规定审核审批，提供救助。

2. 紧急程序

对于情况紧急、需立即采取措施以防止造成无法挽回的损失或无法改变的严重后果的，乡镇人民政府（街道办事处）、县级人民政府民政部门应先行救助。紧急情况解除之后，应按规定补齐审核审批手续。

3. 审核审批程序的优化

《临时救助意见》要求，各地要针对不同的救助类型，优化规范临时救助审核审批程序。对于急难型临时救助，要注重提高救助时效性，进一步简化审核审批程序，积极开展"先行救助"，乡镇人民政府（街道办事处）、县级人民政府民政部门可根据救助对象急难情形，简化申请人家庭经济状况核对、民主评议和公示等环节，直接予以救助，并在急难情况缓解后，登记救助对象、救助事由、救助金额等信息，补齐经办人员签字、盖章手续；对于支出型临时救助，要严格执行申请、受理、审核、审批程序，规范各个环节工作要求。对申请对象中的最低生活保障家庭及其成员、特困人员，重点核实其生活必需支出情况。要全面落实县级人民政府民政部门委托乡镇人民政府（街道办事处）开展临时救助审批的规定，合理设定并逐步提高乡镇（街道）临时救助金审批额度。

（四）救助方式

对符合条件的救助对象，可采取以下救助方式：

1. 发放临时救助金

临时救助以发放临时救助金为主，并全面推行临时救助金社会化发放，按照财政国库管理制度将临时救助金直接支付到救助对象个人账户，确保救助金足额、及时发放到位。必要时，可直接发放现金。

2. 发放实物

根据临时救助标准和救助对象基本生活需要，可采取发放衣物、食品、饮用水，提供临时住所等方式予以救助。对于采取实物发放形式的，除紧急情况外，要严格按照政府采购制度的有关规定执行。

3. 提供转介服务

对给予临时救助金、实物救助后，仍不能解决临时救助对象困难的，可分情况提供转介服务。

（五）救助标准

临时救助标准要与当地经济社会发展水平相适应。县级以上地方人民政府要根据救助对象困难类型、困难程度，统筹考虑其他社会救助制度保障水平，合理确定临时救助标准，并适时调整。临时救助标准可与当地最低生活保障标准挂钩，根据救助对象的家庭人口、困难类型、困难程度和困难持续时间等因素，分类细化救助标准。对于重大生活困难，临时救助标准可采取一事一议方式，根据具体情形分类分档设定，适当提高救助额度。临时救助标准应向社会公布。省级人民政府要加强对本行政区域内临时救助标准制定的统筹，推动形成相对统一的区域临时救助标准。

三、建立健全临时救助工作机制

（一）建立“一门受理、协同办理”机制

《通知》要求，各地要建立“一门受理、协同办理”机制，依托乡镇人民政府（街道办事处）政务大厅、办事大厅等，设立统一的社会救助申请受理窗口，方便群众求助。要根据部门职责建立受理、分办、转办、结果反馈流程，明确办理时限和要求，跟踪办理结果，将有关情况及时告知求助对象。要建立社会救助热线，畅通求助、报告渠道。

（二）加快建立社会救助信息共享机制

各级政府要建立社会救助管理部门之间的信息共享机制，充分利用已有资源，加快建设社会救助管理信息系统，实现信息共享。要依法完善跨部门、多层次、信息共享的救助申请家庭经济状况核对机制，提高审核甄别能力。要建立救助对象需求与公益慈善组织、社会工作服务机构的救助资源对接机制，实现政府救助与社会帮扶的有机结合，做到因情施救、各有侧重、相互补充。

（三）建立健全社会力量参与机制

《通知》要求，充分发挥群众团体、社会组织尤其是公益慈善组织、社会工作服务机构和企事业单位、志愿者队伍等社会力量资源丰富、方法灵活、形式多样的特点，通过委托、承包、采购等方式向社会力量购买服务，鼓励、支持其参与临时救助。要动员、引导具有影响力的公益慈善组织、大中型企业等设立专项公益基金，在民政部门的统筹协调下有序开展临时救助。公益慈善组织、社会工作服务机构、企事业单位、志愿者队伍等社会力量可以利用自身优势，在对象发现、专业服务、发动社会募捐等方面发挥积极作用。社会力量参与社会救助的，按照国家有关规定享受财政补贴、税收优惠、费用减免等政策。

《临时救助意见》对加强临时救助与慈善救助的衔接作出了具体要求。各地要积极培育发展以扶贫济困等为宗旨的慈善组织，广泛动员慈善组织参与临时救助工作。鼓励、引导慈善组织建立专项基金，科学规划、设立救助项目，承接政府救助之后“转介”的个案，形成与政府救助的有效衔接、接续救助。完善和落实支持社会力量参与社会救助的政策措施，加大政府购买服务力度。积极探索政府引导、社会力量筹资、慈善组织运作的政社联动模式，搭建慈善组织等社会力量参与临时救助的平台，形成救助合力。

（四）不断完善临时救助资金筹集机制

《通知》要求，地方各级人民政府要将临时救助资金列入财政预算；省级人民政府要优化财政支出结构，切实加大临时救助资金投入；城乡居民最低生活保障资金有结余的地方，可安排部分资金用于最低生活保障对象的临时救助支出。中央财政对地方实施临时救助制度给予适当补助，重点向救助任务重、财政困难、工作成效突出的地区倾斜。

此外，《通知》还在加强组织领导、能力建设、监督管理和政策宣传等方面对临时救

助制度实施的保障措施提出了具体的要求。

四、生活无着的流浪乞讨人员救助

为保障生活无着的流浪乞讨人员的基本生活权益，2003 年 6 月 20 日，国务院公布了《城市生活无着的流浪乞讨人员救助管理办法》（以下简称《救助管理办法》），自 2003 年 8 月 1 日起施行。民政部颁布的《城市生活无着的流浪乞讨人员救助管理办法实施细则》与《救助管理办法》同步施行。《救助管理办法》对城市生活无着的流浪乞讨人员的救助对象、内容、程序和管理进行规定。

《暂行办法》规定，国家对生活无着的流浪、乞讨人员提供临时食宿、急病救治、协助返回等救助。公安机关和其他有关行政机关的工作人员在执行公务时发现流浪、乞讨人员的，应当告知其向救助管理机构求助。对其中的残疾人、未成年人、老年人和行动不便的其他人员，应当引导、护送到救助管理机构；对突发急病人员，应当立即通知急救机构进行救治。为进一步规范生活无着的流浪、乞讨人员救助管理工作，维护受助人员合法权益，2014 年 6 月 22 日，民政部印发了《生活无着的流浪乞讨人员救助管理机构工作规程》（民发〔2014〕132 号），对生活无着的流浪乞讨人员救助管理进行了具体的规定。其中：生活无着的流浪、乞讨人员是指离家在外、自身无力解决食宿、正在或即将处于流浪或乞讨状态的人员，包括生活无着的流浪人员和生活无着的乞讨人员（以下简称“流浪乞讨人员”）。此外，救助管理机构也应当对公安机关护送来站的被拐卖受害人实施救助。

救助管理机构是指为流浪乞讨人员提供临时性救助服务的机构，包括县级以上人民政府设立的救助管理站、未成年人救助保护中心等专门机构。

救助管理服务包括接待服务，在站服务，离站服务。

第六节　社会救助综合改革与脱贫攻坚

一、社会救助综合改革

为贯彻落实党的十九大精神，加快社会救助城乡统筹，完善最低生活保障等各项救助制度，破解制约我国社会救助发展的瓶颈难题，有效发挥社会救助在打赢脱贫攻坚战和全面建成小康社会中的兜底保障作用，2018 年 8 月 6 日，民政部办公厅印发了《关于开展社会救助综合改革试点的通知》（民办函〔2018〕111 号），决定在全国开展社会救助综合改革试点工作，并提出了五项试点任务。

（一）完善社会救助制度

以最低生活保障制度为重点，探索完善社会救助标准量化确定机制、社会救助对象认定办法、救助申请家庭经济状况核查办法、社会救助金核算办法、低收入家庭救助办法，推进社会救助城乡统筹发展，开展非物质类社会救助服务等。试点地区可根据社会救助类型分别研究制定相应措施。

(二) 强化社会救助资源统筹

探索民政部门在社会救助体系建设中更好发挥牵头作用的具体办法和措施；进一步完善县级困难群众基本生活保障工作协调机制，通过统筹部门资源，着力解决“急难”个案；健全主动发现机制，完善乡镇“一门受理、协同办理”平台，形成救助合力。

(三) 优化社会救助流程

以高效便捷为目标，探索进一步简化社会救助审核审批流程的办法措施；探索建立“一门受理–综合评估”制度，针对困难群众个案问题，在科学评估其需求的基础上，会同相关部门实施综合救助；创新公开公示办法，推进社会救助制度公开、公平、公正实施。

(四) 加强社会救助能力建设

建立困难群众基本信息数据库，开发运用社会救助信息综合管理平台，汇聚各部门社会救助信息；探索跨部门信息共享的办法和措施；推进“互联网+救助”。实施政府购买社会救助服务，探索社会力量参与社会救助的具体办法和措施。推进基层社会救助经办服务专业化。

(五) 创新社会救助监督检查机制

进一步明确县、乡、村三级在社会救助工作中的职责定位；探索解决基层人情保、关系保问题的有效办法和措施；探索建立社会救助容错、纠错机制；探索解决骗保问题的有效办法等。

二、充分发挥社会救助在打赢脱贫攻坚战中的兜底作用

(一) 社会救助脱贫攻坚的重点任务

为了贯彻落实《中共中央国务院关于打赢脱贫攻坚战的决定》（中发〔2015〕34 号，以下简称《决定》），2016 年 4 月 16 日，民政部印发了《关于贯彻落实<中共中央国务院关于打赢脱贫攻坚战的决定>的通知》，将实行农村最低生活保障制度兜底脱贫、开展医疗救助脱贫、落实特困人员救助供养政策、加大临时救助制度落实力度等作为贯彻落实《决定》的重点任务，并提出相应的要求。完善农村低保制度，将符合农村低保条件的贫困家庭，特别是主要成员完全或部分丧失劳动能力的家庭，全部纳入农村低保范围，做到应保尽保。及时调整农村低保标准，确保到 2020 年各地农村低保标准都能达到国家扶贫标准。对建档立卡贫困人口参加基本医疗保险的个人缴费部分由财政给予补贴。将符合条件的建档立卡贫困人口纳入重特大疾病医疗救助范围，对其经基本医疗保险、城乡居民大病保险等报销后个人负担的合规医疗费用予以救助。全面开展特困人员摸底排查，做到应救尽救、应养尽养。充分发挥临时救助制度托底功能，提高兜底保障能力和救助时效。

（二）社会救助兜底保障工作的实施

1. 进一步加强农村低保制度和扶贫开发政策的有效衔接

综合考虑维持困难群众基本生活、当地物价水平、财政保障能力、城乡统筹发展需要等因素，科学制定农村低保标准。凡家庭人均收入低于当地农村低保标准且财产状况符合当地规定的未脱贫建档立卡贫困户，都要按规定程序纳入农村低保。进一步完善农村低保家庭经济状况核查机制，细化核算范围和计算方法，对于家庭成员因残疾、患重病等增加的刚性支出、必要的就业成本等，在核算家庭收入时可按规定适当扣减。加强动态管理，对纳入农村低保的建档立卡贫困户要开展定期复核，不再符合条件的按程序退出，重新符合条件的及时纳入。脱贫攻坚期内，纳入农村低保的建档立卡贫困户人均收入超过当地低保标准后，可给予一定时间的渐退期，实现稳定脱贫后再退出低保范围。具体渐退办法、渐退期限由各地根据实际情况制定。

2. 进一步完善农村低保制度，健全低保对象认定方法

对未脱贫建档立卡贫困户中靠家庭供养且无法单独立户的重度残疾人、重病患者等完全丧失劳动能力和部分丧失劳动能力的贫困人口（不含整户纳入低保范围的贫困人口），经个人申请，可参照单人户纳入农村低保范围。其中：重度残疾人是指未脱贫建档立卡贫困户中持有中华人民共和国残疾人证的一级、二级重度残疾人和三级智力残疾人、三级精神残疾人；重病患者是指未脱贫建档立卡贫困户中获得重特大疾病医疗救助的人员。具体认定办法由各地结合实际制定。

3. 全面落实特困人员救助供养制度

对农村建档立卡人员中无劳动能力、无生活来源、无法定赡养抚养扶养义务人，或者其法定义务人无履行义务能力的老年人、残疾人以及未满16周岁的未成年人，要及时纳入特困人员救助供养范围，做到应救尽救、应养尽养。合理确定特困人员救助供养标准，确保特困人员能够获得符合要求的救助供养服务。做好资金保障工作，切实加强贫困地区农村特困供养服务机构（农村敬老院）建设和设施改造，逐步提高生活不能自理特困人员的集中供养率。将政府设立的农村特困人员供养服务机构（农村敬老院）运转经费列入财政预算，根据服务对象人数和照料护理需求，按照一定比例配备工作人员。鼓励有条件的农村特困供养服务机构（农村敬老院），在满足特困人员集中供养需求的前提下，逐步为农村低保、低收入家庭和建档立卡贫困家庭中的老年人、残疾人，提供低偿或无偿的集中托养服务。

4. 进一步加大临时救助力度

对遭遇突发事件、意外伤害、重大疾病或其他特殊原因导致基本生活陷入困境，其他社会救助制度暂时无法覆盖或救助之后基本生活暂时仍有严重困难的农村建档立卡贫困家庭，要及时给予临时救助。进一步细化、明确临时救助对象范围和类别，优化简化审核审批程序，科学制定救助标准，积极开展“先行救助”，有效解决建档立卡贫困人口的突发性、紧迫性、临时性基本生活困难。对于重大生活困难，可采取“一事一议”方式，根据具体情形分类分档设定救助标准，适当提高救助额度。

5. 切实加强相关扶贫政策衔接

有效推进基本生活救助与教育扶贫、健康扶贫、农村危房改造等政策的衔接协同，综

合解决未脱贫建档立卡贫困人口的"两不愁、三保障"[①] 问题。完善困难残疾人生活补贴和重度残疾人护理补贴制度，有条件的地方可逐步扩大政策覆盖面。支持社会组织参与脱贫攻坚，扩大社会捐赠，用好慈善资源，发挥好慈善帮扶在脱贫攻坚中的积极作用，支持引导专业社会工作和志愿服务力量积极参与精准扶贫。注意激发社会救助对象脱贫增收的内生动力，防止"一兜了之"。

本章小结

本章介绍了我国以《社会救助暂行办法》为主体的社会救助政策法规的主要内容，包括我国社会救助的体制机制以及最低生活保障、特困人员供养、受灾人员救助、医疗救助、教育救助、住房救助、就业救助和临时救助政策法规。要求重点掌握社会救助政策法规涉及的相关概念和措施要求，把握社会救助政策法规体系及不同社会救助政策法规之间的衔接关系，尤其要明确有效发挥社会救助在打赢脱贫攻坚战和全面建成小康社会中的兜底保障作用，理解获得社会救助的条件，熟悉开展社会救助的基本程序。同时，本章还要求学习者能够准确地读解社会救助相关政策法规，并能够运用这些政策法规来观察、分析和处理实务工作中的具体问题，按照社会救助政策法规的要求，规范有序地开展社会工作。

本章练习

1. 简述我国社会救助工作协调机制。
2. 简述我国低保对象的认定条件。
3. 简述特困人员供养对象及供养内容。
4. 简述我国灾害救助准备的主要内容。
5. 简述医疗救助的对象和方式。
6. 简述教育救助的对象和程序。
7. 简述住房救助制度。
8. 简述就业救助制度。
9. 简述临时救助的概念和基本原则。

---

① 《中国农村扶贫开发纲要（2011—2020年）》总体目标提出，到2020年，稳定实现扶贫对象不愁吃、不愁穿，保障其义务教育、基本医疗和住房，简称"两不愁、三保障"。

第三章　特定人群权益保障政策法规

学习目标

通过本章的学习，你应该能够：

1. 掌握老年人、未成年人、残疾人和妇女合法权益的内容；
2. 掌握老年人、未成年人、残疾人和妇女合法权益的保障方法；
3. 学会在开展社会工作中灵活运用特定人群权益保障政策法规。

第一节　老年人权益保障政策法规

老年人是指60周岁以上的公民。据统计，自1999年始我国60岁及以上老年人口占总人口的比例超过10%，这标志着我国正式迈进老年型国家的行列。截至2012年底，全国60岁及以上老年人口达到1.94亿人，占我国总人口的14.3%；2015年，60岁及以上老年人口达到2.22亿，占我国总人口的16.15%；预计到2020年，老年人口将达到2.48亿，老龄化水平达到17.17%，其中80岁以上老年人口将达到3067万人；2025年，60岁以上老年人口将达到3亿，我国将成为超老年型国家。

为了保障老年人合法权益，发展老龄事业，1996年8月29日八届全国人大常委会第21次会议通过了《中华人民共和国老年人权益保障法》（以下简称《老年人权益保障法》），该法于2009年8月27日经过十一届全国人大常委会第10次会议、2012年12月28日十一届全国人大常委会第30次会议2次修订。修订后的《老年人权益保障法》分总则、家庭赡养与扶养、社会保障、社会服务、社会优待、宜居环境、参与社会发展、法律责任、附则共9章85条。为了加快养老事业的发展，2013年民政部颁布实施《养老机构设立许可办法》和《养老机构管理办法》“两个办法”；2013年9月，国务院印发了《关于加快发展养老服务业的若干意见》（以下简称“意见”）。

一、老年人权益的主要内容

《老年人权益保障法》规定，老年人有从国家和社会获得物质帮助的权利，有享受社会服务和社会优待的权利，有参与社会发展和共享发展成果的权利。禁止歧视、侮辱、虐待或者遗弃老年人。国家和社会应当采取措施，健全保障老年人权益的各项制度，逐步改善保障老年人生活、健康、安全以及参与社会发展的条件，实现老有所养、老有所医、老有所为、老有所学、老有所乐。国家建立和完善以居家为基础、社区为依托、机构为支撑的社会养老服务体系。同时，该法还规定，每年农历九月初九为老年节。

（一）家庭赡养与扶养权

《老年人权益保障法》规定，老年人养老以居家为基础，家庭成员应当尊重、关心和照料老年人。赡养人应当履行对老年人经济上供养、生活上照料和精神上慰藉的义务，照顾老年人的特殊需要。赡养人是指老年人的子女以及其他依法负有赡养义务的人。赡养人的配偶应当协助赡养人履行赡养义务。

1. 家庭赡养权

（1）赡养人应当使患病的老年人及时得到治疗和护理，对经济困难的老年人，应当提供医疗费用；对生活不能自理的老年人，赡养人应当承担照料责任，不能亲自照料的，可以按照老年人的意愿委托他人或者养老机构照料。同时，禁止对老年人实施家庭暴力。

（2）赡养人应当妥善安排老年人的住房，不得强迫老年人居住或者迁居条件低劣的房屋；老年人自有的或者承租的住房，子女或者其他亲属不得侵占，不得擅自改变产权关系或者租赁关系，老年人自有的住房，赡养人有维修的义务。

（3）赡养人有义务耕种或者委托他人耕种老年人承包的田地，照管或者委托他人照管老年人的林木和牲畜等，收益归老年人所有。

（4）家庭成员应当关心老年人的精神需求，不得忽视、冷落老年人，与老年人分开居住的家庭成员，应当经常看望或者问候老年人，用人单位应当按照国家有关规定保障赡养人探亲休假的权利。国家建立健全家庭养老支持政策，鼓励家庭成员与老年人共同生活或者就近居住，为老年人随配偶或者赡养人迁徙提供条件，为家庭成员照料老年人提供帮助。

（5）赡养人不得以放弃继承权或者其他理由，拒绝履行赡养义务，赡养人不履行赡养义务，老年人有要求赡养人付给赡养费等权利，赡养人不得要求老年人承担力不能及的劳动。

（6）经老年人同意，赡养人之间可以就履行赡养义务签订协议。赡养协议的内容不得违反法律的规定和老年人的意愿，赡养人的赡养义务不因老年人的婚姻关系变化而消除。

（7）老年人的婚姻自由受法律保护，子女或者其他亲属不得干涉老年人离婚、再婚及婚后的生活。

（8）赡养人、扶养人不履行赡养、扶养义务的，基层群众性自治组织、老年人组织或者赡养人、扶养人所在单位应当督促其履行。

2. 财产所有权

老年人对个人的财产，依法享有占有、使用、收益和处分的权利，子女或者其他亲属不得干涉，不得以窃取、骗取、强行索取等方式侵犯老年人的财产权益。

3. 继承权

老年人有依法继承父母、配偶、子女或者其他亲属遗产的权利，有接受赠与的权利。

子女或者其他亲属不得侵占、抢夺、转移、隐匿或者损毁应当由老年人继承或者接受赠与的财产。老年人以遗嘱处分财产，应当依法为老年配偶保留必要的份额。

4. 扶养权

老年人与配偶有相互扶养的义务。由兄、姐扶养的弟、妹成年后，有负担能力的，对年老无赡养人的兄、姐有扶养的义务。

（二）社会保障权

《老年人权益保障法》规定，国家通过基本养老保险制度，保障老年人的基本生活。国家通过基本医疗保险制度，保障老年人的基本医疗需要。国家逐步开展长期护理保障工作，保障老年人的护理需求。国家对经济困难的老年人给予基本生活、医疗、居住或者其他救助。国家建立和完善老年人福利制度，根据我国经济社会发展水平和老年人的实际需要，增加老年人的社会福利。

1. 生活保障

（1）对生活长期不能自理、经济困难的老年人，地方各级人民政府应当根据其失能程度等情况给予护理补贴。老年人无劳动能力、无生活来源、无赡养人和扶养人，或者其赡养人和扶养人确无赡养能力或者扶养能力的，由地方各级人民政府依照有关规定给予供养或者救助。

（2）对流浪乞讨、遭受遗弃等生活无着的老年人，由地方各级人民政府依照有关规定给予救助。

2. 住房保障

地方各级人民政府在实施廉租住房、公共租赁住房等住房保障制度或者进行危旧房屋改造时，应当优先照顾符合条件的老年人。

3. 医疗保障

城镇中的老年人可以享受医疗保险待遇，农村中的老年人可以享受新型农村合作医疗待遇。享受最低生活保障的老年人和符合条件的低收入家庭中的老年人参加新型农村合作医疗和城镇居民基本医疗保险所需个人缴费部分，由政府给予补贴。《意见》也提出要健全医疗保险机制。对于养老机构内设的医疗机构，符合城镇职工（居民）基本医疗保险和新型农村合作医疗定点条件的，可申请纳入定点范围，入住的参保老年人按规定享受相应待遇。完善医保报销制度，切实解决老年人异地就医结算问题。

4. 特殊保障和福利

（1）国家鼓励地方建立 80 周岁以上低收入老年人高龄津贴制度，国家建立和完善计划生育家庭老年人扶助制度。

（2）农村可以将未承包的集体所有的部分土地、山林、水面、滩涂等作为养老基地，收益供老年人养老。

（3）老年人依法享有的养老金、医疗待遇和其他待遇应当得到保障，有关机构必须按时足额支付，不得克扣、拖欠或者挪用。

（4）国家根据经济发展以及职工平均工资增长、物价上涨等情况，适时提高养老保障水平，国家鼓励慈善组织以及其他组织和个人为老年人提供物质帮助。

（5）老年人可以与集体经济组织、基层群众性自治组织、养老机构等组织或者个人签订遗赠扶养协议或者其他扶助协议，负有扶养义务的组织或者个人按照遗赠扶养协议，承担该老年人生养死葬的义务，享有受遗赠的权利。

（三）社会服务

《老年人权益保障法》规定，地方各级人民政府和有关部门应当采取措施，发展城乡社区养老服务，鼓励、扶持专业服务机构及其他组织和个人，为居家的老年人提供生活照料、紧急救援、医疗护理、精神慰藉、心理咨询等多种形式的服务。对此，《意见》提出了加快发展养老服务业的目标：到 2020 年，全面建成以居家为基础、社区为依托、机构为支撑的，功能完善、规模适度、覆盖城乡的养老服务体系。养老服务产品更加丰富，市场机制不断完善，养老服务业持续健康发展。服务体系更加健全。生活照料、医疗护理、精神慰藉、紧急救援等养老服务覆盖所有居家老年人。符合标准的日间照料中心、老年人活动中心等服务设施覆盖所有城市社区，90%以上的乡镇和 60%以上的农村社区建立包括养老服务在内的社区综合服务设施和站点。全国社会养老床位数达到每千名老年人 35 至 40 张，服务能力大幅增强。

（四）社会优待

《老年人权益保障法》规定，县级以上人民政府及其有关部门根据经济社会发展情况和老年人的特殊需要，制定优待老年人的办法，逐步提高优待水平。对常住在本行政区域内的外埠老年人给予同等优待。

各级人民政府和有关部门应当为老年人及时、便利地领取养老金、结算医疗费和享受其他物质帮助提供条件；在办理房屋权属关系变更、户口迁移等涉及老年人权益的重大事项时，应当就办理事项是否为老年人的真实意思表示进行询问，并依法优先办理。

老年人因其合法权益受到侵害提起诉讼交纳诉讼费确有困难的，可以缓交、减交或者免交；需要获得律师帮助，但无力支付律师费用的，可以获得法律援助。鼓励律师事务所、公证处、基层法律服务所和其他法律服务机构为经济困难的老年人提供免费或者优惠服务。医疗机构应当为老年人就医提供方便，对老年人就医予以优先。有条件的地方，可以为老年人设立家庭病床，开展巡回医疗、护理、康复、免费体检等服务，提倡为老年人义诊。

提倡与老年人日常生活密切相关的服务行业为老年人提供优先、优惠服务，城市公共交通、公路、铁路、水路和航空客运，应当为老年人提供优待和照顾；博物馆、美术馆、科技馆、纪念馆、公共图书馆、文化馆、影剧院、体育场馆、公园、旅游景点等场所，应当对老年人免费或者优惠开放。

农村老年人不承担兴办公益事业的筹劳义务。

（五）宜居环境

《老年人权益保障法》规定，国家采取措施，推进宜居环境建设，为老年人提供安全、便利和舒适的环境。各级人民政府在制定城乡规划时，应当根据人口老龄化发展趋势、老年人口分布和老年人的特点，统筹考虑适合老年人的公共基础设施、生活服务设施、医疗卫生设施和文化体育设施建设；制定和完善涉及老年人的工程建设标准体系，在规划、设计、施工、监理、验收、运行、维护、管理等环节加强相关标准的实施与监督；新建、改建和扩建道路、公共交通设施、建筑物、居住区等，应当符合国家无障碍设施工程建设标准，各级人民政府和有关部门应当按照国家无障碍设施工程建设标准，优先推进与老年人日常生活密切相关的公共服务设施的改造，无障碍设施的所有人和管理人应当保障无障碍设施正常使用；国家推动老年宜居社区建设，引导、支持老年宜居住宅的开发，推动和扶持老年人家庭无障碍设施的改造，为老年人创造无障碍居住环境。

（六）参与社会发展

参与社会发展权利是指老年人依法拥有继续为国家、社会和家庭做贡献的权利。参与社会发展是“老有所为”目标的具体体现。

1. 尊重和保护老年人参与社会发展的权利

国家和社会应重视、珍惜老年人的知识、技能、经验和优良品德，发挥老年人的专长和作用，保障老年人参与经济、政治、文化和社会生活。老年人可以通过老年人组织，开展有益身心健康的活动；老年人参加劳动的合法收入受法律保护；任何单位和个人不得安排老年人从事危害其身心健康的劳动或者危险作业；制定法律、法规、规章和公共政策，涉及老年人权益重大问题的，应当听取老年人和老年人组织的意见；老年人和老年人组织有权向国家机关提出老年人权益保障、老龄事业发展等方面的意见和建议。

2. 为老年人参与社会发展创造条件

国家和社会应采取措施，开展适合老年人的群众性文化、体育、娱乐活动，丰富老年人的精神文化生活；发展老年教育，把老年教育纳入终身教育体系，鼓励社会办好各类老年学校，各级人民政府对老年教育应当加强领导，统一规划，加大投入。

此外，应根据社会需要和可能，鼓励老年人在自愿和量力的情况下，从事对青少年和儿童进行社会主义、爱国主义、集体主义和艰苦奋斗等优良传统教育、传授文化和科技知识、提供咨询服务、依法参与科技开发和应用、依法从事经营和生产活动、参加志愿服务、兴办社会公益事业和参与维护社会治安、协助调解民间纠纷等活动。

二、老年人合法权益保障

保障老年人合法权益是全社会的共同责任。国家机关、社会团体、各种社会组织以及公民均有保障老年人合法权益的职责。在保障老年人合法权益的方法上，全社会都要依据《中华人民共和国宪法》和《中华人民共和国老年人权益保障法》等法律法规，切实维护和保障老年人的合法权益。

（一）基本要求

1. 加强法制建设，依法维护老年人合法权益

保障老年人合法权益，要加强法制建设，进一步完善有关维护老年人权益的法律法

规，加大执法和监督力度，依法处理和打击侵犯老年人合法权益的不法行为。依法取缔伤害老年人身心健康、宣传迷信邪说、侵害老年人合法权益的非法组织。

2. 积极开展维护老年人合法权益的法制教育和普法工作

要在全社会积极开展维护老年人合法权益的法制教育和普法工作。各级司法行政和宣传部门要把老年人权益保障法等相关法律法规纳入普法计划，加大宣传力度，进一步提高全体公民维护老年人合法权益的自觉性和法律意识。老年人也要学法、懂法、守法，依法维护自身的合法权益。

3. 健全法律援助制度，加强老年人法律服务工作

要重视保护老年人合法权益，健全法律援助制度，加强老年人法律服务工作，使老年人能够就地、就近、及时地得到优质的法律服务。各级司法行政部门对需要获得律师及其他法律帮助但又无力支付法律服务费用的老年人，要按照有关规定向他们提供法律援助。各级人民法院对老年人因合法权益受到侵害提起诉讼交纳诉讼费确有困难的，要给予缓交、减交或免交的优待。

4. 弘扬中华民族传统美德，开展敬老、养老、助老的道德教育

要大力弘扬中华民族传统美德，在全社会广泛开展敬老、养老、助老的道德教育，并与开展文明社区、文明村镇、文明家庭创建活动结合起来。中央和省级广播电视机构要开办老年节目，地、县级广播电视机构要结合本地情况进行转播，其他有条件的地方也可开办老年节目。中小学校要把敬老、养老、助老作为德育的重要内容纳入教育计划。要综合运用行政、法律和宣传、教育等手段，在全社会树立尊重、关心、帮助老年人的社会风尚。

（二）具体措施

1. 行政保护

《老年人权益保障法》规定，老年人合法权益受到侵害的，被侵害人或者其代理人有权要求有关部门处理，有关部门对侵犯老年人合法权益的申诉、控告和检举，应当依法及时受理，不得推诿、拖延。不履行保护老年人合法权益职责的部门或者组织，其上级主管部门应当给予批评教育，责令改正。国家工作人员违法失职，致使老年人合法权益受到损害的，由其所在单位或者上级机关责令改正，或者依法给予处分；构成犯罪的，依法追究刑事责任。

2. 司法保护

《老年人权益保障法》规定，老年人合法权益受到侵害的，被侵害人或者其代理人除有要求有关部门处理的权利外，还有依法向人民法院提起诉讼的权利。人民法院对侵犯老年人合法权益的申诉、控告、检举应当依法及时受理，不得推诿、拖延。

3. 社会保护

《老年人权益保障法》规定，国家机关、社会团体、企业事业组织，以及居民委员会、村民委员会和依法设计的老年人组织，均应按照各组职责，反映老年人的需求，维护老年人合法权益。老年人与家庭成员因赡养、扶养或者住房、财产等发生纠纷的，可以申请人民调解委员会或者其他有关组织，如居民委员会、村民委员会进行调解。人民调解委员会

或者其他有关组织在调解涉老纠纷时，应当通过说服、疏导等方式化解矛盾和纠纷；对有过错的家庭成员，应当给予批评教育。

4. 家庭保护

《老年人权益保障法》还规定了对老年人的家庭保护措施。家庭成员干涉老年人婚姻自由，对老年人负有赡养义务、扶养义务而拒绝赡养、扶养，虐待老年人或者对老年人实施家庭暴力的，由有关单位给予批评教育。家庭成员不得盗窃、诈骗、抢夺、侵占、勒索、故意损毁老年人财物。任何人不得侮辱、诽谤老年人。侵害老年人合法权益，构成违反治安管理行为的，依法给予治安管理处罚；构成犯罪的，依法追究刑事责任。

第二节　未成年人权益保障政策法规

未成年人是指未满十八周岁的公民。《宪法》规定，婚姻、家庭、母亲和儿童受国家的保护；父母有抚养教育未成年子女的义务。保护未成年人的合法权益，除《未成年人保护法》《预防未成年人犯罪法》之外，还包括《婚姻法》《收养法》《刑法》《义务教育法》等法律法规中保护未成年人合法权益的相关条款。

一、未成年人合法权益的内容

按照《未成年人保护法》规定，未成年人享有生存权、发展权、受保护权、参与权等权利，国家根据未成年人身心发展特点给予特殊、优先保护，保障未成年人的合法权益不受侵犯。未成年人享有受教育权，国家、社会、学校和家庭必须尊重和保障未成年人的受教育权。

（一）生存权

生存权指未成年人作为独立的、有尊严的人类成员在社会中生活和存在的权利。生存权是未成年人最基本的权利，国家保障每个未成年人享有平等的生存权利。

（二）发展权

发展权指未成年人享有足以促进其生理、心理、精神、道德和社会发展的生活水平的权利。

（三）受保护权

受保护权指未成年人依法接受来自家庭、社区、社会组织和整个社会的特别爱护，免受可能遇到的伤害、破坏或有害的影响的权利。

（四）参与权

参与权指未成年人参加各种社会生活和与自身利益相关的社会活动并通过发表言论和采取行动对其产生影响的权利。

二、保障未成年人合法权益的方法

（一）家庭保护

1. 监护与抚养

父母或者其他监护人应当创造良好、和睦的家庭环境，依法履行对未成年人的监护职责和抚养义务。禁止对未成年人实施家庭暴力，禁止虐待、遗弃未成年人，禁止溺婴和其他残害婴儿的行为，不得歧视女性未成年人或者有残疾的未成年人。父母因外出务工或者其他原因不能履行对未成年人监护职责的，应当委托有监护能力的其他成年人代为监护。

2. 关爱与引导

父母或者其他监护人应当关注未成年人的生理、心理状况和行为习惯，以健康的思想、良好的品行和适当的方法教育和影响未成年人，引导未成年人进行有益身心健康的活动，预防和制止未成年人吸烟、酗酒、流浪、沉迷网络以及赌博、吸毒、卖淫等行为。

3. 教育培养

父母或者其他监护人应当学习家庭教育知识，正确履行监护职责，抚养教育未成年人。有关国家机关和社会组织应当为未成年人的父母或者其他监护人提供家庭教育指导。父母或者其他监护人应当尊重未成年人受教育的权利，必须使适龄未成年人依法入学接受并完成义务教育，不得使接受义务教育的未成年人辍学。

4. 尊重未成年人

父母或者其他监护人应当根据未成年人的年龄和智力发展状况，在作出与未成年人权益有关的决定时告知其本人，并听取他们的意见。父母或者其他监护人不得允许或者迫使未成年人结婚，不得为未成年人订立婚约。

5. 监护人侵害未成年人权益的处理

为切实维护未成年人合法权益，确保未成年人得到妥善监护照料，2014 年 12 月 18 日，最高人民法院、最高人民检察院、公安部、民政部联合印发了《关于依法处理监护人侵害未成年人权益行为若干问题的意见》（法发〔2014〕24 号，以下简称《意见》）。

《意见》指出，对于监护侵害行为，即父母或者其他监护人（以下简称“监护人”）性侵害、出卖、遗弃、虐待、暴力伤害未成年人，教唆、利用未成年人实施违法犯罪行为，胁迫、诱骗、利用未成年人乞讨，以及不履行监护职责严重危害未成年人身心健康等行为，任何组织和个人都有权劝阻、制止或者举报。公安机关应当采取措施，及时制止在工作中发现以及单位、个人举报的监护侵害行为，情况紧急时将未成年人带离监护人。民政部门应当设立未成年人救助保护机构（包括救助管理站、未成年人救助保护中心），对因受到监护侵害进入机构的未成年人承担临时监护责任。

对监护侵害行为，未成年人救助保护机构或者其他临时照料人可以根据需要，向人民法院申请人身安全保护裁定。情况紧急的，人民法院应当在四十八小时内作出裁定，并立即执行。

《意见》还指出，对监护侵害行为，下列单位和人员有权向人民法院申请撤销监护人资格：

（1）未成年人的其他监护人，祖父母、外祖父母、兄、姐，关系密切的其他亲属、朋友；

（2）未成年人住所地的村（居）民委员会，未成年人父、母所在单位；

（3）民政部门及其设立的未成年人救助保护机构；

（4）共青团、妇联、关工委、学校等团体和单位。

被撤销监护人资格的父、母应当继续负担未成年人的抚养费用和因监护侵害行为产生的各项费用。

（二）学校保护

1. 实施素质教育

《未成年人保护法》规定，学校应当全面贯彻国家的教育方针，实施素质教育，提高教育质量，注重培养未成年学生的独立思考能力、创新能力和实践能力，促进未成年学生全面发展。学校应当与未成年学生的父母或者其他监护人互相配合，保证未成年学生的睡眠、娱乐和体育锻炼时间，不得加重其学习负担。

2. 关爱与尊重

学校应当尊重未成年学生受教育的权利，关心、爱护学生，对品行有缺点、学习有困难的学生，应当耐心教育、帮助，不得歧视，不得违反法律和国家规定开除未成年学生。学校、幼儿园、托儿所的教职员工应当尊重未成年人的人格尊严，不得对未成年人实施体罚、变相体罚或者其他侮辱人格尊严的行为。

3. 开展成长教育

学校根据未成年学生身心发展的特点，对他们进行社会生活指导、心理健康辅导和青春期教育。幼儿园应当做好保育、教育工作，促进幼儿在体质、智力、品德等方面和谐发展。

4. 确保健康与安全

学校、幼儿园、托儿所应当建立安全制度，加强对未成年人的安全教育，采取措施保障未成年人的人身安全。学校等教育机构不得在危及未成年人人身安全、健康的校舍和其他设施、场所中进行教育教学活动；安排未成年人参加集会、文化娱乐、社会实践等集体活动，应当有利于未成年人的健康成长，防止发生人身安全事故；教育行政等部门和学校、幼儿园、托儿所应当根据需要，制定应对各种灾害、传染性疾病、食物中毒、意外伤害等突发事件的预案，配备相应设施并进行必要的演练，增强未成年人的自我保护意识和能力；学校对未成年学生在校内或者本校组织的校外活动中发生人身伤害事故的，应当及时救护，妥善处理，并及时向有关主管部门报告。

5. 实施专门教育

对于在学校接受教育的有严重不良行为的未成年学生，学校和父母或者其他监护人应当互相配合加以管教；无力管教或者管教无效的，可以按照有关规定将其送专门学校继续接受教育。专门学校应当对在校就读的未成年学生进行思想教育、文化教育、纪律和法制教育、劳动技术教育和职业教育；专门学校的教职员工应当关心、爱护、尊重学生，不得歧视、厌弃。

（三）社会保护

1. 营造良好的社会环境

全社会应当树立尊重、保护、教育未成年人的良好风尚，关心、爱护未成年人。国家鼓励社会团体、企业事业组织以及其他组织和个人，开展多种形式的有利于未成年人健康成长的社会活动；各级人民政府应当建立和改善适合未成年人文化生活需要的活动场所和设施，鼓励社会力量兴办适合未成年人的活动场所，并加强管理；爱国主义教育基地、图书馆、青少年宫、儿童活动中心应当对未成年人免费开放；博物馆、纪念馆、科技馆、展览馆、美术馆、文化馆以及影剧院、体育场馆、动物园、公园等场所，应当按照有关规定对未成年人免费或者优惠开放；县级以上人民政府及其教育行政部门应当采取措施，鼓励和支持中小学校在节假日期间将文化体育设施对未成年人免费或者优惠开放。社区中的公益性互联网上网服务设施，应当对未成年人免费或者优惠开放，为未成年人提供安全、健康的上网服务。

2. 提供丰富健康的文化产品

国家鼓励新闻、出版、信息产业、广播、电影、电视、文艺等单位和作家、艺术家、科学家以及其他公民，创作或者提供有利于未成年人健康成长的作品。出版、制作和传播专门以未成年人为对象的内容健康的图书、报刊、音像制品、电子出版物以及网络信息等，国家给予扶持。禁止任何组织、个人制作或者向未成年人出售、出租或者以其他方式传播淫秽、暴力、凶杀、恐怖、赌博等毒害未成年人的图书、报刊、音像制品、电子出版物以及网络信息等。

3. 提供安全的消费和娱乐产品

生产、销售用于未成年人的食品、药品、玩具、用具和游乐设施等，应当符合国家标准或者行业标准，不得有害于未成年人的安全和健康；需要标明注意事项的，应当在显著位置标明。

4. 净化未成年的生活环境

中小学校园周边不得设置营业性歌舞娱乐场所、互联网上网服务营业场所等不适宜未成年人活动的场所。营业性歌舞娱乐场所、互联网上网服务营业场所等不适宜未成年人活动的场所，不得允许未成年人进入，经营者应当在显著位置设置未成年人禁入标志；对难以判明是否已成年的，应当要求其出示身份证件。禁止向未成年人出售烟酒，经营者应当在显著位置设置不向未成年人出售烟酒的标志；对难以判明是否已成年的，应当要求其出示身份证件。任何人不得在中小学校、幼儿园、托儿所的教室、寝室、活动室和其他未成年人集中活动的场所吸烟、饮酒。

5. 维护未成年人受教育权

各级人民政府应当保障未成年人受教育的权利，并采取措施保障家庭经济困难的、残疾的和流动人口中的未成年人等接受义务教育。

6. 预防网瘾

国家采取措施，预防未成年人沉迷网络。国家鼓励研究开发有利于未成年人健康成长的网络产品，推广用于阻止未成年人沉迷网络的新技术。

7. 实施特殊的劳动保护

任何组织或者个人不得招用未满十六周岁的未成年人，国家另有规定的除外。任何组织或者个人按照国家有关规定招用已满十六周岁未满十八周岁的未成年人的，应当执行国家在工种、劳动时间、劳动强度和保护措施等方面的规定，不得安排其从事过重、有毒、有害等危害未成年人身心健康的劳动或者危险作业。

8. 尊重未成年人隐私

任何组织或者个人不得披露未成年人的个人隐私。对未成年人的信件、日记、电子邮件，任何组织或者个人不得隐匿、毁弃；除因追查犯罪的需要，由公安机关或者人民检察院依法进行检查，或者对无行为能力的未成年人的信件、日记、电子邮件由其父母或者其他监护人代为开拆、查阅外，任何组织或者个人不得开拆、查阅。

9. 保护未成年人的人身与生命安全

学校、幼儿园、托儿所和公共场所发生突发事件时，应当优先救护未成年人；禁止拐卖、绑架、虐待未成年人，禁止对未成年人实施性侵害；禁止胁迫、诱骗、利用未成年人乞讨或者组织未成年人进行有害其身心健康的表演等活动；公安机关应当采取有力措施，依法维护校园周边的治安和交通秩序，预防和制止侵害未成年人合法权益的违法犯罪行为；任何组织或者个人不得扰乱教学秩序，不得侵占、破坏学校、幼儿园、托儿所的场地、房屋和设施。

10. 提供社会救助

县级以上人民政府及其民政部门应当根据需要设立救助场所，对流浪乞讨等生活无着的未成年人实施救助，承担临时监护责任；公安部门或者其他有关部门应当护送流浪乞讨或者离家出走的未成年人到救助场所，由救助场所予以救助和妥善照顾，并及时通知其父母或者其他监护人领回；对孤儿、无法查明其父母或者其他监护人的以及其他生活无着的未成年人，由民政部门设立的儿童福利机构收留抚养；未成年人救助机构、儿童福利机构及其工作人员应当依法履行职责，不得虐待、歧视未成年人；不得在办理收留抚养工作中牟取利益。

11. 加强卫生保健与预防疾病

卫生部门和学校应当对未成年人进行卫生保健和营养指导，提供必要的卫生保健条件，做好疾病预防工作；卫生部门应当做好对儿童的预防接种工作，国家免疫规划项目的预防接种实行免费；积极防治儿童常见病、多发病，加强对传染病防治工作的监督管理，加强对幼儿园、托儿所卫生保健的业务指导和监督检查。

12. 鼓励发展幼儿教育

地方各级人民政府应当积极发展托幼事业，办好托儿所、幼儿园，支持社会组织和个人依法兴办哺乳室、托儿所、幼儿园；各级人民政府和有关部门应当采取多种形式，培养和训练幼儿园、托儿所的保教人员，提高其职业道德素质和业务能力。

13. 其他保护

国家依法保护未成年人的智力成果和荣誉权不受侵犯。未成年人已经完成规定年限的义务教育不再升学的，政府有关部门和社会团体、企业事业组织应当根据实际情况，对他们进行职业教育，为他们创造劳动就业条件。居民委员会、村民委员会应当协助有关部门教育和挽救违法犯罪的未成年人，预防和制止侵害未成年人合法权益的违法犯罪行为。

未成年人的合法权益受到侵害的，被侵害人及其监护人或者其他组织和个人有权向有关部门投诉，有关部门应当依法及时处理。

（四）司法保护

1. 及时审理和提供救援救助

未成年人的合法权益受到侵害，依法向人民法院提起诉讼的，人民法院应当依法及时审理，并适应未成年人生理、心理特点和健康成长的需要，保障未成年人的合法权益；在司法活动中对需要法律援助或者司法救助的未成年人，法律援助机构或者人民法院应当给予帮助，依法为其提供法律援助或者司法救助。

2. 审理婚姻家庭案件时对未成年人进行特别保护

人民法院审理继承案件，应当依法保护未成年人的继承权和受遗赠权；人民法院审理离婚案件，涉及未成年子女抚养问题的，应当听取有表达意愿能力的未成年子女的意见，根据保障子女权益的原则和双方具体情况依法处理。

3. 强化父母或监护人的监护与抚养责任

父母或者其他监护人不履行监护职责或者侵害被监护的未成年人的合法权益，经教育不改的，人民法院可以根据有关人员或者有关单位的申请，撤销其监护人的资格，依法另行指定监护人。被撤销监护资格的父母应当依法继续负担抚养费用。

4. 坚持教育为主、惩罚为辅的原则

对违法犯罪的未成年人，应当依法从轻、减轻或者免除处罚。对羁押、服刑的未成年人，应当与成年人分别关押。羁押、服刑的未成年人没有完成义务教育的，应当对其进行义务教育。解除羁押、服刑期满的未成年人的复学、升学、就业不受歧视。

5. 审理案件应适应未成年人身心发展特点

公安机关、人民检察院、人民法院办理未成年人犯罪案件和涉及未成年人权益保护案件，应当照顾未成年人身心发展特点，尊重他们的人格尊严，保障他们的合法权益，并根据需要设立专门机构或者指定专人办理；讯问、审判未成年犯罪嫌疑人、被告人，询问未成年证人、被害人，应当依照刑事诉讼法的规定通知其法定代理人或者其他人员到场；公安机关、人民检察院、人民法院办理未成年人遭受性侵害的刑事案件，应当保护被害人的名誉；对未成年人犯罪案件，新闻报道、影视节目、公开出版物、网络等不得披露该未成年人的姓名、住所、照片、图像以及可能推断出该未成年人的资料。

三、未成年人不良行为和犯罪的预防和矫治

预防未成年人犯罪，应立足于教育和保护，从小抓起，对未成年人的不良行为应及时进行预防和矫治。预防未成年人犯罪，应在各级人民政府组织领导下，实行综合治理。政府有关部门、司法机关、人民团体、有关社会团体、学校、家庭、城市居民委员会、农村村民委员会等各方面共同参与，各负其责，做好预防未成年人犯罪工作，为未成年人身心健康发展创造良好的社会环境。

（一）预防未成年人犯罪的教育

1. 教育内容

对未成年人应当加强思想、道德、法制和爱国主义、集体主义、社会主义教育。对于达到义务教育年龄的未成年人，在进行上述教育的同时，应当进行预防犯罪的教育，增强未成年人的法制观念，使未成年人懂得违法和犯罪行为对个人、家庭、社会造成的危害，违法和犯罪行为应当承担的法律责任，树立遵纪守法和防范违法犯罪的意识。

2. 教育方式

教育行政部门、学校应当将预防犯罪的教育作为法制教育的内容纳入学校教育教学计划，结合常见多发的未成年人犯罪，对不同年龄的未成年人进行有针对性的预防犯罪教育；对于已满十六周岁不满十八周岁准备就业的未成年人，职业教育培训机构、用人单位应当将法律知识和预防犯罪教育纳入职业培训的内容；司法行政部门、教育行政部门、共产主义青年团、少年先锋队、少年宫、青少年活动中心、城市居民委员会、农村村民委员会等应当结合实际举行多种形式的预防未成年人犯罪的法制宣传活动；未成年人的父母或者其他监护人对未成年人的法制教育负有直接责任，学校在对学生进行预防犯罪教育时，应当将教育计划告知未成年人的父母或者其他监护人，未成年人的父母或者其他监护人应当结合学校的计划，针对具体情况进行教育。

（二）对未成年人不良行为的预防

1. 不良行为的界定

未成年人的父母或者其他监护人和学校应当教育未成年人不得有下列不良行为：

（1）旷课、夜不归宿；

（2）携带管制刀具；

（3）打架斗殴、辱骂他人；

（4）强行向他人索要财物；

（5）偷窃、故意毁坏财物；

（6）参与赌博或者变相赌博；

（7）观看、收听色情、淫秽的音像制品、读物等；

（8）进入法律、法规规定的未成年人不适宜进入的营业性歌舞厅等场所；

（9）其他严重违背社会公德的不良行为。

2. 家庭的教育和监控

（1）未成年人的父母或者其他监护人和学校应当教育未成年人不得吸烟、酗酒；未成年人擅自外出夜不归宿的，其父母或者其他监护人、其所在的寄宿制学校应当及时查找，或者向公安机关请求帮助。收留夜不归宿的未成年人的，应当征得其父母或者其他监护人的同意，或者在二十四小时内及时通知其父母或者其他监护人、所在学校或者及时向公安机关报告。

（2）未成年人的父母或者其他监护人和学校发现未成年人组织或者参加实施不良行为的团伙的，应当及时予以制止。发现该团伙有违法犯罪行为的，应当向公安机关报告；未成年人的父母或者其他监护人和学校发现有人教唆、胁迫、引诱未成年人违法犯罪的，应当向公安机关报告。未成年人的父母或者其他监护人，不得让不满十六周岁的未成年人脱离监护单独居住。

（3）未成年人的父母或者其他监护人对未成年人不得放任不管，不得迫使其离家出走，放弃监护职责；未成年人离家出走的，其父母或者其他监护人应当及时查找，或者向公安机关请求帮助。

（4）未成年人的父母离异的，离异双方对子女都有教育的义务，任何一方都不得因离异而不履行教育子女的义务；继父母、养父母对受其抚养教育的未成年继子女、养子女应当履行本法规定的父母对未成年子女在预防犯罪方面的职责。

3. 学校教育与管理

学校对有不良行为的未成年人应当加强教育、管理，不得歧视；教育行政部门、学校应当举办各种形式的讲座、座谈、培训等活动，针对未成年人不同时期的生理、心理特点，介绍良好有效的教育方法，指导教师、未成年人的父母和其他监护人有效地防止、矫治未成年人的不良行为；对于教唆、胁迫、引诱未成年人实施不良行为的品行不良、影响恶劣、不适宜在学校工作的教职员工，教育行政部门、学校应当予以解聘或者辞退；构成犯罪的，依法追究刑事责任。

4. 社会环境监控与管理

任何经营场所不得向未成年人出售烟酒，禁止在中小学校附近开办营业性歌舞厅、营业性电子游戏场所以及其他未成年人不适宜进入的场所，营业性歌舞厅以及其他未成年人不适宜进入的场所，应当设置明显的未成年人禁止进入标志，不得允许未成年人进入；营业性电子游戏场所在国家法定节假日外，不得允许未成年人进入，并应当设置明显的未成年人禁止进入标志。对于难以判明是否已成年的，上述场所的工作人员可以要求其出示身份证件。任何人不得教唆、胁迫、引诱未成年人实施本法规定的不良行为，或者为未成年人实施不良行为提供条件。

5. 传媒与出版物管理

以未成年人为对象的出版物，不得含有诱发未成年人违法犯罪的内容，不得含有渲染暴力、色情、赌博、恐怖活动等危害未成年人身心健康的内容；任何单位和个人不得向未成年人出售、出租含有诱发未成年人违法犯罪以及渲染暴力、色情、赌博、恐怖活动等危害未成年人身心健康内容的读物、音像制品或者电子出版物；任何单位和个人不得利用通信、计算机网络等方式提供危害未成年人身心健康的内容及其信息；广播、电影、电视、戏剧节目，不得有渲染暴力、色情、赌博、恐怖活动等危害未成年人身心健康的内容。

（三）对未成年人严重不良行为的矫治

1. 严重不良行为的界定

严重不良行为是指下列严重危害社会，但尚不够刑事处罚的违法行为：

（1）纠集他人结伙滋事，扰乱治安；

（2）携带管制刀具，屡教不改；

（3）多次拦截殴打他人或者强行索要他人财物；

（4）传播淫秽的读物或者音像制品等；

（5）进行淫乱或者色情、卖淫活动；

（6）多次偷窃；

（7）参与赌博，屡教不改；

（8）吸食、注射毒品；

（9）其他严重危害社会的行为。

2. 未成年人严重不良行为的矫治

对有严重不良行为的未成年人，其父母或者其他监护人和学校应当相互配合，采取措施严加管教，也可以送工读学校进行矫治和接受教育。

（1）工读学校矫治。对未成年人送工读学校进行矫治和接受教育，应当由其父母或者其他监护人，或者原所在学校提出申请，经教育行政部门批准。工读学校对就读的未成年人应当严格管理和教育。工读学校除按照义务教育法的要求，在课程设置上与普通学校相同外，应当加强法制教育的内容，针对未成年人严重不良行为产生的原因以及有严重不良行为的未成年人的心理特点，开展矫治工作。家庭、学校应当关心、爱护在工读学校就读的未成年人，尊重他们的人格尊严，不得体罚、虐待和歧视。工读学校毕业的未成年人在升学、就业等方面，同普通学校毕业的学生享有同等的权利，任何单位和个人不得歧视。

（2）公安机关矫治。未成年人有本法规定的严重不良行为，构成违反治安管理行为的，由公安机关依法予以治安处罚。因不满十四周岁或者情节特别轻微免予处罚的，可以予以训诫。未成年人因不满十六周岁不予刑事处罚的，责令他的父母或者其他监护人严加管教；在必要的时候，也可以由政府依法收容教养。未成年人在被收容教养期间，执行机关应当保证其继续接受文化知识、法律知识或者职业技术教育；对没有完成义务教育的未成年人，执行机关应当保证其继续接受义务教育。解除收容教养、劳动教养的未成年人，在复学、升学、就业等方面与其他未成年人享有同等权利，任何单位和个人不得歧视。

（四）对未成年人重新犯罪的预防

1. 实行教育、感化、挽救方针

司法机关办理未成年人犯罪案件，应当保障未成年人行使其诉讼权利，保障未成年人得到法律帮助，并根据未成年人的生理、心理特点和犯罪的情况，有针对性地进行法制教育。对于被采取刑事强制措施的未成年学生，在人民法院的判决生效以前，不得取消其学籍。

2. 未成年人犯罪案例不公开审理和报道

人民法院审判未成年人犯罪的刑事案件，应当由熟悉未成年人身心特点的审判员或者审判员和人民陪审员依法组成的少年法庭进行。对于审判的时候被告人不满十八周岁的刑事案件，不公开审理。对未成年人犯罪案件，新闻报道、影视节目、公开出版物不得披露该未成年人的姓名、住所、照片及可能推断出该未成年人的资料。

3. 未成年人与成年人分别关押、分别管理、分别教育

对被拘留、逮捕和执行刑罚的未成年人与成年人应当分别关押、分别管理、分别

教育。

4. 对犯罪未成年人开展法制教育、义务教育和职业技术教育

未成年犯在被执行刑罚期间，执行机关应当加强对未成年犯的法制教育，对未成年犯进行职业技术教育。对没有完成义务教育的未成年犯，执行机关应当保证其继续接受义务教育。

5. 对犯罪未成年人进行社会帮教和权利维护

（1）未成年人的父母或者其他监护人和学校、城市居民委员会、农村村民委员会、对因不满十六周岁而不予刑事处罚、免予刑事处罚的未成年人，或者被判处非监禁刑罚、被判处刑罚宣告缓刑、被假释的未成年人，应当采取有效的帮教措施，协助司法机关做好对未成年人的教育、挽救工作。

（2）城市居民委员会、农村村民委员会可以聘请思想品德优秀，作风正派，热心未成年人教育工作的离退休人员或其他人员协助做好未成年人的教育、挽救工作。

（3）依法免予刑事处罚、判处非监禁刑罚、判处刑罚宣告缓刑、假释或者刑罚执行完毕的未成年人，在复学、升学、就业等方面与其他未成年人享有同等权利，任何单位和个人不得歧视。

四、孤儿和流浪未成年人的保护和安置

（一）孤儿保护

2006 年 3 月，民政部等 15 部门联合发布了《关于加强孤儿救助工作的意见》，对安置孤儿问题作出了明确规定。

1. 监护人责任

孤儿的监护人应当依法履行监护职责，维护孤儿的合法权益。监护人不履行监护职责或侵害被监护人的合法权益的，应当承担相应的法律责任。人民法院可以根据有关人员或有关单位的申请，依法撤销监护人的资格。

2. 孤儿的安置

（1）由孤儿父母生前所在单位或孤儿住所地的村（居）民委员会担任监护人的，可以由监护人委托有抚养意愿和抚养能力的家庭养育孤儿。

（2）由民政部门监护的孤儿，可以在社会（儿童）福利院、敬老院、孤儿学校、SOS 儿童村和流浪未成年人救助保护中心等机构集中安置，并可以根据《家庭寄养管理暂行办法》的规定，开展家庭寄养。

（3）对“事实收养”问题，要根据不同情况予以解决，符合收养条件的，依法办理登记和相关手续，切实保护被收养儿童的合法权益。

（4）对于暂时查找不到家庭的流浪未成年人，可以根据具体情况延长其在流浪未成年人救助保护机构的救助和教育时间。对于确实无法查明身份的流浪未成年人，可由流浪未成年人救助保护机构和儿童福利机构安置。

（5）对因父母服刑或其他原因暂时失去生活依靠的未成年人，可以依据相关法律规定妥善安置。

3. 政府各部门在保障孤儿基本生活和合法权益方面应履行的职责

《关于加强孤儿救助工作的意见》规定，各有关部门要认真履行职责，制定和落实优惠政策，密切配合，共同做好孤儿救助工作。

（1）财政部门应当将孤儿救助所需资金纳入城乡社会救助和社会福利事业发展资金需求，统筹考虑，合理安排。通过财政预算安排、民政部门使用福利彩票公益金资助和社会捐赠等多渠道筹集资金，保障孤儿的基本生活不低于当地平均生活水平。中央财政应加大对财政困难地区一般性转移支付力度，增强这些地区的财政保障能力。

（2）发展改革部门应当统筹考虑儿童福利机构和流浪未成年人救助保护机构建设。每个地级市都应拥有一所具有养护、医疗康复、教育能力的儿童福利机构。在财力允许的情况下，国家发展改革委员会在固定资产投资项目安排中，对中西部地区和东北地区的儿童福利机构建设予以适当支持。

（3）政府举办的非营利性医疗机构应当为孤儿提供基本的卫生医疗服务。鼓励、支持医疗机构采用多种形式自愿减免散居孤儿医疗费用。卫生部门对儿童福利机构设置的为所收养的孤儿服务的门诊部、诊所、卫生所（室）要给予指导和支持。

（4）教育部门应当对处于义务教育阶段的孤儿补助寄宿生生活费；对被公办普通高中、中等职业学校和高等学校录取的孤儿，应当纳入现有资助政策体系，给予教育救助。孤儿所在学校要优先为其提供勤工俭学机会。教育部门对儿童福利机构和流浪未成年人救助保护机构开办的特教班应当给予指导和支持。

（5）劳动和社会保障部门及有关部门应当对城镇登记失业的适龄孤儿按规定提供职业培训补贴和免费职业介绍，并落实小额担保贷款政策，鼓励和帮助其自谋职业和自主创业；县、乡（镇）政府和村民委员会要积极扶持法定劳动年龄内有劳动能力但未就业的农村孤儿从事农业生产活动，或引导和帮助其进城务工，劳动保障部门要按规定落实相关就业服务政策。

（6）人口和计划生育部门等为收养当事人出具证明材料的部门或机构，应当及时、如实出具证明材料。

（7）公安部门对孤儿安置需办理常住户口登记或者迁移手续的，要依法及时予以办理；对遗弃儿童和利用孤儿从事非法活动的违法犯罪行为要严肃查处，坚决打击。

（8）司法部门应当依法保护孤儿的人身、财产权利。司法行政部门和人民法院应当依法对有需要的孤儿提供法律援助或者司法救助。

（9）因地制宜解决孤儿住房问题。监护人应当帮助有房产的孤儿做好房屋的维修、保护工作。居住在农村无住房的孤儿成年后，乡（镇）政府和村民委员会要组织动员社会力量和居住地村民帮助其建房。儿童福利机构中的孤儿成年结婚后，符合廉租住房、经济适用住房申请条件的，当地政府和建设（房地产）部门应当给予优先安排。

（二）流浪儿童保护

流浪儿童是指由于各种原因而没有父母或监护人的抚养，因而在社会上流浪，以乞讨或其他各种方式自己养活自己的儿童。

为进一步完善流浪未成年人救助保护体系，切实加强和改进流浪未成年人救助保护工作，国务院办公厅印发了《关于加强和改进流浪未成年人救助保护工作的意见》（国办发

〔2011〕39号)，对流浪儿童保护工作进行安排部署。

（1）总体要求。实行更加积极主动的救助保护。公安机关发现流浪乞讨的未成年人，应当护送到救助保护机构接受救助。其中由成年人携带流浪乞讨的，应当进行调查、甄别，对有胁迫、诱骗、利用未成年人乞讨等违法犯罪嫌疑的，要依法查处；对由父母或其他监护人携带流浪乞讨的，应当批评、教育并引导护送到救助保护机构接受救助，无力自行返乡的由救助保护机构接送返乡，公安机关予以协助配合。民政部门要积极开展主动救助，引导护送流浪未成年人到救助保护机构接受救助。城管部门发现流浪未成年人，应当告知并协助公安或民政部门将其护送到救助保护机构接受救助。对突发急病的流浪未成年人，公安机关和民政、城管部门应当直接护送到定点医院进行救治。

充分发挥村（居）民委员会等基层组织作用，组织和动员居民提供线索，劝告、引导流浪未成年人向公安机关、救助保护机构求助，或及时向公安机关报警。

（2）加大打击拐卖未成年人犯罪力度。公安机关要严厉打击拐卖未成年人犯罪，对来历不明的流浪乞讨和被强迫从事违法犯罪活动的未成年人，要一律采集生物检材，检验后录入全国打拐脱氧核糖核酸（DNA）信息库比对，及时发现、解救失踪被拐未成年人。加强接处警工作，凡接到涉及未成年人失踪被拐报警的，公安机关要立即出警处置，认真核查甄别，打击违法犯罪活动。强化立案工作，实行未成年人失踪快速查找机制，充分调动警务资源，第一时间组织查找。建立跨部门、跨警种、跨地区打击拐卖犯罪工作机制。民政等有关部门要协助公安机关做好被拐未成年人的调查、取证和解救工作。

（3）帮助流浪未成年人及时回归家庭。救助保护机构和公安机关要综合运用救助保护信息系统、公安人口管理信息系统、全国打拐DNA信息库和向社会发布寻亲公告等方式，及时查找流浪未成年人父母或其他监护人。

对查找到父母或其他监护人的流浪未成年人，救助保护机构要及时安排接送返乡，交通运输、铁道等部门要在购票、进出站、乘车等方面积极协助。流出地救助保护机构应当通知返乡流浪未成年人或其监护人常住户口所在地的乡镇人民政府（街道办事处）做好救助保护和帮扶工作。流出地救助保护机构要对流浪未成年人的家庭监护情况进行调查评估，对确无监护能力的，由救助保护机构协助监护人及时委托其他人员代为监护；对拒不履行监护责任、经反复教育不改的，由救助保护机构向人民法院提出申请撤销其监护人资格，依法另行指定监护人。

对暂时查找不到父母或其他监护人的流浪未成年人，在继续查找的同时，要通过救助保护机构照料、社会福利机构代养、家庭寄养等多种方式予以妥善照顾。对经过2年以上仍查找不到父母或其他监护人的，公安机关要按户籍管理有关法规政策规定为其办理户口登记手续，以便于其就学、就业等正常生活。对在打拐过程中被解救且查找不到父母或其他监护人的婴幼儿，民政部门要将其安置到社会福利机构抚育，公安机关要按规定为其办理户口登记手续。

（4）做好流浪未成年人的教育矫治。救助保护机构要依法承担流浪未成年人的临时监护责任，为其提供文化和法制教育、心理辅导、行为矫治、技能培训等救助保护服务，对合法权益受到侵害的，要协助司法部门依法为其提供法律援助或司法救助。救助保护机构要在教育行政部门指导下帮助流浪未成年人接受义务教育或替代教育，对沾染不良习气的，要通过思想、道德和法制教育，矫治不良习惯，纠正行为偏差；对有严重不良行为的，按照有关规定送专门学校进行矫治和接受教育。对流浪残疾未成年人，卫生、残联等部门要指导救助保护机构对其进行心理疏导、康复训练等。

（5）强化流浪未成年人源头预防和治理。预防未成年人流浪是家庭、学校、政府和社会的共同责任，做好源头预防是解决未成年人流浪问题的治本之策。

家庭是预防和制止未成年人流浪的第一责任主体，应当依法履行对未成年人的监护责任和抚养义务。有关部门和基层组织要加强对家庭履行监护责任的指导和监督，对困难家庭予以帮扶，提升家庭抚育和教育能力，帮助其解决实际困难。村（居）民委员会要建立随访制度，对父母或其他监护人不依法履行监护责任或者侵害未成年人权益的，要予以劝诫、制止；情节严重的，要报告公安机关予以训诫，责令其改正；构成违反治安管理行为的，由公安机关依法给予行政处罚。

五、农村留守儿童关爱保护

留守儿童是指父母双方外出务工或一方外出务工另一方无监护能力、不满十六周岁的未成年人。留守儿童与父母长期分离，缺乏亲情关爱和有效监护，以致出现心理健康问题甚至极端行为，遭受意外伤害甚至不法侵害。为了加强农村留守儿童关爱保护，2016 年 2 月 14 日，国务院印发了《关于加强农村留守儿童关爱保护工作的意见》（国发〔2016〕13 号，以下简称《意见》），就加强农村留守儿童关爱保护工作进行全面部署。

（一）总体要求

《意见》要求，加强农村留守儿童关爱保护工作，必须以习近平新时代中国特色社会主义思想为指导，按照国务院决策部署，以促进未成年人健康成长为出发点和落脚点，坚持依法保护，不断健全法律法规和制度机制，坚持问题导向，强化家庭监护主体责任，加大关爱保护力度，逐步减少儿童留守现象，确保农村留守儿童安全、健康、受教育等权益得到有效保障。

《意见》要求，农村留守儿童关爱保护工作，应当坚持家庭尽责、政府主导、全民关爱和标本兼治的原则。家庭、政府、学校尽职尽责，社会力量积极参与的农村留守儿童关爱保护工作体系全面建立；强制报告、应急处置、评估帮扶、监护干预等农村留守儿童救助保护机制有效运行；侵害农村留守儿童权益的事件得到有效遏制。到 2020 年，未成年人保护法律法规和制度体系更加健全，全社会关爱保护儿童的意识普遍增强，儿童成长环境更为改善、安全，更有保障，儿童留守现象明显减少。

（二）完善农村留守儿童关爱服务体系

1. 强化家庭监护主体责任

《意见》指出，父母要依法履行对未成年子女的监护职责和抚养义务。外出务工人员要尽量携带未成年子女共同生活或父母一方留家照料，暂不具备条件的应当委托有监护能力的亲属或其他成年人代为监护，不得让不满十六周岁的儿童脱离监护单独居住生活。外出务工人员要与留守未成年子女常联系、多见面，及时了解掌握他们的生活、学习和心理状况，给予更多亲情关爱。父母或受委托监护人不履行监护职责的，村（居）民委员会、公安机关和有关部门要及时予以劝诫、制止；情节严重或造成严重后果的，公安等有关机关要依法追究其责任。

2. 落实县、乡镇人民政府和村（居）民委员会职责

《意见》指出，县级人民政府要切实加强统筹协调和督促检查，结合本地实际制定切实可行的农村留守儿童关爱保护政策措施，认真组织开展关爱保护行动，确保关爱保护工作覆盖本行政区域内所有农村留守儿童。乡镇人民政府（街道办事处）和村（居）民委员会要加强对监护人的法治宣传、监护监督和指导，督促其履行监护责任，提高监护能力。村（居）民委员会要定期走访、全面排查，及时掌握农村留守儿童的家庭情况、监护情况、就学情况等基本信息，并向乡镇人民政府（街道办事处）报告；要为农村留守儿童通过电话、视频等方式与父母联系提供便利。乡镇人民政府（街道办事处）要建立翔实完备的农村留守儿童信息台账，一人一档案，实行动态管理、精准施策，为有关部门和社会力量参与农村留守儿童关爱保护工作提供支持；通过党员干部上门家访、驻村干部探访、专业社会工作者随访等方式，对重点对象进行核查，确保农村留守儿童得到妥善照料。县级民政部门及救助管理机构要对乡镇人民政府（街道办事处）、村（居）民委员会开展的监护监督等工作提供政策指导和技术支持。

3. 加大教育部门和学校关爱保护力度

《意见》指出，县级人民政府要完善控辍保学部门协调机制，督促监护人送适龄儿童、少年入学并完成义务教育。教育行政部门要落实免费义务教育和教育资助政策，确保农村留守儿童不因贫困而失学；支持和指导中小学校加强心理健康教育，促进学生心理、人格积极健康发展，及早发现并纠正心理问题和不良行为；加强对农村留守儿童相对集中学校教职工的专题培训，着重提高班主任和宿舍管理人员关爱照料农村留守儿童的能力；会同公安机关指导和协助中小学校完善人防、物防、技防措施，加强校园安全管理，做好法治宣传和安全教育，帮助儿童增强防范不法侵害的意识、掌握预防意外伤害的安全常识。中小学校要对农村留守儿童受教育情况实施全程管理，利用电话、家访、家长会等方式加强与家长、受委托监护人的沟通交流，了解农村留守儿童生活情况和思想动态，帮助监护人掌握农村留守儿童学习情况，提升监护人责任意识和教育管理能力；及时了解无故旷课农村留守儿童情况，落实辍学学生登记、劝返复学和书面报告制度，劝返无效的，应书面报告县级教育行政部门和乡镇人民政府，依法采取措施劝返复学；帮助农村留守儿童通过电话、视频等方式加强与父母的情感联系和亲情交流。寄宿制学校要完善教职工值班制度，落实学生宿舍安全管理责任，丰富校园文化生活，引导寄宿学生积极参与体育、艺术、社会实践等活动，增强学校教育吸引力。

4. 发挥群团组织关爱服务优势

《意见》指出，各级工会、共青团、妇联、残联、关工委等群团组织要发挥自身优势，积极为农村留守儿童提供假期日间照料、课后辅导、心理疏导等关爱服务。工会、共青团要广泛动员广大职工、团员青年、少先队员等开展多种形式的农村留守儿童关爱服务和互助活动。妇联要依托妇女之家、儿童之家等活动场所，为农村留守儿童和其他儿童提供关

爱服务，加强对农村留守儿童父母、受委托监护人的家庭教育指导，引导他们及时关注农村留守儿童身心健康状况，加强亲情关爱。残联要组织开展农村留守残疾儿童康复等工作。关工委要组织动员广大老干部、老战士、老专家、老教师、老模范等离退休老同志，协同做好农村留守儿童的关爱与服务工作。

5. 推动社会力量积极参与

加快孵化培育社会工作专业服务机构、公益慈善类社会组织、志愿服务组织，民政等部门要通过政府购买服务等方式支持其深入城乡社区、学校和家庭，开展农村留守儿童监护指导、心理疏导、行为矫治、社会融入和家庭关系调适等专业服务。充分发挥市场机制作用，支持社会组织、爱心企业依托学校、社区综合服务设施举办农村留守儿童托管服务机构，财税部门要依法落实税费减免优惠政策。

（三）建立健全农村留守儿童救助保护机制

1. 建立强制报告机制

《意见》要求，学校、幼儿园、医疗机构、村（居）民委员会、社会工作服务机构、救助管理机构、福利机构及其工作人员，在工作中发现农村留守儿童脱离监护单独居住生活或失踪、监护人丧失监护能力或不履行监护责任、疑似遭受家庭暴力、疑似遭受意外伤害或不法侵害等情况的，应当在第一时间向公安机关报告。负有强制报告责任的单位和人员未履行报告义务的，其上级机关和有关部门要严肃追责。其他公民、社会组织积极向公安机关报告的，应及时给予表扬和奖励。

2. 完善应急处置机制

《意见》要求，公安机关要及时受理有关报告，第一时间出警调查，有针对性地采取应急处置措施，强制报告责任人要协助公安机关做好调查和应急处置工作。属于农村留守儿童单独居住生活的，要责令其父母立即返回或确定受委托监护人，并对父母进行训诫；属于监护人丧失监护能力或不履行监护责任的，要联系农村留守儿童父母立即返回或委托其他亲属监护照料；上述两种情形联系不上农村留守儿童父母的，要就近护送至其他近亲属、村（居）民委员会或救助管理机构、福利机构临时监护照料，并协助通知农村留守儿童父母立即返回或重新确定受委托监护人。属于失踪的，要按照儿童失踪快速查找机制及时开展调查。属于遭受家庭暴力的，要依法制止，必要时通知并协助民政部门将其安置到临时庇护场所、救助管理机构或者福利机构实施保护；属于遭受其他不法侵害、意外伤害的，要依法制止侵害行为、实施保护；对于上述两种情形，要按照有关规定调查取证，协助其就医、鉴定伤情，为进一步采取干预措施、依法追究相关法律责任打下基础。公安机关要将相关情况及时通报乡镇人民政府（街道办事处）。

3. 健全评估帮扶机制

《意见》要求，乡镇人民政府（街道办事处）接到公安机关通报后，要会同民政部门、公安机关在村（居）民委员会、中小学校、医疗机构以及亲属、社会工作专业服务机构的协助下，对农村留守儿童的安全处境、监护情况、身心健康状况等进行调查评估，有针对性地安排监护指导、医疗救治、心理疏导、行为矫治、法律服务、法律援助等专业服务。对于监护人家庭经济困难且符合有关社会救助、社会福利政策的，民政及其他社会救助部门要及时纳入保障范围。

4. 强化监护干预机制

对实施家庭暴力、虐待或遗弃农村留守儿童的父母或受委托监护人，公安机关应当给予批评教育，必要时予以治安管理处罚，情节恶劣构成犯罪的，依法立案侦查。对于监护人将农村留守儿童置于无人监管和照看状态导致其面临危险且经教育不改的，或者拒不履行监护职责六个月以上导致农村留守儿童生活无着的，或者实施家庭暴力、虐待或遗弃农村留守儿童导致其身心健康严重受损的，其近亲属、村（居）民委员会、县级民政部门等有关人员或者单位要依法向人民法院申请撤销监护人资格，另行指定监护人。

（四）从源头上逐步减少儿童留守现象

1. 为农民工家庭提供更多帮扶支持

《意见》要求，各地要大力推进农民工市民化，为其监护照料未成年子女创造更好条件。符合落户条件的要有序推进其本人及家属落户。符合住房保障条件的要纳入保障范围，通过实物配租公共租赁住房或发放租赁补贴等方式，满足其家庭的基本居住需求。不符合上述条件的，要在生活居住、日间照料、义务教育、医疗卫生等方面提供帮助。倡导用工单位、社会组织和专业社会工作者、志愿者队伍等社会力量，为其照料未成年子女提供便利条件和更多帮助。公办义务教育学校要普遍对农民工未成年子女开放，要通过政府购买服务等方式支持农民工未成年子女接受义务教育；完善和落实符合条件的农民工子女在输入地参加中考、高考政策。

2. 引导扶持农民工返乡创业就业

《意见》要求，各地要大力发展县域经济，落实国务院关于支持农民工返乡创业就业的一系列政策措施。中西部地区要充分发挥比较优势，积极承接东部地区产业转移，加快发展地方优势特色产业，加强基本公共服务，制定和落实财政、金融等优惠扶持政策，落实定向减税和普遍性降费政策，为农民工返乡创业就业提供便利条件。人力资源社会保障等有关部门要广泛宣传农民工返乡创业就业政策，加强农村劳动力的就业创业技能培训，对有意愿就业创业的，要有针对性地推荐用工岗位信息或创业项目信息。

此外，《意见》还要求，要强化农村留守儿童关爱保护工作保障措施，从加强组织领导、加强能力建设、强化激励问责、做好宣传引导等方面作出全面工作安排。

第三节　残疾人权益保障政策法规

残疾人是指在心理、生理、人体结构上，某种组织、功能丧失或者不正常，全部或者部分丧失以正常方式从事某种活动能力的人。残疾人包括视力残疾、听力残疾、言语残疾、肢体残疾、智力残疾、精神残疾、多重残疾和其他残疾的人。我国残疾人是一个庞大的社会群体，据中国残联最新统计的数据显示，截至 2018 年，我国各类残疾人总数已达 8500 万，其中仍有 1500 万以上残疾人生活在国家级贫困线以下，占贫困人口总数的 12% 以上。

我国政府十分重视残疾人权益保护工作，《宪法》明确规定中华人民共和国公民疾病或者丧失劳动能力的情况下，有从国家和社会获得物质帮助的权利，国家和社会有责任帮助安排盲、聋、哑和其他有残疾的公民的劳动、生活和教育。根据《宪法》，国家制定了一系列保障残疾人合法权益的政策法规，现行的主要法律法规有《残疾人保障法》（2018年）、《残疾人教育条例》（2007年）、《残疾人就业条例》（2007年）等，主要政策有《国务院关于加快推进残疾人小康进程的意见》（国发〔2015〕7号）等。

一、康复权保障

《残疾人保障法》规定，国家保障残疾人享有康复服务的权利。各级人民政府和有关部门应当采取措施，为残疾人康复创造条件，建立和完善残疾人康复服务体系，并分阶段实施重点康复项目，帮助残疾人恢复或者补偿功能，增强其参与社会生活的能力。

（一）总体方针

康复工作应当从实际出发，将现代康复技术与我国传统康复技术相结合；以社区康复为基础，康复机构为骨干，残疾人家庭为依托；以实用、易行、受益广的康复内容为重点，优先开展残疾儿童抢救性治疗和康复；发展符合康复要求的科学技术，鼓励自主创新，加强康复新技术的研究、开发和应用，为残疾人提供有效的康复服务。

（二）康复机构建设

地方各级人民政府鼓励和扶持社会力量兴办残疾人康复机构。地方各级人民政府和有关部门应当根据需要有计划地在医疗机构设立康复医学科室，举办残疾人康复机构，开展康复医疗与训练、人员培训、技术指导、科学研究等工作。

（三）康复活动开展

地方各级人民政府和有关部门，应当组织和指导城乡社区服务组织、医疗预防保健机构、残疾人组织、残疾人家庭和其他社会力量，开展社区康复工作。残疾人教育机构、福利性单位和其他为残疾人服务的机构，应当创造条件，开展康复训练活动。残疾人在专业人员的指导和有关工作人员、志愿工作者及亲属的帮助下，应当努力进行功能、自理能力和劳动技能的训练。

（四）康复人才培养和技术培训

医学院校和其他有关院校应当有计划地开设康复课程，设置相关专业，培养各类康复专业人才。政府和社会采取多种形式对从事康复工作的人员进行技术培训；向残疾人、残疾人亲属、有关工作人员和志愿工作者普及康复知识，传授康复方法。

（五）康复器械提供

政府有关部门应当组织和扶持残疾人康复器械、辅助器具的研制、生产、供应、维修服务。

二、教育权保障

《残疾人保障法》规定，国家保障残疾人享有平等接受教育的权利。各级人民政府应当将残疾人教育作为国家教育事业的组成部分，统一规划，加强领导，为残疾人接受教育创造条件。政府、社会、学校应当采取有效措施，解决残疾儿童、少年就学存在的实际困难，帮助其完成义务教育。

（一）义务教育与特殊资助

各级人民政府对接受义务教育的残疾学生、贫困残疾人家庭的学生提供免费教科书，并给予寄宿生活费等费用补助；对接受义务教育以外其他教育的残疾学生、贫困残疾人家庭的学生按照国家有关规定给予资助。残疾人教育，实行普及与提高相结合、以普及为重点的方针，保障义务教育，着重发展职业教育，积极开展学前教育，逐步发展高级中等以上教育。

（二）以特性施教

残疾人教育应当根据残疾人的身心特性和需要，按照下列要求实施：在进行思想教育、文化教育的同时，加强身心补偿和职业教育；依据残疾类别和接受能力，采取普通教育方式或者特殊教育方式；特殊教育的课程设置、教材、教学方法、入学和在校年龄，可以有适度弹性。

（三）残疾人教育机构建设

县级以上人民政府应当根据残疾人的数量、分布状况和残疾类别等因素，合理设置残疾人教育机构，并鼓励社会力量办学、捐资助学。

（四）残疾人普通教育

普通教育机构对具有接受普通教育能力的残疾人实施教育，并为其学习提供便利和帮助。普通小学、初级中等学校，必须招收能适应其学习生活的残疾儿童、少年入学；普通高级中等学校、中等职业学校和高等学校，必须招收符合国家规定的录取要求的残疾考生入学，不得因其残疾而拒绝招收；拒绝招收的，当事人或者其亲属、监护人可以要求有关部门处理，有关部门应当责令该学校招收。普通幼儿教育机构应当接收能适应其生活的残疾幼儿。

（五）残疾人特殊教育

残疾幼儿教育机构、普通幼儿教育机构附设的残疾儿童班、特殊教育机构的学前班、残疾儿童福利机构、残疾儿童家庭，应当对残疾儿童实施学前教育。初级中等以下特殊教育机构和普通教育机构附设的特殊教育班，对不具有接受普通教育能力的残疾儿童、少年实施义务教育。高级中等以上特殊教育机构、普通教育机构附设的特殊教育班和残疾人职业教育机构，对符合条件的残疾人实施高级中等以上文化教育、职业教育。提供特殊教育的机构应当具备适合残疾人学习、康复、生活特点的场所和设施。

（六）残疾人成人教育

政府有关部门、残疾人所在单位和有关社会组织应当对残疾人开展扫除文盲、职业培训、创业培训和其他成人教育，鼓励残疾人自学成才。

（七）残疾人师资培养

国家有计划地举办各级各类特殊教育师范院校、专业，在普通师范院校附设特殊教育班，培养、培训特殊教育师资。普通师范院校开设特殊教育课程或者讲授有关内容，使普通教师掌握必要的特殊教育知识。特殊教育教师和手语翻译，享受特殊教育津贴。

（八）残疾人教育辅助手段

政府有关部门应当组织和扶持盲文、手语的研究和应用，特殊教育教材的编写和出版，特殊教育教学用具及其他辅助用品的研制、生产和供应。

三、劳动权保障

《残疾人保障法》规定，国家保障残疾人劳动的权利。各级人民政府应当对残疾人劳动就业统筹规划，为残疾人创造劳动就业条件。

（一）残疾人就业方式

残疾人劳动就业，实行集中与分散相结合的方针，采取优惠政策和扶持保护措施，通过多渠道、多层次、多形式，使残疾人劳动就业逐步普及、稳定、合理。政府和社会举办残疾人福利企业、盲人按摩机构和其他福利性单位，集中安排残疾人就业。国家实行按比例安排残疾人就业制度，国家机关、社会团体、企业事业单位、民办非企业单位应当按照规定的比例安排残疾人就业，并为其选择适当的工种和岗位。达不到规定比例的，按照国家有关规定履行保障残疾人就业义务。国家鼓励用人单位超过规定比例安排残疾人就业。国家鼓励和扶持残疾人自主择业、自主创业。地方各级人民政府和农村基层组织，应当组织和扶持农村残疾人从事种植业、养殖业、手工业和其他形式的生产劳动。

（二）残疾人就业促进

国家对安排残疾人就业达到、超过规定比例或者集中安排残疾人就业的用人单位和从事个体经营的残疾人，依法给予税收优惠，并在生产、经营、技术、资金、物资、场地等方面给予扶持。国家对从事个体经营的残疾人，免除行政事业性收费。县级以上地方人民政府及其有关部门应当确定适合残疾人生产、经营的产品、项目，优先安排残疾人福利性单位生产或者经营，并根据残疾人福利性单位的生产特点确定某些产品由其专产。政府采购，在同等条件下应当优先购买残疾人福利性单位的产品或者服务。地方各级人民政府应当开发适合残疾人就业的公益性岗位。对申请从事个体经营的残疾人，有关部门应当优先核发营业执照。政府有关部门设立的公共就业服务机构，应当为残疾人免费提供就业服务。残疾人联合会举办的残疾人就业服务机构，应当组织开展免费的职业指导、职业介绍和职业培训，为残疾人就业和用人单位招用残疾人提供服务和帮助。对从事各类生产劳动的农村残疾人，有关部门应当在生产服务、技术指导、农用物资供应、农副产品购销和信贷等方面，给予帮助。

（三）残疾人就业保护

国家保护残疾人福利性单位的财产所有权和经营自主权，其合法权益不受侵犯。

在职工的招用、转正、晋级、职称评定、劳动报酬、生活福利、休息休假、社会保险等方面，不得歧视残疾人。残疾职工所在单位应当根据残疾职工的特点，提供适当的劳动条件和劳动保护，并根据实际需要对劳动场所、劳动设备和生活设施进行改造。国家采取措施，保障盲人保健和医疗按摩人员从业的合法权益。

（四）残疾人就业培训

残疾职工所在单位应当对残疾职工进行岗位技术培训，提高其劳动技能和技术水平。

（五）其他保护

任何单位和个人不得以暴力、威胁或者非法限制人身自由的手段强迫残疾人劳动。

四、文化生活权保障

《残疾人保障法》规定，国家保障残疾人享有平等参与文化生活的权利。各级人民政府和有关部门鼓励、帮助残疾人参加各种文化、体育、娱乐活动，积极创造条件，丰富残疾人精神文化生活。残疾人文化、体育、娱乐活动应当面向基层，融于社会公共文化生活，适应各类残疾人的不同特点和需要，使残疾人广泛参与。

为保障残疾人的文化生活权利的实现，《残疾人保障法》规定采取下列措施：丰富残疾人的精神文化生活，通过广播、电影、电视、报刊、图书、网络等形式，及时宣传报道残疾人的工作、生活等情况，为残疾人服务；组织和扶持盲文读物、盲人有声读物及其他残疾人读物的编写和出版，根据盲人的实际需要，在公共图书馆设立盲文读物、盲人有声读物图书室；开办电视手语节目，开办残疾人专题广播栏目，推进电视栏目、影视作品加配字幕、解说；组织和扶持残疾人开展群众性文化、体育、娱乐活动，举办特殊艺术演出和残疾人体育运动会，参加国际性比赛和交流；文化、体育、娱乐和其他公共活动场所，为残疾人提供方便和照顾，有计划地兴办残疾人活动场所；政府和社会鼓励、帮助残疾人从事文学、艺术、教育、科学、技术和其他有益于人民的创造性劳动。政府和社会促进残疾人与其他公民之间的相互理解和交流，宣传残疾人事业和扶助残疾人的事迹，弘扬残疾人自强不息的精神，倡导团结、友爱、互助的社会风尚。

五、社会保障权

《残疾人保障法》规定，国家保障残疾人享有各项社会保障的权利。政府和社会采取措施，完善对残疾人的社会保障，保障和改善残疾人的生活。

（一）社会保险

残疾人及其所在单位应当按照国家有关规定参加社会保险。残疾人所在城乡基层群众性自治组织、残疾人家庭，应当鼓励、帮助残疾人参加社会保险。对生活确有困难的残疾人，按照国家有关规定给予社会保险补贴。

（二）社会救助

地方各级人民政府对生活确有困难的残疾人，通过多种渠道给予生活、教育、住房和其他社会救助。县级以上地方人民政府对享受最低生活保障待遇后生活仍有特别困难的残疾人家庭，应当采取其他措施保障其基本生活。各级人民政府对贫困残疾人的基本医疗、康复服务、必要的辅助器具的配置和更换，应当按照规定给予救助。对生活不能自理的残疾人，地方各级人民政府应当根据情况给予护理补贴。

（三）“三无”残疾人供养

地方各级人民政府对无劳动能力、无扶养人或者扶养人不具有扶养能力、无生活来源的残疾人，按照规定予以供养。国家鼓励和扶持社会力量举办残疾人供养、托养机构。残疾人供养、托养机构及其工作人员不得侮辱、虐待、遗弃残疾人。

（四）残疾人公共服务

县级以上人民政府对残疾人搭乘公共交通工具，应当根据实际情况给予便利和优惠。残疾人可以免费携带随身必备的辅助器具。盲人持有效证件免费乘坐市内公共汽车、电车、地铁、渡船等公共交通工具。盲人读物邮件免费寄递。国家鼓励和支持提供电信、广播电视服务的单位对盲人、听力残疾人、言语残疾人给予优惠。各级人民政府应当逐步增加对残疾人的其他照顾和扶助。

六、无障碍环境

《残疾人保障法》规定，国家和社会应当采取措施，逐步完善无障碍设施，推进信息交流无障碍，为残疾人平等参与社会生活创造无障碍环境。各级人民政府应当对无障碍环境建设进行统筹规划，综合协调，加强监督管理。

（一）无障碍设施的建设和改造

无障碍设施的建设和改造，应当符合残疾人的实际需要。新建、改建和扩建建筑物、道路、交通设施等，应当符合国家有关无障碍设施工程建设标准。各级人民政府和有关部门应当按照国家无障碍设施工程建设规定，逐步推进已建成设施的改造，优先推进与残疾人日常工作、生活密切相关的公共服务设施的改造，对无障碍设施应当及时维修和保护。

（二）信息交流无障碍

国家采取措施，为残疾人信息交流无障碍创造条件。各级人民政府和有关部门应当采取措施，为残疾人获取公共信息提供便利。国家和社会研制、开发适合残疾人使用的信息交流技术和产品。国家举办的各类升学考试、职业资格考试和任职考试，有盲人参加的，应当为盲人提供盲文试卷、电子试卷或者由专门的工作人员予以协助。

（三）公共服务无障碍

公共服务机构和公共场所应当创造条件，为残疾人提供语音和文字提示、手语、盲文等信息交流服务，并提供优先服务和辅助性服务。国家鼓励和扶持无障碍辅助设备、无障碍交通工具的研制和开发。公共交通工具应当逐步达到无障碍设施的要求。有条件的公共停车场应当为残疾人设置专用停车位。

（四）政治参与无障碍

组织选举的部门应当为残疾人参加选举提供便利；有条件的，应当为盲人提供盲文选票。

第四节 妇女权益保障政策法规

我国政府十分重视对妇女权益的保障，实行男女平等的基本政策，为了保障妇女的合法权益，促进男女平等，1992 年 4 月 3 日第七届全国人民代表大会第五次会议通过了《中华人民共和国妇女权益保障法》（以下简称《妇女权益保障法》），并于 2005 年 8 月 28 日第十届全国人民代表大会常务委员会第十七次会议进行了修正。此外，《婚姻法》《反家庭暴力法》《继承法》《劳动法》《母婴保健法》《人口与计划生育法》《女职工劳动保护规定》《中国妇女发展纲要（2011—2020 年）》等，也是重要的妇女权益保障政策法规依据。这些政策法规从不同角度，保障妇女同男子的平等权。

一、妇女权益的主要内容

《妇女权益保障法》明确规定了国家保障妇女享有与男子平等的政治权利、文化教育权利、劳动与社会保障权利、财产权利、人身权利和婚姻家庭权利。

（一）政治权利

妇女的政治权利包括与男子平等的选举权和被选举权，通过各种途径和形式，管理国家事务，管理经济和文化事业，管理社会事务的权利。其实现形式是全国人民代表大会和地方各级人民代表大会的代表中，应当有适当数量的妇女代表，并逐步提高妇女代表的比例，国家机关、社会团体、企业事业单位在任用干部时必须坚持男女平等的原则，重视培养、选拔女干部担任领导成员。

（二）文化教育权利

妇女的文化教育权益包括在入学、升学、毕业分配、授予学位、派出留学等方面以及从事科学、技术、文学、艺术和其他文化活动方面享有与男子平等的权利。为确保这些权力的实现，《妇女权益保障法》从三个方面作出了规定：

第一，父母或者其他监护人必须履行保障适龄女性儿童少年接受义务教育的义务，学校和有关部门应当执行国家有关规定，不仅保障妇女在入学、升学、毕业分配、授予学位、派出留学等方面享有与男子平等的权利，而且应当根据女性青少年的特点，在教育、管理、设施等方面采取措施，保障女性青少年身心健康发展。

第二，针对适龄女性儿童少年就上学存在的实际困难，政府、社会、学校应采取有效措施，保证适龄女性儿童少年修完当地规定年限的义务教育。

第三，国家机关、社会团体和企业事业单位应当执行国家有关规定，保障妇女从事科学、技术、文学、艺术和其他文化活动，享有与男子平等的权利。

（三）劳动与社会保障权利

妇女的劳动权益不仅表现在妇女在岗位录用、薪酬、晋职晋级、专业技术职务评定、参与社会保障等各方面享有与男子平等的权利，还享有一些特殊权利。

第一，各单位在录用职工时，除不适合妇女的工种或者岗位外，不得以性别为由拒绝录用妇女或者提高对妇女的录用标准，在晋职、晋级、参与社会保障等方面，应当坚持男女平等的原则，不得歧视妇女。

第二，任何单位均应根据妇女的特点，依法保护妇女在工作和劳动时的安全和健康，不得安排妇女从事不适合妇女从事的工作和劳动。

第三，妇女在经期、孕期、产期、哺乳期受特殊保护。任何单位不得以结婚、怀孕、生产、哺乳等为由，辞退女职工或者单方解除劳动合同。女职工在孕期不能适应原劳动的，用人单位应当根据医疗机构的证明，予以减轻劳动量或者安排其他能够适应的劳动。对怀孕 7 个月以上的女职工，用人单位不得延长劳动时间或者安排夜班劳动，并应当在劳动时间内安排一定的休息时间。怀孕女职工在劳动时间内进行产前检查，所需时间计入劳动时间。对哺乳未满 1 周岁婴儿的女职工，用人单位不得延长劳动时间或者安排夜班劳动。女职工比较多的用人单位应当根据女职工的需要，建立女职工卫生室、孕妇休息室、哺乳室等设施，妥善解决女职工在生理卫生、哺乳方面的困难。

第四，女职工生育享受 98 天产假，其中产前可以休假 15 天；难产的，增加产假 15 天；生育多胞胎的，每多生育 1 个婴儿，增加产假 15 天。女职工怀孕未满 4 个月流产的，享受 15 天产假；怀孕满 4 个月流产的，享受 42 天产假。

第五，女职工产假期间的生育津贴，对已经参加生育保险的，按照用人单位上年度职工月平均工资的标准由生育保险基金支付；对未参加生育保险的，按照女职工产假前工资的标准由用人单位支付。女职工生育或者流产的医疗费用，按照生育保险规定的项目和标准，对已经参加生育保险的，由生育保险基金支付；对未参加生育保险的，由用人单位支付。

（四）财产权利

《妇女权益保障法》规定，国家保障妇女享有与男子平等的财产权利。其具体内容包括：

第一，妇女合法地拥有在婚姻、家庭中的共有财产。

第二，妇女享有与男子平等的财产继承权，丧偶儿媳对公、婆尽了主要赡养义务的，作为公、婆的第一顺序法定继承人，其继承权不受子女代位继承的影响。

第三，丧偶妇女有权处分继承的财产，任何人不得干涉。

第四，在农村，妇女在划分责任田、口粮田等，以及批准宅基地方面与男子享有平等的权利，妇女结婚、离婚后，其责任田、口粮田和宅基地等，应当受到保障。

（五）人身权利

妇女的人身权利包括人身自由权、生命健康权、肖像权、名誉权和人格尊严。《妇女权益保障法》《女职工劳动保护规定》和《反家庭暴力法》就女性的人身权利作出了如下规定：

第一，国家保障妇女享有与男子平等的人身权利，妇女的人身自由不受侵犯，禁止非法拘禁和以其他非法手段剥夺或者限制妇女的人身自由，禁止非法搜查妇女的身体。在劳动场所，用人单位应当预防和制止对女职工的性骚扰。

第二，妇女的生命健康权不受侵犯，禁止溺、弃、残害女婴；禁止歧视、虐待生育女婴的妇女和不育妇女；禁止用迷信、暴力手段残害妇女；禁止虐待、遗弃老年妇女；禁止拐卖、绑架妇女；禁止收买被拐卖、绑架的妇女，人民政府和有关部门必须及时采取措施解救被拐卖、绑架的妇女并做好善后工作；禁止卖淫、嫖娼，禁止组织、强迫、引诱、容留、介绍妇女卖淫或者雇用、容留妇女与他人进行猥亵活动。女性因遭受家庭暴力或者面临家庭暴力的现实危险，向人民法院申请人身安全保护令的，人民法院应当受理。

第三，妇女的肖像权受法律保护，未经本人同意，不得以营利为目的，通过广告、商标、展览橱窗、书刊、杂志等形式使用妇女肖像。

第四，妇女的名誉权和人格尊严受法律保护，禁止用侮辱、诽谤、宣扬隐私等方式损害妇女的名誉和人格。

（六）婚姻家庭权利

《妇女权益保障法》《婚姻法》和《中国妇女发展纲要（2011—2020年）》规定，国家保障妇女享有与男子平等的婚姻家庭权利。这些权益包括婚姻自主权、生育权、与男子平等的家庭财产权和子女监护权。

第一，婚姻自主权。婚姻自主权指妇女拥有结婚与离婚的自我决定权，任何组织与个人不得干涉妇女的结婚、离婚自由。女方在怀孕时期、临产后一年内或间断妊娠后6个月内，男方不得提出离婚。

第二，生育权。生育权指妇女有按照国家规定生育子女的权利，也有不生育的自由，任何组织和个人不得强迫妇女生育或不生育。

第三，家庭财产权。家庭财产权指妇女对依照法律规定的夫妻共同财产享有与其配偶平等的占有、使用、收益和处分的权利，不受双方收入状况的影响，国家保护离婚妇女的房屋所有权。在离婚案件审理中，考虑婚姻关系存续期间妇女在照顾家庭上投入的劳动、妇女离婚后的生存发展以及抚养未成年子女的需要，实现公平补偿。

第四，子女监护权。子女监护权指妇女对未成年子女享有平等的监护权，父亲死亡、丧失行为能力或者有其他情形不能担任未成年子女监护人的，母亲的监护权任何人不得干涉。

二、妇女合法权益的保障

《妇女权益保障法》不仅明确规定了妇女合法权益的主要内容，还从行政保护、法律保护和社会保护三个方面规定了保障妇女合法权益的具体措施。

（一）行政保护

各级行政主管部门对保障妇女合法权益负有责任，在日常工作中应积极贯彻执行国家保障妇女合法权益的法律、法规和各项政策，切实保障妇女的合法权益的实现。妇女合法权益受到侵害时，被害人有权要求有关主管部门处理，以维护自身的合法权益。

根据《妇女权益保障法》规定，有下列侵害妇女合法权益情形之一的，由其所在单位或者上级机关责令改正，并可根据具体情况，对直接责任人员给予行政处分：

第一，对有关侵害妇女权益的申诉、控告、检举，推诿、拖延、压制不予查处的。

第二，依照法律、法规规定，应当录用而拒绝录用妇女或者对妇女提高录用条件的。

第三，在分配住房和晋职、晋级、评定专业技术职务等方面，违反男女平等原则，侵害妇女合法权益的。

第四，以结婚、怀孕、产假、哺乳等为由辞退女职工的。

第五，划分责任田、口粮田等，以及批准宅基地，违反男女平等原则，侵害妇女合法权益的。

第六，在入学、升学、毕业分配、授予学位、派出留学等方面，违反男女平等原则，侵害妇女合法权益的。

（二）法律保护

完善立法、强化执法是保障妇女合法权益最重要的手段，在自身合法权益受到侵害时，妇女除了可以要求有关主管部门处理外，还可以依法向人民法院提起诉讼，用法律手段维护自身的合法权益。为更好地发挥法律对妇女合法权益的保障作用，《中国妇女发展纲要（2001—2010年）》和《中国妇女发展纲要（2011—2020年）》提出以下措施。

1. 立法保护

在国家立法中要充分体现社会性别意识，从下列两个方面规范影响妇女发展的社会行为：

（1）以《宪法》和《妇女权益保障法》为依据，进一步加强和完善保护妇女合法权益的专门立法。

（2）在健全和完善相关法律法规的过程中关注妇女问题，保障妇女在政治、经济、文化、社会和家庭生活等方面享有与男子平等的权利。

2. 司法和执法保护

强化司法保护和法律监督，从下列三个方面加大执法力度：

（1）有效预防、严厉打击各种侵害妇女人身权利和财产权利的违法犯罪行为，降低强奸、拐卖等侵害妇女人身权利的刑事案件的发案率，提高结案率。预防和制止针对妇女的家庭暴力，严厉打击嫖娼卖淫活动，扫除黄、赌、毒等社会丑恶现象。

（2）建立和完善妇联特邀陪审员制度，切实贯彻男女平等、保护妇女合法权益的原则，保障涉及妇女的案件在审判过程中的公正。

（3）为经济困难或因其他特殊情况需要救助的妇女提供司法救助，实行诉讼费的缓交、减交或免交。建立完善刑事被害人救助制度，对因受犯罪侵害而陷入生活困境的妇女实行国家救助，保障受害妇女的基本生活。

3. 法律知识的宣传教育

把宣传保护妇女权益的法律法规纳入国家法制宣传教育规划，从以下三个方面作出了规定：

（1）把普法宣传和教育纳入精神文明建设规划，提高全社会维护妇女合法权益的法律意识和法律素质，提高维护妇女权益法律法规知识的普及率。

（2）提高妇女的法律意识，增强妇女维护自身权利的能力。

（3）加大普法力度，将保障妇女权益法律知识的宣传教育纳入全民普法规划，推动城乡社区普法工作深入开展。面向广大妇女多渠道、多形式地开展专项普法活动。

4. 法律服务和法律援助

建立法律援助体系，为受害妇女提供以下多种形式的法律服务和社会救助：

（1）健全信访接待制度，开展法律咨询和服务，及时处理受害妇女的投诉。

（2）采取多种形式，向遭受暴力侵害和需要帮助的妇女提供法律、医疗、精神康复等方面的帮助和服务。

（3）法律援助机构应当依法为家庭暴力受害人提供法律援助。人民法院应当依法对家庭暴力受害人缓收、减收或者免收诉讼费用。

（三）社会保护

妇联、工会、共青团在各自的职责范围内对维护妇女的合法权益负有责任，《妇女权益保障法》规定妇女的合法权益受到侵害时，被侵害人可以向妇女组织、工会组织和共青团组织投诉，这些组织在接到投诉后应当要求有关部门或者单位查处，依法保护被侵害妇女的合法权益。

本章练习

1. 老年人合法权益的内容有哪些？
2. 未成年人合法权益的内容有哪些？
3. 未成年人合法权益的保障方法有哪些？
4. 残疾人合法权益的内容有哪些？
5. 残疾人合法权益的保障方法有哪些？
6. 妇女合法权益的内容有哪些？
7. 妇女合法权益的保障方法有哪些？

第四章　优抚安置政策法规

学习目标

通过本章的学习，你应该能够：

1. 掌握《烈士褒扬条例》和《军人抚恤优待条例》中关于烈士评定标准，对烈属、现役军人家属、现役军人给予抚恤和优待的相关内容和标准；

2. 掌握退伍士兵安置的相关政策及规定；

3. 学习运用优抚安置的相关政策法规开展社会工作。

第一节　烈士褒扬政策法规

烈士褒扬是对在保卫祖国和社会主义建设事业中牺牲的公民所进行的纪念活动的总称，泛指为人类正义事业死难的人进行的各种形式的纪念活动。旨在通过烈士褒扬教育、鼓舞和激励社会全体成员发扬献身精神。

为了规范烈士褒扬工作，2011 年 7 月 20 日国务院常务会议通过并公布了《烈士褒扬条例》，之后又先后颁布了《烈士纪念设施保护管理办法》（2013 年）、《烈士安葬办法》（2013 年）、《烈士公祭办法》（2014 年）等相关政策法规。

一、烈士的评定

（一）烈士评定的标准

《烈士褒扬条例》明确规定，公民牺牲符合下列情形之一的，评定为烈士：

（1）在依法查处违法犯罪行为、执行国家安全工作任务、执行反恐怖任务和处置突发事件中牺牲的；

（2）抢险救灾或者其他为了抢救、保护国家财产、集体财产、公民生命财产牺牲的；

（3）在执行外交任务或者国家派遣的对外援助、维持国际和平任务中牺牲的；

（4）在执行武器装备科研试验任务中牺牲的；

（5）其他牺牲情节特别突出，堪为楷模的。

现役军人牺牲，预备役人员、民兵、民工以及其他人员因参战、参加军事演习和军事训练、执行军事勤务牺牲应当评定烈士的，依照《军人抚恤优待条例》的有关规定评定。

（二）烈士评定的机关

在保卫祖国和社会主义建设事业中牺牲的公民，符合《烈士褒扬条例》关于烈士认定相关情形的，可申报烈士。

申报烈士的，由死者生前所在工作单位、死者遗属或者事件发生地的组织、公民向死者生前工作单位所在地、死者遗属户口所在地或者事件发生地的县级人民政府民政部门提供有关死者牺牲情节的材料，由收到材料的县级人民政府民政部门调查核实后提出评定烈士的报告，报本级人民政府审核。

（1）由县级人民政府提出评定烈士的报告并逐级上报至省、自治区、直辖市人民政府审查评定。评定为烈士的，由省、自治区、直辖市人民政府送国务院民政部门备案的情形包括：

①在依法查处违法犯罪行为、执行国家安全工作任务、执行反恐怖任务和处置突发事件中牺牲的；

②抢险救灾或者其他为了抢救、保护国家财产、集体财产、公民生命财产牺牲的。

（2）由国务院有关部门提出评定烈士的报告，送国务院民政部门审查评定的情形有：

①在执行外交任务或者国家派遣的对外援助、维持国际和平任务中牺牲的；

②在执行武器装备科研试验任务中牺牲的。

（3）由县级人民政府提出评定烈士的报告并逐级上报至省、自治区、直辖市人民政府，由省、自治区、直辖市人民政府审查后送国务院民政部门审查评定的情形：

其他牺牲情节特别突出，堪为楷模的。

（三）烈士证书的发放

1. 发证机关

由烈士评定或者批准机关填发《中华人民共和国烈士通知书》，寄发到烈士遗属户口所在地的县、市、市辖区人民政府，然后由烈士遗属户口所在地的县、市、市辖区人民政府填写《中华人民共和国烈士证明书》并向烈士遗属发放。

2. 发放办法

持证人由烈士遗属协商确定。协商无法确定的情况下，发放顺序为：父母（抚养人）、配偶、子女、兄弟姐妹。

二、烈属抚恤和优待

（一）烈属抚恤

1. 烈士褒扬金

国家建立烈士褒扬金制度。烈士褒扬金标准为烈士牺牲时上一年度全国城镇居民人均可支配收入的30倍。战时，参战牺牲的烈士褒扬金标准可以适当提高。

烈士褒扬金由颁发烈士证书的县级人民政府民政部门发给烈士的父母或者抚养人、配偶、子女；没有父母或者抚养人、配偶、子女的，发给烈士未满18周岁的兄弟姐妹和已满18周岁但无生活来源且由烈士生前供养的兄弟姐妹。

2. 一次性抚恤金

烈士遗属除享受烈士褒扬金外，属于《军人抚恤优待条例》以及相关规定适用范围的，还享受因公牺牲一次性抚恤金；属于《工伤保险条例》以及相关规定适用范围的，还享受一次性工亡补助金以及相当于烈士本人40个月工资的烈士遗属特别补助金。

不属于上述两项条例规定范围的烈士遗属，由县级人民政府民政部门发给一次性抚恤金，标准为烈士牺牲时上一年度全国城镇居民人均可支配收入的20倍加40个月的中国人民解放军排职少尉军官工资。

3. 定期抚恤金

符合下列条件之一的烈士遗属，享受定期抚恤金：

（1）烈士的父母或者抚养人、配偶无劳动能力、无生活来源，或者收入水平低于当地居民的平均生活水平的；

（2）烈士的子女未满18周岁，或者已满18周岁但因残疾或者正在上学而无生活来源的；

（3）由烈士生前供养的兄弟姐妹未满18周岁，或者已满18周岁但因正在上学而无生活来源的。

符合以上规定条件享受定期抚恤金的烈士遗属，由其户口所在地的县级人民政府民政部门发给定期抚恤金领取证，凭证领取定期抚恤金。烈士遗属享受定期抚恤金后仍达不到当地居民的平均生活水平的，由县级人民政府予以补助。

烈士遗属不再符合享受定期抚恤金条件的，应当注销其定期抚恤金领取证，停发定期抚恤金。

享受定期抚恤金的烈士遗属死亡的，增发6个月其原享受的定期抚恤金作为丧葬补助费，同时注销其定期抚恤金领取证，停发定期抚恤金。

烈士生前的配偶再婚后继续赡养烈士父母，继续抚养烈士未满18周岁或者已满18周岁但无劳动能力、无生活来源且由烈士生前供养的兄弟姐妹的，由其户口所在地的县级人民政府民政部门参照烈士遗属定期抚恤金的标准给予补助。

（二）烈属优待

1. 医疗优待

烈士遗属享受相应的医疗优惠待遇，具体办法由省、自治区、直辖市人民政府规定。

2. 入伍优待

烈士的子女、兄弟姐妹本人自愿，且符合征兵条件的，在同等条件下优先批准其服现役。烈士的子女符合公务员考录条件的，在同等条件下优先录用为公务员。

3. 教育优待

烈士子女接受学前教育和义务教育的，应当按照国家有关规定予以优待，在公办幼儿园接受学前教育的，免交保教费；烈士子女报考普通高中、中等职业学校、高等学校研究生的，在同等条件下优先录取；报考高等学校本、专科的，可以按照国家有关规定降低分数要求投档；在公办学校就读的，免交学费、杂费，并享受国家规定的各项助学政策。

4. 就业优待

烈士遗属符合就业条件的，由当地人民政府人力资源社会保障部门优先提供就业服务。烈士遗属已经就业，用人单位经济性裁员时，应当优先留用。烈士遗属从事个体经营的，工商、税务等部门应当优先办理证照，烈士遗属在经营期间享受国家和当地人民政府规定的优惠政策。

5. 住房优待

符合住房保障条件的烈士遗属承租廉租住房、购买经济适用住房的，县级以上地方人民政府有关部门应当给予优先、优惠照顾。家住农村的烈士遗属住房有困难的，由当地人民政府帮助解决。

6. 供养优待

男年满60周岁、女年满55周岁的孤老烈士遗属本人自愿的，可以在光荣院、敬老院集中供养。各类社会福利机构应当优先接收烈士遗属。

烈士遗属因犯罪被判处有期徒刑、剥夺政治权利或者被司法机关通缉期间，中止其享受的抚恤和优待；被判处死刑、无期徒刑的，取消其烈士遗属抚恤和优待资格。

三、烈士纪念设施的保护和管理

（一）管理体制

烈士纪念设施是指在中华人民共和国境内为纪念烈士专门修建的烈士陵园、纪念堂馆、纪念碑亭、纪念塔祠、纪念塑像、烈士骨灰堂、烈士墓等设施。我国根据烈士纪念设施的纪念意义和建设规模，对烈士纪念设施实行分级保护管理。国家级烈士纪念设施，由国务院民政部门报国务院批准后公布。地方各级烈士纪念设施，由县级以上地方人民政府民政部门报本级人民政府批准后公布，并报上一级人民政府民政部门备案。未列入等级的零散烈士纪念设施，由所在地县级人民政府民政部门保护管理或者委托有关单位、组织、个人进行保护管理。

（二）管理措施

（1）烈士纪念设施应当免费向社会开放。烈士纪念设施保护单位应当办理烈士纪念设施土地使用权属文件，健全管理工作规范，维护纪念烈士活动的秩序，提高管理和服务水平。

（2）各级人民政府应当组织收集、整理烈士史料，编纂烈士英名录。烈士纪念设施保护单位应当搜集、整理、保管、陈列烈士遗物和事迹史料。属于文物的，依照有关法律、法规的规定予以保护。

（3）未经批准，不得新建、改建、扩建或者迁移烈士纪念设施。改建、扩建烈士纪念设施，应当经原批准等级的人民政府民政部门同意，并纳入建设项目管理。因重大建设工程确需迁移地方各级烈士纪念设施的，必须经原批准等级的人民政府同意，并报上一级人民政府的正殿部门备案。迁移国家级烈士纪念设施的，应当由所在地省级人民政府报国务院批准。

(4) 任何单位或者个人不得在烈士纪念设施保护范围内为烈士以外的其他人修建纪念设施或者安放骨灰、埋葬遗体。在烈士纪念设施保护范围内不得从事与纪念烈士无关的活动。禁止以任何方式破坏、污损烈士纪念设施。

(5) 烈士陵园所在地人民政府民政部门对前来烈士陵园祭扫的烈士遗属，应当做好接待服务工作；对自行前来祭扫经济上确有困难的，给予适当补助。烈士遗属户口所在地人民政府民政部门组织烈士遗属前往烈士陵园祭扫的，应当妥善安排，确保安全。

第二节 军人抚恤优待政策法规

一、抚恤优待对象

依据《军人抚恤优待条例》规定，中国人民解放军现役军人、服现役或者退出现役的残疾军人以及复员军人、退伍军人、烈士遗属、因公牺牲军人遗属、病故军人遗属、现役军人家属，是该条例规定的抚恤优待对象，依照《军人抚恤优待条例》规定享受抚恤优待。

(1) 中国人民解放军现役军人：在中国人民解放军服现役的军官、文职干部、士官和义务兵。

(2) 残疾军人：现役军人（限义务兵和初级士官）因战、因公、因病，医疗终结后符合评残条件并经法定程序取得《中华人民共和国残疾军人证》的人员。

(3) 复员军人：在 1954 年 10 月 31 日之前入伍，后经批准从部队复员的人员。包括在乡退伍红军老战士、在乡西路军红军老战士、红军失散人员、其他复员军人。

(4) 退伍军人：在 1954 年 11 月 1 日开始试行义务兵役制后参加中国人民解放军、持有退伍或复员军人证件的人员。其中包括在服役期间患病，尚未达到评残等级条件但有医院证明，从部队退伍的带病回乡的退伍军人。

(5) 烈士遗属：现役军人死亡后，经相应的军队政治机关评定为烈士的烈士家属。即烈士的父母（抚养人）、配偶、子女、兄弟姐妹。

(6) 因公牺牲军人遗属：现役军人死亡后，经相应的军队政治机关确认为因公牺牲军人的军人家属。即因公牺牲军人的父母（抚养人）、配偶、子女、兄弟姐妹。

(7) 病故军人遗属：现役军人死亡后，经相应的军队政治机关确认为病故军人的军人家属。即病故军人的父母（抚养人）、配偶、子女、兄弟姐妹。

(8) 现役军人家属：中国人民解放军现役军人的父母（抚养人）、配偶、子女、兄弟姐妹。

此外，《军人抚恤优待条例》规定，本条例适用于中国人民武装警察部队；军队离休、退休干部和退休士官的抚恤优待，依照本条例有关现役军人抚恤优待的规定执行；因参战伤亡的民兵、民工的抚恤，因参加军事演习、军事训练和执行军事勤务伤亡的预备役人员、民兵、民工以及其他人员的抚恤，参照本条例的有关规定办理。

二、抚恤

抚恤是指国家对因公伤残人员、因公死亡以及病故人员家属所采取的一种物质抚慰形式。分为死亡抚恤和残疾抚恤。

（一）死亡抚恤

现役军人死亡被批准为烈士、被确认为因公牺牲或者病故的，其遗属依照《军人抚恤优待条例》的规定享受死亡抚恤。

1. 现役军人死亡性质的认定

（1）烈士。现役军人死亡，符合下列情形之一的，批准为烈士：对敌作战死亡，或者对敌作战负伤在医疗终结前因伤死亡的；因执行任务遭敌人或者犯罪分子杀害，或者被俘、被捕后不屈遭敌人杀害或者被折磨致死的；为抢救和保护国家财产、人民生命财产或者执行反恐怖任务和处置突发事件死亡的；因执行军事演习、战备航行飞行、空降和导弹发射训练、试航试飞任务以及参加武器装备科研试验死亡的；在执行外交任务或者国家派遣的对外援助、维持国际和平任务中牺牲的；其他死难情节特别突出，堪为楷模的。

现役军人在执行对敌作战、边海防执勤或者抢险救灾任务中失踪，经法定程序宣告死亡的，按照烈士对待。

批准烈士，属于因战死亡的，由军队团级以上单位政治机关批准；属于非因战死亡的，由军队军级以上单位政治机关批准；属于其他死难情节特别突出，堪为楷模的，由中国人民解放军总政治部批准。

（2）因公牺牲。现役军人死亡，符合下列情形之一的，确认为因公牺牲：在执行任务中或者在上下班途中，由于意外事件死亡的；被认定为因战、因公致残后因旧伤复发死亡的；因患职业病死亡的；在执行任务中或者在工作岗位上因病猝然死亡，或者因医疗事故死亡的；其他因公死亡的。

现役军人在执行对敌作战、边海防执勤或者抢险救灾以外的其他任务中失踪，经法定程序宣告死亡的，按照因公牺牲对待。

现役军人因公牺牲，由军队团级以上单位政治机关确认；属于其他因公死亡的，由军队军级以上单位政治机关确认。

（3）病故。现役军人除因患职业病死亡的，在执行任务中或者在工作岗位上因病猝然死亡，或者因医疗事故死亡的以外，因其他疾病死亡的，确认为病故。

现役军人非执行任务死亡或者失踪，经法定程序宣告死亡的，按照病故对待。

现役军人病故，由军队团级以上单位政治机关确认。

2. 死亡抚恤待遇

（1）烈士褒扬金。依照《军人抚恤优待条例》的规定，现役军人死亡被批准为烈士的，依照《烈士褒扬条例》发给烈士遗属烈士褒扬金。

（2）一次性抚恤金。烈士和因公牺牲的，为上一年度全国城镇居民人均可支配收入的

20倍加本人40个月的工资；病故的，为上一年度全国城镇居民人均可支配收入的2倍加本人40个月的工资。月工资或者津贴低于排职少尉军官工资标准的，按照排职少尉军官工资标准计算。

获得荣誉称号或者立功的烈士、因公牺牲军人、病故军人，其遗属在应当享受的一次性抚恤金的基础上，由县级人民政府民政部门按照下列比例增发一次性抚恤金：获得中央军事委员会授予荣誉称号的，增发35%；获得军队军区级单位授予荣誉称号的，增发30%；立一等功的，增发25%；立二等功的，增发15%；立三等功的，增发5%。多次获得荣誉称号或者立功的烈士、因公牺牲军人、病故军人，其遗属由县级人民政府民政部门按照其中最高等级奖励的增发比例，增发一次性抚恤金。

一次性抚恤金发给烈士、因公牺牲军人、病故军人的父母（抚养人）、配偶、子女；没有父母（抚养人）、配偶、子女的，发给未满18周岁的兄弟姐妹和已满18周岁但无生活费来源且由该军人生前供养的兄弟姐妹。

（3）定期抚恤金。对符合下列条件之一的烈士遗属、因公牺牲军人遗属、病故军人遗属，发给定期抚恤金：父母（抚养人）、配偶无劳动能力、无生活费来源，或者收入水平低于当地居民平均生活水平的；子女未满18周岁或者已满18周岁但因上学或者残疾无生活费来源的；兄弟姐妹未满18周岁或者已满18周岁但因上学无生活费来源且由该军人生前供养的。

对符合享受定期抚恤金条件的遗属，由县级人民政府民政部门发给定期抚恤金领取证。县级以上地方人民政府对依靠定期抚恤金生活仍有困难的烈士遗属、因公牺牲军人遗属、病故军人遗属，可以增发抚恤金或者采取其他方式予以补助，保障其生活不低于当地的平均生活水平。

享受定期抚恤金的烈士遗属、因公牺牲军人遗属、病故军人遗属死亡的，增发6个月其原享受的定期抚恤金，作为丧葬补助费，同时注销其领取定期抚恤金的证件。

（二）残疾抚恤

1. 残疾抚恤的对象

现役军人残疾被认定为因战致残、因公致残或者因病致残的，依照《军人抚恤优待条例》的规定享受抚恤。

残疾的等级，根据劳动功能障碍程度和生活自理障碍程度确定，由重到轻分为一级至十级。因战、因公致残，残疾等级被评定为一级至十级的，享受抚恤；因病致残，残疾等级被评定为一级至六级的，享受抚恤。

2. 残疾抚恤的标准和待遇

（1）残疾抚恤金。退出现役的残疾军人，按照残疾等级享受残疾抚恤金。残疾抚恤金由县级人民政府民政部门发给。因工作需要继续服现役的残疾军人，经军队军级以上单位批准，由所在部队按照规定发给残疾抚恤金。县级以上地方人民政府对依靠残疾抚恤金生活仍有困难的残疾军人，可以增发残疾抚恤金或者采取其他方式予以补助，保障其生活不低于当地的平均生活水平。

（2）退出现役的一级至四级残疾军人，由国家供养终身；其中，对需要长年医疗或者独身一人不便分散安置的，经省级人民政府民政部门批准，可以集中供养。对分散安置的一级至四级残疾军人发给护理费，护理费的标准为：因战、因公一级和二级残疾的，为当地职工月平均工资的50%；因战、因公三级和四级残疾的，为当地职工月平均工资的40%；因病一级至四级残疾的，为当地职工月平均工资的30%。退出现役的残疾军人的护理费，由县级以上地方人民政府民政部门发给；未退出现役的残疾军人的护理费，经军队军级以上单位批准，由所在部队发给。

（3）残疾军人需要配制假肢、代步三轮车等辅助器械，正在服现役的，由军队军级以上单位负责解决；退出现役的，由省级人民政府民政部门负责解决。

（4）退出现役的因战、因公致残的残疾军人因旧伤复发死亡的，由县级人民政府民政部门按照因公牺牲军人的抚恤金标准发给其遗属一次性抚恤金，其遗属享受因公牺牲军人遗属抚恤待遇。退出现役的因战、因公、因病致残的残疾军人因病死亡的，对其遗属增发12个月的残疾抚恤金，作为丧葬补助费；其中，因战、因公致残的一级至四级残疾军人因病死亡的，其遗属享受病故军人遗属抚恤待遇。

三、优待

优待是指按照国家规定对优抚对象从政治上、经济上给予高于普通社会成员的优先、优惠待遇。

（一）烈士遗属享有的优待

依照《烈士褒扬条例》的规定享受优待。

（二）义务兵和初级士官享有的优待

（1）义务兵服现役期间，其家庭由当地人民政府发给优待金或者给予其他优待，优待标准不低于当地平均生活水平。

（2）义务兵和初级士官入伍前是国家机关、社会团体、企业事业单位职工（含合同制人员）的，退出现役后，允许复工复职，并享受不低于本单位同岗位（工种）、同工龄职工的各项待遇；服现役期间，其家属继续享受该单位职工家属的有关福利待遇。

（3）义务兵和初级士官入伍前的承包地（山、林）等，应当保留；服现役期间，除依照国家有关规定和承包合同的约定缴纳有关税费外，免除其他负担。

（4）义务兵从部队发出的平信，免费邮递。

（三）医疗优待

（1）国家对一级至六级残疾军人的医疗费用按照规定予以保障，由所在医疗保险统筹地区社会保险经办机构单独列账管理。具体办法由国务院民政部门会同国务院人力资源社会保障部门、财政部门规定。

（2）七级至十级残疾军人旧伤复发的医疗费用，已经参加工伤保险的，由工伤保险基金支付，未参加工伤保险，有工作的由工作单位解决，没有工作的由当地县级以上地方人民政府负责解决；七级至十级残疾军人旧伤复发以外的医疗费用，未参加医疗保险且本人支付有困难的，由当地县级以上地方人民政府酌情给予补助。

（3）残疾军人、复员军人、带病回乡退伍军人以及因公牺牲军人遗属、病故军人遗属享受医疗优惠待遇。具体办法由省、自治区、直辖市人民政府规定。

中央财政对抚恤优待对象人数较多的困难地区给予适当补助，用于帮助解决抚恤优待对象的医疗费用困难问题。

（四）劳动关系优待

在国家机关、社会团体、企业事业单位工作的残疾军人，享受与所在单位工伤人员同等的生活福利和医疗待遇。所在单位不得因其残疾将其辞退、解聘或者解除劳动关系。

（五）交通优待

现役军人凭有效证件、残疾军人凭《中华人民共和国残疾军人证》优先购票乘坐境内运行的火车、轮船、长途公共汽车以及民航班机；残疾军人享受减收正常票价50%的优待。

现役军人凭有效证件乘坐市内公共汽车、电车和轨道交通工具享受优待，具体办法由有关城市人民政府规定。残疾军人凭《中华人民共和国残疾军人证》免费乘坐市内公共汽车、电车和轨道交通工具。

（六）参观游览优待

现役军人、残疾军人凭有效证件参观游览公园、博物馆、名胜古迹享受优待，具体办法由公园、博物馆、名胜古迹管理单位所在地的县级以上地方人民政府规定。

（七）入伍、入学、入职优待

（1）因公牺牲军人、病故军人的子女、兄弟姐妹，本人自愿应征并且符合征兵条件的，优先批准服现役。

（2）义务兵和初级士官退出现役后，报考国家公务员、高等学校和中等职业学校，在与其他考生同等条件下优先录取。

（3）残疾军人、因公牺牲军人子女、一级至四级残疾军人的子女，驻边疆国境的县（市）、沙漠区、国家确定的边远地区中的三类地区和军队确定的特、一、二类岛屿部队现役军人的子女报考普通高中、中等职业学校、高等学校，在录取时按照国家有关规定给予优待；接受学历教育的，在同等条件下优先享受国家规定的各项助学政策。现役军人子女的入学、入托，在同等条件下优先接收。

（八）住房优待

残疾军人、复员军人、带病回乡退伍军人、因公牺牲军人遗属、病故军人遗属承租、购买住房依照有关规定享受优先、优惠待遇。居住农村的抚恤优待对象住房有困难的，由地方人民政府帮助解决。具体办法由省、自治区、直辖市人民政府规定。

（九）家属安置优待

（1）经军队师（旅）级以上单位政治机关批准随军的现役军官家属、文职干部家属、士官家属，由驻军所在地的公安机关办理落户手续。随军前是国家机关、社会团体、企业事业单位职工的，驻军所在地人民政府人力资源社会保障部门应当接收和妥善安置；随军前没有工作单位的，驻军所在地人民政府应当根据本人的实际情况作出相应安置；对自谋职业的，按照国家有关规定减免有关费用。

（2）驻边疆国境的县（市）、沙漠区、国家确定的边远地区中的三类地区和军队确定的特、一、二类岛屿部队的现役军官、文职干部、士官，其符合随军条件无法随军的家属，所在地人民政府应当妥善安置，保障其生活不低于当地的平均生活水平。

（3）随军的烈士遗属、因公牺牲军人遗属和病故军人遗属移交地方人民政府安置的，享受《军人抚恤优先条例》及当地人民政府规定的抚恤优待。

（十）复员军人生活补助

复员军人生活困难的，按照规定的条件，由当地人民政府民政部门给予定期定量补助，逐步改善其生活条件。

（十一）照养优待

国家兴办优抚医院、光荣院，治疗或者集中供养孤老和生活不能自理的抚恤优待对象。各类社会福利机构应当优先接收抚恤优待对象。

第三节　退役士兵安置政策法规

一、退役士兵的移交和接收

退役士兵所在部队应当依照《退役士兵安置条例》（2001 年）的规定，将退役士兵移交安置地县级以上人民政府退役士兵安置工作主管部门。安置地县级以上人民政府退役士兵安置工作主管部门负责接收退役士兵。

（一）安置原则

1. 回原地安置

退役士兵安置地为退役士兵入伍时的户口所在地。但是，入伍时是普通高等学校在校学生的退役士兵，退出现役后不复学的，其安置地为入学前的户口所在地。

2. 易地安置

退役士兵有下列情形之一的，可以易地安置：

（1）服现役期间父母户口所在地变更的，可以在父母现户口所在地安置；

（2）符合军队有关现役士兵结婚规定且结婚满 2 年的，可以在配偶或者配偶父母户口所在地安置；

（3）因其他特殊情况，由部队师（旅）级单位出具证明，经省级以上人民政府退役士兵安置工作主管部门批准易地安置的。

易地安置的退役士兵享受与安置地退役士兵同等安置待遇。

3. 照顾安置

退役士兵有下列情形之一的，根据本人申请，可以由省级以上人民政府退役士兵安置工作主管部门按照有利于退役士兵生活的原则确定其安置地：

（1）因战致残的；

（2）服现役期间平时荣获二等功以上奖励或者战时荣获三等功以上奖励的；

（3）是烈士子女的；

（4）父母双亡的。

（二）报到

（1）自主就业的退役士兵应当自被批准退出现役之日起 30 日内，持退出现役证件、介绍信到安置地县级人民政府退役士兵安置工作主管部门报到。

（2）安排工作的退役士兵应当在规定的时间内，持接收安置通知书、退出现役证件和介绍信到规定的安置地人民政府退役士兵安置工作主管部门报到。

（3）退休、供养的退役士兵应当到规定的安置地人民政府退役士兵安置工作主管部门报到。

（4）退役士兵无正当理由不按照规定时间报到超过 30 天的，视为放弃安置待遇。

（三）移交、落户

（1）退役士兵所在部队应当按照国家档案管理的有关规定，在士兵退役时将其档案及时移交安置地县级以上人民政府退役士兵安置工作主管部门。自主就业和安排工作的退役士兵的档案，由安置地退役士兵安置工作主管部门按照国家档案管理有关规定办理。退休、供养的退役士兵的档案，由安置地退役士兵安置工作主管部门移交服务管理单位。

（2）退役士兵安置工作主管部门应当于退役士兵报到时为其开具落户介绍信。公安机关凭退役士兵安置工作主管部门开具的落户介绍信，为退役士兵办理户口登记。

二、安置方式

依据《退役士兵安置条例》规定，国家建立以扶持就业为主，自主就业、安排工作、退休与供养等多种方式相结合的退役士兵安置制度，妥善安置退役士兵。

（一）自主就业

义务兵和服现役不满 12 年的士官退出现役的，由人民政府扶持自主就业。

1. 一次性退役金

对自主就业的退役士兵，由部队发给一次性退役金，一次性退役金由中央财政专项安排；地方人民政府可以根据当地实际情况给予经济补助，经济补助标准及发放办法由省、自治区、直辖市人民政府规定。一次性退役金和一次性经济补助按照国家规定免征个人所得税。自主就业的退役士兵根据服现役年限领取一次性退役金，服现役年限不满 6 个月的按照 6 个月计算，超过 6 个月不满 1 年的按照 1 年计算。

2. 职业教育和技能培训

县级以上地方人民政府退役士兵安置工作主管部门组织自主就业的退役士兵参加职业教育和技能培训，经考试考核合格的，发给相应的学历证书、职业资格证书并推荐就业。退役士兵退役 1 年内参加职业教育和技能培训的，费用由县级以上人民政府承担；退役士兵退役 1 年以上参加职业教育和技能培训的，按照国家相关政策执行。自主就业退役士兵的职业教育和技能培训经费列入县级以上人民政府财政预算。

3. 就业指导和就业服务

各级人民政府举办的公共就业人才服务机构，应当免费为退役士兵提供档案管理、职业介绍和职业指导服务。国家鼓励其他人力资源服务机构为自主就业的退役士兵提供免费服务。

4. 税收优惠

对从事个体经营的退役士兵，按照国家规定给予税收优惠和小额担保贷款扶持，从事微利项目的给予财政贴息。除国家限制行业外，自其在工商行政管理部门首次注册登记之日起 3 年内，免收管理类、登记类和证照类的行政事业性收费。国家鼓励用人单位招收录用或者聘用自主就业的退役士兵，用人单位招收录用或者聘用自主就业退役士兵符合规定条件的，依法享受税收等优惠。

5. 复工复学

自主就业的退役士兵入伍前是国家机关、社会团体、企业事业单位工作人员或者职工的，退出现役后可以选择复职复工，其工资、福利和其他待遇不得低于本单位同等条件人员的平均水平。入伍前已被普通高等学校录取并保留入学资格或者正在普通高等学校就学的退役士兵，退出现役后 2 年内允许入学或者复学，并按照国家有关规定享受奖学金、助学金和减免学费等优待，家庭经济困难的，按照国家有关规定给予资助；入学后或者复学期间可以免修公共体育、军事技能和军事理论等课程，直接获得学分；入学或者复学后参加国防生选拔、参加国家组织的农村基层服务项目人选选拔，以及毕业后参加军官人选选拔的，优先录取。

6. 土地承包

自主就业的退役士兵入伍前通过家庭承包方式承包的农村土地，承包期内不得违法收回或者强制流转；通过招标、拍卖、公开协商等非家庭承包方式承包的农村土地，承包期内其家庭成员可以继续承包；承包的农村土地被依法征收、征用或者占用的，与其他农村集体经济组织成员享有同等权利。

自主就业的退役士兵回入伍时户口所在地落户，属于农村集体经济组织成员但没有承包农村土地的，可以申请承包农村土地，村民委员会或者村民小组应当优先解决。

7. 提供就业学习优待

有劳动能力的残疾退役士兵，优先享受国家规定的残疾人就业优惠政策。退役士兵免试进入中等职业学校学习，报考普通高等学校以及接受成人教育的，享受加分等优惠政策。

自主就业退役士兵通过竞争机制实现就业，被行政机关或财政补助的事业单位录用后，不需要退回已经领取的一次性退役金和一次性经济补助。

（二）安排工作

1. 安置条件

（1）退役士兵符合下列条件之一的，由人民政府安排工作：士官服现役满 12 年的；服现役期间平时荣获二等功以上奖励或者战时荣获三等功以上奖励的；因战致残被评定为 5 级至 8 级残疾等级的；是烈士子女的。

（2）符合以上条件的退役士兵在艰苦地区和特殊岗位服现役的，优先安排工作；因精神障碍基本丧失工作能力的，予以妥善安置。

（3）符合安排工作条件的退役士兵，退役时自愿选择自主就业的，依照自主就业相关规定办理。

2. 安置主管部门工作要求

（1）安置地县级以上地方人民政府应当按照属地管理的原则，对符合安排工作条件的退役士兵进行安置，保障其第一次就业。

（2）应当在接收退役士兵的 6 个月内，完成本年度安排退役士兵工作的任务。

（3）退役士兵待安排工作期间，安置地人民政府应当按照不低于当地最低生活水平的标准，按月发给生活补助费。

3. 用人单位工作要求

（1）国家机关、事业单位、国有以及国有控股和国有资本占主导地位的企业招收录用或者聘用人员的，应当在同等条件下优先招收录用或者聘用退役士兵。

（2）承担安排退役士兵工作任务的单位应当按时完成所在地人民政府下达的安排退役士兵工作任务，在退役士兵安置工作主管部门开出介绍信 1 个月内安排退役士兵上岗，并与退役士兵依法签订期限不少于 3 年的劳动合同或者聘用合同。

（3）合同存续期内单位依法关闭、破产、改制的，退役士兵与所在单位其他人员一同执行国家的有关规定。接收退役士兵的单位裁减人员的，应当优先留用退役士兵。对安排工作的残疾退役士兵，所在单位不得因其残疾与其解除劳动关系或者人事关系。

（4）安排工作的因战、因公致残退役士兵，享受与所在单位工伤人员同等的生活福利和医疗待遇。

4. 其他相关规定

（1）由人民政府安排工作的退役士兵，服现役年限和符合本条例规定的待安排工作时间计算为工龄，享受所在单位同等条件人员的工资、福利待遇。

（2）非因退役士兵本人原因，接收单位未按照规定安排退役士兵上岗的，应当从所在地人民政府退役士兵安置工作主管部门开出介绍信的当月起，按照不低于本单位同等条件人员平均工资 80%的标准逐月发给退役士兵生活费至其上岗为止。

（3）符合安排工作条件的退役士兵无正当理由拒不服从安置地人民政府安排工作的，视为放弃安排工作待遇；在待安排工作期间被依法追究刑事责任的，取消其安排工作待遇。

（三）退休与供养

1. 退休条件

中级以上士官符合下列条件之一的，作退休安置：年满55周岁的；服现役满30年的；因战、因公致残被评定为1级至6级残疾等级的；经军队医院证明和军级以上单位卫生部门审核确认因病基本丧失工作能力的。

2. 退休待遇

退休的退役士官，其生活、住房、医疗等保障，按照国家有关规定执行。中级以上士官因战致残被评定为5级至6级残疾等级，本人自愿放弃退休安置选择由人民政府安排工作的，可以依照安排工作相关规定处理。

3. 供养条件

被评定为1级至4级残疾等级的义务兵和初级士官退出现役的，由国家供养终身。因战、因公致残被评定为1级至4级残疾等级的中级以上士官，本人自愿放弃退休安置的，可以选择由国家供养。

4. 供养待遇

国家供养的残疾退役士兵，其生活、住房、医疗等保障，按照国家有关规定执行。国家供养分为集中供养和分散供养。

分散供养的残疾退役士兵购（建）房所需经费的标准，按照安置地县（市）经济适用住房平均价格和60平方米的建筑面积确定；没有经济适用住房的地区按照普通商品住房价格确定。购（建）房所需经费由中央财政专项安排，不足部分由地方财政解决。购（建）房屋产权归分散供养的残疾退役士兵所有。分散供养的残疾退役士兵自行解决住房的，按照上述标准将购（建）房费用发给本人。

三、保险关系的接续

退役士兵服现役年限计算为工龄，与所在单位工作年限累计计算，享受国家和所在单位规定的与工龄有关的相应待遇。军队的军人保险管理部门与地方的社会保险经办机构，应当按照国家有关规定为退役士兵办理保险关系转移接续手续。对自主就业的退役士兵，凭退役士兵安置工作主管部门出具的介绍信，由社会保险经办机构按照国家有关规定办理保险关系接续手续。对安排工作的退役士兵，由接收单位按照国家有关规定办理保险关系接续手续。

（一）养老保险的接续

退役士兵到城镇企业就业或者在城镇从事个体经营、以灵活方式就业的，按照国家有关规定参加职工基本养老保险，服现役年限视同职工基本养老保险缴费年限，并与实际缴费年限合并计算。退役士兵回农村的，按照国家有关规定参加新型农村社会养老保险。

退役士兵在服现役期间建立的军人退役养老保险与其退役后参加基本养老保险的关系

接续，由军队的军人保险管理部门和安置地社会保险经办机构按照国家有关规定办理。

退役士兵服现役年限视同职工基本养老保险缴费年限的养老保险待遇计发办法，按照国家有关规定执行。

（二）医疗保险的接续

退役士兵到各类用人单位工作的，应当随所在单位参加职工基本医疗保险；以灵活方式就业或者暂未实现就业的，可以参加职工基本医疗保险、城镇居民基本医疗保险或者新型农村合作医疗。退役士兵参加基本医疗保险的，其军人退役医疗保险金，按照国家有关规定转入退役士兵安置地的社会保险经办机构。实行工龄视同参加基本医疗保险缴费年限规定的地区，退役士兵的服现役年限视同参保缴费年限。

（三）失业保险接续

退役士兵就业应当随所在单位参加失业保险，其服现役年限视同失业保险缴费年限，并与实际缴费年限合并计算。参加失业保险的退役士兵失业，并符合《失业保险条例》规定条件的，按照规定享受失业保险待遇和相应的促进再就业服务。

本章练习

1. 按照《军人抚恤优待条例》的相关规定，现役军人死亡被评定为烈士的，其遗属可以享有的抚恤主要包括哪些？
2. 《军人抚恤优待条例》中现役士兵享有的优待主要有哪些？
3. 《烈士褒扬条例》和《军人抚恤优待条例》中关于烈士的评定条件有哪些异同？
4. 《军人抚恤优待条例》中规定的死亡抚恤主要有哪几种？各自的抚恤标准是什么？
5. 我国现行的退役士兵安置办法是什么？
6. 退役士兵安置中由政府安排工作的四类法定情形是什么？

第五章　基层群众自治和社区建设政策法规

学习目标

通过本章的学习，你应该能够：

1. 掌握城市居民自治的内容；
2. 掌握农村居民自治的内容；
3. 掌握社区建设相关政策法规的主要内容；
4. 学会运用基层群众自治和社区建设政策法规开展社会工作。

第一节　城市居民自治政策法规

城市居民自治政策法规主要包括《中华人民共和国城市居民委员会组织法》（以下简称《居民委员会组织法》）以及中共中央和国务院相关政策文件。其中，《居民委员会组织法》（1990 年）和中共中央办公厅、国务院办公厅印发的《关于加强和改进城市社区居民委员会建设工作的意见》（中办发〔2010〕27 号）是最主要的城市居民自治政策法规。

一、居民委员会

（一）居民委员会的性质

居民委员会是城市社区居民自治的基本组织形式。《居民委员会组织法》规定，城市居民委员会是居民自我管理、自我教育、自我服务的基层群众性自治组织。不设区的市、市辖区的人民政府或者它的派出机关对居民委员会的工作给予指导、支持和帮助，居民委员会协助不设区的市、市辖区的人民政府或者它的派出机关开展工作。

（二）居民委员会的设置与组成

《居民委员会组织法》规定，居民委员会根据居民居住状况，按照便于居民自治的原则，一般在一百户至七百户的范围内设立。居民委员会的设立、撤销、规模调整，由不设区的市、市辖区的人民政府决定。

《居民委员会组织法》规定，居民委员会由主任、副主任和委员共五至九人组成。多民族居住地区，居民委员会中应当有人数较少的民族的成员。居民委员会根据需要设人民调解、治安保卫、公共卫生等委员会。居民委员会成员可以兼任下属的委员会的成员。居民较少的居民委员会可以不设下属的委员会，由居民委员会的成员分工负责有关工作。居民委员会可以分设若干居民小组，小组长由居民小组成员推选。

（三）居民委员会的职能

《居民委员会组织法》规定了居民委员的任务及其职能。

1. 居民委员会的基本职能

居委会的基本职能，主要包括：

（1）宣传宪法、法律、法规和国家的政策，维护居民的合法权益，教育居民依法履行应尽的义务，爱护公共财产，开展多种形式的社会主义精神文明建设活动；

（2）办理本居住地区居民的公共事务和公益事业；

（3）调解民间纠纷；

（4）协助维护社会治安；

（5）协助人民政府或者它的派出机关做好与居民利益有关的公共卫生、计划生育、优抚救济、青少年教育等多项工作；

（6）向人民政府或者它的派出机关反映居民的意见、要求和提出建议。

2. 居民委员会的其他职能

居民委员会应当开展便民利民的社区服务活动，可以兴办有关的服务事业；居民委员会管理本居民委员会的财产，任何部门和单位不得侵犯居民委员会的财产所有权；多民族居住地区的居民委员会，应当教育居民互相帮助，互相尊重，加强民族团结。

二、居民自治内容

（一）居民委员会的选举

1. 居民委员会的选举形式与任期

按照《宪法》要求，城市居民委员会主任、副主任和委员由居民民主选举产生。为了确保居民委员会的自治性质，明确这些人不是政府指派或委派的，《居民委员会组织法》第8条规定，居民委员会主任、副主任和委员，由本居住地区全体有选举权的居民或者由每户派代表选举产生；根据居民意见，也可以由每个居民小组选举代表二至三人选举产生。居民委员会每届任期三年，其成员可以连选连任。

2. 选举权与被选举权

《居民委员会组织法》规定，年满十八周岁的本居住地区居民，不分民族、种族、性别、职业、家庭出身、宗教信仰、教育程度、财产状况、居住期限，都有选举权和被选举权。但是，依照法律被剥夺政治权利的人除外。

（二）居民会议

依据《居民委员会组织法》规定，居民委员会向居民会议负责并报告工作。

1. 居民会议人员组成

居民会议可以由全体十八周岁以上的居民或者每户派代表参加，也可以由每个居民小组选举代表二至三人参加。

2. 居民会议的举行

居民会议必须有全体十八周岁以上的居民、户的代表或者居民小组选举的代表过半数出席，才能举行。会议的决定，由出席人的过半数通过。

3. 居民会议的召集和主持

居民会议由居民委员会召集和主持。有五分之一以上的十八周岁以上的居民、五分之一以上的户或者三分之一以上的居民小组提议，应当召集居民会议。

（三）居民自治内容

讨论决定涉及全体居民利益的重要问题；撤换和补选居民委员会成员；讨论制定居民公约；讨论决定居民委员会办理本居住地区公益事业所需的费用以及工作成员生活补贴费等补助。

三、居民委员会与其他组织的关系

（一）居民委员会与基层政权的关系

《居民委员会组织法》规定，不设区的市、市辖区的人民政府或者它的派出机关对居民委员会的工作给予指导、支持和帮助。居民委员会协助不设区的市、市辖区的人民政府或者它的派出机关开展工作。市、市辖区的人民政府有关部门，需要居民委员会或者它的下属委员会协助进行的工作，应当经市、市辖区的人民政府或者它的派出机关同意并统一安排。市、市辖区的人民政府的有关部门，可以对居民委员会有关的下属委员会进行业务指导。

居民委员会的设立、撤销、规模调整，由不设区的市、市辖区的人民政府决定。

（二）居民委员会与所在地单位的关系

《居民委员会组织法》规定，机关、团体、部队、企业事业单位，不参加所在地的居民委员会，但是应当支持所在地的居民委员会的工作。所在地的居民委员会讨论与这些单位有关的问题，需要他们参加会议时，他们应当派代表参加，并且遵守居民委员会的有关决定和居民公约。

上述单位的职工及家属、军人及随军家属，参加居住地区的居民委员会；其家属聚居区可以单独成立家属委员会，承担居民委员会的工作，在不设区的市、市辖区的人民政府或者它的派出机关和本单位的指导下进行工作。家属委员会的工作经费和家属委员会成员的生活补贴费、办公用房，由所属单位解决。

第二节　农村村民自治政策法规

为了保障农村村民实行自治，由村民依法办理自己的事情，发展农村基层民主，维护村民的合法权益，促进社会主义新农村建设，1998年11月4日第九届全国人民代表大会常务委员会第五次会议通过了《中华人民共和国村民委员会组织法》（以下简称《村民委员会组织法》），并于2010年10月28日第十一届全国人民代表大会常务委员会第十七次会议进行了修订，2018年12月29日进行了第二次修改。

一、村民委员会

（一）村民委员会的性质

《村民委员会组织法》规定，村民委员会是村民自我管理、自我教育、自我服务的基层群众性自治组织，实行民主选举、民主决策、民主管理、民主监督。村民委员会具有如下特征：一是基层性。村是我国农村最基层的建制单位，是村民长期生产、居住、生活的单位，跟村民关系最直接、最紧密。二是群众性。村民委员会既不是一级政权组织，也不是乡镇政府的派出机构，而是一种在农村基层设置的群众性自治组织。三是自治性。村民委员会是村民自治的执行机构和工作机构。村民组成村民会议和选举产生村民代表会议，讨论决定涉及村民利益和村民普遍关心的事项，村民委员会应向村民会议、村民代表会议负责并报告工作。

（二）村民委员会的设置与组成

《村民委员会组织法》规定，村民委员会根据村民居住状况、人口多少，按照便于群众自治，有利于经济发展和社会管理的原则设立。村民委员会的设立、撤销、范围调整，由乡、民族乡、镇的人民政府提出，经村民会议讨论同意，报县级人民政府批准。村民委员会可以根据村民居住状况、集体土地所有权关系等分设若干村民小组。

《村民委员会组织法》规定，村民委员会由主任、副主任和委员共三至七人组成。村民委员会成员中，应当有妇女成员，多民族村民居住的村应当有人数较少的民族的成员。村民委员会根据需要设人民调解、治安保卫、公共卫生与计划生育等委员会。村民委员会成员可以兼任下属委员会的成员。人口少的村的村民委员会可以不设下属委员会，由村民委员会成员分工负责人民调解、治安保卫、公共卫生与计划生育等工作。

（三）村民委员会的职能

《村民委员会组织法》规定了村民委员会的职能。

（1）支持和组织村民依法发展各种形式的合作经济和其他经济，承担本村生产的服务和协调工作，促进农村生产建设和经济发展。

（2）依照法律规定，管理本村属于村民集体所有的土地和其他财产，引导村民合理利用自然资源，保护和改善生态环境。

（3）尊重并支持集体经济组织依法独立进行经济活动的自主权，维护以家庭承包经营为基础、统分结合的双层经营体制，保障集体经济组织和村民、承包经营户、联户或者合伙的合法财产权和其他合法权益。

（4）宣传宪法、法律、法规和国家的政策，教育和推动村民履行法律规定的义务、爱护公共财产，维护村民的合法权益，发展文化教育，普及科技知识，促进男女平等，做好计划生育工作，促进村与村之间的团结、互助，开展多种形式的社会主义精神文明建设活动。

（5）支持服务性、公益性、互助性社会组织依法开展活动，推动农村社区建设。

（6）在多民族村民居住的村，教育和引导各民族村民增进团结、互相尊重、互相帮助。

（7）负责召集村民会议、村民代表会议，报告工作，讨论决定有关事项，执行村民会议、村民代表会议的决定。

（8）办理本村的公共事务和公益事业，调解民间纠纷，协助维护社会治安，向人民政府反映村民的意见、要求和提出建议。

二、民主选举

（一）选举的程序

《村民委员会组织法》规定，村民委员会主任、副主任和委员，由村民直接选举产生。任何组织或者个人不得指定、委派或者撤换村民委员会成员。

实现民主选举，要把握好四个环节：一是由村民会议、村民代表会议或各村民小组推选产生村民选举委员会，推选村民选举委员会可以由村党支部组织，村民选举委员会主持村的换届选举工作。二是依法搞好选民登记，避免出现错、漏、重复登记。三是由选民直接提名候选人或采用无候选人直接选举产生村民委员会。四是精心组织投票选举，实行差额、无记名、秘密写票，公开计票，坚持当场公布选举结果的原则，保证选民在没有任何干扰的情况下，独立行使自己的选举权。

（二）选民的条件

《村民委员会组织法》规定，年满十八周岁的村民，不分民族、种族、性别、职业、家庭出身、宗教信仰、教育程度、财产状况、居住期限，都有选举权和被选举权。但是，依照法律被剥夺政治权利的人除外。选民包括三种情形：第一，户籍在本村并且在本村居住的村民；第二，户籍在本村，不在本村居住，本人表示参加选举的村民；第三，户籍不在本村，在本村居住一年以上，本人申请参加选举，并且经村民会议或者村民代表会议同意参加选举的公民。已在户籍所在村或者居住村登记参加选举的村民，不得再参加其他地方村民委员会的选举。另外，在村民委员会选举期间，精神病患者在发病期间停止行使选举权利，待精神正常时再恢复行使选举权利。选民应当在户籍所在地的村进行登记。

（三）处理选举中的不正当手段和违法行为

依据《村民委员会组织法》规定，以暴力、威胁、欺骗、贿赂、伪造选票、虚报选举票数等不正当手段当选村民委员会成员的，当选无效。

对以暴力、威胁、欺骗、贿赂、伪造选票、虚报选举票数等不正当手段，妨害村民行使选举权、被选举权，破坏村民委员会选举的行为，村民有权向乡、民族乡、镇的人民代表大会和人民政府或者县级人民代表大会常务委员会和人民政府及其有关主管部门举报，由乡级或者县级人民政府负责调查并依法处理。

三、村民（代表）会议和民主决策

（一）村民（代表）会议

1. 村民会议的召集条件

《村民委员会组织法》规定，村民会议由本村十八周岁以上的村民组成。有十分之一以上的村民或者三分之一以上的村民代表提议，应当召集村民会议。村民会议由村民委员会召集。召集村民会议，应当提前十天通知村民。

2. 村民会议的有效性

《村民委员会组织法》规定，召开村民会议，应当有本村十八周岁以上村民的过半数，或者本村三分之二以上的户的代表参加，村民会议所作决定应当经到会人员的过半数通过。法律对召开村民会议及作出决定另有规定的，依照其规定。

（二）民主决策

1. 村民（代表）会议的职权

《村民委员会组织法》规定，村民会议审议村民委员会的年度工作报告，评议村民委员会成员的工作；有权撤销或者变更村民委员会不适当的决定；有权撤销或者变更村民代表会议不适当的决定。村民会议可以授权村民代表会议审议村民委员会的年度工作报告，评议村民委员会成员的工作，撤销或者变更村民委员会不适当的决定。

2. 村民会议决定的事项

《村民委员会组织法》规定，下列事项由村民会议讨论决定：

（1）本村享受误工补贴的人员及补贴标准；

（2）从村集体经济所得收益的使用；

（3）本村公益事业的兴办和筹资筹劳方案及建设承包方案；

（4）土地承包经营方案；

（5）村集体经济项目的立项、承包方案；

（6）宅基地的使用方案；

（7）征地补偿费的使用、分配方案；

（8）以借贷、租赁或者其他方式处分村集体财产；

（9）村民会议认为应当由村民会议讨论决定的涉及村民利益的其他事项。

四、村务公开与民主监督

（一）村务公开

1. 村务公开的内容

根据《村民委员会组织法》规定，下列事项应当公开：

（1）由村民会议、村民代表会议讨论决定的事项及其实施情况；

（2）国家计划生育政策的落实方案；

（3）政府拨付和接受社会捐赠的救灾救助、补贴补助等资金、物资的管理使用情况；

（4）村民委员会协助人民政府开展工作的情况；

（5）涉及本村村民利益，村民普遍关心的其他事项。

2. 村务公开的时间

《村民委员会组织法》规定，村务一般事项至少每季度公布一次；集体财务往来较多的，财务收支情况应当每月公布一次；涉及村民利益的重大事项应当随时公布。村民委员会应当保证所公布事项的真实性，并接受村民的查询。村民委员会不及时公布应当公布的事项或者公布的事项不真实的，村民有权向乡、民族乡、镇的人民政府或者县级人民政府及其有关主管部门反映，有关人民政府或者主管部门应当负责调查核实，责令依法公布；经查证确有违法行为的，有关人员应当依法承担责任。

（二）民主监督

1. 村民（代表）会议监督

《村民委员会组织法》规定，村民会议审议村民委员会的年度工作报告，评议村民委员会成员的工作；有权撤销或者变更村民委员会不适当的决定；有权撤销或者变更村民代表会议不适当的决定。村民会议可以授权村民代表会议审议村民委员会的年度工作报告，评议村民委员会成员的工作，撤销或者变更村民委员会不适当的决定。

2. 村务监督委员会的监督

《村民委员会组织法》规定，村应当建立村务监督委员会或者其他形式的村务监督机构，负责村民民主理财，监督村务公开等制度的落实，其成员由村民会议或者村民代表会议在村民中推选产生，其中应有具备财会、管理知识的人员。村民委员会成员及其近亲属不得担任村务监督机构成员。村务监督机构成员向村民会议和村民代表会议负责，可以列席村民委员会会议。

《村民委员会组织法》还规定，村民委员会和村务监督机构应当建立村务档案。村务档案包括：选举文件和选票，会议记录，土地发包方案和承包合同，经济合同，集体财务账目，集体资产登记文件，公益设施基本资料，基本建设资料，宅基地使用方案，征地补偿费使用及分配方案等。村务档案应当真实、准确、完整、规范。

3. 审计监督

《村民委员会组织法》规定，村民委员会成员实行任期和离任经济责任审计，审计包括下列事项：本村财务收支情况；本村债权债务情况；政府拨付和接受社会捐赠的资金、物资管理使用情况；本村生产经营和建设项目的发包管理以及公益事业建设项目招标投标情况；本村资金管理使用以及本村集体资产、资源的承包、租赁、担保、出让情况，征地补偿费的使用、分配情况；本村五分之一以上的村民要求审计的其他事项。

村民委员会成员的任期和离任经济责任审计，由县级人民政府农业部门、财政部门或者乡、民族乡、镇的人民政府负责组织，审计结果应当公布，其中离任经济责任审计结果应当在下一届村民委员会选举之前公布。

第三节 社区建设政策法规

一、城市社区建设政策法规

2000 年 11 月 19 日，中共中央办公厅、国务院办公厅转发的《民政部关于在全国推进城市社区建设的意见》中明确指出，社区建设是指在党和政府的领导下，依靠社区力量，利用社区资源，强化社区功能，解决社区问题，促进社区政治、经济、文化、环境协调和健康发展，不断提高社区成员生活水平和生活质量的过程。

（一）社区建设的含义

社区是指聚居在一定地域范围内的人们所组成的社会生活共同体。目前城市社区的范围，一般是指经过社区体制改革后作了规模调整的居民委员会辖区。社区建设是指在党和政府的领导下，依靠社区力量，利用社区资源，强化社区功能，解决社区问题，促进社区政治、经济、文化、环境协调和健康发展，不断提高社区成员生活水平和生活质量的过程。社区建设是一项新的工作，大力推进社区建设，是我国城市经济和社会发展到一定阶段的必然要求，是面向新世纪我国城市现代化建设的重要途径。

（二）社区建设的目标

（1）适应城市现代化的要求，加强社区党的组织和社区居民自治组织建设，建立起以地域性为特征、以认同感为纽带的新型社区，构建新的社区组织体系。

（2）以拓展社区服务为龙头，不断丰富社区建设的内容，增加服务的发展项目，促进社区服务网络化和产业化，努力提高居民生活质量，不断满足人民群众日益增长的物质文化需求。

（3）加强社区管理，理顺社区关系，完善社区功能，改革城市基层管理体制，建立与社会主义市场经济体制相适应的社区管理体制和运行机制。

（4）坚持政府指导和社会共同参与相结合，充分发挥社区力量，合理配置社区资源，大力发展社区事业，不断提高居民的素质和整个社区的文明程度，努力建设管理有序、服务完善、环境优美、治安良好、生活便利、人际关系和谐的新型现代化社区。

（三）社区建设的基本原则

1. 以人为本、服务居民

坚持以不断满足社区居民的社会需求，提高居民生活质量和文明程度为宗旨，把服务社区居民作为社区建设的根本出发点和归宿。

2. 资源共享、共驻共建

充分调动社区内机关、团体、部队、企业事业组织等一切力量广泛参与社区建设，最大限度地实现社区资源的共有、共享，营造共驻社区、共建社区的良好氛围。

3. 责权统一、管理有序

改革城市基层社会管理体制，建立健全社区组织，明确社区组织的职责和权利，改进社区的管理与服务，寓管理于服务之中，增强社区的凝聚力。

4. 扩大民主、居民自治

坚持按地域性、认同感等社区构成要素科学合理地划分社区，在社区内实行民主选举、民主决策、民主管理、民主监督，逐步实现社区居民自我管理、自我教育、自我服务、自我监督。

5. 因地制宜、循序渐进

坚持实事求是，一切从实际出发，突出地方特色，从居民群众迫切要求解决和热切关注的问题入手，有计划、有步骤地实现社区建设的发展目标。

（四）社区建设的主要内容

1. 拓展社区服务

在大中城市，要重点抓好城区、街道办事处社区服务中心和社区居委会社区服务站的建设与管理。社区服务主要是开展面向老年人、儿童、残疾人、社会贫困户、优抚对象的社会救助和福利服务，面向社区居民的便民利民服务，面向社区单位的社会化服务，面向下岗职工的再就业服务和社会保障社会化服务。社区服务是社区建设重点发展的项目，具有广阔的前景，要坚持社会化、产业化的发展方向。各地区要继续贯彻落实国家对发展社区服务的各项扶持政策，统筹规划，规范行业管理。要不断提高社区服务质量和社区管理水平，使社区服务在改善居民生活、扩大就业机会、建立社会保障社会化服务体系、大力发展服务业等方面发挥更加积极的作用。

2. 发展社区卫生

要把城市卫生工作的重点放到社区，积极发展社区卫生。加强社区卫生服务站点的建设，积极开展以疾病预防、医疗、保健、康复、健康教育和计划生育技术服务等为主要内容的社区卫生服务，方便群众就医，不断改善社区居民的卫生条件。

为了进一步规范社区卫生服务管理，提升社区卫生服务质量和能力，国家卫生计生委于2015年印发了《关于进一步规范社区卫生服务管理和提升服务质量的指导意见》（国卫基层发〔2015〕93号），提出了两个方面的要求，一是加强社区基本医疗和公共卫生服务能力建设，二是转变服务模式，大力推进基层签约服务。

3. 繁荣社区文化

积极发展社区文化事业，加强思想文化阵地建设，不断完善公益性群众文化设施。要充分利用街道文化站、社区服务活动室、社区广场等现有文化活动设施，组织开展丰富多彩、健康有益的文化、体育、科普、教育、娱乐等活动；利用社区内的各种专栏、板报宣传社会主义精神文明，倡导科学文明健康的生活方式；加强对社区成员的社会主义教育、政治思想教育和科学文化教育，形成健康向上、文明和谐的社区文化氛围。

根据党的十八大和十八届三中、四中、五中、六中全会精神以及《中华人民共和国国民经济和社会发展第十三个五年规划纲要》，要广泛开展社会文化活动，依托城乡社区综合服务设施，建立社区（村）综合性文化服务中心。

4. 美化社区环境

党的十九大报告提出，要开展创建绿色社区行动。美化社区环境，要大力整治社区环境，净化、绿化、美化社区。要提高社区居民的环境保护意识，赋予社区居民对社区环境的知情权。要努力搞好社区环境卫生，建设干净、整洁的美好社区。

5. 加强社区治安

党的十九大报告提出，要加强社区治理体系建设，推动社会治理重心向基层下移。一是建立社会治安综合治理网络，有条件的地方，要根据社区规模的调整，按照“一区（社区）一警”的模式调整民警责任区，设立社区警务室，健全社会治安防范体系，实行群防群治；二是组织开展经常性、群众性的法制教育和法律咨询、民事调解工作，加强对刑满释放、解除劳教人员的安置帮教工作和流动人口的管理，消除各种社会不稳定因素。

二、农村社区建设试点

党的十六届六中全会指出，农村社区建设是指在村党支部和村委会的领导下，在农村建立社区组织，开展社区公益事业服务，发展社区卫生，繁荣社区文体活动，美化社区环境，调解社区民间纠纷，倡导社区互助精神，树立社区良好社会风气，建立良好的人际关系，把农村建设成为管理民主、治安良好、环境优美、文明祥和的新农村。全会要求，积极推进农村社区建设，健全新型社区管理和服务体制，把社区建设成为管理有序、服务完善、文明祥和的“社会生活共同体”。2015 年 5 月，中共中央办公厅、国务院办公厅印发了《关于深入推进农村社区建设试点工作的指导意见》（以下简称《意见》），《意见》提出，要主动适应农村经济社会发展的新要求、顺应农民群众过上更加美好生活的新期待，深入推进试点工作。

（一）总体要求

《意见》提出，深化农村社区建设试点，以全面提高农村居民生活质量和文明素养为根本，完善村民自治与多元主体参与有机结合的农村社区共建共享机制，健全村民自我服务与政府公共服务、社会公益服务有效衔接的农村基层综合服务管理平台，形成乡土文化和现代文明融合发展的文化纽带，构建生态功能与生产生活功能协调发展的人居环境，打造一批管理有序、服务完善、文明祥和的农村社区建设示范点，为全面推进农村社区建设、统筹城乡发展探索路径积累经验。农村社区建设应坚持以人为本、完善自治，党政主导、社会协同，城乡衔接、突出特色，科学谋划、分类施策，改革创新、依法治理的原则，依法治理，有序推进。

（二）工作任务

1. 完善在村党组织领导下、以村民自治为基础的农村社区治理机制

农村社区建设坚持村党组织领导、村民委员会牵头，以村民自治为根本途径和有效手段，发动农村居民参与，同时不改变村民自治机制，不增加农村基层管理层级。推进农村基层服务型党组织建设，增强乡镇、村党组织服务功能。以农村基层党组织建设带动农村

自治组织、群众组织、经济社会服务组织建设，健全完善农村基层党组织引领农村社区建设的领导机制和工作机制。依法确定乡镇政府与村民委员会的权责边界，促进基层政府与基层群众自治组织的有效衔接、良性互动。认真贯彻实施村民委员会组织法，加强村民委员会和村务监督机构建设，完善农村社区建设重大问题的民主决策、民主监督制度。依托村民会议、村民代表会议等载体，广泛地开展形式多样的农村社区协商，探索村民议事会、村民理事会等协商形式，探索村民小组协商和管理的有效方式，逐步实现基层协商经常化、规范化、制度化。

2. 促进流动人口有效参与农村社区服务管理

依法保障符合条件的非本村户籍居民参加村民委员会选举和享有农村社区基本公共服务的权利。吸纳非户籍居民参与农村社区公共事务和公益事业的协商，建立户籍居民和非户籍居民共同参与的农村社区协调议事机制。在保障农村集体经济组织成员合法权益的前提下，探索通过分担筹资筹劳、投资集体经济等方式，引导非户籍居民更广泛地参与民主决策。健全利益相关方参与决策机制，采取会议表决、代表议事、远程咨询等决策方式，维护外出务工居民在户籍所在地农村社区的权利。健全农村“三留守”人员关爱服务体系，重点发展学前教育和养老服务，培育青年志愿组织和妇女互助组织，建立农村社区“三留守”人员动态信息库，扩大呼叫终端、远程监控等信息技术应用，切实提高对农村留守儿童、留守妇女、留守老人的服务能力和服务水平。

3. 畅通多元主体参与农村社区建设渠道

建立县级以上机关党员、干部到农村社区挂职任职、驻点包户制度。建立和完善党代表、人大代表、政协委员联系农村居民、支持农村社区发展机制。鼓励驻村机关、团体、部队、企事业单位支持、参与农村社区建设。拓宽外出发展人员和退休回乡人员参与农村社区建设渠道。依法确定村民委员会和农村集体经济组织以及各类经营主体的关系，保障农村集体经济组织独立开展经济活动的自主权，增强村集体经济组织支持农村社区建设的能力。推动发展新型农村合作金融组织、新型农民合作经济组织和社会组织，通过购买服务、直接资助、以奖代补、公益创投等方式，支持社区社会组织参与社区公共事务和公益事业，支持专业化社会服务组织到农村社区开展服务。

4. 推进农村社区法治建设

加强农村社区司法行政工作室等法治机构建设，指导农村社区开展各项法治工作，探索整合农村社区层面的法治力量，加强农村社区法律援助工作，推动法治工作网络、机制和人员向农村社区延伸，推进覆盖农村居民的公共法律服务体系建设。完善人民调解、行政调解、司法调解联动工作体系，建立调处化解农村矛盾纠纷综合机制，及时了解、掌握和回应不同利益主体的关切和诉求，有效预防和就地化解矛盾纠纷。建立健全农村社区公共安全体系，创新农村立体化社会治安防控体系，加强和创新农村社区平安建设，建立覆盖农村全部实有人口的动态管理机制，做好社区禁毒和特殊人群帮教工作。加强农村社区警务、警务辅助力量和群防群治队伍建设，对符合任职年限条件的农村警务室民警落实职级待遇。加强农村社区普法宣传教育，提高基层党员、干部法治思维和依法办事能力，引导农村居民依法反映诉求、解决矛盾纠纷。指导完善村民自治章程和村规民约，支持农村居民自我约束和自我管理，提高农村社区治理法治化水平。

5. 提升农村社区公共服务供给水平

健全农村社区服务设施和服务体系，整合利用村级组织活动场所、文化室、卫生室、计划生育服务室、农民体育健身工程等现有场地、设施和资源，推进农村基层综合性公共服务设施建设，提升农村基层公共服务信息化水平，逐步构建县（市、区）、乡（镇）、村三级联动互补的基本公共服务网络。积极推动基本公共服务项目向农村社区延伸，探索建立公共服务事项全程委托代理机制，促进城乡基本公共服务均等化。加强农村社区教育，鼓励各级各类学校教育资源向周边农村居民开放，用好县级职教中心、乡（镇）成人文化技术学校和农村社区教育教学点。改善农村社区医疗卫生条件，加大对乡（镇）、村卫生和计划生育服务机构设施改造、设备更新、人员培训等方面的支持力度。做好农村社区扶贫、社会救助、社会福利和优抚安置服务，推进农村社区养老、助残服务，组织引导农村居民积极参加城乡居民养老保险，全面实施城乡居民大病保险制度和“救急难”工作试点。

6. 推动农村社区公益性服务、市场化服务创新发展

广泛动员党政机关、企业事业单位、各类社会组织和居民群众参加农村社区志愿服务，切实发挥党员先锋模范作用。完善农村社区志愿服务站点布局，搭建社区志愿者、服务对象和服务项目对接平台，开展丰富多彩的社区志愿互助活动。根据农村社区发展特点和居民需求，分类推进社会工作服务，发挥社会工作专业人才引领社区志愿者的服务作用。鼓励企业和供销合作社完善农村社区商业网点和物流布局，引导经营性服务组织在农村社区开展连锁经营，采取购买服务等方式，支持社会力量在农村兴办养老助残、扶贫济困等各类社会事业。

7. 强化农村社区文化认同

以培育和践行社会主义核心价值观为根本，发展各具特色的农村社区文化，丰富农村居民文化生活，增强农村居民的归属感和认同感。深入开展和谐社区等精神文明创建活动，树立良好家风，弘扬公序良俗，创新和发展乡贤文化，形成健康向上、开放包容、创新进取的社会风尚。健全农村社区现代公共文化服务体系，整合宣传文化、党员教育、科学普及、体育健身等服务功能，形成综合性文化服务中心，开辟群众文体活动广场，增强农村文化惠民工程实效。引导城市文化机构、团体到农村社区拓展服务，支持农民兴办演出团体和其他文化团体。发现和培养乡土文化能人、民族民间文化传承人等各类文化人才，广泛开展具有浓郁乡土气息的农村社区文化体育活动，凝聚有利于农村社区发展的内在动力和创新活力。

8. 改善农村社区人居环境

强化农村居民的节约意识、环保意识和生态意识，形成爱护环境、节约资源的生活习惯、生产方式和良好风气。发动农村居民和社会力量开展形式多样的农村社区公共空间、公共设施、公共绿化管护行动。完善农村社区基础设施，建立健全农村供电、供排水、道路交通安全、消防安全、地名标志、通信网络等公用设施的建设、运行、管护和综合利用机制，提高对自然灾害、事故灾难、公共卫生事件、社会安全事件的预防和处置能力。分级建立污水、垃圾收集处理网络，健全日常管理维护，促进农村废弃物循环利用，重点解决污水乱排、垃圾乱扔、秸秆随意抛弃和焚烧等脏乱差问题。加快改水、改厨、改厕、改

圈，改善农村社区卫生条件。积极推进“美丽乡村”和村镇生态文明建设，保持农村社区乡土特色和田园风光。

第四节 社区服务政策法规

为增强城乡社区服务功能，提高城乡居民生活水平，促进城乡发展一体化，维护城乡基层和谐稳定，民政部于2016年印发了《城乡社区服务体系建设规划（2016—2020年）》（民发〔2016〕191号，以下简称《社区服务规划》），为社区服务工作指明了方向。

一、社区服务的含义和基本原则

（一）含义

社区服务是指以社区为基本单元，以各类社区服务设施为依托，以社区全体居民、驻社区单位为对象，以公共服务、志愿服务、便民利民服务为主要内容，以满足社区居民生活需求、提高社区居民生活质量为目标，由党委统一领导、政府主导支持、社会多元参与的服务网络及运行机制。社区服务具有福利性、群众性、地缘性和互助性的特征。

（二）指导思想

全面贯彻党的十八大和十八届三中、四中、五中、六中全会精神，深入贯彻习近平总书记系列重要讲话精神（习近平新时代中国特色社会主义思想），牢固树立创新、协调、绿色、开放、共享的发展理念，以居民群众需求为导向，以供给侧结构性改革为动力，推动城乡社区服务精细化、专业化、标准化，构建机构健全、设施完备、主体多元、供给充分、群众满意的城乡社区服务体系，让城乡居民共享全面建成小康社会的发展成果。

（三）基本原则

1. 坚持人民主体，多元参与

引导社区居民参与政策制定、项目设计、服务供给和绩效评估，促进社区服务与居民需求精准对接，拓宽各类主体特别是社会力量参与渠道，最大限度地集合服务资源、形成推进合力。

2. 坚持统筹城乡，补齐短板

统筹城乡社区服务设施建设、服务资源配置、服务队伍建设、服务产品供给，结合农村社区建设试点进度，逐步建立城乡统一的社区公共服务制度，促进城乡基本公共服务均等化。

3. 坚持持续发展，创新引领

保持、提升各级党委政府重视程度和投入力度，巩固、发展社区服务现有设施基础和制度基础，依靠机制创新、技术迭代和动能转换，推动社区服务新业态、新模式加快成长。

4. 坚持资源整合，精细服务

最大限度地集中人力、物力、财力，整合资金、资产和资源，防止重复投资、重复建设、重复供给；丰富项目，优化流程，提升品质，努力形成多层次、立体化的服务格局。

二、社区服务的内容

（一）社区公共服务

1. 城乡社区就业、社会保障服务

依托城乡社区综合服务设施，加强劳动就业和社会保障服务能力建设，重点为退役军人、高校毕业生、城镇登记失业人口、就业困难人员、残疾人、农村转移劳动力等重点群体提供就业服务和社会保障服务。

2. 城乡社区医疗卫生和计划生育服务

建立居民健康档案，以老年人、慢性病和严重精神障碍患者、孕产妇、儿童、残疾人等人群为重点，开展相关医疗卫生服务。提供计划生育宣传教育、生殖健康咨询服务、优生优育指导、计划生育家庭帮扶、权益维护和流动人口计划生育服务。

3. 城乡社区社会服务

依托城乡社区综合服务设施，加快城乡社区日间照料机构建设，发展生活照料、保健康复、精神慰藉等服务，推动养老服务覆盖所有居家老年人。健全社区未成年人保护与服务体系，使“儿童之家”覆盖90%以上的城乡社区。完善对农村“三留守”人员的生产扶助、生活照料、情感慰藉、心理疏导服务。探索并推进残疾人、失能老年人家庭照顾、社区照料、机构照护相互衔接的长期照护体系。健全困难群众主动发现、入户调查、政策宣传等社会救助服务机制。依托城乡社区综合服务设施，提供殡仪服务咨询、家属哀伤辅导等服务。

4. 城乡社区文化、教育、体育服务

广泛开展社会文化活动，依托城乡社区综合服务设施，建立社区（村）综合性文化服务中心。依托农家书屋和实体书店，大力推动全民阅读。提高数字化文化服务能力和水平。统筹发展城乡社区教育，建立健全城乡一体的社区教育网络。注重社区教育机构与城乡社区综合服务中心（站）的资源共享，提高图书馆、科技馆、文化馆、博物馆和体育场馆等各类公共设施面向社区居民的开放水平。城乡社区普遍建有体育场地，配有体育设施，推行公共体育设施免费或低收费开放。

5. 城乡社区法律、安全服务

推动人民调解、普法宣传、律师公证、法律援助等服务进入社区，实现法律服务在城乡社区全覆盖。依托社区综治中心，加强城乡社区治安防控网建设，发展壮大群防群治队伍，深化社区警务战略，建立社区微型消防站，协助做好社区矫正、社区戒毒、社区康复、刑满释放人员的帮扶工作，加强交通安全宣传教育，全面提高社区治安综合治理水平。加强社区应急避难场所和救灾物资储备场所建设，开展社区防灾、减灾科普宣传教育，提升基层的防灾、减灾能力。

6. 农村社区生产服务

发展农业技术推广、动植物疫病防控、农产品质量监管等农村社区公共服务，大力推进信息进村入户，支持建设覆盖全程、综合配套、便捷高效的农业社会化服务体系。

（二）便民利民服务

（1）大力发展城市社区物业服务，建立行业监管机制、属地协调机制和居民评价机制，切实提升企业诚信和服务质量。

（2）完善城乡社区便民利民服务网络，推进“城市社区 15 分钟服务圈”规划建设，完善农村社区综合性服务网点。

（3）发展城乡社区短途通勤公交服务，鼓励邮政、金融、电信、燃气、自来水、电力、产品质量监督等公用事业服务进入城乡社区。

（4）发展城乡社区家庭服务、健康服务、养老服务企业和机构，多方式地提供看护护理、家政服务、美容美发、家电维修、餐饮、物流配送和再生资源回收等生活服务，支持有实力的企业运用连锁经营的方式到城乡社区设立超市、便利店、标准化菜店等零售网点。

（5）依托供销合作社、益农信息社和企业提供农资供应、农副产品流通、日用消费品销售、再生资源回收和农业社会化服务，积极推进多种形式的城乡对接、产销对接。

（三）志愿服务和专业服务

（1）依托城乡社区综合服务设施建立志愿服务站点，搭建志愿者、服务对象和服务项目对接平台，完善志愿服务记录和志愿服务台账。

（2）以家政服务、文体活动、心理疏导、医疗保健、法律服务、交通安全宣传教育等为主要服务内容，以低保对象、空巢老人、留守老人、留守儿童、残疾人为主要服务对象，有针对性地开展城乡社区志愿服务。

（3）积极开展在职党员到社区报到为群众服务活动，充分发挥共产党员的先锋模范作用。推动党政机关、企业事业单位等成立志愿服务队到城乡社区开展志愿服务。

（4）在城乡社区推行志愿者星级认定和嘉许制度，健全“爱心银行”“时间银行”等志愿服务回馈制度，推进社区志愿服务经常化和常态化。发扬农村邻里相亲、守望相助传统，开展以生产互助、养老互助、救助互助等为主要形式的农村社区互助活动和志愿服务，增强农村居民自我服务能力。

（5）依托城乡社区综合服务设施建立社区社会工作室，根据社区居民需求，分类推进精神慰藉、资源链接、能力提升、关系调适、社会融入等专业社会工作服务。

（6）充分发挥专业社会工作在统筹社区照顾，扩大社区参与，促进社区融合，推动社区发展，参与社区矫正、社区戒毒、社区康复等方面的重要作用，建立社会工作者与志愿者协同服务机制。

三、社区服务的主要任务

《社区服务规划》提出，从我国基本国情和经济社会发展水平出发，按照全面建成小康社会以及加强和创新社会治理的总体要求，到 2020 年，基本公共服务、便民利民服务、志愿服务有效衔接的城乡社区服务机制更加成熟；社区综合服务设施为主体、专项服务设施为配套、服务网点为补充的城乡社区服务设施布局更加完善；网络联通、应用融合、信息共享、响应迅速的城乡社区服务信息化发展格局基本形成；以社区党组织、社区自治组织成员为骨干，社区社会工作者和其他社区专职工作者为支撑，社区志愿者为补充的城乡社区服务人才队伍更加健全。

（一）加强城乡社区服务机构建设

城乡社区服务机构是提供国家基本公共服务的基础平台，旨在聚合政府各部门延伸到城乡社区的服务事项和服务资源，为社区居民提供项目齐全、标准统一、便捷高效的城乡社区公共服务，以适应政府简政放权、放管结合、优化服务的要求。

（二）扩大城乡社区服务有效供给

1. 着力推进城乡社区公共服务均等化

依托城乡社区综合服务设施和服务机构，提供面向全体城乡居民、贯穿生存发展各阶段和生产生活各领域的基本公共服务项目，切实保障老年人、未成年人、残疾人、优抚对象、困难群体等的服务需求。加强和改进对农民工及其随迁家属的基本公共服务，促进农民工及其随迁家属融入城市社区。贯彻落实《中共中央办公厅、国务院办公厅〈关于深入推进农村社区建设试点工作的指导意见〉的通知》（中办发〔2015〕30 号）精神，加快完善农村社区服务体系，大力推动基本公共服务项目向农村社区延伸，大力发展适应农业现代化需要的生产服务，探索建立社区公共服务事项全程委托代理机制，完善农村“三留守”人员关爱服务机制，切实提升对留守儿童和妇女、老人的服务能力。促进城乡社区服务项目和服务标准有机衔接，推动城乡基本公共服务均等化。

2. 着力推进城乡社区便民利民服务便捷化

大力发展城市社区物业服务，建立行业监管机制、属地协调机制和居民评价机制，切实提升企业诚信和服务质量。完善城乡社区便民利民服务网络，推进“城市社区 15 分钟服务圈”规划建设，完善农村社区综合性服务网点。发展城乡社区短途通勤公交服务，鼓励邮政、金融、电信、燃气、自来水、电力、产品质量监督等公用事业服务进入城乡社区；发展城乡社区家庭服务、健康服务、养老服务企业和机构，多方式提供看护护理、家政服务、美容美发、洗染、家电维修、餐饮、物流配送和再生资源回收等生活服务，支持有实力的企业运用连锁经营的方式到城乡社区设立超市、便利店、标准化菜店等零售网点。依托供销合作社、益农信息社和企业提供农资供应、农副产品流通、日用消费品销售、再生资源回收和农业社会化服务，积极推进多种形式的城乡对接、产销对接。

3. 着力推进城乡社区志愿服务和专业服务常态化

依托城乡社区综合服务设施建立志愿服务站点，搭建志愿者、服务对象和服务项目对接平台，完善志愿服务记录和志愿服务台账。以家政服务、文体活动、心理疏导、医疗保健、法律服务、交通安全宣传教育等为主要服务内容，以低保对象、空巢老人、留守老人、留守儿童、残疾人为主要服务对象，有针对性地开展城乡社区志愿服务。积极开展在职党员到社区报到为群众服务活动，充分发挥共产党员的先锋模范作用。推动党政机关、企业事业单位等成立志愿服务队到城乡社区开展志愿服务。在城乡社区推行志愿者星级认定和嘉许制度，健全“爱心银行”“时间银行”等志愿服务回馈制度，推进社区志愿服务经常化和常态化。发扬农村邻里相亲、守望相助传统，开展以生产互助、养老互助、救助互助等为主要形式的农村社区互助活动和志愿服务，增强农村居民自我服务能力。依托城乡社区综合服务设施建立社区社会工作室，根据社区居民需求，分类推进精神慰藉、资源链接、能力提升、关系调适、社会融入等专业社会工作服务。充分发挥专业社会工作在统筹社区照顾、扩大社区参与、促进社区融合、推动社区发展、参与社区矫正和社区戒毒社区康复等方面的重要作用，建立社会工作者与志愿者协同服务机制。

（三）健全城乡社区服务设施网络

1. 推进城乡社区综合服务设施建设

按照人口规模适度、服务管理方便、资源配置有效、功能相对齐全、社区居民自愿的要求，以市（地、州、盟）为单位，依据城乡规划和土地利用的总体规划，合理确定城乡社区综合服务设施的数量、规模、选址布局、建设方式、功能划分，按照每百户30平方米标准配建城乡社区综合服务设施。

2. 完善城乡社区综合服务设施功能

城乡社区综合服务设施由社区组织工作用房和居民公益性服务设施两部分组成，提倡“一室多用”，提高使用效益。

（四）推进城乡社区服务人才队伍建设

1. 拓宽城乡社区服务人才来源渠道

按照《国家中长期人才发展规划纲要（2010—2020年）》的要求，把城乡社区服务人才队伍建设纳入当地人才发展规划，引导优秀人才向城乡社区服务领域流动。

2. 健全城乡社区服务人才培养使用制度

做好城乡社区服务人员任职培训、在职培训和专门培训，提高教育培训的针对性和有效性。支持和鼓励城乡社区服务人员参加社会工作等各种职业资格考试和学历教育考试，提高社区工作者专业化水平。

（五）加强城乡社区服务信息化建设

1. 构建城乡社区公共服务综合信息平台

结合“互联网+政务服务”，完善数据接口和共享方式，扎实推进城市社区公共服务综合信息平台建设，最大限度地集成不同层级、不同部门分散孤立、用途单一的各类业务信息系统，构建社区公共服务综合受理窗口。

2. 推进智慧社区建设

推动“互联网+”与城乡社区服务的深度融合，逐步构建设施智能、服务便捷、管理精细、环境宜居的智慧社区。

（六）创新城乡社区服务机制

1. 完善城乡社区自我服务机制

积极推进城乡社区服务型党组织建设，充分发挥社区党组织领导的核心作用，组织社区党员干部成立联系服务群众的团体，为群众提供便利、快捷、有效的服务。

2. 建立政府购买城乡社区服务机制

推进基层政府职能转变，建立政府购买城乡社区服务机制，将城乡社区自治组织纳入购买对象，将政府购买服务经费纳入财政预算。

3. 健全城乡“三社联动”机制

充分发挥社区的基础平台作用、社区社会组织的服务载体作用、社会工作者的专业支撑作用，建立居民群众提出需求、社区组织开发设计、社会组织竞争承接、社工团队执行实施、相关各方监督评估的联动机制，广泛地汇集社会资源，更好地回应社区居民的多样化、个性化服务需求。

第五节　社区治理政策法规

为实现党领导下的政府治理和社会调节、居民自治的良性互动，全面提升城乡社区治理法治化、科学化、精细化水平和组织化程度，促进城乡社区治理体系和治理能力现代化，2017 年 6 月，中共中央、国务院印发了《关于加强和完善城乡社区治理的意见》（以下简称《意见》），对加强和完善城乡社区治理作出了全面部署。

一、总体要求

（一）指导思想

加强和完善城乡社区治理，必须坚持以习近平新时代中国特色社会主义思想为指导，紧紧围绕统筹推进“五位一体”总体布局和协调推进“四个全面”的战略布局，坚持以基层党组织建设为关键、政府治理为主导、居民需求为导向、改革创新为动力，健全体系、整合资源、增强能力，完善城乡社区治理体制，努力把城乡社区建设成为和谐有序、绿色文明、创新包容、共建共享的幸福家园，为实现“两个一百年”奋斗目标和中华民族伟大复兴的中国梦提供可靠保证。

（二）基本原则

1. 坚持党的领导，固本强基

加强党对城乡社区治理工作的领导，推进城乡社区基层党组织建设，切实发挥基层党组织领导的核心作用，带领群众坚定不移地贯彻党的理论和路线方针政策，确保城乡社区治理始终保持正确的政治方向。

2. 坚持以人为本，服务居民

坚持以人民为中心的发展思想，把服务居民、造福居民作为城乡社区治理的出发点和落脚点，坚持依靠居民、依法有序地组织居民群众参与社区治理，实现人人参与、人人尽力、人人共享。

3. 坚持改革创新，依法治理

强化问题导向和底线思维，积极推进城乡社区治理理论创新、实践创新、制度创新。

弘扬社会主义法治精神，坚持运用法治思维和法治方式推进改革，建立惩恶扬善长效机制，破解城乡社区治理难题。

4. 坚持城乡统筹，协调发展

适应城乡发展一体化和基本公共服务均等化的要求，促进公共资源在城乡间均衡配置。统筹谋划城乡社区治理工作，注重以城带乡、以乡促城、优势互补、共同提高，促进城乡社区治理协调发展。

5. 坚持因地制宜，突出特色

推动各地立足自身资源禀赋、基础条件、人文特色等实际情况，确定加强和完善城乡社区治理的发展思路和推进策略，实现顶层设计和基层实践的有机结合，加快形成既有共性又有特色的城乡社区治理模式。

（三）总体目标

《意见》提出，加强和完善城乡社区治理，到2020年，基本形成基层党组织领导、基层政府主导的多方参与、共同治理的城乡社区治理体系，城乡社区治理体制更加完善，城乡社区治理能力显著提升，城乡社区公共服务、公共管理、公共安全得到有效保障。再过5到10年，城乡社区治理体制更加成熟定型，城乡社区治理能力更为精准全面，为夯实党的执政根基、巩固基层政权提供有力支撑，为推进国家治理体系和治理能力现代化奠定坚实基础。

二、健全完善城乡社区治理体系

（一）充分发挥基层党组织领导核心作用

《意见》要求，把加强基层党的建设、巩固党的执政基础作为贯穿社会治理和基层建设的主线，以改革创新精神探索，加强基层党的建设作为引领社会治理的路径。加强和改进街道（乡镇）、城乡社区党组织对社区各类组织和各项工作的领导，确保党的路线方针政策在城乡社区全面贯彻落实。推动管理和服务力量下沉，引导基层党组织强化政治功能，聚焦主业主责，推动街道（乡镇）党（工）委把工作重心转移到基层党组织建设上来，转移到做好公共服务、公共管理、公共安全工作上来，转移到为经济社会发展提供良好的公共环境上来。加强社区服务型党组织建设，着力提升服务能力和水平，更好地服务改革、服务发展、服务民生、服务群众、服务党员。继续推进街道（乡镇）、城乡社区与驻社区单位共建互补，深入拓展区域化党建。扩大城市新兴领域党建工作覆盖，推进商务楼宇、各类园区、商圈市场、网络媒体等的党建覆盖。健全社区党组织领导基层群众性自治组织开展工作的相关制度，依法组织居民开展自治，及时帮助解决基层群众自治中存在的困难和问题。加强城乡社区党风廉政建设，全面推动从严治党向城乡社区延伸，切实解决居民群众身边的腐败问题。

（二）有效发挥基层政府主导作用

《意见》要求，各省（自治区、直辖市）按照条块结合、以块为主的原则，制定区县职能部门、街道办事处（乡镇政府）在社区治理方面的权责清单；依法厘清街道办事处（乡镇政府）和基层群众性自治组织权责边界，明确基层群众性自治组织承担的社区工作事项清单以及协助政府的社区工作事项清单；上述社区工作事项之外的其他事项，街道办事处（乡镇政府）可通过向基层群众性自治组织等购买服务方式提供。建立街道办事处（乡镇政府）和基层群众性自治组织履职履约双向评价机制。基层政府要切实履行城乡社区治理主导职责，加强对城乡社区治理的政策支持、财力物力保障和能力建设指导，加强对基层群众性自治组织建设的指导规范，不断提高依法指导城乡社区治理的能力和水平。

（三）注重发挥基层群众性自治组织基础作用

《意见》要求，进一步加强基层群众性自治组织规范化建设，合理确定其管辖范围和规模。促进基层群众自治与网格化服务管理的有效衔接。加快工矿企业所在地、国有农（林）场、城市新建住宅区、流动人口聚居地的社区居民委员会组建工作。完善城乡社区民主选举制度，进一步规范民主选举程序，通过依法选举稳步提高城市社区居民委员会成员中的本社区居民比例，切实保障外出务工农民民主选举权利。进一步增强基层群众性自治组织开展社区协商、服务社区居民的能力。建立健全居务监督委员会，推进居务公开和民主管理。充分发挥自治章程、村规民约、居民公约在城乡社区治理中的积极作用，弘扬公序良俗，促进法治、德治、自治有机融合。

（四）统筹发挥社会力量协同作用

《意见》要求，制定完善孵化培育、人才引进、资金支持等扶持政策，落实税费优惠政策，大力发展在城乡社区开展纠纷调解、健康养老、教育培训、公益慈善、防灾减灾、文体娱乐、邻里互助、居民融入及农村生产技术服务等活动的社区社会组织和其他社会组织。推进社区、社会组织、社会工作“三社联动”，完善社区组织发现居民需求、统筹设计服务项目、支持社会组织承接、引导专业社会工作团队参与的工作体系。鼓励和支持建立社区老年协会，搭建老年人参与社区治理的平台。增强农村集体经济组织支持农村社区建设能力。积极引导驻社区机关企事业单位、其他社会力量和市场主体参与社区治理。

三、不断提升城乡社区治理水平

（一）增强社区居民参与能力

《意见》要求，提高社区居民议事协商能力，凡涉及城乡社区公共利益的重大决策事项、关乎居民群众切身利益的实际困难问题和矛盾纠纷，原则上由社区党组织、基层群众性自治组织牵头，组织居民群众协商解决。支持和帮助居民群众养成协商意识、掌握协商方法、提高协商能力，推动形成既有民主又有集中、既尊重多数人意愿又保护少数人合法权益的城乡社区协商机制。探索将居民群众参与社区治理、维护公共利益情况纳入社会信用体系。推动学校普及社区知识，参与社区治理。拓展流动人口有序参与居住地社区治理渠道，丰富流动人口社区生活，促进流动人口社区融入。

（二）提高社区服务供给能力

《意见》要求，加快城乡社区公共服务体系建设，健全城乡社区服务机构，编制城乡社区公共服务指导目录，做好与城乡社区居民利益密切相关的劳动就业、社会保障、卫生计生、教育事业、社会服务、住房保障、文化体育、公共安全、公共法律服务、调解仲裁等公共服务事项。着力增加农村社区公共服务供给，促进城乡社区服务项目、标准相衔接，逐步实现均等化。将城乡社区服务纳入政府购买服务指导性目录，完善政府购买服务政策措施，按照有关规定选择承接主体。创新城乡社区公共服务供给方式，推行首问负责、一窗受理、全程代办、服务承诺等制度。提升城乡社区医疗卫生服务能力和水平，更好地满足居民群众基本医疗卫生服务需求。探索建立社区公共空间综合利用机制，合理规划建设文化、体育、商业、物流等自助服务设施。积极开展以生产互助、养老互助、救济互助等为主要形式的农村社区互助活动。鼓励和引导各类市场主体参与社区服务业，支持供销合作社经营服务网点向城乡社区延伸。

（三）强化社区文化引领能力

《意见》要求，以培育和践行社会主义核心价值观为根本，大力弘扬中华优秀传统文化，培育心口相传的城乡社区精神，增强居民群众的社区认同感、归属感、责任感和荣誉感。将社会主义核心价值观融入居民公约、村规民约，内化为居民群众的道德情感，外化为服务社会的自觉行动。重视发挥道德教化作用，建立健全社区道德评议机制，发现和宣传社区道德模范、好人好事，大力褒奖善行义举，用身边事教育身边人，引导社区居民崇德向善。组织居民群众开展文明家庭创建活动，发展社区志愿服务，倡导移风易俗，形成与邻为善、以邻为伴、守望相助的良好社区氛围。不断加强民族团结，建立各民族相互嵌入式的社会结构和社区环境，创建民族团结进步示范社区。加强城乡社区公共文化服务体系建设，提升公共文化服务水平，因地制宜设置村史陈列、非物质文化遗产等特色文化展示设施，突出乡土特色、民族特色。积极发展社区教育，建立健全城乡一体的社区教育网络，推进学习型社区建设。

（四）增强社区依法办事能力

《意见》要求，进一步加快城乡社区治理法治建设步伐，加快修订《中华人民共和国城市居民委员会组织法》，贯彻落实《中华人民共和国村民委员会组织法》，研究制定社区治理相关行政法规。有立法权的地方要结合当地实际，出台城乡社区治理地方性法规和地方政府规章。推进法治社区建设，发挥警官、法官、检察官、律师、公证员、基层法律服务工作者的作用，深入开展法治宣传教育和法律进社区活动，推进覆盖城乡居民的公共法律服务体系建设。

（五）提升社区矛盾预防化解能力

《意见》要求，完善利益表达机制，建立党代会代表、人大代表、政协委员联系社区制度，完善党员干部直接联系群众制度，引导群众理性合法地表达利益诉求。完善心理疏导机制，依托社会工作服务机构等专业社会组织，加强对城乡社区社会救助对象、建档立卡贫困人口、困境儿童、精神障碍患者、社区服刑人员、刑满释放人员和留守儿童、妇女、老人等群体的人文关怀、精神慰藉和心理健康服务，重点加强老少边穷地区农村社区相关机制建设。完善矛盾纠纷调处机制，健全城乡社区人民调解组织网络，引导人民调解员、基层法律服务工作者、农村土地承包仲裁员、社会工作者、心理咨询师等专业队伍，在物业纠纷、农村土地承包经营纠纷、家事纠纷、邻里纠纷调解和信访化解等领域发挥积极作用。推进平安社区建设，依托社区综治中心，拓展网格化服务管理，加强城乡社区治安防控网建设，深化城乡社区警务战略，全面提高社区治安的综合治理水平，防范打击黑恶势力扰乱基层治理。

（六）增强社区信息化应用能力

《意见》要求，提高城乡社区信息基础设施和技术装备水平，加强一体化社区信息服务站、社区信息亭、社区信息服务自助终端等公益性信息服务设施建设。依托“互联网+政务服务”相关重点工程，加快城乡社区公共服务综合信息平台建设，实现一号申请、一窗受理、一网通办，强化“一门式”服务模式的社区应用。实施“互联网+社区”行动计划，加快互联网与社区治理和服务体系的深度融合，运用社区论坛、微博、微信、移动客户端等新媒体，引导社区居民密切日常交往、参与公共事务、开展协商活动、组织邻里互助，探索网络化社区治理和服务新模式。发展社区电子商务。按照分级分类推进新型智慧城市建设要求，务实推进智慧社区信息系统建设，积极开发智慧社区移动客户端，实现服务项目、资源和信息的多平台交互和多终端同步。加强农村社区信息化建设，结合信息进村入户和电子商务进农村综合示范，积极发展农产品销售等农民致富服务项目，积极实施“网络扶贫行动计划”，推动扶贫开发兜底政策落地。

四、着力补齐城乡社区治理短板

（一）改善社区人居环境

《意见》要求，完善城乡社区基础设施，建立健全农村社区基础设施和公用设施的投资、建设、运行、管护和综合利用机制。加快城镇棚户区、城中村和危房改造。加强城乡社区环境综合治理，做好城市社区绿化美化净化、垃圾分类处理、噪声污染治理、水资源再生利用等工作，着力解决农村社区垃圾收集、污水排放、秸秆焚烧以及散埋乱葬等问题，广泛发动居民群众和驻社区机关企事业单位参与环保活动，建设资源节约型、环境友好型社区。推进健康城市和健康村镇建设。强化社区风险防范预案管理，加强社区应急避难场所建设，开展社区防灾减灾科普宣传教育，有序组织开展社区应对突发事件应急演练，提高对自然灾害、事故灾难、公共卫生事件、社会安全事件的预防和处置能力。加强消防宣传和消防治理，提高火灾事故防范和处置能力，推进消防安全社区建设。

（二）加快社区综合服务设施建设

《意见》要求，将城乡社区综合服务设施建设纳入当地国民经济和社会发展规划、城乡规划、土地利用规划等，按照每百户居民拥有综合服务设施面积不低于 30 平方米的标准，以新建、改造、购买、项目配套和整合共享等形式，逐步实现城乡社区综合服务设施全覆盖。加快贫困地区农村社区综合服务设施建设，率先推动易地搬迁安置区综合服务设施建设全覆盖。落实不动产统一登记制度，做好政府投资建设的城乡社区综合服务设施不动产登记服务工作。除国家另有规定外，所有以社区居民为对象的公共服务、志愿服务、专业社会工作服务，原则上在城乡社区综合服务设施中提供。创新城乡社区综合服务设施运营机制，通过居民群众协商管理、委托社会组织运营等方式，提高城乡社区综合服务设施利用率。落实城乡社区综合服务设施供暖、水电、燃气价格优惠政策。

（三）优化社区资源配置

《意见》要求，组织开展城乡社区规划编制试点，落实城市总体规划要求，加强与控制性详细规划、村庄规划衔接；发挥社区规划专业人才作用，广泛吸纳居民群众参与，科学确定社区发展项目、建设任务和资源需求。探索建立基层政府面向城乡社区的治理资源统筹机制，推动人财物和责权利对称下沉到城乡社区，增强城乡社区统筹使用人财物等资源的自主权。探索基层政府组织社区居民在社区资源配置公共政策决策和执行过程中，有序参与听证、开展民主评议的机制。建立机关企事业单位履行社区治理责任评价体系，推动机关企事业单位积极参与城乡社区服务、环境治理、社区治安综合治理等活动，面向城乡社区开放文化、教育、体育等活动设施。注重运用市场机制优化社区资源配置。

（四）推进社区减负增效

《意见》指出，依据社区工作事项清单建立社区工作事项准入制度，应当由基层政府履行的法定职责，不得要求基层群众性自治组织承担，不得将基层群众性自治组织作为行政执法、拆迁拆违、环境整治、城市管理、招商引资等事项的责任主体；依法需要基层群众性自治组织协助的工作事项，应当为其提供经费和必要工作条件。进一步清理规范基层政府各职能部门在社区设立的工作机构和加挂的各种牌子，精简社区会议和工作台账，全面清理基层政府各职能部门要求基层群众性自治组织出具的各类证明。实行基层政府统一对社区工作进行综合考核评比，各职能部门不再单独组织考核评比活动，取消对社区工作的“一票否决”事项。

（五）改进社区物业服务管理

《意见》要求，加强社区党组织、社区居民委员会对业主委员会和物业服务企业的指导和监督，建立健全社区党组织、社区居民委员会、业主委员会和物业服务企业议事协调机制。探索在社区居民委员会下设环境和物业管理委员会，督促业主委员会和物业服务企业履行职责。探索完善业主委员会的职能，依法保护业主的合法权益。探索符合条件的社区居民委员会成员通过法定程序兼任业主委员会成员。探索在无物业管理的老旧小区依托社区居民委员会实行自治管理。有条件的地方应规范农村社区物业管理，研究制定物业管理费管理办法；探索在农村社区选聘物业服务企业，提供社区物业服务。探索建立社区微型消防站或志愿消防队。

此外，《意见》还指出，要强化组织保障，要求完善领导体制和工作机制，加大资金投入力度，加强社区工作者队伍建设，完善政策标准体系和激励宣传机制。

本章练习

1. 居民委员会和村民委员会的性质是什么？
2. 居委会的职能是什么？
3. 村委会的职能是什么？
4. 民主监督的方式有哪些？
5. 村务公开的内容有哪些？
6. 社区建设的原则是什么？
7. 社区建设的主要内容有哪些？
8. 社区服务的主要内容有哪些？
9. 农村社区建设试点的工作目标是什么？
10. 如何健全完善城乡社区治理体系？

第六章　社会组织政策法规

学习目标

通过本章的学习，你应该能够：

1. 掌握社会团体、民办非企业（社会服务机构）、基金会的登记与注册政策法规；
2. 掌握社会团体、民办非企业（社会服务机构）、基金会管理制度；
3. 学会运社会团体、民办非企业（社会服务机构）、基金会登记管理政策法规开展社会工作。

第一节　社会团体管理政策法规

社会团体是指我国公民自愿组成，为实现会员共同意愿，按照其章程开展活动的非营利性社会组织。社会团体包括各类学会、协会、研究会、促进会等类型。社团管理是国家保障公民实现结社自由的基本措施，也是国家行政管理工作的重要组成部分。我国社会团体的主要政策法规依据是 2016 年 1 月 13 日国务院第 119 次常务会议修订通过的《社会团体登记管理条例》。

一、管理体制

我国对社会团体实行双重管理制度，即社会团体由同级的业务主管单位和登记管理机关共同负责，并按行政区域的层级不同实行分级管理的体制。其中业务主管单位是指县级以上各级党委工作部门、政府组成（工作）部门及经县级以上政府授权的组织；登记管理机关是指县级以上各级人民政府民政部门。

二、管辖

（一）登记机关管辖

《社会团体登记管理条例》规定，全国性的社会团体，由国务院的登记管理机关负责登记管理；地方性的社会团体，由所在地人民政府的登记管理机关负责登记管理；跨行政区域的社会团体，由所跨行政区域的共同上一级人民政府的登记管理机关负责登记管理。

（二）监督管辖

社会团体的监督管理由业务主管单位和登记机关共同开展，业务主管单位对其业务进行监督指导，登记机关对其行政规范进行监督管理。《社会团体登记管理条例》规定，登记管理机关、业务主管单位与其管辖的社会团体的住所不在一地的，可以委托社会团体住所地的登记管理机关、业务主管单位负责委托范围内的监督管理工作。

三、成立登记

《社会团体登记管理条例》规定，参加中国人民政治协商会议的人民团体，由国务院机构编制管理机关核定并经国务院批准免于登记的团体，机关、团体、企业事业单位内部经本单位批准成立、在本单位内部活动的团体不属于条例规定登记的范围。

（一）社会团体成立条件

《社会团体登记管理条例》规定，申请成立社会团体，应当经其业务主管单位审查同意，由发起人向登记管理机关申请登记。筹备期间不得开展筹备以外的活动。

成立社会团体，应当具备下列条件：

（1）有50个以上的个人会员或者30个以上的单位会员；个人会员、单位会员混合组成的，会员总数不得少于50个。其中，国家机关不得作为单位会员加入社会团体；

（2）有规范的名称和相应的组织机构。社会团体的名称应当符合法律、法规的规定，不得违背社会道德风尚。社会团体的名称应当与其业务范围、成员分布、活动地域相一致，准确反映其特征。全国性的社会团体的名称冠以“中国”“全国”“中华”等字样的，应当按照国家有关规定经过批准，地方性的社会团体的名称不得冠以“中国”“全国”“中华”等字样；

（3）有固定的住所；

（4）有与其业务活动相适应的专职工作人员；

（5）有合法的资产和经费来源。全国性的社会团体有10万元以上活动资金，地方性的社会团体和跨行政区域的社会团体有3万元以上活动资金；

（6）有独立承担民事责任的能力。

（二）社会团体登记申请材料

《社会团体登记管理条例》规定，申请登记社会团体，发起人应当向登记管理机关提交登记申请书，验资报告、场所使用权证明，发起人和拟任负责人的基本情况、身份证明，章程草案，会员、拟任法定代表人和负责人名单。其中，社会团体的章程应当包括下列事项：

（1）名称、住所；

（2）宗旨、业务范围和活动地域；

（3）会员资格及其权利、义务；

（4）民主的组织管理制度，执行机构的产生程序；
（5）负责人的条件和产生、罢免的程序；
（6）资产管理和使用的原则；
（7）章程的修改程序；
（8）终止程序和终止后资产的处理；
（9）应当由章程规定的其他事项。

（三）登记机关回应登记

登记管理机关应当自收到社会团体发起人提交的全部有效文件之日起60日内，作出准予或者不予登记的决定。准予登记的，发给《社会团体法人登记证书》；不予登记的，应当向发起人说明理由。

1. 准予登记

社会团体登记事项包括：名称、住所、宗旨、业务范围、活动地域、法定代表人、活动资金和业务主管单位。

社会团体的法定代表人，不得同时担任其他社会团体的法定代表人。

2. 不予登记

有下列情形之一的，登记管理机关不予登记：

（1）有根据证明申请登记的社会团体的宗旨、业务范围不符合条例相关规定的；
（2）在同一行政区域内已有业务范围相同或者相似的社会团体，没有必要成立的；
（3）发起人、拟任负责人正在或者曾经受到剥夺政治权利的刑事处罚，或者不具有完全民事行为能力的；
（4）在申请登记时弄虚作假的；
（5）有法律、行政法规禁止的其他情形的。

3. 直接申领

依照法律规定，自批准成立之日起即具有法人资格的社会团体，应当自批准成立之日起60日内向登记管理机关提交批准文件，申领《社会团体法人登记证书》。登记管理机关自收到文件之日起30日内发给《社会团体法人登记证书》。

社会团体凭《社会团体法人登记证书》申请刻制印章，开立银行账户。社会团体应当将印章式样和银行账号报登记管理机关备案。

（四）社会团体的分支机构

社会团体的分支机构、代表机构是社会团体的组成部分，不具有法人资格，应当按照其所属于的社会团体的章程所规定的宗旨和业务范围，在该社会团体授权的范围内开展活动、发展会员。社会团体的分支机构不得再设立分支机构。社会团体不得设立地域性的分支机构。

（五）社会团体其他机构

1. 党团组织

社会团体应当重视思想政治工作，加强中国共产党的基层组织建设，保证正确的政治方向。社会团体符合建党、建团条件的，应按照有关规定建立党的基层组织、团的基层组织。专职工作人员中有 3 名以上正式党员的，都应当建立起党的基层组织。

2. 实体机构

社会团体实体机构是指社会团体出资建立（举办）的企业等实体，一般都具有法人资格，独立于社团之外。社团在该实体享有出资人（股东）的权益。

四、变更登记、注销登记

社会团体成立、注销或者变更名称、住所、法定代表人，由登记管理机关予以公告。社会团体按照国家有关规定处分注销后的剩余财产。

（一）社会团体变更登记

社会团体的登记事项需要变更的，应当自业务主管单位审查同意之日起 30 日内，向登记管理机关申请变更登记。社会团体修改章程，应当自业务主管单位审查同意之日起 30 日内，报登记管理机关核准。

（二）社会团体注销登记

社会团体有下列情形之一的，应当在业务主管单位审查同意后，向登记管理机关申请注销登记：

（1）完成社会团体章程规定的宗旨的；

（2）自行解散的；

（3）分立、合并的；

（4）由于其他原因终止的。

社会团体在办理注销登记前，应当在业务主管单位及其他有关机关的指导下，成立清算组织，完成清算工作。清算期间，社会团体不得开展清算以外的活动。

社会团体应当自清算结束之日起 15 日内向登记管理机关办理注销登记。办理注销登记，应当提交法定代表人签署的注销登记申请书、业务主管单位的审查文件和清算报告书。

登记管理机关准予注销登记的，发给注销证明文件，收缴该社会团体的登记证书、印章和财务凭证。

五、监督管理

（一）监督职责

1. 业务主管单位的职责

按照《社会团体登记管理条例》和有关规定，业务主管单位职责主要包括：

（1）负责社团（包括分支机构、代表机构）成立、变更、注销登记前的审查；

（2）负责社团党建、思想政治工作；

（3）负责指导社团人事、财务管理工作；

（4）负责指导、监督社团按章程规定的范围开展业务活动；

（5）负责指导、管理社团接受境内外捐赠、资助；

（6）负责指导、管理社团的涉外活动，包括吸纳境外人士入会，加入境外非政府组织，设立境外代表机构，组织参与在境内外的涉外活动等；

（7）负责年度检查的初审；

（8）配合登记管理机关和有关部门进行执法检查，协助查处违法、违规行为；

（9）负责指导注销登记前的清算事宜，处理撤销登记后的善后事宜等。

2. 登记管理机关的职责

根据相关规定，登记管理机关的职责主要包括：

（1）社会团体（包括分支机构、代表机构）成立、变更、注销的审批登记（或备案），颁发证书；

（2）法规、政策的调研制定工作，协调有关部门相关政策的研究、制定；

（3）监督社团日常活动；

（4）组织实施年度检查；

（5）负责执法检查，对违法违规的行为进行行政处罚；

（6）取缔非法社团等。

（二）资产管理

1. 社会团体会计制度

社会团体必须执行国家规定的财务管理制度，接受财政部门的监督；资产来源属于国家拨款或者社会捐赠、资助的，还应当接受审计机关的监督。社会团体在换届或者更换法定代表人之前，登记管理机关、业务主管单位应当组织对其进行财务审计。社会团体应加强财务管理，遵守财务制度和财经纪律，严格执行财政部《民间非营利组织会计制度》（财会〔2004〕7号）。

2. 社会团体经费来源

社会团体的资产来源必须合法，任何单位和个人不得侵占、私分或者挪用社会团体的资产。社会团体的经费主要来源有：①会费；②捐赠；③政府资助；④在核准的业务范围内开展活动或服务的收入；⑤利息等其他合法的收入。

3. 社会团体经费使用

社会团体的经费，以及开展章程规定的活动按照国家有关规定所取得的合法收入，必须用于章程规定的业务活动，不得在会员中分配。社会团体接受捐赠、资助，必须符合章程规定的宗旨和业务范围，必须根据与捐赠人、资助人约定的期限、方式和合法用途使用。社会团体应当向业务主管单位报告接受、使用捐赠、资助的有关情况，并应当将有关情况以适当方式向社会公布。社会团体专职工作人员的工资和保险福利待遇，参照国家对事业单位的有关规定执行。

4. 社会团体税务登记与税收优惠

社会团体应自批准设立之日起30日内持有关证件向当地的主管地方税务机关申报办

理税务登记。社会团体的税务登记管辖范围按照级别管辖与地域管辖相结合的原则办理，原则上到与登记管理机关同级的地方税务机关办理税务登记；社会团体的办公地点所在地与登记管理机关所在地不一致的，向其办公地点所在地的主管地方税务机关办理税务登记。

社会团体按照规定收取的会费，是非应税收入，不属于营业税的征收范围，不征收营业税；财政拨款收入、各级政府资助收入、会费收入、社会捐赠收入，免征企业所得税。

5. 社会团体年度检查

社会团体应当于每年3月31日前向业务主管单位报送上一年度的工作报告，经业务主管单位初审同意后，于5月31日前报送登记管理机关，接受年度检查。工作报告的内容包括：本社会团体遵守法律法规和国家政策的情况、依照相关政策法规履行登记手续的情况、按照章程开展活动的情况、人员和机构变动的情况以及财务管理的情况。

六、社会团体登记管理有关问题的处理

为进一步加强社会团体登记管理有关工作，规范社会团体登记审核、年度检查和执法监督，解决新问题，2007年民政部下发了《关于社会团体登记管理有关问题的通知》（民函〔2007〕263号），2015年中共中央办公厅、国务院办公厅制定了《关于改革社会组织管理制度促进社会组织健康有序发展的意见》，2015年民政部颁发了《全国性行业协会商会负责人任职管理办法（试行）》，就如何处理社会团体存在的一些突出问题作出了要求。

（一）社会团体章程的修订与核准

社会团体确需对章程进行修改或调整的，需在报会员大会（会员代表大会）审议前，书面征求业务主管单位和登记管理机关意见。章程修改经会员大会（会员代表大会）审议通过后，社会团体应按照《社会团体登记管理条例》规定，及时报登记管理机关核准。社会团体修改章程未履行规定程序的，登记管理机关不予以受理章程核准。未经核准的章程，不作为社会团体开展活动的依据，社会团体不应擅自发布。

（二）社会团体民主程序的监督

社会团体会员大会（会员代表大会）、理事会（常务理事会）、监事会领导人，会长、秘书长的任期应当遵照章程规定。社会团体会员大会（会员代表大会）因特殊情况需要提前或延期进行换届的，应事先以书面形式报业务主管单位和登记管理机关批准同意，社会团体应当在批准期限内完成换届。

（三）社会团体负责人备案制度

社会团体负责人备案，按照“一届一备、变更必备”的原则进行。社会团体换届产生新一届理事长（会长）、副理事长（副会长）、秘书长后，无论是否发生人员、职务变动，均应按照相关规定，及时到登记管理机关办理负责人变更手续。

（四）社会团体负责人任职资格与条件

根据《社会团体登记管理条例》和《行业协会商会与行政机关脱钩总体方案》的有关规定，社会团体负责人应当具备以下基本任职条件：①坚持中国共产党领导，拥护中国特色社会主义，坚决执行党的路线方针政策；②遵纪守法，勤勉尽职，个人社会信用记录良好；③具备相应的专业知识、经验和能力，熟悉行业情况；④身体健康，能正常履责，年龄界限为70周岁；⑤具有完全民事行为能力；⑥没有法律法规禁止任职的其他情形。

社会团体理事长（会长）、秘书长只能任职一个社会团体理事长（会长）、秘书长。社会团体理事长（会长）和秘书长不得由同一人兼任，并不得来自于同一会员单位。社会团体理事长（会长）、秘书长不得由现职和不担任现职但未办理退（离）休手续的公务员兼任。

社会团体法定代表人需由章程明确的负责人担任，同时不得兼任其他社会团体法定代表人。

第二节　民办非企业单位管理政策法规

民办非企业单位是指企事业单位、社会团体和其他社会力量以公民个人利用非国有资产举办的、从事非营利性社会服务活动的社会组织。为了规范民办非企业单位的登记管理，保障民办非企业单位的合法权益，1998年10月25日，国务院公布实施了《民办非企业单位登记管理暂行条例》。

一、管理体制

成立民办非企业单位，应当经其业务主管单位审查同意（《意见》指出的直接登记的四类不需要业务主管单位审查同意），并依法登记。其中业务主管单位和登记管理机关类似于社会团体管理。民办非企业单位不得从事营利性经营活动。

二、登记管理

（一）民办非企业单位成立条件

申请登记民办非企业单位，应当具备下列条件：

（1）经业务主管单位审查同意；

（2）有规范的名称、必要的组织机构；

（3）有与其业务活动相适应的从业人员；

（4）有与其业务活动相适应的合法财产；

（5）有必要的场所。民办非企业单位的名称应当符合国务院民政部门的规定，不得冠以“中国”“全国”“中华”等字样。

(二) 民办非企业单位登记申请文件

申请民办非企业单位登记，举办者应当向登记管理机关提交下列文件：

(1) 登记申请书；

(2) 业务主管单位的批准文件；

(3) 场所使用权证明；

(4) 验资报告；

(5) 拟任负责人的基本情况、身份证明；

(6) 章程草案。

按照《民非登记条例》规定，民办非企业单位的章程应当包括下列事项：名称、住所；宗旨和业务范围；组织管理制度；法定代表人或者负责人的产生、罢免的程序；资产管理和使用的原则；章程的修改程序；终止程序和终止后资产的处理；需要由章程规定的其他事项。

(三) 登记机关回应登记

登记管理机关应当自收到成立登记申请的全部有效文件之日起 60 日内作出准予登记或者不予登记的决定。

1. 不予登记

有下列情形之一的，登记管理机关不予登记，并向申请人说明理由：

(1) 有根据证明申请登记的民办非企业单位的宗旨、业务范围不符合相关规定的；

(2) 在申请成立时弄虚作假的；

(3) 在同一行政区域内已有业务范围相同或者相似的民办非企业单位，没有必要成立的；

(4) 拟任负责人正在或者曾经受到剥夺政治权利的刑事处罚，或者不具有完全民事行为能力的；

(5) 有法律、行政法规禁止的其他情形的。

2. 准予登记

准予登记的民办非企业单位，由登记管理机关登记民办非企业单位的名称、住所、宗旨和业务范围、法定代表人或者负责人、开办资金、业务主管单位，并根据其依法承担民事责任的不同方式，分别发给《民办非企业单位（法人）登记证书》《民办非企业单位（合伙）登记证书》《民办非企业单位（个体）登记证书》。

依照法律、其他行政法规规定，经有关主管部门依法审核或者登记，已经取得相应的执业许可证书的民办非企业单位，登记管理机关应当简化登记手续，凭有关主管部门出具的执业许可证明文件，发给相应的民办非企业单位登记证书。民办非企业单位不得设立分支机构。

(四) 变更登记与注销登记

民办非企业单位成立、注销以及变更名称、住所、法定代表人或者负责人，由登记管理机关予以公告。

1. 变更登记

民办非企业单位的登记事项需要变更的，应当自业务主管单位审查同意之日起 30 日内，向登记管理机关申请变更登记。民办非企业单位修改章程，应当自业务主管单位审查同意之日起 30 日内，报登记管理机关核准。

2. 注销登记

民办非企业单位自行解散的，分立、合并的，或者由于其他原因需要注销登记的，应当向登记管理机关办理注销登记。登记管理机关准予注销登记的，发给注销证明文件，收缴登记证书、印章和财务凭证。

民办非企业单位在办理注销登记前，应当在业务主管单位和其他有关机关的指导下，成立清算组织，完成清算工作。清算期间，民办非企业单位不得开展清算以外的活动。民办非企业单位法定代表人或者负责人应当自完成清算之日起 15 日内，向登记管理机关办理注销登记。办理注销登记，须提交注销登记申请书、业务主管单位的审查文件和清算报告。

对民办非企业单位监督管理的内容与社会团体监督管理类似。

（五）加强和改进社会服务机构登记管理

为了进一步加强和改进社会服务机构（民办非企业单位）登记管理工作，2018 年 10 月 16 日，民政部印发了《关于进一步加强和改进社会服务机构登记管理工作的实施意见》（民发〔2018〕129 号），要求切实提升社会服务机构登记管理质量，引导促进社会服务机构健康有序发展。

第三节　基金会管理政策法规

基金会，是指利用自然人、法人或者其他组织捐赠的财产，以从事公益事业为目的，按照规定成立的非营利性法人。基金会分为面向公众募捐的基金会（以下简称“公募基金会”）和不得面向公众募捐的基金会（以下简称“非公募基金会”）。

为了规范基金会的组织和活动，维护基金会、捐赠人和受益人的合法权益，促进社会力量参与公益事业，2004 年，国务院颁布实施了《基金会管理条例》。条例规定，基金会实行登记和业务主管制度，基金会依照章程从事公益活动，遵循公开、透明的原则。

一、设立、变更和注销

国务院民政部门和省、自治区、直辖市人民政府民政部门是基金会的登记管理机关。国务院民政部门负责下列基金会、基金会代表机构的登记管理工作：

（1）全国性公募基金会；

（2）拟由非内地居民担任法定代表人的基金会；

（3）原始基金超过 2000 万元，发起人向国务院民政部门提出设立申请的非公募基金会；

（4）境外基金会在中国内地设立的代表机构。省、自治区、直辖市人民政府民政部门负责本行政区域内地方性公募基金会和不属于上述情况的非公募基金会的登记管理工作。

设立基金会，应当具备下列条件：

（1）为特定的公益目的而设立；

（2）全国性公募基金会的原始基金不低于800万元人民币，地方性公募基金会的原始基金不低于400万元人民币，非公募基金会的原始基金不低于200万元人民币，原始基金必须为到账货币资金；

（3）有规范的名称、章程、组织机构以及与其开展活动相适应的专职工作人员；

（4）有固定的住所；

（5）能够独立承担民事责任。

申请设立基金会，申请人应当向登记管理机关提交下列文件：

（1）申请书；

（2）章程草案；

（3）验资证明和住所证明；

（4）理事名单、身份证明以及拟任理事长、副理事长、秘书长简历；

（5）业务主管单位同意设立的文件。

其中，基金会章程应当载明下列事项：①名称及住所；②设立宗旨和公益活动的业务范围；③原始基金数额；④理事会的组成、职权和议事规则，理事的资格、产生程序和任期；⑤法定代表人的职责；⑥监事的职责、资格、产生程序和任期；⑦财务会计报告的编制、审定制度；⑧财产的管理、使用制度；⑨基金会的终止条件、程序和终止后财产的处理。

登记管理机关自收到全部有效文件之日起60日内，作出准予或者不予登记的决定。准予登记的，发给《基金会法人登记证书》；不予登记的，书面说明理由。

基金会可以立分支机构、代表机构。基金会分支机构、基金会代表机构依据基金会的授权开展活动，不具有法人资格。

境外基金会在中国内地设立代表机构，应当经有关业务主管单位同意后，向登记管理机关提交下列文件：

（1）申请书；

（2）基金会在境外依法登记成立的证明和基金会章程；

（3）拟设代表机构负责人身份证明及简历；

（4）住所证明；

（5）业务主管单位同意在中国内地设立代表机构的文件。

登记管理机关自收到全部有效文件之日起60日内，作出准予或者不予登记的决定。准予登记的，发给《境外基金会代表机构登记证书》；不予登记的，应当书面说明理由。

基金会、基金会分支机构、基金会代表机构和境外基金会代表机构的登记事项需要变更的，应当向登记管理机关申请变更登记。基金会修改章程，应当征得其业务主管单位的同意，并报登记管理机关核准。

基金会、境外基金会代表机构有下列情形之一的，应当向登记管理机关申请注销登记：

（1）按照章程规定终止的；

（2）无法按照章程规定的宗旨继续从事公益活动的；

（3）由于其他原因终止的。

基金会撤销其分支机构、代表机构的，应当向登记管理机关办理分支机构、代表机构的注销登记。

基金会在办理注销登记前，应当进行清算。

二、组织机构

基金会设理事会，理事为 5 至 25 人，理事任期由章程规定，但每届任期不得超过 5 年。理事任期届满，连选可以连任。用私人财产设立的非公募基金会，相互间有近亲属关系的基金会理事，总数不得超过理事总人数的 1/3；其他基金会，具有近亲属关系的不得同时在理事会任职。在基金会领取报酬的理事不得超过理事总人数的 1/3。理事会设理事长、副理事长和秘书长，从理事中选举产生，理事长是基金会的法定代表人。

理事会是基金会的决策机构，依法行使章程规定的职权。理事会每年至少召开 2 次会议。理事会会议须有 2/3 以上理事出席方能召开；理事会决议须经出席理事过半数通过方为有效。但下列重要事项的决议，须经出席理事表决，2/3 以上通过方为有效：

（1）章程的修改；

（2）选举或者罢免理事长、副理事长、秘书长；

（3）章程规定的重大募捐、投资活动；

（4）基金会的分立、合并。理事会会议应当制作会议记录，并由出席理事审阅、签名。

基金会设监事。监事任期与理事任期相同。理事、理事的近亲属和基金会财会人员不得兼任监事。监事依照章程规定的程序检查基金会财务和会计资料，监督理事会遵守法律和章程的情况。监事列席理事会会议，有权向理事会提出质询和建议，并应当向登记管理机关、业务主管单位以及税务、会计主管部门反映情况。基金会理事遇有个人利益与基金会利益关联时，不得参与相关事宜的决策；基金会理事、监事及其近亲属不得与其所在的基金会有任何交易行为。监事和未在基金会担任专职工作的理事不得从基金会获取报酬。

基金会理事长、副理事长和秘书长不得由现职国家工作人员兼任。基金会的法定代表人，不得同时担任其他组织的法定代表人。公募基金会和原始基金来自中国内地的非公募基金会的法定代表人，应当由内地居民担任。因犯罪被判处管制、拘役或者有期徒刑，刑期执行完毕之日起未逾 5 年的，因犯罪被判处剥夺政治权利正在执行期间或者曾经被判处剥夺政治权利的，以及曾在因违法被撤销登记的基金会担任理事长、副理事长或者秘书长，且对该基金会的违法行为负有个人责任，自该基金会被撤销之日起未逾 5 年的，不得担任基金会的理事长、副理事长或者秘书长。担任基金会理事长、副理事长或者秘书长的香港居民、澳门居民、台湾居民、外国人以及境外基金会代表机构的负责人，每年在中国内地居留时间不得少于 3 个月。

三、财产的管理和使用

基金会组织募捐、接受捐赠，应当符合章程规定的宗旨和公益活动的业务范围。境外基金会代表机构不得在中国境内组织募捐、接受捐赠。公募基金会组织募捐，应当向社会公布募得资金后拟开展的公益活动和资金的详细使用计划。基金会及其捐赠人、受益人依照法律、行政法规的规定享受税收优惠。

基金会应当根据章程规定的宗旨和公益活动的业务范围使用其财产；捐赠协议明确了具体使用方式的捐赠，根据捐赠协议的约定使用。接受捐赠的物资无法用于符合其宗旨的用途时，基金会可以依法拍卖或者变卖，所得收入用于捐赠目的。

公募基金会每年用于从事章程规定的公益事业支出，不得低于上一年总收入的70%；非公募基金会每年用于从事章程规定的公益事业支出，不得低于上一年基金余额的8%。基金会工作人员工资福利和行政办公支出不得超过当年总支出的10%。基金会开展公益资助项目，应当向社会公布所开展的公益资助项目种类以及申请、评审程序。

基金会可以与受助人签订协议，约定资助方式、资助数额以及资金用途和使用方式。基金会有权对资助的使用情况进行监督。受助人未按协议约定使用资助或者有其他违反协议情形的，基金会有权解除资助协议。

基金会应当执行国家统一的会计制度，依法进行会计核算、建立健全内部会计监督制度。基金会注销后的剩余财产应当按照章程的规定用于公益目的；无法按照章程规定处理的，由登记管理机关组织捐赠给与该基金会性质、宗旨相同的社会公益组织，并向社会公告。

第四节　社会组织评估政策法规

社会组织评估是社会组织管理的重要内容。为了规范社会组织评估工作，2010 年 12 月 20 日民政部颁布了《社会组织评估管理办法》（以下简称《评估办法》），《评估办法》自 2011 年 3 月 1 日起施行。

一、社会组织的评估体制

社会组织评估，是指各级人民政府民政部门为依法实施社会组织监督管理职责，促进社会组织健康发展，依照规范的方法和程序，由评估机构根据评估标准，对社会组织进行客观、全面的评估，并作出评估等级结论的活动。

社会组织评估工作应当坚持分级管理、分类评定、客观公正的原则，实行政府指导、社会参与、独立运作的工作机制。各级人民政府民政部门按照登记管理权限，负责本级社会组织评估工作的领导，并对下一级人民政府民政部门社会组织评估工作进行指导。

社会组织评估经费从民政部门社会组织管理工作经费中列支，不得向评估对象收取评估费用。社会组织评估标准和内容、评估等级证书牌匾式样由民政部统一制定。

二、评估对象和内容

（一）评估对象

《评估办法》明确规定，社会组织评估的对象是指经各级人民政府民政部门登记注册的社会团体、基金会、民办非企业单位。

申请参加评估的社会组织应当符合下列条件之一：

（1）取得社会团体、基金会或者民办非企业单位登记证书满两个年度，未参加过社会组织评估的；

（2）获得的评估等级满 5 年有效期的。

社会组织有下列情形之一的，评估机构不予评估：

（1）未参加上年度年度检查；

（2）上年度年度检查不合格或者连续 2 年基本合格；

（3）上年度受到有关政府部门行政处罚或者行政处罚尚未执行完毕；

（4）正在被有关政府部门或者司法机关立案调查；

（5）其他不符合评估条件的。

（二）评估内容

对社会组织评估，按照组织类型的不同，实行分类评估。社会团体、基金会实行综合评估，评估内容包括基础条件、内部治理、工作绩效和社会评价。民办非企业单位实行规范化建设评估，评估内容包括基础条件、内部治理、业务活动和诚信建设、社会评价。

三、评估机构和职责

（一）民政部门

各级人民政府民政部门设立相应的社会组织评估委员会（以下简称“评估委员会”）和社会组织评估复核委员会（以下简称“复核委员会”），并负责对本级评估委员会和复核委员会的组织协调和监督管理。

（二）评估委员会和复核委员会

评估委员会和复核委员会委员应当具备下列条件：

（1）熟悉社会组织管理工作的法律法规和方针政策；

（2）在所从事的领域具有突出业绩和较高声誉；

（3）坚持原则，公正廉洁，忠于职守。

评估委员会和复核委员会委员由有关政府部门、研究机构、社会组织、会计师事务所、律师事务所等单位推荐，民政部门聘任。评估委员会由 7 至 25 名委员组成，设主任 1 名、副主任若干名。复核委员会由 5 至 9 名委员组成，设主任 1 名、副主任 1 名。评估委员会和复核委员会委员聘任期 5 年。

评估委员会可以下设办公室或者委托社会机构（以下简称“评估办公室”），负责评估委员会的日常工作。

评估委员会负责社会组织评估工作，负责制定评估实施方案、组建评估专家组、组织实施评估工作、作出评估等级结论并公示结果。评估委员会召开最终评估会议须有 2/3 以上委员出席。最终评估采取记名投票方式表决，评估结论须经全体委员半数以上通过。复核委员会负责社会组织评估的复核和对举报的裁定工作。

（三）评估专家组

评估专家组由有关政府部门、研究机构、社会组织、会计师事务所、律师事务所等有关专业人员组成。评估专家组负责对社会组织进行实地考察，并提出初步评估意见。

四、评估程序和方法

社会组织评估工作依照下列程序进行：

（1）发布评估通知或者公告；

（2）审核社会组织参加评估资格；

（3）组织实地考察和提出初步评估意见；

（4）审核初步评估意见并确定评估等级；

（5）公示评估结果并向社会组织送达通知书；

（6）受理复核申请和举报；

（7）民政部门确认社会组织评估等级、发布公告，并向获得 3A 以上评估等级的社会组织颁发证书和牌匾。

地方各级人民政府民政部门应当将获得 4A 以上评估等级的社会组织报上一级民政部门审核备案。省级人民政府民政部门应当在每年 12 月 31 日前，将本行政区域社会组织等级评估情况以及获得 5A 评估等级的社会组织名单上报民政部。

评估期间，评估机构和评估专家有权要求参加评估的社会组织提供必要的文件和证明材料。参加评估的社会组织应当予以配合，如实地提供有关情况和资料。

五、回避与复核

（一）回避

评估委员会委员、复核委员会委员和评估专家有下列情形之一的，应当回避：

（1）与参加评估的社会组织有利害关系的；

（2）曾在参加评估的社会组织任职，离职不满 2 年的；

（3）与参加评估的社会组织有其他可能影响评估结果公正关系的。

参加评估的社会组织向评估办公室提出回避申请，评估办公室应当及时作出是否回避的决定。

（二）复核

参加评估的社会组织对评估结果有异议的，可以在公示期内向评估办公室提出书面复核申请。评估办公室对社会组织的复核申请和原始证明材料审核认定后，报复核委员会进行复核。

复核委员会应当充分听取评估专家代表的初步评估情况介绍和申请复核社会组织的陈述，确认复核材料，并以记名投票方式表决，复核结果须经全体委员半数以上通过。复核委员会的复核决定，应当于作出决定之日起 15 日内，以书面形式通知申请复核的社会组织。

评估办公室受理举报后，应当认真核实，对情况属实的作出处理意见，报复核委员会裁定。裁定结果应当及时告知举报人，并通知有关社会组织。

六、评估等级管理

（一）评估等级

社会组织评估结果分为 5 个等级，由高至低依次为 5A 级（AAAAA）、4A 级（AAAA）、3A 级（AAA）、2A 级（AA）、1A 级（A）。

获得评估等级的社会组织在开展对外活动和宣传时，可以将评估等级证书作为信誉证明出示。评估等级牌匾应当悬挂在服务场所或者办公场所的明显位置，自觉接受社会监督。

（二）评估等级的有效期

社会组织评估等级有效期为 5 年。获得 3A 以上评估等级的社会组织，可以优先接受政府职能转移，可以优先获得政府购买服务，可以优先获得政府奖励。获得 3A 以上评估等级的基金会、慈善组织等公益性社会团体可以按照规定申请公益性捐赠税前扣除资格。获得 4A 以上评估等级的社会组织在年度检查时，可以简化年度检查程序。

评估等级有效期满前 2 年，社会组织可以申请重新评估。符合参加评估条件未申请参加评估或者评估等级有效期满后未再申请参加评估的社会组织，视为无评估等级。

第五节　社会组织管理制度改革

为了进一步加强社会组织建设，激发社会组织活力，2016 年 8 月中共中央办公厅、国务院办公厅印发了《关于改革社会组织管理制度促进社会组织健康有序发展的意见》（中办发〔2016〕46 号，以下简称《意见》），对改革社会组织管理制度、促进社会组织健康有序发展进行全面部署。

一、总体要求

《意见》指出，改革社会组织管理制度必须坚持习近平新时代中国特色社会主义思想为指导，按照“四个全面”战略布局要求，贯彻落实创新、协调、绿色、开放、共享发展理念，一手抓积极引导发展，一手抓严格依法管理，充分发挥社会组织服务国家、服务社会、服务群众、服务行业的作用，努力走出一条具有中国特色的社会组织发展之路；必须坚持党的领导、改革创新、放管并重、和积极稳妥推进的原则。到2020年，统一登记、各司其职、协调配合、分级负责、依法监管的中国特色社会组织管理体制建立健全，社会组织法规政策更加完善，综合监管更加有效，党组织作用发挥更加明显，发展环境更加优化；政社分开、权责明确、依法自治的社会组织制度基本建立，结构合理、功能完善、竞争有序、诚信自律、充满活力的社会组织发展格局基本形成。

二、改革措施

围绕实现改革社会组织管理制度的总体目标，《意见》提出了一系列的具体措施要求。

（一）大力培育发展社区社会组织

1. 降低准入门槛

《意见》要求，对在城乡社区开展为民服务、养老照护、公益慈善、促进和谐、文体娱乐和农村生产技术服务等活动的社区社会组织，采取降低准入门槛的办法，支持鼓励发展。对符合登记条件的社区社会组织，优化服务，加快审核办理程序，并简化登记程序。对达不到登记条件的社区社会组织，按照不同规模、业务范围、成员构成和服务对象，由街道办事处（乡镇政府）实施管理，加强分类指导和业务指导。鼓励在街道（乡镇）成立社区社会组织联合会，发挥管理服务协调作用。

2. 积极扶持发展

《意见》要求，鼓励依托街道（乡镇）综合服务中心和城乡社区服务站等设施，建立社区社会组织综合服务平台，为社区社会组织提供组织运作、活动场地、活动经费、人才队伍等方面支持。采取政府购买服务、设立项目资金、补贴活动经费等措施，加大对社区社会组织扶持力度，重点培育为老年人、妇女、儿童、残疾人、失业人员、农民工、服刑人员未成年子女、困难家庭、严重精神障碍患者、有不良行为青少年、社区矫正人员等特定群体服务的社区社会组织。有条件的地方可探索建立社区社会组织孵化机制，设立孵化培育资金，建设孵化基地。鼓励社会力量支持社区社会组织发展。

3. 增强服务功能

《意见》要求，发挥社区社会组织在创新基层社会治理中的积极作用，推动建立多元主体参与的社区治理格局。鼓励社区社会组织开展邻里互助、居民融入、纠纷调解、平安创建等社区活动，组织社区居民参与社区公共事务和公益事业，促进社区和谐稳定。支持社区社会组织承接社区公共服务和基层政府委托事项，开展社区志愿服务。建立社区社会组织与社区建设、社会工作联动机制，促进资源共享、优势互补，把社区社会组织建设成为增强社区自治和服务功能、吸纳社会工作人才的重要载体。

（二）完善扶持社会组织发展政策措施

1. 支持社会组织提供公共服务

《意见》要求，结合政府职能转变和行政审批改革，将政府部门不宜行使、适合市场和社会提供的事务性管理工作及公共服务，通过竞争性方式交由社会组织承担。逐步扩大政府向社会组织购买服务的范围和规模，对民生保障、社会治理、行业管理等公共服务项目，同等条件下优先向社会组织购买。

2. 完善财政税收支持政策

《意见》要求，中央财政继续安排专项资金，有条件的地方可参照安排专项资金，支持社会组织参与社会服务，加强社会组织能力建设，有计划有重点地扶持一批品牌性社会组织。落实国家对社会组织各项税收优惠政策，符合条件的社会组织按照有关法律法规享受相关税收优惠政策。财政、税务部门要结合综合监管体制建设，研究完善社会组织税收政策体系和票据管理制度，改进和落实公益慈善事业捐赠税收优惠制度。鼓励银行业金融机构加大对符合条件的社会组织的金融支持力度。

3. 完善人才政策

《意见》要求，把社会组织人才工作纳入国家人才工作体系，对社会组织的专业技术人员执行与相关行业相同的职业资格、注册考核、职称评定政策，对符合条件的社会组织专门人才给予相关补贴，将社会组织人才纳入国家专业技术人才知识更新工程。建立社会组织负责人培训制度，引导其自觉践行社会主义核心价值观，增强社会责任意识和诚信意识。积极向国际组织推荐具备国际视野的社会组织人才。有关部门和群团组织要将社会组织及其从业人员纳入有关表彰奖励推荐范围。民政部、人力资源社会保障部要会同有关部门研究制定加强社会组织人才工作的意见。

4. 发挥社会组织积极作用

《意见》要求，进一步发挥社会组织在促进经济发展、管理社会事务、提供公共服务中的作用。支持社会组织尤其是行业协会商会在服务企业发展、规范市场秩序、开展行业自律、制定团体标准、维护会员权益、调解贸易纠纷等方面发挥作用，使之成为推动经济发展的重要力量。支持社会组织在创新社会治理、化解社会矛盾、维护社会秩序、促进社会和谐等方面发挥作用，使之成为社会建设的重要主体。支持社会组织在发展公益慈善事业、繁荣科学文化、扩大就业渠道等方面发挥作用，满足人民群众多样化需求。

（三）依法做好社会组织登记审查

1. 稳妥推进直接登记

《意见》提出，重点培育、优先发展行业协会商会类、科技类、公益慈善类、城乡社区服务类社会组织。成立行业协会商会，按照《行业协会商会与行政机关脱钩总体方案》的精神，直接向民政部门依法申请登记。在自然科学和工程技术领域内从事学术研究和交流活动的科技类社会组织，以及提供扶贫、济困、扶老、救孤、恤病、助残、救灾、助医、助学服务的公益慈善类社会组织，直接向民政部门依法申请登记。为满足城乡社区居民生活需求，在社区内活动的城乡社区服务类社会组织，直接向县级民政部门依法申请登记。民政部门审查直接登记申请时，要广泛听取意见，根据需要征求有关部门意见或组织专家进行评估。国务院法制办要抓紧推动修订《社会团体登记管理条例》等行政法规。民政部要会同有关部门尽快制定直接登记的社会组织分类标准和具体办法。

2. 完善业务主管单位前置审查

《意见》提出，对直接登记范围之外的其他社会组织，继续实行登记管理机关和业务主管单位双重负责的管理体制。业务主管单位要健全工作程序，完善审查标准，切实加强对社会组织名称、宗旨、业务范围、发起人和拟任负责人的把关，支持符合条件的社会组织依法成立。

3. 严格民政部门登记审查

《意见》要求，民政部门要会同行业管理部门及相关党建工作机构，加强对社会组织发起人、拟任负责人资格审查。对跨领域、跨行业以及业务宽泛、不易界定的社会组织，按照明确、清晰、聚焦主业的原则，加强名称审核、业务范围审定，听取利益相关方和管理部门意见。严禁社会组织之间建立垂直领导或变相垂直领导关系，严禁社会组织设立地域性分支机构。对全国性社会团体，要从成立的必要性、发起人的代表性、会员的广泛性等方面认真加以审核，业务范围相似的，要充分进行论证。活动地域跨省（自治区、直辖市）的社会组织比照全国性社会组织从严审批。

4. 强化社会组织发起人责任

《意见》要求，国务院法制办会同民政部推动将社会组织发起人的资格、人数、行为、责任等事项纳入有关行政法规予以规范。发起人应当对社会组织登记材料的合法性、真实性、准确性、有效性、完整性负责，对社会组织登记之前的活动负责，主要发起人应当担任首届负责人。建立发起人不良行为记录档案。发起人不得以拟成立社会组织名义开展与发起无关的活动，禁止向非特定对象发布筹备和筹款信息。党政领导干部未经批准不得发起成立社会组织。经批准担任发起人但不履行责任的，批准机关要严肃问责。

（四）严格管理和监督

1. 加强对社会组织负责人的管理

《意见》要求，民政部门会同有关部门建立社会组织负责人任职、约谈、警告、责令撤换、从业禁止等管理制度，落实法定代表人离任审计制度。建立负责人不良行为记录档案，强化社会组织负责人过错责任追究，对严重违法违规的，责令撤换并依法依规追究责任。推行社会组织负责人任职前公示制度、法定代表人述职制度。

2. 加强对社会组织资金的监管

《意见》要求，建立民政部门牵头，财政、税务、审计、金融、公安等部门参加的资金监管机制，共享执法信息，加强风险评估、预警。民政、财政部门要推动社会组织建立健全内控管理机制，严格执行国家有关财务会计制度和票据管理使用制度，推行社会组织财务信息公开和注册会计师审计制度。财政部门要加强对社会组织财政、财务、会计等政策执行情况的监督检查，发现问题依法处罚并及时通报民政部门。税务部门要推动社会组织依法进行税务登记，对于没有在税务机关登记的社会组织，要在本意见下发后半年内完成登记手续；加强对社会组织非营利性的监督，严格核查非营利组织享受税收优惠政策的条件，落实非营利性收入免税申报和经营性收入依法纳税制度；加强对社会组织的税务检查，对违法违规开展营利性经营活动的，依法取消税收优惠资格，通报有关部门依法处罚社会组织和主要责任人。审计机关要对社会组织的财务收支情况、国有资产管理使用情况进行审计监督。金融管理部门要加强对社会组织账户的监管、对资金往来特别是大额现金支付的监测，防范和打击洗钱和恐怖融资等违法犯罪活动。中国人民银行要会同民政部加快研究将社会组织纳入反洗钱监管体系。

3. 加强对社会组织活动的管理

《意见》要求，各级政府及有关部门要按照职能分工加强对社会组织内部治理、业务活动、对外交往的管理。民政部门要通过检查、评估等手段依法监督社会组织负责人、资金、活动、信息公开、章程履行等情况，建立社会组织“异常名录”和“黑名单”，加强与有关部门的协调联动，将社会组织的实际表现情况与社会组织享受税收优惠、承接政府转移职能和购买服务等挂钩。民政部门要会同有关部门建立联合执法制度，严厉查处违法违规行为，依法取缔未经登记的各类非法社会组织。对被依法取缔后仍以非法社会组织名义活动的，公安机关要依法处理。行业管理部门要将社会组织纳入行业管理，加强业务指导和行业监管，引导社会组织健康发展，配合登记管理机关做好本领域社会组织的登记审查，协助登记管理机关和相关部门做好对本领域社会组织非法活动和非法社会组织的查处。外交、公安、物价、人力资源社会保障等部门对社会组织涉及本领域的事项事务履行监管职责，依法查处违法违规行为并及时向民政部门通报。实行双重管理的社会组织的业务主管单位，要对所主管社会组织的思想政治工作、党的建设、财务和人事管理、研讨活动、对外交往、接收境外捐赠资助、按章程开展活动等事项切实负起管理责任，每年组织专项监督抽查，协助有关部门查处社会组织违法违规行为，督促指导内部管理混乱的社会组织进行整改，组织指导社会组织清算工作。

4. 规范管理直接登记的社会组织

《意见》指出，直接登记的行业协会商会类、科技类、公益慈善类、城乡社区服务类社会组织的综合监管以及党建、外事、人力资源服务等事项，参照《行业协会商会与行政机关脱钩总体方案》及配套政策执行，落实“谁主管谁负责”的原则，切实加强事中事后监管。对已经成立的科技类、公益慈善类、城乡社区服务类社会组织，本着审慎推进、稳步过渡的原则，通过试点逐步按照对直接登记社会组织的管理方式进行管理。民政部要会同有关部门制定全国性社会组织试点方案，具体负责组织实施。地方社会组织试点工作，在各省（自治区、直辖市）党委和政府统一领导下，由民政部门具体负责组织实施，试点方案要根据当地情况研究制定。具备条件的地方可探索一业多会。已开展试点工作的地区要根据本意见精神进一步完善试点工作。

5. 加强社会监督

《意见》强调，鼓励支持新闻媒体、社会公众对社会组织进行监督。民政部要会同有关部门制定实施各类社会组织信息公开办法，探索建立社会组织年度报告制度，规范公开内容、机制和方式，提高透明度；探索建立专业化、社会化的第三方监督机制，建立健全社会组织第三方评估机制，确保评估信息公开、程序公平、结果公正；建立对社会组织违法违规行为及非法社会组织投诉举报受理和奖励机制，依法向社会公告行政处罚和取缔情况。

6. 健全社会组织退出机制

《意见》要求，对严重违反国家有关法律法规的社会组织，要依法吊销其登记证书；对弄虚作假骗取登记的社会组织，依法撤销登记；对未经许可擅自以社会组织名义开展活动的非法社会组织，依法予以取缔。完善社会组织清算、注销制度，确保社会组织资产不被侵占、私分或者挪用。

7. 规范社会组织涉外活动

《意见》要求，引导社会组织有序开展对外交流，参加非政府间国际组织，参与国际标准和规则制定，发挥社会组织在对外经济、文化、科技、体育、环保等交流中的辅助配合作用，在民间对外交往中的重要平台作用。完善相应登记管理制度，积极参与新建国际性社会组织，支持成立国际性社会组织，服务构建开放型经济新体制。确因工作需要在境外设立分支（代表）机构的，必须经业务主管单位或者负责其外事管理的单位批准。党政领导干部如确需以个人身份加入境外专业、学术组织或兼任该组织有关职务的，按干部管理权限和有关规定报批。

（五）加强社会组织自身建设

1. 健全社会组织法人治理结构

《意见》要求，针对不同类型社会组织特点制定章程示范文本。社会组织要依照法规政策和章程建立健全法人治理结构和运行机制以及党组织参与社会组织重大问题决策等制度安排，完善会员大会（会员代表大会）、理事会、监事会制度，落实民主选举、民主决策和民主管理，健全内部监督机制，成为权责明确、运转协调、制衡有效的法人主体，独立承担法律责任。推动社会组织建立健全内部纠纷解决机制，推行社会组织人民调解制度，引导当事人通过司法途径依法解决纠纷。

2. 充分发挥党组织的战斗堡垒作用和党员的先锋模范作用

《意见》要求，社会组织党组织要紧紧围绕党章赋予党的基层组织的基本任务开展工作，团结凝聚群众，保证社会组织正确政治方向；对社会组织重要事项决策、重要业务活动、大额经费开支、接收大额捐赠、开展涉外活动等提出意见，加强对社会组织分支机构党建工作的指导，对具备条件的分支机构，督促其及时建立党组织。对住所地不在北京以及设立分支机构的全国性、跨区域社会组织，除按有关规定由中央直属机关工委、中央国家机关工委、国务院国资委党委加强党的领导外，住所地及分支机构所在地党委应当按照“条块结合”的要求，加强对有关社会组织及其分支机构党组织的日常指导和监管服务。社会组织党组织书记一般从社会组织内部产生，提倡党员社会组织负责人担任党组织书记。规模较大、成员较多或没有合适党组织书记人选的社会组织，上级党组织可按规定选派党组织书记。积极开展党员先锋岗、党员责任区、党员公开承诺等活动。注重在社会组织负责人、管理层和业务骨干中培养和发展党员。坚持党建带群建，推动有条件的社会组织建立工会、共青团、妇联等群团组织。支持工会代表职工对社会组织贯彻执行有关法律法规和政策实施监督。

3. 加强社会组织诚信自律建设

《意见》要求，推动社会组织建立诚信承诺制度，建立行业性诚信激励和惩戒机制。支持社会组织建立社会责任标准体系，积极履行社会责任。引导社会组织建立活动影响评估机制，对可能引发社会风险的重要事项应事先向政府有关部门报告。强化社会组织管理服务意识，社会团体设立机构、发展会员要与其管理服务能力相适应。探索建立各领域社会组织行业自律联盟，通过发布公益倡导、制定活动准则、实行声誉评价等形式，引领和规范行业内社会组织的行为。规范社会组织收费行为，严禁巧立名目乱收费，切实防止只收费不服务、只收费不管理的现象。

4. 推进社会组织政社分开

《意见》指出，支持社会组织自我约束、自我管理，发挥提供服务、反映诉求、规范行为、促进和谐的作用。贯彻落实《行业协会商会与行政机关脱钩总体方案》，稳妥开展脱钩试点。除法律法规有特殊规定外，政府部门不得授权或委托社会组织行使行政审批。国务院决定取消的行政审批事项，原承担审批职能的部门不得通过任何形式指定交由行业协会商会继续审批。严格执行中共中央办公厅、国务院办公厅印发的《关于党政机关领导干部不兼任社会团体领导职务的通知》和中共中央组织部印发的《关于规范退（离）休领导干部在社会团体兼职问题的通知》，从严规范公务员兼任社会团体负责人，因特殊情况确需兼任的，按照干部管理权限从严审批，且兼职一般不得超过 1 个。在职公务员不得兼任基金会、社会服务机构负责人，已兼职的在本意见下发后半年内应辞去公职或辞去社会组织职务。

（六）加强党对社会组织工作的领导

1. 完善领导体制

《意见》要求，各级党委和政府要把加强和改进社会组织管理工作列入重要议事日程，列入地方党委和政府绩效考核内容和社会治安综合治理考评体系。地方党委和政府要建立完善研究决定社会组织工作重大事项制度；党委常委会应该定期听取社会组织工作汇报。各部门党组（党委）要加强对社会组织管理工作的组织领导，落实党建工作责任制，制定本部门管理规定，配齐配强相关管理力量，抓好督促落实。中央建立社会组织工作协调机制，地方各级要建立相应机制，统筹、规划、协调、指导社会组织工作，及时研究解决工作中出现的问题。重视和加强社会组织党风廉政建设和反腐败工作，完善社会组织惩治和预防腐败机制。

2. 推进社会组织党的组织和工作有效覆盖

《意见》要求，按照应建尽建的原则，加大社会组织党组织组建力度，实现党的组织和工作全覆盖。暂不具备组建条件的社会组织，可通过选派党建工作指导员、联络员或建立工会、共青团组织等开展党的工作，条件成熟时及时建立党组织。新成立的社会组织，具备组建条件的应同步建立党组织。经党中央批准，全国性重要社会组织可以设立党组。各有关部门要结合社会组织登记、检查、评估以及日常监管等工作，督促推动社会组织及时成立党组织和开展党的工作。

3. 加强社会组织党建工作基础保障

《意见》要求，推动建立多渠道、多元化投入的党建工作基础保障，提倡企事业单位、机关和街道社区、乡镇、村党组织与社会组织党组织资源共享、共建互促，为党组织开展活动、发挥作用创造条件。根据实际给予社会组织党组织书记和专职党务工作者适当工作津贴。加强对社会组织负责人的思想政治教育，引导他们主动支持党建工作。推动将党的建设写入社会组织章程。

本章练习

1. 什么是社会团体？
2. 举例说明社会团体的登记、变更与注销。
3. 什么是民办非企业单位？
4. 举例说明民办非企业的登记、变更与注销。
5. 简述基金会的概念和特征。
6. 简述基金会财产管理和使用的基本要求。
7. 简述我国社会组织评估管理制度的主要内容。
8. 中共中央办公厅、国务院办公厅印发的《关于改革社会组织管理制度促进社会组织健康有序发展的意见》指出的哪四类社会组织可直接登记？

第七章　公益慈善事业政策法规

学习目标

通过本章的学习，你应该能够：

1. 了解我国慈善事业政策法规体系，掌握慈善法的主要内容和制度规范；
2. 掌握志愿服务的特点、志愿服务关系各方主体的权利义务；
3. 掌握我国彩票发行和销售的相关规定；
4. 学会运用公益慈善事业政策法规开展社会工作。

第一节　公益慈善事业概述

现代慈善事业强调它的公益性内涵，慈善作为社会公益事业的重要组成部分，又被称之为“公益慈善”。我国通过立法和制定政策规范慈善活动，促进慈善事业的发展。2016年3月16日，第十二届全国人民代表大会第四次会议通过的《中华人民共和国慈善法》（以下简称《慈善法》），自2016年9月1日起施行。《慈善法》的出台，标志着我国公益慈善事业进入法制化轨道。

一、公益慈善的概念、特点和慈善活动的原则

（一）公益慈善的概念

《慈善法》第3条明确了慈善活动的定义，即指自然人、法人和其他组织以捐赠财产或者提供服务等方式，自愿开展的下列公益活动：

（1）扶贫、济困；

（2）扶老、救孤、恤病、助残、优抚；

（3）救助自然灾害、事故灾难和公共卫生事件等突发事件造成的损害；

（4）促进教育、科学、文化、卫生、体育等事业的发展；

（5）防治污染和其他公害，保护和改善生态环境；

（6）符合《慈善法》规定的其他公益活动。

随着慈善组织的增多和其社会救助功能的扩大，公益慈善事业的领域也在拓展。除救

助灾害、救济贫困、安老助孤等传统慈善活动外，慈善教育、支教助学、慈善医疗等也成为慈善的重要内容；除传统的自愿捐赠资产形式外，新兴的志愿慈善服务也成为慈善的重要形式。

（二）公益慈善的特点

1. 自愿性

公益慈善被认为是继市场的“初次分配”，政府的“再分配”之后的“第三次分配”。这“第三次分配”是以道德、慈爱之心为基础，是发自个人内心的一种自由意志的主张。人们完全自愿地对社会弱势群体无偿救助，从事慈善活动不是强迫的。即使人们的慈善意识日益增强，仍是以自愿为前提。公民把慈善当作个人的义务，这是一个社会慈善文化被个人内化的结果，这种内化应该是一个柔性的过程，是通过社会慈善文化氛围的影响，体现的是“自愿性”，而不能是一个强制过程。

2. 社会性

慈善事业是人类社会发展的文明产物。传统社会的慈善通常是有钱人自愿将钱、物分给穷人的少数人的“善举”；而现代公益慈善事业的参与主体多元，拥有最广泛的参与主体，无论个人、组织均可参与慈善事业。公益慈善不是个人行为，而是一种有组织、有规模的民间社会救济行为；公益慈善是一项人人可参与的事业，我国慈善领域出现了平民慈善和富豪慈善、企业慈善交相辉映的局面。

3. 公益性

公益的一般含义是公共利益，即一个社会中不特定多数人的利益。公益性是现代社会慈善事业的核心理念和根本属性。公益慈善事业的受益人数或潜在受益人是不特定多数人，受益主体具有开放性和公众性。公益慈善事业追求的是不特定多数人的利益，即有益性。主要表现为对贫弱者以金钱或物品相助，或者提供其他一些实际援助，创造增强受助者生存与发展能力的条件，维护其基本权利。

（三）慈善活动的原则

1. 合法、自愿、诚信、非营利

自然人、法人或者其他组织等捐赠人捐赠的财产，用于公益慈善事业。捐赠财产应当是自愿和无偿的，禁止强行摊派或者变相摊派。捐赠人应履行捐赠义务，并不得以慈善活动为名从事营利活动。

2. 合法与符合社会公德

《慈善法》规定，捐赠应当遵守法律、法规，不得违背社会公德，不得危害国家安全、损害公共利益和其他公民的合法权益。慈善财产的使用应当尊重捐赠人的意愿，符合公益目的，不得将慈善财产挪作他用。慈善财产及其增值为社会公共财产，受国家法律保护，任何单位和个人不得侵占、损毁。

二、促进慈善事业发展的政策措施

发展慈善事业是社会建设的重要组成部分。《慈善法》确立了“国家鼓励和支持自然人、法人和其他组织践行社会主义核心价值观，弘扬中华民族传统美德，依法开展慈善活动”的基本政策。《慈善法》明确了慈善工作管理职责：国务院民政部门主管全国慈善工作，县级以上地方各级人民政府民政部门主管本行政区域内的慈善工作；县级以上人民政府有关部门依照《慈善法》和其他有关法律法规，在各自的职责范围内做好相关工作。为弘扬慈善精神，促进慈善事业发展，《慈善法》还规定，每年9月5日为“中华慈善日”。

（一）建立健全促进慈善事业发展的体制机制

《慈善法》规定，县级以上人民政府应当根据当地经济社会发展情况，制定促进慈善事业发展的政策和措施。县级以上人民政府有关部门应当在各自职责范围内，向慈善组织、慈善信托受托人等提供慈善需求信息，为慈善活动提供指导和帮助。县级以上人民政府民政部门应当建立与其他部门之间的慈善信息共享机制。

（二）实行优惠政策

为鼓励和支持自然人、法人和其他组织依法开展慈善活动，国家对慈善活动实行税费优惠政策。

1. 税费优惠

《慈善法》规定，慈善组织及其取得的收入依法享受税收优惠。自然人、法人和其他组织捐赠财产用于慈善活动的，依法享受税收优惠。公司和其他企业依法捐赠财产用于公益事业，依照法律、行政法规的规定享受企业所得税方面的优惠，在年度总利润12%内的部分，准许在计算所得税时扣除。自然人和个体工商户依法捐赠财产用于公益事业，依照法律、行政法规的规定享受个人所得税方面的优惠，额度未超过应纳所得税30%的部分可以从应纳税所得额中扣除。对基金会等公益性团体，可申请在公益性捐款前扣除资格。企业慈善捐赠支出超过法律规定的准予在计算企业所得税的应纳税所得额时，当年扣除的部分，允许结转以后三年内在计算应纳税所得额时扣除。境外捐赠用于慈善活动的物资，依法减征或者免征进口关税和进口环节增值税。

此外，《慈善法》还规定，捐赠人向慈善组织捐赠实物、有价证券、股权和知识产权的，依法免征权利转让的相关行政事业性费用。受益人接受慈善捐赠，依法享受税收优惠。国家对开展扶贫济困的慈善活动，实行特殊的优惠政策。

2. 用地优惠

《慈善法》规定，慈善组织开展扶贫、济困、扶老、救孤、恤病、助残、优抚慈善活动需要慈善服务设施用地的，可以依法申请使用国有划拨土地或者农村集体建设用地。慈善服务设施用地非经法定程序不得改变用途。

（三）金融政策支持和购买服务

《慈善法》规定，国家为慈善事业提供金融政策支持，鼓励金融机构为慈善组织、慈善信托提供融资和结算等金融服务。

《慈善法》还规定，各级人民政府及其有关部门可以依法通过购买服务等方式，支持符合条件的慈善组织向社会提供服务，并依照有关政府采购的法律法规向社会公开相关情况。

（四）弘扬慈善文化

慈善是一种精神，是一种文化。《慈善法》规定，国家采取措施弘扬慈善文化，培育公民慈善意识。《慈善法》要求学校等教育机构应当将慈善文化纳入教育教学内容。国家鼓励高等学校培养慈善专业人才，支持高等学校和科研机构开展慈善理论研究。广播、电视、报刊、互联网等媒体应当积极开展慈善公益宣传活动，普及慈善知识，传播慈善文化。国家鼓励企业事业单位和其他组织为开展慈善活动提供场所和其他便利条件。

经受益人同意，捐赠人对其捐赠的慈善项目可以冠名纪念，法律法规规定需要批准的，按照规定办理。同时，国家建立慈善表彰制度，对在慈善事业发展中做出突出贡献的自然人、法人和其他组织，由县级以上人民政府或者有关部门予以表彰。

三、慈善信息公开制度

（一）政府信息公开制度

《慈善法》规定，县级以上人民政府建立健全慈善信息统计和发布制度。县级以上人民政府民政部门应当在统一的信息平台，及时向社会公开慈善信息，并免费提供慈善信息发布服务。县级以上人民政府民政部门和其他有关部门应当及时向社会公开下列慈善信息：

（1）慈善组织登记事项；

（2）慈善信托备案事项；

（3）具有公开募捐资格的慈善组织名单；

（4）具有出具公益性捐赠税前扣除票据资格的慈善组织名单；

（5）对慈善活动的税收优惠、资助补贴等促进措施；

（6）向慈善组织购买服务的信息；

（7）对慈善组织、慈善信托开展检查、评估的结果；

（8）对慈善组织和其他组织以及个人的表彰、处罚结果；

（9）法律法规规定应当公开的其他信息。

（二）慈善组织信息公开制度

慈善组织、慈善信托的受托人应当依法履行信息公开义务，应当在民政部门提供的统一平台发布慈善信息。为规范慈善组织的信息公开行为，2018 年 8 月 6 日，民政部公布了《慈善组织信息公开办法》（以下简称《信息公开办法》），自 2018 年 9 月 1 日起施行。

按照《信息公开办法》规定，慈善组织应当：依法履行信息公开义务，信息公开应当真实、完整、及时；建立信息公开制度，明确信息公开的范围、方式和责任；对信息的真实性负责，不得有虚假记载、误导性陈述或者重大遗漏，不得以新闻发布、广告推广等形式代替应当履行的信息公开义务。

慈善组织应当在统一信息平台为每年的年度工作报告和财务会计报告、每个公开募捐活动和慈善项目建立相对独立的信息条目。慈善组织需要对统一信息平台的信息进行更正的，应当在统一信息平台填写并公布更正说明，有独立信息条目的在相应信息条目下予以公布。基本信息发生变更的，慈善组织应当在变更后30日内在统一信息平台向社会公布。

慈善组织对外公开有关机关登记、核准、备案的事项时，应当与有关机关的信息一致。慈善组织公布的信息相互之间应当一致。慈善组织在其他渠道公布的信息，应当与其在统一信息平台上公布的信息一致。慈善组织不及时公开应当公开的事项或者公开的事项不真实的，任何单位或者个人可以向民政部门投诉、举报。民政部门可以要求慈善组织就信息公开的相关事项作出说明，必要时可以进行约谈，并向社会公开。慈善组织违反相关规定的，民政部门可以责令限期改正，并依法进行处罚。

涉及国家秘密、商业秘密、个人隐私的信息以及捐赠人、志愿者、受益人、慈善信托的委托人不同意公开的姓名、名称、住所、通信方式等信息，不得公开。

（三）慈善组织信息公开的内容

《信息公开办法》规定，慈善组织应当依照有关法律法规和本办法规定，在统一的信息平台，向社会公开下列信息：

（1）本办法规定的基本信息；

（2）年度工作报告和财务会计报告；

（3）公开募捐情况；

（4）慈善项目有关情况；

（5）慈善信托有关情况；

（6）重大资产变动及投资、重大交换交易及资金往来、关联交易行为等情况；

（7）法律法规要求公开的其他信息。

1. 基本信息

《信息公开办法》规定，慈善组织应当自下列基本信息形成之日起30日内，在统一信息平台向社会公开：

（1）经民政部门核准的章程；

（2）决策、执行、监督机构成员信息；

（3）下设的办事机构、分支机构、代表机构、专项基金和其他机构的名称、设立时间、存续情况、业务范围或者主要职能；

（4）发起人、主要捐赠人、管理人员、被投资方以及与慈善组织存在控制、共同控制或者重大影响关系的个人或者组织（以下简称“重要关联方”）；

（5）本组织的联系人、联系方式，以本组织名义开通的门户网站、官方微博、官方微信或者移动客户端等网络平台；

（6）本组织的信息公开制度、项目管理制度、财务和资产管理制度。

基本信息中属于慈善组织登记事项的，由民政部门予以公开，慈善组织可以免予公开。慈善组织可以将基本信息制作纸质文本置于本组织的住所，方便社会公众查阅、复制。具有公开募捐资格的慈善组织应当公开的基本信息还包括：

（1）按年度公开在本组织领取报酬从高到低排序前五位人员的报酬金额；

（2）本组织出国（境）经费、车辆购置及运行费用、招待费用、差旅费用的标准。

2. 财务会计报告

慈善组织应当按照有关法律法规规定的时限，将年度工作报告和财务会计报告在统一信息平台向社会公开。具有公开募捐资格的慈善组织的年度财务会计报告需经审计。

3. 公开募捐信息

慈善组织开展公开募捐活动，应当在募捐活动现场或者募捐活动载体的显著位置，公布组织名称、公开募捐资格证书、备案的募捐方案、联系方式、募捐信息查询方法等，并在统一信息平台向社会公开。慈善组织与其他组织或者个人合作开展公开募捐的，还应当公开合作方的有关信息。慈善组织通过互联网开展公开募捐的，应当按照有关规定发布募捐信息。

具有公开募捐资格的慈善组织开展公开募捐活动，应当在公开募捐活动结束后三个月内在统一信息平台公开下列信息：

（1）募得款物情况；

（2）已经使用的募得款物的用途，包括用于慈善项目和其他用途的支出情况；

（3）尚未使用的募得款物的使用计划。

公开募捐周期超过六个月的，至少每三个月公开一次第（1）、第（2）项信息。

4. 慈善项目信息

慈善组织在设立慈善项目时，应当在统一信息平台公开该慈善项目的名称和内容，慈善项目结束的，应当公开有关情况。具有公开募捐资格的慈善组织为慈善项目开展公开募捐活动的，还应当公开相关募捐活动的名称。慈善项目由慈善信托支持的，还应当公开相关慈善信托的名称。

具有公开募捐资格的慈善组织，应当在慈善项目终止后三个月内，在统一信息平台向社会公开慈善项目实施情况，具体包括：项目名称、项目内容、实施地域、受益人群、来自公开募捐和其他来源的收入、项目的支出情况，项目终止后有剩余财产的还应当公开剩余财产的处理情况。项目实施周期超过六个月的，至少每三个月公开一次项目实施情况。

慈善组织担任慈善信托受托人的，应当每年至少一次将信托事务处理情况及财务状况在统一信息平台向社会公开。

5. 重大事项和关联交易信息

慈善组织发生下列情形后 30 日内，应当在统一信息平台向社会公开具体内容和金额：

（1）重大资产变动；

（2）重大投资；

（3）重大交易及资金往来。

重大资产变动、重大投资、重大交易及资金往来的具体标准，由慈善组织依据有关法律法规规章在本组织章程或者财务资产管理制度中规定。

慈善组织在下列关联交易等行为发生后 30 日内，应当在统一信息平台向社会公开具体内容和金额：

（1）接受重要关联方捐赠；

（2）对重要关联方进行资助；

（3）与重要关联方共同投资；

（4）委托重要关联方开展投资活动；

（5）与重要关联方发生交易；

（6）与重要关联方发生资金往来。

6. 其他信息

（1）定向募捐信息。慈善组织开展定向募捐的，应当及时向捐赠人告知募捐情况、捐赠款物管理使用情况。捐赠人要求将捐赠款物管理使用情况向社会公开的，慈善组织应当向社会公开。

（2）资助信息。慈善组织应当向受益人告知其资助标准、工作流程和工作规范等信息。国家鼓励慈善组织向社会公开资助信息。

（3）慈善服务信息。慈善组织招募志愿者参与慈善服务，应当公示与慈善服务有关的全部信息，以及在服务过程中可能发生的风险。

第二节　慈善组织

一、慈善组织的概念

慈善组织，是指依法成立、符合本法规定，以面向社会开展慈善活动为宗旨的非营利性组织。慈善组织有时又被称为非政府组织（NGO）、非营利性组织（NPO）或者“第三部门”，以区别于公权力组织（政府机构等）和营利性组织（企业组织等）。慈善组织可以采取基金会、社会团体、社会服务机构等组织形式。

二、慈善组织的设立和认定

（一）慈善组织的设立

《慈善法》规定，慈善组织应当符合下列条件：

（1）以开展慈善活动为宗旨；

（2）不以营利为目的；

（3）有自己的名称和住所；

（4）有组织章程；

（5）有必要的财产；

（6）有符合条件的组织机构和负责人；

（7）法律、行政法规规定的其他条件。

设立慈善组织，应当向县级以上人民政府民政部门申请登记，民政部门应当自受理申请之日起三十日内作出决定。符合《慈善法》规定条件的，准予登记并向社会公告；不符合条件的，不予登记并书面说明理由。

设立慈善组织根据其具体的组织形式，按照相应的的程序进行。

（二）慈善组织的认定

《慈善法》公布前已经设立的基金会、社会团体、社会服务机构等非营利性组织，可以向其登记的民政部门申请认定为慈善组织。

1. 慈善组织认定的条件

按照民政部《慈善组织认定办法》规定，基金会、社会团体、社会服务机构申请认定为慈善组织，应当符合下列条件：

（1）申请时具备相应的社会组织法人登记条件；

（2）以开展慈善活动为宗旨，业务范围符合《慈善法》第 3 条的规定；申请时的上一年度慈善活动的年度支出和管理费用符合国务院民政部门关于慈善组织的规定；

（3）不以营利为目的，收益和营运结余全部用于章程规定的慈善目的；财产及其孳息没有在发起人、捐赠人或者本组织成员中分配；章程中有关于剩余财产转给目的相同或者相近的其他慈善组织的规定；

（4）有健全的财务制度和合理的薪酬制度；

（5）法律、行政法规规定的其他条件。

申请认定为慈善组织的机构，有下列情形之一的，不予认定为慈善组织：

（1）有法律法规和国家政策规定的不得担任慈善组织负责人的情形的；

（2）申请前二年内受过行政处罚的；

（3）申请时被民政部门列入异常名录的；

（4）有其他违反法律、法规、国家政策行为的。

2. 慈善组织认定的程序

（1）民主表决。申请认定为慈善组织，社会团体应当经会员（代表）大会表决通过，基金会、社会服务机构应当经理事会表决通过；有业务主管单位的，还应当经业务主管单位同意。

（2）提交材料。申请认定慈善组织的基金会，应当向民政部门提交下列材料：①申请书；②符合法律规定条件以及不存在不予认定为慈善组织情形的书面承诺；③按照规定召开民主表决会议形成的会议纪要。申请认定为慈善组织的社会团体、社会服务机构，除上述三项材料外，还应当向民政部门提交下列材料：①关于申请理由、慈善宗旨、开展慈善活动等情况的说明；②注册会计师出具的上一年度财务审计报告，含慈善活动年度支出和管理费用的专项审计。申请认定慈善组织的机构，有业务主管单位的，还应当提交业务主管单位同意的证明材料。

（3）审核决定。民政部门自收到全部有效材料后，应当依法进行审核。情况复杂的，民政部门可以征求有关部门意见或者通过论证会、听证会等形式听取意见，也可以根据需要对该组织进行实地考察。

民政部门应当自受理申请之日起二十日内作出决定。符合慈善组织条件的，予以认定并向社会公告；不符合慈善组织条件的，不予认定并书面说明理由。有特殊情况需要延长登记或者认定期限的，报经国务院民政部门批准，可以适当延长，但延长的期限不得超过六十日。

（4）换发证书。认定为慈善组织的基金会、社会团体、社会服务机构，由民政部门换发登记证书，标明慈善组织属性。慈善组织符合税收法律法规规定条件的，依照税法规定享受税收优惠。

三、慈善组织的管理

（一）慈善组织的章程

慈善组织的章程是慈善组织的主要法律文件，具有法律效力。慈善组织的章程，应当符合法律法规的规定，并载明下列事项：

（1）名称和住所；

（2）组织形式；

（3）宗旨和活动范围；

（4）财产来源及构成；

（5）决策、执行机构的组成及职责；

（6）内部监督机制；

（7）财产管理使用制度；

（8）项目管理制度；

（9）终止情形及终止后的清算办法；

（10）其他重要事项。

慈善组织应当根据法律法规以及章程的规定，建立健全内部治理结构，明确决策、执行、监督等方面的职责权限，开展慈善活动。

（二）慈善组织内部管理

1. 财务会计管理

慈善组织应当执行国家统一的会计制度，依法进行会计核算，建立健全会计监督制度，并接受政府有关部门的监督管理。

慈善组织应当每年向其登记的民政部门报送年度工作报告和财务会计报告。报告应当包括年度开展募捐和接受捐赠情况、慈善财产的管理使用情况、慈善项目实施情况以及慈善组织工作人员的工资福利情况。

2. 慈善活动管理

（1）不得关联交易。慈善组织的发起人、主要捐赠人以及管理人员，不得利用其关联关系损害慈善组织、受益人的利益和社会公共利益。慈善组织的发起人、主要捐赠人以及管理人员与慈善组织发生交易行为的，不得参与慈善组织有关该交易行为的决策，有关交易情况应当向社会公开。

（2）不损害公共利益。慈善组织不得从事、资助危害国家安全和社会公共利益的活动，不得接受附加违反法律法规和违背社会公德条件的捐赠，不得对受益人附加违反法律法规和违背社会公德的条件。

3. 任职管理

《慈善法》规定，有下列情形之一的，不得担任慈善组织的负责人：

（1）无民事行为能力或者限制民事行为能力的；

（2）因故意犯罪被判处刑罚，自刑罚执行完毕之日起未逾五年的；

（3）在被吊销登记证书或者被取缔的组织担任负责人，自该组织被吊销登记证书或者被取缔之日起未逾五年的；

（4）法律、行政法规规定的其他情形。

四、慈善组织的终止

《慈善法》规定，慈善组织有下列情形之一的，应当终止：

（1）出现章程规定的终止情形的；

（2）因分立、合并需要终止的；

（3）连续二年未从事慈善活动的；

（4）依法被撤销登记或者吊销登记证书的；

（5）法律、行政法规规定应当终止的其他情形。

慈善组织终止，应当进行清算。慈善组织的决策机构应当在法定终止情形出现之日起三十日内成立清算组进行清算，并向社会公告。不成立清算组或者清算组不履行职责的，民政部门可以申请人民法院指定有关人员组成清算组进行清算。慈善组织清算后的剩余财产，应当按照慈善组织章程的规定转给宗旨相同或者相近的慈善组织；章程未规定的，由民政部门主持转给宗旨相同或者相近的慈善组织，并向社会公告。慈善组织清算结束后，应当向其登记的民政部门办理注销登记，并由民政部门向社会公告。

第三节　慈善募捐和慈善捐赠

一、慈善募捐的概念

慈善募捐，是指慈善组织基于慈善宗旨募集财产的活动。开展募捐活动，应当尊重和维护募捐对象的合法权益，保障募捐对象的知情权，不得通过虚构事实等方式欺骗、诱导募捐对象实施捐赠。开展募捐活动，不得摊派或者变相摊派，不得妨碍公共秩序、企业生产经营和居民生活。法律禁止任何组织或者个人假借慈善名义或者假冒慈善组织开展募捐活动，骗取财产。

慈善募捐包括面向社会公众的公开募捐和面向特定对象的定向募捐。慈善组织开展公开募捐，应当取得公开募捐资格。慈善组织自登记之日起可以开展定向募捐。慈善组织开展定向募捐，应当在发起人、理事会成员和会员等特定对象的范围内进行，并向募捐对象说明募捐目的、募得款物用途等事项。开展定向募捐，不得采取或者变相采取《慈善法》规定的公开募捐方式。

发生重大自然灾害、事故灾难和公共卫生事件等突发事件，需要迅速开展救助时，有关人民政府应当建立协调机制，提供需求信息，及时有序地引导开展募捐和救助活动。

二、公开募捐

（一）申请公开募捐资格

我国实行公开募捐资格审查制。依法登记满二年的慈善组织，可以向其登记的民政部门申请公开募捐资格。法律、行政法规规定自登记之日起可以公开募捐的基金会和社会团体，由民政部门直接发给公开募捐资格证书。

1. 申请公开募捐资格的条件

根据《慈善组织公开募捐管理办法》规定，依法登记或者认定为慈善组织满二年的社会组织，申请公开募捐资格，应当符合下列条件：

（1）根据法律法规和本组织章程建立规范的内部治理结构，理事会能够有效决策，负责人任职符合有关规定，理事会成员和负责人勤勉尽职，诚实守信；

（2）理事会成员来自同一组织以及相互间存在关联关系组织的不超过三分之一，相互间具有近亲属关系的没有同时在理事会任职；

（3）理事会成员中非内地居民不超过三分之一，法定代表人由内地居民担任；

（4）秘书长为专职，理事长（会长）、秘书长不得由同一人兼任，有与本慈善组织开展活动相适应的专职工作人员；

（5）在省级以上人民政府民政部门登记的慈善组织有三名以上监事组成的监事会；

（6）依法办理税务登记，履行纳税义务；

（7）按照规定参加社会组织评估，评估结果为3A及以上；

（8）申请时未纳入异常名录；

（9）申请公开募捐资格前二年，未因违反社会组织相关法律法规受到行政处罚，没有其他违反法律、法规、国家政策行为的。

《慈善法》公布前设立的非公募基金会、具有公益性捐赠税前扣除资格的社会团体，登记满二年，经认定为慈善组织的，可以申请公开募捐资格。

2. 申请公开募捐资格的材料

慈善组织申请公开募捐资格，应当向其登记的民政部门提交下列材料：

（1）申请书，包括本组织符合第5条各项条件的具体说明和书面承诺；

（2）注册会计师出具的申请前二年的财务审计报告，包括年度慈善活动支出和年度管理费用的专项审计；

（3）理事会关于申请公开募捐资格的会议纪要。

有业务主管单位的慈善组织，还应当提交经业务主管单位同意的证明材料。评估等级在4A及以上的慈善组织免于提交第（1）、第（2）项材料。

3. 审核决定

民政部门收到慈善组织提交的全部有效申请材料后，应当依法进行审核。情况复杂的，民政部门可以征求有关部门意见或者通过论证会、听证会等形式听取意见，也可以根据需要对该组织进行实地考察。

民政部门应当自受理申请之日起二十日内作出决定。慈善组织符合内部治理结构健全、运作规范的条件的，发给公开募捐资格证书；不符合条件的，不发给公开募捐资格证书并书面说明理由。

《慈善法》公布前登记设立的公募基金会，凭其标明慈善组织属性的登记证书向登记的民政部门申领公开募捐资格证书。

（二）公开募捐方式

《慈善法》规定，慈善组织开展公开募捐，可以采取下列方式：

（1）在公共场所设置募捐箱；

（2）举办面向社会公众的义演、义赛、义卖、义展、义拍、慈善晚会等；

（3）通过广播、电视、报刊、互联网等媒体发布募捐信息；

（4）其他公开募捐方式。

慈善组织采取上述第（1）、第（2）种方式开展公开募捐的，应当在其登记的民政部门管辖区域内进行，确有必要在其登记的民政部门管辖区域外进行的，应当报其开展募捐活动所在地的县级以上人民政府民政部门备案。捐赠人的捐赠行为不受地域限制。

慈善组织通过互联网开展公开募捐的，应当在国务院民政部门统一或者指定的慈善信息平台发布募捐信息，并可以同时在其网站发布募捐信息。

（三）公开募捐程序

1. 募捐方案备案

《慈善法》规定，开展公开募捐，应当制定募捐方案。募捐方案包括募捐目的、起止时间和地域、活动负责人姓名和办公地址、接受捐赠方式、银行账户、受益人、募得款物用途、募捐成本、剩余财产的处理等。慈善组织应当在开展公开募捐活动的十日前将募捐方案报送登记和募捐地的民政部门备案。材料齐备的，民政部门应当即时受理，对予以备案的向社会公开；对募捐方案内容不齐备的，应当即时告知慈善组织，慈善组织应当在十日内向其登记的民政部门予以补正。为同一募捐目的开展的公开募捐活动可以合并备案。公开募捐活动进行中，募捐方案的有关事项发生变化的，慈善组织应当在事项发生变化之日起十日内向其登记的民政部门补正并说明理由。有业务主管单位的慈善组织，还应当同时将募捐方案报送业务主管单位。开展公开募捐活动，涉及公共安全、公共秩序、消防等事项的，还应当按照其他有关规定履行批准程序。

慈善组织为应对重大自然灾害、事故灾难和公共卫生事件等突发事件，无法在开展公开募捐活动前办理募捐方案备案的，应当在公开募捐活动开始后十日内补办备案手续。慈善组织在其登记的民政部门管辖区域外，以在公共场所设置募捐箱或者举办面向社会公众的义演、义赛、义卖、义展、义拍、慈善晚会等方式开展公开募捐活动的，除向其登记的民政部门备案外，还应当在开展公开募捐活动十日前，向其开展募捐活动所在地的县级人民政府民政部门备案，提交募捐方案、公开募捐资格证书复印件、确有必要在当地开展公开募捐活动的情况说明。

2. 募捐信息公布

（1）慈善组织基本信息。慈善组织开展公开募捐活动应当按照本组织章程载明的宗旨和业务范围，确定明确的募捐目的和捐赠财产使用计划；应当履行必要的内部决策程序；应当使用本组织账户，不得使用个人和其他组织的账户；应当建立公开募捐信息档案，妥善保管、方便查阅。

（2）本次募捐活动信息。慈善组织开展公开募捐，应当在募捐活动现场或者募捐活动载体的显著位置，公布募捐组织名称、公开募捐资格证书、募捐方案、联系方式、募捐信息查询方法等。

（3）网络募捐信息。慈善组织通过互联网开展公开募捐活动的，应当在民政部统一或者指定的慈善信息平台发布公开募捐信息，并可以同时在以本慈善组织名义开通的门户网站、官方微博、官方微信、移动客户端等网络平台发布公开募捐信息。广播、电视、报刊以及网络服务提供者、电信运营商，应当对利用其平台开展公开募捐的慈善组织的登记证书、公开募捐资格证书进行验证。

3. 合作募捐

不具有公开募捐资格的组织或者个人基于慈善目的，可以与具有公开募捐资格的慈善组织合作公开募捐。具有公开募捐资格的慈善组织与不具有公开募捐资格的组织或者个人合作开展公开募捐活动，应当依法签订书面协议，使用具有公开募捐资格的慈善组织名义开展公开募捐活动；募捐活动的全部收支应当纳入该慈善组织的账户，由该慈善组织统一进行财务核算和管理，并承担法律责任。

（四）公开募捐管理

1. 募捐方案确定原则

募捐方案确定原则是指募捐方案一经备案，非经法定程序，不得随意改变。《慈善组织公开募捐管理办法》（以下简称《办法》）规定，慈善组织为急难救助设立慈善项目，开展公开募捐活动时，应当坚持公开、公平、公正的原则，合理确定救助标准，监督受益人珍惜慈善资助，按照募捐方案的规定合理使用捐赠财产。《办法》还规定，慈善组织应当加强对募得捐赠财产的管理，依据法律法规、章程规定和募捐方案使用捐赠财产。确需变更募捐方案规定的捐赠财产用途的，应当召开理事会进行审议，报其登记的民政部门备案，并向社会公开。

2. 民政部门监管

慈善组织应当依照有关规定定期将公开募捐情况和慈善项目实施情况向社会公开，并由民政部门予以监管。

《慈善法》规定，具有公开募捐资格的慈善组织有下列情形之一的，由登记的民政部门纳入活动异常名录并向社会公告：

（1）不符合慈善组织申请公开募捐资格条件的；

（2）连续六个月不开展公开募捐活动的。

慈善组织有下列情形之一的，民政部门可以给予警告、责令限期改正：

（1）伪造、变造、出租、出借公开募捐资格证书的；

（2）未依照本办法进行备案的；

（3）未按照募捐方案确定的时间、期限、地域范围、方式进行募捐的；

(4) 开展公开募捐未在募捐活动现场或者募捐活动载体的显著位置公布募捐活动信息的;

(5) 开展公开募捐取得的捐赠财产未纳入慈善组织统一核算和账户管理的;

(6) 其他违法情形的。

慈善组织被依法撤销公开募捐资格的，应当立即停止公开募捐活动并将相关情况向社会公开，民政部门也应当及时向社会公告。

三、慈善捐赠

(一) 慈善捐赠和捐赠财产

慈善捐赠，是指自然人、法人和其他组织基于慈善目的，自愿、无偿赠与财产的活动。捐赠人可以通过慈善组织捐赠，也可以直接向受益人捐赠。

捐赠人捐赠的财产应当是其有权处分的合法财产。捐赠财产包括货币、实物、房屋、有价证券、股权、知识产权等有形和无形财产。捐赠人捐赠的实物应当具有使用价值，符合安全、卫生、环保等标准。捐赠人捐赠本企业产品的，应当依法承担产品质量责任和义务。

(二) 捐赠协议和当事人的权利义务

1. 捐赠协议

慈善组织接受捐赠，捐赠人要求签订书面捐赠协议的，慈善组织应当与捐赠人签订书面捐赠协议。书面捐赠协议应当包括捐赠人和慈善组织名称，捐赠财产的种类、数量、质量、用途、交付时间等内容。

自然人、法人和其他组织开展演出、比赛、销售、拍卖等经营性活动，承诺将全部或者部分所得用于慈善目的的，应当在举办活动前与慈善组织或者其他接受捐赠的人签订捐赠协议，活动结束后按照捐赠协议履行捐赠义务，并将捐赠情况向社会公开。

2. 捐赠当事人的权利义务

捐赠当事人包括捐赠人和接受捐赠的慈善组织。捐赠当事人在慈善捐赠中都应当依法行使相应的权利，并承担相应的义务。国有企业实施慈善捐赠除履行捐赠义务外，还应当遵守有关国有资产管理的规定，履行批准和备案程序。

(1) 捐赠人义务。捐赠人最主要的是履行捐赠义务。《慈善法》规定，捐赠人应当按照捐赠协议履行捐赠义务。捐赠人违反捐赠协议逾期未交付捐赠财产，有下列情形之一的，慈善组织或者其他接受捐赠的人可以要求交付；捐赠人拒不交付的，慈善组织和其他接受捐赠的人可以依法向人民法院申请支付令或者提起诉讼：①捐赠人通过广播、电视、报刊、互联网等媒体公开承诺捐赠的；②捐赠财产用于扶贫、济困、扶老、救孤、恤病、助残、优抚和突发事件应对等慈善活动，并签订书面捐赠协议的。捐赠人公开承诺捐赠或者签订书面捐赠协议后经济状况显著恶化，严重影响其生产经营或者家庭生活的，经向公开承诺捐赠地或者书面捐赠协议签订地的民政部门报告并向社会公开说明情况后，可以不再履行捐赠义务。此外，捐赠人还负有消极不作为义务。《慈善法》规定，捐赠人与慈善组织约定捐赠财产的用途和受益人时，不得指定捐赠人的利害关系人作为受益人。任何组织和个人不得利用慈善捐赠违反法律规定宣传烟草制品，不得利用慈善捐赠以任何方式宣传法律禁止宣传的产品和事项。

（2）慈善组织的义务。接受捐赠的慈善组织有两项基本义务：一是开具捐赠票据。慈善组织接受捐赠，应当向捐赠人开具由财政部门统一监（印）制的捐赠票据。捐赠票据应当载明捐赠人、捐赠财产的种类及数量、慈善组织名称和经办人姓名、票据日期等。捐赠人匿名或者放弃接受捐赠票据的，慈善组织应当做好相关记录。二是保障捐赠人的知情权。捐赠人有权查询、复制其捐赠财产管理使用的有关资料，慈善组织应当及时主动向捐赠人反馈有关情况。慈善组织违反捐赠协议约定的用途，滥用捐赠财产的，捐赠人有权要求其改正；拒不改正的，捐赠人可以向民政部门投诉、举报或者向人民法院提起诉讼。

第四节　慈善财产和慈善信托

一、慈善财产

慈善财产是指慈善组织的全部财产，包括发起人捐赠、资助的创始财产，募集的财产以及其他合法财产。

（一）慈善财产的使用原则

1. 依法使用

慈善组织的财产必须依照法律规定使用。慈善组织的财产应当根据章程和捐赠协议的规定全部用于慈善目的，不得在发起人、捐赠人以及慈善组织成员中分配。任何组织和个人不得私分、挪用、截留或者侵占慈善财产。

慈善组织对募集的财产，应当登记造册，严格管理，专款专用。捐赠人捐赠的实物不易储存、运输或者难以直接用于慈善目的的，慈善组织可以依法拍卖或者变卖，所得收入扣除必要费用后，应当全部用于慈善目的。

慈善组织开展慈善活动，应当依照法律法规和章程的规定，按照募捐方案或者捐赠协议使用捐赠财产。慈善组织确需变更募捐方案规定的捐赠财产用途的，应当报民政部门备案；确需变更捐赠协议约定的捐赠财产用途的，应当征得捐赠人同意。

2. 谨慎投资

慈善财产为实现保值、增值可以进行投资，但应将风险降到最低。慈善组织为实现财产保值、增值进行投资的，应当遵循合法、安全、有效的原则，投资取得的收益应当全部用于慈善目的。慈善组织的重大投资方案应当经决策机构组成人员三分之二以上同意。政府资助的财产和捐赠协议约定不得投资的财产，不得用于投资。慈善组织的负责人和工作人员不得在慈善组织投资的企业兼职或者领取报酬。

（二）慈善财产的管理

1. 慈善项目管理

慈善组织应当合理设计慈善项目，优化实施流程，降低运行成本，提高慈善财产使用效益。慈善组织应当建立项目管理制度，对项目实施情况进行跟踪监督。慈善项目终止后捐赠财产有剩余的，按照募捐方案或者捐赠协议处理；募捐方案未规定或者捐赠协议未约定的，慈善组织应当将剩余财产用于目的相同或者相近的其他慈善项目，并向社会公开。

2. 合理确定受益人

慈善组织确定慈善受益人，应当坚持公开、公平、公正的原则，不得指定慈善组织管理人员的利害关系人作为受益人。慈善组织根据需要可以与受益人签订协议，明确双方权利义务，约定慈善财产的用途、数额和使用方式等内容。受益人应当珍惜慈善资助，按照协议使用慈善财产。受益人未按照协议使用慈善财产或者有其他严重违反协议情形的，慈善组织有权要求其改正；受益人拒不改正的，慈善组织有权解除协议并要求受益人返还财产。

3. 控制管理费用

慈善组织的管理费用是慈善组织运行的必要开支。慈善组织应当积极开展慈善活动，充分、高效运用慈善财产，并遵循管理费用最必要原则，厉行节约，减少不必要的开支。慈善组织中具有公开募捐资格的基金会开展慈善活动的年度支出，不得低于上一年总收入的百分之七十或者前三年收入平均数额的百分之七十；年度管理费用不得超过当年总支出的百分之十，特殊情况下，年度管理费用难以符合前述规定的，应当报告其登记的民政部门并向社会公开说明情况。捐赠协议对单项捐赠财产的慈善活动支出和管理费用有约定的，按照其约定支出。

二、慈善信托

（一）慈善信托的一般规定

慈善信托属于公益信托，是指委托人基于慈善目的，依法将其财产委托给受托人，由受托人按照委托人意愿以受托人名义进行管理和处分，开展慈善活动的行为。

设立慈善信托、确定受托人和监察人，应当采取书面形式。受托人应当在慈善信托文件签订之日起七日内，将相关文件向受托人所在地县级以上人民政府民政部门备案。未按照规定将相关文件报民政部门备案的，不享受税收优惠。

慈善信托的受托人，可以由委托人确定其信赖的慈善组织或者信托公司担任。慈善信托的受托人违反信托义务或者难以履行职责的，委托人可以变更受托人。变更后的受托人应当自变更之日起七日内，将变更情况报原备案的民政部门重新备案。

慈善信托的受托人管理和处分信托财产，应当按照信托目的，恪尽职守，履行诚信、谨慎管理的义务。慈善信托的受托人应当根据信托文件和委托人的要求，及时向委托人报告信托事务处理情况、信托财产管理使用情况。慈善信托的受托人应当每年至少一次将信托事务处理情况及财务状况向其备案的民政部门报告，并向社会公开。

慈善信托的委托人根据需要，可以确定信托监察人。信托监察人对受托人的行为进行监督，依法维护委托人和受益人的权益。信托监察人发现受托人违反信托义务或者难以履行职责的，应当向委托人报告，并有权以自己的名义向人民法院提起诉讼。

（二）慈善信托的备案

为了做好慈善信托备案有关工作，2016 年 8 月 25 日，民政部、中国银行业监督管理委员会联合发布了《关于做好慈善信托备案有关工作的通知》（民发〔2016〕151 号），对慈善信托备案作出了具体要求。

1. 备案管辖机关

信托公司担任慈善信托受托人的，由其登记注册地设区市的民政部门履行备案职责；慈善组织担任慈善信托受托人的，由其登记的民政部门履行备案职责。信托公司设立慈善信托项目实行报告制度，新设立的慈善信托项目应当在信托成立前 10 日逐笔向银行业监督管理机构报告。

2. 设立备案

慈善信托受托人按照《慈善法》规定向民政部门提出备案申请的，应提交以下书面材料：

（1）备案申请书；

（2）委托人身份证明（复印件）；

（3）担任受托人的信托公司的金融许可证或慈善组织的社会组织法人登记证书（复印件）；

（4）信托合同、遗嘱或者法律、行政法规规定的其他书面信托文件；

（5）开立慈善信托专用资金账户证明、商业银行资金保管协议；

（6）其他材料。

以上材料一式四份，提交民政部门指定的受理窗口。申请备案材料符合要求的，由民政部门当场出具备案回执；不符合要求的，应当一次告知受托人补正相关材料。

3. 重新备案

慈善信托设立后，出现受托人违反信托义务或者难以履行职责情形致使受托人变更的，变更后的受托人到原备案民政部门重新备案时，应提交以下书面材料：

（1）原备案的信托文件；

（2）重新备案申请书；

（3）原受托人出具的慈善信托财产管理运用情况报告；

（4）作为变更后受托人的信托公司的金融许可证或慈善组织的社会组织法人登记证书（复印件）；

（5）重新签订的信托合同等信托文件，信托文件应载明内容同设立备案要求；

（6）开立慈善信托专用资金账户证明、商业银行资金保管协议；

（7）其他材料。

以上书面材料一式四份，提交民政部门原备案受理窗口。申请重新备案材料符合要求的，由民政部门当场出具备案回执；不符合要求的，应当一次告知受托人补正相关材料。

4. 备案管理

民政部门依法履行受理慈善信托受托人关于信托事务处理情况及财务状况报告、公开慈善信托有关信息、对慈善信托监督检查及对受托人进行行政处罚等管理职责。银行业监督管理机构依法履行对信托公司慈善信托业务和商业银行慈善信托账户资金保管业务监督管理职责。

民政部门和银行业监督管理机构根据各自法定管理职责，对慈善信托受托人应当履行的受托职责、管理慈善信托财产及其收益的情况、履行的信息公开和告知义务以及其他与慈善信托相关的活动进行监督检查。

每年3月31日前，慈善信托的受托人应当向备案的民政部门报告上一年度信托事务处理情况及财务状况。对受托人将信托财产及其收益用于非慈善目的，或未按照规定将信托事务处理情况及财务状况向民政部门报告或者向社会公开的，依法予以行政处罚。

接受备案民政部门应当在统一的信息平台上，及时向社会公开慈善信托的下列信息：

（1）慈善信托备案事项；

（2）对慈善信托检查、评估的结果；

（3）对慈善信托受托人的行政处罚决定；

（4）慈善信托终止事由和终止日期；

（5）其他需要依法公开的信息。

第五节　志愿服务政策法规

志愿服务，是指志愿者、志愿服务组织和其他组织自愿、无偿向社会或者他人提供的公益服务。为了保障志愿者、志愿服务组织、志愿服务对象的合法权益，鼓励和规范志愿服务，发展志愿服务事业，培育和践行社会主义核心价值观，促进社会文明进步，2017年8月22日，国务院公布了《志愿服务条例》（国务院令第685号），自2017年12月1日起施行。

一、我国志愿服务管理体制

《志愿服务条例》规定，开展志愿服务，应当遵循自愿、无偿、平等、诚信、合法的原则，不得违背社会公德、损害社会公共利益和他人合法权益，不得危害国家安全。

县级以上人民政府应当将志愿服务事业纳入国民经济和社会发展规划，合理安排志愿服务所需资金，促进广覆盖、多层次、宽领域开展志愿服务。

国家和地方精神文明建设指导机构建立志愿服务工作协调机制，加强对志愿服务工作的统筹规划、协调指导、督促检查和经验推广。国务院民政部门负责全国志愿服务行政管理工作；县级以上地方人民政府民政部门负责本行政区域内志愿服务行政管理工作。县级以上人民政府有关部门按照各自职责，负责与志愿服务有关的工作。工会、共产主义青年团、妇女联合会等有关人民团体和群众团体应当在各自的工作范围内做好相应的志愿服务工作。

境外志愿服务组织和志愿者在境内开展志愿服务，应当遵守中华人民共和国有关法律、行政法规以及国家有关规定。组织境内志愿者到境外开展志愿服务，在境内的有关事宜，适用中华人民共和国有关法律、行政法规以及国家有关规定；在境外开展志愿服务，应当遵守所在国家或者地区的法律。

二、志愿者和志愿服务组织

（一）志愿者

志愿者，是指以自己的时间、知识、技能、体力等从事志愿服务的自然人。志愿者可以将其身份信息、服务技能、服务时间、联系方式等个人基本信息，通过国务院民政部门指定的志愿服务信息系统自行注册，也可以通过志愿服务组织进行注册。志愿者提供的个人基本信息应当真实、准确、完整。

（二）志愿服务组织

志愿服务组织，是指依法成立，以开展志愿服务为宗旨的非营利性组织。志愿服务组织可以采取社会团体、社会服务机构、基金会等组织形式。志愿服务组织可以依法成立行业组织，反映行业诉求，推动行业交流，促进志愿服务事业发展。在志愿服务组织中，根据中国共产党章程的规定，设立中国共产党的组织，开展党的活动。志愿服务组织应当为党组织的活动提供必要条件。

三、志愿服务活动

（一）志愿服务活动的组织

《志愿服务条例》规定，志愿者可以参与志愿服务组织开展的志愿服务活动，也可以自行依法开展志愿服务活动。志愿服务组织可以招募志愿者开展志愿服务活动；招募时，应当说明与志愿服务有关的真实、准确、完整的信息以及在志愿服务过程中可能发生的风险。

需要志愿服务的组织或者个人可以向志愿服务组织提出申请，并提供与志愿服务有关的真实、准确、完整的信息，说明在志愿服务过程中可能发生的风险。志愿服务组织应当对有关信息进行核实，并及时予以答复。

志愿者、志愿服务组织、志愿服务对象可以根据需要签订协议，明确当事人的权利和义务，约定志愿服务的内容、方式、时间、地点、工作条件和安全保障措施等。

基层群众性自治组织、公益活动举办单位和公共服务机构开展公益活动，需要志愿者提供志愿服务的，可以与志愿服务组织合作，由志愿服务组织招募志愿者，也可以自行招募志愿者。

志愿服务组织以外的其他组织可以开展力所能及的志愿服务活动。城乡社区、单位内部经基层群众性自治组织或者本单位同意成立的团体，可以在本社区、本单位内部开展志愿服务活动。

（二）志愿服务活动的安排

志愿服务组织安排志愿者参与志愿服务活动，应当与志愿者的年龄、知识、技能和身体状况相适应，不得要求志愿者提供超出其能力的志愿服务。

志愿服务组织安排志愿者参与的志愿服务活动需要专门知识、技能的，应当对志愿者开展相关培训。开展专业志愿服务活动，应当执行国家或者行业组织制定的标准和规程。法律、行政法规对开展志愿服务活动有职业资格要求的，志愿者应当依法取得相应的资格。

志愿服务组织应当为志愿者参与志愿服务活动提供必要条件，解决志愿者在志愿服务过程中遇到的困难，维护志愿者的合法权益。志愿服务组织安排志愿者参与可能发生人身危险的志愿服务活动前，应当为志愿者购买相应的人身意外伤害保险。

（三）志愿服务活动的开展

《志愿服务条例》规定，志愿服务组织开展志愿服务活动，可以使用志愿服务标志。

志愿服务组织安排志愿者参与志愿服务活动，应当如实记录志愿者个人基本信息、志愿服务情况、培训情况、表彰奖励情况、评价情况等信息，按照统一的信息数据标准录入国务院民政部门指定的志愿服务信息系统，实现数据互联互通。志愿者需要志愿服务记录证明的，志愿服务组织应当依据志愿服务记录无偿、如实出具。

志愿服务组织、志愿服务对象应当尊重志愿者的人格尊严；未经志愿者本人同意，不得公开或者泄露其有关信息。志愿服务组织、志愿者应当尊重志愿服务对象人格尊严，不得侵害志愿服务对象个人隐私，不得向志愿服务对象收取或者变相收取报酬。

志愿者接受志愿服务组织安排参与志愿服务活动的，应当服从管理，接受必要的培训。志愿者应当按照约定提供志愿服务。志愿者因故不能按照约定提供志愿服务的，应当及时告知志愿服务组织或者志愿服务对象。

发生重大自然灾害、事故灾难和公共卫生事件等突发事件，需要迅速开展救助的，有关人民政府应当建立协调机制，提供需求信息，引导志愿服务组织和志愿者及时有序地开展志愿服务活动。志愿服务组织、志愿者开展应对突发事件的志愿服务活动，应当接受有关人民政府设立的应急指挥机构的统一指挥、协调。

（四）志愿服务活动的保障

国家鼓励和支持国家机关、企业事业单位、人民团体、社会组织等成立志愿服务队伍开展专业志愿服务活动，鼓励和支持具备专业知识、技能的志愿者提供专业志愿服务。国家鼓励和支持公共服务机构招募志愿者提供志愿服务。

任何组织和个人不得强行指派志愿者、志愿服务组织提供服务，不得以志愿服务名义进行营利性活动。任何组织和个人发现志愿服务组织有违法行为，可以向民政部门、其他有关部门或者志愿服务行业组织投诉、举报。民政部门、其他有关部门或者志愿服务行业组织接到投诉、举报，应当及时调查处理；对无权处理的，应当告知投诉人、举报人向有权处理的部门或者行业组织投诉、举报。

第六节　彩票管理政策法规

我国发行彩票始于20世纪80年代。1987年，国务院批准民政部发行福利彩票（当时称“社会福利有奖募捐奖券”）；1994 年，国务院批准原国家体委（现国家体育总局）发行体育彩票。为了加强彩票管理，规范彩票市场发展，维护彩票市场秩序，保护彩票参与者的合法权益，促进社会公益事业发展，2009 年国务院颁布了《彩票管理条例》，同年 7 月 1 日起施行。

（一）彩票的发行和销售

彩票是指国家为筹集社会公益资金，促进社会公益事业发展而特许发行、依法销售，自然人自愿购买，并按照特定规则获得中奖机会的凭证。彩票不返还本金、不计付利息。彩票的发行、销售和开奖，应当遵循公开、公平、公正和诚实信用的原则。彩票发行机构、彩票销售机构应当及时将彩票发行、销售情况向社会全面公布，接受社会公众的监督。

1. 彩票发行和销售机构

民政部、体育行政部门依法设立的福利彩票发行机构、体育彩票发行机构，分别负责全国的福利彩票、体育彩票发行和组织销售工作。省、自治区、直辖市民政部门、体育行政部门依法设立的福利彩票销售机构、体育彩票销售机构，分别负责本行政区域的福利彩票、体育彩票销售工作。

彩票发行机构、彩票销售机构应当依照政府采购法律、行政法规的规定，采购符合标准的彩票设备和技术服务，建立风险管理体系和可疑资金报告制度，保障彩票发行、销售的安全。彩票发行机构、彩票销售机构负责彩票销售系统的数据管理、开奖兑奖管理以及彩票资金的归集管理，不得委托他人管理。彩票销售机构应当为彩票代销者配置彩票投注专用设备。彩票投注专用设备属于彩票销售机构所有，彩票代销者不得转借、出租、出售。彩票销售机构应当在彩票发行机构的指导下，统筹规划彩票销售场所的布局。彩票销售场所应当按照彩票发行机构的统一要求，设置彩票销售标识，张贴警示标语。

2. 彩票的发行

国务院特许发行福利彩票、体育彩票。未经国务院特许，禁止发行其他彩票。禁止在中华人民共和国境内发行、销售境外彩票。彩票发行机构申请开设、停止福利彩票、体育彩票的具体品种或者申请变更彩票品种审批事项的，应当依照彩票管理条例规定的程序报财政部批准。财政部应当根据彩票市场健康发展的需要，按照合理规划彩票市场和彩票品种结构、严格控制彩票风险的原则，对彩票发行机构的申请进行审查。应当通过专家评审、听证会等方式对开设彩票品种听取社会意见。因维护社会公共利益的需要，在紧急情况下，财政部可以采取必要措施，决定变更彩票品种审批事项或者停止彩票品种。

3. 彩票的销售

彩票发行机构、彩票销售机构可以委托单位、个人代理销售彩票。彩票发行机构、彩票销售机构应当与接受委托的彩票代销者签订彩票代销合同。彩票代销者不得委托他人代销彩票。彩票发行机构、彩票销售机构、彩票代销者不得有下列行为：

（1）进行虚假性、误导性宣传；

（2）以诋毁同业者等手段进行不正当竞争；

（3）向未成年人销售彩票；

（4）以赊销或者信用方式销售彩票。

4. 彩票兑奖

彩票发行机构、彩票销售机构应当确保彩票销售数据的完整、准确和安全。当期彩票销售数据封存后至开奖活动结束前，不得查阅、变更或者删除销售数据，并在每期彩票销售结束后，及时向社会公布当期彩票的销售情况和开奖结果。

彩票中奖者应当自开奖之日起 60 个自然日内，持中奖彩票到指定的地点兑奖，彩票品种的规则规定需要出示身份证件的，还应当出示本人身份证件。逾期不兑奖的视为弃奖。

需要销毁彩票的，由彩票发行机构报国务院财政部门批准后，在国务院民政部门或者国务院体育行政部门的监督下销毁。彩票发行机构、彩票销售机构应当及时将彩票发行、销售情况向社会全面公布，接受社会公众的监督。

5. 彩票监督管理工作

财政部负责全国的彩票监督管理工作。民政部、体育行政部门按照各自的职责分别负责全国的福利彩票、体育彩票管理工作。省、自治区、直辖市财政部门负责本行政区域的彩票监督管理工作。省、自治区、直辖市民政部门、体育行政部门按照各自的职责分别负责本行政区域的福利彩票、体育彩票管理工作。县级以上各级公安机关和县级以上工商行政管理机关，在各自的职责范围内，依法查处非法彩票，维护彩票市场秩序。

（二）彩票公益金

彩票资金包括彩票奖金、彩票发行费和彩票公益金。彩票资金构成比例由国务院决定。彩票公益金是从彩票发行收入中按规定比例提取的，专项用于社会福利、体育等社会公益事业的资金。

1. 彩票公益金的比例

《国务院关于进一步规范彩票管理的通知》规定，彩票发行资金构成比例为：返奖比例不得低于 50%，发行费用比例不得高于 15%，彩票公益金比例不得低于 35%。

2. 彩票公益金的管理

《彩票管理条例》规定，彩票公益金按政府性基金管理办法纳入预算，实行“收支两条线”管理，专款专用，结余结转下年继续使用，不得用于平衡一般预算。彩票发行机构、彩票销售机构应当按照国务院财政部门的规定，及时上缴彩票公益金和彩票发行费中的业务费，不得截留或者挪作他用。

3. 彩票公益金的分配与使用

彩票公益金按 50：50 的比例在中央与地方之间分配，由各省、自治区、直辖市彩票机构分别上缴中央财政和省级财政。上缴中央财政的彩票公益金，用于补充全国社会保障基金、社会福利事业、体育事业和国务院批准的其他社会公益事业。上缴省级财政的彩票公益金，将福利彩票和体育彩票分开核算，坚持按彩票发行宗旨使用。

本章练习

1. 简述慈善活动的定义。

2. 简述民政部门和其他有关部门向社会公开慈善信息的内容。
3. 简述慈善组织应当符合的条件。
4. 简述不得担任慈善组织负责人的情形。
5. 简述公开募捐的方式。
6. 简述捐赠人的捐赠义务。
7. 简述慈善组织年度支出的基本要求。
8. 简述根据相关规定，如何对彩票公益金进行管理、分配和使用。
9. 简述志愿服务活动安排的要求。
10. 简述志愿者组织的职责有哪些。

第八章　婚姻家庭政策法规

学习目标

通过本章的学习，你应该能够：

1. 掌握婚姻和婚姻法、继承和继承法、收养和收养法的概念，明确违反婚姻家庭法的法律责任；

2. 理解婚姻法的基本原则和制度，理解事实婚姻与非婚同居的区别，理解继承权的取得与丧失，理解收养的效力；

3. 掌握结婚条件和结婚程序，掌握离婚方式和程序以及离婚后的子女和财产的处理，掌握法定继承的范围和顺序、遗产的范围、分配和分割，掌握遗嘱的形式和效力，掌握收养的条件和程序。

第一节　婚姻法

婚姻，是指为当时社会制度所确认的男女两性互为配偶的结合，这种结合形成了一种特定的社会关系，即夫妻关系。婚姻法是调整婚姻家庭关系的法律规范的总和。现行《中华人民共和国婚姻法》（以下简称《婚姻法》）于1980年9月10日第五届全国人民代表大会第三次会议通过，根据2001年4月28日第九届全国人民代表大会常务委员会第二十一次会议《关于修改〈中华人民共和国婚姻法〉的决定》修正。

一、婚姻法的基本原则

《婚姻法》第2条规定："实行婚姻自由、一夫一妻、男女平等的婚姻制度。保护妇女、儿童和老人的合法权益。"我国婚姻法包括以下基本原则。

1. 婚姻自由原则

婚姻自由又称婚姻自主，是指婚姻当事人按照法律的规定，在婚姻问题上所享有的充分自主的权利，任何人不得强制或干涉。《婚姻法》第3条第1款规定："禁止包办、买卖婚姻和其他干涉婚姻自由的行为。禁止借婚姻索取财物。"

2. 一夫一妻原则

任何人不得有两个及以上配偶，坚持一夫一妻原则。《婚姻法》第3条第2款规定："禁止重婚。禁止有配偶者与他人同居。"

3. 男女平等的原则

男女平等是指在婚姻关系中，男女双方的地位平等，享有同等的权利，负担同等的义务。在婚姻关系中，男女双方各自有独立的姓名权、人身自由权、继承遗产权，对夫妻共同财产有平等的所有权，夫妻双方抚养和教育子女的权利义务平等，计划生育的义务平等，互相扶养的义务平等。

4. 保护妇女、儿童和老人的合法权益的原则

妇女、儿童和老人在家庭关系中处于相对较弱一方，易受不法侵害。《婚姻法》倡导家庭成员间应当敬老爱幼，互相帮助，维护平等、和睦、文明的婚姻家庭关系，并规定："禁止家庭暴力。禁止家庭成员间的虐待和遗弃。"

二、结婚制度

结婚是指男女双方依法缔结婚姻关系的法律行为。结婚的男女双方必须符合法定条件，并按照法定条件进行。

（一）结婚条件

根据《婚姻法》规定，结婚条件包括积极条件和消极条件。

1. 结婚的积极条件

结婚的积极条件又叫做结婚的必备条件，是男女双方结婚时都不得或缺的条件，包括：

（1）男女双方完全自愿。《婚姻法》第5条规定："结婚必须男女双方完全自愿，不许任何一方对他方加以强迫或任何第三者加以干涉。"即结婚是当事人双方自由状态下的意思表示，没有外在强制力的干预。

（2）必须达到法定结婚年龄。法定结婚年龄是指法律规定准予结婚的最低年龄。婚姻法规定，结婚年龄，男不得早于二十二周岁，女不得早于二十周岁。但民族自治地方的人民代表大会可以结合当地民族、宗教、风俗习惯等实际情况，对法定结婚年龄作变通性规定。

（3）必须符合一夫一妻制。申请结婚的人必须是双方都无配偶的人。无配偶指未婚的、丧偶的和离婚的人。其中，丧偶包括配偶自然死亡和宣告死亡，配偶被宣告失踪不能认定为丧偶。

2. 结婚的消极条件

结婚的消极条件即指结婚双方都不得具有的情形，也称作禁止性条件。

（1）近亲属。我国婚姻法规定，禁止直系血亲和三代以内的旁系血亲结婚。直系血亲是指父母子女、孙子女、外孙子女等亲属关系；旁系血亲指除直系血亲外的其他具有血缘关系的亲属，如叔（姑）侄、舅（姨）甥、堂兄弟姐妹、表兄弟姐妹等（图8-1）。

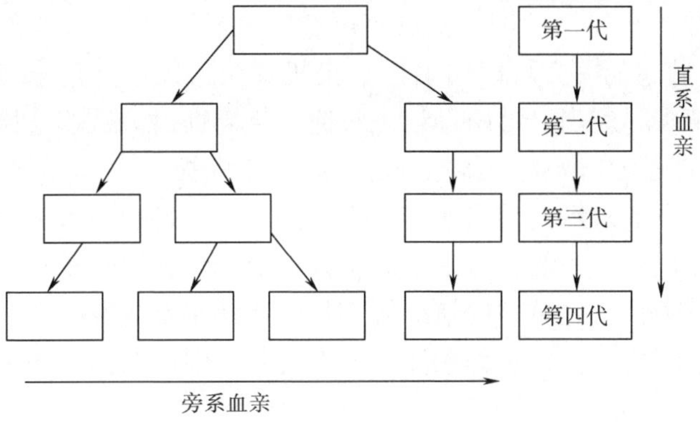

图 8-1　近亲属简图

（2）不宜结婚的疾病。婚姻法规定，患有医学上认为不应当结婚的疾病的人，禁止结婚。但目前对“医学上认为不应当结婚的疾病”包括哪些没有权威的界定，应具体情况具体分析。

3. 无效婚姻和可撤销婚姻

（1）无效婚姻。无效婚姻是欠缺结婚实质要件的“婚姻”。《婚姻法》第 10 条规定了以下无效婚姻的情况：重婚的；有禁止结婚的亲属关系的；婚前患有医学上认为不应当结婚的疾病，婚后尚未治愈的；未到法定婚龄的。婚姻无效应当依法请求人民法院予以宣告。根据最高人民法院《关于适用<中华人民共和国婚姻法>若干问题的解释（一）》（法释〔2001〕30 号，以下简称《解释（一）》）规定，有权向人民法院就已办理结婚登记的婚姻申请宣告婚姻无效的主体，除婚姻当事人外，还包括以下利害关系人：①以重婚为由申请宣告婚姻无效的，为当事人的近亲属及基层组织；②以未到法定婚龄为由申请宣告婚姻无效的，为未达法定婚龄者的近亲属；③以有禁止结婚的亲属关系为由申请宣告婚姻无效的，为当事人的近亲属；④以婚前患有医学上认为不应当结婚的疾病，婚后尚未治愈为由申请宣告婚姻无效的，为与患病者共同生活的近亲属。

对于申请宣告婚姻无效的案件，夫妻一方或者双方死亡后一年内，生存一方或者利害关系人依据婚姻法第 10 条的规定申请宣告婚姻无效的，人民法院也应当受理。人民法院受理申请宣告婚姻无效案件后，经审查确属无效婚姻的，应当依法作出宣告婚姻无效的判决。原告申请撤诉的，不予准许。有关婚姻效力的判决一经作出，即发生法律效力，当事人不得上诉。如果当事人向人民法院申请宣告婚姻无效时，法定的无效婚姻情形已经消失的，人民法院不予支持。人民法院审理宣告婚姻无效案件，对婚姻效力的审理不适用调解。但是，涉及财产分割和子女抚养的，可以调解。调解达成协议的，另行制作调解书。对财产分割和子女抚养问题的判决不服的，当事人可以上诉。

另外，根据最高人民法院关于适用《中华人民共和国婚姻法》若干问题的解释（三）（法释〔2011〕18 号，以下简称《解释（三）》）第 1 条的规定：“当事人以婚姻法第十条规定以外的情形申请宣告婚姻无效的，人民法院应当判决驳回当事人的申请。当事人以结婚登记程序存在瑕疵为由提起民事诉讼，主张撤销结婚登记的，告知其可以依法申请行政复议或者提起行政诉讼。”

（2）可撤销婚姻。可撤销婚姻是指具有可撤销因素的婚姻。《婚姻法》第11条规定：“因胁迫结婚的，受胁迫的一方可以向婚姻登记机关或人民法院请求撤销该婚姻。受胁迫的一方撤销婚姻的请求，应当自结婚登记之日起一年内提出。被非法限制人身自由的当事人请求撤销婚姻的，应当自恢复人身自由之日起一年内提出。”因受胁迫而请求撤销婚姻的，只能是受胁迫一方的婚姻关系当事人本人。如果受胁迫的当事人向婚姻登记机关请求撤销其婚姻的，应当出具本人的身份证、结婚证以及能够证明受胁迫结婚的证明材料。婚姻登记机关经审查认为受胁迫结婚的情况属实且不涉及子女抚养、财产及债务问题的，应当撤销该婚姻，宣告结婚证作废。如果涉及子女抚养、财产及债务等问题，当事人应当向人民法院请求撤销该婚姻。

（3）无效婚姻和可撤销婚姻的法律后果。《婚姻法》第12条规定：“无效或被撤销的婚姻，自始无效。当事人不具有夫妻的权利和义务。同居期间所得的财产，由当事人协议处理；协议不成时，由人民法院根据照顾无过错方的原则判决。对重婚导致的婚姻无效的财产处理，不得侵害合法婚姻当事人的财产权益。当事人所生的子女，适用本法有关父母子女的规定。”被宣告无效或被撤销的婚姻，当事人同居期间所得的财产，如果当事人协议不成的，按共同共有处理。但有证据证明为当事人一方所有的除外。婚姻被宣告无效或被撤销后，当事人应当相互协商并妥善处理子女抚养问题。协商不成的，由法院根据有利于子女的原则判决。子女随父或者母一方生活的，另一方享有探望权。

（二）结婚的程序

在婚姻程序上，我国实行婚姻登记制度。《婚姻法》第8条规定，要求结婚的男女双方必须亲自到婚姻登记机关进行结婚登记。对于符合婚姻法规定条件的，予以登记，发给结婚证。取得结婚证，即确立夫妻关系。未办理结婚登记的，应当补办登记。没有补办，即使以夫妻名义生活，也不具有婚姻法律效力；如果补办，则婚姻关系从双方以夫妻名义共同生活且符合法定条件时起算。

1. 婚姻登记机关

婚姻登记机关是具有依法履行婚姻登记行政职能的机关。婚姻登记机关的职责是：①办理婚姻登记；②补发婚姻证；③出具婚姻登记记录证明；④撤销受胁迫的婚姻；⑤宣传婚姻法律法规，倡导文明婚俗。婚姻登记机关办理婚姻登记，除按收费标准向当事人收取工本费外，不得收取其他费用或者附加其他义务。

根据《婚姻登记条例》第2条规定，内地居民办理婚姻登记的机关是县级人民政府民政部门或者乡（镇）人民政府，省、自治区、直辖市人民政府可以按照便民原则确定农村居民办理婚姻登记的具体机关。中国公民同外国人，内地居民同香港居民、澳门居民、台湾居民、华侨办理婚姻登记的机关是省、自治区、直辖市人民政府民政部门或者省、自治区、直辖市人民政府民政部门确定的机关。婚姻登记机关应当设置婚姻登记处。

2. 登记程序

（1）登记管辖。内地居民结婚，男女双方应当共同到一方当事人常住户口所在地的婚姻登记机关办理结婚登记。中国公民同外国人在中国内地结婚的，内地居民同香港居民、澳门居民、台湾居民、华侨在中国内地结婚的，男女双方应当共同到内地居民常住户口所在地的婚姻登记机关办理结婚登记。婚姻登记具体管辖按照行政区域划分：①县、不设区的市、市辖区人民政府民政部门办理双方或者一方常住户口在本行政区域内的内地居民之间的婚姻登记。省级人民政府可以根据实际情况，规定乡（镇）人民政府办理双方或者一方常住户口在本乡（镇）的内地居民之间的婚姻登记。②省级人民政府民政部门或者其确定的民政部门，办理一方常住户口在辖区内的涉外和涉香港、澳门、台湾居民以及华侨、出国人员的婚姻登记。办理经济技术开发区、高新技术开发区等特别区域内居民婚姻登记的机关由省级人民政府民政部门提出意见报同级人民政府确定。

双方均为外国人，要求在内地办理结婚登记的，当事人工作或生活所在地具有相应办理婚姻登记权限的登记机关应予受理。一方为出国人员、另一方为外国人或港澳台居民，或双方均为出国人员，要求在内地办理结婚登记的，出国人员出国前户口所在地具有相应办理婚姻登记权限的登记机关应予受理。办理现役军人婚姻登记的机关可以是现役军人部队驻地所在地或入伍前常住户口所在地的婚姻登记机关，也可以是非现役军人一方常住户口所在地的婚姻登记机关。办理服刑人员婚姻登记的机关可以是一方当事人常住户口所在地或服刑监狱所在地的婚姻登记机关。

（2）受理条件和证明材料。婚姻登记机关受理结婚登记申请的条件：①婚姻登记处具有管辖权；②要求结婚的男女双方共同到婚姻登记处提出申请；③当事人男年满 22 周岁，女年满 20 周岁；④当事人双方均无配偶（未婚、离婚、丧偶）；⑤当事人双方没有直系血亲和三代以内旁系血亲关系；⑥双方自愿结婚；⑦当事人提交 3 张大 2 寸双方近期半身免冠合影照片；⑧当事人持有有关的证件。

内地居民办理结婚登记时，应当出具下列证件和证明材料：①本人的户口簿、身份证。居民身份证与常住户口簿上的姓名、性别、出生日期应当一致；不一致的，当事人应当先到有关部门更正。居民身份证或者常住户口簿丢失，当事人应当先到公安户籍管理部门补办证件。当事人无法提交居民身份证的，婚姻登记机关可根据当事人出具的有效临时身份证办理婚姻登记。当事人无法出具居民户口簿的，婚姻登记机关可凭公安部门或有关户籍管理机构出具的加盖印章的户籍证明办理婚姻登记；当事人属于集体户口的，婚姻登记机关可凭集体户口簿内本人的户口卡片或加盖单位印章的记载其户籍情况的户口簿复印件办理婚姻登记；服刑人员无法出具身份证件的，可由监狱管理部门出具有关证明材料。当事人未办理落户手续的，户口迁出地或另一方当事人户口所在地的婚姻登记机关可凭公安部门或有关户籍管理机构出具的证明材料办理婚姻登记。当事人所持户口簿与身份证上的“姓名”“性别”“出生日期”内容不一致的，婚姻登记机关应告知当事人先到户籍所在地的公安部门履行相关项目变更和必要的证簿换领手续后再办理婚姻登记。②本人无配偶以及与对方当事人没有直系血亲和三代以内旁系血亲关系的签字声明。当事人声明的婚姻状况与户口簿“婚姻状况”内容不一致的，婚姻登记机关对当事人婚姻状况的审查主要依据其本人书面声明。

香港居民、澳门居民、台湾居民办理结婚登记时，应当出具下列证件和证明材料：①本人的有效通行证（如港澳居民来往内地通行证或者港澳同胞回乡证、台湾居民来往大陆通行证或者其他有效旅行证件等）、身份证；②经居住地公证机构公证的本人无配偶以及与对方当事人没有直系血亲和三代以内旁系血亲关系的声明。

出国人员、华侨办理结婚登记时，应当出具下列证件和证明材料：①本人的有效护照；②居住国公证机构或者有权机关出具的、经中华人民共和国驻该国使（领）馆认证的本人无配偶以及与对方当事人没有直系血亲和三代以内旁系血亲关系的证明，或者中华人民共和国驻该国使（领）馆出具的本人无配偶以及与对方当事人没有直系血亲和三代以内旁系血亲关系的证明。与中国无外交关系的国家出具的有关证明，应当经与该国及中国均有外交关系的第三国驻该国使（领）馆和中国驻第三国使（领）馆认证，或者经第三国驻华使（领）馆认证。

外国人办理结婚登记时，应当出具下列证件和证明材料：①本人的有效护照或者其他有效的国际旅行证件；②所在国公证机构或者有权机关出具的、经中华人民共和国驻该国使（领）馆认证或者该国驻华使（领）馆认证的本人无配偶的证明，或者所在国驻华使（领）馆出具的本人无配偶的证明；③当事人本国承认其居民在国外办理结婚登记效力的证明。与中国无外交关系的国家出具的有关证明，应当经与该国及中国均有外交关系的第三国驻该国使（领）馆和中国驻第三国使（领）馆认证，或者经第三国驻华使（领）馆认证。

（3）审查与登记。婚姻登记机关应当对结婚登记当事人出具的证件、证明材料进行审查并询问相关情况。对当事人符合结婚条件的，应当当场予以登记，发给结婚证。

经审查，对申请结婚登记当事人不符合结婚条件，有下列情形之一的，婚姻登记机关不予登记：①未到法定结婚年龄的；②非双方自愿的；③一方或者双方已有配偶的；④属于直系血亲或者三代以内旁系血亲的；⑤患有医学上认为不应当结婚的疾病的。不予登记的，应当给当事人出具《不予办理结婚登记通知单》，向当事人说明理由。

3. 事实婚姻

事实婚姻与法律婚姻相对称，1979 年最高人民法院《关于贯彻执行民事政策法律的意见》规定："事实婚姻是指没有配偶的男女，未进行结婚登记，以夫妻关系同居生活，群众也认为是夫妻关系的。"因此，事实婚姻应具备以下条件：①婚姻当事人双方均应符合婚姻法规定的结婚实质要件；②双方以夫妻名义同居生活；③群众认为该对男女是夫妻关系；④没有进行结婚登记。

根据《解释（一）》规定，对于未按婚姻法有关规定办理结婚登记而以夫妻名义共同生活的男女，起诉到人民法院要求离婚的，应当区别对待：①1994 年 2 月 1 日民政部《婚姻登记管理条例》公布实施以前，男女双方已经符合结婚实质要件的，按事实婚姻处理；②1994 年 2 月 1 日民政部《婚姻登记管理条例》公布实施以后，男女双方符合结婚实质要件的，人民法院应当告知其在案件受理前补办结婚登记；未补办结婚登记的，按解除同居关系处理。男女双方根据婚姻法规定补办结婚登记的，婚姻关系的效力从双方均符合婚姻法所规定的结婚的实质要件时起算。未按婚姻法规定办理结婚登记而以夫妻名义共同生活的男女，一方死亡，另一方以配偶身份主张享有继承权的，也应当按照上述原则处理。

三、家庭关系

家庭关系是指以夫妻关系为核心的，包括父母子女关系以及其他共同生活的家庭成员所形成的权利义务关系。婚姻法第 4 条规定："夫妻应当互相忠实，互相尊重；家庭成员间应当敬老爱幼，互相帮助，维护平等、和睦、文明的婚姻家庭关系。"

（一）夫妻关系

夫妻关系是家庭关系的核心。夫妻关系主要包括夫妻人身关系和夫妻财产关系。在确定和处理夫妻关系时，应当坚持平等原则。《婚姻法》第 13 条规定："夫妻在家庭中地位平等。"

1. 夫妻人身关系

（1）姓名权。《婚姻法》第 14 条规定："夫妻双方都有各用自己姓名的权利。"不论丈夫还是妻子，都可以保持姓名的独立性，不必因婚姻而改变自己的姓名。《婚姻法》第 22 条规定："子女可以随父姓，也可以随母姓"，该规定也体现了夫妻的平等地位和保护夫妻独立姓名权的精神。

（2）夫妻人身自由。《婚姻法》第 15 条规定："夫妻双方都有参加生产、工作、学习和社会活动的自由，一方不得对他方加以限制或干涉。"夫妻人身自由权主要包括：①职业选择权。夫妻双方均有权选择他们认为适合自己的工作，包括一切能够取得劳动报酬和经营收入的社会活动，他方不得干涉。②参加学习，掌握技能的权利。夫妻双方都可以参加学习，提高自身文化素质、掌握劳动技能。③社会活动权。夫妻任何一方都有参政、议政，参与各种社会团体、群众团体充分发挥其聪明才智的能力和权利。

（3）住所决定权。《婚姻法》第 9 条规定："登记后，根据男女双方约定，女方可以成为男方家庭的成员，男方可以成为女方家庭的成员。"

（4）计划生育义务。《婚姻法》第 16 条规定："夫妻双方都有实行计划生育的义务。"

2. 夫妻财产关系

我国实行法定夫妻财产制与约定夫妻财产制相结合的制度。根据《婚姻法》第 19 条的规定，夫妻可以约定婚姻关系存续期间所得的财产以及婚前财产归各自所有、共同所有或部分各自所有、部分共同所有。约定应当采用书面形式。没有约定或约定不明确的，适用《婚姻法》第 17 条、第 18 条关于夫妻财产的直接规定。夫妻对婚姻关系存续期间所得的财产以及婚前财产的约定，对双方具有约束力。夫妻对婚姻关系存续期间所得的财产约定归各自所有的，夫或妻一方对外所负的债务，第三人知道该约定的，以夫或妻一方所有的财产清偿。

（1）夫妻共同财产。夫妻共同财产的基础是夫妻关系的存在。在认定夫妻共同财产时，前提是要确定夫妻身份。

根据《婚姻法》第 17 条规定，夫妻在婚姻关系存续期间所得的下列财产，归夫妻共同所有：①工资、奖金；②生产、经营的收益；③知识产权的收益；④继承或赠与所得的财产，但遗嘱或赠与合同中确定只归夫或妻一方的财产除外；⑤其他应当归共同所有的财产。其中，知识产权的收益是指婚姻关系存续期间，实际取得或者已经明确可以取得的财产性收益，婚姻关系解除以后的知识产权的收益以及知识产权本身不属于共有财产；其他应当归共同所有的财产主要包括：一方以个人财产投资取得的收益、男女双方实际取得或者应当取得的住房补贴、住房公积金、男女双方实际取得或者应当取得的养老保险金、破产安置补偿费等。

根据《解释（二）》的规定，下列财产也根据共有原则处理：①在离婚案件中，涉及分割发放到军人名下的复员费、自主择业费等一次性费用的，以夫妻婚姻关系存续年限乘以年平均值，所得数额为夫妻共同财产。其中，年平均值是指将发放到军人名下的上述费用总额按具体年限均分得出的数额。其具体年限为人均寿命七十岁与军人入伍时实际年龄的差额。②由一方婚前承租、婚后用共同财产购买的房屋，房屋权属证书登记在一方名下的，应当认定为夫妻共同财产。③当事人结婚后，父母为双方购置房屋出资的，应当认定为对夫妻双方的赠与，但父母明确表示赠与一方的除外。④债权人就婚姻关系存续期间夫妻一方以个人名义所负债务主张权利的，应当按夫妻共同债务处理。但夫妻一方能够证明债权人与债务人明确约定为个人债务，或者能够证明夫妻对婚姻关系存续期间所得的财产约定归各自所有，债权人知道该约定的除外。根据《解释（三）》第5条的规定，夫妻一方个人财产在婚后产生的收益，除孳息和自然增值外，应认定为夫妻共同财产。

婚姻关系存续期间，夫妻一方请求分割共同财产的，人民法院不予支持，但有下列重大理由且不损害债权人利益的除外：①一方有隐藏、转移、变卖、毁损、挥霍夫妻共同财产或者伪造夫妻共同债务等严重损害夫妻共同财产利益行为的；②一方负有法定扶养义务的人患重大疾病需要医治，另一方不同意支付相关医疗费用的。

夫妻对共同所有的财产，有平等的处理权。第一，夫或妻在处理夫妻共同财产上的权利是平等的。因日常生活需要而处理夫妻共同财产的，任何一方均有权决定。第二，夫或妻非因日常生活需要对夫妻共同财产做重要处理决定，夫妻双方应当平等协商，取得一致意见。他人有理由相信其为夫妻双方共同意思表示的，另一方不得以不同意或不知道为由对抗善意第三人。第三，夫或妻一方死亡的，生存一方应当对婚姻关系存续期间的共同债务承担连带清偿责任。

（2）夫妻个人财产。夫妻个人财产是指婚后夫或妻个人所有的财产。根据《婚姻法》及有关司法解释规定，下列财产属于夫妻一方所有的财产：①一方的婚前财产；②一方因身体受到伤害获得的医疗费、残疾人生活补助费等费用；③遗嘱或赠与合同中确定只归夫或妻一方的财产；④一方专用的生活用品；⑤军人的伤亡保险金、伤残补助金、医药生活补助费；⑥其他应当归一方的财产。上述夫妻一方所有的财产，不因婚姻关系的延续而转化为夫妻共同财产。但当事人另有约定的除外。

根据《解释（三）》第6条的规定，婚前或者婚姻关系存续期间，当事人约定将一方所有的房产赠与另一方，赠与方在赠与房产变更登记之前撤销赠与，另一方请求判令继续履行的，人民法院可以按照合同法第186条的规定处理。赠与人在赠与财产的权利转移之前可以撤销赠与。具有救灾、扶贫等社会公益、道德义务性质的赠与合同或者经过公证的赠与合同不得撤销。对于当事人结婚前，父母为双方购置房屋出资的，该出资应当认定为对自己子女的个人赠与，应当认定为夫妻一方所有的财产，但父母明确表示赠与双方的除外。根据《解释（三）》第 7 条的规定，婚后由一方父母出资为子女购买的不动产，产权登记在出资人子女名下的，可按照婚姻法第十八条第（三）项的规定，视为只对自己子女一方的赠与，该不动产应认定为夫妻一方的个人财产。由双方父母出资购买的不动产，产权登记在一方子女名下的，该不动产可认定为双方按照各自父母的出资份额按份共有，但当事人另有约定的除外。

夫妻一方婚前所负个人债务应当认定为夫妻一方的债务，债权人无权就该债务向债务人的配偶主张权利。但债权人能够证明债务人所负债务用于婚后家庭共同生活的除外。

（3）夫妻间的扶养。扶养是指一定亲属间的相互扶助和供养。夫妻之间互相负有法定的扶养义务。《婚姻法》第 20 条规定："夫妻有互相扶养的义务。一方不履行扶养义务时，需要扶养的一方，有要求对方付给扶养费的权利。"夫妻间相互履行扶养义务，以一方有扶养能力和另一方需要扶养为条件。夫妻间因履行扶养义务而发生争议的，可以申请人民调解组织调解，也可以向人民法院提起诉讼。

（4）夫妻间的继承权。夫妻有相互继承遗产的权利。详见本章第二节。

（二）父母子女关系

父母子女关系，是指父母和子女之间在法律上的权利义务关系，包括生父母子女关系、养父母子女关系和形成抚养教育关系的继父母子女关系。

1. 父母对子女的抚养教育义务

抚养主要是指父母在物质、经济方面对未成年子女的养育、供给以及生活照料；教育主要是指父母在思想、品德以及基本技能方面对子女的引导和培养。父母不履行抚养义务时，未成年的或不能独立生活的子女，有要求父母付给抚养费的权利。不能独立生活的子女，是指尚在校接受高中及其以下学历教育，或者丧失或未完全丧失劳动能力等非因主观原因而无法维持正常生活的成年子女；抚养费包括子女生活费、教育费、医疗费等费用。在未成年子女对国家、集体或他人造成损害时，父母有承担民事责任的义务。

婚姻法还规定了禁止溺婴、弃婴和其他残害婴儿的行为。非婚生子女享有与婚生子女同等的权利，任何人不得加以危害和歧视。不直接抚养非婚生子女的生父或生母，应当负担子女的生活费和教育费，直至子女能独立生活为止。继父母与继子女之间，也不得虐待或歧视。

2. 成年子女对父母的赡养义务

子女对父母有赡养扶助的义务。赡养是指成年子女对父母在物质和经济上为父母提供必要的生活条件；扶助是指成年子女对父母在精神、生活方面的关心、安慰、帮助和照料。子女不履行赡养义务时，无劳动能力的或生活困难的父母，有要求子女付给赡养费的权利。但子女付给赡养费以该子女具有赡养能力为条件。婚姻法还规定，子女应当尊重父母的婚姻权利，不得干涉父母再婚以及婚后的生活。子女对父母的赡养义务，不因父母的婚姻关系变化而终止。再婚的父母在无劳动能力或生活困难时，仍然有权要求具有赡养能力的子女付给赡养费。

3. 父母子女间的遗产继承

父母子女间有相互继承遗产的权利。详见本章第二节。

（三）祖孙关系和兄弟姐妹关系

我国婚姻法规定，有负担能力的祖父母、外祖父母，对于父母已经死亡或父母无力抚养的未成年的孙子女、外孙子女，有抚养的义务。有负担能力的孙子女、外孙子女，对于子女已经死亡或子女无力赡养的祖父母、外祖父母，有赡养的义务。有负担能力的兄、姐，对于父母已经死亡或父母无力抚养的未成年的弟、妹，有扶养的义务。由兄、姐扶养长大的有负担能力的弟、妹，对于缺乏劳动能力又缺乏生活来源的兄、姐，有扶养的义务。

四、离婚制度

离婚属于终止婚姻的行为，即当事人通过一定的法律行为解除合法有效的婚姻。我国婚姻法根据保障婚姻自由和反对轻率离婚的原则，规定了协议离婚和诉讼离婚两种离婚方式。

（一）协议离婚

协议离婚又称为登记离婚，是指夫妻双方自愿，并就离婚的相关问题的处理达成了合意，通过离婚登记解除婚姻的离婚方式。《婚姻法》第 31 条规定：“男女双方自愿离婚的，准予离婚。双方必须到婚姻登记机关申请离婚。婚姻登记机关查明双方确实是自愿并对子女和财产问题已有适当处理时，发给离婚证。”

1. 协议离婚的条件

（1）双方当事人均具有完全民事行为能力。当事人任何一方或者双方不具有完全民事行为能力的，不适用协议离婚。

（2）双方当事人达成离婚协议。离婚协议书应当载明双方当事人自愿离婚的意思表示以及对子女抚养、财产及债务处理等事项协商一致的意见。未达成离婚协议的，婚姻登记机关不予受理。

（3）双方当事人的结婚登记在中国内地办理。结婚登记不是在中国内地办理的，婚姻登记机关不予受理。

（4）双方当事人应当亲自到婚姻登记机关办理离婚登记。不能由任何第三人代理夫妻一方或者双方办理离婚登记。

2. 协议离婚的程序

（1）申请。当事人协议离婚，应当向有管辖权的登记机关提出离婚申请。办理离婚登记的内地居民，在提交离婚申请书的同时还应当出具下列证件和证明材料：①本人的户口簿、身份证；②本人的结婚证；③双方当事人共同签署的离婚协议书；④当事人各提交 2 张 2 寸单人近期半身免冠照片。办理离婚登记的香港居民、澳门居民、台湾居民、华侨、外国人除应当出具结婚证、离婚协议书和当事人的照片外，香港居民、澳门居民、台湾居民还应当出具本人的有效通行证、身份证，华侨、外国人还应当出具本人的有效护照或者其他有效国际旅行证件。

申请办理离婚登记的当事人有一本结婚证丢失的，婚姻登记机关可根据另一本结婚证办理离婚登记；当事人两本结婚证都丢失的，婚姻登记机关可根据结婚登记档案或当事人提供的结婚登记记录证明等证明材料办理离婚登记。当事人应对结婚证丢失情况作出书面说明，该说明由婚姻登记机关存档。申请办理离婚登记的当事人提供的结婚证上的姓名、出生日期、身份证号与身份证、户口簿不一致的，当事人也应书面说明不一致的原因。

（2）审查。婚姻登记机关应当对离婚登记当事人出具的证件、证明材料进行审查并询问相关情况。

（3）登记。经审查，当事人确属自愿离婚，并已对子女抚养、财产、债务等问题达成一致处理意见的，应当当场予以登记，发给离婚证。

婚姻登记机关对不符合离婚登记条件的，不予受理，但应当向当事人说明理由，出具《不予办理离婚登记通知单》，并提供有关法律咨询服务。

（二）诉讼离婚

诉讼离婚，是指夫妻一方向人民法院提起离婚诉讼，人民法院通过调解或者判决解除当事人的婚姻关系的离婚方式。

1. 诉讼离婚的程序

（1）诉讼外调解。婚姻法规定，夫妻一方要求离婚的，可由有关部门进行调解。调解达成和好协议后，一方反悔的，仍然可以向人民法院起诉；达成离婚协议的，并不发生离婚的法律效力，如果双方对子女和财产问题已有适当的处理，当事人仍然要到婚姻登记机关办理离婚登记；调解无效，双方无法达成协议的，当事人可以向人民法院起诉。

（2）庭内调解。庭内调解是在法庭主持下的离婚纠纷调解。婚姻法规定，人民法院审理离婚案件，应当进行调解。人民法院调解离婚案件也必须遵循自愿合法的原则。通过庭内调解，当事人和好的，和好协议的内容应当记入笔录；当事人就离婚及其相关问题达成协议的，人民法院应当制作调解书，调解书经双方签收后即具有法律效力；调解无效的，人民法院应当继续审理，不能久调不决。

（3）判决。对于调解无效的离婚案件，人民法院应当及时审理，作出判决。一审判决离婚的，当事人在判决发生法律效力前不得另行结婚。当事人不服一审判决的，可以上诉。二审人民法院审理上诉离婚案件可以进行调解。经调解达成协议的，二审人民法院应当制作调解书，自调解书送达时起生效，原审判决即视为撤销。二审判决为终审判决。判决不准离婚和调解和好的离婚案件，没有新情况、新理由的情况下，原告在6个月内不得重新起诉。

2. 离婚诉权的限制

（1）对现役军人配偶离婚诉权的限制。《婚姻法》第33条规定："现役军人的配偶要求离婚，须得军人同意，但军人一方有重大过错的除外。"现役军人是指正在人民解放军或武警部队服役、具有军籍的人，不包括退伍军人和在军事单位但没有军籍的职工。这里的现役军人的配偶是指非现役军人。双方都是现役军人，或者现役军人向非现役军人提出离婚的，不适用本条的规定。

对于现役军人的配偶提出离婚，军人不同意离婚时，应教育原告珍惜与军人的夫妻关系，尽量调解和好或判决不准离婚。但是，对夫妻感情已经破裂，经过做和好工作无效，确实不能继续维持夫妻关系的，应通过军人所在部队团以上的政治机关，做好军人的思想工作，准予离婚。对于现役军人一方存在重婚、配偶者与他人同居、实施家庭暴力或者虐待、遗弃家庭成员等重大过错的，无须现役军人的同意，人民法院也可以判决离婚。

（2）在特定期间男方离婚诉权的限制。《婚姻法》第 34 条规定："女方在怀孕期间、分娩后一年内或中止妊娠后六个月内，男方不得提出离婚。女方提出离婚的，或人民法院认为确有必要受理男方离婚请求的，不在此限。"对于这一限制，需要注意以下几点：①只是针对诉讼离婚，不适用协议离婚，即当事人在该特定期间内可以协议离婚；②如果女方怀孕确系与他人通奸所致，人民法院应根据具体情况，受理男方的离婚请求；③女方分娩后一年内，婴儿死亡的，原则上仍应适用该限制；④女方流产的，也应受到保护，可由人民法院视女方健康状况，决定是否受理男方提出的离婚请求；⑤原审法院判决离婚时，未发现女方怀孕，女方自己发现并提出上诉的，应撤销原判决，驳回男方的离婚请求。

3. 判决离婚的标准和理由

（1）判决离婚的标准。我国法律以夫妻感情是否确已破裂作为法院是否准予当事人离婚的标准。《婚姻法》规定，人民法院审理离婚案件，应当进行调解；如感情确已破裂，调解无效，应准予离婚。

（2）判决离婚的法定理由。《婚姻法》规定，有下列情形之一，调解无效的，应准予离婚：①重婚或有配偶者与他人同居的。②实施家庭暴力或虐待、遗弃家庭成员的。③有赌博、吸毒等恶习屡教不改的。④因感情不和分居满二年的。这里分居的原因是感情不和，而不是其他原因；分居应满二年，并且连续不间断。⑤其他导致夫妻感情破裂的情形。例如，一方被判处长期徒刑的；一方因疾病不能发生性行为的；双方从未同居，无和好可能的等。

《婚姻法》还规定，一方被宣告失踪，另一方提出离婚诉讼的，应准予离婚。此种情况，法院不经调解，直接判决准予离婚。

（三）离婚后子女、财产问题

1. 离婚后的子女抚育

（1）离婚后的父母子女关系。《婚姻法》第 36 条规定："父母与子女间的关系，不因父母离婚而消除。离婚后，子女无论由父或母直接抚养，仍是父母双方的子女。离婚后，父母对于子女仍有抚养和教育的权利和义务。离婚后，哺乳期内的子女，以随哺乳的母亲抚养为原则。哺乳期后的子女，如双方因抚养问题发生争执不能达成协议时，由人民法院根据子女的权益和双方的具体情况判决。"

离婚后，应当从有利于子女身心健康，保障子女的合法权益出发，结合父母双方的抚养能力和抚养条件等具体情况妥善解决子女抚养问题。哺乳期内（2 周岁以下）的子女，以随哺乳的母亲抚养为原则。母方有下列情形之一的，可随父方生活：①患有久治不愈的传染性疾病或其他严重疾病，子女不宜与其共同生活的；②有抚养条件不尽抚养义务，而父方要求子女随其生活的；③因其他原因，子女确无法随母方生活的。父母双方协议两周岁以下子女随父方生活，并对子女健康成长无不利影响的，可予准许。

哺乳期后的子女，如双方因抚养问题发生争执不能达成协议时，由人民法院根据子女的权益和双方的具体情况判决。对两周岁以上未成年的子女，父方和母方均要求随其生活，一方有下列情形之一的，可予优先考虑：①已做绝育手术或因其他原因丧失生育能力的；②子女随其生活时间较长，改变生活环境对子女健康成长明显不利的；③无其他子女，而另一方有其他子女的；④子女随其生活，对子女成长有利，而另一方患有久治不愈的传染性疾病或其他严重疾病，或者有其他不利于子女身心健康的情形，不宜与子女共同生活的；⑤父方与母方抚养子女的条件基本相同，双方均要求子女与其共同生活，但子女单独随祖父母或外祖父母共同生活多年，且祖父母或外祖父母要求并且有能力帮助子女照顾孙子女或外孙子女的，可作为子女随父或母生活的优先条件予以考虑；⑥父母双方对十周岁以上的未成年子女随父或随母生活发生争执的，应优先考虑该子女的意见。

此外，在有利于保护子女利益的前提下，父母双方协议轮流抚养子女的，可予准许。

（2）抚养费用的负担。离婚后，一方抚养的子女，另一方应负担必要的生活费和教育费的一部或全部，负担费用的多少和期限的长短，由双方协议；协议不成时，由人民法院判决。关于子女生活费和教育费的协议或判决，不妨碍子女在必要时向父母任何一方提出超过协议或判决原定数额的合理要求。

子女抚育费的数额，可根据子女的实际需要、父母双方的负担能力和当地的实际生活水平确定。有固定收入的，抚育费一般可按其月总收入的20%至30%的比例给付。负担两个以上子女抚育费的，比例可适当提高，但一般不得超过月总收入的50%。无固定收入的，抚育费的数额可依据当年总收入或同行业平均收入，参照以上比例确定。有特殊情况的，可适当提高或降低以上比例。

抚育费应定期给付，有条件的可一次性给付。一方无经济收入或者下落不明的，可用其财物折抵子女抚育费。父母双方可以协议子女随一方生活并由抚养方负担子女全部抚育费。但经查实，抚养方的抚养能力明显不能保障子女所需费用，影响子女健康成长的，不予准许。抚育费的给付期限，一般至子女十八周岁为止。十六周岁以上不满十八周岁，以其劳动收入为主要生活来源，并能维持当地一般生活水平的，父母可停止给付抚育费。

子女虽已成年，但尚未独立生活，有下列情形之一的，有给付能力的父母仍应负担必要的抚育费：①丧失劳动能力或虽未完全丧失劳动能力，但其收入不足以维持生活的；②尚在校就读的；③确无独立生活能力和条件的。

离婚后，父母双方也可以协议变更子女抚养关系，父或母一方可以要求变更子女抚养关系。一方要求变更子女抚养关系有下列情形之一的，应予支持：①与子女共同生活的一方因患严重疾病或因伤残无力继续抚养子女的；②与子女共同生活的一方不尽抚养义务或有虐待子女行为，或其与子女共同生活对子女身心健康确有不利影响的；③十周岁以上未成年子女，愿随另一方生活，该方又有抚养能力的；④有其他正当理由需要变更的。子女可以根据实际情况要求增加抚育费。子女要求增加抚育费有下列情形之一，父或母有给付能力的，应予支持：①原定抚育费数额不足以维持当地实际生活水平的；②因子女患病、上学，实际需要已超过原定数额的；③有其他正当理由应当增加的。

2. 探望权

《婚姻法》第38条规定：“离婚后，不直接抚养子女的父或母，有探望子女的权利，另一方有协助的义务。行使探望权利的方式、时间由当事人协议；协议不成时，由人民法院判决。父或母探望子女，不利于子女身心健康的，由人民法院依法中止探望的权利；中止的事由消失后，应当恢复探望的权利。”

探望权的行使需要与子女共同生活的一方协助。协助包括将子女按照指定的时间带到指定的探望地点；允许子女在探望方作短暂留宿；不在子女和探望方之间制造障碍，使子女无法或者不与探望方会面等。对于有协助探望义务的一方不履行判决或裁定的，享有探望权的一方可以依法申请强制执行；人民法院作出的生效的离婚判决中未涉及探望权，当事人就探望权问题可以单独提起诉讼。

父或母探望子女，不利于子女身心健康的，应当中止探望。中止探望权应当由法院作出裁定。未成年子女、直接抚养子女的父或母及其他对未成年子女负担抚养、教育义务的法定监护人，有权向人民法院提出中止探望权的请求。人民法院在征询双方当事人意见后，认为需要中止行使探望权的，依法作出裁定。下列情形的探望可以认定为不利于未成年子女身心健康：

（1）探望人为无行为能力人或限制行为能力人的；

（2）探望人患有疾病，不适合行使探望权的；

（3）探望人对子女有侵权行为或者犯罪行为，严重损害未成年子女利益的；

（4）探望人有借探望之机藏匿子女，使子女离开抚养方监护行为的；

（5）探望方有吸毒、赌博等恶习，对未成年子女的道德情操有不良影响的；

（6）其他不利于未成年子女身心健康的情形。

中止探望的情形消失后，当事人向人民法院申请恢复探望权的，人民法院应当根据当事人的申请，查明当事人的实际情况，确信当事人不存在不利于未成年子女身心健康的情形，裁定其恢复探望权的行使。

3. 离婚后的财产处理

（1）夫妻共有财产的分割。《婚姻法》第 39 条规定：“离婚时，夫妻的共同财产由双方协议处理；协议不成时，由人民法院根据财产的具体情况，照顾子女和女方权益的原则判决。夫或妻在家庭土地承包经营中享有的权益等，应当依法予以保护。”离婚协议中关于财产分割的条款或者当事人因离婚就财产分割达成的协议，对男女双方具有法律约束力。人民法院在处理夫妻共有财产分割纠纷时，应当遵循平等原则，一般应均等分割，对特殊财产进行特殊处理。

离婚时，当事人请求返还按照习俗给付的彩礼的，如果双方办理结婚登记手续但确未共同生活，或者婚前给付并导致给付人生活困难，接受彩礼的一方应当返还。

男女双方协议离婚后一年内就财产分割问题反悔，请求变更或者撤销财产分割协议的，人民法院应当受理。

离婚时，原为夫妻共同生活所负的债务，应当共同偿还。共同财产不足清偿的，或财产归各自所有的，由双方协议清偿；协议不成时，由人民法院判决。当事人的离婚协议或者人民法院的判决书、裁定书、调解书已经对夫妻财产分割问题作出处理的，债权人仍有权就夫妻共同债务向男女双方主张权利。一方就共同债务承担连带清偿责任后，基于离婚协议或者人民法院的法律文书向另一方主张追偿的，人民法院应当支持。

（2）补偿请求权。《婚姻法》第40条规定："夫妻书面约定婚姻关系存续期间所得的财产归各自所有，一方因抚育子女、照料老人、协助另一方工作等付出较多义务的，离婚时有权向另一方请求补偿，另一方应当予以补偿。"

补偿请求权应当在离婚时提出。如果当事人符合条件而未提出的，法院应当行使释明权，告知当事人。补偿的数额和给付方式应由当事人双方协商，达成协议的，人民法院应当根据协议制作调解书。调解不成的，由人民法院判决。判决应当考虑当事人结婚时间的长短、家务的劳动强度和时间、给对方提供帮助的多少以及双方的实际情况等因素。

（3）获得帮助权。《婚姻法》第42条规定："离婚时，如一方生活困难，另一方应从其住房等个人财产中给予适当帮助。具体办法由双方协议；协议不成时，由人民法院判决。"

五、救助措施与法律责任

（一）对于家庭暴力等行为的劝阻、调解和制止

对于实施家庭暴力、虐待家庭成员或者遗弃家庭成员，受害人有权提出请求，居民委员会、村民委员会以及所在单位应当予以劝阻、调解。劝阻是指劝说行为人停止侵害家庭成员合法权益的行为，在劝说无效的情况下，可以采取适当的手段阻止行为人的侵害行为，解救受害人。实施有效的劝阻之后，人民调解委员会应当依法对家庭纠纷进行调解。

对正在实施的家庭暴力，受害人有权提出请求，居民委员会、村民委员会应当予以劝阻；公安机关应当予以制止。公安机关制止不仅包括劝阻、调解，也包括采取强制手段迫使行为人停止侵害行为。

（二）违反婚姻家庭法的法律责任

1. 违反婚姻家庭法的民事责任

（1）遗弃家庭成员的民事责任。遗弃家庭成员应当承担给付相关费用的法律责任。对遗弃家庭成员，受害人提出请求的，人民法院应当依法作出支付扶养费、赡养费的判决。

（2）隐藏、转移、变卖、毁损夫妻共同财产的民事责任。离婚时，一方隐藏、转移、变卖、毁损夫妻共同财产。或伪造债务企图侵占另一方财产的，分割夫妻共同财产时，对隐藏、转移、变卖、毁损夫妻共同财产或伪造债务的一方，可以少分或不分。离婚后，另一方发现有以上行为的，可以向人民法院提起诉讼，请求再次分割夫妻共同财产。请求再次分割夫妻共同财产的诉讼时效为两年，从当事人发现之次日起计算。

（3）拒不执行有关裁判的决或定的民事责任。对拒不执行有关扶养费、赡养费、财产分割、遗产继承、探望子女等判决或裁定的，由人民法院依法强制执行。有关个人和单位应负协助执行的责任。对拒不执行有关探望子女等判决和裁定的，由人民法院依法强制执行的，只能对拒不履行协助探望人行使探望权的有关个人和单位采取拘留、罚款等强制措施，不能对子女的人身、探望行为进行强制执行。

2. 实施家庭暴力的法律责任

《中华人民共和国反家庭暴力法》由第十二届全国人民代表大会常务委员会第十八次

会议于2015年12月27日通过，自2016年3月1日起施行。该法规定："家庭暴力，是指家庭成员之间以殴打、捆绑、残害、限制人身自由以及经常性谩骂、恐吓等方式实施的身体、精神等侵害行为。"

对于家庭暴力，有关机关、单位和组织应当给予处置。家庭暴力受害人及其法定代理人、近亲属可以向加害人或者受害人所在单位、居民委员会、村民委员会、妇女联合会等单位投诉、反映或者求助。有关单位接到家庭暴力投诉、反映或者求助后，应当给予帮助、处理。家庭暴力受害人及其法定代理人、近亲属也可以向公安机关报案或者依法向人民法院起诉。单位、个人发现正在发生的家庭暴力行为，有权及时劝阻。家庭暴力情节较轻，依法不给予治安管理处罚的，由公安机关对加害人给予批评教育或者出具告诫书；构成违反治安管理行为的，依法给予治安管理处罚。监护人实施家庭暴力严重侵害被监护人合法权益的，人民法院可以根据被监护人的近亲属、居民委员会、村民委员会、县级人民政府民政部门等有关人员或者单位的申请，依法撤销其监护人资格，另行指定监护人。被撤销监护人资格的加害人，应当继续负担相应的赡养、扶养、抚养费用。

当事人因遭受家庭暴力或者面临家庭暴力的现实危险，向人民法院申请人身安全保护令的，人民法院应当受理。当事人是无民事行为能力人、限制民事行为能力人，或者因受到强制、威吓等原因无法申请人身安全保护令的，其近亲属、公安机关、妇女联合会、居民委员会、村民委员会、救助管理机构可以代为申请。人民法院受理申请后，应当在七十二小时内作出人身安全保护令或者驳回申请；情况紧急的，应当在二十四小时内作出。人身安全保护令可以包括下列措施：①禁止被申请人实施家庭暴力；②禁止被申请人骚扰、跟踪、接触申请人及其相关近亲属；③责令被申请人迁出申请人住所；④保护申请人人身安全的其他措施。人身安全保护令的有效期不超过六个月，自作出之日起生效。人身安全保护令失效前，人民法院可以根据申请人的申请撤销、变更或者延长。尚不构成犯罪的，人民法院应当给予训诫，可以根据情节轻重处以一千元以下罚款、十五日以下拘留。

3. 违反婚姻家庭法的刑事责任

对重婚的，实施家庭暴力或虐待、遗弃家庭成员、违反人身安全保护令构成犯罪的，依法追究刑事责任。

（三）离婚损害赔偿

《婚姻法》离婚损害赔偿制度。其中，离婚损害赔偿包括物质损害赔偿和精神损害赔偿。涉及精神损害赔偿的，适用最高人民法院《关于确定民事侵权精神损害赔偿责任若干问题的解释》的有关规定。

《婚姻法》第46条规定："有下列情形之一导致离婚的，无过错方有权请求损害赔偿：①重婚的；②有配偶者与他人同居的；③实施家庭暴力的；④虐待、遗弃家庭成员的。"在适用上述条款时，不得任意扩大，并注意以下几个方面：

第一，承担离婚损害赔偿责任的主体，为离婚诉讼当事人中无过错方的配偶。无论何方提出离婚，无过错方都可以提出离婚损害赔偿请求，有过错的一方都应当承担损害赔偿责任。

第二，离婚损害赔偿责任的承担以离婚为条件。人民法院判决不准离婚的案件，对于当事人基于离婚过错责任提出的损害赔偿请求，不予支持；在婚姻关系存续期间，当事人不起诉离婚而单独依据该条规定提起损害赔偿请求的，人民法院不予受理。当事人在婚姻登记机关办理离婚登记手续后，根据婚姻法有关规定向人民法院提出离婚损害赔偿请求的，人民法院应当受理。但当事人在协议离婚时已经明确表示放弃该项请求，或者在办理离婚登记手续一年后提出的，不予支持。

第三，人民法院受理离婚案件时，应当将婚姻法关于离婚过错责任的规定中当事人的有关权利义务，书面告知当事人。在适用婚姻法关于离婚过错责任的规定时，应当区分以下不同情况：①符合婚姻法规定的无过错方作为原告基于该条规定向人民法院提起损害赔偿请求的，必须在离婚诉讼的同时提出；②符合婚姻法规定的无过错方作为被告的离婚诉讼案件，如果被告不同意离婚也不基于该条规定提起损害赔偿请求的，可以在离婚后一年内就此单独提起诉讼；③无过错方作为被告的离婚诉讼案件，一审时被告未基于婚姻法的规定提出损害赔偿请求，二审期间提出的，人民法院应当进行调解，调解不成的，告知当事人在离婚后一年内另行起诉。

另外，夫妻一方擅自处分共同共有的房屋造成另一方损失，离婚时另一方请求赔偿损失的，人民法院应予支持。

第二节　继承法

继承是指自然人死亡后，由法律规定的一定范围内的人或遗嘱指定的人依法取得死者遗产的行为。其中，死亡的人为被继承人，被继承人遗留的个人合法财产为遗产，依法承受遗产的人为继承人。《宪法》规定，公民的合法的私有财产不受侵犯，国家依照法律规定保护公民的私有财产权和继承权。为了保护公民的私有财产的继承权，1985 年 4 月 10 日，第六届全国人民代表大会第三次会议通过《中华人民共和国继承法》（以下简称《继承法》），1985 年 10 月 1 日起施行。

一、继承法的基本原则

根据《宪法》和《继承法》的规定，我国继承法有如下几个基本原则：

（1）保护公民继承权的原则。公民依法享有继承权；公民的继承权不得非法剥夺；公民的继承权受到非法侵害时，继承人有权在法定期限内请求人民法院依法予以保护。

（2）继承权平等原则。主要体现在继承权的男女平等，不论婚否，男女在继承权的享有上都是平等的；同一顺序的法定继承人的继承份额相同；男女的代位继承权平等；男女都具有平等的立遗嘱处分自己合法财产的权利；非婚生子女与婚生子女有平等的继承权；拟制血亲与自然血亲有平等的继承权等。

（3）养老育幼、照顾弱者的原则。继承法规定，丧偶儿媳对公、婆，丧偶女婿对岳父、岳母，尽了主要赡养义务的，作为第一顺序继承人；继承人以外的依靠被继承人扶养的缺乏劳动能力又没有生活来源的人，可以分得适当的遗产。

（4）权利义务一致原则。继承法明确规定，对被继承人尽了主要扶养义务的继承人，分配遗产时，可以多分；有扶养能力和有扶养条件的继承人，不尽扶养义务的，分配遗产时，应当不分或者少分。继承遗产不但可以取得被继承人遗留的个人合法财产的所有权，而且还应当清偿被继承人生前所欠的税款和债务，但以继承人取得财产的范围为限。

二、法定继承

（一）法定继承的概念和适用范围

1. 法定继承的概念

法定继承，是指根据法律的直接规定确定继承人的范围、继承顺序以及遗产分配原则，继承人因此取得被继承人遗产的继承。

2. 法定继承的范围

《继承法》第5条规定："继承开始后，按照法定继承办理；有遗嘱的，按照遗嘱继承或者遗赠办理；有遗赠扶养协议的，按照协议办理。"在实际生活中，下列遗产也按照法定继承处理：①遗嘱未处分的或者遗嘱无效部分所涉及的遗产；②受遗赠人获遗嘱继承人先于被继承人死亡后所涉及的部分遗产；③遗嘱继承人放弃继承或丧失继承权后所涉及的遗产；④受遗赠人放弃受遗赠后涉及的遗产。

（二）法定继承人的范围和顺序

1. 法定继承人的范围

根据《继承法》规定，被继承人的配偶、子女、父母、兄弟姐妹、祖父母、外祖父母都是法定继承人，对公、婆尽了主要赡养义务的丧偶儿媳，对岳父、岳母尽了主要赡养义务的丧偶女婿，也是法定继承人。其中，配偶是指存在合法有效婚姻的男女双方；子女则包括婚生子女、非婚生子女、养子女和有扶养关系的继子女；父母则包括生父母、养父母和有扶养关系的继父母；兄弟姐妹包括同父母的兄弟姐妹、同父异母或者同母异父的兄弟姐妹、养兄弟姐妹、有扶养关系的继兄弟姐妹。

2. 法定继承人的顺序

我国《继承法》规定了两个继承人顺序：第一顺序继承人和第二顺序继承人。第一顺序继承人有优先继承全部遗产的权利，继承开始后，由第一顺序继承人进行继承，第二顺序继承人不继承；第二顺序继承人只有在没有第一顺序继承人、第一顺序继承人全部放弃或者丧失继承权的情况下才能参加继承。同一顺序继承人的地位平等。

《继承法》规定，配偶、子女、父母为第一顺序继承人；丧偶儿媳对公、婆，丧偶女婿对岳父、岳母，尽了主要赡养义务的，也作为第一顺序继承人。兄弟姐妹、祖父母、外祖父母作为第二顺序继承人。

（三）代位继承

1. 代位继承的概念

代位继承，是指被继承人的子女先于被继承人死亡，因此由被继承人的子女的晚辈直系血亲代位继承的法律制度。其中，先于被继承人死亡的被继承人的子女称作被代位继承人，被继承人的子女的晚辈直系血亲称作代位继承人，代位继承人一般只能继承他的父亲或者母亲有权继承的遗产份额。

2. 代位继承的要件

根据《继承法》及最高人民法院有关司法解释，适用代位继承必须具备以下条件：①代位继承只适用于法定继承，遗嘱继承和遗赠均不适用代位继承；②被代位继承人只能是被继承人的子女；③被代位继承人作为第一顺序继承人参加继承，一般只能继承被代位人应继承的遗产份额；④代位继承人必须是被代位继承人的晚辈直系血亲；⑤被代位继承人未丧失继承权。

（四）法定继承中的遗产分配

我国《继承法》对法定继承中的遗产分配作了以下明确的规定，继承人应当本着互谅互让、和睦团结的精神，协商处理继承问题。遗产分割的时间、办法和份额，由继承人协商确定。协商不成的，可以由人民调解委员会调解或者向人民法院提起诉讼。

（1）同一顺序继承人继承遗产的份额，应当均等；但全体继承人协商一致同意的，也可以不均等。

（2）对生活有特殊困难的缺乏劳动能力的继承人，分配遗产时，应当予以照顾。

（3）对被继承人尽了主要扶养义务或者与被继承人共同生活的继承人，分配遗产时，可以多分；有扶养能力和有扶养条件的继承人，不尽扶养义务的，分配遗产时，应当不分或者少分。

此外，对继承人以外的依靠被继承人扶养的缺乏劳动能力又没有生活来源的人，或者继承人以外的对被继承人扶养较多的人，也可以分给他们适当的遗产。

三、遗嘱继承

（一）遗嘱

1. 遗嘱的概念

遗嘱是指公民生前按照法律规定处分自己的财产及安排与财产相关的事务，并于死后发生法律效力的民事法律行为。《继承法》规定，公民可以依照本法规定立遗嘱处分个人财产，并可以指定遗嘱执行人。公民可以立遗嘱将个人财产指定由法定继承人的一人或者数人继承。公民可以立遗嘱将个人财产赠给国家、集体或者法定继承人以外的人。

2. 遗嘱的形式

我国《继承法》规定了以下5种遗嘱形式。

（1）公证遗嘱。公证遗嘱是由公证机关对其真实性与合法性进行公证的遗嘱。公证遗嘱具有最强的法律效力，自书、代书、录音、口头遗嘱，不得撤销、变更公证遗嘱。

（2）自书遗嘱。自书遗嘱是由遗嘱人亲自书写的遗嘱。这是最常用的遗嘱形式。自书遗嘱由遗嘱人亲笔书写，签名，注明年、月、日。

（3）代书遗嘱。代书遗嘱是由遗嘱人口述遗嘱内容，他人代为书写的遗嘱。代书遗嘱应当有两个以上见证人在场见证，由其中一人代书，注明年、月、日，并由代书人、其他见证人和遗嘱人签名。不会书写的，可以按手印代替签名。

（4）录音遗嘱。录音遗嘱是指用录音的方式将遗嘱人口述的遗嘱内容录制下来的遗嘱形式。以录音形式立的遗嘱，应当有两个以上见证人在场见证。见证人应当将自己的见证证言录制在录音遗嘱的磁带上。

（5）口头遗嘱。口头遗嘱是指由遗嘱人口述，不进行其他记载的遗嘱。遗嘱人在危急情况下，可以立口头遗嘱。口头遗嘱应当有两个以上见证人在场见证。

由于见证人所见证的遗嘱涉及到遗嘱的效力、遗产的处置和继承人的利益。因此《继承法》规定，下列人员不能作为遗嘱见证人：①无行为能力人、限制行为能力人；②继承人、受遗赠人；③与继承人、受遗赠人有利害关系的人。

3. 遗嘱的效力

有效的遗嘱才能被执行。遗嘱必须同时具备下列条件才有效：①遗嘱人具有遗嘱能力。立遗嘱时具有遗嘱能力，立遗嘱后丧失行为能力的，不影响遗嘱的效力。②遗嘱意思表示真实。如果立有数份遗嘱，内容相抵触的，以最后的遗嘱为准；有公证遗嘱的，以公证遗嘱为准。③遗嘱的内容合法。遗嘱的内容是否合法，应以遗嘱人死亡时为准。④遗嘱符合法定形式。

遗嘱应当对缺乏劳动能力又没有生活来源的继承人保留必要的遗产份额。遗嘱具有下列情况之一的无效：①无行为能力人或者限制行为能力人所立的遗嘱；②受胁迫、欺骗所立的遗嘱；③伪造的遗嘱；④遗嘱被篡改的内容；⑤危急情况解除后，遗嘱人能够用书面或者录音形式立遗嘱的，所立的口头遗嘱。

如果遗嘱人生前的行为与遗嘱的意思表示相反，使得遗嘱处分的财产在继承开始前灭失或者所有权转移的，遗嘱所涉及的该部分内容不再发生效力。

4. 遗嘱的变更和撤销

遗嘱人可以变更或者撤销所立的遗嘱，也可以销毁遗嘱，另立新遗嘱。遗嘱人应当以明确的方式变更或者撤销所立的遗嘱。但是，公证遗嘱的变更或者撤销必须到公证机关按照有关程序办理，否则不发生变更或者撤销的效力。

5. 遗嘱的执行

遗嘱人死亡后，遗嘱生效，遗嘱执行人应当按照遗嘱的内容执行遗嘱。根据《继承法》的规定，遗嘱执行人有两类：一是遗嘱确定的人。遗嘱人既可以指定法定继承人，也可以指定其他人作为遗嘱执行人；二是法律规定的人。遗嘱人没有指定执行人的，法定继承人为遗嘱执行人；没有法定继承人的，遗嘱人生前所在的单位或者基层组织作为遗嘱执行人。

遗嘱执行人的职责主要有：对遗嘱的真实性与合法性进行审查；通知当事人，办理死亡证明、注销户口；确认、清理、保管遗嘱人的财产，收回债权，清偿债务；宣布遗嘱，报告遗产情况；根据遗嘱分配遗产。执行遗嘱的合理费用应当从遗产中优先支出。

遗嘱继承或者遗赠附有义务的，继承人或者受遗赠人应当履行义务。没有正当理由不履行义务的，经有关单位或者个人请求，人民法院可以取消他接受遗产的权利。取消后的该部分财产按照法定继承办理。

（二）遗赠

遗赠是遗嘱人通过遗嘱的方式将遗产的全部或者部分无偿赠给国家、社会组织或者法定继承人以外的其他自然人，并于死后发生法律效力的行为。继承开始后，受遗赠人在知道受遗赠后两个月内，没有任何表示的，视为放弃受遗赠。

（三）遗赠扶养协议

遗赠扶养协议，是指遗赠人与扶养人（自然人或者组织）订立的，遗赠人将其财产的全部或者部分在死亡后赠与扶养人所有，扶养人承担遗赠人的生养死葬义务的协议。《继承法》第 31 条规定：“公民可以与扶养人签订遗赠扶养协议。按照协议，扶养人承担该公民生养死葬的义务，享有受遗赠的权利。公民可以与集体所有制组织签订遗赠扶养协议。按照协议，集体所有制组织承担该公民生养死葬的义务，享有受遗赠的权利。”扶养人或集体组织与公民订有遗赠扶养协议，扶养人或集体组织无正当理由不履行，致协议解除的，不能享有受遗赠的权利，其支付的供养费用一般不予补偿；遗赠人无正当理由不履行，致协议解除的，则应偿还扶养人或集体组织已支付的供养费用。

四、遗产的处理

（一）继承的开始

《继承法》第 2 条规定，继承从被继承人死亡时开始。被继承人死亡包括自然死亡和宣告死亡。如果相互有继承关系的几个人在同一事件中死亡，并且不能确定死亡时间的，推定没有继承人的先死亡。死亡人各自都有继承人的，如果几个死亡人辈分不同，推定长辈先死亡；几个死亡人辈分相同，推定同时死亡，彼此不发生继承，由他们各自的继承人分别继承。

继承开始后，知道被继承人死亡的继承人应当及时通知其他继承人和遗嘱执行人。继承人中无人知道被继承人死亡或者知道被继承人死亡而不能通知的，由被继承人生前所在单位或者住所地的居民委员会、村民委员会负责通知。

（二）继承权的处理

继承开始后，由继承人本人行使自己的继承权。无行为能力人的继承权、受遗赠权，由他的法定代理人代为行使。限制行为能力人的继承权、受遗赠权，由他的法定代理人代为行使，或者征得法定代理人同意后行使。

1. 继承权的放弃

根据《继承法》第 25 条规定：“继承开始后，继承人放弃继承的，应当在遗产处理前，作出放弃继承的表示。没有表示的，视为接受继承。受遗赠人应当在知道受遗赠后两个月内，作出接受或者放弃受遗赠的表示。到期没有表示的，视为放弃受遗赠。”对于放弃继承权又反悔的，如果是在遗产处理前或者在诉讼进行中，由人民法院根据当事人提出的具体理由，决定是否承认；如果是在遗产处理后，不予承认。继承人因放弃继承权，致其不能履行法定义务的，放弃继承权的行为无效。

2. 继承权的丧失

根据《继承法》第7条规定，继承人有下列行为之一的，丧失继承权。

（1）故意杀害被继承人的。无论该故意杀害既遂还是未遂，动机如何，也不管是直接故意还是间接故意，均丧失继承权。

（2）为争夺遗产而杀害其他继承人的。

（3）遗弃被继承人的，或者虐待被继承人情节严重的。对于遗弃被继承人的，或者虐待被继承人情节严重的，如以后确有悔改表现，且被遗弃人、被虐待人生前又表示宽恕的，可以不确认其丧失继承权。

（4）伪造、篡改或者销毁遗嘱，情节严重的。伪造、篡改或者销毁遗嘱，侵害了缺乏劳动能力又无生活来源的继承人的利益，并造成其生活困难的情形。

继承人丧失继承权，就不再享有取得被继承人遗产的权利。继承权丧失追溯到继承的开始，如果在人民法院判决其丧失继承权之前，继承人已经占有遗产的，应当返还。

3. 继承权的保护

继承人在其继承权受到侵害时，有权通过诉讼程序请求人民法院保护其继承权。根据《继承法》的规定，继承权纠纷提起诉讼的期限为二年，自继承人知道或者应当知道其权利被侵犯之日起计算，但是，自继承开始之日起超过二十年的，不得再提起诉讼。对于去台人员和我国台湾地区同胞的继承权，实行特殊保护。

（三）遗产的确定

1. 遗产的范围

遗产是公民死亡时遗留的个人合法财产，包括：

（1）公民的收入；

（2）公民的房屋、储蓄和生活用品；

（3）公民的林木、牲畜和家禽；

（4）公民的文物、图书资料；

（5）法律允许公民所有的生产资料；

（6）公民的著作权、专利权中的财产权利；

（7）公民的其他合法财产，主要包括各种票据、证券以及财产性债权等。

但下列财产不能作为遗产来继承：

（1）承包经营权。其中，个人承包应得的个人收益可以继承；继承人愿意承包的，依照法律允许由继承人继续承包的，应办理相关的承包经营合同变更手续。

（2）与人身有关的和专属性的财产权。

（3）国有资源使用权以及宅基地使用权。

2. 遗产的认定

遗产只能是公民死亡时遗留的个人合法财产。在认定遗产时，必须作以下两个区分：

（1）被继承人的遗产与共有财产。认定遗产时，应当将夫妻共有财产、合伙共有财产等进行分割，被继承人拥有的份额才能作为遗产继承。夫妻在婚姻关系存续期间所得的共同所有的财产，除有约定的以外，如果分割遗产，应当先将共同所有的财产的一半分出为配偶所有，其余的为被继承人的遗产。夫妻一方死亡后另一方再婚的，有权处分所继承的财产，任何人不得干涉。

（2）被继承人的遗产与保险金、抚恤金。保险金指定了受益人，则不归为遗产，没有指定受益人，则归为遗产继承。对于因公伤亡，抚恤金发给死者家属的，不作为遗产继承；如果发给伤残人员本人的，伤残人员死亡后，抚恤金作为遗产继承。

（四）遗产的分割

《继承法》第5条规定："继承开始后，按照法定继承办理；有遗嘱的，按照遗嘱继承或者遗赠办理；有遗赠扶养协议的，按照协议办理。"在分割遗产时，应当本着互谅互让、和睦团结的精神，协商处理。人民法院在审理继承案件时，如果知道有继承人而无法通知的，分割遗产时，要保留其应继承的遗产，并确定该遗产的保管人或保管单位。《继承法》第28条规定："遗产分割时，应当保留胎儿的继承份额。胎儿出生时是死体的，保留的份额按照法定继承办理。"应当为胎儿保留的遗产份额没有保留的应从继承人所继承的遗产中扣回。为胎儿保留的遗产份额，如胎儿出生后死亡的，由其继承人继承；如胎儿出生时就是死体的，由被继承人的继承人继承。对于遗产分割的方法，《继承法》第29条规定："遗产分割应当有利于生产和生活需要，不损害遗产的效用。不宜分割的遗产，可以采取折价、适当补偿或者共有等方法处理。"人民法院在分割遗产中的房屋、生产资料和特定职业所需要的财产时，应依据有利于发挥其使用效益和继承人的实际需要，兼顾各继承人的利益进行处理。

分割遗产前，应对被继承人的合法债务进行清偿。《继承法》第33条规定："继承遗产应当清偿被继承人依法应当缴纳的税款和债务，缴纳税款和清偿债务以他的遗产实际价值为限。超过遗产实际价值部分，继承人自愿偿还的不在此限。继承人放弃继承的，对被继承人依法应当缴纳的税款和债务可以不负偿还责任。"遗产已被分割而未清偿债务时，如有法定继承又有遗嘱继承和遗赠的，首先由法定继承人用其所得遗产清偿债务；不足清偿时，剩余的债务由遗嘱继承人和受遗赠人按比例用所得遗产偿还；如果只有遗嘱继承和遗赠的，由遗嘱继承人和受遗赠人按比例用所得遗产偿还。执行遗赠不得妨碍清偿遗赠人依法应当缴纳的税款和债务。但是，继承人中有缺乏劳动能力又没有生活来源的人，即使遗产不足清偿债务，也应为其保留适当遗产，然后再按继承法以及其他法律的规定清偿债务。

继承开始后，如继承人和受遗赠人处于下落不明状态，遗产保管人或保管单位应当及时发出寻找继承人和受遗赠人的公告，公告期为一年，逾期仍无人继承任何受遗赠人出现，则将该遗产确定为无人继承又无人受遗赠的遗产。《继承法》第32条规定："无人继承又无人受遗赠的遗产，归国家所有；死者生前是集体所有制组织成员的，归所在集体所有制组织所有。"被继承人生前负有债务的，应当以其遗产予以清偿，但应酌情分给那些没有继承权但依靠被继承人抚（扶）养且缺乏劳动能力又没有生活来源的人或者对被继承人扶养较多的人适当的遗产。

第三节　收养法

收养是指我国公民或者外国人根据法定的条件和程序领养他人子女，并与该他人子女建立父母子女关系的行为。为保护合法的收养关系，维护收养关系当事人的权利，1991 年 12 月 29 日第七届全国人民代表大会常务委员会第二十三次会议通过了《中华人民共和国收养法》（以下简称《收养法》），根据 1998 年 11 月 4 日第九届全国人民代表大会常务委员会第五次会议《关于修改〈中华人民共和国收养法〉的决定》修正。

一、收养的原则

《收养法》规定，收养应当有利于被收养的未成年人的抚养、成长，保障被收养人和收养人的合法权益，遵循平等自愿的原则，并不得违背社会公德，不得违背计划生育的法律、法规。

二、收养关系当事人的条件

收养关系当事人包括被收养人、送养人和收养人。《收养法》对各收养关系当事人应具备的条件作了明确的规定。

（一）被收养人

被收养人一般是未成年人。根据《收养法》的相关规定，被收养人应当符合下列条件。

1. 被收养人不满 14 周岁

被收养人一般为 14 周岁以下的未成年人，但是，收养三代以内同辈旁系血亲的子女以及继父母收养继子女不受被收养人不满 14 周岁的限制。

2. 被收养人属于特殊困难未成年人

被收养人应是丧失父母的孤儿，或者是查找不到生父母的弃婴和儿童，或者是生父母有特殊困难无力抚养的子女。根据民政部 1992 年 8 月 11 日颁布的《关于办理收养登记中严格区分孤儿与查找不到生父母的弃婴的通知》中的解释：孤儿是指父母双方自然死亡或者被人民法院宣告死亡的不满 14 周岁的未成年人；查找不到生父母的弃婴和儿童是指被父母或其他监护人丢弃而脱离家庭或监护人的未满 14 周岁的未成年人。

3. 征得被收养人的同意

收养年满 10 周岁以上未成年人的，应当征得被收养人的同意。年满 10 周岁的未成年人，属于限制民事行为能力的人，当收养他们作为养子女时，应当征求、尊重其本人的意愿，取得其同意。

(二) 送养人

根据《收养法》及相关规定，下列人员或者机构可以作为送养人。

1. 孤儿的监护人

《收养法》规定，监护人送养未成年孤儿的，须征得有抚养义务的人同意。有抚养义务的人不同意送养、监护人不愿意继续履行监护职责的，应当变更监护人。

根据《民法总则》的规定，未成年人的父母是未成年人的法定监护人。未成年人的父母已经死亡或者没有监护能力的，由下列有监护能力的人按顺序担任监护人：①祖父母、外祖父母；②兄、姐；③其他愿意担任监护人的个人或者组织，但是须经未成年人住所地的居民委员会、村民委员会或者民政部门同意。没有依法具有监护资格的人的，监护人由民政部门担任，也可以由具备履行监护职责条件的被监护人住所地的居民委员会、村民委员会担任。

2. 社会福利机构

社会福利机构，是指由各级人民政府民政部门主管的收容、养育孤儿和查找不到生父母的弃婴的儿童社会福利机构。

3. 有特殊困难无力抚养子女的生父母

根据《收养法》的规定，生父母送养子女，必须双方共同送养，只有一方不明或查找不到时，才可以单方送养。如果生父母一方不明或者查找不到的，或者生父母双方确有困难无力抚养子女，而其中一方不具有完全民事行为能力，无法准确征得其同意的，另一方可以单独送养。而《收养法》第 12 条规定："未成年人的父母均不具备完全民事行为能力的，该未成年人的监护人不得将其送养，但父母对该未成年人有严重危害可能的除外。"

(三) 收养人

根据我国《收养法》的规定，收养人应当同时具备下列条件。

1. 无子女

收养人无子女包括无亲生子女、养子女和形成抚养关系的继子女。因此，收养人只能收养一名子女。为了鼓励收养孤儿、残疾儿童，《收养法》规定收养孤儿、残疾儿童或者社会福利机构抚养的查找不到生父母的弃婴和儿童，可以不受收养人无子女和收养一名的限制。

2. 有抚养教育被收养人的能力

抚养教育能力，是指收养人具有完全民事行为能力，能够充分行使监护职责，在身体、智力、经济、道德品质和教育子女等方面具有抚养和教育被收养人的能力，能够履行父母对子女应尽的义务。

3. 未患有在医学上认为不应当收养子女的疾病

医学上认为不应当收养子女的疾病主要是指精神疾病和传染病，如精神分裂症、精神抑郁症等精神障碍疾病以及我国传染病防治法规定的传染病。

4. 年满 30 周岁

夫妻共同收养，则双方都应当年满 30 周岁。如果无配偶的男性收养女性儿童，则收养人与被收养女性儿童的年龄应当相差40周岁以上，但收养三代以内同辈旁系血亲的子女，可以不受该限制。

继父或者继母在经继子女的生父母同意的情况下收养继子女，可以不受上述条件的限制；而根据《收养法》第18条的规定："配偶一方死亡，另一方送养未成年子女的，死亡一方的父母有优先抚养的权利。"

（四）收养能力评估

为了科学评估收养家庭的抚养教育能力，2015年9月7日，民政部印发了关于《收养能力评估工作指引》（以下简称《指引》）的通知，要求中国公民在中国境内收养子女的，依照《指引》进行收养能力评估，收养继子女的，不进行收养能力评估。收养评估工作可以由收养登记机关委托的第三方机构或者收养登记机关开展。

1. 基本标准

基本标准是指评估收养申请人抚养教育能力所依据的全部基本条件。

（1）收养动机。收养申请人能够从儿童利益优先角度出发认识收养问题，对收养后产生的权利义务充分掌握，对今后可能出现的情况有充分心理准备，积极配合进行家庭评估。

（2）年龄。收养申请人年满30周岁，且按照我国当年人口平均预期寿命推算，其至少可以抚养被收养儿童至成年。

（3）健康状况。收养申请人及其他共同生活家庭成员的生理及心理健康状况良好。

（4）道德品行情况。结合违法犯罪记录及个人信用信息提示等综合考量，收养申请人具有良好的道德品行，遵守国家法律、法规和相关制度。

（5）经济及住房条件。收养申请人有固定职业和稳定经济收入，家庭人均收入原则上处于当地居民家庭中等收入水平以上。无固定职业者，应有较好的经济基础和稳定的经济来源。收养申请人应有固定住所，且人均住宅面积原则上不低于当地人均住宅面积水平。

（6）婚姻家庭关系。夫妻双方共同收养的，收养申请人婚姻和谐，家庭关系和睦，对家庭有较强的责任感。单身收养申请人应对家庭有较强的责任感，收养子女的意愿获得亲人的明确支持。

（7）共同生活家庭成员意见。与收养申请人共同生活的家庭其他成员愿意接纳被收养儿童成为家庭中一员。

（8）抚育计划。收养申请人应当对被收养儿童有明确的抚育计划。内容应包括抚育开支的计划，有关教育、个人才能培养的长短期安排，主要生活照料人的安排及抚育能力的情况，以及当收养申请人出现特殊情况，无法照顾被收养儿童时，对被收养儿童的监护安排。

2. 否决性标准

否决性标准是指若收养申请人具有以下情况之一，则不得收养儿童：

（1）参加非法组织、邪恶教派的；

（2）有买卖、虐待或遗弃儿童行为的；

（3）有持续性、经常性的家庭暴力的；

（4）有故意犯罪行为，判处或者可能判处徒刑以上刑罚的；

（5）患甲类或乙类传染病在传染期，患重型精神病在发病期的。

评估人员对申请收养家庭整体情况作出真实全面评估后形成综合评估材料，由评估机构制作书面的《收养能力评估报告》，一式三份，一份送达收养登记机关，一份送达收养申请人，另一份评估机构留存。

三、收养的程序

我国收养程序实行登记制度，包括两大步骤：收养协议和收养登记。根据收养人的不同，收养登记分为三类，即中国（内地）公民收养子女登记、华侨以及居住在香港、澳门、台湾地区的中国公民办理收养的登记和外国人在中华人民共和国收养子女登记。

（一）收养协议

收养协议是指收养人与送养人之间达成的有关收养被收养人的权利义务关系的协议。对于中国公民（包括内地公民和华侨以及居住在香港、澳门、台湾地区的中国公民）而言，收养关系当事人愿意订立收养协议的，可以订立收养协议；而对于外国人在中华人民共和国收养子女，收养关系当事人则必须订立收养协议。

（二）中国（内地）公民收养子女登记

收养关系当事人应当亲自到收养登记机关办理有关收养的登记手续。夫妻共同收养子女的，应当共同到收养登记机关办理登记手续，一方因故不能亲自前往的，应当书面委托另一方办理登记手续，委托书应当经过村民委员会或者居民委员会证明或者经过公证。收养登记的具体步骤包括申请、审查与登记。

1. 收养登记机关

根据《中国公民收养子女登记办法》（1999 年 5 月 25 日民政部令第 14 号）的规定，中国（内地）公民在中国境内收养子女或者协议解除收养关系的，应当依照该办法的规定办理收养登记。办理收养登记的机关是县级人民政府民政部门，其具体的管辖划分是：收养社会福利机构抚养的查找不到生父母的弃婴、儿童和孤儿的，在社会福利机构所在地的收养登记机关办理登记；收养非社会福利机构抚养的查找不到生父母的弃婴和儿童的，在弃婴和儿童发现地的收养登记机关办理登记；收养生父母有特殊困难无力抚养的子女或者由监护人监护的孤儿的，在被收养人生父母或者监护人常住户口所在地（组织作监护人的，在该组织所在地）的收养登记机关办理登记；收养三代以内同辈旁系血亲的子女，以及继父或者继母收养继子女的，在被收养人生父或者生母常住户口所在地的收养登记机关办理登记。

2. 收养申请

申请时，收养人应当向收养登记机关提交收养申请书和下列证件、证明材料：①收养人的居民户口簿和居民身份证；②由收养人所在单位或者村民委员会、居民委员会出具的本人婚姻状况、有无子女和抚养教育被收养人的能力等情况的证明；③县级以上医疗机构出具的未患有在医学上认为不应当收养子女的疾病的身体健康检查证明。

收养查找不到生父母的弃婴、儿童的，应当提交收养人经常居住地计划生育部门出具的收养人生育情况证明；其中收养非社会福利机构抚养的查找不到生父母的弃婴、儿童的，收养人还应当提交下列证明材料：①收养人经常居住地计划生育部门出具的收养人无子女的证明；②公安机关出具的捡拾弃婴、儿童报案的证明；③收养继子女的，可以只提交居民户口簿、居民身份证和收养人与被收养人生父或者生母结婚的证明。

送养人应当向收养登记机关提交下列证件和证明材料：①送养人的居民户口簿和居民身份证（组织作监护人的，提交其负责人的身份证件）；②收养法规定送养时应当征得其他有抚养义务的人同意的，并提交其他有抚养义务的人同意送养的书面意见。

社会福利机构为送养人的，还应当提交弃婴、儿童进入社会福利机构的原始记录，公安机关出具的捡拾弃婴、儿童报案的证明，或者孤儿的生父母死亡或者宣告死亡的证明。

监护人为送养人的，还应当提交实际承担监护责任的证明，孤儿的父母死亡或者宣告死亡的证明，或者被收养人生父母无完全民事行为能力并对被收养人有严重危害的证明。

生父母为送养人的，还应当提交与当地计划生育部门签订的不违反计划生育规定的协议；有特殊困难无力抚养子女的，还应当提交其所在单位或者村民委员会、居民委员会出具的送养人有特殊困难的证明。其中，因丧偶或者一方下落不明由单方送养的，还应当提交配偶死亡或者下落不明的证明。

子女由三代以内同辈旁系血亲收养的，还应当提交公安机关出具的或者经过公证的与收养人有亲属关系的证明。被收养人是残疾儿童的，还应当提交县级以上医疗机构出具的该儿童的残疾证明。

3. 收养审查与登记

收养登记机关收到收养登记申请书及有关材料后，应当自次日起 30 日内进行审查。对符合收养法规定条件的，为当事人办理收养登记，发给收养登记证，收养关系自登记之日起成立；对不符合收养法规定条件的，不予登记，并对当事人说明理由。

收养查找不到生父母的弃婴、儿童的，收养登记机关应当在登记前公告查找其生父母；自公告之日起满 60 日，弃婴、儿童的生父母或者其他监护人未认领的，视为查找不到生父母的弃婴、儿童。公告期间不计算在登记办理期限内。

（三）外国人收养登记

外国人收养，是指收养人为外国人或者收养人夫妻一方为外国人，在中国境内收养儿童。根据《收养法》及《外国人在中华人民共和国收养子女登记办法》（1999 年 5 月 25 日民政部第 15 号令）的规定，外国人在华收养子女，应当符合中国有关收养法律的规定，并应当符合收养人所在国有关收养法的规定。因收养人所在国法律的规定与中国法律的规定不一致而产生的问题，由两国政府有关部门协商处理。

1. 外国人收养登记机关

外国人在中国收养子女的登记机关为被收养人常住户口所在地的省、自治区、直辖市人民政府民政部门。

2. 外国人收养登记程序

外国人来华收养子女，应当亲自来华办理登记手续。夫妻共同收养的，应当共同来华办理收养手续；一方因故不能来华的，应当书面委托另一方。委托书应当经所在国公证和认证。其具体程序是：

（1）申请。外国人在华收养子女，应当通过所在国政府或者政府委托的收养组织（以下简称“外国收养组织”）向中国政府委托的收养组织（以下简称“中国收养组织”）转交收养申请并提交收养人的家庭情况报告和证明。收养人的收养申请、家庭情况报告和证明，是指由其所在国有权机构出具，经其所在国外交机关或者外交机关授权的机构认证，并经中华人民共和国驻该国使馆或者领馆认证的下列文件：①跨国收养申请书；②出生证明；③婚姻状况证明；④职业、经济收入和财产状况证明；⑤身体健康检查证明；⑥有无受过刑事处罚的证明；⑦收养人所在国主管机关同意其跨国收养子女的证明；⑧家庭情况报告，包括收养人的身份、收养的合格性和适当性、家庭状况和病史、收养动机以及适合于照顾儿童的特点等。

在华工作或者学习连续居住一年以上的外国人，在华收养子女，应当提交上述除身体健康检查证明以外的文件，并应当提交在华所在单位或者有关部门出具的婚姻状况证明、职业、经济收入或者财产状况证明，有无受过刑事处罚证明以及县级以上医疗机构出具的身体健康检查证明。

送养人应当向省、自治区、直辖市人民政府民政部门提交本人的居民户口簿和居民身份证（社会福利机构作送养人的，应当提交其负责人的身份证件）、被收养人的户籍证明等情况证明，并根据不同情况提交下列有关证明材料：①被收养人的生父母（包括已经离婚的）为送养人的，应当提交生父母有特殊困难无力抚养的证明和生父母双方同意送养的书面意见。其中，被收养人的生父或者生母因丧偶或者一方下落不明，由单方送养的，并应当提交配偶死亡或者下落不明的证明以及死亡的或者下落不明的配偶的父母不行使优先抚养权的书面声明；②被收养人的父母均不具备完全民事行为能力，由被收养人的其他监护人作送养人的，应当提交被收养人的父母不具备完全民事行为能力且对被收养人有严重危害的证明以及监护人有监护权的证明；③被收养人的父母均已死亡，由被收养人的监护人作送养人的，应当提交其生父母的死亡证明、监护人实际承担责任的证明，以及其他有抚养义务的人同意送养的书面意见；④由社会福利机构作送养人的，应当提交弃婴、儿童被遗弃和发现的情况证明以及查找其父母或者其他监护人的情况证明；被收养人是孤儿的，应当提交孤儿父母的死亡或者宣告死亡证明，以及有抚养孤儿义务的其他人同意送养的书面意见。

送养残疾儿童的，还应当提交县级以上医疗机构出具的该儿童的残疾证明。

（2）审查。省、自治区、直辖市人民政府民政部门应当对送养人提交的证件和证明材料进行审查，对查找不到生父母的弃婴和儿童公告查找其生父母；认为被收养人、送养人符合收养法规定条件的，将符合收养法规定的被收养人、送养人名单通知中国收养组织，同时转交下列证件和证明材料：①送养人的居民户口簿和居民身份证（社会福利机构作送养人的，为其负责人的身份证件）复制件；②被收养人是弃婴或者孤儿的证明、户簿证明、成长情况报告和身体健康检查证明的复制件及照片。

省、自治区、直辖市人民政府民政部门查找弃婴或者儿童生父母的公告应当在省级地方报纸上刊登。自公告刊登之日起满60日，弃婴和儿童的生父母或者其他监护人未认领的，视为查找不到生父母的弃婴和儿童。

中国收养组织对外国收养人的收养申请和有关证明进行审查后，应当在省、自治区、直辖市人民政府民政部门报送的符合《收养法》规定条件的被收养人中，参照外国收养人的意愿，选择适当的被收养人，并将该被收养人及其送养人的有关情况通过外国政府或者外国收养组织送交外国收养人。外国收养人同意收养的，中国收养组织向其发出来华收养子女通知书，同时通知有关的省、自治区、直辖市人民政府民政部门向送养人发出被收养人已被同意收养的通知。

（3）订立书面协议。外国人来华收养子女，必须与送养人订立书面收养协议，协议一式三份，收养人、送养人各执一份，办理收养登记手续时收养登记机关收存一份。只有书面协议订立后，收养关系当事人才能共同到被收养人常住户口所在地的省、自治区、直辖市人民政府民政部门办理收养登记，并在提供有关收养材料时一并提交该收养协议。

（4）登记。收养关系当事人办理收养登记时，应当填写外国人来华收养子女登记申请书并提交收养协议，同时分别提供有关材料。

收养人应当提供下列材料：①中国收养组织发出的来华收养子女通知书；②收养人的身份证件和照片。

送养人应当提供下列材料：①省、自治区、直辖市人民政府民政部门发出的被收养人已被同意收养的通知；②送养人的居民户口簿和居民身份证（社会福利机构作送养人的，为其负责人的身份证件）、被收养人的照片。

收养登记机关收到外国人来华收养子女登记申请书和收养人、被收养人及其送养人的有关材料后，应当自次日起7日内进行审查，对符合规定的，为当事人办理收养登记，发给收养登记证书。收养关系自登记之日起成立。同时，收养登记机关将登记结果通知中国收养组织。

收养关系当事人办理收养登记后，各方或者一方要求办理收养公证的，应当到收养登记地的具有办理涉外公证资格的公证机构办理收养公证。

（四）华侨以及居住在香港、澳门、台湾地区中国公民的收养登记

华侨以及居住在香港、澳门、台湾地区中国公民的收养，是指收养人为华侨以及居住在香港、澳门、台湾地区中国公民在中国内地收养儿童。《华侨以及居住在香港、澳门、台湾地区的中国公民办理收养登记的管辖以及所需要出具的证件和证明材料的规定》（1999年5月25日民政部第16号令）对华侨以及居住在香港、澳门、台湾地区中国公民的收养登记管辖及手续材料作了特别规定。

1. 华侨以及居住在香港、澳门、台湾地区的中国公民的收养登记机关

华侨以及居住在香港、澳门、台湾地区的中国公民在内地收养子女的，应当到被收养人常住户口所在地的直辖市、设区的市、自治州人民政府民政部门或者地区（盟）行政公署民政部门申请办理收养登记。

2. 华侨以及居住在香港、澳门、台湾地区的中国公民的收养登记材料

（1）居住在已与中国建立外交关系国家的华侨申请办理成立收养关系的登记时，应当

提交收养申请书和下列证件、证明材料：①护照；②收养人居住国有权机构出具的收养人的年龄、婚姻、有无子女、职业、财产、健康、有无受过刑事处罚等状况的证明材料，该证明材料应当经其居住国外交机关或者外交机关授权的机构认证，并经中国驻该国使领馆认证。

（2）居住在未与中国建立外交关系国家的华侨申请办理成立收养关系的登记时，应当提交收养申请书和下列证件、证明材料：①护照；②收养人居住国有权机构出具的收养人的年龄、婚姻、有无子女、职业、财产、健康、有无受过刑事处罚等状况的证明材料，该证明材料应当经其居住国外交机关或者外交机关授权的机构认证，并经已与中国建立外交关系的国家驻该国使领馆认证。

（3）香港居民中的中国公民申请办理成立收养关系的登记时，应当提交收养申请书和下列证件、证明材料：①香港居民身份证、香港居民来往内地通行证或者香港同胞回乡证；②经国家主管机关委托的香港委托公证人证明的收养人的年龄、婚姻、有无子女、职业、财产、健康、有无受过刑事处罚等状况的证明材料。

澳门居民中的中国公民申请办理成立收养关系的登记时，应当提交收养申请书和下列证件、证明材料：①澳门居民身份证、澳门居民来往内地通行证或者澳门同胞回乡证；②澳门地区有权机构出具的收养人的年龄、婚姻、有无子女、职业、财产、健康、有无受过刑事处罚等状况的证明材料。

（4）台湾居民申请办理成立收养关系的登记时，应当提交收养申请书和下列证件、证明材料：①在台湾地区居住的有效证明；②中华人民共和国主管机关签发或签注的在有效期内的旅行证件；③经台湾地区公证机构公证的收养人的年龄、婚姻、有无子女、职业、财产、健康、有无受过刑事处罚等状况的证明材料。

四、收养的法律效力

收养关系自登记之日起成立。《收养法》第 23 条规定：“自收养关系成立之日起，养父母与养子女间的权利义务关系，适用法律关于父母子女关系的规定；养子女与养父母的近亲属间的权利义务关系，适用法律关于子女与父母的近亲属关系的规定。养子女与生父母及其他近亲属间的权利义务关系，因收养关系的成立而消除。”同时，法律还规定，养子女可以随养父或者养母的姓，经当事人协商一致，也可以保留原姓。

但是，收养关系人行为不具有相应的民事行为能力，或者意思表示不真实，或者违反法律或者社会公共利益，其收养行为无效。收养行为被人民法院确认无效的，从行为开始时起就没有法律效力。

五、收养关系的解除

（一）收养关系解除的概念

收养关系的解除，是指当收养关系由于一定的原因而无法继续维持下去的时候，由当事人一方或双方的申请，经过一定的法定程序，终止收养人和被收养人之间的人身和财产的权利、义务关系。

（二）收养关系解除的条件

根据我国《收养法》的有关规定，收养人在被收养人成年以前，不得解除收养关系，但有下列情况时，有关当事人可以解除收养关系：

（1）养父母与养子女关系恶化，无法继续共同生活。有的养子女行为不轨，不务正业，又不接受养父母管教，或者是养子女长大成人，参加工作有了经济收入，却不愿意赡养其养父母，甚至有虐待或遗弃老人的行为；有的则是养父母关系恶化，夫妻离婚，导致与养子关系恶化；有的则是养父母对养子女不履行抚养教育义务，甚至虐待、歧视养子女，致使养子女处于无法正常生活的境地；有的成年养子女发现养父母有不良行为，关系恶化，要求解除收养关系，经过单位或调解委员会调解无效；有的养子女已经独立生活，而养父母年迈，要求解除收养关系，经过双方同意，老人生活有着落，或者养子女愿意付给老人一定的生活费，也可考虑允许解除收养关系。

（2）在收养时违背了收养子女须经双方同意的条件。有的人收养子女时未经养子女的生父母同意，或者对于有识别能力的养子女，没有经过其本人的同意，或者作为收养人的夫妇双方只有一方同意，如此等等。

（3）当事人共同达成协议。已经成年且已独立生活的养子女，可以与养父母达成解除收养关系的协议；对未成年且不能独立生活的养子女，在解除收养关系时，必须征得其生父母的同意，并将养子女的生活安置好，使其今后生活有着落，然后才可办理解除收养手续。

（三）收养关系解除的程序

收养关系的解除必须经过一定的法律程序进行。根据《收养法》和《中国公民收养子女登记办法》的有关规定，收养关系当事人协议解除收养关系的，应当到民政部门办理解除收养关系的登记。具体程序是：由收养关系当事人持居民户口簿、居民身份证、收养登记证和解除收养关系的书面协议，共同到被收养人常住户口所在地的收养登记机关办理解除收养关系登记；收养登记机关收到解除收养关系登记申请书及有关材料后，应当自次日起 30 日内进行审查；对符合收养法规定的，为当事人办理解除收养关系的登记，收回收养登记证，发给解除收养关系证明。

如果遇有下列情况，则不能通过登记解除收养关系，而需要通过诉讼途径进行：

（1）收养人与有识别能力的被收养人有一方不同意的；

（2）收养人与无识别能力的被收养人的生父母有一方不同意的；

（3）无识别能力的被收养人无生父母的；

（4）收养人与被收养人，一方患有疾病，生活不能自理的。

凡是一方要求解除收养关系，另一方不同意，或者通过公证处因为财产、生活问题未获解决，以致无法办理出证手续，或者并未到公证处，已经对收养的解除产生了纠纷，无法取得一致，这几种情况可以到人民法院起诉应诉。人民法院解决、解除收养关系纠纷的方式大致有以下三种：一是通过调解，使双方关系改善，达到撤诉，重归于好；二是通过调解，双方达成协议，用调解的方式，解除双方之间的收养关系；三是在调解无效时，依法作出解除或继续维持收养关系的判决。当事人如果不服判决，可以提出上诉。

（四）收养关系解除的效力

收养关系解除后，也会发生相应的法律效力，主要包括以下3个方面：

（1）收养关系解除后，养子女与养父母及其他近亲属间的权利义务关系即行消除，与生父母及其他近亲属间的权利义务关系自行恢复，但成年养子女与生父母及其他近亲属间的权利义务关系是否恢复，可以协商确定。

（2）收养关系解除后，经养父母抚养的成年养子女，对缺乏劳动能力又缺乏生活来源的养父母，应当给付生活费。因养子女成年后虐待、遗弃养父母而解除收养关系的，养父母可以要求养子女补偿收养期间支出的生活费和教育费。

（3）生父母要求解除收养关系的，养父母可以要求生父母适当补偿收养期间支出的生活费和教育费，但因养父母虐待、遗弃养子女而解除收养关系的除外。

本章练习

1. 简述婚姻法的基本原则。
2. 简述结婚应符合哪些条件，履行哪些程序。
3. 简述我国《婚姻法》第三条的规定内容。
4. 简述无效婚姻制度和可撤销婚姻制度。
5. 简述夫妻一方的婚前财产。
6. 简述我国离婚诉权限制。
7. 简述判决离婚的标准是什么，哪些情况调解无效，应准予离婚。
8. 简述什么是事实婚姻。
9. 简述离婚损害赔偿制度。
10. 简述哪些原因会导致继承人丧失继承权。
11. 简述法定继承人的范围和顺序。
12. 简述什么是代位继承。
13. 简述遗嘱的形式和效力规则。
14. 简述收养能力评估标准。
15. 简述中国（内地）公民收养子女登记的程序。

第九章　劳动就业政策法规

学习目标

通过本章的学习，你应该能够：

1. 了解促进劳动就业的政策法规体系、促进就业的原则及政策支持和就业服务与就业援助；

2. 掌握劳动合同法的主要内容，熟悉劳动合同的订立及基本条款；

3. 掌握工资、工作时间和休息休假制度，了解劳动法有关劳动保护与职业培训规定的内容，了解劳动保障监察制度和实施；

4. 掌握构建和谐劳动关系的基本要求、主要措施和劳动争议的处理方式，熟悉劳动争议处理的程序，学会依法保护劳动者的合法权益；

5. 学会运用劳动就业法开展社会工作。

我国《宪法》规定，中华人民共和国公民有劳动的权利和义务。为了保障公民的劳动权益，调整劳动关系，国家制定了一系列的劳动就业方面的政策法规，主要包括《中华人民共和国劳动法》（2018 年，以下简称《劳动法》）、《中华人民共和国劳动合同法》（2013 年，以下简称《劳动合同法》）、《中华人民共和国就业促进法》（2015 年，以下简称《就业促进法》）和《中华人民共和国劳动争议调解仲裁法》（2008 年，以下简称《调解仲裁法》）。这些法律构成了我国最基本的劳动就业政策法规体系。

第一节　促进就业政策

一、促进就业的总体要求

按照《劳动法》和《就业促进法》的规定，我国促进就业的总体要求是扩大就业、平等就业、保障就业。国家把扩大就业放在经济社会发展的突出位置，实施积极就业政策，坚持劳动者自主择业、市场调节就业、政府促进就业的方针，多渠道扩大就业。保障残疾人、少数民族人员、退出现役的军人等特殊群体就业。禁止用人单位招用未满十六周岁的未成年人。

二、政策支持

（一）增加就业岗位政策

《就业促进法》规定，县级以上人民政府应当把扩大就业作为重要职责，统筹协调产业政策与就业政策。国家鼓励各类企业在法律、法规规定的范围内，通过兴办产业或者拓展经营，增加就业岗位；鼓励发展劳动密集型产业、服务业，扶持中小企业，多渠道、多方式地增加就业岗位；鼓励、支持、引导非公有制经济发展，扩大就业，增加就业岗位。

同时，国家发展国内外贸易和国际经济合作，拓宽就业渠道。县级以上人民政府在安排政府投资和确定重大建设项目时，应当发挥投资和重大建设项目带动就业的作用，增加就业岗位。

（二）加大资金投入政策

《就业促进法》规定，国家实行有利于促进就业的财政政策，加大资金投入，改善就业环境，扩大就业。县级以上人民政府应当根据就业状况和就业工作目标，在财政预算中安排就业专项资金用于促进就业工作。就业专项资金用于职业介绍、职业培训、公益性岗位、职业技能鉴定、特定就业政策和社会保险等补贴，小额贷款担保基金和微利项目的小额担保贷款贴息，以及扶持公共就业服务等。国家建立健全失业保险制度，依法确保失业人员的基本生活，并促进其实现就业。

（三）税费优惠政策

《就业促进法》规定，国家鼓励企业增加就业岗位，扶持失业人员和残疾人就业，对下列企业、人员依法给予税收优惠：

（1）吸纳符合国家规定条件的失业人员达到规定要求的企业；

（2）失业人员创办的中小企业；

（3）安置残疾人员达到规定比例或者集中使用残疾人的企业；

（4）从事个体经营的符合国家规定条件的失业人员；

（5）从事个体经营的残疾人；

（6）国务院规定给予税收优惠的其他企业、人员。

对上述从事个体经营的符合国家规定条件的失业人员和从事个体经营的残疾人，有关部门应当在经营场地等方面给予照顾，免除行政事业性收费。

同时，国家实行有利于促进就业的金融政策，增加中小企业的融资渠道；鼓励金融机构改进金融服务，加大对中小企业的信贷支持，并对自主创业人员在一定期限内给予小额信贷等扶持。

（四）统筹就业政策

《就业促进法》规定，国家实行城乡统筹的就业政策，建立健全城乡劳动者平等就业的制度，引导农业富余劳动力有序地转移就业。县级以上地方人民政府要推进小城镇建设和加快县域经济发展，引导农业富余劳动力就地就近转移就业；在制定小城镇规划时，将本地区农业富余劳动力转移就业作为重要内容。县级以上地方人民政府要引导农业富余劳动力有序地向城市异地转移就业；劳动力输出地和输入地人民政府应当互相配合，改善农村劳动者进城就业的环境和条件。

国家支持区域经济发展，鼓励区域协作，统筹协调不同地区就业的均衡增长；支持民族地区发展经济，扩大就业。

各级人民政府统筹做好城镇新增劳动力就业、农业富余劳动力转移就业和失业人员就业工作，采取措施，逐步完善和实施与非全日制用工等灵活就业相适应的劳动和社会保险政策，为灵活就业人员提供帮助和服务。地方各级人民政府和有关部门应当加强对失业人员从事个体经营的指导，提供政策咨询、就业培训和开业指导等服务。

三、就业服务与就业援助

（一）就业服务

1. 公共就业服务

按照《就业促进法》的规定，县级以上人民政府应培育和完善统一开放、竞争有序的人力资源市场，为劳动者就业提供服务；鼓励社会各方面依法开展就业服务活动，加强对公共就业服务和职业中介服务的指导和监督，逐步完善覆盖城乡的就业服务体系；加强人力资源市场信息网络及相关设施建设，建立健全人力资源市场信息服务体系，完善市场信息发布制度。

县级以上人民政府建立健全公共就业服务体系，设立公共就业服务机构，为劳动者免费提供下列服务：

（1）就业政策法规咨询；

（2）职业供求信息、市场工资指导价位信息和职业培训信息发布；

（3）职业指导和职业介绍；

（4）对就业困难人员实施就业援助；

（5）办理就业登记、失业登记等事务；

（6）其他公共就业服务。

公共就业服务机构应当积极拓展服务功能，根据用人单位需求提供以下服务：

（1）招聘用人指导服务；

（2）代理招聘服务；

（3）跨地区人员招聘服务；

（4）企业人力资源管理咨询等专业性服务；

（5）劳动保障事务代理服务；

（6）为满足用人单位需求开发的其他就业服务项目。

公共就业服务机构应当不断提高服务的质量和效率，不得从事经营性活动。公共就业服务经费纳入同级财政预算。地方各级人民政府和有关部门、公共就业服务机构举办的招聘会，不得向劳动者收取费用。

按照《就业服务与就业管理规定》规定，公共就业服务机构应当加强职业指导工作，配备专（兼）职职业指导工作人员，向劳动者和用人单位提供职业指导服务。公共就业服务机构应当为职业指导工作提供相应的设施和条件，推动职业指导工作的开展，加强对职业指导工作的宣传。

2. 职业中介机构服务

职业中介机构，是指由法人、其他组织和公民个人举办，为用人单位招用人员和劳动者求职提供中介服务以及其他相关服务的经营性组织。政府部门不得举办或者与他人联合举办经营性的职业中介机构。

设立职业中介机构，应当依法办理行政许可。经许可的职业中介机构，应当向工商行政部门办理登记。未经依法许可和登记的机构，不得从事职业中介活动。

设立职业中介机构应当具备下列条件：

（1）有明确的章程和管理制度；

（2）有开展业务必备的固定场所、办公设施和一定数额的开办资金；

（3）有一定数量具备相应职业资格的专职工作人员；

（4）法律、法规规定的其他条件。

设立职业中介机构，应当向当地县级以上劳动保障行政部门提出申请，提交下列文件：

（1）设立申请书；

（2）机构章程和管理制度草案；

（3）场所使用权证明；

（4）拟任负责人的基本情况、身份证明；

（5）具备相应职业资格的专职工作人员的相关证明；

（6）工商营业执照（副本）；

（7）法律、法规规定的其他文件。

地方各级人民政府和有关部门不得举办或者与他人联合举办经营性的职业中介机构。县级以上地方人民政府对职业中介机构提供公益性就业服务的，按照规定给予补贴。

职业中介机构可以从事下列业务：

（1）为劳动者介绍用人单位；

（2）为用人单位和居民家庭推荐劳动者；

（3）开展职业指导、人力资源管理咨询服务；

（4）收集和发布职业供求信息；

（5）根据国家有关规定从事互联网职业信息服务；

（6）组织职业招聘洽谈会；

（7）经劳动保障行政部门核准的其他服务项目。

县级以上人民政府和有关部门加强对职业中介机构的管理，鼓励其提高服务质量，发挥其在促进就业中的作用。

法律禁止职业中介机构有下列行为：

（1）提供虚假就业信息；

（2）发布的就业信息中包含歧视性内容；

（3）伪造、涂改、转让职业中介许可证；

（4）为无合法证照的用人单位提供职业中介服务；

（5）介绍未满16周岁的未成年人就业；

（6）为无合法身份证件的劳动者提供职业中介服务；

（7）介绍劳动者从事法律、法规禁止从事的职业；

（8）扣押劳动者的居民身份证和其他证件，或者向劳动者收取押金；

（9）以暴力、胁迫、欺诈等方式进行职业中介活动；

（10）超出核准的业务范围经营；

（11）其他违反法律、法规规定的行为。

3. 建立失业预警制度

按照《就业促进法》的规定，县级以上人民政府建立失业预警制度，对可能出现的较大规模的失业，实施预防、调节和控制。国家建立劳动力调查统计制度和就业登记、失业登记制度，开展劳动力资源和就业、失业状况调查统计，并公布调查统计结果。

（二）就业援助

1. 就业援助对象

我国就业援助对象包括就业困难人员和零就业家庭。就业困难对象是指因身体状况、技能水平、家庭因素、失去土地等原因难以实现就业，以及连续失业一定时间仍未能实现就业的人员。零就业家庭是指法定劳动年龄内的家庭人员均处于失业状况的城市居民家庭。

2. 就业援助措施

《就业促进法》规定，各级人民政府建立健全就业援助制度，采取税费减免、贷款贴息、社会保险补贴、岗位补贴等办法，通过公益性岗位安置等途径，对就业困难人员实行优先扶持和重点帮助。通过援助，确保城市有就业需求的家庭至少有一人实现就业。

（1）开发公益性岗位，优先安排符合岗位要求的就业困难人员。

（2）公共就业服务机构建立就业困难人员帮扶制度，制定专门的就业援助计划，通过落实各项就业扶持政策、提供就业岗位信息、组织技能培训等有针对性的就业服务和公益性岗位援助。

（3）鼓励和支持社会各方面为就业困难人员提供技能培训、岗位信息等服务。

（4）街道、社区公共就业服务机构应当对辖区内就业援助对象进行登记，建立专门台账，实行就业援助对象动态管理和援助责任制度，提供及时、有效的就业援助。

就业困难人员和零就业家庭可以向所在地街道、社区公共就业服务机构申请就业援助。经街道、社区公共就业服务机构确认属实的，纳入就业援助范围。

第二节 劳动合同制度

一、劳动合同的订立

劳动合同是指劳动者与用人单位确立劳动关系、明确双方权利和义务的协议。建立劳动关系应当订立劳动合同。订立和变更劳动合同，应当遵循合法公平、平等自愿、协商一致、诚实信用的原则，不得违反法律、行政法规的规定。

（一）与订立劳动合同相关的义务

1. 建立职工名册

用人单位自用工之日起即与劳动者建立劳动关系。用人单位应当建立职工名册备查。

2. 双方告知

用人单位招用劳动者时，应当如实告知劳动者工作内容、工作条件、工作地点、职业危害、安全生产状况、劳动报酬，以及劳动者要求了解的其他情况；用人单位有权了解劳动者与劳动合同直接相关的基本情况，劳动者应当如实说明。

3. 禁止要求劳动者提供担保

用人单位招用劳动者，不得扣押劳动者的居民身份证和其他证件，不得要求劳动者提供担保或者以其他名义向劳动者收取财物。用人单位违反劳动法规定，扣押劳动者居民身份证等证件的，以担保或者其他名义向劳动者收取财物的，以及劳动者依法解除或者终止劳动合同，用人单位扣押劳动者档案或者其他物品的，由劳动行政部门责令限期退还劳动者本人，并依照有关法律规定给予处罚；给劳动者造成损害的，应当承担赔偿责任。

（二）劳动合同的形式和订立时间

1. 劳动合同的形式

建立劳动关系，应当订立书面劳动合同。用人单位不签书面合同，超 1 个月未满 1 年的，每月支付 2 倍工资；满 1 年的，视为已订立无固定期限合同。

2. 劳动合同的订立时间

已建立劳动关系，未同时订立书面劳动合同的，应当自用工之日起 1 个月内订立书面劳动合同。用人单位与劳动者在用工前订立劳动合同的，劳动关系自用工之日起建立。

（三）劳动合同的类型

劳动合同分为固定期限劳动合同、无固定期限劳动合同和以完成一定工作任务为期限的劳动合同。

1. 固定期限劳动合同

用人单位与劳动者约定合同终止时间的劳动合同。期限一般为 1 年、3 年、5 年等。

2. 无固定期限劳动合同

用人单位与劳动者约定无确定终止时间的劳动合同。有下列情形之一，劳动者提出或者同意续订劳动合同的，除劳动者提出订立固定期限劳动合同外，应当订立无固定期限劳动合同：

（1）劳动者在该用人单位连续工作满10年的；

（2）用人单位初次实行劳动合同制度或者国有企业改制重新订立劳动合同时，劳动者在该用人单位连续工作满10年且距法定退休年龄不足10年的；

（3）连续订立2次固定期限劳动合同，续订劳动合同的。

用人单位自用工之日起满1年不与劳动者订立书面劳动合同的，视为用人单位与劳动者已订立无固定期限劳动合同。

用人单位违反《劳动合同法》规定不与劳动者订立无固定期限劳动合同的，自应当订立无固定期限劳动合同之日起向劳动者每月支付2倍的工资。

3. 以完成一定工作任务为期限的劳动合同

用人单位与劳动者约定以某项工作的完成为合同期限的劳动合同。

（四）劳动合同的内容

1. 必备条款

劳动合同的必备条款是指法律规定的劳动合同必须具备的内容。劳动合同的必备条款包括：

（1）用人单位的名称、住所和法定代表人或者主要负责人；

（2）劳动者的姓名、住址和居民身份证或者其他有效证件号码；

（3）劳动合同期限；

（4）工作内容和工作地点；

（5）工作时间和休息休假；

（6）劳动报酬；

（7）社会保险；

（8）劳动保护、劳动条件和职业危害防护；

（9）法律、法规规定应当纳入劳动合同的其他事项。

用人单位提供的劳动合同文本未载明劳动法规定的劳动合同必备条款或者用人单位未将劳动合同文本交付劳动者的，由劳动行政部门责令改正；给劳动者造成损害的，应当承担赔偿责任。

2. 约定条款

约定条款指法律不作强制性规定，由当事人根据意愿选择是否在合同中约定的事项。

（1）试用期。劳动合同期限3个月以上不满1年的，试用期不得超过1个月；劳动合同期限1年以上不满3年的，试用期不得超过2个月；3年以上固定期限和无固定期限的劳动合同，试用期不得超过6个月。同一用人单位与同一劳动者只能约定一次试用期。以完成一定工作任务为期限的劳动合同或者劳动合同期限不满3个月的，不得约定试用期。试用期包含在劳动合同期限内。劳动合同仅约定试用期的，试用期不成立，该期限为劳动合同期限。用人单位违反劳动法规定与劳动者约定试用期的，由劳动行政部门责令改正；违法约定的试用期已经履行的，由用人单位以劳动者试用期满月工资为标准，按已经履行的超过法定试用期的期间向劳动者支付赔偿金。

劳动者在试用期的工资不得低于本单位同岗位最低档工资或者劳动合同约定工资的80%，并不得低于用人单位所在地的最低工资标准。

在试用期中，除劳动者被证明不符合录用条件外，用人单位不得解除劳动合同。用人单位在试用期解除劳动合同的，应当向劳动者说明理由。

（2）培训。培训是按照职业或者工作岗位对劳动者提出的要求，以开发和提高劳动者的职业技能为目的的教育和训练过程。

用人单位为劳动者提供专项培训费用，对其进行专业技术培训的，可以与该劳动者订立协议，约定服务期。劳动者违反服务期约定的，应当按照约定向用人单位支付违约金。违约金的数额不得超过用人单位提供的培训费用。用人单位要求劳动者支付的违约金不得超过服务期尚未履行部分所应分摊的培训费用。用人单位与劳动者约定服务期的，不影响按照正常的工资调整机制提高劳动者在服务期期间的劳动报酬。

（3）保密和竞业限制。用人单位与劳动者可以在劳动合同中约定保守用人单位的商业秘密和与知识产权相关的保密事项。对负有保密义务的劳动者，用人单位可以在劳动合同或者保密协议中与劳动者约定竞业限制条款，并约定在解除或者终止劳动合同后，在竞业限制期限内按月给予劳动者经济补偿。劳动者违反竞业限制约定的，应当按照约定向用人单位支付违约金。竞业限制的人员限于用人单位的高级管理人员、高级技术人员和其他负有保密义务的人员。竞业限制的范围、地域、期限由用人单位与劳动者约定，竞业限制的约定不得违反法律、法规的规定。在解除或者终止劳动合同后，上述人员到与本单位生产或者经营同类产品、从事同类业务的有竞争关系的其他用人单位，或者自己开业生产或者经营同类产品、从事同类业务的竞业限制期限，不得超过二年。

（4）违约金。除了可以在培训服务期和竞业限制约定中约定违约金外，其他情况下，不得约定由劳动者承担违约金。

（五）无效条款

根据《劳动合同法》规定，下列劳动合同无效或者部分无效：

（1）以欺诈、胁迫的手段或者乘人之危，使对方在违背真实意思的情况下订立或者变更劳动合同的；

（2）用人单位免除自己的法定责任、排除劳动者权利的；

（3）违反法律、行政法规强制性规定的。

对劳动合同的无效或者部分无效有争议的，由劳动争议仲裁机构或者人民法院确认。劳动合同部分无效，不影响其他部分效力的，其他部分仍然有效。劳动合同被确认无效，劳动者已付出劳动的，用人单位应当向劳动者支付劳动报酬。劳动报酬的数额，参照本单位相同或者相近岗位劳动者的劳动报酬确定。劳动合同依法被确认无效，给对方造成损害的，有过错的一方应当承担赔偿责任。

二、劳动合同的履行和变更

依法订立的劳动合同具有约束力，用人单位与劳动者应当履行劳动合同约定的义务。

（一）劳动合同的履行

《劳动合同法》规定，用人单位与劳动者应当按照劳动合同的约定，全面履行各自的义务。用人单位应当严格执行劳动定额标准，不得强迫或者变相强迫劳动者加班。同时，用人单位应当按照劳动合同约定和国家规定，向劳动者及时足额支付劳动报酬。用人单位拖欠或者未足额支付劳动报酬的，劳动者可以依法向当地人民法院申请支付令，人民法院应当依法发出支付令。

用人单位变更名称、法定代表人、主要负责人或者投资人等事项，不影响劳动合同的履行。

（二）劳动合同的变更

用人单位发生合并或者分立等情况，原劳动合同继续有效，劳动合同由承继其权利和义务的用人单位继续履行。用人单位与劳动者协商一致，可以变更劳动合同约定的内容。变更劳动合同，应当采用书面形式。

三、劳动合同的解除和终止

（一）劳动合同的解除

1. 协商解除劳动合同

《劳动合同法》规定，用人单位与劳动者协商一致，可以解除劳动合同。

2. 劳动者解除劳动合同

劳动者提前30日以书面形式通知用人单位，可以解除劳动合同。劳动者在试用期内提前3日通知用人单位，可以解除劳动合同。

用人单位有下列情形之一的，劳动者可以不用提前30日以书面形式通知用人单位，解除劳动合同：

（1）未按照劳动合同约定提供劳动保护或者劳动条件的；

（2）未及时足额支付劳动报酬的；

（3）未依法为劳动者缴纳社会保险费的；

（4）用人单位的规章制度违反法律、法规的规定，损害劳动者权益的；

（5）劳动合同无效的；

（6）法律、行政法规规定劳动者可以解除劳动合同的其他情形。

用人单位以暴力、威胁或者非法限制人身自由的手段强迫劳动者劳动的，或者用人单位违章指挥、强令冒险作业危及劳动者人身安全的，劳动者可以立即解除劳动合同，不需事先告知用人单位。

3. 用人单位随时解除劳动合同

劳动者有下列情形之一的，用人单位可以解除劳动合同：

（1）在试用期间被证明不符合录用条件的；

（2）严重违反用人单位的规章制度的；

（3）严重失职，营私舞弊，给用人单位的利益造成重大损害的；

(4) 劳动者同时与其他用人单位建立劳动关系，对完成本单位的工作任务造成严重影响，或者经用人单位提出，拒不改正的；

(5) 无效的劳动合同；

(6) 被依法追究刑事责任的。

4. 用人单位提前书面通知解除

有下列情形之一的，用人单位在提前30日以书面形式通知劳动者本人或者额外支付劳动者一个月工资后，可以解除劳动合同：

(1) 劳动者患病或者非因工负伤，在规定的医疗期满后不能从事原工作也不能从事由用人单位另行安排的工作的；

(2) 劳动者不能胜任工作，经过培训或者调整工作岗位，仍不能胜任工作的；

(3) 劳动合同订立时所依据的客观情况发生重大变化，致使劳动合同无法履行，经用人单位与劳动者协商，未能就变更劳动合同内容达成协议的。

5. 裁员解除

有下列情形之一，需要裁减人员20人以上或者裁减不足20人但占企业职工总数10%以上的，用人单位应当提前30日向工会或者全体职工说明情况，听取工会或者职工的意见后，裁减人员方案经向劳动行政部门报告后，可以裁减人员：

(1) 依照企业破产法规定进行重整的；

(2) 生产经营发生严重困难的；

(3) 企业转产、重大技术革新或者经营方式调整，经变更劳动合同后，仍需裁减人员的；

(4) 其他因劳动合同订立时所依据的客观经济情况发生重大变化，致使劳动合同无法履行的。

裁减人员时，应当优先留用下列劳动者：

(1) 与本单位订立较长期限的固定期限劳动合同的；

(2) 与本单位订立无固定期限劳动合同的；

(3) 家庭无其他就业人员，有需要扶养的老人或者未成年人的。

用人单位在6个月内重新招用人员的，应当通知被裁减的人员，并在同等条件下优先招用被裁减的人员。

6. 用人单位不得提出解除劳动合同的情形

(1) 从事接触职业病危害作业的劳动者未进行离岗前职业健康检查，或者疑似职业病病人在诊断或者医学观察期间的。

(2) 在本单位患职业病或者因工负伤并被确认丧失或者部分丧失劳动能力的。

(3) 患病或者非因工负伤，在规定的医疗期内的。

(4) 女职工在孕期、产期、哺乳期的。

(5) 在本单位连续工作满15年，且距法定退休年龄不足5年的。

(6) 法律、行政法规规定的其他情形。

(二) 劳动合同的终止

《劳动合同法》规定，有下列情形之一的，劳动合同终止：

（1）劳动合同期满的；

（2）劳动者开始依法享受基本养老保险待遇的；

（3）劳动者死亡，或者被人民法院宣告死亡或者宣告失踪的；

（4）用人单位被依法宣告破产的；

（5）用人单位被吊销营业执照、责令关闭、撤销或者用人单位决定提前解散的；

（6）法律、行政法规规定的其他情形。

（三）解除、终止劳动合同的经济补偿

解除、终止劳动合同的经济补偿，是指因解除、终止劳动合同而由用人单位一次性给予劳动者经济补偿金。但是，劳动者辞职和用人单位依法随时提出解除合同的除外。经济补偿金的标准是：按劳动者在本单位工作的年限，每满 1 年支付 1 个月工资的标准向劳动者支付。6 个月以上不满 1 年的，按 1 年计算；不满 6 个月的，向劳动者支付半个月工资的经济补偿。

劳动者月工资高于用人单位所在直辖市、设区的市级人民政府公布的本地区上年度职工月平均工资 3 倍的，向其支付经济补偿的标准按职工月平均工资 3 倍的数额支付，向其支付经济补偿的年限最高不超过 12 年。其中，月工资是指劳动者在劳动合同解除或者终止前 12 个月的平均工资。

用人单位违反劳动法规定解除或者终止劳动合同的，应当依照上述经济补偿标准的 2 倍向劳动者支付赔偿金。

四、集体合同、劳务派遣和非全日制用工

（一）集体合同

企业职工一方与用人单位通过平等协商，可以就劳动报酬、工作时间、休息休假、劳动安全卫生、保险福利等事项订立集体合同。企业职工一方与用人单位可以订立劳动安全卫生、女职工权益保护、工资调整机制等专项集体合同。在县级以下区域内，建筑业、采矿业、餐饮服务业等行业可以由工会与企业方面代表订立行业性集体合同，或者订立区域性集体合同。

集体合同草案应当提交职工代表大会或者全体职工讨论通过。集体合同由工会代表企业职工一方与用人单位订立；尚未建立工会的用人单位，由上级工会指导劳动者推举的代表与用人单位订立。

集体合同中劳动报酬和劳动条件等标准不得低于当地人民政府规定的最低标准；用人单位与劳动者订立的劳动合同中劳动报酬和劳动条件等标准不得低于集体合同规定的标准。

集体合同订立后，应当报送劳动行政部门；劳动行政部门自收到集体合同文本之日起十五日内未提出异议的，集体合同即行生效。依法订立的集体合同对用人单位和劳动者具有约束力。行业性、区域性集体合同对当地本行业、本区域的用人单位和劳动者具有约束力。用人单位违反集体合同，侵犯职工劳动权益的，工会可以依法要求用人单位承担责

任；因履行集体合同发生争议，经协商解决不成的，工会可以依法申请仲裁、提起诉讼。

（二）劳务派遣

1. 劳务派遣机构的条件

《劳动合同法》规定，经营劳务派遣业务，应当向劳动行政部门依法申请行政许可；经许可的，依法办理相应的公司登记。未经许可，任何单位和个人不得经营劳务派遣业务。

经营劳务派遣业务应当具备下列条件：

（1）注册资本不得少于人民币二百万元；

（2）有与开展业务相适应的固定的经营场所和设施；

（3）有符合法律、行政法规规定的劳务派遣管理制度；

（4）法律、行政法规规定的其他条件。

用人单位不得设立劳务派遣单位向本单位或者所属单位派遣劳动者。

2. 劳务派遣关系及当事人

劳务派遣关系及当事人，是指劳务派遣单位、接受以劳务派遣形式用工的单位（以下简称“用工单位”）和劳动者及其三者之间的法律关系。

（1）劳务派遣单位是用人单位，应当履行用人单位对劳动者的义务。劳务派遣单位与被派遣劳动者订立的劳动合同，除应当具备劳动合同法规定的必备条款外，还应当载明被派遣劳动者的用工单位以及派遣期限、工作岗位等情况。劳务派遣单位应当与被派遣劳动者订立二年以上的固定期限劳动合同，按月支付劳动报酬；被派遣劳动者在无工作期间，劳务派遣单位应当按照所在地人民政府规定的最低工资标准，向其按月支付报酬。

（2）劳务派遣单位派遣劳动者应当与用工单位订立劳务派遣协议。劳务派遣协议应当约定派遣岗位和人员数量、派遣期限、劳动报酬和社会保险费的数额与支付方式以及违反协议的责任。用工单位应当根据工作岗位的实际需要与劳务派遣单位确定派遣期限，不得将连续用工期限分割订立数个短期劳务派遣协议。

（3）劳务派遣单位应当将劳务派遣协议的内容告知被派遣劳动者。劳务派遣单位不得克扣用工单位按照劳务派遣协议支付给被派遣劳动者的劳动报酬。劳务派遣单位和用工单位不得向被派遣劳动者收取费用。劳务派遣单位跨地区派遣劳动者的，被派遣劳动者享有的劳动报酬和劳动条件，按照用工单位所在地的标准执行。

（4）用工单位应当履行下列义务：①执行国家劳动标准，提供相应的劳动条件和劳动保护；②告知被派遣劳动者的工作要求和劳动报酬；③支付加班费、绩效奖金，提供与工作岗位相关的福利待遇；④对在岗被派遣劳动者进行工作岗位所必需的培训；⑤连续用工的，实行正常的工资调整机制。用工单位不得将被派遣劳动者再派遣到其他用人单位。

（5）被派遣劳动者享有与用工单位的劳动者同工同酬的权利。用工单位应当按照同工同酬原则，对被派遣劳动者与本单位同类岗位的劳动者实行相同的劳动报酬分配办法。用工单位无同类岗位劳动者的，参照用工单位所在地相同或者相近岗位劳动者的劳动报酬确定。劳务派遣单位与被派遣劳动者订立的劳动合同和与用工单位订立的劳务派遣协议，载明或者约定的向被派遣劳动者支付的劳动报酬应当符合法律法规相关规定。

（6）被派遣劳动者有权在劳务派遣单位或者用工单位依法参加或者组织工会，维护自身的合法权益；可以依法与劳务派遣单位解除劳动合同。用工单位可以依法将劳动者退回劳务派遣单位，劳务派遣单位依照劳动合同法有关规定，可以与劳动者解除劳动合同。

3. 劳务派遣用工的定位

劳动合同用工是我国的企业基本用工形式。劳务派遣用工是补充形式，只能在临时性、辅助性或者替代性的工作岗位上实施。临时性工作岗位是指存续时间不超过六个月的岗位；辅助性工作岗位是指为主营业务岗位提供服务的非主营业务岗位；替代性工作岗位是指用工单位的劳动者因脱产学习、休假等原因无法工作的一定期间内，可以由其他劳动者替代工作的岗位。用工单位应当严格控制劳务派遣的用工数量，不得超过其用工总量的一定比例。

（三）非全日制用工

非全日制用工，是指以小时计酬为主，劳动者在同一用人单位一般平均每日工作时间不超过四小时，每周工作时间累计不超过二十四小时的用工形式。非全日制用工双方当事人可以订立口头协议。从事非全日制用工的劳动者可以与一个或者一个以上用人单位订立劳动合同，但后订立的劳动合同不得影响先订立的劳动合同的履行。非全日制用工双方当事人不得约定试用期。非全日制用工双方当事人任何一方都可以随时通知对方终止用工。终止用工，用人单位不向劳动者支付经济补偿。非全日制用工小时计酬标准不得低于用人单位所在地人民政府规定的最低小时工资标准，劳动报酬结算支付周期最长不得超过十五日。

第三节　工作时间和工资

一、工作时间

（一）工时制度

根据《劳动法》规定，国家实行劳动者每日工作时间不超过八小时、平均每周工作时间不超过四十小时的标准工时制度。对实行计件工作的劳动者，用人单位应当根据劳动法规定的工时制度合理确定其劳动定额和计件报酬标准。用人单位违反劳动法规定，应承担相应的法律责任。

用人单位应当保证劳动者每周至少休息一日。企业因生产特点不能实行标准工时制度的，经劳动行政部门批准，可以实行其他工作和休息办法。但用人单位不得违反劳动法规定延长劳动者的工作时间。

（二）休息休假

1. 工作日内的间歇休息时间

工作日内，劳动者应在工作四小时后有一次间歇休息时间。间歇休息时间的具体长度由企业根据生产经营特点而定，但最短不得少于半小时。

2. 工作日之间的休息时间

根据法律规定，劳动者每日工作时间不得超过八小时。实行轮班制的企业，其班次必须平均轮换，并且不得使劳动者连续工作两个工作日。

3. 公休假日

公休假日是指劳动者工作满一个工作周以后的休息时间。《劳动法》规定用人单位应当保证劳动者每周至少休息一日。

4. 法定节日休假时间

我国法定节日休假时间包括：①元旦一天；②春节三天；③清明节一天；④端午节一天；⑤五一国际劳动节一天；⑥国庆节三天；⑦中秋节一天；⑧法律、法规规定的其他休假节日。

5. 年休假

我国《劳动法》规定，国家实行带薪年休假制度。劳动者连续工作一年以上的，享受带薪年休假。

（三）加班加点制度

1. 加班时间

《劳动法》规定，用人单位经与工会和劳动者协商后，可以延长工作时间，延长工作时间，一般每日不超过一小时；因特殊原因需要延长工作时间的，在保障劳动者身体健康的条件下，每日不得超过三小时，每月合计不得超过三十六小时。有下列情形之一的，延长工作时间不受上述规定的限制：

（1）发生自然灾害、事故或者因其他原因，威胁劳动者生命健康和财产安全，需要紧急处理的；

（2）生产设备、交通运输线路、公共设施发生故障影响生产和公众利益，必须及时抢修的；

（3）法律、行政法规规定的其他情形。

禁止安排未成年工、怀孕七个月以上的女职工和哺乳未满周岁婴儿的女职工加班加点。

2. 加班报酬

用人单位安排劳动者加班的，应当支付其加班费。按照《劳动法》第44条的规定，支付加班费的具体标准是：在标准工作日内安排劳动者延长工作时间的，支付不低于工资的百分之一百五十的工资报酬；休息日安排劳动者工作又不能安排补休的，支付不低于工资的百分之二百的工资报酬；法定休假日安排劳动者工作的，支付不低于百分之三百的工资报酬。

二、工资制度

（一）最低工资保障制度

《劳动法》第48条规定，国家实行最低工资保障制度，最低工资的具体标准由省、自治区、直辖市人民政府规定，报国务院备案。用人单位支付劳动者的工资不得低于当地最低工资标准。

（二）工资支付保障

《劳动法》规定，工资应当以货币形式按月支付给劳动者本人，不得克扣或者无故拖欠劳动者的工资。单位可以代扣劳动者工资的情形包括：

（1）用人单位代扣代缴的个人所得税；

（2）用人单位代扣缴的应由劳动者个人负担的各项社会保险费用；

（3）法院判决、裁定中要求代扣的抚养费、赡养费；

（4）法律、法规规定的可以从劳动者工资中扣除的其他费用；

（5）对于因劳动者本人原因造成用人单位经济损失的，用人单位可以按照劳动合同的约定要求其赔偿经济损失，可以从劳动者本人的工资中扣除。但每月扣除的部分不得超过劳动者当月工资的20%。若扣除后剩余工资部分低于当地月最低工资标准，则按最低工资标准支付。

劳动者在法定休假日和婚丧假期间以及依法参加社会活动期间，用人单位应当依法支付工资。单位代扣劳动者工资时，必须给劳动者留下必要的生活费用。

按照《劳动合同法》的规定，用人单位有下列情形之一的，由劳动行政部门责令限期支付劳动报酬、加班费或者经济补偿；劳动报酬低于当地最低工资标准的，应当支付其差额部分；逾期不支付的，责令用人单位按应付金额百分之五十以上百分之一百以下的标准向劳动者加付赔偿金：

（1）未按照劳动合同的约定或者国家规定及时足额支付劳动者劳动报酬的；

（2）低于当地最低工资标准支付劳动者工资的；

（3）安排加班不支付加班费的；

（4）解除或者终止劳动合同，未依照本法规定向劳动者支付经济补偿的。

第四节　劳动安全卫生和职业培训

一、劳动安全卫生

（一）劳动安全卫生保护权

劳动安全卫生保护权，是指劳动者享有的要求用人单位依法维持劳动场所安全卫生的权利。劳动安全卫生保护权包括：

（1）有权要求用人单位提供符合国家规定的劳动安全卫生条件和劳动防护用品；

（2）有权获得从事本职工作所应具备的安全技术和劳动卫生知识；

（3）对用人单位管理人员违章指挥、强令冒险作业，有权拒绝执行；

（4）对危害生命安全和身体健康的行为，有权提出批评、检举和控告；

（5）女职工和未成年工有权拒绝用人单位安排其从事禁忌劳动范围的作业；

（6）从事有职业危害作业的劳动者有权要求用人单位定期进行健康检查；

（7）劳动者发现直接危及人身安全的紧急情况时，有权停止作业或者在采取可能的应急措施后撤离作业场所；

（8）参与用人单位劳动安全卫生工作的民主管理，对安全生产和职业病防治工作提出意见和建议；

（9）因生产安全事故受到损害或患职业病的劳动者，除依法享有工伤社会保险外，依照有关民事法律尚有获得赔偿的权利的，有权向本单位提出赔偿要求。

（二）劳动安全卫生管理制度

1. 安全生产责任制

安全生产责任制，是指企业各级领导、职能部门、有关工程技术人员和生产工人在劳动过程中应负安全责任的一种制度。

2. 安全卫生设施“三同时”制度

安全卫生设施“三同时”制度，是指劳动安全卫生设施必须符合国家规定的标准。新建、改建、扩建工程的劳动安全卫生设施，必须与主体工程同时设计、同时施工、同时投入生产和使用。

3. 劳动安全卫生教育制度

劳动安全卫生教育制度，是指对劳动者进行劳动安全卫生技术知识、法规的教育考核制度。它是实现安全生产的重要基础工作，也是职业培训的重要内容。

4. 伤亡事故报告和处理制度

伤亡事故报告和处理制度，是指国家制定的对劳动者在劳动过程中发生的伤亡事故进行报告、调查、处理、统计和分析的制度。

5. 职业病统计报告和处理制度

职业病统计报告和处理制度，是指国家制定的对劳动者在劳动过程中发生的职业病进行统计报告和处理的制度。

（三）女职工和未成年工特殊保护

《劳动法》规定，国家对女职工和年满十六周岁未满十八周岁的未成年工实行特殊劳动保护。

1. 女职工特殊保护

对女职工特殊保护，《劳动法》作了以下规定：

（1）禁止安排女职工从事矿山井下、国家规定的第四级体力劳动强度的劳动和其他禁忌从事的劳动。

（2）不得安排女职工在经期从事高处、低温、冷水作业和国家规定的第三级体力劳动强度的劳动。

（3）不得安排女职工在怀孕期间从事国家规定的第三级体力劳动强度的劳动和孕期禁忌从事的劳动。

（4）对怀孕七个月以上的女职工，不得安排其延长工作时间和夜班劳动。

（5）女职工生育享受不少于九十天的产假。

（6）不得安排女职工在哺乳未满一周岁的婴儿期间从事国家规定的第三级体力劳动强度的劳动和哺乳期禁忌从事的其他劳动，不得安排其延长工作时间和夜班劳动。

2. 未成年工特殊保护

《劳动法》规定，用人单位不得安排未成年工从事矿山井下、有毒有害、国家规定的第四级体力劳动强度的劳动和其他禁忌从事的劳动。用人单位应当对未成年工定期进行健康检查。

二、职业培训

（一）职业培训基本制度

《劳动法》规定，国家通过各种途径，采取各种措施，发展职业培训事业，开发劳动者的职业技能，提高劳动者素质，增强劳动者的就业能力和工作能力。为了发展职业培训事业，国家建立了一系列相关的制度。

1. 职业教育制度

国家依法发展职业教育，鼓励开展职业培训，促进劳动者提高职业技能，增强就业能力和创业能力。职业院校、职业技能培训机构与企业应当密切联系，实行产教结合，为经济建设服务，培养实用人才和熟练劳动者。

2. 劳动预备制度

国家采取措施建立健全劳动预备制度，县级以上地方人民政府对有就业要求的初、高中毕业生实行一定期限的职业教育和培训，使其取得相应的职业资格或者掌握一定的职业技能。

3. 职业资格制度

国家确定职业分类，对规定的职业制定职业技能标准，实行职业资格证书制度，由经过政府批准的考核鉴定机构负责对劳动者实施职业技能考核鉴定。从事涉及公共安全、人身健康、生命财产安全等特殊工种的劳动者，上岗前必须经过培训，持证上岗。

（二）政府和企业的职业培训责任

1. 政府的职业培训责任

各级人民政府应当把发展职业培训纳入社会经济发展的规划，鼓励和支持有条件的企业、事业组织、社会团体和个人进行各种形式的职业培训。

（1）县级以上人民政府根据经济社会发展和市场需求，制定并实施职业能力开发计划；加强统筹协调，鼓励和支持各类职业院校、职业技能培训机构和用人单位依法开展就业前培训、在职培训、再就业培训和创业培训；鼓励劳动者参加各种形式的培训。

（2）地方各级人民政府鼓励和支持开展就业培训，帮助失业人员提高职业技能，增强其就业能力和创业能力。失业人员参加就业培训的，按照有关规定享受政府培训补贴。

（3）地方各级人民政府采取有效措施，组织和引导进城就业的农村劳动者参加技能培训，鼓励各类培训机构为进城就业的农村劳动者提供技能培训，增强其就业能力和创业能力。

2. 企业的职业培训责任

用人单位应当建立职业培训制度，按照国家规定提取和使用职业培训经费，根据本单位实际，有计划地对劳动者进行职业培训。

第五节　劳动争议的处理

一、劳动争议及处理方式

劳动争议，是指劳动关系当事人之间因执行劳动法规、履行劳动合同及其他劳动问题发生的劳动权利义务方面的纠纷。

《劳动法》规定，劳动争议发生后，当事人可以向本单位劳动争议调解委员会申请调解；调解不成，当事人一方要求仲裁的，可以向劳动争议仲裁委员会申请仲裁。当事人一方也可以直接向劳动争议仲裁委员申请仲裁。对仲裁裁决不服的，可以向人民法院提起诉讼。

用人单位违反国家规定，拖欠或者未足额支付劳动报酬，或者拖欠工伤医疗费、经济补偿或者赔偿金的，劳动者可以向劳动行政部门投诉，劳动行政部门应当依法处理。

二、劳动争议的调解

（一）调解机构

《调解仲裁法》规定，发生劳动争议，当事人可以到下列调解组织申请调解：

（1）企业劳动争议调解委员会；

（2）依法设立的基层人民调解组织；

（3）在乡镇、街道设立的具有劳动争议调解职能的组织。

企业劳动争议调解委员会由职工代表和企业代表组成。职工代表由工会成员担任或者由全体职工推举产生，企业代表由企业负责人指定。企业劳动争议调解委员会主任由工会成员或者双方推举的人员担任。劳动争议调解组织的调解员应当由公道正派、联系群众、热心调解工作，并具有一定法律知识、政策水平和文化水平的成年公民担任。

（二）调解内容

当事人申请劳动争议调解可以书面申请，也可以口头申请。口头申请的，调解组织应当当场记录申请人基本情况、申请调解的争议事项、理由和时间。

调解劳动争议，应当充分听取双方当事人对事实和理由的陈述，耐心疏导，帮助其达成协议。经调解达成协议的，应当制作调解协议书。调解协议书由双方当事人签名或者盖章，经调解员签名并加盖调解组织印章后生效，对双方当事人具有约束力，当事人应当履行。

自劳动争议调解组织收到调解申请之日起十五日内未达成调解协议的，当事人可以依法申请仲裁。达成调解协议后，一方当事人在协议约定期限内不履行调解协议的，另一方当事人可以依法申请仲裁。

因支付拖欠劳动报酬、工伤医疗费、经济补偿或者赔偿金事项达成调解协议，用人单位在协议约定期限内不履行的，劳动者可以持调解协议书依法向人民法院申请支付令。人民法院应当依法发出支付令。

三、劳动争议的仲裁

（一）仲裁机构

《调解仲裁法》规定，劳动争议仲裁委员会按照统筹规划、合理布局和适应实际需要的原则设立。省、自治区人民政府可以决定在市、县设立；直辖市人民政府可以决定在区、县设立。直辖市、设区的市也可以设立一个或者若干个劳动争议仲裁委员会。劳动争议仲裁委员会不按行政区划层层设立。

劳动争议仲裁委员会由劳动行政部门代表、工会代表和企业方面代表组成，其组成人员必须是单数。劳动争议仲裁委员会依法履行下列职责：

（1）聘任、解聘专职或者兼职仲裁员；

（2）受理劳动争议案件；

（3）讨论重大或者疑难的劳动争议案件；

（4）对仲裁活动进行监督。

劳动争议仲裁委员会下设办事机构，负责办理劳动争议仲裁委员会的日常工作。劳动争议仲裁委员会应当设仲裁员名册。仲裁员应当公道正派并符合下列条件之一：

（1）曾任审判员的；

（2）从事法律研究、教学工作并具有中级以上职称的；

（3）具有法律知识、从事人力资源管理或者工会等专业工作满五年的；

（4）律师执业满三年的。

劳动争议仲裁公开进行，但当事人协议不公开进行或者涉及国家秘密、商业秘密和个人隐私的除外。

（二）申请和受理

劳动争议申请仲裁的时效期间为一年。仲裁时效期间从当事人知道或者应当知道其权利被侵害之日起计算。仲裁时效因当事人一方向对方当事人主张权利，或者向有关部门请求权利救济，或者对方当事人同意履行义务而中断。从中断时起，仲裁时效期间重新计算。因不可抗力或者有其他正当理由，仲裁时效中止，从中止时效的原因消除之日起，仲裁时效期间继续计算。劳动关系存续期间因拖欠劳动报酬发生争议的，劳动者申请仲裁不受仲裁时效期间的限制；但是，劳动关系终止的，应当自劳动关系终止之日起一年内提出。

申请人申请仲裁应当提交书面仲裁申请，并按照被申请人人数提交副本。仲裁申请书应当载明下列事项：

（1）劳动者的姓名、性别、年龄、职业、工作单位和住所，用人单位的名称、住所和法定代表人或者主要负责人的姓名、职务；

（2）仲裁请求和所根据的事实、理由；

（3）证据和证据来源、证人姓名和住所。

书写仲裁申请确有困难的，可以口头申请，由劳动争议仲裁委员会记入笔录，并告知对方当事人。

劳动争议仲裁委员会收到仲裁申请之日起五日内，认为符合受理条件的，应当受理，并通知申请人；认为不符合受理条件的，应当书面通知申请人不予受理，并说明理由。对劳动争议仲裁委员会不予受理或者逾期未作出决定的，申请人可以就该劳动争议事项向人民法院提起诉讼。

劳动争议仲裁委员会受理仲裁申请后，应当在五日内将仲裁申请书副本送达被申请人。被申请人收到仲裁申请书副本后，应当在十日内向劳动争议仲裁委员会提交答辩书。劳动争议仲裁委员会收到答辩书后，应当在五日内将答辩书副本送达申请人。被申请人未提交答辩书的，不影响仲裁程序的进行。

（三）开庭和裁决

劳动争议仲裁委员会裁决劳动争议案件实行仲裁庭制。仲裁庭由三名仲裁员组成，设首席仲裁员。简单劳动争议案件可以由一名仲裁员独任仲裁。劳动争议仲裁委员会应当在受理仲裁申请之日起五日内将仲裁庭的组成情况书面通知当事人。

仲裁庭应当在开庭五日前，将开庭日期、地点书面通知双方当事人。当事人有正当理由的，可以在开庭三日前请求延期开庭。是否延期，由劳动争议仲裁委员会决定。

申请人收到书面通知，无正当理由拒不到庭或者未经仲裁庭同意中途退庭的，可以视为撤回仲裁申请。被申请人收到书面通知，无正当理由拒不到庭或者未经仲裁庭同意中途退庭的，可以缺席裁决。

当事人在仲裁过程中有权进行质证和辩论。质证和辩论终结时，首席仲裁员或者独任仲裁员应当征询当事人的最后意见。

当事人提供的证据经查证属实的，仲裁庭应当将其作为认定事实的根据。劳动者无法提供由用人单位掌握管理的与仲裁请求有关的证据，仲裁庭可以要求用人单位在指定期限内提供。用人单位在指定期限内不提供的，应当承担不利后果。

当事人申请劳动争议仲裁后，可以自行和解。达成和解协议的，可以撤回仲裁申请。仲裁庭在作出裁决前，应当先行调解。调解达成协议的，仲裁庭应当制作调解书。调解书应当写明仲裁请求和当事人协议的结果。调解书由仲裁员签名，加盖劳动争议仲裁委员会印章，送达双方当事人。调解书经双方当事人签收后，发生法律效力。调解不成或者调解书送达前，一方当事人反悔的，仲裁庭应当及时作出裁决。

仲裁庭裁决劳动争议案件，应当自劳动争议仲裁委员会受理仲裁申请之日起四十五日内结束。案情复杂需要延期的，经劳动争议仲裁委员会主任批准，可以延期并书面通知当事人，但是延长期限不得超过十五日。逾期未作出仲裁裁决的，当事人可以就该劳动争议事项向人民法院提起诉讼。

仲裁庭对追索劳动报酬、工伤医疗费、经济补偿或者赔偿金的案件，根据当事人的申请，可以裁决先予执行，移送人民法院执行。仲裁庭裁决先予执行的，应当符合下列条件：

（1）当事人之间权利义务关系明确；

（2）不先予执行将严重影响申请人的生活。劳动者申请先予执行的，可以不提供担保。

裁决应当按照多数仲裁员的意见作出，少数仲裁员的不同意见应当记入笔录。仲裁庭不能形成多数意见时，裁决应当按照首席仲裁员的意见作出。裁决书应当载明仲裁请求、争议事实、裁决理由、裁决结果和裁决日期。裁决书由仲裁员签名，加盖劳动争议仲裁委员会印章。对裁决持不同意见的仲裁员，可以签名，也可以不签名。

下列劳动争议，仲裁裁决为终局裁决，裁决书自作出之日起发生法律效力：

（1）追索劳动报酬、工伤医疗费、经济补偿或者赔偿金，不超过当地月最低工资标准十二个月金额的争议；

（2）因执行国家的劳动标准在工作时间、休息休假、社会保险等方面发生的争议。

劳动者对仲裁裁决不服的，可以自收到仲裁裁决书之日起十五日内向人民法院提起诉讼。

用人单位有证据证明仲裁裁决有下列情形之一，可以自收到仲裁裁决书之日起三十日内向劳动争议仲裁委员会所在地的中级人民法院申请撤销裁决：

（1）适用法律、法规确有错误的；

（2）劳动争议仲裁委员会无管辖权的；

（3）违反法定程序的；

（4）裁决所根据的证据是伪造的；

（5）对方当事人隐瞒了足以影响公正裁决的证据的；

（6）仲裁员在仲裁该案时有索贿受贿、徇私舞弊、枉法裁决行为的。

人民法院经组成合议庭审查核实裁决有上述情形之一的，应当裁定撤销。仲裁裁决被人民法院裁定撤销的，当事人可以自收到裁定书之日起十五日内就该劳动争议事项向人民法院提起诉讼。

当事人对上述情况以外的其他劳动争议案件的仲裁裁决不服的，可以自收到仲裁裁决书之日起十五日内向人民法院提起诉讼；期满不起诉的，裁决书发生法律效力。当事人对发生法律效力的调解书、裁决书，应当依照规定的期限履行。一方当事人逾期不履行的，另一方当事人可以依照民事诉讼法的有关规定向人民法院申请执行。受理申请的人民法院应当依法执行。

第六节　劳动保障监察

我国实行劳动保障监察制度。为规范劳动保障监察工作，维护劳动者的合法权益，国务院颁布实施了《劳动保障监察条例》（2004 年，国务院令第 423 号，以下简称《监察条例》），对劳动保障监察相关事项作出了规定。

一、劳动保障监察范围、机构与原则

（一）劳动保障监察范围

1. 用人单位

用人单位是劳动保障监察的主体部分，包括企业和个体工商户以及其他用人单位。

2. 劳动就业中介机构

劳动就业中介机构包括职业介绍机构、职业技能培训机构和职业技能考核鉴定机构，都属于劳动保障监察范围。

（二）劳动保障监察机构

国务院劳动保障行政部门主管全国的劳动保障监察工作。县级以上地方各级人民政府劳动保障行政部门主管本行政区域内的劳动保障监察工作。县级以上各级人民政府有关部门根据各自职责，支持、协助劳动保障行政部门的劳动保障监察工作。县级以上地方各级人民政府应当加强劳动保障监察工作。劳动保障监察所需经费列入本级财政预算。

（三）劳动保障监察原则

劳动保障监察应遵循以下基本原则：

（1）公正、公开的原则；

（2）高效、便民的原则；

（3）教育与处罚相结合的原则；

（4）接受社会监督的原则。

二、劳动保障监察机构的职责和监察事项

（一）劳动保障监察机构的职责

《监察条例》规定，劳动保障行政部门实施劳动保障监察，履行下列职责：

（1）宣传劳动保障法律、法规和规章，督促用人单位贯彻执行；

（2）检查用人单位遵守劳动保障法律、法规和规章的情况；

（3）受理对违反劳动保障法律、法规或者规章的行为的举报、投诉；

（4）依法纠正和查处违反劳动保障法律、法规或者规章的行为。

（二）劳动保障监察机构的监察事项

根据我国相关法律法规规定，劳动保障行政部门对下列事项实施劳动保障监察：

（1）用人单位制定内部劳动保障规章制度的情况；

（2）用人单位与劳动者订立劳动合同的情况；

（3）用人单位遵守禁止使用童工规定的情况；

（4）用人单位遵守女职工和未成年工特殊劳动保护规定的情况；

（5）用人单位遵守工作时间和休息休假规定的情况；

（6）用人单位支付劳动者工资和执行最低工资标准的情况；

（7）用人单位参加各项社会保险和缴纳社会保险费的情况；

（8）劳务派遣单位和用工单位遵守劳务派遣有关规定的情况；

（9）职业介绍机构、职业技能培训机构和职业技能考核鉴定机构遵守国家有关职业介绍、职业技能培训和职业技能考核鉴定的规定的情况；

（10）法律、法规规定的其他劳动保障监察事项。

三、劳动保障监察的实施

（一）劳动保障监察的管辖

对用人单位的劳动保障监察，由用人单位用工所在地的县级或者设区的市级劳动保障行政部门管辖。

上级劳动保障行政部门根据工作需要，可以调查处理下级劳动保障行政部门管辖的案件。劳动保障行政部门对劳动保障监察管辖发生争议的，报请共同的上一级劳动保障行政部门指定管辖。省、自治区、直辖市人民政府可以对劳动保障监察的管辖制定具体办法。

（二）劳动保障监察的形式

劳动保障监察以日常巡视检查、审查用人单位按照要求报送的书面材料以及接受举报投诉等形式进行。劳动保障行政部门或者受委托实施劳动保障监察的组织应当设立举报、投诉信箱和电话。

劳动保障行政部门认为用人单位有违反劳动保障法律、法规或者规章的行为，需要进行调查处理的，应当及时立案。对因违反劳动保障法律、法规或者规章的行为引起的群体性事件，劳动保障行政部门应当根据应急预案，迅速会同有关部门处理。

（三）劳动保障监察中的调查、检查

劳动保障行政部门实施劳动保障监察，有权采取下列调查、检查措施：

（1）进入用人单位的劳动场所进行检查；

（2）就调查、检查事项询问有关人员；

（3）要求用人单位提供与调查、检查事项相关的文件资料，并作出解释和说明，必要时可以发出调查询问书；

（4）采取记录、录音、录像、照相或者复制等方式收集有关情况和资料；

（5）委托会计师事务所对用人单位工资支付、缴纳社会保险费的情况进行审计；

（6）法律、法规规定可以由劳动保障行政部门采取的其他调查、检查措施。

劳动保障行政部门对事实清楚、证据确凿、可以当场处理的违反劳动保障法律、法规或者规章的行为有权当场予以纠正。

劳动保障监察员进行调查、检查，不得少于2人，并应当佩戴劳动保障监察标志、出示劳动保障监察证件。劳动保障监察员办理的劳动保障监察事项与本人或者其近亲属有直

接利害关系的，应当回避。

劳动保障行政部门对违反劳动保障法律、法规或者规章的行为的调查，应当自立案之日起 60 个工作日内完成；对情况复杂的，经劳动保障行政部门负责人批准，可以延长 30 个工作日。

（四）劳动保障监察的处理

劳动保障行政部门对违反劳动保障法律、法规或者规章的行为，根据调查、检查的结果，作出以下处理：

（1）对依法应当受到行政处罚的，依法作出行政处罚决定；

（2）对应当改正未改正的，依法责令改正或者作出相应的行政处理决定；

（3）对情节轻微且已改正的，撤销立案。

发现违法案件不属于劳动保障监察事项的，应当及时移送有关部门处理；涉嫌犯罪的，应当依法移送司法机关。

第七节 构建和谐劳动关系

为进一步落实《劳动法》和《劳动合同法》的规定，构建和谐劳动关系，2015 年 4 月，中共中央、国务院印发了《关于构建和谐劳动关系的意见》（中发〔2015〕10 号，以下简称《意见》），对构建和谐劳动关系进行了决策部署。

一、构建和谐劳动关系的基本要求

（一）指导思想

《意见》指出，构建和谐劳动关系，要坚持促进企业发展、维护职工权益，坚持正确处理改革发展稳定关系，推动中国特色和谐劳动关系的建设和发展，最大限度地增加劳动关系和谐因素，最大限度地减少不和谐因素，促进经济持续健康发展和社会和谐稳定。

（二）工作原则

对于构建和谐劳动关系，《意见》提出了应当坚持下列 4 项工作原则。

1. 以人为本

把解决广大职工最关心、最直接、最现实的利益问题，切实维护其根本权益，作为构建和谐劳动关系的根本出发点和落脚点。

2. 依法构建

健全劳动保障法律法规，增强企业依法用工意识，提高职工依法维权能力，加强劳动保障执法监督和劳动纠纷调处，依法处理劳动关系矛盾，把劳动关系的建立、运行、监督、调处的全过程纳入法治化轨道。

3. 共建共享

统筹处理好促进企业发展和维护职工权益的关系，调动劳动关系主体双方的积极性、主动性，推动企业和职工协商共事、机制共建、效益共创、利益共享。

4. 改革创新

从我国基本经济制度出发，统筹考虑公有制经济、非公有制经济和混合所有制经济的特点，不断探究和把握社会主义市场经济条件下劳动关系的规律性，积极稳妥地推进具有中国特色的劳动关系工作理论、体制、制度、机制和方法创新。

（三）目标任务

《意见》提出，构建和谐劳动关系的目标是：加强调整劳动关系的法律、体制、制度、机制和能力建设，加快健全党委领导、政府负责、社会协同、企业和职工参与、法治保障的工作体制，加快形成源头治理、动态管理、应急处置相结合的工作机制，实现劳动用工更加规范，职工工资合理增长，劳动条件不断改善，职工安全健康得到切实保障，社会保险全面覆盖，人文关怀日益加强，有效预防和化解劳动关系矛盾，建立规范有序、公正合理、互利共赢、和谐稳定的劳动关系。

二、构建和谐劳动关系的主要措施

（一）依法保障职工基本权益

1. 切实保障职工取得劳动报酬的权利

《意见》要求，完善并落实工资支付规定，健全工资支付监控、工资保证金和欠薪应急周转金制度，探索建立欠薪保障金制度，落实清偿欠薪的施工总承包企业负责制，依法惩处拒不支付劳动报酬等违法犯罪行为，保障职工特别是农民工按时足额地领到工资报酬。努力实现农民工与城镇就业人员同工同酬。

2. 切实保障职工休息休假的权利

《意见》要求，完善并落实国家关于职工工作时间、全国年节及纪念日假期、带薪年休假等规定，规范企业实行特殊工时制度的审批管理，督促企业依法安排职工休息休假。企业因生产经营需要安排职工延长工作时间的，应与工会和职工协商，并依法足额支付加班加点工资。加强劳动定额定员标准化工作，推动劳动定额定员国家标准、行业标准的制定修订，指导企业制定实施科学合理的劳动定额定员标准，保障职工的休息权利。

3. 切实保障职工获得劳动安全卫生保护的权利

《意见》要求，加强劳动安全卫生执法监督，督促企业健全并落实劳动安全卫生责任制，严格执行国家劳动安全卫生保护标准，加大安全生产投入，强化安全生产和职业卫生教育培训，提供符合国家规定的劳动安全卫生条件和劳动保护用品，对从事有职业危害作业的职工按照国家规定进行上岗前、在岗期间和离岗时的职业健康检查，加强女职工和未成年工特殊劳动保护，最大限度地减少生产安全事故和职业病危害。

4. 切实保障职工享受社会保险和接受职业技能培训的权利

《意见》要求，认真贯彻实施社会保险法，继续完善社会保险关系转移接续办法，努力实现社会保险全面覆盖，落实广大职工特别是农民工和劳务派遣工的社会保险权益。督促企业依法为职工缴纳各项社会保险费，鼓励有条件的企业按照法律法规和有关规定为职工建立补充保险。引导职工自觉履行法定义务，积极参加社会保险。加强对职工的职业技能培训，鼓励职工参加学历教育和继续教育，提高职工文化知识水平和技能水平。

（二）健全劳动关系协调机制

1. 全面实行劳动合同制度

《意见》要求，贯彻落实好劳动合同法等法律法规，加强对企业实行劳动合同制度的监督、指导和服务，在用工季节性强、职工流动性大的行业推广简易劳动合同示范文本，依法规范劳动合同订立、履行、变更、解除、终止等行为，切实提高劳动合同签订率和履行质量。依法加强对劳务派遣的监管，规范非全日制、劳务承揽、劳务外包用工和企业裁员行为。指导企业建立健全劳动规章制度，提升劳动用工管理水平。全面推进劳动用工信息申报备案制度建设，加强对企业劳动用工的动态管理。

2. 推行集体协商和集体合同制度

《意见》要求，以非公有制企业为重点对象，依法推进工资集体协商，不断扩大覆盖面、增强实效性，形成反映人力资源市场供求关系和企业经济效益的工资决定机制和正常增长机制。完善工资指导线制度，加快建立统一规范的企业薪酬调查和信息发布制度，为开展工资集体协商提供参考。推动企业与职工就工作条件、劳动定额、女职工特殊保护等开展集体协商，订立集体合同。加强集体协商代表能力建设，提高协商水平。加强对集体协商过程的指导，督促企业和职工认真履行集体合同。

3. 健全协调劳动关系三方机制

《意见》要求，完善协调劳动关系三方机制组织体系，建立健全由人力资源社会保障部门会同工会和企业联合会、工商业联合会等企业代表组织组成的三方机制，根据实际需要推动工业园区、乡镇（街道）和产业系统建立三方机制。加强和创新三方机制组织建设，建立健全协调劳动关系三方委员会，由同级政府领导担任委员会主任。完善三方机制职能，健全工作制度，充分发挥政府、工会和企业代表组织共同研究解决有关劳动关系重大问题的重要作用。

（三）加强企业民主管理制度建设

1. 健全企业民主管理制度

《意见》要求，完善以职工代表大会为基本形式的企业民主管理制度，丰富职工民主参与形式，畅通职工民主参与渠道，依法保障职工的知情权、参与权、表达权、监督权。推进企业普遍建立职工代表大会，认真落实职工代表大会职权，充分发挥职工代表大会在企业发展重大决策和涉及职工切身利益等重大事项上的重要作用。针对不同所有制企业，探索符合各自特点的职工代表大会形式、权限和职能。在中小企业集中的地方，可以建立区域性、行业性职工代表大会。

2. 推进厂务公开制度化、规范化

《意见》要求，进一步提高厂务公开建制率，加强国有企业改制重组过程中的厂务公开，积极稳妥地推进非公有制企业厂务公开制度建设。完善公开程序，充实公开内容，创新公开形式，探索和推行经理接待日、劳资恳谈会、总经理信箱等多种形式的公开。

3. 推行职工董事、职工监事制度

《意见》要求，按照公司法规定，在公司制企业建立职工董事、职工监事制度。依法规范职工董事、职工监事履职规则。在董事会、监事会研究决定公司重大问题时，职工董事、职工监事应充分发表意见，反映职工合理诉求，维护职工和公司合法权益。

（四）健全劳动关系矛盾调处机制

1. 健全劳动保障监察制度

《意见》要求，全面推进劳动保障监察网格化、网络化管理，实现监察执法向主动预防和统筹城乡转变。创新监察执法方式，规范执法行为，进一步畅通举报投诉渠道，扩大日常巡视检查和书面审查覆盖范围，强化对突出问题的专项整治。建立健全违法行为预警防控机制，完善多部门综合治理和监察执法与刑事司法联动机制，加大对非法用工尤其是大案要案的查处力度，严厉打击使用童工、强迫劳动、拒不支付劳动报酬等违法犯罪行为。加强劳动保障诚信评价制度建设，建立健全企业诚信档案。

2. 健全劳动争议调解仲裁机制

《意见》要求，坚持预防为主、基层为主、调解为主的工作方针，加强企业劳动争议调解委员会建设，推动各类企业普遍建立内部劳动争议协商调解机制。大力推动乡镇（街道）、村（社区）依法建立劳动争议调解组织，支持工会、商（协）会依法建立行业性、区域性劳动争议调解组织。完善劳动争议调解制度，大力加强专业性劳动争议调解工作，健全人民调解、行政调解、仲裁调解、司法调解联动工作体系，充分发挥协商、调解在处理劳动争议中的基础性作用。完善劳动人事争议仲裁办案制度，规范办案程序，加大仲裁办案督查力度，进一步提高仲裁效能和办案质量，促进案件仲裁终结。加强裁审衔接与工作协调，积极探索建立诉讼与仲裁程序有效衔接、裁审标准统一的新规则、新制度。畅通法律援助渠道，依法及时地为符合条件的职工提供法律援助，切实维护当事人合法权益。依托协调劳动关系三方机制完善协调处理集体协商争议的办法，有效调处因签订集体合同发生的争议和集体停工事件。

3. 完善劳动关系群体性事件预防和应急处置机制

《意见》要求，加强对劳动关系形势的分析研判，建立劳动关系群体性纠纷的经常性排查和动态监测预警制度，及时发现和积极解决劳动关系领域的苗头性、倾向性问题，有效防范群体性事件。完善应急预案，明确分级响应、处置程序和处置措施。健全党委领导下的政府负责，有关部门和工会、企业代表组织共同参与的群体性事件应急联动处置机制，形成快速反应和处置工作合力，督促指导企业落实主体责任，及时妥善地处置群体性事件。

（五）营造构建和谐劳动关系的良好环境

1. 加强对职工的教育引导

《意见》要求，在广大职工中加强思想政治教育，引导职工树立正确的世界观、人生观、价值观，追求高尚的职业理想，培养良好的职业道德，增强对企业的责任感、认同感和归属感，爱岗敬业、遵守纪律、诚实守信，自觉履行劳动义务。加强有关法律法规政策宣传工作，在努力解决职工切身利益问题的同时，引导职工正确对待社会利益关系调整，合理确定提高工资收入等诉求预期，以理性合法的形式表达利益诉求、解决利益矛盾、维护自身权益。

2. 加强对职工的人文关怀

《意见》要求，培育富有特色的企业精神和健康向上的企业文化，为职工构建共同的精神家园。注重职工的精神需求和心理健康，及时了解掌握职工思想动态，有针对性地做好思想引导和心理疏导工作，建立心理危机干预预警机制。加强企业文体娱乐设施建设，积极组织职工开展喜闻乐见、丰富多彩的文化体育活动，丰富职工文化生活。拓宽职工的发展渠道，拓展职业发展空间。

3. 教育引导企业经营者积极履行社会责任

《意见》要求，加强广大企业经营者的思想政治教育，引导其践行社会主义核心价值观，牢固树立爱国、敬业、诚信、守法、奉献精神，切实承担报效国家、服务社会、造福职工的社会责任。教育引导企业经营者自觉关心爱护职工，努力改善职工的工作、学习和生活条件，帮助他们排忧解难，加大对困难职工的帮扶力度。建立符合我国国情的企业社会责任标准体系和评价体系，营造鼓励企业履行社会责任的环境。加强对企业经营者尤其是中小企业经营管理人员的劳动保障法律法规教育培训，提高他们的依法用工意识，引导他们自觉保障职工合法权益。

4. 优化企业发展环境

《意见》要求，加强和改进政府的管理服务，减少和规范涉企行政审批事项，提高审批事项的工作效率，激发市场主体创造活力。加大对中小企业政策的扶持力度，特别是推进扶持小微企业发展的各项政策落实落地，进一步减轻企业负担。加强技术支持，引导企业主动转型升级，紧紧依靠科技进步、职工素质提升和管理创新，不断地提升竞争力。通过促进企业发展，为构建和谐劳动关系创造物质条件。

5. 加强构建和谐劳动关系的法治保障

《意见》要求，进一步完善劳动法、劳动合同法、劳动争议调解仲裁法、社会保险法、职业病防治法等法律的配套法规、规章和政策，加快完善基本劳动标准、集体协商和集体合同、企业工资、劳动保障监察、企业民主管理、协调劳动关系三方机制等方面的制度，逐步健全劳动保障法律法规体系。深入开展法律法规宣传教育，加强行政执法和法律监督，促进各项劳动保障法律法规贯彻实施。

此外，《意见》还要求加强组织领导和统筹协调，党委和政府要建立健全构建和谐劳动关系的领导协调机制，形成全社会协同参与的工作合力，共同推动和谐劳动关系的构建。

本章练习

1. 简述我国促进就业的政策支持内容。
2. 简述《劳动法》对延长工作时间有哪些主要规定。
3. 简述劳动合同的必备条款。

4. 简述劳动合同的解除、终止及其经济补偿。
5. 简述《劳动合同法》关于集体合同的规定。
6. 简述《劳动合同法》关于劳务派遣的规定。
7. 简述我国的工作时间制度。
8. 简述对我国最低工资保障制度和工资支付保障的理解。
9. 简述我国特殊劳动者的特殊保护制度。
10. 简述劳动争议调解和仲裁程序。
11. 简述构建和谐劳动关系的目标。
12. 简述构建和谐劳动关系的主要措施。

第十章　社会保险政策法规

学习目标

通过本章的学习，你应该能够：

1. 了解社会保险的概念、结构、特点及其主要功能；

2. 掌握基本养老保险、基本医疗保险、失业保险、工伤保险和生育保险的含义、特点以及法律法规的相关规定；

3. 学会运用社会保险政策法规开展社会工作。

社会保险是以国家或政府为管理主体，依据法律规定，对于劳动者因年老、失业、工伤、疾病、生育等所致收入损失或中断，给与物质补偿，保障其基本生活水平的社会保障制度。社会保险具有强制性、互济性、补偿性和福利性等特点。我国社会保险主要由基本养老保险、基本医疗保险、失业保险、工伤保险和生育保险五大社会保险构成。

为了规范社会保险关系，维护公民参加社会保险和享受社会保险待遇的合法权益，第十一届全国人民代表大会常务委员会第十七次会议于 2010 年 10 月 28 日通过了《中华人民共和国社会保险法》（以下简称《社会保险法》），对社会保险制度作出了全面规定。该法自 2011 年 7 月 1 日起施行，并于 2018 年 12 月 29 日进行了修改。

第一节　基本养老保险政策法规

社会养老保险（或养老保险制度）是国家和社会根据一定的法律和法规，为解决劳动者在达到国家规定的解除劳动义务的劳动年龄界限，或因年老丧失劳动能力退出劳动岗位后的基本生活而建立的一种社会保险制度。

我国现行的社会养老保险制度主要由国家法定强制执行的基本养老保险、企事业单位按照相关制度规定自主实施的企业年金和自愿储蓄三个层次构成。按照制度覆盖的对象而言，我国现行社会养老保险主要由城镇职工基本养老保险、城镇居民养老保险和新型农村社会养老保险共同构成。部分地区将城镇居民养老保险和新型农村社会养老保险合并实施，统称城乡居民养老保险，这是城乡社会保险一体化的体现，也是未来社会保险的基本发展趋势。

一、城镇职工基本养老保险的规定

我国的基本养老保险制度的发展经历了几十年多个阶段的建设和改革。现行城镇职工基本养老保险的主要政策法规依据是以《社会保险法》为基本的制度依据和制度框架，以国务院《关于建立统一的企业职工基本养老保险制度的决定》（国发〔1997〕26 号）和国务院《关于完善企业职工基本养老保险制度的决定》（国发〔2005〕38 号）为实施具体准则的体系。

（一）覆盖范围

城镇职工基本养老保险主要覆盖各类城镇劳动者，具体包括：

（1）职工，包括与各类企业、国家机关、事业单位、社会团体建立劳动关系的劳动者，属于此范畴。

（2）无雇工的个体工商户、未在用人单位参加基本养老保险的非全日制从业人员以及其他灵活就业人员。

（3）自 2015 年底起，公务员和参照公务员法管理的工作人员也纳入此范围。

（二）缴费规定

1. 资金来源

基本养老保险基金由用人单位和个人缴费以及政府补贴等组成。上述城镇企业职工由企业和职工共同缴费；无雇工的个体工商户、未在用人单位参加基本养老保险的非全日制从业人员以及其他灵活就业人员由个人缴费。

2. 缴费基数

职工以本人工资为缴费基数；单位以职工工资总额为缴费基数；无雇工的个体工商户、未在用人单位参加基本养老保险的非全日制从业人员以及其他灵活就业人员缴费基数参照国家相关规定。缴费基数为当地上一年度的职工月平均工资的 60%~300%。

3. 缴费费率

职工按照缴费基数的 8%缴费；企业按照缴费基数的 20%缴费；无雇工的个体工商户、未在用人单位参加基本养老保险的非全日制从业人员以及其他灵活就业人员参照当地政府规定执行。

4. 缴费方式

职工由用人单位代扣代缴；无雇工的个体工商户、未在用人单位参加基本养老保险的非全日制从业人员以及其他灵活就业人员自行缴纳。

（三）个人账户与社会统筹

用人单位应当按照国家规定的本单位职工工资总额的比例缴纳基本养老保险费，计入基本养老保险统筹基金，即缴费基数的 20%。

职工应当按照国家规定的本人工资的比例缴纳基本养老保险费，计入个人账户，即缴费基数的8%。

个人账户不得提前支取，记账利率不得低于银行定期存款利率，免征利息税。个人死亡的，个人账户余额可以继承。

（四）养老金支付条件

（1）达到法定退休年龄。

（2）1998 年以后参加工作的缴费累计满 15 年。

1998 年以前参加工作的缴费累计满 10 年（含视同缴费年限），视同缴费年限期间应当缴纳的基本养老保险费由政府承担。

参加基本养老保险的个人，达到法定退休年龄时累计缴费不足 15 年的，可以缴费至满 15 年，按月领取基本养老金；也可以转入新型农村社会养老保险或者城镇居民社会养老保险，按照国务院规定享受相应的养老保险待遇。

（五）养老金计发方式

基本养老金由统筹养老金和个人账户养老金组成。

基本养老金根据个人累计缴费年限、缴费工资、当地职工平均工资、个人账户金额、城镇人口平均预期寿命等因素确定。

基本养老金=基础养老金+个人账户养老金

个人账户养老金=个人账户储存额÷计发月数（表 10-1）

基础养老金=（全省上年度在岗职工月平均工资+本人指数化月平均缴费工资）÷2×缴费年限×1%

=全省上年度在岗职工月平均工资（1+本人平均缴费指数）÷2×缴费年限×1%

表 10-1 个人账户养老金计发月数

退休年龄	计发月数	退休年龄	计发月数
40	233	56	164
41	230	57	158
42	226	58	152
43	223	59	145
44	220	60	139
45	216	61	132
46	212	62	125
47	207	63	117
48	204	64	109
49	199	65	101
50	195	66	93
51	190	67	84
52	185	68	75
53	180	69	65
54	175	70	56
55	170		

参加基本养老保险的个人，因病或者非因工死亡的，其遗属可以领取丧葬补助金和抚恤金；在未达到法定退休年龄时因病或者非因工致残完全丧失劳动能力的，可以领取病残津贴。所需资金从基本养老保险基金中支付。

个人跨统筹地区就业的，其基本养老保险关系随本人转移，缴费年限累计计算。个人达到法定退休年龄时，基本养老金分段计算、统一支付。具体办法由国务院规定。

（六）指数调节机制

国家建立基本养老金正常调整机制。根据职工平均工资增长、物价上涨情况，适时提高基本养老保险待遇水平。

二、城乡居民基本养老保险

我国针对未纳入城镇职工基本养老保险制度的城镇和农村公民，早在1991年国务院决定在部分发达地区试点推行农村社会养老保险，1992年民政部曾制订《县级农村社会养老保险基本方案》，农村社会养老保险进入全面建设阶段，1997年全面停办。2009年国务院出台《关于开展新型农村社会养老保险试点的指导意见》（国发〔2009〕32号，以下简称《新农保意见》），对农村社会养老保险重新进行制度设计，重新试点推广。2011年国务院出台《关于开展城镇居民社会养老保险试点的指导意见》（国发〔2011〕18号，以下简称《居民养老保险意见》），对未纳入城镇职工基本养老保险制度的城镇人员提供养老保险。根据《人力资源社会保障部关于印发城乡居民基本养老保险经办规程的通知》（人社部发〔2014〕23号），目前，各地在城乡居民社会养老保险制度的实施已实现并轨，合并为城乡居民基本养老保险统一实施。

这里以重庆市城乡居民社会养老保险为例进行解读。

2014年重庆市人社局下发《重庆市城乡居民基本养老保险实施意见》（渝人社发〔2014〕215号，以下简称《居民养老保险实施意见》），从2015年1月1日起开展了城乡居民社会养老保险试点工作。

1. 覆盖范围

（1）具有本市户籍且年满16周岁不满60周岁的农村居民、城镇灵活就业人员（以下简称“中青年参保人员”），可在户籍地所在区县（自治县）申请参加城乡居民基本养老保险（以下简称“居民养老保险”）。

（2）在户籍所在地区县（自治县）开展城乡居民基本养老保险试点工作之月年满60周岁以上且没有享受基本养老保险（退休）待遇的人员（以下简称“老年参保人员”），可在户籍地所在区县（自治县）申请参加居民养老保险。

2. 参保登记

参保人员出生日期以本人居民身份证记载的出生日期为准。

新参保人员可持居民身份证、户口簿在村委会（社区居委会）申报参加居民养老保险；也可在户籍地所在地乡镇（街道）社会保障服务所申报参加居民养老保险。原参保人员需变更缴费档次的，应在2014年12月20日前完成缴费档次重新申报。如未完成重新申报工作的，将其原申报的缴费金额按照现有档次对应进行调整。每年12月20日前完成下一年度缴费档次的申报工作。

3. 缴费规定

（1）个人缴费。中青年参保人员，可在一档100元、二档200元、三档300元、四档400元、五档500元、六档600元、七档700元、八档800元、九档900元、十档1000元、十一档1500元、十二档2000元12个年缴费档次中自愿选择缴费标准。缴费标准均应按年申报，如未按时申报的，按上年缴费标准进行缴费。按申报的缴费标准，于每年11月30日前足额缴纳当年养老保险费，一年缴纳一次，其中残疾等级达到1、2级的重度残疾人，政府每人每年代缴100元养老保险费。除因病、因灾等原因经本人申请可在次年补缴外，养老保险费原则上不得补缴。因病、因灾等原因在次年仍未缴纳的，以后不再补缴。养老保险费通过委托银行在参保人员开设的银行账户中代扣代缴。

老年参保人员，可以选择不缴费，也可以选择缴费，具体缴费办法仍按照《居民养老保险实施意见》规定执行。

（2）集体补助。村集体对当年已缴费的中青年参保人员给予的缴费补助可计入参保人员个人账户。村集体给予缴费补助时，应向参保人员参保地社会保障服务所进行缴费补助申报，并提交经村民委员会民主确定的补助对象、标准及办法。当年的补助、资助总金额不超过我市个人最高缴费档次标准。村集体补助资金必须一次性足额缴纳，并从资金到账之月起计入参保人员个人账户。

（3）政府补贴。政府补贴实行不缴不补原则。政府补贴额计入参保人员个人账户，记入时间为参保人员个人缴纳的基本养老保险费到账之月。

中青年参保人员按规定缴纳养老保险费后，政府对其进行缴费补贴，其补贴标准分别为一档30元、二档40元、三档50元、四档60元、五档70元、六档80元、七档90元、八档100元、九档110元、十档120元、十一档130元、十二档140元。

老年参保人员自愿选择一次性趸缴养老保险费的，按其一次性趸交的缴费年限每人每年代缴30元养老保险费。

4. 养老金支付条件

（1）中青年参保人员，达到60周岁时，从开展试点之月前距60周岁超过15年的，缴费年限必须达到15年；从开展试点之月前距60周岁不足15年的，可以不缴满15年，也可以缴满15年，从本人年满60周岁次月起按月发给基本养老金。

（2）老年参保人员，选择缴费的，从完清缴费的次月起按月发给基本养老金；选择不缴费的，从申报的次月起按月发给基础养老金。

5. 养老金计发办法

月基本养老金=基础养老金+个人账户养老金

（1）基础养老金。目前标准为每人每月80元，今后依据国家基础养老标准调整的统一部署，结合全市经济发展和物价变化等因素作适时调整。缴费年限超过15年（不足一年按一年计算）的参保人员，在领取养老待遇时，每超过一年每月增发2元基础养老金。

（2）个人账户养老金。中青年参保人员达到按月领取基本养老金条件时，其个人账户养老金按个人账户累计储存额除以139（与现行职工基本养老保险个人账户养老金计发系数相同）；老年参保人员选择缴费的，个人账户养老金按参保时缴纳的个人账户养老金标准确定；老年参保人员未选择缴费的，无个人账户养老金。支付个人账户养老金所需资金从参保人员个人账户中列支，个人账户不足支付时，从居民养老保险基金中列支。

第二节　基本医疗保险政策法规

社会医疗保险是政府依据法律法规，通过强制性原则筹集资金，在参保者发生疾病或者意外的情况下，发生的医疗费用等进行补偿的社会保险制度。我国现行的社会医疗保险主要由职工基本医疗保险、城镇居民基本医疗保险和新型农村合作医疗保险制度共同构成。部分地区则将城镇居民基本医疗保险与新型农村合作医疗保险合并形成城乡居民合作医疗保险制度实施。

一、职工基本医疗保险

现行的基本医疗保险的主要法规政策依据是以《社会保险法》为基本的制度依据和制度框架，以国务院《职工医保决定》为实施具体准则。

（一）保障范围

主要覆盖各类城镇劳动者：

（1）职工。与各类企业、国家机关、事业单位、社会团体建立劳动关系的劳动者，也属于此范畴。

（2）无雇工的个体工商户、未在用人单位参加基本养老保险的非全日制从业人员以及其他灵活就业人员。

（二）缴费规定

1. 资金来源

基本养老保险基金由用人单位和个人缴费以及政府补贴等组成。城镇企业及其职工由企业和职工共同缴费；无雇工的个体工商户、未在用人单位参加基本养老保险的非全日制从业人员以及其他灵活就业人员由个人缴费。

2. 缴费基数

职工以本人工资为缴费基数；单位以职工工资总额为缴费基数；无雇工的个体工商户、未在用人单位参加基本养老保险的非全日制从业人员以及其他灵活就业人员缴费基数参照国家相关规定。同时，缴费基数以当地上一年度的职工月平均工资的60%～300%。

3. 缴费费率

职工按照缴费基数的2%缴费；企业按照缴费基数的6%缴费；无雇工的个体工商户、未在用人单位参加基本养老保险的非全日制从业人员以及其他灵活就业人员参照当地政府规定执行。

4. 缴费方式

由用人单位代扣代缴。

退休人员累计缴费年限达到国家规定年限的，不再缴纳基本医疗保险费；达到退休年龄未缴满国家规定年限的，可以缴费至国家规定年限。

职工跨统筹地区就业的，其失业保险关系随本人转移，缴费年限累计计算。

（三）个人账户与社会统筹

基本医疗保险基金由统筹基金和个人账户构成，统筹基金和个人账户基金按要求确定各自的支付范围，分别核算，不得互相挤占。

1. 个人账户

职工应当按照国家规定的本人工资的比例缴纳基本医疗保险费，全部计入个人账户，即缴费基数的2%。

用人单位应当按照国家规定的本单位职工工资总额的比例缴纳基本医疗保险费，即缴费基数的6%左右，其中30%左右计入职工个人账户，其余进入基本医疗保险统筹基金（各地在缴费费率和个人账户计入部分的计算略有差异）。

2. 社会统筹

各地按实际情况确定统筹范围，原则上以地级以上行政区（包括地、市、州、盟）为统筹单位，也可以县（市）为统筹单位。

（四）基本医疗保险支付

1. 支付条件

原则上缴费享受，不缴费不享受。参保人员自参保缴费次月享受。失业人员的基本医疗保险费有失业保险支付。

2. 支付标准

符合基本医疗保险药品目录、诊疗项目、医疗服务设施标准以及急诊、抢救的医疗费用，按照国家规定从基本医疗保险基金中支付。

统筹基金支付要确定起付标准和最高支付限额，起付标准原则上控制在当地职工年平均工资的10%左右，最高支付限额原则上控制在当地职工年平均工资的4倍左右。起付标准以下的医疗费用，从个人账户中支付或由个人支付。起付标准以上、最高支付限额以下的医疗费用，主要从统筹基金中支付，个人也要负担一定比例。超过最高支付限额的医疗费用，可以通过补充医疗保险等途径解决。统筹基金的具体起付标准、最高支付限额以及在起付标准以上和最高支付限额以下医疗费用的个人负担比例，由统筹地区根据以收定支、收支平衡的原则确定。

3. 支付方式

参保人员医疗费用中应当由基本医疗保险基金支付的部分，由社会保险经办机构与医疗机构、药品经营单位直接结算。

社会保险行政部门和卫生行政部门应当建立异地就医医疗费用结算制度，方便参保人员享受基本医疗保险待遇。

4. 基本医疗保险不支付的情况

下列医疗费用不纳入基本医疗保险基金支付范围：

（1）应当从工伤保险基金中支付的；

（2）应当由第三人负担的；

（3）应当由公共卫生负担的；

（4）在境外就医的。

医疗费用依法应当由第三人负担，第三人不支付或者无法确定第三人的，由基本医疗保险基金先行支付。基本医疗保险基金先行支付后，有权向第三人追偿。

二、城乡居民医疗保险

我国在新中国成立后建立了农村合作医疗保险制度，随着市场经济体制的建立，集体经济不再具有负担能力，农村合作医疗保险制度名存实亡。2003 年，国务院转发卫生部、财政部等部门《关于建立新型农村合作医疗制度的意见》（国办发〔2003〕3 号），确立了新型农村合作医疗保险制度。2007 年，国务院《关于开展城镇居民基本医疗保险试点的指导意见》（国发〔2007〕20 号）和劳动和社会保障部等部门《关于城镇居民基本医疗保险医疗服务管理的意见》（劳社部发〔2007〕40 号）等政策出台，为城镇居民医疗保险提供了制度保障。自 2007 年起，各地纷纷建立具有自身特点的城镇居民基本医疗保险。部分地区则将原有的新型农村合作医疗保险与城镇居民基本医疗保险合并形成城乡居民合作医疗保险制度实施。国家卫计委、财政部《关于做好 2015 年新型农村合作医疗工作的通知》（国卫基层发〔2015〕4 号）和人社部、财政部《关于做好 2015 年城镇居民基本医疗保险工作的通知》（人社部发〔2015〕11 号），国务院《关于整合城乡居民基本医疗保险制度的意见》（国发〔2016〕3 号）等政策出台，自此城乡居民基本医疗保险制度实现全面并轨。

以重庆市城乡居民合作医疗保险制度为例，2011 年重庆市人民政府办公厅印发了《关于重庆市城镇职工医疗保险市级统筹办法和重庆市城乡居民合作医疗保险市级统筹办法的通知》（渝办发〔2011〕293 号），2012 年出台《重庆市城乡居民合作医疗保险市级统筹实施办法》，建立了重庆市统筹城乡居民合作医疗制度。

1. 参保范围

（1）户籍在本市且未参加城镇职工医疗保险的城乡居民，包括中小学校、中等职业学校、特殊教育学校在册学生和托幼机构在园幼儿（不含户籍未转的高校参保的大学生）；

（2）在渝高校（含民办高校、科研院所）全日制本、专科生，研究生（统称“在渝高校大学生”）；

（3）具有本市户籍的新生儿（独立参保）。

2. 缴费标准

城乡居民一档为每人每年 140 元，二档为每人每年 350 元；大学生一档为每人每学年 110 元，二档为每人每学年 280 元；新生儿一档为每人每年 140 元，二档为每人每年 350 元。

3. 财政补助办法

（1）农村居民的补助。对参加城乡居民合作医疗保险的农村居民，各级财政按新型农村合作医疗标准给予补助。

（2）城镇居民的补助。政府每年按人均不低于40元给予补助；对其中的困难群体，即低保对象、重度（一、二级）残疾人和本人收入低于我市企业退休人员基本养老金最低标准的60周岁以上老年人，政府每年再按人均不低于60元给予补助。

对城镇居民人均不低于40元的补助资金，由中央财政按人均20元给予补助，市财政和区县（自治县）财政按人均不低于20元给予补助。对城镇居民中的困难群体人均增加的60元补助，其中成年人由中央财政按人均30元给予补助，市财政和区县（自治县）财政按人均不低于30元给予补助；其中属于低保对象、重度（一、二级）残疾的学生和少年儿童，由中央财政按人均5元给予补助，市财政和区县（自治县）财政按人均不低于55元给予补助。

（3）有条件的用人单位，可以对职工家属参保缴费给予补助，国家对个人缴费和单位补助资金制定税收鼓励政策。

4. 缴费方式

城乡居民以家庭为单位参保，按年度缴费。家庭中符合参保条件的所有成员应选择同一档筹资水平参保，选择档次一经确定，两年之内不得变更。户籍在学校的学生，可由学校统一办理参保。

（1）城乡居民以家庭为单位选择同一档次参保，在户籍所在地乡镇（街道）或区县政府指定的单位参保缴费。中小学校、中等职业学校、特殊教育学校在册学生和托幼机构在园幼儿还可按当地政府要求，在就读学校参保缴费。

对举家外出在市内跨区县（自治县）异地居住的，可委托他人在其户籍所在地区县（自治县）参保缴费，也可以在居住地区县（自治县）以家庭为单位选择同一档次办理参保缴费。

（2）大学生在就读学校参保缴费。

（3）新生儿独立参保，由其监护人在户籍所在地乡镇（街道）办理独立参保手续。

5. 基金管理

城乡居民合作医疗保险基金主要用于住院和门诊医疗费用支出，只建立统筹基金，不建立个人账户和家庭账户。

6. 待遇支付

对选择一档筹资水平参保的人员，享受当地新型农村合作医疗规定的待遇。城镇困难居民选择一档标准参保，政府增加的60元补助，可由城乡居民合作医疗保险管理中心记账，用于支付本人医疗费用的个人负担部分或用于建立补充医疗保险。

对选择二档筹资水平参保的人员，发生恶性肿瘤的放疗、化疗和镇痛治疗，肾功能衰竭病人的透析治疗，肾脏移植术后的抗排异治疗等3种重大疾病门诊医疗费用纳入统筹基金支付。未成年人的保障待遇要高于按同档次参保的成年人。未成年人患有白血病、再生障碍性贫血、恶性肿瘤、严重多器官衰竭（心、肝、肺、脑、肾）、先天性心脏病等5种重大疾病的医疗费用，应适当提高基金支付比例和支付限额。

对符合计划生育规定的孕产妇，给予每人100元产前检查、400元分娩定额补助。

对低保对象、重度（一、二级）残疾人、低收入老年人等困难城乡居民，因重大疾病产生的大额医疗费用，在按照城乡居民合作医疗保险规定支付相关费用后，由民政部门按有关规定给予医疗救助。鼓励居民通过补充医疗保险、商业健康保险来提高医疗保险待遇。

第三节　失业保险政策法规

社会失业保险是指国家或政府依据法律筹集资金，对因失业而暂时中断收入来源的劳动者提供基本生活保障，并帮助其重新就业的社会保险制度。

我国的失业保险制度经历了几十年的改革和发展，1950年的《救济失业工人暂行办法》，1952年的《关于处理失业工人的办法》，1986年的《国营企业职工待业保险暂行规定》，1999年的《失业保险条例》，2011年的《社会保险法》。现行的失业保险政策依据主要有《失业保险条例》和《社会保险法》以及地方性的政策法规。

一、保障范围

我国现行的失业保险制度主要针对城镇各类企事业单位职工。

二、缴费规定

（一）资金来源

失业保险基金由下列各项构成：

（1）城镇企业事业单位、城镇企业事业单位职工缴纳的失业保险费；

（2）失业保险基金的利息；

（3）财政补贴；

（4）依法纳入失业保险基金的其他资金。

（二）缴费基数

职工以本人工资为缴费基数；单位以职工工资总额为缴费基数；同时，缴费基数以当地上一年度的职工月平均工资的60%～300%。

（三）缴费费率

职工按照缴费基数的1%缴费；企业按照缴费基数的2%缴费；城镇企业事业单位招用的农民合同制工人本人不缴纳失业保险费。

（四）缴费方式

由企业代扣代缴。

（五）缴费转移

职工跨统筹地区就业的，其失业保险关系随本人转移，缴费年限累计计算。

三、社会统筹

失业保险实行社会统筹的办法。

1. 统筹范围

失业保险基金在直辖市和设区的市实行全市统筹；其他地区的统筹层次由省、自治区人民政府规定。

2. 失业保险调剂金

省、自治区可以建立失业保险调剂金。失业保险调剂金以统筹地区依法应当征收的失业保险费为基数，按照省、自治区人民政府规定的比例筹集。统筹地区的失业保险基金不敷使用时，由失业保险调剂金调剂、地方财政补贴。

四、失业保险基金的支付范围

失业保险基金用于下列支出：

（1）失业保险金；

（2）失业人员应当缴纳的基本医疗保险费从失业保险基金中支付，个人不缴纳基本医疗保险费；

（3）领取失业保险金期间死亡的失业人员的丧葬补助金和其供养的配偶、直系亲属的抚恤金；

（4）领取失业保险金期间接受职业培训、职业介绍的补贴，补贴的办法和标准由省、自治区、直辖市人民政府规定；

（5）国务院规定或者批准的与失业保险有关的其他费用。

五、失业保险待遇

（一）支付条件

（1）失业用人单位和本人已经缴纳失业保险费满一年的；

（2）非因本人意愿中断就业的；

（3）已经进行失业登记，并有求职要求的。

失业人员在领取失业保险金期间，按照规定同时享受其他失业保险待遇。

（二）支付标准

失业保险金的标准，由省、自治区、直辖市人民政府确定，不得低于城市居民最低生活保障标准。

（三）支付期限

失业人员失业前用人单位和本人累计缴费满 1 年不足 5 年的，领取失业保险金的期限最长为 12 个月；累计缴费满 5 年不足 10 年的，领取失业保险金的期限最长为 18 个月；累计缴费 10 年以上的，领取失业保险金的期限最长为 24 个月。重新就业后再次失业的，缴费时间重新计算，领取失业保险金的期限与前次失业应当领取而尚未领取的失业保险金的期限合并计算，最长不超过 24 个月。

（四）失业保险待遇支付流程

用人单位应当及时为失业人员出具终止或者解除劳动关系的证明，并将失业人员的名单自终止或者解除劳动关系之日起 15 日内告知社会保险经办机构。

失业人员应当持本单位为其出具的终止或者解除劳动关系的证明，及时到指定的公共就业服务机构办理失业登记。

失业人员凭失业登记证明和个人身份证明，到社会保险经办机构办理领取失业保险金的手续。失业保险金领取期限自办理失业登记之日起计算。

（五）停止享受待遇的情况

失业人员在领取失业保险金期间有下列情形之一的，停止领取失业保险金，并同时停止享受其他失业保险待遇：

（1）重新就业的；

（2）应征服兵役的；

（3）移居境外的；

（4）享受基本养老保险待遇的；

（5）被判刑收监执行或者被劳动教养的；

（6）无正当理由，拒不接受当地人民政府指定的部门或者机构介绍的工作的；

（7）有法律、行政法规规定的其他情形的。

第四节　工伤保险政策法规

工伤保险是指国家依法强制实施的，劳动者在生产和工作中遭受意外伤害，或因长期接触职业性有毒有害因素引起职业伤害后，由国家和社会给予劳动者本人及其遗属提供必要物质帮助的一种社会保险制度。

我国的工伤保险建设和发展经历了几个阶段，1951 年几经修改的《中华人民共和国劳动保险条例》，1996 年的《企业职工工伤保险试行办法》，2003 年的《工伤保险条例》，2011 年的《社会保险法》。现行工伤保险制度的政策依据主要有《劳动法》《劳动合同法》《工伤保险条例》（2011 年）、《社会保险法》以及地方性政策法规。

一、保障范围

中华人民共和国境内的企业、事业单位、社会团体、民办非企业单位、基金会、律师事务所、会计师事务所等组织和有雇工的个体工商户（以下简称“用人单位”）应当依照相关法律法规规定参加工伤保险，为本单位全部职工或者雇工缴纳工伤保险费。用人单位的雇工，均有依法享受工伤保险待遇的权利，属于工伤保险范围。

二、资金筹集

（一）缴费

用人单位缴纳工伤保险费，职工不缴纳工伤保险费。

（二）缴费标准

1. 费率标准

国家根据不同行业的工伤风险程度确定行业的差别费率，并根据使用工伤保险基金、工伤发生率等情况在每个行业内确定费率档次。行业差别费率和行业内费率档次由国务院社会保险行政部门制定，报国务院批准后公布施行。

社会保险经办机构根据用人单位使用工伤保险基金、工伤发生率和所属行业费率档次等情况，确定用人单位缴费费率。

2. 缴费计算

用人单位应当按照本单位职工工资总额，根据社会保险经办机构确定的费率缴纳工伤保险费。

三、工伤认定

用人单位或者职工应该按照相关法律法规的规定完成工伤认定和劳动能力鉴定。

（一）认定工伤的情形

职工有下列情形之一的，应当认定为工伤：

（1）在工作时间和工作场所内，因工作原因受到事故伤害的；

（2）工作时间前后在工作场所内，从事与工作有关的预备性或者收尾性工作受到事故伤害的；

（3）在工作时间和工作场所内，因履行工作职责受到暴力等意外伤害的；

（4）患职业病的；

（5）因工外出期间，由于工作原因受到伤害或者发生事故下落不明的；

（6）在上下班途中，受到非本人主要责任的交通事故或者城市轨道交通、客运轮渡、火车事故伤害的；

（7）法律、行政法规规定应当认定为工伤的其他情形。

（二）视同工伤的情形

职工有下列情形之一的，视同工伤：

（1）在工作时间和工作岗位，突发疾病死亡或者在48小时之内经抢救无效死亡的；

（2）在抢险救灾等维护国家利益、公共利益活动中受到伤害的；

（3）职工原在军队服役，因战、因公负伤致残，已取得革命伤残军人证，到用人单位后旧伤复发的。

（三）不能认定或视同工伤的情形

职工因下列情形之一导致本人在工作中伤亡的，不认定为工伤：

（1）故意犯罪；

（2）醉酒或者吸毒；

（3）自残或者自杀；

（4）法律、行政法规规定的其他情形。

（四）提出工伤认定申请应提交的材料

职工提出工伤认定申请，需提交以下材料：

（1）工伤认定申请表；

（2）与用人单位存在劳动关系（包括事实劳动关系）的证明材料；

（3）医疗诊断证明或者职业病诊断证明书（或者职业病诊断鉴定书）。

工伤认定申请表应当包括事故发生的时间、地点、原因以及职工伤害程度等基本情况。

四、工伤保险待遇支付

（一）工伤保险基金支付的范围

工伤保险基金支付的范围，主要包括：

（1）治疗工伤的医疗费用和康复费用；

（2）住院伙食补助费；

（3）到统筹地区以外就医的交通食宿费；

（4）安装配置伤残辅助器具所需费用；

（5）生活不能自理的，经劳动能力鉴定委员会确认的生活护理费；

（6）一次性伤残补助金和一至四级伤残职工按月领取的伤残津贴；

（7）终止或者解除劳动合同时，应当享受的一次性医疗补助金；

（8）因工死亡的，其遗属领取的丧葬补助金、供养亲属抚恤金和因工死亡补助金；

（9）劳动能力鉴定费。

（二）用人单位支付的范围

用人单位支付的范围，主要包括：

（1）治疗工伤期间的工资福利；

（2）五级、六级伤残职工按月领取的伤残津贴；

（3）终止或者解除劳动合同时，应当享受的一次性伤残就业补助金。

（三）工伤保险待遇的停止

工伤职工有下列情形之一的，停止享受工伤保险待遇：

（1）丧失享受待遇条件的；

（2）拒不接受劳动能力鉴定的；

（3）拒绝治疗的。

职工所在用人单位未依法缴纳工伤保险费，发生工伤事故的，由用人单位支付工伤保险待遇。用人单位不支付的，从工伤保险基金中先行支付。从工伤保险基金中先行支付的工伤保险待遇应当由用人单位偿还。用人单位不偿还的，社会保险经办机构可以依法追偿。

第五节　生育保险政策法规

生育社会保险是指国家依法建立的，在女性劳动者因生育子女无法工作，收入中断时给予的物质性帮助的社会保险制度。我国现行的生育保险制度的政策依据主要是《劳动合同法》《社会保险法》等。

一、保障范围

中华人民共和国境内的国家机关、企业、事业单位、有雇工的个体经济组织以及其他社会组织的职工或者雇工，均属于生育保险的范围。

二、资金筹集

职工应当参加生育保险，用人单位按照国家规定缴纳生育保险费，职工不缴纳生育保险费。用人单位按照本单位职工工资总额的一定比例缴纳生育保险费，缴费比例一般不超过0.5%，具体缴费比例由各统筹地区根据当地实际情况测算后提出，报省、自治区、直辖市批准后实施。超过工资总额0.5%的，应当报人力资源社会保障部备案。

三、待遇支付

（一）支付条件

用人单位已经缴纳生育保险费的，其职工享受生育保险待遇；职工未就业配偶按照国家规定享受生育医疗费用待遇。所需资金从生育保险基金中支付。

（二）待遇内容

生育保险待遇包括生育医疗费用和生育津贴。

生育医疗费用包括：

（1）生育的医疗费用；

（2）计划生育的医疗费用；

（3）法律、法规规定的其他项目费用。

生育津贴包括：

（1）女职工生育享受产假；

（2）享受计划生育手术休假；

（3）法律、法规规定的其他情形。

生育津贴按照职工所在用人单位上年度职工月平均工资计发。

女职工生育享受 98 天产假（各地随社会发展而有所改进）；难产的，增加产假 15 天；生育多胞胎的，每多生育 1 个婴儿，增加产假 15 天。女职工怀孕未满 4 个月流产的，享受 15 天产假；怀孕满 4 个月流产的，享受 42 天产假。

第六节　军人保险

军人的相关社会保障过去主要依赖社会优抚制度，自 2012 年 7 月 1 日起实施的《中华人民共和国军人保险法》为法律依据的法律制度后，现退役军人的社会保险保障获得了历史性的发展。

一、保障范围

保障范围人员，主要包括：

（1）现役军人；

（2）退役军人；

（3）随军未就业军人配偶。

二、资金筹集

（一）资金来源

军人保险基金由下列各项构成：

（1）个人缴费；

（2）随军未就业的军人配偶缴费；

（3）中央财政负担的军人保险资金，由国务院财政部门纳入年度国防费预算。

（二）缴费方式

由军人所在单位代扣代缴。

三、待遇支付

（一）支付条件

（1）军人因战、因公死亡的。

（2）军人因战、因公、因病致残的。

（3）军人死亡和残疾的性质认定、残疾等级评定和相应的保险金标准，按照国家和军队有关规定执行。

（4）军人因下列情形之一死亡或者致残的，不享受军人伤亡保险待遇：

1）故意犯罪的；

2）醉酒或者吸毒的；

3）自残或者自杀的；

4）法律、行政法规和军事法规规定的其他情形。

（二）待遇内容

1. 军人伤亡支付

（1）军人因战、因公死亡的，按照认定的死亡性质和相应的保险金标准，给付军人死亡保险金。

（2）军人因战、因公、因病致残的，按照评定的残疾等级和相应的保险金标准，给付军人残疾保险金。

2. 军人及随军未就业军人配偶养老支付

（1）军人入伍前已经参加基本养老保险的，由地方社会保险经办机构和军队后勤（联勤）机关财务部门办理基本养老保险关系转移接续手续。

（2）军人退出现役后参加职工基本养老保险的，由军队后勤（联勤）机关财务部门将军人退役养老保险关系和相应资金转入地方社会保险经办机构，地方社会保险经办机构办理相应的转移接续手续（参考基本医疗保险法律法规规定）。

军人服现役年限与入伍前和退出现役后参加职工基本养老保险的缴费年限合并计算。

（3）军人退出现役后参加新型农村社会养老保险或者城镇居民社会养老保险的，按照国家有关规定办理转移接续手续。

（4）军人退出现役到公务员岗位或者参照公务员法管理的工作人员岗位的，以及现役军官、文职干部退出现役自主择业的，其养老保险办法按照国家有关规定执行。

（5）军人退出现役采取退休方式安置的，其养老办法按照国务院和中央军事委员会的有关规定执行。

（6）随军未就业的军人配偶随军前已经参加社会保险的，由地方社会保险经办机构和军队后勤（联勤）机关财务部门办理保险关系转移接续手续。

（7）随军未就业的军人配偶实现就业或者军人退出现役时，由军队后勤（联勤）机关财务部门将其养老保险关系和相应资金转入地方社会保险经办机构，地方社会保险经办机构办理相应的转移接续手续。军人配偶在随军未就业期间的养老保险缴费年限与其在地方参加职工基本养老保险的缴费年限合并计算。

（8）随军未就业的军人配偶达到国家规定的退休年龄时，按照国家有关规定确定退休地，由军队后勤（联勤）机关财务部门将其养老保险关系和相应资金转入退休地社会保险经办机构，享受相应的基本养老保险待遇。

3. 军人及随军未就业军人配偶医疗支付

（1）军人入伍前已经参加基本医疗保险的，由地方社会保险经办机构和军队后勤（联勤）机关财务部门办理基本医疗保险关系转移接续手续。

（2）军人退出现役后参加职工基本医疗保险的，由军队后勤（联勤）机关财务部门将军人退役医疗保险关系和相应资金转入地方社会保险经办机构，地方社会保险经办机构办理相应的转移接续手续（参考基本医疗保险法律法规规定）。

军人服现役年限视同职工基本医疗保险缴费年限，与入伍前和退出现役后参加职工基本医疗保险的缴费年限合并计算。

（3）军人退出现役后参加新型农村合作医疗或者城镇居民基本医疗保险的，按照国家有关规定办理。

（4）随军未就业的军人配偶随军前已经参加社会保险的，由地方社会保险经办机构和军队后勤（联勤）机关财务部门办理保险关系转移接续手续。

（5）随军未就业的军人配偶实现就业或者军人退出现役时，由军队后勤（联勤）机关财务部门将其医疗保险关系和相应资金转入地方社会保险经办机构，地方社会保险经办机构办理相应的转移接续手续。军人配偶在随军未就业期间的医疗保险缴费年限与其在地方参加职工基本医疗保险的缴费年限合并计算。

本章练习

1. 什么是社会保险？社会保险的内容有哪些？
2. 什么是养老保险？
3. 养老保险的支付条件是什么？支付标准如何确定？
4. 什么是医疗保险？
5. 医疗保险的支付标准如何确定？
6. 什么是失业保险？
7. 失业保险的支付条件是什么？支付标准如何确定？
8. 什么是工伤保险？
9. 我国工伤如何认定？包括哪些情形？
10. 工伤保险的待遇范围包括哪些？
11. 生育保险待遇的范围包括哪些？

第十一章　公共卫生与健康政策法规

学习目标

通过本章的学习，你应该能够：

1. 掌握公共卫生政策法规的内容；
2. 掌握医疗服务政策法规的内容；
3. 掌握食品安全的保障政策法规的内容；
4. 学会运用公共卫生与健康政策法规开展社会工作。

第一节　公共卫生政策法规

一、公共卫生体系

（一）疾病预防控制体系

我国的疾病预防体系于新中国成立后开始建立，其主要载体是各级卫生防疫站。2002年进行体制改革，将卫生防疫站中的履行政府卫生监督职能的部分单独成立为卫生监督机构。改制后的疾病预防机构，履行政府的疾病预防控制职能。其主要职责为疾病预防与控制、突发公共卫生事件应急处理、疫情及健康相关因素信息管理、健康危害因素监测与干预、实验室检测检验与评价、健康教育与健康促进、技术管理应用研究与指导。同时，以疾病预防控制机构为主体，以乡镇（街道）卫生院（社区卫生服务中心）、村（社区）卫生室（社区卫生服务站）为基础，形成覆盖到村（社区），联系所有医疗机构的疾病预防控制网络。

（二）卫生监督体系

卫生监督体系以各级卫生监督机构为主体，承担卫生行政卫生监督职能，并建立以乡镇（街道）卫生监督执法分支机构为基础的城乡一体化的卫生监督执法网络，其主要职责依照国家的法律法规，行使卫生行政执法监督工作；对重大食物中毒、职业中毒等公共卫生突发事件依法进行调查处理及现场卫生监督；开展卫生法律、法规知识的宣传教育和咨询服务工作等。

（三）医疗救治体系

医疗救治体系是一个综合性应急救治组合，承担社会公共卫生应急救治任务。由各级各类医疗机构、各级院前急救机构（急救中心、急救站）以及采供血机构等组成的医疗救治服务网络，其主要职责是依托于综合性医院和符合规范要求的传染病医院以及相关专科医院，定点对各类中毒、核辐射等伤害救治；在综合性医院或专科医院设立符合隔离防护要求的独立的传染病病房（区），履行公共卫生任务。

（四）突发公共卫生事件应急指挥体系

由政府的卫生行政部门为主，建立公共卫生应急组织及其办事机构，组织疾病预防控制体系、卫生监督体系、医疗救治体系，对社会突发公共卫生事件进行应急处置。其主要职责是建立应急预案体系和进行应急物资、技术的储备；构建公共卫生应急指挥信息系统，开展应急卫生知识和技能培训；开展应急救援宣传活动，动员群众应对突发公共卫生事件；协调政府其他部门对突发公共卫生事件作出必要的响应。

（五）妇幼保健机构体系

妇幼保健机构体系是以妇幼保健机构为主体，以乡镇（街道）卫生院（社区卫生服务中心）为基础的妇幼保健网络。主要职责包括宣传贯彻《母婴保健法》和国家妇幼卫生工作的方针政策；开展妇幼保健工作；保障生殖健康；推行妇幼保健技术服务等。

（六）基本医疗卫生服务体系

基本医疗卫生服务体系包括以县级医院为龙头、乡镇卫生院和存卫生室为基础的农村三级医疗卫生服务网络；以社区卫生服务为基础，社区卫生服务机构、医院和预防保健机构分工协作的城市医疗卫生服务体系；以国家基本药物制度为基础的药品供应保障体系。基本医疗卫生服务对居民免费提供计划免疫、妇幼卫生保健、健康管理等 10 类 41 项基本公共卫生服务，按成本提供 30 种一般性疾病诊疗和 74 种药品的基本医疗服务。

二、疾病预防体制

（一）国家免疫规划

2008 年 2 月 19 日，卫生部通知印发了《扩大国家免疫规划实施方案》，确定在现行全国范围内使用的乙肝疫苗、卡介苗、脊灰疫苗、百白破疫苗、麻疹疫苗和白破疫苗 6 种国家规划疫苗基础上，将流脑疫苗、乙脑疫苗、麻腮风疫苗纳入国家免疫规划，对适龄儿童进行常规接种。在重点地区对重点人群进行出血热疫苗接种，发生炭疽、钩端螺旋体病疫情或发生洪涝灾害可能通过这些疫苗的接种，可以预防乙型肝炎、结核病、骨髓灰质炎、百日咳、白喉、破伤风、麻疹、甲型肝炎、流行性脑脊髓炎、风疹、流行性腮腺炎、流行性出血热、炭疽性出血热、炭疽和钩端螺旋体病 15 种传染病。

（二）职业病防治

职业病，是指企业、事业单位和个体经济组织等用人单位的劳动者在职业活动中，因接触粉尘、放射性物质和其他有毒、有害因素引起的疾病。2016 年 7 月 2 日全国人民代表大会常务委员会对《中华人民共和国职业病防治法》进行修改，其主要包括劳动者的职业卫生保护权利和用人单位的职业病防治义务等内容。

（三）地方病防治

地方病，是指在一定地区的生物地球化学疾病、自然疫源性疾病和与不利于人们健康的生产、生活方式密切相关的疾病的总称。我国主要存在的地方病有碘缺乏病、地方性氟中毒、地方性砷中毒、大骨节病、克山病、布鲁氏菌病、鼠疫等。

防治目标。到 2020 年持续消除碘缺乏危害状态、保持基本消除燃煤污染型地方性氟（砷）中毒状态、保持基本消除大骨节病状态、保持基本消除克山病状态、有效控制饮水型地方性氟（砷）中毒状态、有效控制水源性高碘状态、有效控制饮茶型地氟病状态 7 种地方病。

（四）精神卫生工作

2012 年 10 月 26 日第十一届全国人民代表大会常务委员会第二十九次会议通过了《中华人民共和国精神卫生法》，自 2013 年 5 月 1 日施行，并于 2018 年进行了修改。该法对精神工作作了全面的规定。

（1）各级人民政府和县级以上人民政府有关部门制定的突发事件应急预案，应当包括心理援助的内容。精神障碍的诊断、治疗，应当遵循维护患者合法权益、尊重患者人格尊严的原则，保障患者在现有条件下获得良好的精神卫生服务。

（2）村民委员会、居民委员会应当为生活困难的精神障碍患者家庭提供帮助，并向所在地乡镇人民政府或者街道办事处以及县级以上人民政府有关部门反映患者及其家庭的情况和要求，帮助其解决实际困难，为患者融入社会创造条件。残疾人组织或者残疾人康复机构应当根据精神障碍患者康复的需要，组织患者参加康复活动。用人单位应当根据精神障碍患者的实际情况安排患者从事力所能及的工作，保障患者享有共同待遇，安排患者参加必要的职业技能培训，提高患者的就业能力，为患者创造适宜的工作环境，对患者在工作中取得的成绩给予鼓励。

（3）精神障碍患者的监护人应当协助患者进行生活自理能力和社会适应能力等方面的康复训练。精神障碍患者的监护人在看护患者过程中需要技术指导的，社区卫生服务机构或者乡镇卫生院，村卫生室，社区康复机构应当提供。

（五）艾滋病的治疗和救助

艾滋病，即获得性免疫缺陷综合征。艾滋病是因为人类感染人类免疫缺陷病毒后导致的免疫缺陷，并发一系列机会性感染及肿瘤，严重者可导致死亡的综合征。

为了加强艾滋病的防治，2006 年 1 月 18 日国务院第 122 次常务会议通过了《艾滋病防治条例》。该条例对艾滋病宣传教育、预防控制、治疗与救助、保障措施、法律责任等作了明确规定。

三、突发公共卫生事件应急

为了有效预防、及时控制和消除突发公共卫生事件的危害，保障公众身体健康与生命安全，维护正常的社会秩序，国务院制定了《突发公共卫生事件应急条例》（2011 年）。

（一）突发公共卫生事件应急组织机构

突发公共卫生事件发生后，国务院设立全国突发事件应急处理指挥部，由国务院有关部门和军队有关部门组成，国务院主管领导人担任总指挥，负责对全国突发事件应急处理的统一领导、统一指挥。

突发事件发生后，省、自治区、直辖市人民政府成立地方突发事件应急处理指挥部、省、自治区、直辖市人民政府主要领导人担任总指挥、负责领导、指挥本行政区域内突发事件应急处理工作。县级以上地方人民政府卫生行政主管部门，具体负责组织突发事件的调查、控制和医疗救治工作。县级以上地方人民政府有关部门，在各自的职责范围内做好突发事件应急处理的有关工作。

（二）突发公共卫生事件应急工作的原则

突发事件应急工作，应当遵循预防为主、常备不懈的方针，贯彻统一领导、分级负责、反应及时、措施果断、依靠科学、加强合作的原则。

（三）国家建立突发事件应急报告制度

国务院卫生行政主管部门制定突发事件应急报告规范，建立重大、紧急疫情信息报告系统。有下列情形之一的，省、自治区、直辖市人民政府应当在接到报告 1 小时内，向国务院卫生行政主管部门报告：一是发生或者可能发生传染病爆发、流行的；二是发生或者发现不明原因的群体性疾病的；三是发生传染病菌种、毒种丢失的；四是发生或者可能发生重大食物和职业中毒事件的。国务院卫生行政主管部门对可能造成重大社会影响的突发事件，应当立即向国务院报告。

突发事件监测机构、医疗卫生机构和有关单位发现有上述规定情形之一的，应当在 2 小时内向所在地县级人民政府卫生行政主管部门报告；接到报告的卫生行政主管部门应当在 2 小时内向本级人民政府报告，并同时向上级人民政府卫生行政主管部门和国务院卫生行政主管报告。县级人民政府应当在接到报告后 2 小时内向设区的市级人民政府或者上一级人民政府报告；设区的市级人民政府应当在接到报告后 2 小时内向省、自治区、直辖市人民政府报告。接到报告的地方人民政府、卫生行政主管部门依照本条例规定报告的同时，应当立即组织力量对报告事项调查核实、确证、采取必要的控制措施，并及时报告调查情况。

任何单位和个人对突发事件，不得隐瞒、缓报、谎报或者授意他人隐瞒、缓报、谎报。

（四）突发公共卫生事件监测与预警制度

1. 制定应急预案

国务院卫生行政主管部门制定全国突发公共卫生事件应急预案。省、自治区、直辖市人民政府根据全国突发公共卫生事件应急预案，制定本行政区域的突发公共卫生事件应急预案。

2. 建立预防控制体系

国家建立统一的突发公共卫生事件疾病预防控制体系，县级以上地方人民政府应当建立和完善突发公共卫生事件监测和预警系统，并确认其保持正常运行状态，对早期发现的潜在隐患、可能发生的突发公共卫生事件，应当及时报告。

3. 加强医疗服务网络的建设

县级以上各级人民政府应当加强急救医疗服务网络的建设，配备和提高医疗卫生机构应对各类突发公共事件的救治能力。

（五）突发公共卫生事件应急处理

突发事件发生后，卫生行政主管部门应当组织专家对突发事件进行综合评估，初步判断突发事件的类型，提出是否启动突发事件应急预案的建议。在全国范围内或者跨省、自治区、直辖市范围内启动全国突发事件应急预案，由国务院卫生行政主管部门报国务院批准后实施。省、自治区、直辖市启动突发事件应急预案，由省、自治区、直辖市人民政府决定，并向国务院报告。

应急预案启动前，县级以上各级人民政府有关部门应当根据突发事件的实际情况，做好应急处理准备，采取必要的应急措施。应急预案启动后，突发事件发生地的人民政府有关部门，应当根据预案规定的职责要求，服从突发事件应急处理指挥部的统一指挥，立即到达规定岗位，采取有关的控制措施。医疗卫生机构、监测机构和科学研究机构，应当服从突发事件应急处理指挥部的统一指挥，相互配合、协作、集中力量开展相关的科学研究工作。

突发事件发生后，国务院有关部门和县级以上地方人民政府及其有关部门，应当保证突发事件应急处理所需的医疗救护设备、救治药品、医疗器械等物资的生产、供应；铁路、交通、民用航空行政主管部门应当保证及时运送。根据突发事件应急处理的需要，突发事件应急处理指挥部有权紧急调集人员，储备物资，交通工具以及相关设施、设备；必要时，对人员进行疏散或者隔离，并可以依法对传染疫区实行封锁。突发事件应急处理指挥部根据突发事件应急处理的需要，可以对食物和水源采取控制措施。

县级以上地方人民政府卫生行政主管部门应当对突发事件现场等采取控制措施，宣传突发事件防治知识，及时对易受感染的人群和其他易受损害的人群采取应急接种；预防性投药、群体防范等措施。

第二节　医疗服务政策法规

一、医疗服务体制及其改革

（一）基本原则

坚持以人民健康为中心。把人民健康放在优先发展的战略地位，以公平可及、群众受益为目标，坚守底线、补齐短板，作出更有效的制度安排，维护基本医疗卫生服务的公益性，使全体人民在共建、共享中有更多获得感。

坚持保基本、强基层、建机制。将基本医疗卫生制度作为公共产品向全民提供，推动医疗卫生工作重心下移、医疗卫生资源下沉，提升基层医疗卫生的职业吸引力和服务能力，以问题为导向推动制度创新和攻坚突破。

坚持政府主导与发挥市场机制作用相结合。在基本医疗卫生服务领域，坚持政府主导，落实政府责任，适当引入竞争机制。在非基本医疗卫生服务领域，发挥市场活力，加强规范引导，满足多样化、差异化、个性化健康需求。

坚持推进供给侧结构性改革。实行政事分开、管办分开、医药分开、营利性和非营利性分开，优化供给侧治理能力和要素配置，提升服务效率和质量。对需求侧改革进行科学引导，合理划分政府、社会、个人责任，促进社会共治。

坚持医疗、医保、医药联动改革。实行三医联动，以医疗服务体系改革为重点，全面深化医药卫生体制改革。支持地方结合实际改革创新。加快推进医保统筹，发挥医保的基础性作用。继续深化医保支付方式改革。加大医保管理机制创新。

坚持突出重点、试点示范、循序推进。理清改革内在逻辑，突出重要领域和关键环节，及时总结、推广地方经验，发挥重点改革的突破性作用和试点的带动效应。把握好改革的力度和节奏，注重统筹兼顾，积极稳妥地推进改革。

（二）主要目标

到2020年，普遍建立比较完善的公共卫生服务体系和医疗服务体系、比较健全的医疗保障体系、比较规范的药品供应保障体系和综合监管体系、比较科学的医疗卫生机构管理体制和运行机制。经过持续努力，基本建立覆盖城乡居民的基本医疗卫生制度，实现人人享有基本医疗卫生服务，基本适应人民群众多层次的医疗卫生需求，我国居民人均预期寿命比2015年提高1岁，孕产妇死亡率下降到18/10万，婴儿死亡率下降到7.5‰，5岁以下儿童死亡率下降到9.5‰，主要健康指标居于中高收入国家前列，个人卫生支出占卫生总费用的比重下降到28%左右。

（三）重点任务

“十三五”期间，要在分级诊疗、现代医院管理、全民医保、药品供应保障、综合监管5项制度建设上取得新突破，同时统筹推进相关领域改革。

1. 建立科学合理的分级诊疗制度

坚持居民自愿、基层首诊、政策引导、创新机制，以家庭医生签约服务为重要手段，鼓励各地结合实际推行多种形式的分级诊疗模式，推动形成基层首诊、双向转诊、急慢分治、上下联动的就医新秩序。到2017年，分级诊疗政策体系逐步完善，85%以上的地市开展试点。到2020年，分级诊疗模式逐步形成，基本建立符合国情的分级诊疗制度。

2. 建立科学有效的现代医院管理制度

深化县级公立医院综合改革，加快推进城市公立医院综合改革。到2017年，各级各类公立医院全面推开综合改革，初步建立决策、执行、监督相互协调、相互制衡、相互促进的管理体制和治理机制。到2020年，基本建立具有中国特色的权责清晰、管理科学、治理完善、运行高效、监督有力的现代医院管理制度，建立维护公益性、调动积极性、保障可持续的运行新机制和科学合理的补偿机制。

3. 建立高效运行的全民医疗保障制度

按照保基本、兜底线、可持续的原则，围绕资金来源多元化、保障制度规范化、管理服务社会化三个关键环节，加大改革力度，建立高效运行的全民医疗保障体系。坚持精算平衡，完善筹资机制，以医保支付方式改革为抓手推动全民基本医保制度提质增效。建立起较为完善的基本医保、大病保险、医疗救助、疾病应急救助、商业健康保险和慈善救助衔接互动、相互联通机制。

4. 建立规范有序的药品供应保障制度

实施药品生产、流通、使用全流程改革，调整利益驱动机制，破除以药补医，推动各级各类医疗机构全面配备、优先使用基本药物，建设符合国情的国家药物政策体系，理顺药品价格，促进医药产业结构调整和转型升级，保障药品安全有效、价格合理、供应充分。

5. 建立严格规范的综合监管制度

健全医药卫生法律体系，加快转变政府职能，完善与医药卫生事业发展相适应的监管模式，提高综合监管效率和水平，推进监管法制化和规范化，建立健全职责明确、分工协作、运行规范、科学有效的综合监管长效机制。

二、城市社区卫生服务

（一）社区卫生服务机构

城市社区卫生服务机构包括社区卫生服务中心和社区卫生服务站。根据卫生部、国家中医药管理局2006年6月30日《关于印发城市社区卫生服务中心、站基本标准的通知》，城市社区卫生服务机构应达到相应的标准。

（二）社区卫生服务对象

社区卫生服务机构以社区、家庭和居民为服务对象，以妇女、儿童、老年人、慢性疾病、残疾人、贫困居民为服务重点，开展健康教育、预防、保健、康复、计划生育技术服务和一般常见病、多发病的诊疗服务。

（三）社区卫生服务内容

1. 社区公共卫生服务

（1）卫生信息管理。根据国家规定搜集、报告辖区有关卫生信息，开展社区卫生诊断，建立和管理社区健康档案，向辖区街道办事处及有关单位和部门提出改进社区公共卫生状况的建议。

（2）健康教育。普及卫生保健常识，实施重点人群挤重点场所健康教育，帮助居民逐渐形成有利于维护和增进健康的行为方式。

（3）传染病、地方病、寄生虫病预防控制。负责疫情报告和检测，协助开展结核病、性病、艾滋病、其他常见传染病以及地方病、寄生虫病预防控制，实施预防接种，配合开展爱国卫生工作。

（4）慢性病预防控制。开展高危人群和重点慢性病筛查，实施高危人群和重点慢性病病例管理。

（5）精神卫生服务。实施精神病卫生管理，为社区居民提供心理健康指导。

（6）妇女保健。提供婚前保健、孕前保健、孕产期保健、更年期保健、开展妇女常见疾病预防和筛查。

（7）儿童保健。开展新生儿保健、婴幼儿及学龄前儿童保健，协助对辖区内托幼机构进行卫生保健指导。

（8）老年保健。指导老年人进行疾病预防和自我保健，进行家庭访视，提供针对性的健康指导。

（9）残疾康复指导和康复训练。

（10）计划生育技术咨询指导，发放避孕药具。

（11）协助处置辖区内的突发公共卫生事件。

（12）政府卫生行政部门规定的其他公共卫生服务。

2. 社区基本医疗服务

（1）一般常见病、多发病诊疗、护理和诊断明确的慢性病治疗。

（2）社区现场应急救护。

（3）家庭出诊、家庭护理、家庭病床等家庭医疗服务。

（4）转诊服务。

（5）康复医疗服务。

（6）政府卫生行政部门批准的其他适宜医疗服务。

本章练习

1. 公共卫生体系的主要内容有哪些？
2. 突发公共卫生事件应急处理的措施有哪些？
3. 医疗服务改革的内容有哪些？
4. 城市社区卫生服务中心的标准是什么？

第十二章　社区矫正、禁毒与治安管理政策法规

学习目标

通过本章的学习，你应该能够：

1. 了解社区矫正政策法规体系，明确社区矫正的范围，熟悉社区矫正的任务和内容，能够根据相关政策法规进行社区矫正行动；

2. 了解禁毒的目的、方针及机制，掌握禁毒宣传教育方法，熟悉毒品管制的环节和措施，掌握戒毒措施，学会运用相关政策法规开展禁毒工作；

3. 掌握治安管理处罚种类和适用范围、程序。

第一节　社区矫正政策法规

一、社区矫正的适用范围

根据我国现行法律的规定，社区矫正的适用范围主要包括下列5种罪犯。

1. 被判处管制的

管制是指由人民法院判决，对犯罪人不予关押，但限制其一定时间的人身自由，交由公安机关执行，并依靠社区群众监督与矫正的刑罚方法。管制是我国独创的刑罚种类。

2. 被宣告缓刑的

缓刑制度是对于被判处拘役、三年以下有期徒刑确定不致再危害社会的犯罪分子，在一定考验期内，如果没有再犯新罪，没有发现发生其他依法应当取消缓刑宣告的特定事由，考验期满后原判刑期不再执行的一项制度。

3. 被暂予监外执行的

监外执行是指人民法院、监狱管理机关和公安机关对被判处有期徒刑和拘役的罪犯，因出现了不适宜在监禁机构执行的法定的特殊情况，依法予以变更执行场所和方法，并将监外执行的期间算入刑期以内的一项制度。具体包括：

（1）有严重疾病需要保外就医的；

（2）怀孕或者正在哺乳自己婴儿的妇女；

（3）生活不能自理，适用暂予监外执行不致危害社会的。

4. 被裁定假释的

假释是对被判处有期徒刑、无期徒刑的罪犯，在刑罚执行一定时间后，确有悔改表现，不致再危害社会，而附条件提前释放的刑罚执行制度。

5. 被剥夺政治权利，并在社会上服刑的。

剥夺政治权利是指人民法院适用的剥夺犯罪人参加国家管理和政治活动权利的刑罚方法。

符合上述条件的情况下，对于罪行轻微、主观恶性不大的未成年犯、老病残犯，以及罪行较轻的初犯、过失犯等，应当作为重点对象，适用上述非监禁措施，实施社区矫正。

二、社区矫正的任务和内容

（一）社区矫正的任务

1. 行刑

按照我国刑法、刑事诉讼法等有关法律、法规和规章的规定，加强对社区服刑人员的管理和监督，确保刑罚的顺利实施。

2. 矫正

通过多种形式，加强对社区服刑人员的思想教育、法制教育、社会公德教育，矫正其不良心理和行为，使他们悔过自新，弃恶从善，成为守法公民。

3. 安置救助

帮助社区服刑人员解决在就业、生活、法律、心理等方面遇到的困难和问题，以利于他们顺利地适应社会生活。

（二）社区矫正的内容

1. 行为督导

通过规定活动范围等方法，加强对矫正对象的有效控制，规范他们的行为，确保社区矫正工作的正常秩序，确保非监禁刑刑罚的有效执行。

2. 教育矫正

教育矫正的内容主要包括政治思想教育、法律常识教育、公民道德教育、文化和职业技术教育、心理健康教育和劳动教育等。教育矫正的形式主要有集体教育、个别谈话教育、心理咨询教育和心理矫正、社会志愿者帮教培训、实践活动等。教育矫正的目的是通过教育，使矫正对象提高对所犯罪行的认识，矫正不良心理和行为，逐步养成良好的行为习惯，在思想、素质、道德和行为等方面适应社会要求，顺利地回归社会。

3. 组织公益劳动

定期组织矫正对象参加一定的公益劳动，增强对社会的责任感，改掉不良恶习，认罪服法，回归社会。

三、社区矫正的实施

（一）实施机构

司法行政机关负责指导管理、组织实施社区矫正工作。人民法院对符合社区矫正适用条件的被告人、罪犯依法作出判决、裁定或者决定。人民检察院对社区矫正各执法环节依法实行法律监督。公安机关对违反治安管理规定和重新犯罪的社区矫正人员及时依法处理。

县级司法行政机关社区矫正机构对社区矫正人员进行监督管理和教育帮助。司法所承担社区矫正的日常工作。社会工作者和志愿者在社区矫正机构的组织指导下参与社区矫正工作。有关部门、村（居）民委员会、社区矫正人员所在单位、就读学校、家庭成员或者监护人、保证人等协助社区矫正机构进行社区矫正。

（二）社区矫正人员接收

1. 对社区矫正人员的评估

人民法院、人民检察院、公安机关、监狱对拟适用社区矫正的被告人、罪犯，需要调查其对所居住社区影响的，可以委托县级司法行政机关进行调查评估。

受委托的司法行政机关应当根据委托机关的要求，对被告人或者罪犯的居所情况、家庭和社会关系、一贯表现、犯罪行为的后果和影响、居住地村（居）民委员会和被害人意见、拟禁止的事项等进行调查了解，形成评估意见，及时提交委托机关。

2. 法律文书送达

对于适用社区矫正的罪犯，人民法院、公安机关、监狱应当核实其居住地，在向其宣判时或者在其离开监所之前，书面告知其到居住地县级司法行政机关报到的时间期限以及逾期报到的后果，并通知居住地县级司法行政机关；在判决、裁定生效起三个工作日内，送达判决书、裁定书、决定书、执行通知书、假释证明书副本等法律文书，同时抄送其居住地县级人民检察院和公安机关。县级司法行政机关收到法律文书后，应当在三个工作日内送达回执。

3. 社区矫正人员交接

社区矫正人员应当自人民法院判决、裁定生效之日或者离开监所之日起十日内到居住地县级司法行政机关报到。县级司法行政机关应当及时为其办理登记接收手续，并告知其三日内到指定的司法所接受社区矫正。发现社区矫正人员未按规定时间报到的，县级司法行政机关应当及时组织查找，并通报决定机关。

暂予监外执行的社区矫正人员，由交付执行的监狱、看守所将其押送至居住地，与县级司法行政机关办理交接手续。罪犯服刑地与居住地不在同一省、自治区、直辖市，需要回居住地暂予监外执行的，服刑地的省级监狱管理机关、公安机关监所管理部门应当书面通知罪犯居住地的同级监狱管理机关、公安机关监所管理部门，指定一所监狱、看守所接收罪犯档案，负责办理罪犯收监、释放等手续。人民法院决定暂予监外执行的，应当通知其居住地县级司法行政机关派员到庭办理交接手续。

司法所接收社区矫正人员后，应当及时向社区矫正人员宣告判决书、裁定书、决定书、执行通知书等有关法律文书的主要内容；社区矫正期限；社区矫正人员应当遵守的规定、被禁止的事项以及违反规定的法律后果；社区矫正人员依法享有的权利和被限制行使的权利；矫正小组人员组成及职责等有关事项。宣告由司法所工作人员主持，矫正小组成员及其他相关人员到场，按照规定程序进行。

（三）社区矫正行动

1. 组织矫正机构

司法所应当为社区矫正人员确定专门的矫正小组。矫正小组由司法所工作人员担任组长。社区矫正人员为女性的，矫正小组应当有女性成员。司法所应当与矫正小组签订矫正责任书，根据小组成员所在单位和身份，明确各自的责任和义务，确保各项矫正措施落实。

司法所应当为社区矫正人员制定矫正方案，在对社区矫正人员被判处的刑罚种类、犯罪情况、悔罪表现、个性特征和生活环境等情况进行综合评估的基础上，制定有针对性的监管、教育和帮助措施。根据矫正方案的实施效果，适时予以调整。

县级司法行政机关应当为社区矫正人员建立社区矫正执行档案，包括适用社区矫正的法律文书，以及接收、监管审批、处罚、收监执行、解除矫正等有关社区矫正执行活动的法律文书。司法所应当建立社区矫正工作档案，包括司法所和矫正小组进行社区矫正的工作记录，社区矫正人员接受社区矫正的相关材料等。同时留存社区矫正执行档案副本。

2. 实施行为督导

社区矫正人员应当定期向司法所报告遵纪守法、接受监督管理、参加教育学习、社区服务和社会活动的情况。发生居所变化、工作变动、家庭重大变故以及接触对其矫正产生不利影响人员的，社区矫正人员应当及时报告。保外就医的社区矫正人员还应当每个月向司法所报告本人身体情况，每三个月向司法所提交病情复查情况。

对于人民法院禁止令确定需经批准才能进入的特定区域或者场所，社区矫正人员确需进入的，应当经县级司法行政机关批准，并告知人民检察院。

社区矫正人员未经批准不得离开所居住的市、县（旗）。社区矫正人员因就医、家庭重大变故等原因，确需离开所居住的市、县（旗），在七日以内的，应当报经司法所批准；超过七日的，应当由司法所签署意见后报经县级司法行政机关批准。返回居住地时，应当立即向司法所报告。社区矫正人员离开所居住市、县（旗）不得超过一个月。

社区矫正人员未经批准不得变更居住的县（市、区、旗）。社区矫正人员因居所变化确需变更居住地的，应当提前一个月提出书面申请，由司法所签署意见后报经县级司法行政机关审批。县级司法行政机关在征求社区矫正人员新居住地县级司法行政机关的意见后作出决定。经批准变更居住地的，县级司法行政机关应当自作出决定之日起三个工作日内，将有关法律文书和矫正档案移交新居住地县级司法行政机关。有关法律文书应当抄送现居住地及新居住地县级人民检察院和公安机关。社区矫正人员应当自收到决定之日起七日内到新居住地县级司法行政机关报到。

3. 进行教育帮扶

社区矫正人员应当参加公共道德、法律常识、时事政策等教育学习活动，增强法制观念、道德素质和悔罪自新意识。社区矫正人员每月参加教育学习时间不少于八小时。

有劳动能力的社区矫正人员应当参加社区服务，修复社会关系，培养社会责任感、集体观念和纪律意识。社区矫正人员每月参加社区服务时间不少于八小时。

根据社区矫正人员的心理状态、行为特点等具体情况，应当采取有针对性的措施进行个别教育和心理辅导，矫正其违法犯罪心理，提高其适应社会能力。

司法行政机关应当根据社区矫正人员的需要，协调有关部门和单位开展职业培训和就业指导，帮助落实社会保障措施。

4. 社区矫正管理

司法所应当根据社区矫正人员个人生活、工作及所处社区的实际情况，有针对性地采取实地检查、通信联络、信息化核查等措施及时掌握社区矫正人员的活动情况。重点时段、重大活动期间或者遇有特殊情况，司法所应当及时了解掌握社区矫正人员的有关情况，可以根据需要要求社区矫正人员到办公场所报告、说明情况。社区矫正人员脱离监管的，司法所应当及时报告县级司法行政机关组织追查。

司法所应当定期到社区矫正人员的家庭、所在单位、就读学校和居住的社区了解、核实社区矫正人员的思想动态和现实表现等情况。对保外就医的社区矫正人员，司法所应当定期与其治疗医院沟通联系，及时掌握其身体状况及疾病治疗、复查结果等情况，并根据需要向批准、决定机关或者有关监狱、看守所反馈情况。

司法所应当及时记录社区矫正人员接受监督管理、参加教育学习和社区服务等情况，定期对其接受矫正的表现进行考核，并根据考核结果，对社区矫正人员实施分类管理。

发现社区矫正人员有违反监督管理规定或者人民法院禁止令情形的，司法行政机关应当及时派员调查核实情况，收集有关证明材料，提出处理意见。

社区矫正期满前，社区矫正人员应当作出个人总结，司法所应当根据其在接受社区矫正期间的表现、考核结果、社区意见等情况作出书面鉴定，并对其安置帮教提出建议。

（四）矫正期满和终止

1. 社区矫正期满

社区矫正人员矫正期满，司法所应当组织解除社区矫正宣告。宣告由司法所工作人员主持，按照规定程序公开进行。司法所应当针对社区矫正人员的不同情况，通知有关部门、村（居）民委员会、群众代表、社区矫正人员所在单位、社区矫正人员的家庭成员或者监护人、保证人参加宣告。县级司法行政机关应当向社区矫正人员发放解除社区矫正证明书，并书面通知决定机关，同时抄送县级人民检察院和公安机关。暂予监外执行的社区矫正人员刑期届满的，由监狱、看守所依法为其办理刑满释放手续。社区矫正人员社区矫正期满的，司法所应当告知其安置帮教的有关规定，与安置帮教工作部门妥善做好交接，并转交有关材料。

2. 社区矫正终止

社区矫正人员死亡、被决定收监执行或者被判处监禁刑罚的，社区矫正终止。社区矫正人员在社区矫正期间死亡的，县级司法行政机关应当及时书面通知批准、决定机关，并通报县级人民检察院。

（五）被剥夺政治权利的罪犯和未成年人的社区矫正

1. 被剥夺政治权利的罪犯的社区矫正

对于被判处剥夺政治权利在社会上服刑的罪犯，司法行政机关配合公安机关，监督其遵守刑法的相关规定，并及时掌握有关信息。被剥夺政治权利的罪犯可以自愿参加司法行政机关组织的心理辅导、职业培训和就业指导活动。

2. 未成年人的社区矫正

对未成年人实施社区矫正，应当遵循教育、感化、挽救的方针，按照下列规定执行：

（1）对未成年人的社区矫正应当与成年人分开进行；

（2）对未成年社区矫正人员给予身份保护，其矫正宣告不公开进行，其矫正档案应当保密；

（3）未成年社区矫正人员的矫正小组应当有熟悉青少年成长特点的人员参加；

（4）针对未成年人的年龄、心理特点和身心发育需要等特殊情况，采取有益于其身心健康发展的监督管理措施；

（5）采用易为未成年人接受的方式，开展思想、法制、道德教育和心理辅导；

（6）协调有关部门为未成年社区矫正人员就学、就业等提供帮助；

（7）督促未成年社区矫正人员的监护人履行监护职责，承担抚养、管教等义务；

（8）采取其他有利于未成年社区矫正人员改过自新、融入正常社会生活的必要措施。

犯罪时不满十八周岁被判处五年有期徒刑以下刑罚的社区矫正人员，适用上述规定。

四、全面推进社区矫正工作

党的十八届三中全会通过的《中共中央关于全面深化改革若干重大问题的决定》明确提出，要健全社区矫正制度。2014年4月21日，习近平总书记在听取司法部工作汇报时明确指出，社区矫正已在试点的基础上全面推开，新情况、新问题会不断出现。要持续跟踪完善社区矫正制度，加快推进立法，理顺工作体制机制，加强矫正机构和队伍建设，切实提高社区矫正工作水平。2014年8月28日，最高人民法院、最高人民检察院、公安、司法部印发了《关于全面推进社区矫正工作的意见》，2014年11月14日，司法部等六部门印发了《关于组织社会力量参与社区矫正工作的意见》，对全面推进社区矫正工作进行部署。

《关于全面推进社区矫正工作的意见》明确了五项任务。一是全面落实社区矫正工作基本任务。二是积极推进社区矫正制度化规范化法制化建设。三是进一步健全社区矫正工作领导体制和工作机制。四是切实加强社区矫正机构和队伍建设。五是进一步加强社区矫正工作保障能力建设。并要求把社区矫正工作纳入经济社会发展总体规划，及时研究解决工作中的重大问题。《关于组织社会力量参与社区矫正工作的意见》对进一步鼓励引导社会力量参与社区矫正工作提出了要求。一要引导政府向社会力量购买社区矫正社会工作服务。二要鼓励引导社会组织参与社区矫正工作。三要发挥基层群众性自治组织的作用。四要鼓励企事业单位参与社区矫正工作。五要切实加强社区矫正志愿者队伍建设。六要进一步加强矫正小组建设。同时，《关于组织社会力量参与社区矫正工作的意见》特别强调，要做好政府已公开招聘的社区矫正社会工作者的保障工作。

第二节　禁毒政策法规

一、法律依据

为了预防和惩治毒品违法犯罪行为，保护公民身心健康，维护社会秩序，2007 年 12 月 29 日，第十届全国人大常委会第三十一次会议审议通过了《中华人民共和国禁毒法》(以下简称《禁毒法》)，并于 2008 年 6 月 1 日正式施行。《禁毒法》遵循“专群结合”、预防与惩治相结合、教育与救治相结合的原则，明确了禁毒工作方针、领导体制、工作机制、保障机制、法律责任，规范了禁毒宣传教育、毒品管制、戒毒措施、国际合作等业务工作。

二、禁毒的目的、方针及机制

毒品是指鸦片、海洛因、甲基苯丙胺（冰毒）、吗啡、大麻、可卡因，以及国家规定管制的其他能够使人形成瘾癖的麻醉药品和精神药品。

禁毒的目的是为了预防和惩治毒品违法犯罪行为，保护公民身心健康，维护社会秩序。

禁毒是全社会的共同责任。国家机关、社会团体、企业事业单位以及其他组织和公民，应当依照本法和有关法律的规定，履行禁毒职责或者义务。

我国禁毒工作实行预防为主，综合治理，禁种、禁制、禁贩、禁吸并举的方针。禁毒工作实行政府统一领导，有关部门各负其责，社会广泛参与的工作机制。

国务院设立国家禁毒委员会，负责组织、协调、指导全国的禁毒工作。县级以上地方各级人民政府根据禁毒工作的需要，可以设立禁毒委员会，负责组织、协调、指导本行政区域内的禁毒工作。我国《禁毒法》规定，县级以上各级人民政府应当将禁毒工作纳入国民经济和社会发展规划，并将禁毒经费列入本级财政预算。

三、禁毒宣传教育

国家采取各种形式开展全民禁毒宣传教育，普及毒品预防知识，增强公民的禁毒意识，提高公民自觉抵制毒品的能力。

鼓励公民、组织开展公益性的禁毒宣传活动。各级人民政府应当经常组织开展多种形式的禁毒宣传教育。工会、共产主义青年团、妇女联合会应当结合各自工作对象的特点，组织开展禁毒宣传教育。教育行政部门、学校应当将禁毒知识纳入教育、教学内容，对学生进行禁毒宣传教育。公安机关、司法行政部门和卫生行政部门应当予以协助。新闻、出版、文化、广播、电影、电视等有关单位，应当有针对性地面向社会进行禁毒宣传教育。

飞机场、火车站、长途汽车站、码头以及旅店、娱乐场所等公共场所的经营者、管理者，负责本场所的禁毒宣传教育，落实禁毒防范措施，预防毒品违法犯罪行为在本场所内发生。

国家机关、社会团体、企业事业单位以及其他组织，应当加强对本单位人员的禁毒宣传教育。居民委员会、村民委员会应当协助人民政府以及公安机关等部门，加强禁毒宣传教育，落实禁毒防范措施。未成年人的父母或者其他监护人应当对未成年人进行毒品危害的教育，防止其吸食、注射毒品或者进行其他毒品违法犯罪活动。

四、毒品管制

我国禁毒工作实行预防为主，综合治理，禁种、禁制、禁贩、禁吸并举的方针。

（一）禁种

国家对麻醉药品药用原植物种植实行管制。禁止非法种植罂粟、古柯植物、大麻植物以及国家规定管制的可以用于提炼加工毒品的其他原植物。禁止走私或者非法买卖、运输、携带、持有未经灭活的毒品原植物种子或者幼苗。地方各级人民政府发现非法种植毒品原植物的，应当立即采取措施予以制止、铲除。村民委员会、居民委员会发现非法种植毒品原植物的，应当及时予以制止、铲除，并向当地公安机关报告。

（二）禁制

国家对麻醉药品和精神药品实行管制，对麻醉药品和精神药品的实验研究、生产、经营、使用、储存、运输实行许可和查验制度。国家对易制毒化学品的生产、经营、购买、运输实行许可制度。禁止非法生产、买卖、运输、储存、提供、持有、使用麻醉药品、精神药品和易制毒化学品。

国家对麻醉药品、精神药品和易制毒化学品的进口、出口实行许可制度。国务院有关部门应当按照规定的职责，对进口、出口麻醉药品、精神药品和易制毒化学品依法进行管理。禁止走私麻醉药品、精神药品和易制毒化学品。禁止非法传授麻醉药品、精神药品和易制毒化学品的制造方法。

发生麻醉药品、精神药品和易制毒化学品被盗、被抢、丢失或者其他流入非法渠道的情形，案发单位应当立即采取必要的控制措施，并立即向公安机关报告，同时依照规定向有关主管部门报告。

（三）禁贩、禁吸

公安机关根据查缉毒品的需要，可以在边境地区、交通要道、口岸以及飞机场、火车站、长途汽车站、码头对来往人员、物品、货物以及交通工具进行毒品和易制毒化学品检查，民航、铁路、交通部门应当予以配合。

海关应当依法加强对进出口岸的人员、物品、货物和运输工具的检查，防止走私毒品和易制毒化学品。邮政企业应当依法加强对邮件的检查，防止邮寄毒品和非法邮寄易制毒化学品。娱乐场所应当建立巡查制度，发现娱乐场所内有毒品违法犯罪活动的，应当立即向公安机关报告。对依法查获的毒品，吸食、注射毒品的用具，毒品违法犯罪的非法所得及其收益，以及直接用于实施毒品违法犯罪行为的本人所有的工具、设备、资金，应当收缴，依照规定处理。

反洗钱行政主管部门应当依法加强对可疑毒品犯罪资金的监测。反洗钱行政主管部门和其他依法负有反洗钱监督管理职责的部门、机构发现涉嫌毒品犯罪的资金流动情况，应当及时向侦查机关报告，并配合侦查机关做好侦查、调查工作。

五、戒毒措施

国家采取各种措施帮助吸毒人员戒除毒瘾，教育和挽救吸毒人员。

（一）社区戒毒

对吸毒成瘾人员，公安机关可以责令其接受社区戒毒，同时通知吸毒人员户籍所在地或者现居住地的城市街道办事处、乡镇人民政府。社区戒毒的期限为三年。戒毒人员应当在户籍所在地接受社区戒毒；在户籍所在地以外的现居住地有固定住所的，可以在现居住地接受社区戒毒。

城市街道办事处、乡镇人民政府负责社区戒毒工作。城市街道办事处、乡镇人民政府可以指定有关基层组织，根据戒毒人员本人和家庭情况，与戒毒人员签订社区戒毒协议，落实有针对性的社区戒毒措施。公安机关和司法行政、卫生行政、民政等部门应当对社区戒毒工作提供指导和协助。

城市街道办事处、乡镇人民政府，以及县级人民政府劳动行政部门对无职业且缺乏就业能力的戒毒人员，应当提供必要的职业技能培训、就业指导和就业援助。

接受社区戒毒的戒毒人员应当遵守法律、法规，自觉履行社区戒毒协议，并根据公安机关的要求，定期接受检测。对违反社区戒毒协议的戒毒人员，参与社区戒毒的工作人员应当进行批评、教育；对严重违反社区戒毒协议或者在社区戒毒期间又吸食、注射毒品的，应当及时向公安机关报告。

（二）戒毒治疗

吸毒人员可以自行到具有戒毒治疗资质的医疗机构接受戒毒治疗。设置戒毒医疗机构或者医疗机构从事戒毒治疗业务的，应当符合国务院卫生行政部门规定的条件，报所在地的省、自治区、直辖市人民政府卫生行政部门批准，并报同级公安机关备案。戒毒治疗应当遵守国务院卫生行政部门制定的戒毒治疗规范，接受卫生行政部门的监督检查。戒毒治疗不得以营利为目的。戒毒治疗的药品、医疗器械和治疗方法不得做广告。戒毒治疗收取费用的，应当按照省、自治区、直辖市人民政府价格主管部门会同卫生行政部门制定的收费标准执行。

医疗机构根据戒毒治疗的需要，可以对接受戒毒治疗的戒毒人员进行身体和所携带物品的检查；对在治疗期间有人身危险的，可以采取必要的临时保护性约束措施。发现接受戒毒治疗的戒毒人员在治疗期间吸食、注射毒品的，医疗机构应当及时向公安机关报告。

（三）强制隔离戒毒

1. 强制隔离戒毒的人员

吸毒成瘾人员有下列情形之一的，由县级以上人民政府公安机关作出强制隔离戒毒的决定：

（1）拒绝接受社区戒毒的；

（2）在社区戒毒期间吸食、注射毒品的；

（3）严重违反社区戒毒协议的；

（4）经社区戒毒、强制隔离戒毒后再次吸食、注射毒品的。

对于吸毒成瘾严重，通过社区戒毒难以戒除毒瘾的人员，公安机关可以直接作出强制隔离戒毒的决定。吸毒成瘾人员自愿接受强制隔离戒毒的，经公安机关同意，可以进入强制隔离戒毒场所戒毒。

怀孕或者正在哺乳自己不满一周岁婴儿的妇女吸毒成瘾的，不适用强制隔离戒毒。不满十六周岁的未成年人吸毒成瘾的，可以不适用强制隔离戒毒。对不适用强制隔离戒毒的吸毒成瘾人员，依法进行社区戒毒，由负责社区戒毒工作的城市街道办事处、乡镇人民政府加强帮助、教育和监督，督促落实社区戒毒措施。

2. 强制隔离戒毒的决定

公安机关对吸毒成瘾人员决定予以强制隔离戒毒的，应当制作强制隔离戒毒决定书，在执行强制隔离戒毒前送达被决定人，并在送达后24小时以内通知被决定人的家属、所在单位和户籍所在地公安派出所；被决定人不讲真实姓名、住址，身份不明的，公安机关应当自查清其身份后通知。被决定人对公安机关作出的强制隔离戒毒决定不服的，可以依法申请行政复议或者提起行政诉讼。

3. 强制隔离戒毒的实施

对被决定予以强制隔离戒毒的人员，由作出决定的公安机关送强制隔离戒毒场所执行。

戒毒人员进入强制隔离戒毒场所戒毒时，应当接受对其身体和所携带物品的检查。

强制隔离戒毒场所应当根据戒毒人员吸食、注射毒品的种类及成瘾程度等，对戒毒人员进行有针对性的生理、心理治疗和身体康复训练。根据戒毒的需要，强制隔离戒毒场所可以组织戒毒人员参加必要的生产劳动，对戒毒人员进行职业技能培训。组织戒毒人员参加生产劳动的，应当支付劳动报酬。强制隔离戒毒场所应当根据戒毒人员的性别、年龄、患病等情况，对戒毒人员实行分别管理。强制隔离戒毒场所对有严重残疾或者疾病的戒毒人员，应当给予必要的看护和治疗；对患有传染病的戒毒人员，应当依法采取必要的隔离、治疗措施；对可能发生自伤、自残等情形的戒毒人员，可以采取相应的保护性约束措施。强制隔离戒毒场所管理人员不得体罚、虐待或者侮辱戒毒人员。

强制隔离戒毒场所应当根据戒毒治疗的需要配备执业医师。强制隔离戒毒场所的执业医师具有麻醉药品和精神药品处方权的，可以按照有关技术规范对戒毒人员使用麻醉药品、精神药品。卫生行政部门应当加强对强制隔离戒毒场所执业医师的业务指导和监督管理。

戒毒人员的亲属和所在单位或者就读学校的工作人员，可以按照有关规定探访戒毒人员。戒毒人员经强制隔离戒毒场所批准，可以外出探视配偶、直系亲属。强制隔离戒毒场所管理人员应当对强制隔离戒毒场所以外的人员交给戒毒人员的物品和邮件进行检查，防止夹带毒品。在检查邮件时，应当依法保护戒毒人员的通信自由和通信秘密。

强制隔离戒毒的期限为二年。执行强制隔离戒毒一年后，经诊断评估，对于戒毒情况良好的戒毒人员，强制隔离戒毒场所可以提出提前解除强制隔离戒毒的意见，报强制隔离戒毒的决定机关批准。强制隔离戒毒期满前，经诊断评估，对于需要延长戒毒期限的戒毒人员，由强制隔离戒毒场所提出延长戒毒期限的意见，报强制隔离戒毒的决定机关批准。强制隔离戒毒的期限最长可以延长一年。

（四）戒毒康复

1. 社区康复

对于被解除强制隔离戒毒的人员，强制隔离戒毒的决定机关可以责令其接受不超过三年的社区康复。社区康复参照上述社区戒毒进行。

2. 专业场所康复

县级以上地方各级人民政府根据戒毒工作的需要，可以开办戒毒康复场所；对社会力量依法开办的公益性戒毒康复场所应当给予扶持，提供必要的便利和帮助。戒毒人员可以自愿在戒毒康复场所生活、劳动。戒毒康复场所组织戒毒人员参加生产劳动的，应当参照国家劳动用工制度的规定支付劳动报酬。

第三节　治安管理政策法规

一、治安管理处罚法概述

（一）治安管理处罚

治安管理处罚，是指对于扰乱公共秩序，妨害公共安全，侵犯人身权利、财产权利，妨害社会管理，具有社会危害性的行为，尚不够刑事处罚的，由公安机关依照《治安管理处罚法》给予的行政处罚。

《中华人民共和国治安管理处罚法》（以下简称《治安管理处罚法》）适用于在中华人民共和国领域内以及在中华人民共和国船舶和航空器内发生的违反治安管理行为，法律有特别规定的除外。

（二）治安管理处罚的基本原则

（1）以事实为依据，以法律为准绳的原则。

（2）处罚与危害相适应的原则。

（3）公开、公正原则。

（4）尊重和保障人权原则。

（5）教育与处罚相结合的原则。

（6）处罚与民事责任并用的原则。

二、处罚的种类和适用

（一）处罚的种类

根据《治安管理处罚法》规定，治安管理处罚的种类分为：

（1）警告；

（2）罚款；

（3）行政拘留；

（4）吊销公安机关发放的许可证。

对违反治安管理的外国人，可以附加适用限期出境或者驱逐出境。

办理治安案件所查获的毒品、淫秽物品等违禁品，赌具、赌资，吸食、注射毒品的用具以及直接用于实施违反治安管理行为的本人所有的工具，应当收缴，按照规定处理。违反治安管理所得的财物，追缴退还被侵害人；没有被侵害人的，登记造册，公开拍卖或者按照国家有关规定处理，所得款项上缴国库。

（二）处罚的适用

1. 责任能力

我国18周岁以上的人违反治安管理的，应当承担法律责任，依法给予处罚；已满14周岁不满18周岁的人违反治安管理的，应当依法承担与其认知和控制能力相一致的法律责任，从轻或者减轻处罚；不满14周岁的人违反治安管理的，不承担法律责任，依法不予处罚，但是应当责令其监护人严加管教。

精神病人在不能辨认或者不能控制自己行为的时候违反治安管理的，依法不承担法律责任，不予处罚，但是应当责令其监护人严加看管和治疗。间歇性的精神病人在精神正常的时候违反治安管理的，应当承担法律责任，依法给予处罚。盲人或者又聋又哑的人违反治安管理的，可以从轻、减轻或者不予处罚。

醉酒的人违反治安管理的，应当依法承担法律责任，给予处罚。醉酒的人在醉酒状态中，对本人有危险或者对他人的人身、财产或者公共安全有威胁的，应当对其采取保护性措施约束至酒醒。

2. 并罚

《治安管理处罚法》规定，有两种以上违反治安管理行为的，分别决定，合并执行。分别决定是指对两种以上违反治安管理行为，分别按照各自的情况，根据《治安管理处罚法》相应的条款进行处罚，作出决定。合并执行是指将分别作出的处罚决定，按照一定的规则合并，并予以执行。各种不同处罚可以并用，分别执行，但警告与其他处罚合并后不再执行。相同处罚并用中警告合并的，执行一个警告；罚款合并的，直接相加执行；行政拘留合并执行的，最长不超过二十日。对违反治安管理的外国人，可以附加适用限期出境或者驱逐出境。

3. 共同违法

共同违反治安管理的，根据违反治安管理行为人在违反治安管理行为中所起的作用，分别处罚。其中，起主要作用的，承担主要责任；起辅助作用的，承担次要责任。教唆、胁迫、诱骗他人违反治安管理的，按照其教唆、胁迫、诱骗的行为处罚；教唆、胁迫、诱骗未成年人违反治安管理的，从重处罚；教唆、胁迫、诱骗不满 14 周岁的人违反治安管理的，承担全部责任。

4. 单位违法

单位违反治安管理的，对其直接负责的主管人员和其他直接责任人员依照《治安管理处罚法》的规定处罚。其他法律、行政法规对同一行为规定给予单位处罚的，依照其规定处罚。

5. 法定情节

违反治安管理，有下列情形之一的，减轻处罚或者不予处罚：

（1）情节特别轻微的；

（2）主动消除或者减轻违法后果，并取得被侵害人谅解的；

（3）出于他人胁迫或者诱骗的；

（4）主动投案，向公安机关如实陈述自己的违法行为的；

（5）有立功表现的。

违反治安管理有下列情形之一的，从重处罚：

（1）有较严重后果的；

（2）教唆、胁迫、诱骗他人违反治安管理的；

（3）对报案人、控告人、举报人、证人打击报复的；

（4）6 个月内曾受过治安管理处罚的。

违反治安管理行为人有下列情形之一，依照《治安管理处罚法》应当给予行政拘留处罚的，不执行行政拘留处罚：

（1）已满 14 周岁不满 16 周岁的；

（2）已满 16 周岁不满 18 周岁，初次违反治安管理的；

（3）70 周岁以上的；

（4）怀孕或者哺乳自己不满一周岁婴儿的。

6. 处罚时效

违反治安管理行为在 6 个月内没有被公安机关发现的，不再处罚。该 6 个月的期限，从违反治安管理行为发生之日起计算；违反治安管理行为有连续或者继续状态的，从行为终了之日起计算。

三、处罚程序

治安管理处罚必须依照法定程序进行。治安管理处罚的程序，原则上适用《治安管理处罚法》的规定；《治安管理处罚法》没有规定的，适用《中华人民共和国行政处罚法》（以下简称《行政处罚法》）的有关规定。

治安管理处罚的程序包括调查、决定和执行程序。

（一）调查

1. 受理

公安机关对报案、控告、举报或者违反治安管理行为人主动投案，以及其他行政主管部门、司法机关移送的违反治安管理案件，应当及时受理，并进行登记。公安机关受理报案、控告、举报、投案后，认为属于违反治安管理行为的，应当立即进行调查；认为不属于违反治安管理行为的，应当告知报案人、控告人、举报人、投案人，并说明理由。

公安机关及其人民警察在办理治安案件时，对涉及的国家秘密、商业秘密或者个人隐私，应当予以保密；对治安案件的调查，应当依法进行，严禁刑讯逼供或者采用威胁、引诱、欺骗等非法手段收集证据，以非法手段收集的证据不得作为处罚的根据。

2. 回避

人民警察在办理治安案件过程中，遇有下列情形之一的，应当回避；违反治安管理行为人、被侵害人或者其法定代理人也有权要求他们回避：

（1）是本案当事人或者当事人的近亲属的；

（2）本人或者其近亲属与本案有利害关系的；

（3）与本案当事人有其他关系，可能影响案件公正处理的。人民警察的回避，由其所属的公安机关决定；公安机关负责人的回避，由上一级公安机关决定。

3. 传唤和询问

需要传唤违反治安管理行为人接受调查的，经公安机关办案部门负责人批准，使用传唤证传唤。对现场发现的违反治安管理行为人，人民警察经出示工作证件，可以口头传唤，但应当在询问笔录中注明。公安机关应当将传唤的原因和依据告知被传唤人，并应当及时将传唤的原因和处所通知被传唤人家属。对无正当理由不接受传唤或者逃避传唤的人，公安机关可以强制传唤。

对违反治安管理行为人，公安机关传唤后应当及时询问查证，询问查证的时间不得超过八小时；情况复杂，依照本法规定可能适用行政拘留处罚的，询问查证的时间不得超过二十四小时。询问不满十六周岁的违反治安管理行为人，应当通知其父母或者其他监护人到场。

人民警察询问被侵害人或者其他证人，可以到其所在单位或者住处进行；必要时，也可以通知其到公安机关提供证言。人民警察在公安机关以外询问被侵害人或者其他证人，应当出示工作证件。

被询问人要求就被询问事项自行提供书面材料的，应当准许；必要时，人民警察也可以要求被询问人自行书写。

询问聋哑的违反治安管理行为人、被侵害人或者其他证人，应当有通晓手语的人提供帮助，并在笔录上注明；询问不通晓当地通用的语言文字的违反治安管理行为人、被侵害人或者其他证人，应当配备翻译人员，并在笔录上注明。

询问后，询问笔录应当交被询问人核对；对没有阅读能力的，应当向其宣读。记载有遗漏或者差错的，被询问人可以提出补充或者更正。被询问人确认笔录无误后，应当签名或者盖章，询问的人民警察也应当在笔录上签名。

4. 检查和鉴定

公安机关对与违反治安管理行为有关的场所、物品、人身可以进行检查。检查时，人民警察不得少于二人，并应当出示工作证件和县级以上人民政府公安机关开具的检查证明文件。对确有必要立即进行检查的，人民警察经出示工作证件，可以当场检查，但检查公民住所应当出示县级以上人民政府公安机关开具的检查证明文件。检查妇女的身体，应当由女性工作人员进行。检查的情况应当制作检查笔录，由检查人、被检查人和见证人签名或者盖章；被检查人拒绝签名的，人民警察应当在笔录上注明。

为了查明案情，需要解决案件中有争议的专门性问题的，应当指派或者聘请具有专门知识的人员进行鉴定；鉴定人鉴定后，应当写出鉴定意见，并且签名。

5. 扣押

公安机关办理治安案件，对与案件有关的需要作为证据的物品，可以扣押；对被侵害人或者善意第三人合法占有的财产，不得扣押，应当予以登记。对与案件无关的物品，不得扣押。

对扣押的物品，公安机关应当会同在场见证人和被扣押物品持有人查点清楚，当场开列清单一式二份，由调查人员、见证人和持有人签名或者盖章，一份交给持有人，另一份附卷备查。同时，妥善保管扣押的物品，不得挪作他用；对不宜长期保存的物品，按照有关规定处理。经查明与案件无关的，应当及时退还；经核实属于他人合法财产的，应当登记后立即退还；满六个月无人对该财产主张权利或者无法查清权利人的，应当公开拍卖或者按照国家有关规定处理，所得款项上缴国库。

（二）决定

1. 决定机关

治安管理处罚由县级以上人民政府公安机关决定；其中警告、五百元以下的罚款可以由公安派出所决定。

公安机关查处治安案件，对没有本人陈述，但其他证据能够证明案件事实的，可以作出治安管理处罚决定。但是，只有本人陈述，没有其他证据证明的，不能作出治安管理处罚决定。

公安机关作出治安管理处罚决定前，应当告知违反治安管理行为人作出治安管理处罚的事实、理由及依据，并告知违反治安管理行为人依法享有的权利。

违反治安管理行为人有权陈述和申辩。公安机关必须充分听取违反治安管理行为人的意见，对违反治安管理行为人提出的事实、理由和证据，应当进行复核；违反治安管理行为人提出的事实、理由或者证据成立的，公安机关应当采纳。公安机关不得因违反治安管理行为人的陈述、申辩而加重处罚。

2. 处罚决定

治安案件调查结束后，公安机关应当根据不同情况，分别作出以下处理：

（1）确有依法应当给予治安管理处罚的违法行为的，根据情节轻重及具体情况，作出处罚决定；

（2）依法不予处罚的，或者违法事实不能成立的，作出不予处罚决定；

（3）违法行为已涉嫌犯罪的，移送主管机关依法追究刑事责任；

（4）发现违反治安管理行为人有其他违法行为的，在对违反治安管理行为作出处罚决定的同时，通知有关行政主管部门处理。

公安机关作出治安管理处罚决定的，应当制作治安管理处罚决定书。决定书应当载明下列内容：

（1）被处罚人的姓名、性别、年龄、身份证件的名称和号码、住址；

（2）违法事实和证据；

（3）处罚的种类和依据；

（4）处罚的执行方式和期限；

（5）对处罚决定不服，申请行政复议、提起行政诉讼的途径和期限；

（6）作出处罚决定的公安机关的名称和作出决定的日期。

处罚决定书应当由作出处罚决定的公安机关加盖印章。

公安机关应当向被处罚人宣告治安管理处罚决定书，并当场交付被处罚人；无法当场向被处罚人宣告的，应当在二日内送达被处罚人。决定给予行政拘留处罚的，应当及时通知被处罚人的家属。有被侵害人的，公安机关应当将决定书副本抄送被侵害人。

3. 听证

公安机关作出吊销许可证以及处二千元以上罚款的治安管理处罚决定前，应当告知违反治安管理行为人有权要求举行听证；违反治安管理行为人要求听证的，公安机关应当及时依照《行政处罚法》的听证程序举行听证。

4. 期限

公安机关办理治安案件的期限，自受理之日起不得超过三十日；案情重大、复杂的，经上一级公安机关批准，可以延长三十日。但是，为了查明案情进行鉴定的期间，不计入办理治安案件的期限。

5. 当场决定

对于违反治安管理行为事实清楚，证据确凿，处警告或者二百元以下罚款的，可以当场作出治安管理处罚决定。

当场作出治安管理处罚决定的，人民警察应当向违反治安管理行为人出示工作证件，并填写处罚决定书。处罚决定书应当载明被处罚人的姓名、违法行为、处罚依据、罚款数额、时间、地点以及公安机关名称，并由经办的人民警察签名或者盖章。处罚决定书应当当场交付被处罚人；有被侵害人的，并将决定书副本抄送被侵害人。

当场作出治安管理处罚决定的，经办的人民警察应当在二十四小时内报所属公安机关备案。

6. 救济措施

人民警察办理治安案件，有违法违规行为的，依法给予行政处分；构成犯罪的，依法追究刑事责任。公安机关及其人民警察违法行使职权，侵犯公民、法人和其他组织合法权益的，应当赔礼道歉；造成损害的，应当依法承担赔偿责任。被处罚人对治安管理处罚决定不服的，可以依照《行政复议法》申请行政复议或者依照《行政诉讼法》提起行政诉讼。

（三）执行

1. 罚款的执行

公安机关依法执行罚款处罚，应当依照有关法律、行政法规的规定，实行罚款决定与罚款收缴分离；收缴的罚款应当全部上缴国库。受到罚款处罚的人应当自收到处罚决定书之日起十五日内，到指定的银行缴纳罚款。但是，有下列情形之一的，人民警察可以当场收缴罚款：

（1）被处五十元以下罚款，被处罚人对罚款无异议的；

（2）在边远、水上、交通不便地区，公安机关及其人民警察依照本法的规定作出罚款决定后，被处罚人向指定的银行缴纳罚款确有困难，经被处罚人提出的；

（3）被处罚人在当地没有固定住所，不当场收缴事后难以执行的。

人民警察当场收缴的罚款，应当自收缴罚款之日起二日内，交至所属的公安机关；在水上、旅客列车上当场收缴的罚款，应当自抵岸或者到站之日起二日内，交至所属的公安机关；公安机关应当自收到罚款之日起二日内将罚款缴付指定的银行。

人民警察当场收缴罚款的，应当向被处罚人出具省、自治区、直辖市人民政府财政部门统一制发的罚款收据；不出具统一制发的罚款收据的，被处罚人有权拒绝缴纳罚款。

2. 拘留的执行

对被决定给予行政拘留处罚的人，由作出决定的公安机关送达拘留所执行。在处罚前已经采取强制措施限制人身自由的时间，应当折抵，限制人身自由一日，折抵行政拘留一日。

被处罚人不服行政拘留处罚决定，申请行政复议、提起行政诉讼的，可以向公安机关提出暂缓执行行政拘留的申请。公安机关认为暂缓执行行政拘留不致发生社会危险的，由被处罚人或者其近亲属按每日行政拘留二百元的标准交纳保证金，或者提出符合下列条件的担保人，行政拘留的处罚决定可暂缓执行：

（1）与本案无牵连；

（2）享有政治权利，人身自由未受到限制；

（3）在当地有常住户口和固定住所；

（4）有能力履行担保义务。

被决定给予行政拘留处罚的人交纳保证金，暂缓行政拘留后，逃避行政拘留处罚的执行的，保证金予以没收并上缴国库，已经作出的行政拘留决定仍应执行。担保人应当保证被担保人不逃避行政拘留处罚的执行。担保人不履行担保义务，致使被担保人逃避行政拘留处罚的执行的，由公安机关对其处三千元以下罚款。行政拘留的处罚决定被撤销，或者行政拘留处罚开始执行的，公安机关收取的保证金应当及时退还交纳人。

本章练习

1. 什么是社区矫正？社区矫正的适用范围是什么？

2. 如何实施社区矫正？
3. 全面推进社区矫正工作的基本原则是什么？
4. 我国的禁毒方针是什么？
5. 戒毒的主要措施有哪些？
6. 治安管理处罚的种类有哪些？
7. 治安管理处罚如何适用？
8. 治安管理当场处罚的情形有哪几种？

第十三章　人民调解、信访工作和突发事件应对政策法规

学习目标

通过本章的学习，你应该能够：

1. 了解人民调解工作的基本体制，理解人民调解工作的基本原则，明确人民调解的纪律；
2. 熟悉掌握人民调解的程序，能够组织人民调解工作；
3. 了解信访工作的机构，熟悉信访的渠道和法律责任；
4. 掌握信访事项的提出、受理、办理和督办的程序；
5. 掌握信访工作制度改革的主要内容；
6. 掌握突发事件的含义及应对管理体制，掌握突发事件应对工作内容及其要求。

第一节　人民调解政策法规

我国调整人民调解的政策法规主要有《中华人民共和国人民调解法》（2011 年）、《人民调解工作若干规定》（2002 年）、《最高人民法院关于人民调解协议司法确认程序的若干规定》（法释〔2011〕5 号）等。

一、人民调解的概念、特征、原则和管理体制

（一）人民调解的概念

人民调解，是指人民调解委员会通过说服、疏导等方法，促使当事人在平等协商基础上自愿达成调解协议，解决民间纠纷的活动。人民调解在人民调解委员会的主持下，依据法律、法规、规章、政策以及社会公德、公序良俗等，对民间纠纷在查明事实、分清是非的基础上，通过说服教育和规劝疏导的方法，促使当事人双方互谅互让、平等协商、自愿达成调解协议，是解决民间纠纷的一种群众性自治活动。

（二）人民调解的原则和管理体制

1. 人民调解的原则

（1）自愿平等原则。人民调解委员会应当在当事人自愿、平等的基础上调解民间纠

纷。人民调解委员会调解纠纷，必须出于双方当事人的自愿。

（2）依法调解原则。人民调解委员会调解民间纠纷，不得违背法律、法规和国家政策。人民调解委员会在开展调解工作时，必须依据法律、法规、规章和政策进行调解，法律、法规、规章和政策没有明确规定的，依据社会公德进行调解。

（3）尊重当事人诉讼权利的原则。人民调解委员会调解民间纠纷，应当尊重当事人的权利，不得因调解而阻止当事人依法通过仲裁、行政、司法等途径维护自己的权利。

2. 人民调解的管理体制

（1）国务院司法行政部门负责指导全国的人民调解工作，县级以上地方人民政府司法行政部门负责指导本行政区域的人民调解工作。基层人民法院对人民调解委员会调解民间纠纷进行业务指导。

（2）人民调解委员会的设立及其组成人员，应当向所在地乡镇、街道司法所（科）备案；乡镇、街道人民调解委员会的设立及其组成人员，应当向县级司法行政机关备案。

（3）国家鼓励和支持人民调解工作。县级以上地方人民政府对人民调解工作所需经费应当给予必要的支持和保障，对有突出贡献的人民调解委员会和人民调解员按照国家规定给予表彰奖励。

（4）人民调解委员会调解民间纠纷，不收取任何费用。

二、人民调解委员会和调解员

（一）人民调解委员会

1. 人民调解委员会的任务

人民调解委员会是依法设立的调解民间纠纷的群众性组织，其任务是：

（1）调解民间纠纷，防止民间纠纷激化；

（2）通过调解工作宣传法律、法规、规章和政策，教育公民遵纪守法，尊重社会公德，预防民间纠纷发生；

（3）向村民委员会、居民委员会、所在单位和基层人民政府反映民间纠纷和调解工作的情况。

2. 人民调解委员会的设立

村民委员会、居民委员会设立人民调解委员会。企业事业单位根据需要设立人民调解委员会。乡镇、街道以及社会团体或者其他组织根据需要也可以设立人民调解委员会，调解民间纠纷。村民委员会、居民委员会和企业事业单位的人民调解委员会根据需要，可以自然村、小区（楼院）、车间等为单位，设立调解小组，聘任调解员。

3. 人民调解委员会的组成

人民调解委员会由委员三至九人组成，设主任一人，必要时，可以设副主任若干人。人民调解委员会应当有妇女成员，多民族居住的地区应当有人数较少民族的成员。村民委员会、居民委员会的人民调解委员会委员由村民会议或者村民代表会议、居民会议推选产生；企业事业单位设立的人民调解委员会委员由职工大会、职工代表大会或者工会组织推选产生。人民调解委员会委员每届任期三年，可以连选连任。

4. 人民调解委员会的管理

县级人民政府司法行政部门应当对本行政区域内人民调解委员会的设立情况进行统计，并且将人民调解委员会以及人员组成和调整情况及时通报所在地基层人民法院。人民调解委员会应当建立健全各项调解工作制度，听取群众意见，接受群众监督。村民委员会、居民委员会和企业事业单位应当为人民调解委员会开展工作提供办公条件和必要的工作经费。

（二）人民调解员

1. 人民调解员的推选或聘任

人民调解员由人民调解委员会委员和人民调解委员会聘任的人员担任。人民调解员应当由公道正派、热心人民调解工作，并具有一定文化水平、政策水平和法律知识的成年公民担任。

人民调解员除由村民委员会成员、居民委员会成员或者企业事业单位有关负责人兼任以外，一般由本村民区、居民区或者企业事业单位的群众选举产生，也可以由村民委员会、居民委员会或者企业事业单位聘任。乡镇、街道人民调解委员会委员由下列人员担任：

（1）本乡镇、街道辖区内设立的村民委员会、居民委员会、企业事业单位的人民调解委员会主任；

（2）本乡镇、街道的司法助理员；

（3）在本乡镇、街道辖区内居住的懂法律、有专长、热心人民调解工作的社会志愿人员。

县级人民政府司法行政部门应当定期对人民调解员进行业务培训。

2. 人民调解员的禁止行为

人民调解员在调解工作中有下列行为之一的，由其所在的人民调解委员会给予批评教育、责令改正，情节严重的，由推选或者聘任单位予以罢免或者解聘：

（1）偏袒一方当事人的；

（2）侮辱当事人的；

（3）索取、收受财物或者牟取其他不正当利益的；

（4）泄露当事人的个人隐私、商业秘密的。

3. 人民调解员的待遇

人民调解员从事调解工作，应当给予适当的误工补贴；因从事调解工作致伤致残，生活发生困难的，当地人民政府应当提供必要的医疗、生活救助；在人民调解工作岗位上牺牲的人民调解员，其配偶、子女按照国家规定享受抚恤和优待。

三、人民调解的程序

（一）受理

1. 受理范围

人民调解委员会调解的民间纠纷，包括发生在公民与公民之间、公民与法人和其他社会组织之间涉及民事权利义务争议的各种纠纷。但是，人民调解委员会不得受理调解下列纠纷：

（1）法律、法规规定只能由专门机关管辖处理的，或者法律、法规禁止采用民间调解方式解决的；

（2）人民法院、公安机关或者其他行政机关已经受理或者解决的。

基层人民法院、公安机关对适宜通过人民调解方式解决的纠纷，可以在受理前告知当事人向人民调解委员会申请调解。

2. 受理方式

当事人可以向人民调解委员会申请调解；人民调解委员会也可以主动调解。当事人一方明确拒绝调解的，不得调解。

（1）当事人申请受理。人民调解委员会根据纠纷当事人的申请，受理调解纠纷。当事人一方或双方主动要求人民调解委员会解决他们之间的纠纷。当事人既可以口头申请，也可以书面申请，不拘形式，以方便易行为原则。

（2）人民调解委员会主动受理。当事人没有申请的，人民调解委员会也可以主动调解，但当事人表示异议的除外。人民调解委员会根据群众报告、有关单位转告、或调解委员亲自得知发生了纠纷，主动、及时前往纠纷当事人中间去进行调查、斡旋。

当事人申请调解纠纷，符合条件的，人民调解委员会应当及时受理调解。不符合受理条件的，应当告知当事人按照法律、法规规定提请有关机关处理或者向人民法院起诉；随时有可能激化的，应当在采取必要的缓解疏导措施后，及时提交有关机关处理。人民调解委员会受理调解纠纷，应当进行登记。

（二）确定调解员

人民调解委员会根据调解纠纷的需要，可以指定一名或者数名人民调解员进行调解，也可以由当事人选择一名或者数名人民调解员进行调解。当事人对调解主持人提出回避要求的，人民调解委员会应当予以调换。

人民调解员根据调解纠纷的需要，在征得当事人的同意后，可以邀请当事人的亲属、邻里、同事等参与调解，也可以邀请具有专业知识、特定经验的人员或者有关社会组织的人员参与调解。人民调解委员会支持当地公道正派、热心调解、群众认可的社会人士参与调解。

（三）调查研究

人民调解委员会受理纠纷以后，为了确定纠纷性质，正确解决纠纷，要及时开展调查研究，查明纠纷发生的原因、争执的焦点、发展的过程，以便有针对性地进行调解。调解委员要先向双方当事人进行调查，了解他们的意见和要求，了解纠纷发生、发展的全过程，记录他们提供的证人证言及其他证据，如需查看现场的，还应及时查看现场，必要时可作现场勘验笔录。同时还要向知情人、周围群众、当事人工作单位、与纠纷有关的相关单位等了解情况。在深入调查收集材料的基础上进行分析研究，提出调解方案。

（四）主持调解

1. 告知当事人的权利义务

人民调解委员会调解纠纷，在调解前应当以口头或者书面形式告知当事人人民调解的性质、原则和效力，以及当事人在调解活动中享有的权利和承担的义务。

当事人在人民调解活动中享有下列权利：

（1）选择或者接受人民调解员；

（2）接受调解、拒绝调解或者要求终止调解；

（3）要求调解公开进行或者不公开进行；

（4）自主表达意愿、自愿达成调解协议。

当事人在人民调解活动中履行下列义务：

（1）如实陈述纠纷事实；

（2）遵守调解现场秩序，尊重人民调解员；

（3）尊重对方当事人行使权利。

2. 调解的内容

人民调解员调解民间纠纷，应当坚持原则，明法析理，主持公道。调解民间纠纷，应当及时、就地进行，防止矛盾激化。人民调解员根据纠纷的不同情况，可以采取多种方式调解民间纠纷，充分听取当事人的陈述，讲解有关法律、法规和国家政策，耐心疏导，在当事人平等协商、互谅互让的基础上提出纠纷解决方案，帮助当事人自愿达成调解协议。

3. 相关问题的处理

（1）人民调解员在调解纠纷过程中，发现纠纷有可能激化的，应当采取有针对性的预防措施；对有可能引起治安案件、刑事案件的纠纷，应当及时向当地公安机关或者其他有关部门报告。

（2）人民调解员调解纠纷，调解不成的，应当终止调解，并依据有关法律、法规的规定，告知当事人可以依法通过仲裁、行政、司法等途径维护自己的权利。

（3）人民调解员应当记录调解情况。人民调解委员会应当建立调解工作档案，将调解登记、调解工作记录、调解协议书等材料立卷归档。

四、调解协议

（一）调解协议书

经人民调解委员会调解达成调解协议的，可以制作调解协议书。当事人认为无需制作调解协议书的，可以采取口头协议方式，人民调解员应当记录协议内容。

调解协议书可以载明下列事项：

（1）当事人的基本情况；

（2）纠纷的主要事实、争议事项以及各方当事人的责任；

（3）当事人达成调解协议的内容，履行的方式、期限。

（二）调解协议的效力

调解协议书自各方当事人签名、盖章或者按指印，人民调解员签名并加盖人民调解委员会印章之日起生效。调解协议书由当事人各执一份，人民调解委员会留存一份。口头调解协议自各方当事人达成协议之日起生效。

经人民调解委员会调解达成的调解协议，具有法律约束力，当事人应当按照约定履行。按照《最高人民法院关于审理涉及人民调解协议民事案件若干规定》（法释〔2002〕29号）规定，“经人民调解委员会调解达成的、有民事权利义务内容，并由双方当事人签字或者盖章的调解协议，具有民事合同性质。当事人应当按照约定履行自己的义务，不得擅自变更或者解除调解协议。”人民调解委员会应当对调解协议的履行情况进行监督，督促当事人履行约定的义务。

（三）调解协议的司法确认

经人民调解委员会调解达成调解协议后，当事人之间就调解协议的履行或者调解协议的内容发生争议的，一方当事人可以向人民法院提起诉讼。经人民调解委员会调解达成调解协议后，双方当事人认为有必要的，可以自调解协议生效之日起三十日内共同向人民法院申请司法确认，人民法院应当及时对调解协议进行审查，依法确认调解协议的效力。

根据《最高人民法院关于人民调解协议司法确认程序的若干规定》，有下列情形之一的，人民法院不予受理：

（1）不属于人民法院受理民事案件的范围或者不属于接受申请的人民法院管辖的；

（2）确认身份关系的；

（3）确认收养关系的；

（4）确认婚姻关系的。

具有下列情形之一的，人民法院不予确认调解协议效力：

（1）违反法律、行政法规强制性规定的；

（2）侵害国家利益、社会公共利益的；

（3）侵害案外人合法权益的；

（4）损害社会公序良俗的；

（5）内容不明确，无法确认的；

（6）其他不能进行司法确认的情形。

人民法院经审查认为调解协议符合确认条件的，应当作出确认决定书；决定不予确认调解协议效力的，应当作出不予确认决定书。

人民法院依法确认调解协议有效，一方当事人拒绝履行或者未全部履行的，对方当事人可以向人民法院申请强制执行。人民法院依法确认调解协议无效的，当事人可以通过人民调解方式变更原调解协议或者达成新的调解协议，也可以向人民法院提起诉讼。

第二节　信访工作政策法规

信访工作是解决社会纠纷的一条重要途径。国务院 1995 年 10 月 28 日颁布的《信访条例》，将信访工作纳入规范化的轨道。2005 年 1 月 5 日，国务院第 76 次常务会议对《信访条例》进行了修改，修改后的《信访条例》自 2005 年 5 月 1 日起施行。

一、信访及其工作体制

（一）信访的概念

信访是指公民、法人或者其他组织采用书信、电子邮件、传真、电话、走访等形式，向各级人民政府、县级以上人民政府工作部门反映情况，提出建议、意见或者投诉请求，依法由有关行政机关处理的活动。

采用上述形式，反映情况，提出建议、意见或者投诉请求的公民、法人或者其他组织，称信访人。

（二）政府及各部门的职责

信访工作应当在各级人民政府领导下，坚持属地管理、分级负责，谁主管、谁负责，依法、及时、就地解决问题与疏导教育相结合的原则。县级以上人民政府应当建立统一领导、部门协调，统筹兼顾、标本兼治，各负其责、齐抓共管的信访工作格局，通过联席会议、建立排查调处机制、建立信访督查工作制度等方式，及时化解矛盾和纠纷。

各级人民政府、县级以上人民政府工作部门应当做好信访工作，认真处理来信、接待来访，倾听人民群众的意见、建议和要求，接受人民群众的监督，努力为人民群众服务；应当畅通信访渠道，为信访人采用信访条例规定的形式反映情况，提出建议、意见或者投诉请求提供便利条件；应当科学、民主决策，依法履行职责，从源头上预防导致信访事项的矛盾和纠纷。

各级人民政府、县级以上人民政府各工作部门的负责人应当阅批重要来信、接待重要来访、听取信访工作汇报，研究解决信访工作中的突出问题。任何组织和个人不得打击报复信访人。

（三）信访工作机构

县级以上人民政府应当设立信访工作机构；县级以上人民政府工作部门及乡、镇人民政府应当按照有利工作、方便信访人的原则，确定负责信访工作的机构（以下简称“信访工作机构”）或者人员，具体负责信访工作。

县级以上人民政府信访工作机构是本级人民政府负责信访工作的行政机构，履行下列职责：

（1）受理、交办、转送信访人提出的信访事项；

（2）承办上级和本级人民政府交由处理的信访事项；

（3）协调处理重要信访事项；

（4）督促检查信访事项的处理；

（5）研究、分析信访情况，开展调查研究，及时向本级人民政府提出完善政策和改进工作的建议；

（6）对本级人民政府其他工作部门和下级人民政府信访工作机构的信访工作进行指导。

各级人民政府应当建立健全信访工作责任制，对信访工作中的失职、渎职行为，依法追究有关责任人员的责任，并在一定范围内予以通报。信访工作绩效纳入公务员考核体系。

二、信访的渠道

《信访条例》规定，各级人民政府、县级以上人民政府工作部门应当向社会公布信访工作机构的通信地址、电子信箱、投诉电话、信访接待的时间和地点、查询信访事项处理进展及结果的方式等相关事项。各级人民政府、县级以上人民政府工作部门应当在其信访接待场所或者网站公布与信访工作有关的法律、法规、规章，信访事项的处理程序，以及其他为信访人提供便利的相关事项。设区的市级、县级人民政府及其工作部门，乡、镇人民政府应当建立行政机关负责人信访接待日制度，由行政机关负责人协调处理信访事项。信访人可以在公布的接待日和接待地点向有关行政机关负责人当面反映信访事项。县级以上人民政府及其工作部门负责人或者其指定的人员，可以就信访人反映突出的问题到信访人居住地与信访人面谈沟通。

国家信访工作机构充分利用现有政务信息网络资源，建立全国信访信息系统，为信访人在当地提出信访事项、查询信访事项办理情况提供便利。县级以上地方人民政府应当充分利用现有政务信息网络资源，建立或者确定本行政区域的信访信息系统，并与上级人民政府、政府有关部门、下级人民政府的信访信息系统实现互联互通。

县级以上各级人民政府的信访工作机构或者有关工作部门应当及时将信访人的投诉请求输入信访信息系统，信访人可以持行政机关出具的投诉请求受理凭证到当地人民政府的信访工作机构或者有关工作部门的接待场所查询其所提出的投诉请求的办理情况。设区的市、县两级人民政府可以根据信访工作的实际需要，建立政府主导、社会参与、有利于迅速解决纠纷的工作机制。

信访工作机构应当组织相关社会团体、法律援助机构、相关专业人员、社会志愿者等共同参与，运用咨询、教育、协商、调解、听证等方法，依法、及时、合理地处理信访人的投诉请求。

三、信访事项的提出、受理、办理和督办

（一）信访事项的提出

1. 向行政机关提出

《信访条例》规定，信访人对下列组织、人员的职务行为反映情况，提出建议、意见，或者不服下列组织、人员的职务行为，可以向有关行政机关提出信访事项：

（1）行政机关及其工作人员；

（2）法律、法规授权的具有管理公共事务职能的组织及其工作人员；

(3) 提供公共服务的企业、事业单位及其工作人员;

(4) 社会团体或者其他企业、事业单位中由国家行政机关任命、派出的人员;

(5) 村民委员会、居民委员会及其成员。

2. 向其他机关提出

(1) 对依法应当通过诉讼、仲裁、行政复议等法定途径解决的投诉请求,信访人应当依照有关法律、行政法规规定的程序向有关机关提出。

(2) 信访人对各级人民代表大会以及县级以上各级人民代表大会常务委员会、人民法院、人民检察院职权范围内的信访事项,应当分别向有关的人民代表大会及其常务委员会、人民法院、人民检察院提出。

(3) 信访人采用走访形式提出信访事项,应当向依法有权处理的本级或者上一级机关提出;信访事项已经受理或者正在办理的,信访人在规定期限内向受理、办理机关的上级机关再提出同一信访事项的,该上级机关不予受理。

3. 提出的形式

(1) 信访人提出信访事项,一般应当采用书信、电子邮件、传真等书面形式;信访人提出投诉请求的,还应当载明信访人的姓名(名称)、住址和请求、事实、理由。

(2) 有关机关对采用口头形式提出的投诉请求,应当记录信访人的姓名(名称)、住址和请求、事实、理由。

(3) 信访人采用走访形式提出信访事项的,应当到有关机关设立或者指定的接待场所提出。多人采用走访形式提出共同的信访事项的,应当推选代表,代表人数不得超过5人。

4. 信访提出须合法

信访人提出信访事项,应当客观真实,对其所提供材料内容的真实性负责,不得捏造、歪曲事实,不得诬告、陷害他人。

信访人在信访过程中应当遵守法律、法规,不得损害国家、社会、集体的利益和其他公民的合法权利,自觉维护社会公共秩序和信访秩序,不得有下列行为:

(1) 在国家机关办公场所周围、公共场所非法聚集,围堵、冲击国家机关,拦截公务车辆,或者堵塞、阻断交通的;

(2) 携带危险物品、管制器具的;

(3) 侮辱、殴打、威胁国家机关工作人员,或者非法限制他人人身自由的;

(4) 在信访接待场所滞留、滋事,或者将生活不能自理的人弃留在信访接待场所的;

(5) 煽动、串联、胁迫、以财物诱使、幕后操纵他人信访或者以信访为名借机敛财的;

(6) 扰乱公共秩序、妨害国家和公共安全的其他行为。

(二) 信访事项的受理

县级以上人民政府信访工作机构收到信访事项,应当予以登记,并区分情况,在15日内分别按下列方式处理:

(1) 信访人对各级人民代表大会以及县级以上各级人民代表大会常务委员会、人民法院、人民检察院职权范围内的信访事项，应当告知信访人分别向有关的人民代表大会及其常务委员会、人民法院、人民检察院提出。对已经或者依法应当通过诉讼、仲裁、行政复议等法定途径解决的，不予受理，但应当告知信访人依照有关法律、行政法规规定程序向有关机关提出。

（2）对依照法定职责属于本级人民政府或者其工作部门处理决定的信访事项，应当转送有权处理的行政机关；情况重大、紧急的，应当及时提出建议，报请本级人民政府决定。

（3）信访事项涉及下级行政机关或者其工作人员的，按照“属地管理、分级负责，谁主管、谁负责”的原则，直接转送有权处理的行政机关，并抄送下一级人民政府信访工作机构。

县级以上人民政府信访工作机构要定期向下一级人民政府信访工作机构通报转送情况，下级人民政府信访工作机构要定期向上一级人民政府信访工作机构报告转送信访事项的办理情况。

（4）对转送信访事项中的重要情况需要反馈办理结果的，可以直接交由有权处理的行政机关办理，要求其在指定办理期限内反馈结果，提交办结报告。

有关行政机关应当自收到转送、交办的信访事项之日起 15 日内决定是否受理并书面告知信访人，并按要求通报信访工作机构。有关行政机关收到信访事项后，能够当场答复是否受理的，应当当场书面答复；不能当场答复的，应当自收到信访事项之日起 15 日内书面告知信访人。但是，信访人的姓名（名称）、住址不清的除外。有关行政机关应当相互通报信访事项的受理情况。

行政机关及其工作人员不得将信访人的检举、揭发材料及有关情况透露或者转给被检举、揭发的人员或者单位。

涉及两个或者两个以上行政机关的信访事项，由所涉及的行政机关协商受理；受理有争议的，由其共同的上一级行政机关决定受理机关。应当对信访事项作出处理的行政机关分立、合并、撤销的，由继续行使其职权的行政机关受理；职责不清的，由本级人民政府或者其指定的机关受理。

公民、法人或者其他组织发现可能造成社会影响的重大、紧急信访事项和信访信息时，可以就近向有关行政机关报告。地方各级人民政府接到报告后，应当立即报告上一级人民政府；必要时，通报有关主管部门。县级以上地方人民政府有关部门接到报告后，应当立即报告本级人民政府和上一级主管部门；必要时，通报有关主管部门。国务院有关部门接到报告后，应当立即报告国务院；必要时，通报有关主管部门。

行政机关对重大、紧急信访事项和信访信息不得隐瞒、谎报、缓报，或者授意他人隐瞒、谎报、缓报。对于可能造成社会影响的重大、紧急信访事项和信访信息，有关行政机关应当在职责范围内依法及时采取措施，防止不良影响的产生、扩大。

（三）信访事项的办理

行政机关及其工作人员办理信访事项，应当恪尽职守、秉公办事，查明事实、分清责任，宣传法制、教育疏导，及时妥善处理，不得推诿、敷衍、拖延。信访人反映的情况，提出的建议、意见，有利于行政机关改进工作、促进国民经济和社会发展的，有关行政机关应当认真研究论证并积极采纳。

对信访事项有权处理的行政机关办理信访事项，应当听取信访人陈述事实和理由；必要时可以要求信访人、有关组织和人员说明情况；需要进一步核实有关情况的，可以向其他组织和人员调查。对重大、复杂、疑难的信访事项，可以举行听证。听证应当公开举行，通过质询、辩论、评议、合议等方式，查明事实，分清责任。听证范围、主持人、参加人、程序等由省、自治区、直辖市人民政府规定。

行政机关工作人员与信访事项或者信访人有直接利害关系的，应当回避。

对信访事项有权处理的行政机关经调查核实，应当依照有关法律、法规、规章及其他有关规定，分别做出以下处理，并书面答复信访人：

（1）请求事实清楚，符合法律、法规、规章或者其他有关规定的，予以支持；

（2）请求事由合理但缺乏法律依据的，应当对信访人做好解释工作；

（3）请求缺乏事实根据或者不符合法律、法规、规章或者其他有关规定的，不予支持。

信访事项应当自受理之日起60日内办结；情况复杂的，经本行政机关负责人批准，可以适当延长办理期限，但延长期限不得超过30日，并告知信访人延期理由。法律、行政法规另有规定的，从其规定。

信访人对行政机关作出的信访事项处理意见不服的，可以自收到书面答复之日起30日内请求原办理行政机关的上一级行政机关复查。收到复查请求的行政机关应当自收到复查请求之日起30日内提出复查意见，并予以书面答复。

信访人对复查意见不服的，可以自收到书面答复之日起30日内向复查机关的上一级行政机关请求复核。收到复核请求的行政机关应当自收到复核请求之日起30日内提出复核意见。

信访人对复核意见不服，仍然以同一事实和理由提出投诉请求的，各级人民政府信访工作机构和其他行政机关不再受理。

（四）信访事项的督办

《信访条例》规定，县级以上人民政府信访工作机构发现有关行政机关有下列情形之一的，应当及时督办，并提出改进建议：

（1）无正当理由未按规定的办理期限办结信访事项的；

（2）未按规定反馈信访事项办理结果的；

（3）未按规定程序办理信访事项的；

（4）办理信访事项推诿、敷衍、拖延的；

（5）不执行信访处理意见的；

（6）其他需要督办的情形。

收到改进建议的行政机关应当在30日内书面反馈情况；未采纳改进建议的，应当说明理由。

县级以上人民政府信访工作机构对于信访人反映的有关政策性问题，应当及时向本级人民政府报告，并提出完善政策、解决问题的建议。

县级以上人民政府信访工作机构对在信访工作中推诿、敷衍、拖延、弄虚作假造成严重后果的行政机关工作人员，可以向有关行政机关提出给予行政处分的建议。

县级以上人民政府信访工作机构应当就以下事项向本级人民政府定期提交信访情况分析报告：

（1）受理信访事项的数据统计、信访事项涉及领域以及被投诉较多的机关；

（2）转送、督办情况以及各部门采纳改进建议的情况；

（3）提出的政策性建议及其被采纳情况。

四、信访工作制度改革

为了解决新时期信访的突出问题，2014 年 2 月 25 日，中共中央办公厅、国务院办公厅印发了《关于创新群众工作方法解决信访突出问题的意见》，要求创新工作方法，全面推进信访工作制度改革。

（一）着力从源头上预防和减少信访问题发生

1. 加大保障和改善民生力度

将保障和改善民生作为预防和化解矛盾纠纷的基础性工作，更加注重落实好各项民生政策，优先保障民生支出。针对土地征用、房屋拆迁、劳动和社会保障等方面的突出问题，加强顶层设计，完善相关政策，全力推动落实。

2. 提高科学民主决策水平

完善决策机制和程序，增强决策透明度和公众参与度。建立健全人民建议征集制度，鼓励和引导人民群众对党和政府工作献计献策。对与人民群众利益密切相关的决策事项，要通过举行座谈会、听证会、论证会等形式广泛听取意见，充分考虑大多数人的利益。健全重大决策社会稳定风险评估机制，把社会稳定风险评估作为重大决策出台的前置程序和刚性门槛，对决策可能引发的各种风险进行科学预测、综合研判，确定风险等级并制定相应的化解处置预案。在评估中要充分听取信访、维稳、综治等部门的意见。健全决策纠错改正机制，实时跟踪决策实施情况，及时了解利益相关方和社会公众对决策实施的意见和建议，全面评估决策执行效果，适时决定是否对决策予以调整或者停止执行。落实决策责任追究制度，对违反决策规定、出现重大决策失误而造成重大损失或者恶劣影响的，按照谁决策、谁负责的原则，严肃追究决策者的党纪政纪责任，触犯法律的依法追究其法律责任。

3. 坚持依法办事

各级国家机关及其工作人员要严格按照法定权限和程序行使权力、履行职责。强化各级干部带头学法、尊法、守法、用法意识，提高依法办事能力。依法保障人民群众参与社会治理和公共事务，坚决纠正限制和干涉群众正常信访活动的错误做法。注重运用法治思维和法治方式化解矛盾纠纷，防止以闹求解决、以访牟私利、无理缠访闹访等现象发生。严格落实行政执法责任制，对于不作为、乱作为的，依法追究责任。深化司法体制改革，确保司法公平公正。建立健全冤假错案责任追究制度，实行法官、检察官、人民警察对办案质量终身负责制，严肃查处刑讯逼供、暴力取证、隐匿伪造证据等违法行为，不断提高司法公信力。

4. 改进工作作风

发扬求真务实、真抓实干、密切联系群众的优良作风，深入基层调查研究，解决突出问题。总结推广干部进村入户，送政策、送温暖、送服务，记民情日记，建民情档案等做法，坚持与群众共同分析研究解决实际问题。坚决反对形式主义、官僚主义、享乐主义和奢靡之风，做到联系群众而不脱离群众、服务群众而不损害群众、解决问题而不引发问题，进一步密切党群干群关系。

（二）进一步畅通和规范群众诉求表达渠道

1. 健全公开透明的诉求表达和办理方式

完善民生热线、视频接访、绿色邮政、信访代理等做法，更加重视群众来信尤其是初次来信办理，引导群众更多以书信、电话、传真、视频、电子邮件等形式表达诉求，树立通过上述形式也能有效解决问题的导向。实行网上受理信访制度，大力推行阳光信访，全面推进信访信息化建设，建立网下办理、网上流转的群众信访事项办理程序，实现办理过程和结果可查询、可跟踪、可督办、可评价，增强透明度和公正性；逐步推行信访事项办理群众满意度评价，把办理工作置于群众监督之下，提高信访公信力。

2. 突出领导干部接访下访重点

把领导干部接访下访作为党员干部直接联系群众的一项重要制度，与下基层调查研究、深入联系点、扶贫帮困等结合起来，提高工作实效性。省级领导干部每半年至少1天、市厅级领导干部每季度至少1天、县（市、区、旗）领导干部每月至少1天、乡镇（街道）领导干部每周至少1天到信访接待场所，按照属地管理、分级负责的原则接待群众来访，省、市及其工作部门领导干部一般不接待越级上访。在坚持定点接访的同时，更多采取重点约访、专题接访、带案下访、下基层接访、领导包案等方式，把行政资源集中用于解决重大疑难复杂问题、检验施政得失、完善政策措施、加强督查问效上。

3. 完善联合接访运行方式

按照一站式接待、一条龙办理、一揽子解决的要求，在市、县两级全部实行联合接访，减少群众信访成本，提高工作效率。加强对进驻联合接访场所责任部门的动态管理，做到信访问题突出的责任部门及时进驻，信访问题明显减少的责任部门有序退出；推行律师参与接访、心理咨询疏导和专业社会工作服务等第三方介入的方法，促进问题解决。

4. 引导群众依法逐级反映诉求

深入学习宣传贯彻《信访条例》，加快推进信访工作法治化建设。严格落实《信访条例》关于“属地管理、分级负责，谁主管、谁负责，依法、及时、就地解决问题与疏导教育相结合”的原则，健全依法及时就地解决群众合理诉求机制，进一步强化属地责任，积极引导群众以理性合法方式逐级表达诉求，不支持、不受理越级上访。中央和国家机关来访接待部门对应到而未到省级职能部门反映诉求的，或者省级职能部门正在处理且未超出法定处理期限的，或者信访事项已经依法终结的，不予受理。各地可结合实际制定具体实施办法。依法维护信访秩序，对信访活动中的违法犯罪行为，由公安机关依法处理。

5. 充分发挥法定诉求表达渠道作用

按照涉法涉诉信访工作机制改革的总体要求，严格实行诉讼与信访分离，把涉法涉诉信访纳入法治轨道解决，建立涉法涉诉信访依法终结制度。各级政府信访部门对涉法涉诉事项不予受理，引导信访人依照规定程序向有关政法机关提出，或者及时转同级政法机关依法办理。完善法院、检察院、公安、司法行政机关信访事项受理办理制度，落实便民利民措施，为群众提供便捷高效热情服务。完善诉讼、仲裁、行政复议等法定诉求表达方式，使合理合法诉求通过法律程序得到解决。加强司法能力建设，不断满足人民群众日益增长的司法需求，让人民群众在每一个司法案件中都能够感受到公平正义。

（三）健全解决信访突出问题工作机制

1. 完善信访联席会议制度

强化各级信访联席会议综合协调、组织推动、督导落实等职能作用，形成整合资源、解决信访突出问题的工作合力。根据实际需要，及时调整成员单位组成和专项工作小组设置，进一步明确各自职责任务，建立健全相关工作制度，特别注重从政策层面研究解决带有倾向性、普遍性和合理性的突出问题。

2. 健全解决特殊疑难信访问题工作机制

综合运用法律、政策、经济、行政等手段和教育、协商、调解、疏导等办法，认真解决特殊疑难信访问题，做到诉求合理的解决问题到位，诉求无理的思想教育到位，生活困难的帮扶救助到位，行为违法的依法处理。建立信访听证制度，对疑难复杂信访问题进行公开听证，促进息诉息访；规范信访事项复查复核工作，对已审核认定办结的信访事项不再受理；健全信访事项协商会办等制度，明确相关责任，加大化解“三跨三分离”信访事项力度。

3. 健全统筹督查督办信访事项工作机制

建立健全党委和政府统一领导、信访联席会议组织实施、相关职能部门共同参与的督查督办工作机制，进一步加大解决和化解信访突出问题的力度。对久拖不决、涉及面广、群众反映强烈、社会关注度高的重大疑难信访突出问题，列入党委和政府督查机构督查范围；采取有针对性的方法，加强对重点地区、重点领域、重点问题的跟踪督查和问效。各级党委和政府要支持信访部门开展督查，重视信访部门提出的改进工作、完善政策、给予处分等建议。

4. 健全科学合理的信访工作考核评价体系

改进和完善考核方式，综合考虑各地区经济社会发展情况、人口数量、地域特点、信访总量、诉求构成、解决问题的质量和效率等因素，合理设置考核项目和指标，不简单以信访数量多少为标准进行考评，推动各地区把工作重点放在预防和解决问题上。坚持量化考核和综合评议、上级评议和群众评议、平时考核和阶段性考核相结合，提高考核的科学性、客观性和可信度。

5. 健全经常性教育疏导机制

认真研究把握新形势下思想政治工作特点和规律，教育和引导群众正确认识发展中存在的问题，正确处理个人利益和集体利益、局部利益和全局利益、当前利益和长远利益的关系，确立与当前经济社会发展阶段相适应的心理预期，自觉维护改革发展稳定大局。充分运用现代科技手段，通过建立政务微博、民生微信、民情QQ群等方式，搭建联系群众、体察民情、回应民意的新平台，提高互联网时代做好群众思想政治工作的能力和水平。

（四）全面夯实基层基础

1. 健全基层组织网络

进一步强化基层基础工作，把更多人力、物力、财力投向基层，把问题解决在基层，把矛盾化解在基层。创新党组织设置，推动党的组织和工作全覆盖。加强基层服务型党组织建设，提升基层党组织服务群众、做群众工作的能力和水平。建立健全基层民主管理机制，落实党务公开、政务公开、厂务公开、村务公开制度，充分调动群众民主参与、民主管理、民主监督的积极性。进一步加强乡镇（街道）、村（社区）、机关、企事业单位、社会组织党组织建设，建立健全解决问题、化解矛盾的基层综合服务管理平台。

2. 组织动员社会力量参与

完善党代表、人大代表、政协委员联系群众制度，组织老干部、老党员、老模范、老教师、老军人等参与解决和化解信访突出问题相关工作。发挥工会、共青团、妇联等人民团体优势，做好组织引导服务群众和维护群众权益工作。制定扶持引导政策，通过政府购买服务、提供办公场所等形式，发挥好社会组织的积极作用。建立健全群众参与机制和激励机制，把群众工作触角延伸到家家户户；引导村（社区）制定符合国家法律的村规民约，运用道德、习俗、伦理的力量调节关系、化解纠纷。

3. 加大社会矛盾纠纷排查化解工作力度

把矛盾纠纷排查化解工作的重心从事后处理转移到事前预防上来，做到发现得早、化解得了、控制得住、处理得好。健全矛盾纠纷预警机制，加强信息汇集分析研判；推行民情分析会、民情恳谈会等做法，充分发挥村（社区）、企事业单位信息员、调解员的作用。全面推行网格化管理模式，完善信访和人民调解、行政调解、司法调解联动工作体系，实现小事不出村、大事不出乡、矛盾不上交。

（五）切实加强组织领导

1. 严格落实信访工作责任

各级党委和政府要把信访工作作为党的群众工作的重要组成部分和送上门来的群众工作，把创新群众工作方法、解决信访突出问题列入重要议事日程，定期研究部署，认真组织推动。落实主要领导负总责、分管领导具体负责、其他领导一岗双责，一级抓一级、层层抓落实的领导体制，为解决和化解信访突出问题提供组织保障。加大问责力度，对损害群众利益、造成信访突出问题的，对群众反映的问题推诿扯皮、不认真解决造成不良影响的，严肃追究责任。

2. 强化舆论引导

各级党委宣传部门和新闻媒体要高度重视对创新群众工作方法、解决信访突出问题的正面宣传和舆论引导，大力宣传党委和政府为保障和改善民生所付出的艰苦努力、取得的巨大成绩，大力推广解决群众合理诉求、维护群众合法权益的典型经验和做法，发出主流声音，树立正确导向；选择典型案例，向社会曝光无理缠访闹访、违法聚集滋事而依法受到处理的行为。

3. 加强信访干部队伍建设

各级党委和政府要重视和加强信访干部队伍建设，根据形势任务需要，不断充实信访工作力量。完善后备干部、新提拔干部和中青年干部到信访部门、信访干部到基层一线挂职锻炼制度；选拔群众工作经验丰富的干部到信访部门工作，重视信访干部的使用，深入开展信访干部交流工作，增强信访干部队伍活力，不断地提高做好新形势下群众工作、解决信访突出问题的能力。

第三节　突发事件应对政策法规

为了有效应对突发事件，2007 年 8 月 30 日，第十届全国人民代表大会常务委员会第二十九次会议通过了《中华人民共和国突发事件应对法》（以下简称《应对法》），对突发事件应对进行规范，将突发事件应对纳入法治化轨道。

一、突发事件及应对管理

（一）突发事件的含义

突发事件，是指突然发生、造成或者可能造成严重社会危害，需要采取应急处置措施予以应对的自然灾害、事故灾难、公共卫生事件和社会安全事件。按照社会危害程度、影响范围等因素，自然灾害、事故灾难、公共卫生事件分为特别重大、重大、较大和一般四级。

（二）突发事件应对管理

突发事件应对管理的目的在于预防和减少突发事件的发生，控制、减轻和消除突发事件引起的严重社会危害，规范突发事件应对活动，保护人民生命财产安全，维护国家安全、公共安全、环境安全和社会秩序。

突发事件应对工作实行预防为主、预防与应急相结合的原则。国家建立重大突发事件风险评估体系，对可能发生的突发事件进行综合性评估，减少重大突发事件的发生，最大限度地减轻重大突发事件的影响。

（三）突发事件应对管理体制

我国突发事件应对管理由国家建立统一领导、综合协调、分类管理、分级负责、属地管理为主的应急管理体制。同时，国家建立有效的社会动员机制，增强全民的公共安全和防范风险的意识，提高全社会的避险救助能力。

二、突发事件应对工作

突发事件应对工作包括突发事件的预防与应急准备、监测与预警、应急处置与救援、事后恢复与重建等。

(一)预防与应急准备

1. 建立健全突发事件应急预案体系

应急预案，是指各级人民政府及其部门、基层组织、企事业单位、社会团体等为依法、迅速、科学、有序地应对突发事件，最大程度地减少突发事件及其造成的损害而预先制定的工作方案。应急预案应当根据本法和其他有关法律、法规的规定，针对突发事件的性质、特点和可能造成的社会危害，具体规定突发事件应急管理工作的组织指挥体系与职责和突发事件的预防与预警机制、处置程序、应急保障措施以及事后恢复与重建措施等内容。应急预案制定机关应当根据实际需要和情势变化，适时修订应急预案。

2. 排查突发事件源

《应对法》规定，县级人民政府应当对本行政区域内容易引发自然灾害、事故灾难和公共卫生事件的危险源、危险区域进行调查、登记、风险评估，定期进行检查、监控，并责令有关单位采取安全防范措施。省级和设区的市级人民政府应当对本行政区域内容易引发特别重大、重大突发事件的危险源、危险区域进行调查、登记、风险评估，组织进行检查、监控，并责令有关单位采取安全防范措施。县级以上地方各级人民政府按照本法规定登记的危险源、危险区域，应当按照国家规定及时向社会公布。县级人民政府及其有关部门、乡级人民政府、街道办事处、居民委员会、村民委员会应当及时调解处理可能引发社会安全事件的矛盾纠纷。

3. 注重日常安全管理

《应对法》规定，所有单位应当建立健全安全管理制度，定期检查本单位各项安全防范措施的落实情况，及时消除事故隐患；掌握并及时处理本单位存在的可能引发社会安全事件的问题，防止矛盾激化和事态扩大；对本单位可能发生的突发事件和采取安全防范措施的情况，应当按照规定及时向所在地人民政府或者人民政府有关部门报告。

矿山、建筑施工单位和易燃易爆物品、危险化学品、放射性物品等危险物品的生产、经营、储运、使用单位，应当制定具体应急预案，并对生产经营场所、有危险物品的建筑物、构筑物及周边环境开展隐患排查，及时采取措施消除隐患，防止发生突发事件。

公共交通工具、公共场所和其他人员密集场所的经营单位或者管理单位应当制定具体应急预案，为交通工具和有关场所配备报警装置和必要的应急救援设备、设施，注明其使用方法，并显著标明安全撤离的通道、路线，保证安全通道、出口的畅通。有关单位应当定期检测、维护其报警装置和应急救援设备、设施，使其处于良好状态，确保正常使用。

4. 建立健全应急保障体系

《应对法》规定，城乡规划应当符合预防、处置突发事件的需要，统筹安排应对突发事件所必需的设备和基础设施建设，合理确定应急避难场所。

国家建立健全应急物资储备保障制度，不断完善重要应急物资的监管、生产、储备、调拨和紧急配送体系。设区的市级以上人民政府和突发事件易发、多发地区的县级人民政府应当建立应急救援物资、生活必需品和应急处置装备的储备制度。县级以上地方各级人民政府应当根据本地区的实际情况，与有关企业签订协议，保障应急救援物资、生活必需品和应急处置装备的生产、供给。国家鼓励公民、法人和其他组织为人民政府应对突发事件工作提供物资、资金、技术支持和捐赠。

国家建立健全应急通信保障体系，完善公用通信网，建立有线与无线相结合、基础电信网络与机动通信系统相配套的应急通信系统，确保突发事件应对工作的通信畅通。国家鼓励、扶持具备相应条件的教学科研机构培养应急管理专门人才，鼓励、扶持教学科研机构和有关企业研究开发用于突发事件预防、监测、预警、应急处置与救援的新技术、新设备和新工具。

5. 建设应急救援队伍

《应对法》规定，县级以上人民政府应当建立健全突发事件应急管理培训制度，对人民政府及其有关部门负有处置突发事件职责的工作人员定期进行培训。

县级以上人民政府应当整合应急资源，建立或者确定综合性应急救援队伍。人民政府有关部门可以根据实际需要设立专业应急救援队伍。县级以上人民政府及其有关部门可以建立由成年志愿者组成的应急救援队伍。单位应当建立由本单位职工组成的专职或者兼职应急救援队伍。县级以上人民政府应当加强专业应急救援队伍与非专业应急救援队伍的合作，联合培训、联合演练，提高合成应急、协同应急的能力。

6. 建立应急演练与教育制度

《应对法》规定，中国人民解放军、中国人民武装警察部队和民兵组织应当有计划地组织开展应急救援的专门训练。县级人民政府及其有关部门、乡级人民政府、街道办事处应当组织开展应急知识的宣传普及活动和必要的应急演练。居民委员会、村民委员会、企业事业单位应当根据所在地人民政府的要求，结合各自的实际情况，开展有关突发事件应急知识的宣传普及活动和必要的应急演练。新闻媒体应当无偿开展突发事件预防与应急、自救与互救知识的公益宣传。各级各类学校应当把应急知识教育纳入教学内容，对学生进行应急知识教育，培养学生的安全意识和自救与互救能力。教育主管部门应当对学校开展应急知识教育进行指导和监督。

（二）监测与预警

1. 突发事件信息报告

国务院建立全国统一的突发事件信息系统。县级以上地方各级人民政府应当建立或者确定本地区统一的突发事件信息系统，汇集、储存、分析、传输有关突发事件的信息，并与上级人民政府及其有关部门、下级人民政府及其有关部门、专业机构和监测网点的突发事件信息系统实现互联互通，加强跨部门、跨地区的信息交流与情报合作。

县级以上人民政府及其有关部门、专业机构应当通过多种途径收集突发事件信息。县级人民政府应当在居民委员会、村民委员会和有关单位建立专职或者兼职信息报告员制度。获悉突发事件信息的公民、法人或者其他组织，应当立即向所在地人民政府、有关主管部门或者指定的专业机构报告。地方各级人民政府应当按照国家有关规定向上级人民政府报送突发事件信息。县级以上人民政府有关主管部门应当向本级人民政府相关部门通报突发事件信息。专业机构、监测网点和信息报告员应当及时向所在地人民政府及其有关主管部门报告突发事件信息。有关单位和人员报送、报告突发事件信息，应当做到及时、客观、真实，不得迟报、谎报、瞒报、漏报。

县级以上地方各级人民政府应当及时汇总分析突发事件隐患和预警信息，必要时组织相关部门、专业技术人员、专家学者进行会商，对发生突发事件的可能性及其可能造成的影响进行评估；认为可能发生重大或者特别重大突发事件的，应当立即向上级人民政府报告，并向上级人民政府有关部门、当地驻军和可能受到危害的毗邻或者相关地区的人民政府通报。

2. 突发事件监测

国家建立健全突发事件监测制度。县级以上人民政府及其有关部门应当根据自然灾害、事故灾难和公共卫生事件的种类和特点，建立健全基础信息数据库，完善监测网络，划分监测区域，确定监测点，明确监测项目，提供必要的设备、设施，配备专职或者兼职人员，对可能发生的突发事件进行监测。

3. 突发事件预警

国家建立健全突发事件预警制度。可以预警的自然灾害、事故灾难和公共卫生事件的预警级别，按照突发事件发生的紧急程度、发展势态和可能造成的危害程度分为一级、二级、三级和四级，分别用红色、橙色、黄色和蓝色标示，一级为最高级别。县级以上地方各级人民政府应当根据有关法律、行政法规和国务院规定的权限和程序，发布相应级别的警报，决定并宣布有关地区进入预警期，同时向上一级人民政府报告，必要时可以越级上报，并向当地驻军和可能受到危害的毗邻或者相关地区的人民政府通报。

（三）应急处置与救援

1. 应急处置

突发事件发生后，履行统一领导职责或者组织处置突发事件的人民政府应当针对其性质、特点和危害程度，立即组织有关部门，调动应急救援队伍和社会力量，依照《应对法》和有关法律、法规、规章的规定采取应急处置措施。

自然灾害、事故灾难或者公共卫生事件发生后，履行统一领导职责的人民政府可以采取下列一项或者多项应急处置措施：

（1）组织营救和救治受害人员，疏散、撤离并妥善安置受到威胁的人员以及采取其他救助措施；

（2）迅速控制危险源，标明危险区域，封锁危险场所，划定警戒区，实行交通管制以及其他控制措施；

（3）立即抢修被损坏的交通、通信、供水、排水、供电、供气、供热等公共设施，向受到危害的人员提供避难场所和生活必需品，实施医疗救护和卫生防疫以及其他保障措施；

（4）禁止或者限制使用有关设备、设施，关闭或者限制使用有关场所，中止人员密集的活动或者可能导致危害扩大的生产经营活动以及采取其他保护措施；

（5）启用本级人民政府设置的财政预备费和储备的应急救援物资，必要时调用其他急需物资、设备、设施、工具；

（6）组织公民参加应急救援和处置工作，要求具有特定专长的人员提供服务；

（7）保障食品、饮用水、燃料等基本生活必需品的供应；

（8）依法从严惩处囤积居奇、哄抬物价、制假售假等扰乱市场秩序的行为，稳定市场价格，维护市场秩序；

（9）依法从严惩处哄抢财物、干扰破坏应急处置工作等扰乱社会秩序的行为，维护社会治安；

（10）采取防止发生次生、衍生事件的必要措施。

社会安全事件发生后，组织处置工作的人民政府应当立即组织有关部门并由公安机关针对事件的性质和特点，依照有关法律、行政法规和国家其他有关规定，采取下列一项或者多项应急处置措施：

（1）强制隔离使用器械相互对抗或者以暴力行为参与冲突的当事人，妥善解决现场纠纷和争端，控制事态发展；

（2）对特定区域内的建筑物、交通工具、设备、设施以及燃料、燃气、电力、水的供应进行控制；

（3）封锁有关场所、道路，查验现场人员的身份证件，限制有关公共场所内的活动；

（4）加强对易受冲击的核心机关和单位的警卫，在国家机关、军事机关、国家通讯社、广播电台、电视台、外国驻华使领馆等单位附近设置临时警戒线；

（5）法律、行政法规和国务院规定的其他必要措施。

严重危害社会治安秩序的事件发生时，公安机关应当立即依法出动警力，根据现场情况依法采取相应的强制性措施，尽快使社会秩序恢复正常。

2. 应急救援

发生突发事件，严重影响国民经济正常运行时，国务院或者国务院授权的有关主管部门可以采取保障、控制等必要的应急措施，保障人民群众的基本生活需要，最大限度地减轻突发事件的影响。

履行统一领导职责或者组织处置突发事件的人民政府（以下简称“履责政府”），必要时可以向单位和个人征用应急救援所需设备、设施、场地、交通工具和其他物资，请求其他地方人民政府提供人力、物力、财力或者技术支援，要求生产、供应生活必需品和应急救援物资的企业组织生产、保证供给，要求提供医疗、交通等公共服务的组织提供相应的服务。履责政府，应当组织协调运输经营单位，优先运送处置突发事件所需物资、设备、工具、应急救援人员和受到突发事件危害的人员。履责政府还应当按照有关规定统一、准确、及时发布有关突发事件事态发展和应急处置工作的信息。任何单位和个人不得编造、传播有关突发事件事态发展或者应急处置工作的虚假信息。

突发事件发生地的居民委员会、村民委员会和其他组织应当按照当地人民政府的决定、命令，进行宣传动员，组织群众开展自救和互救，协助维护社会秩序。受到自然灾害危害或者发生事故灾难、公共卫生事件的单位，应当立即组织本单位应急救援队伍和工作人员营救受害人员，疏散、撤离、安置受到威胁的人员，控制危险源，标明危险区域，封锁危险场所，并采取其他防止危害扩大的必要措施，同时向所在地县级人民政府报告；对因本单位的问题引发的或者主体是本单位人员的社会安全事件，有关单位应当按照规定上报情况，并迅速派出负责人赶赴现场开展劝解、疏导工作。突发事件发生地的其他单位应当服从人民政府发布的决定、命令，配合人民政府采取的应急处置措施，做好本单位的应急救援工作，并积极组织人员参加所在地的应急救援和处置工作。突发事件发生地的公民应当服从人民政府、居民委员会、村民委员会或者所属单位的指挥和安排，配合人民政府采取的应急处置措施，积极参加应急救援工作，协助维护社会秩序。

（四）恢复与重建

突发事件的威胁和危害得到控制或者消除后，履责政府应当停止执行依照本法规定采取的应急处置措施，同时采取或者继续实施必要措施，防止发生自然灾害、事故灾难、公共卫生事件的次生、衍生事件或者重新引发社会安全事件。

突发事件应急处置工作结束后，履责政府应当立即组织对突发事件造成的损失进行评估，组织受影响地区尽快恢复生产、生活、工作和社会秩序，制定恢复重建计划，并向上一级人民政府报告。受突发事件影响地区的人民政府应当及时组织和协调公安、交通、铁路、民航、邮电、建设等有关部门恢复社会治安秩序，尽快修复被损坏的交通、通信、供水、排水、供电、供气、供热等公共设施。

本章习题

1. 简述人民调解的概念。
2. 人民调解应遵循哪些基本原则？
3. 人民调解委员会应当如何进行社区纠纷的调解？
4. 人民调解协议的效力怎么样？当事人应当如何处理？
5. 简述我国的信访工作体制。
6. 如何提出信访事项？
7. 如何预防和减少信访问题的发生？
8. 如何畅通和拓宽信访渠道？
9. 简述突发事件的预防与应急准备。

参考文献

[1]中华人民共和国立法法(2015年).
[2]中共中央关于全面深化改革若干重大问题的决定(中发〔2013〕12号).
[3]中共中央关于全面推进依法治国若干重大问题的决定(中发〔2014〕10号).
[4]社会工作专业人才队伍建设中长期规划(2011—2020年).
[5]社会救助暂行办法(2014年).
[6]特困人员认定办法(2016年).
[7]国务院关于进一步健全特困人员救助供养制度的意见(国发〔2016〕14号).
[8]自然灾害救助条例(2010年).
[9]国务院关于全面建立临时救助制度的通知(国发〔2014〕47号).
[10]中华人民共和国老年人权益保障法(2015年).
[11]中华人民共和国未成年人保护法(2012年).
[12]中华人民共和国残疾人权益保障法(2018年).
[13]中华人民共和国妇女权益保障法(2018年).
[14]中华人民共和国反家庭暴力法(2015年).
[15]烈士褒扬条例(2011年).
[16]烈士纪念设施保护管理办法(2013年).
[17]军人抚恤优待条例(2011年).
[18]退役士兵安置条例(2011年).
[19]中华人民共和国城市居民委员会组织法(2018年).
[20]中华人民共和国村民委员会组织法(2018年).
[21]社区矫正实施办法(2012年).
[22]城乡社区服务体系建设规划(2016—2020年)(民发〔2016〕191号).
[23]关于深入推进农村社区建设试点工作的指导意见(中办发〔2015〕30号).
[24]关于加强和完善城乡社区治理的意见(中发〔2017〕13号).
[25]社会团体登记管理条例(2016年).
[26]基金会管理条例(2004年).
[27]中华人民共和国慈善法(2016年).
[28]慈善组织信息公开办法(2018).
[29]慈善组织公开募捐管理办法(2016年).
[30]中华人民共和国婚姻法(2001年).
[31]婚姻登记条例(2003年).
[32]中华人民共和国反家庭暴力法(2015年).
[33]中华人民共和国继承法(1985年).

[34]中华人民共和国收养法(1998年).
[35]中华人民共和国劳动法(2018年).
[36]中华人民共和国劳动合同法(2013年).
[37]中华人民共和国就业促进法(2015年).
[38]中华人民共和国劳动争议调解仲裁法(2008年).
[39]中华人民共和国社会保险法(2018年).
[40]中华人民共和国劳动合同法(2007年).
[41]中华人民共和国军人保险法(2012年).
[42]中华人民共和国职业病防治法(2016年).
[43]中华人民共和国精神卫生法(2018年).
[44]“十三五”深化医药卫生体制改革规划(国发〔2016〕78号).
[45]社区矫正实施办法(2012年).
[46]中华人民共和国禁毒法(2007年).
[47]中华人民共和国治安管理处罚法(2012年).
[48]中华人民共和国人民调解法(2011年).
[49]中华人民共和国突发事件应对法(2007年).
[50]关于创新群众工作方法解决信访突出问题的意见(中办发〔2013〕27号).